四庫全書總目彙訂

修訂本

1

經部

魏小虎 編撰

上海古籍出版社

序

杜澤遜

《四庫全書》是清朝乾隆年間敕修的一部規模宏大的叢書，《四庫全書總目》是修書過程中産生的一部提要目錄。這部《總目》多達二百卷，是閱讀研究中國古籍的最重要的向導。

為什麼要修《四庫全書》？盛世修書，是中國的傳統。從周代開始，就希望在治理國家方面從文化上有所表現，所以周公有歷史上稱道的"制禮作樂"。三國時魏文帝命令大臣修類書《皇覽》，分四十餘部千餘篇，達八百餘萬言。南朝梁武帝敕修類書《華林徧略》七百餘卷。唐太宗敕修《文思博要》一千二百卷。這些大書都失傳了。傳世的大書有著名的宋四大類書：宋太宗敕修《太平廣記》五百卷、《太平御覽》一千卷、《文苑英華》一千卷，宋真宗敕修《册府元龜》一千卷。明代永樂皇帝詔修《永樂大典》，希望越大越好，他親自過問皇家藏書，建文淵閣以儲之。《永樂大典》作為永樂皇帝重視文化事業的標誌物，成為中華民族文化遺産中非常值得驕傲的一部大書，儘管它在庚子事變中已被破壞，存世僅百分之四，但風采依然不減。

清代康熙皇帝詔修《全唐詩》、《佩文韻府》、《康熙字典》。康熙皇帝的第三子成親王胤祉的門客陳夢雷修了一部一萬卷的大書《古今圖書集成》，雍正四年用銅活字排印，達五千二十册。這些都是具有重大歷史影響的文化遺產。

乾隆皇帝是一位非常有作為的帝王，有所謂"十全武功"，怎樣在文化上超越前代，怎樣超越他的祖父？這個問題自然會提到面前。

那麼，修《四庫全書》這個想法是怎麼來的？歷史上認為有兩位學者的貢獻不可埋没。一是周永年，二是朱筠。

周永年為修《四庫全書》作了理論上和框架上的準備。周永年是山東歷城人，乾隆三十六年進士，從年輕時就喜歡讀書、藏書。他是一位非常偉大的人物，因為在二百年前的乾隆年間，他就想辦一個圖書館。他聯絡曲阜的大學者桂馥，北京大興縣的大學者翁方綱，把家裏的書拿出來，辦了一個"借書園"，主要的書都是周永年節衣縮食購置的。在中國兩千年的歷史上，願意借書給人看的，不乏其人，但是，不願借書給人看的，卻佔絕大多數。甚至有的人在書上蓋上一方印："借與鬻人為不孝"。錢謙益絳雲樓為當時海內私人藏書之冠，後來一把火燒了，他的朋友曹溶（秋岳）去安慰他。他告訴曹溶："古書不存矣！"曹溶批評錢謙益："片楮不肯借出，僅有單行之本，燼後不復見於人間。"可是周永年不同，他要主動借書給人看。他自己這麼辦還不行，還想出個辦法加以推廣，他寫了一篇文章，叫《儒藏説》。文章緣于明代學者曹學佺給藏書家徐𤊹的信，信中説："釋、道有《藏》，獨吾儒無《藏》，可乎？僕欲合古今經、史、子、集大部，刻為《儒藏》。"曹學佺是想編刻一部大叢書，叫《儒藏》，周永年則認為《儒藏》應當作為一種類似圖書館的形式而存在，他希望"千里之內有《儒藏》數處"。好學之士可以到這裏讀書。各處《儒藏》內容一致，用別的地方的書活版排印補上，各處互相呼應，互相補充，永遠也不會讓書消亡。他的設想即使在今天也不落後，那時沒有互聯網，如果有，周永年會第一個宣傳互聯網。周永年寫成《儒藏説》，就到處宣傳推廣，當然根本問題是經濟問題，他是不可能辦成這麽大的事業的。但是他宣傳的《儒藏》是一部包含經、史、子、集的大叢書，要藏在多個地方，内容是一致的，换句話説是一式多份，藏在多處，而且是供人閱讀的。所有這一切，都與後來乾隆皇帝敕修的《四庫全書》有很大程度的相似，這絶不是偶然的。周永年爲什麽被徵調到四庫館里去修書，又爲什麽能成爲三百多位館臣中的四大骨幹成員之一，這與他到處散發《儒藏説》有着顯而易見的關係。所以學術界認爲周永年《儒藏説》爲《四庫全書》作了理論和框架上的準備。

朱筠是《四庫全書》的直接引發人。乾隆三十七年正月初四日，皇帝下旨，要求各地總督、巡撫、學政獻書，目的是爲了豐富皇家藏書，備學習研究之用。值得注意的是，乾隆帝舉到一部大書，那就是《古今圖書集成》，他認爲這部書"極方册之大觀"，是歎爲觀止的鴻篇巨製。但是乾隆皇帝也實事求是地指出它的不足，那就是"因類取裁"，"不能全載原文"。他認爲這樣就使許多書失去全貌，無法看到它們的全部。所以，他要求各地獻書，以達到"副在石渠，用儲乙覽"的目的。他認爲只有通過這些原書，才能"沿流溯源，一一徵其來處"。總之，這次要求各地總督、巡撫、學政搜集圖書，是供充實皇家藏書的，没有明確要修一部大書的意向。

乾隆的諭旨下去以後，應者寥寥。原因是皇帝下詔求書，是中國的傳統，乾隆即位後第六年也下過詔書，要求獻書，也是説要"廣石渠天祿之儲",豐富皇家藏書。官員們理解為不急之務,所以沒怎麼當回事。乾隆皇帝這回是認真的,所以,在當年十月十七日下文批評了。他説,下旨快一年了,"曾未見一人將書名奏錄",要求快快辦理。各地總督、巡撫這才認真起來,同時也就有人積極提出建議,其中安徽學政朱筠提出了最重要的意見。那是乾隆三十七年十一月二十五日,朱筠建議開館校書。他的建議主要有三點值得注意:一是各地獻書,由官方抄寫副本收藏,原書發還。二是每校一書,要寫提要一篇,仿照西漢劉向、宋代曾鞏的老辦法。三是建議把明代《永樂大典》中所收不經見的書,一個片段一個片段地抽出來,重新編成一部部單獨的書,抄成副本,使丟失的書重新恢復起來。這項工作叫"輯佚"。朱筠的建議經劉統勳主持軍機處討論,開始執行,而且從《永樂大典》輯佚書入手。乾隆皇帝不斷增派專門官員負責,由軍機大臣劉統勳直接管理。乾隆三十八年二月二十一日乾隆下旨:"將來辦理成編時,著名《四庫全書》。"二月二十八日開始為"辦理四庫全書處"專門開飯,派福隆安辦理。這樣,四庫館就算正式開起來,成了常設機構了。這個機構開始叫"辦理四庫全書處",後來叫"四庫全書館",簡稱"四庫館",這些稱呼都見於乾隆諭旨。從歷史記載看,朱筠是修《四庫全書》的引發人,但乾隆皇帝仍是《四庫全書》的直接促成者。乾隆在位六十年,修書近八十種,作文一千三百多篇,寫詩四万一千多首,他十分自覺地希望在文化上作出傳世的成就,這是他逐步醖釀出修一部大叢書計畫的内在原因。

　　《四庫全書》是怎樣纂修的,也是讀者感興趣的問題。《四庫全書》是一部大叢書,收書約三千五百種。叢書就是把多部書聚集在一起，形成一套大書，這套大書所包含的小書都保持著自身的完整性，不被拆散。這就與類書不同了。編類書是為了方便查材料。比如在清明節想寫點關於清明的文章，需要關於清明的來龍去脈的材料，關於清明的詩文材料、民俗材料，一查類書，可以找到一大批，顯得旁徵博引，學問大極了。但清代興起了考據學，要求更高了，認為類書不是真學問，要求對古書有更系統更深入的認識，乾隆帝對《古今圖書集成》不滿意就是這個原因。他下令購求圖書，正是要搜集更多的完整的原書。在這一點上，他和周永年、朱筠有著很大的共同點。從某種意義上講，修《四庫全書》有著一定的歷史必然性。

但是，怎麼修法，周永年要修《儒藏》，他幹不成，因為沒有財力。乾隆帝有財力，可是還需要人才和圖書資源。從學術發展看，當時的人才隊伍能夠支撐這一文化工程。可收集圖書，真正編一部集大成的大叢書，就不那麼容易了。

由於清初以來屢興文字獄，更由於私人藏書世代相傳，不願外借，所以各地官員動員起來了，還不足以辦成，還要做私人藏書家的工作。乾隆帝採取了一系列措施，比如一再宣稱，抄完副本原書發還；獻書的，他挑選善本題詩作跋，風風光光送還原藏書家；派地方官員到家中動員說服；對獻書多的如浙江鮑士恭、范懋柱、汪啟淑、兩淮馬裕，賞《古今圖書集成》內府銅活字初印本各一部；獻書百種以上的賞內府初印《佩文韻府》一部；《總目提要》注明原藏書之家等等。經過一系列措施，終於把各地圖書陸續集中到翰林院，解決了圖書來源問題。

四庫館聚集了越來越多的人才，他們一方面校辦《永樂大典》輯佚書，一方面審校各地獻書，同時還從武英殿庫房清理出

　　兩批藏書，稱為"內府藏本"。經過艱苦細緻的挑選，終於從一萬多種書中選出約三千五百種，抄寫成一部龐大的《四庫全書》。到乾隆四十六年十二月六日第一份《四庫全書》即《文淵閣四庫全書》告成，大約用了九年的時間。其後又陸續抄成文溯閣、文源閣、文津閣三部，合起來稱北四閣，分別存于皇宮、瀋陽盛京、圓明園、承德避暑山莊。其後又抄三部，分藏于揚州大觀堂文匯閣、鎮江金山寺文宗閣、浙江西湖聖因寺文瀾閣。到乾隆五十五年六月南三閣才全部發下，用了將近十八年。後來又經過幾次返工、抽改、補空函，直到嘉慶初年才結束，實際經歷了二十多年。這期間在四庫館任職的官員先後達三百六十多人，謄錄人員先後約有三千人。翰林院容不下，就把謄抄一項搬到武英殿。這樣龐大的工程，對清朝的財政也是巨大的挑戰。清政府採取種種辦法節約開支。比如謄錄人員是自備資費，抄滿多少，議敘加官。有一位叫劉清的謄錄，議敘縣丞分發四川，乾隆五十七年升知縣，後官至雲南布政使、山東鹽運使，人稱"劉青天"。再比如總校官陸費墀，因工作出現錯誤，罰南三閣《四庫全書》裝潢，結果傾家蕩產。《四庫全書》纂修過程，至為複雜，乾隆帝經常抽查，對館臣紀昀等動輒處分、罰俸。但也經常賞賜表揚，新疆進呈哈密瓜，也送到四庫館讓翰林們嘗一嘗。恩威並重，賞罰兼施。館臣也非常認真，為了解決資料問題，翁方綱等人經常到琉璃廠書店借書。經過多年努力，終於完成了這一曠世文化工程。據統計，文津閣《四庫全書》，收三千五百零三種書，七萬九千三百三十七卷，三万六千三百零四冊，近十億字。

　　參與纂修《四庫全書》這樣巨大的工程，成全了一批文化學術人物，他們或多或少地因為恭逢盛世而提高了學術聲望。這些人的遭遇卻種種不一，這裏略舉幾位。

劉統勳，四庫館早期的關鍵人物，可惜不到一年就去世了。乾隆三十八年閏三月任四庫全書總裁，十一月去世。他辦事非常幹練而周到，比如他制訂辦法，在各地獻來的書上蓋"翰林院印"滿漢文大官印，約十公分見方，書皮上蓋"乾隆某年某月某某巡撫送到某某人家藏某某書幾部計書幾本"的長方印記，都成為後來辦認四庫進呈本的標誌物，有了這一標誌物，其文物價值大增。這一做法是很高明的。

紀昀，是纂修《四庫全書》的第一功臣，也是沾光最大的一位。他雖然有《閱微草堂筆記》、《紀文達公文集》等傳世，但真正讓他在學術文化史上享有盛名的，仍是充當《四庫全書》總纂官。當然他不是掛名不幹事的人，而是真正發揮學術主導作用的人。

戴震，他進四庫館是靠學問，因為他總是考不上進士，進了四庫館還是考不上，乾隆帝就賞他參加殿試的資格，考上了進士，後來又成為庶吉士。他在四庫館是幹細活的，《水經注》、《大戴禮記》、《九章算術》等，都是他的拿手戲，他整理的書總是作樣板，是個高手。據說他是經部的主持人，其實他在史部地理、子部天算等方面，都是大專家。後來他患足疾，只能在北京的家中修書，實在不行，就準備回家了。可是生活是問題，托人聯繫一處書院講學，只是沒來得及出京，就病死了。他算是死在四庫館的。

邵晉涵，據說是史部的主持人，此人確長於史，正史的整理多出其手。《舊五代史》亡佚了，也是他從《永樂大典》、《册府元龜》等書中輯出的。但同時他也是小學大家，《爾雅正義》是他的優秀佳作。他在四庫館生活也不從容，不得不收幾個學生掙點學費貼補生活。

周永年，他在四庫館裏最賣力，從《永樂大典》往外輯佚書，近萬本大書，塵封已久，許多館臣幹煩了，報告皇上："精華已採，糟粕可捐。"可是周永年太實在，說裏頭還有很多好東西。於是大家把活推給周永年。周永年就盡心盡力去幹了。章學誠《周書昌別傳》說周永年目盡九千餘册，從中輯出了大量好書。我發現蘇軾幼子蘇過的《斜川集》就是周永年輯出來的。蘇過曾隨蘇軾流放南方，年紀輕輕就死去了，他的《斜川集》亡佚不傳，世人惜之。周永年從《大典》中輯出來，才得以傳世。有人說，周永年是子部的主持人，陳垣先生也說他是四庫館唯一的佛學專家，總之是個主幹人物。但也不得不想辦法賺外快。據章學誠《別傳》，周永年先是租了一塊地，請人耕種，連年豐收，卻年年虧損，原因是成本過高。於是改作買賣，賃了個鋪面，找人看著，不久又賠光了。他認為自己的老本行是書，就借了錢編刻科舉讀物，由於編得太深了，部頭也過大，賣不掉，這回不僅大賠，而且欠了債。可以說是屢營屢虧，搞得狼狽不堪。他在四庫館任勞任怨，卻沒升上一官半職，落得窮困潦倒。

程晉芳，江蘇江都人，出身鹽商家庭，為人特別大方。乾隆十七年考上進士，後來進了四庫館。由於大手大腳，晚年在北京窮得開不起火。乾隆四十九年，他告假去陝西投奔畢沅。因為畢沅喜歡門客，程晉芳希望老了有個依托。誰知到了陝西一個月就去世了，棺材還是畢沅為他置辦的。

朱筠，作為《四庫全書》的引發者，最初方案的設計者，對《四庫全書》有特殊貢獻。四庫開館時他在安徽當學政，還特別上奏摺，說他在大興家中的藏書，托門人程晉芳管著，讓四庫館找程

晉芳,代他把書獻出來。不久,朱筠犯了錯誤被撤職了,乾隆帝
說他學問還好,派他到四庫館效力,授翰林院編修。但是朱筠曾
受劉統勳賞識,劉去世後,于敏中接班,朱筠堅決不肯去拜訪。
所以于敏中在皇上面前說朱筠辦事太慢,不重用他。乾隆四十
四年命朱筠為福建學政,第二年秋天又派朱筠的弟弟朱珪代替
朱筠為福建學政,兄弟在交接期內,牀對牀住了半個月。白天朱
筠出去應酬,晚上兄弟倆談到半夜。臨別,朱筠流下眼淚。朱珪
安慰他,三年後又可相見了。可是,第二年朱筠就病死在北京家
中。朱筠是個好客之人,樂於幫助他人。王念孫因為避禍,投奔
朱筠。汪中因脾氣不好,在老家呆不住,也投奔朱筠。朱筠都收
留他們。黃景仁窮困潦倒,來北京投朱筠,朱筠收留他。他又掛
念母親,朱筠又為他賃屋,接他全家來北京,聯絡北京的朋友接
濟他們一家。後來朱筠到福建當學政,黃景仁又一貧如洗,老母
也送回家鄉。當時北京的文人有這樣一種說法:"自竹君先生
死,士無談處;魚門先生死,士無走處。"朱筠,字竹君。程晉芳,
字魚門。

　　還有一些館臣的遭遇也不是太好,我們平常只看到他們輝
煌的一面,不知道他們的難處。我覺得當時的待遇不高是一個
主要原因。

　　《四庫全書》修好以後,底本和七部鈔本下落如何,也需要稍
作介紹。

　　四庫底本,本來要發還,也確實發還過一部分,但微乎其微。
乾隆帝晚年還不斷催促發還。但抄完七份書,許多底本已破爛,
有些書封皮掉了,上面蓋的獻書者的標記也就不存在了。還有
些底本丟失了,難以發還。所以大臣們一再支應,終於不了了

之。其實，不發還的客觀理由基本上不成立，大臣們怕麻煩，應是主要原因。四庫進呈本多達一萬幾千種，是個龐大的存在，也是了不起的一批文化遺產。這批書都放在翰林院，管理混亂，不斷流失。光緒二十六年庚子事變，六月二十二日翰林院被放火，四庫底本絕大部分燬於一旦。

圓明園文源閣《四庫全書》毀于咸豐十年英法聯軍。鎮江文宗閣、揚州文匯閣的《四庫全書》咸豐三年毀於太平軍，片紙不留。杭州文瀾閣《四庫全書》咸豐十一年毀于太平軍，丁氏兄弟奮力搶救，戰亂之後，連年借抄，幾乎補全，現存浙江圖書館。文淵閣《四庫全書》是第一份鈔本，一九三三年遷上海，後到重慶、南京，最後到臺灣，現存臺北"故宮博物院"。臺灣商務印書館影印出版，海內外用的大都是這個本子。文溯閣《四庫全書》一九一四年遷京，一九二五年遷回瀋陽，一九六六年由文化部撥交甘肅省，現存蘭州甘肅圖書館。文津閣《四庫全書》一九一四年運京，一九一五年移交京師圖書館，現藏北京國家圖書館。

七部書只餘四套，其餘三套以及底本都毀掉了，所謂內憂外患，《四庫全書》的命運跟我國的重大事件無一沒有聯繫，太平天國、英法聯軍、義和團、庚子事變，這是近代史教育的活教材。

對《四庫全書》的歷史評價，一直存在爭議。我覺得有幾條可以達成一致。

第一條，《四庫全書》纂修工程是我國歷史上大規模古籍整理的里程碑。孔子定六經，西漢劉向劉歆父子為皇家校書，宋代曾鞏校書，明代修《永樂大典》等，都具有重大影響，但論其規模宏大，全面系統，仍以劉向校書與乾隆敕修《四庫全書》兩件事前後輝映，為千秋不朽之盛事。

　　第二條,纂修《四庫全書》過程中,館臣們進行了大量的校勘工作,改正了大量錯誤,留下了極其豐富的校勘成果。這些成果,有的夾注於正文之中,有的則另編為《四庫全書考證》一百卷。過去我們看浙江書局刊刻的《通典》、《通志》、《文獻通考》,附有"考證",有關著錄或認為是乾隆武英殿校刻時所加的,但殿本實際上沒有"考證",《三通》的"考證"是光緒年間浙江官書局校刻《九通》時根據《四庫全書考證》中《三通》的"考證"添加的。由於這個原因,浙江書局本《三通》就比乾隆殿本評價高一些。我根據浙江官書局刻本《文獻通考》書末附的《通考考證》三卷作了初步統計,有二千零七十一條。説明《文獻通考》在據乾隆殿本抄入《四庫全書》時,館臣作了校勘工作,發現并改正錯誤約二千條,逐條作了校勘記。還有少量錯誤,《考證》中指出來了,但沒有在正文中改正。例如《文獻通考》卷二百七十二:"諮,偉孫,封武林侯。修,諮弟,封宜豐侯。泰,修弟,封豐城侯。"《考證》云:"考《南史》,諮為鄱陽忠烈王恢之子。諮弟修。修弟泰。《通考》既脱去鄱陽王不載,又以諮、修、泰為南平王偉之孫。誤。"應當説,從乾隆武英殿刻本,到《四庫全書》本,《文獻通考》的文本質量有明顯改善。這種附有校勘記的本子,在《文獻通考》傳世版本中還是第一次,直到今天也還沒有第二次。在乾隆纂修《四庫全書》之前,正經、正史的刊刻,附有校勘記,是從武英殿本開始的,殿本的考證具有劃時代意義。但殿本《考證》大約一半以上并非討論文字異同,而仍屬文義的理解。屬於文字異同討論的僅佔一小半。到《四庫全書考證》則已變成幾乎全部是討論文字異同是非的"校勘記"。雖然仍然沿用"考證"這個名稱,但其功能在專業化方面已經出現了大的飛躍。乾隆以後,刻書附校勘記,已逐步被認為是"内行"的做法。張之洞《輶軒語·語學》中認為初學選擇善本的主要標誌是"國朝人所刻,密行細字附校勘記者"。這種古籍整理成果附有校勘記的普遍認可的行為,應當説開始於武英殿本,形成於《四庫全書考證》,至阮元《十三經注疏校勘記》漸趨成熟。近幾十年來,古籍整理成果而不附校勘記的,甚至被認為"外行"。回顧這段歷史,我們不能不認為《四庫全書考證》在學術史上,尤其是校勘學史上,是有著不可磨滅的地位的。在今後的古籍整理工作中,把《四庫》本作為校本,充分汲取《四庫全書考證》的已有校勘成果,應當成為一種通行做法。

第三條,纂修《四庫全書》是從《永樂大典》輯佚書開始的。在整個纂修過程中,四庫館臣輯集了大量佚書,如《舊五代史》、《續資治通鑑長編》、《元和姓纂》、《直齋書錄解題》、《金樓子》等重要典籍,都是從《永樂大典》等書中輯出的。其中不少輯本除被收入《四庫全書》外,還彙印成《武英殿聚珍版書》,流傳於世。有的書《四庫》未收,如宋蘇過《斜川集》是周永年輯出的,趙懷玉據以刻於杭州,《四庫》卻未收入。隨著《永樂大典》的不斷毀滅,這些重要典籍在乾隆間及時輯出的歷史貢獻進一步突顯出來。纂修《四庫全書》以前,輯佚書這種行為早已出現,但大規模輯佚書則以四庫館臣從《永樂大典》中輯佚書為開端。嘉慶間修《全唐文》利用《永樂大典》中的材料,同時徐松輯出《宋會要》、《宋中興禮書》等重要典籍,可以說是直接繼承了四庫館臣的做法。後來之所以出現馬國翰、黄奭、王謨、嚴可均等一批輯佚書專家,也與四庫館臣輯佚書的影響分不開。

第四條,纂修《四庫全書》期間產生了一批副産品,其中有

《武英殿聚珍版書》、《四庫全書薈要》、《進呈書目》、《浙江採集遺書總錄》、《江蘇採輯遺書目錄》、《四庫全書總目》、《四庫全書簡明目錄》、《四庫全書附存目錄》、《四庫提要分纂稿》、《惜抱軒書錄》、《南江書錄》等等，與《四庫全書》七部寫本，共同構成纂修《四庫全書》的豐碩成果，在中國文獻史上留下了濃重的一筆。

　　第五條，纂修《四庫全書》引發了一個學科"四庫學"，乾隆以降，陸續産生了一批四庫學新成果。例如《宛委別藏》、《四庫全書存目叢書》、《續修四庫全書》、《四庫禁燬書叢刊》、《四庫簡明目錄標注》、《藏園訂補邵亭知見傳本書目》、《四庫存目標注》、《四庫全書總目提要補正》、《四庫提要辨證》、《續修四庫全書總目提要》、《禁燬書目四種》、《清代禁書知見錄》、《四庫採進書目》、《纂修四庫全書檔案》、《四庫全書纂修考》、《四庫全書纂修研究》、《四庫全書館研究》、《四庫全書總目編纂考》等等。在中國文獻學史上，因為纂修一部書而引發一門幾乎是顯學的專門學科，《四庫全書》也許不是唯一的，但卻是最受人矚目的。

　　《四庫全書》已經誕生二百多年，二百年間對中國學術研究影響最大最深的實際上是《四庫全書總目》二百卷。這方面的議論很多，仍以張之洞的説法為更多的人熟知并認同："氾濫無歸，終身無得；得門而入，事半功倍。或經，或史，或詞章，或經濟，或天算，或地輿，經治何經，史治何史，經濟是何條，因類以求，各有專注。至於經注，孰為師授之古學，孰為無本之俗學。史傳，孰為有法，孰為失體，孰為詳密，孰為疏舛。詞章，孰為正宗，孰為旁門，尤宜抉擇分析，方不致誤用聰明。此事宜有師承，然師豈易得？書即師也。今為諸生指一良師，將《四庫全書總目提要》讀一過，即略知學問門徑矣。"（《輶軒語・語學・論讀書宜有門徑》)《四庫總目》爲什麼能獲得這樣高的地位？我想不外三個原因：一是巨大的文獻容量；二是完備的知識系統；三是宏通的學術見解。

由於《四庫總目》容納了一萬多種文獻的信息，幾乎把當時傳世的重要文獻網羅在內了。因此，這一巨大的容量使它具備了古文獻工具書的功能。當你要瞭解某一類有些什麼書的時候，你會想到查《四庫總目》，當你要判斷某書是不是稀見的時候，你也會想到查《四庫總目》。工具書必須是在某一方面或某幾方面信息較爲齊備、準確，才能算得上好的工具書。所以一般規模的書目，都難以扮演工具書的角色，《四庫總目》在相當長的歷史時期都是唯一具有權威地位的文獻學工具書，即使在近代出現的《續修四庫全書總目》，也頂多可以彌補《四庫總目》缺少的部分，卻不能在地位上與之抗衡。這除了規模以外，還有《四庫總目》囊括的文獻不僅量大，而且是中國文獻的主體部分，這種主體具有不可再生性和無可替代性。

《四庫總目》所能提供給我們的中國古文獻知識，幾乎是全分的。我們從中可以獲取一萬多種圖書的書名（包括同書異名，異書同名）、卷數（包括篇卷的分合演變）、著者姓名（包括字、號、室名）、朝代、里籍、科第、生活年代、出身、歷官、學術淵源、著作宗旨、圖書內容、流傳刊抄等知識，還可以獲得古今圖書分類知識。《四庫總目》卷首乾隆諭旨，可以爲我們提供《四庫全書》及《總目》纂修的大體歷史。《表文》則幾乎包括了關於中國典籍文化的主要典故，以及《四庫全書》纂修中的主要內容。林鶴年著《四庫全書表文箋釋》四卷，可以爲我們進一步揭示這些典故和史實。《四庫全書凡例》以及經、史、子、集四部總敘，各類的類敘,許多提要末的案語,共同為我們提供了具有完備系統的中國傳統學術知識,甚至我們可以把這些類敘凡例視為一部"國學概論"。我們可以檢視一下二十世紀三十年代通行的國學概論教科書,幾乎都是依經史子集框架講述的,有的稍作變通,也難離其軌轍。

《四庫總目》除了上面兩項客觀知識外,還有極為豐富的學術分析和評論,見解宏通,為亘古所未有。《四庫總目》四部總敘為我們理清了經、史、子、集四部的學術源流及其得失,四十四類的類敘,則從更細的學科門類為我們辨析源流,而在各書提要中,除了客觀介紹作者和圖書情況外,也發表了學術性很強的評論。各書的評論雖然是針對該書的,但也經常從學術淵源上予以高屋建瓴的分析,而不僅僅是各書的孤立評論。整部《四庫總目》,一萬多篇提要,繩貫珠聯,如網之在綱,渾然構成一龐大體系,有條而不紊。這樣的學術建構,體大思精,在中國歷史上是不可多有的。余嘉錫評價《四庫總目》是"劉向《別錄》以來才有此書",從歷史上看這是恰如其分的。而從實際學術功用上看,《四庫總目》又非《別錄》所可比擬。我們可以認為《四庫總目》是中國學術史上空前的傑作,那是絕不過分的。

無庸諱言,《四庫總目》存在大量錯誤。清代陸心源曾擬作一部訂誤性質的書,叫《正紀》。他的書沒寫成,但在《皕宋樓藏書志》、《儀顧堂題跋》、《儀顧堂續跋》、《儀顧堂集》等書中已零星做了不少訂正工作。近人胡玉縉《四庫全書總目提要補正》、余嘉錫《四庫提要辨證》以及李裕民、崔富章、楊武泉等先生專門考訂《四庫提要》錯誤的著作已陸續問世,王重民先生《中國善本書提要》中也有不少訂正《四庫總目》的條目。我在與輯《四庫全書存目叢書》及撰寫《四庫存目標注》過程中也發現不少《四庫提要》的錯誤，寫入《存目標注》中。各類報刊零星發表的訂誤文章數量也十分可觀，有關論文索引可以查檢。具體例子這裏不再列舉。對於讀者來説，報刊論文固不便隨時查檢，即使幾部專書也不是十分方便隨時核對的。哪些條目已經有人指出其中的錯誤？這就成了讀者的困難。有鑒於此，1993年，我和劉心明、王承略兩兄在隨王紹曾先生完成《清史稿藝文志拾遺》後，曾商議從事《四庫全書總目》點校，除加新式標點，校勘《四庫總目》的殿本、浙本、文淵閣、文溯閣本書前提要、《進呈書目》之外，還要摘附各家辨證於當條之下。忽忽廿年，各自忙碌，竟没有付諸實施。現在魏小虎先生以一己之力，花費多年時間，完成了《四庫全書總目彙訂》，其辦法與我們接近，而網羅之廣，自然是我們當年力不可及的。根據《彙訂》清樣初步統計，其中僅引用余嘉錫、胡玉縉、王重民、李裕民、崔富章、楊武泉、杜澤遜七家，已達兩千餘條。其他散見條目尤多，讀者翻閱便一目了然。鑒於《四庫全書》的廣泛運用和《四庫總目》的崇高地位，小虎先生的這部《彙訂》在"傳統學術"領域可以説是不可或缺的要籍。今後當然還會有新的訂正成果發表出來，希望若干年後，小虎先生再出版增訂本，從而更好地滿足讀者的需要，為學術研究做出更大的貢獻。應當特別強調的是，《四庫總目》的這些疏誤，根本不影響這部學術大著的崇高地位。人們之所以熱衷於為《四庫總目》拾遺補缺，當然主要是爲了這部傑作更加完善，同時也因為《四庫總目》是高級别的靶子，足以顯示射者的能力。

　　二零一二年十一月四日滕州杜澤遜序於山東大學向嵐書室。

彙訂凡例

　　一、本書以中華書局影印浙江杭州本《總目》為底本，上海古籍出版社影印文淵閣《四庫全書》卷前武英殿刻本《總目》為對校本。採用繁體橫排，新式標點。

　　二、二本所有異文皆出校記（不包括通假字、異體字、俗體字，缺筆避諱徑改）。屬一般異文而義可兩存者不作考訂，因原書已佚等原因難以判別正誤者亦暫無考。其他凡底本或殿本誤，或二本皆誤者，校記中皆予以考訂說明。應從殿本者正文皆據以改正。二本皆誤者，一般不改正文。

　　三、一本避帝諱、孔子諱改字而一本未避或缺筆避諱者，亦作異文處理出校。兩本改字相同者，僅於所屬人名、地名等在該條提要中首次出現時，在其後用六角方括號括注本字，如鄭元〔玄〕。下文重複出現時悉依底本原貌。凡衆所周知，如宏〔弘〕治、唐元〔玄〕宗等，或在《總目》中頻繁反復出現者，如元〔玄〕虛、邱〔丘〕濬等，也不一一注明。

　　四、校記以外的注文皆為糾正《總目》中人名、地名、年代、版本、篇名、引文、史實等"硬傷"。除原文稱作者不詳，而予以考訂詳明者，其餘僅增補字里仕宦、版本著錄等類文字者不錄；商榷詩文優劣、評騭學派高下者不錄。尚存較大爭議，或所主異說不足以定《總目》為誤者亦不錄。

五、"菁華已採，糟粕可捐"（《永樂大典》條）、"西洋人即所謂波斯，天主即所謂祆神"（《西學凡》條）、"其人可誅，其書可燬"（《李溫陵集》條）等其謬昭然者不作糾辨。

六、已作考辨的訛誤重複出現時，以"説詳某卷某條彙訂"的互注形式標出。

七、校記所引各書原文，凡未特別注明者，著錄書皆據影印文淵閣《四庫全書》本或通行整理本，存目書皆據《四庫全書存目叢書》影印本。

八、注文凡採用前人成果（截止於 2011 年底前發表者），皆於該條後標明作者及書名或篇名，其版本、出處詳見附錄"引用文獻"，未標者為筆者所撰。如先後有兩家以上論著考辨同段提要，内容雷同則只標出版、發表時間在前或較詳細者；内容恰可互為補充，則依發表時間先後次序羅列。若所引相同内容曾先後以不同形式發表（單篇論文與專著某章節、期刊與文集等），擇其資料較集中之一種著錄。為統一全書體例，引用未必嚴格照錄，或删略、增訂，或概括前後數章數段，多非單引某段某句，故不再注出詳細頁碼、章節。若有取捨不當，以不誤為誤，或沿用舊説，未能及時瞭解新出成果，或未察所引並非一手資料，實為轉述他人之説，或所作改訂有違原意乃至翻成訛謬等，自當由筆者負全責。

九、注文所引同一作者不同内容的同名文章，分別於篇名後標以其所刊刊物名簡稱。如董運來：《四庫全書總目補正十則》，雜（雜即《圖書館雜誌》）；董運來：《四庫全書總目補正十則》，情（情即《圖書與情報》）。

目　録

卷首

聖　諭

　　乾隆三十七年正月初四日奉上諭:朕稽古右文,聿資治理,幾餘典學,日有孜孜。因思策府縹緗,載籍極博,其鉅者羽翼經訓,垂範方來,固足稱千秋法鑒。即在識小之徒,專門撰述,細及名物象數,兼綜條貫,各自成家,亦莫不有所發明,可爲游藝養心之一助。是以御極之初,即詔中外搜訪遺書,並令儒臣校勘十三經、二十一史,徧布黌宮,嘉惠後學。復開館纂修《綱目三編》、《通鑑輯覽》及《三通》諸書,凡藝林承學之士所當户誦家弦者,即已薈萃略備。第念讀書固在得其要領,而多識前言往行以畜其德,惟蒐羅益廣,則研討愈精。如康熙年間所修《圖書集成》,全部兼收並錄,極方策之大觀,引用諸編,率屬因類取裁,勢不能悉載全文,使閱者沿流溯源,一一徵其來處。今內府藏書插架不爲不富,然古今來著作之手,無慮數千百家,或逸在名山,未登柱史,正宜及時採集彙送京師,以彰千古同文之盛。其令直省督撫會同學政等,通飭所屬加意購訪。除坊肆所售舉業時文及民間無用之族譜、尺牘、屏幛、壽言等類,又其人本無實學,不過嫁名馳騖,編刻酬倡詩文,瑣碎無當者,均無庸採取外,其歷代流傳舊書,內有闡明性學治法,關繫世道人心者,自當首先購覓。至若發揮傳注,考覈典章,旁暨九流百家之言,有裨實用者,亦應備爲甄擇。又如歷代名人洎本朝士林宿望，向有詩文專集，及近時沈潛經史，原本風雅，如顧棟高、陳祖范、任啟運、沈德潛輩，亦各著成編，並非剿說卮言可比，均應概行查明。在坊肆者或量爲給價，家藏者或官爲裝印，其有未經鎸刊，祇係鈔本存留者，不妨繕錄副本，仍將原書給還。並嚴飭所屬，一切善爲經理，毋使吏胥藉端滋擾。但各省蒐輯之書，卷帙必多，若不加之鑑別，悉令呈送，煩複皆所不免。著該督撫等先將各書敍列目錄，注係某朝某人所著，書中要旨何在，簡明開載，具摺奏聞，候彙齊後令廷臣檢覈，有堪備閱者，再開單行知取進。庶幾副在石渠，用儲乙覽。從此四庫七略益昭美備，稱朕意焉。欽此。

乾隆三十八年二月初六日奉旨：昨據軍機大臣議覆朱筠條奏，內將《永樂大典》擇取繕寫，各自爲書一節，議請分派各館修書翰林等官前往檢查，恐責成不專，徒致歲月久稽，汗青無日。蓋此書移貯年深，既多殘闕，又原編體例係分韻類次，先已割裂全文，首尾難期貫串。特因當時采摭甚博，其中或有古書善本，世不恒見，今就各門彙訂，可以湊合成部者，亦足廣名山石室之藏。著即派軍機大臣爲總裁官，仍於翰林等官內選定員數，責令及時專司查校，將原書詳細檢閱，並將《圖書集成》互爲校覈，擇其未經採錄而實在流傳已少、尚可裒綴成編者，先行摘開目錄奏聞，候朕裁定。其應如何酌定規條，即著派出之大臣詳悉議奏。至朱筠所奏，每書必校其得失，撮舉大旨，敍於本書卷首之處，若欲悉仿劉向校書序錄成規，未免過於繁冗。但向閱內府所貯康熙年間舊藏書籍，多有摘敍簡明略節、附夾本書之內者，於檢查洵爲有益，應俟移取各省購書全到時，即令承辦各員，將書中要指槩括總敍匡略，粘開卷副頁右方，用便觀覽。餘依議。欽此。

乾隆三十八年二月十一日奉上諭：昨據軍機大臣議覆朱筠條奏校核《永樂大典》一摺，已降旨派軍機大臣爲總裁，揀選翰林等官詳定條規，酌量辦理。茲檢閱原書卷首序文，其言採掇蒐羅，頗稱浩博，謂足津逮四庫。及核之書中別部區函，編韻分字，意在貪多務得，不出類書窠臼，是以踳駁乖離，於體例未能允協。即如所用韻次，不依唐宋舊部，惟以《洪武正韻》爲斷，已覺凌雜不倫。況經訓爲群籍根源，乃因各韻轇轕，於《易》先列《蒙卦》，於《詩》先列《大東》，於《周禮》先列《冬官》，且採用各字，不論《易》、《書》、《詩》、《禮》、《春秋》之序，前後錯互，甚至載入六書篆隸真草字樣，摭拾米芾、趙孟頫字格，描頭畫角，支離無謂。至儒書之外，闌入釋典、道經，於古柱下史專掌藏書守先待後之義，尤爲鑿枘不合。朕意從來四庫書目，以經史子集爲綱領，裒輯分儲，實古今不易之法。是書既遺編淵海，若準此以採擷所登，用廣石渠金匱之藏，較爲有益。著再添派王際華、裘口修爲總裁官，即令同遴簡分校各員悉心酌定條例，將《永樂大典》詳悉校核。除本係現在通行及雖屬古書而詞意無關典要者，亦不必再行採錄外，其有實在流傳已少、其書足資啟牖後學、廣益多聞者，即將書名摘出，撮取著書大旨，敍列目錄進呈，俟朕裁定，彙付剞劂。其中有書無可採而其名未可盡没者，祇須注出簡明略節，以佐流傳考訂之用，不必將全部付梓，副朕裨補闕遺，嘉惠士林至意。再是書卷帙如此繁重，而明代藏役僅閱六年，今諸臣從事蒐輯，更係棄多取少，自當刻期告竣，不得任意稽延，徒誚汗青無日。仍將應定條例，即行詳議，繕摺具奏。欽此。

乾隆三十八年二月二十一日，大學士劉統勳等議奏校辦《永樂大典》條例一摺，奉旨：是，依議。將來辦理成編時，著名《四庫全書》。欽此。

乾隆三十八年二月二十八日，奉旨：現在查辦《四庫全書》之翰林官，著照武英殿修書處之例，給與飯食，即交福隆安派員經理。欽此。

乾隆三十八年五月十七日奉上諭：前經降旨，博採遺編，彙爲《四庫全書》，用昭石渠美備，並以嘉惠藝林。旋據浙江、江南督撫及兩淮鹽政等奏到購求呈送之書已不下四五千種，並有稱藏書家願將所有舊書呈獻者，固屬踴躍奉公，尚未能深喻朕意。方今文治光昭，典籍大備，恐名山石室，儲蓄尚多，用是廣爲蒐羅，俾無遺佚，冀以闡微補闕，所有進到各遺書並交總裁等，同《永樂大典》内現有各種詳加核勘，分別刊鈔。擇其中罕見之書，有益於世道人心者，壽之梨棗，以廣流傳。餘則選派謄錄，彙繕成編，陳之册府。其中有俚淺譌謬者，止存書名，彙爲總目，以彰右文之盛。此採擇《四庫全書》本指也。今外省進到之書，大小長短，參差不一，既無當於編列縹緗，而業已或刻或鈔，其原書又何必復留内府？且伊等將珍藏善本應詔彙交，深可嘉尚，若因此收存不發，轉使耽書明理之人不得保其世守，於理未爲公允，朕豈肯爲之。所有各家進到之書，俟校辦完竣日，仍行給還原獻之家。但現在各省所進書籍已屬不少，嗣後自必陸續加多，其如何分別標記，俾還本人，不致混淆遺失之處，著該總裁等妥議具奏，仍將此通諭知之。欽此。

乾隆三十八年八月二十五日奉上諭：辦理《四庫全書》處將永樂大典内檢出各書，陸續進呈。朕親加披閲，間予題評，見其考訂分排具有條理，而撰述提要粲然可觀。則成於紀昀、陸錫熊之手，二人學問本優，校書亦極勤勉，甚屬可嘉。紀昀曾任學士，陸錫熊現任郎中，均著授爲翰林院侍讀，遇缺即補，以示獎勵。
欽此！[①]

　　乾隆三十九年五月十四日奉上諭：國家當文治休明之會，所
有古今載籍，宜及時蒐羅大備，以光册府，而裨藝林。因降旨命
各督撫加意採訪，彙上於朝。旋據各省陸續奏進，而江、浙兩省
藏書家呈獻種數尤多，廷臣中亦有紛紛奏進者，因命詞臣分別校
勘，應刊應錄，以廣流傳。其進書百種以上者，並命擇其中精醇
之本，進呈乙覽。朕幾餘親爲評詠，題識簡端。復命將進到各書
於篇首用翰林院印，並加鈐記，載明年月、姓名於書面頁，俟將來
辦竣後仍給還各本家自行收藏。其已經題詠諸本，並令書館先
行錄副，將原書發還，俾收藏之人益增榮幸。今閱各家進到之
書，其最多者，如浙江之鮑士恭、范懋柱、汪啓淑、兩淮之馬裕四
家，爲數多至五六七百種，皆其累世弆藏，子孫克守其業，甚可嘉
尚。因思内府所有《古今圖書集成》，爲書城鉅觀，人閒罕覯。此
等世守陳編之家，宜俾專藏勿失，以裨留貽。鮑士恭、范懋柱、汪
啓淑、馬裕四家，著賞《古今圖書集成》各一部，以爲好古之勸。
又如進呈一百種以上之江蘇周厚堉、蔣曾瑩、浙江吳玉墀、孫仰
曾、汪汝瑮以及朝紳中黃登賢、紀昀、勵守謙、汪如藻等，亦俱藏
書舊家，並著每人賞給内府初印之《佩文韻府》各一部，俾亦珍爲
世寶，以示嘉獎。以上應賞之書，其外省各家，著該督撫鹽政派
員赴武英殿領回分給。其在京各員，即令其親赴武英殿祗領，仍
將此通諭知之。欽此。

　　乾隆三十九年七月二十五日奉諭旨：四庫全書處進呈總目
於經史子集内，分晰應刻、應鈔及應存書名三項，各條下俱經撰
有提要，將一書原委撮舉大凡，并詳著書人世次、爵里，可以一覽

了然，較之《崇文總目》，蒐羅既廣，體例加詳，自應如此辦理。第此次各省搜訪書籍有多至百種以上至六七百種者，如浙江范懋柱等家，其裒集收藏深可嘉尚。前已降旨分別頒賞《古今圖書集成》及初印《佩文韻府》，并擇其書尤雅者製詩親題卷端，俾其子孫世守，以爲稽古藏書者勸。今進到之書於纂輯後仍須發還本家，而所撰總目若不載明係何人所藏，則閱者不能知其書所自來，亦無以彰家藏珍弆資益之善。著通查各省進到之書，其一人而收藏百種以上者，可稱爲藏書之家，即應將其姓名附載於各書提要末。其在百種以下者，亦應將由某省督撫、某人採訪所得，附載於後。其官板刊刻及各處陳設庫貯者，俱載內府所藏，使其眉目分明，更爲詳細。至現辦《四庫全書總目提要》多至萬餘種，卷帙甚繁，將來鈔刻成書，繙閱已頗爲不易，自應於《提要》之外另刊《簡明書目》一編，祇載某書若干卷，註某朝某人撰，則篇目不繁而檢查較易。俾學者由書目而尋提要，由提要而得全書，嘉與海內之士，考鏡源流，用昭我朝文治之盛。著《四庫全書》處總裁等遵照悉心妥辦，並著通諭知之。欽此。

乾隆四十年十一月十七日奉上諭：據四庫全書館總裁將所輯《永樂大典》散片各書進呈，朕詳加披閱，內宋劉跂《學易集》十二卷，擬請刊刻。其中有青詞一體，乃道流祈禱之章，非斯文正軌。前因題《胡宿集》，見其有“道院青詞”、“教坊致語”之類，命刪去刊行，而鈔本仍存其舊。今劉跂所作，則因己身服藥交年瑣事，用青詞致告，尤爲不經。雖鈔本不妨姑存，刊刻必不可也。蓋青詞詞涉異端，不特周、程、張、朱諸儒所必不肯爲，即韓、柳、歐、蘇，亦正集所未見。若韓愈之《送窮文》，柳宗元之《乞巧文》，此乃擬託神靈，遊戲翰墨，不過藉以喻言，並非實有其事。偶一爲之，固屬無害。又如時文爲舉業所習，自前明以來，通人擅長者甚多。然亦只可聽其另集專行，不並登文集。況青詞之尤乖典則者乎？再所進書內有擬請鈔錄之王質《雪山集》，內如《論和戰守疏》及《上宋孝宗書》諸篇，詞旨剴切，頗當事理，竟宜付之剞劂。但其中亦有青詞一種，並當一律從刪。所有此二書，著交該總裁等重加釐正，分別削存，用昭評騭之允。至現在纂輯《四庫全書》，部帙計盈數萬，所採詩文既多，自不能必其通體完善，或大端可取，原不妨棄瑕錄瑜。如宋穆修集有《曹操帳記》，語多稱頌，謬於是非大義，在所必刪。而全集或錄存，亦不必因此以廢彼，惟當於提要內闡明其故，使去取之義曉然。諸凡相類者，均可照此辦理。該總裁等務須詳慎決擇，使群言悉歸雅正，副朕鑑古斥邪之意。欽此。

乾隆四十一年六月初一日奉上諭：昨四庫館進呈裒集《永樂大典》散篇，內有《麟臺故事》一編，爲宋待制程俱撰，具詳當時館閣之制。所載典掌三館祕閣書籍以執政領閣事，又有直祕閣、祕閣校理等官，頗稱賅備。方今搜羅遺籍，彙爲《四庫全書》，每輯錄奏進，朕親披閱釐正。特於文華殿後建文淵閣弆之，以充策府而昭文治，淵海縹緗，蔚然稱盛。第文淵閣國朝雖爲大學士兼銜，而非職掌，在昔並無其地。茲既崇構鼎新，琅函環列，不可不設官兼掌，以副其實，自宜酌衷宋制，設文淵閣領閣事總其成，其次爲直閣事，同司典掌，又其次爲校理，分司註冊點驗，所有閣中書籍，按時檢曝，雖責之內府官屬，而一切職掌則領閣事以下各任之，於內閣翰詹衙門內兼用。其每銜應設幾員及以何官兼充，著大學士會同吏部、翰林院定議，列名具奏，候朕簡定。令各分職繫銜，將來即爲定額，用垂久遠。至於四庫所集多人間未見之書，朕勤加採訪，非徒廣金匱石室之藏，將以嘉惠藝林，啟牖後學，公天下之好也。惟是鐫刻流傳僅什之一，而鈔錄儲藏者外間仍無由窺睹，豈朕右文本意乎？翰林原許讀中秘書，即大臣官員中有嗜古勤學者，並許告之所司赴閣觀覽，第不得攜取出外，致有損失。其如何酌定章程，並著具奏以聞。欽此。

　　乾隆四十一年七月二十六日奉上諭：關帝在當時力扶炎漢，志節凜然，乃史書所諡，並非嘉名。陳壽於蜀漢有嫌，所撰《三國志》多存私見，遂不爲之論定，豈得謂公。從前世祖章皇帝曾降諭旨封爲“忠義神武大帝”，以褒揚盛烈，朕復於乾隆三十二年降旨加“靈佑”二字，用示尊崇。夫以神之義烈忠誠，海內咸知敬祀，而正史猶存舊諡，隱寓譏評，非所以傳信萬世也。今當鈔錄《四庫全書》，不可相沿陋習，所有志內關帝之諡，應改爲忠義。第本傳相沿已久，民間所行必廣，難於更易，著交武英殿將此旨刊載傳末，用垂久遠。其官板及內府陳設書籍，並著改刊，此旨一體增入。欽此。

　　乾隆四十一年九月三十日奉上諭：昨四庫全書薈要處呈進鈔錄各種書籍，朕於幾餘披閱，見粘籤考訂之處頗爲詳細，所有各籤向曾令其附錄於每卷之末，即官板諸書亦可附刊卷尾。惟民間藏板及坊肆鐫行之本，難以概行刊入，其原書譌舛業經訂正者，外間仍無由得知，尚未足以公好天下也。前經降旨，令將《四庫全書總目》及各書提要編刊頒行，所有諸書校訂各籤，並著該總裁等另爲編次，與總目提要一體付聚珍板排刊流傳，既不虛諸臣校勘之勤，而海內承學者得以由此研尋。凡所藏書皆成善本，亦以示嘉惠士林至意。欽此。

　　乾隆四十一年十一月十七日奉上諭：前因彙輯《四庫全書》，

諭各省督撫遍爲採訪。嗣據陸續送到各種遺書，令總裁等悉心
校勘，分別應刊、應鈔及存目三項，以廣流傳。第其中有明季諸
人書集，詞意抵觸本朝者，自當在銷燬之例。節經各督撫呈進並
飭館臣詳細檢閱，朕復于進到時親加披覽，覺有不可不爲區別甄
核者，如錢謙益在明已居大位，又復身事本朝，而金堡、屈大均則
又遁蹟緇流，均以不能死節，靦顏苟活，乃託名勝國，妄肆狂狺，
其人實不足齒，其書豈可復存？ 自應逐細查明，概行燬棄，以勵
臣節而正人心。若劉宗周、黃道周，立朝守正，風節凜然，其奏議
慷慨極言，忠藎溢於簡牘，卒之以身殉國，不愧一代完人。又如
熊廷弼受任疆場，材優幹濟，所上封事，語多剴切，乃爲朝議所
撓，致使身陷大辟。嘗閱其疏內有“灑一腔之血於朝廷，付七尺
之軀於邊塞”二語，親爲批識云：“至此爲之動心欲淚，而彼之君
若不聞，明欲不亡，得乎？”可見朕大公至正之心矣。又如王允成
《南臺奏稾》，彈劾權姦，指陳利弊，亦爲無慚骨鯁。又如葉向高
爲當時正人，頗負重望，及再入內閣，值逆閹弄權，調停委曲，雖
不能免責賢之備，然視其《綸扉奏草》請補閣臣疏，至七十上，幾
於痛哭流涕，一概付之不答。其朝綱叢脞，可不問而知也。以上
諸人所言，若當時能採而用之，敗亡未必若彼其速，是其書爲明
季喪亂所關，足資考鏡。惟當改易違礙字句，無庸銷燬。又彼時
直臣如楊漣、左光斗、李應昇、周宗建、繆昌期、趙南星、倪元璐
等，所有書籍並當以此類推。即有一二語傷觸本朝，本屬各爲其
主，亦止須酌改一二語，實不忍並從焚棄，致令湮沒不彰。至黃
道周另有《博物典彙》一書，不過當時經生家策料之類，然其中紀
本朝事蹟一篇，於李成梁後設謀碁害具載本末，尤足徵我朝祖宗
行事正大光明，實大有造於明人，而彼轉逞狡謀陰計，以怨報德。

伏讀實錄，我太祖高皇帝以七大恨告天，師直爲壯，神戈所指，肇建鴻基，實自古創業者所莫及。雖彼之臣子，亦不能變亂黑白，曲爲隱諱。存其言，並可補當年紀載所未備，因命館臣酌加節改，附載開國方略後，以昭徵信。近復閱江蘇所進應燬書籍，内有朱東觀編輯崇禎年間諸臣奏疏一卷，其中多指言明季秕政，漸至瓦解而不可救，亦足取爲殷鑒。雖諸疏中多有乖觸字句，彼皆忠於所事，實不足罪。惟當酌改數字，存其原書，使天下後世曉然於明之所以亡與本朝之所以興，俾我子孫永念祖宗締造之艱難，益思兢兢業業以祈天而永命，其所神益豈不更大，又何必急燬其書乎？又若彙選各家詩文内有錢謙益、屈大均所作，自當削去。其餘原可留存，不必因一二匪人致累及衆。或明人所刻類書，其邊塞、兵防等門，所有觸礙字樣固不可存，然只須削去數卷，或削去數篇，或改定字句，亦不必因一二卷帙遂廢全部。他如南宋人書之斥金，明初人書之斥元，其悖于義理者，自當從改，其書均不必燬。使無礙之書，原聽其照舊流行，而應禁之書，自不致仍前藏匿，方爲盡善。著《四庫全書》總裁等妥協查辦，粘簽呈覽，候朕定奪，並將此通諭中外知之。欽此。

乾隆四十二年八月十九日奉旨：前經降旨，各省藏書家所呈書籍，於辦畢後即行發還，至督撫等自購呈進之本，俱經奏請留供石渠之藏。其在京大臣官員等所進之書，亦俱請備儲中祕。昨歲大學士等議定文淵閣藏書章程云，俟全書告竣後，各藏其副於翰林院署，立架分貯等語。朕命纂輯《四庫全書》，原以嘉惠天下萬世，公諸同好。今外省藏書家進到之書，既經陸續給還，所有在京大臣等進呈書籍亦應一體付還本家，俾其世守。若爲翰林院藏書計，則各處所進書函長短闊狹不等，分籤插架，不能整齊，莫若俟《四庫全書》鈔錄四分完竣，令照式再鈔一分，貯之翰苑，既可備耽書之人入署就閱，而傳布詞林，亦爲玉堂增一佳話。其各督撫購進諸書，將來仍可彙交武英殿另行陳設收藏。將此諭令四庫館總裁等遵照辦理。欽此。

　　乾隆四十二年十月初七日奉上諭：四庫全書館進呈李廌《濟南集》，其《詠鳳凰臺》一首，有"漢徹方秦政，何乃誤至斯"之語，於理不順。因檢查《北史・文苑傳》敘，亦有"頡頏漢徹，跨躡曹丕"之句，《韻府》因而錄入，均屬未協。秦始皇焚書坑儒，其酷虐不可枚舉，號爲無道，秦後之人深惡痛絕，因而顯斥其名，尚無不可。若曹丕躬爲篡逆，稱名亦宜。至漢武帝在漢室尚爲振作有爲之主，且興賢用能，獨持綱紀，雖黷武、惑溺神仙，乃其小疵，豈得直書其名，與秦政、曹丕並論乎？且自古無道之君至桀紂而止，故有指爲"獨夫受"者。若漢之桓、靈，昏庸狂暴，遂至滅亡，亦未聞稱名指斥，何於武帝轉從貶抑乎？又如南北朝，彼此互相詆毀，南朝臣子稱北朝主之名，北朝臣子稱南朝主之名，宋之於金、元，金、元之於宋亦然。此皆局於其地之私心，雖非天下之公，尚無傷於正理。若李延壽乃唐臣，李廌乃宋臣，其於中國正統之漢武帝，伊祖未嘗不曾爲其臣，豈應率逞筆端，罔顧名義，輕妄若此？且朕御製詩文內，如周、程、張、朱，皆稱爲子，而不斥其名。又如韓昌黎、蘇東坡諸人，或有用入詩文者，亦止稱其號而不名。朕於異代之臣尚不欲直呼其名，乃千古以下之臣，轉將千古以上之君稱名不諱，有是理乎？朕命諸臣辦理《四庫全書》，親加披覽，見有不協於理者如關帝舊諡之類，即降旨隨時釐正，惟準以大中至正之道，爲萬世嚴褒貶，即以此衡是非，此等背理稱名之謬，豈可不爲改正以昭示方來？著交武英殿將《北史・文苑傳》敘改爲漢武,《韻府》内删去此條,酌爲改刊,所有陳設之書悉心改補。其李廌集亦一體更正,並諭四庫全書館臣等,於校勘書籍内遇有似此者,俱加簽擬改,聲明進呈,毋稍忽略。將此通諭知之。欽此。

　　乾隆四十二年十一月十四日奉上諭:前日披覽四庫全書館所進《宗澤集》,内將夷字改寫彝字,狄字改寫敵字,昨閱《楊繼盛集》内改寫亦然。而此兩集中又有不改者,殊不可解。夷、狄二字,屢見於經書,若有心改避,轉爲非理。如《論語》"夷狄之有君",《孟子》"東夷"、"西夷",又豈能改易,又何必改易。且宗澤所指係金人,楊繼盛所指係諳達,更何所用其避諱耶。因命取原本閱之,則已改者皆係原本妄易,而不改者原本皆空格加圈。二書刻於康熙年間,其謬誤本無庸追究。今辦理《四庫全書》應鈔之本,理應斟酌妥善。在謄錄,草野無知,照本鈔謄,不足深責。而空格則係分校所填,既知填從原文,何不將其原改者悉爲更正?分校、覆校俱係職官,豈宜失檢若此?至總裁等身爲大臣,於此等字面尤應留心細勘,何竟未能逐一校正?其咎更無所辭,非他書總核記過者可比。所有此二書之分校、覆校及總裁官,俱即著交部分別議處。除此二書改正外,他書有似此者,並著一體查明改正。並諭該館臣嗣後務悉心詳校,毋再輕率干咎。欽此。

　　乾隆四十四年二月二十六日奉上諭:四庫全書館節次彙進各省送到違礙應燬書籍,朕親加抽閱。内如徐必達《南州草》所載姦商姦璫結賄欺君諸疏,俱持論不撓,極爲抗直。又如蕭近高疏草内載其劾大璫潘相等以礦稅擾民,宋一韓披垣封事,亦有劾東廠及稅監李鳳、梁永等蠹國病民諸疏,均屬詳明剴切。又侯震暘《天垣疏略》以客氏再入禁中,抗章極論,并及於沈漼之交通内臣,亦能侃侃不阿。雖其閒若徐爾一之九八分疏,極口詆斥孫承宗,而於溫體仁、霍維華等則曲加贊譽,是非倒置,以圖熒聽。此外亦不過撫拾陳言,固無足取。其餘讜論危言,切中彼時弊病者,實俱無慚骨鯁。前因明季諸臣如劉宗周、黃道周等,立身行己,秉正不回,其抗疏直諫,皆意切於匡濟時艱,忠藎之忱,溢於簡牘,已降旨將其違礙字句酌量改易,毋庸銷燬。因復思明自神宗以後,朝多秕政,諸臣目擊國勢之阽危,往往苦口極言,無所隱諱。雖其君置若罔聞,不能稍收補救之效,而遺篇俱在,凡一時廢弛瞀亂之迹,痛切敷陳,足資考鏡。朕以爲不若擇其較有關係者,別加編錄,名爲《明季奏疏》,勒成一書,使天下萬世曉然於明之所以亡,亦可垂示方來,永爲殷鑒。況諸臣彈劾權姦,指摘利病,至不憚再三入告,實皆出自愛君體國之誠,而其姓名章疏不盡見於《明史》。朕方欲闡幽顯微,又何忍令其湮没弗彰。況諸臣在勝國言事,於我國家閒有干犯之語,彼自爲其主,不宜深責,非若身入本朝肆爲詆悖者可比,原不妨就其應存諸疏,將觸背字面量爲改易選錄,餘仍分別撤燬,於辦理違礙書籍似屬並行不悖。著交該總裁遴選一二人,詳悉校閱編輯繕錄,以次呈覽,候朕鑒定。並將此通諭中外知之。欽此。

　　乾隆四十五年九月十七日奉上諭:國初設官分職,不殊《周官》法制。及定鼎中原,參稽前代,不繁不簡,最爲詳備。其閒因革損益,名異實同。稽古唐虞,建官惟百。内有百揆、四岳,外有州牧、侯伯,奮庸熙載,亮采惠疇。周則監于二代,立三公三孤。秦漢以後,爲丞相,爲中書門下平章知政事。明洪武因胡惟庸之故,改丞相爲大學士,其實官名雖異,職守無殊。惟在人主,太阿不移,簡用得人,則雖名丞相不過承命奉行,即改稱大學士而所任非人,竊弄威福,嚴嵩之流非仍名大學士者乎? 蓋有是君,方有是臣。惟后克艱厥后,庶臣克艱厥臣。昔人言天下之安危係乎宰相,其言實似是而非也。至六官即今之六部,周禮典制綦詳,要亦本于唐虞司徒、秩宗諸職。外而督撫,自秦漢以來所稱守牧、節度、行省,即唐虞十二牧之遺。歷朝改革建置紛如,難以縷數。我國家文武內外官職品級,載在《大清會典》,本自秩然。至於援古證今,今之某官即前某代某官,又或古有今無或古無今有,允宜勒定成書,昭垂永久,俾覽者一目了然。現在編列《四庫全書》,遺文畢集,著即派總纂總校之紀昀、陸錫熊、陸費墀、孫士毅等,悉心校覈,將本朝文武內外官職階級與歷代沿襲異同之處,詳稽正史,博參群籍,分晰序說,簡明精審,毋冗毋遺。其議政大臣領侍衛內大臣,八旗都統護軍統領健銳火器營,內務府并駐防將軍及新疆增置各官,亦一體詳晰考證,分門別類,纂成《歷代職官表》一書,由總裁覆核,陸續進呈,候朕閱定。書成後,即以此旨冠於卷首,不必請序。列入《四庫全書》,刊布頒行,以昭中外一統、古今美備之盛。因首論丞相一官,餘可類推。覽是編者,其各顧名思義,凜然於天工人代,兢兢業業,夙夜靖共,以庶幾克艱無曠之義,欽哉特諭。欽此。

　　乾隆四十六年二月十三日奉上諭:據《四庫全書》總裁奏進所辦總目提要內,請於經、史、子、集各部冠以聖義、聖謨等六門,恭載列聖欽定諸書,及朕御製、御批各種。所擬殊屬夢繁,從前開館之初曾經降旨,以《四庫全書》內惟集部應以本朝御製詩文集冠首,至經、史、子三部仍照例編次,不必全以本朝官書為首。今若於每部內又特標聖義諸名目,雖為尊崇起見,未免又多增義例。朕意如列聖御纂諸經,列於各本經諸家之前,《御批通鑑綱目》等書列於各家編年諸書之前，五朝聖訓、硃批、諭旨、方略等書列於詔令諸門之前，《御注道德經》列於各家所註《道德經》之前，其他以類仿照編次，俾尊崇之義與編纂之體並行不悖。至閱其總目，特載朕前後修書諭旨及御題四庫諸書詩文爲卷首，所辦未爲盡協。《四庫全書》體大物博，將來書成之日，篇帙浩繁，舉何爲序？所有歷次所降諭旨刊之總目首卷以當序，事屬可行。且官撰諸書亦有以諭旨代弁言者，自不得不如此辦理。至朕題四庫諸書詩文，若亦另編卷首，將來排列轉在列聖欽定諸書之前，心尤未安。雖纂校諸臣尊君之意，然竟似《四庫全書》之輯端爲朕詩文而設者然，朕不爲也。著將所進詩文六卷撤出，仍分列入朕御製詩文集內，俾各爲卷首，則編排在列朝欽定諸書之後，而四庫書內朕所題各書詩文，列在本集卷首，庶眉目清而開帙了然。將此諭令館臣遵照辦理。欽此。

乾隆四十六年二月十五日奉上諭：昨據《四庫全書》總裁奏進總目，請于經、史、子、集各部冠以聖義、聖謨等六門，業經降旨，令將列朝御纂、御批、御製各書分列各家著撰之前，不必特標名目，並令將卷首所錄御題四庫諸書詩文撤出，分列御製詩文名集之前，所以示大公也。朕一再思維，《四庫全書》之輯，廣搜博採，彙萃群書，用以昭垂久遠，公之天下萬世。如經部易類以子夏《易傳》冠首，實爲説《易》家最古之書，允宜弁冕義經。若以欽定諸書列於各代之前，雖爲纂修諸臣尊崇本朝起見，而於編排體例究屬未協。況經、史、子、集各部內尚有前代帝王論著，以本朝欽定各書冠之，亦未有合。在編輯諸臣自不敢輕議及此，朕則筆削權衡，務求精當，使綱舉目張，體裁醇備，足爲萬世法制。即後之好爲論辨者，亦無從置議，方爲盡善。所有《四庫全書》經、史、子、集各部，俱照各按撰述人代先後依次編纂。至我朝欽定各書，仍各按門目，分冠本朝著錄諸家之上。則體例精嚴，而名義亦秩然不紊，稱朕折衷詳慎之至意。將此諭令館臣遵照辦理。欽此。

乾隆四十六年十月十六日奉上諭：四庫全書館進呈書內有宋葉隆禮奉旨所撰《契丹國志》，其説採摘《通鑑》等編及諸説部書，按年臚載，鈔撮成文，中閒體例混淆，書法譌舛，不一而足。如書既名《契丹國志》，自應以遼爲主，乃卷首年譜既標太祖、太宗等帝，而事實內又稱遼帝、稱國主，豈非自亂其例？又是書既奉南宋孝宗敕撰，而評斷引宋臣胡安國語稱爲胡文定公，實失君臣之體。甚至大書遼帝紀元於上，而以宋祖建隆等年號分注於下，尤爲紕繆。夫梁、唐、晉、漢、周僭亂之主，享國日淺，且或稱臣、稱兒、稱孫於遼，分注紀元尚可。若北宋則中原一統，豈得以《春秋》分國之例，概分注於北遼之下？又引胡安國論斷，以劫迫其父開門納晉軍之楊承勳謂變而不失其正，時承勳同父被晉圍，慮禍及身，乃劫其父，致被晉戮，而己受晉爵賞。夫大義滅親，父可施之子，子不可施之父，父既背叛，子惟一死以答君親。豈有滅倫背義，尚得謂之變而不失其正！此乃胡安國華夷之見芥蔕於心，右逆子而亂天經，誠所謂胡説也。其他乖謬種種難以枚舉，朕詳加披覽，經指駁者數十條。館臣乃請撤出此部書，朕以春秋天子之事，是非萬世之公，昨曾著《正統辨》論斷甚明。今《契丹國志》既有成書，紀載當存其舊，惟體例書法譌謬，於綱目大義有乖者，不可不加釐正。著總纂紀昀等詳加校勘，依例改纂。其志中之事蹟，如祭用白馬灰牛、甀中枯骨變形視事，及戴野豬頭披皮之類，雖迹涉荒誕，然與詩書所載簡狄吞卵、姜嫄履武復何以異？蓋神道設教，古今胥然，義正如此，又何必信遠而疑近乎？其餘遼帝過舉,如母后擅權諸事,足爲後世鑒戒者,仍據志實書,一字不可易。該總裁等覆閱進呈,候朕親定,錄入《四庫全書》,並將此旨書於簡端,以昭綱常名教大公至正之義。特諭。欽此。

乾隆四十六年十月二十七日內閣奉上諭:歷代名臣奏疏向有流傳選刻之本,《四庫全書》內亦經館臣編次進呈。其中危言讜論,關係前代得失者,固可援爲法戒。因思勝國去今尤近,三百年中蓋臣傑士風節偉著者,實不乏人。跡其規陳治亂,抗疏批鱗,當亦不亞漢、唐、宋、元諸臣,而奏疏未有專本,使當年繩愆糾繆、忠君愛國之忱,後世無由想見,誠闕典也。即或其人品誼未醇,而其言一事,陳一弊,切中利病,有裨時政者,亦不可以人廢言。至神宗以後諸臣奏疏內,有因遼瀋用兵涉及本朝之處,彼時主闇政昏,太阿倒置,閹人竊柄,權倖滿朝,以致舉錯失當,賞罰不明。其君綴旒於上,竟置國事若罔聞,遂至流寇四起,兵潰餉絀。種種粃政,指不勝數。若楊漣、左光斗、熊廷弼諸人,或折衝疆場,或正色立朝,俱能慷慨建議,剴切敷陳。設明之君果能採而用之,猶不致敗亡若是之極。其事距今百十餘年,殷鑒不遠,尤當引爲炯戒。則諸人奏疏不可不亟爲輯錄也。除《明史》本傳外,所有鈔入《四庫全書》諸人文集,均當廣爲蒐採,裒集成編。即有違礙字句,祇須略爲節潤,仍將原文錄入,不可刪改。此事關係明季之所以亡,與我朝之所以興,敬怠之分,天人之際,不可不深思遠慮,觸目警心。著派諸皇子同總師傅蔡新等爲總裁,其皇孫、皇曾孫之師傅翰林等,即著爲纂修校錄,陸續進呈,候朕親裁。書成後即交武英殿刊刻,仍鈔入《四庫全書》,將此旨冠于簡端,所有前派紀昀等選出神宗以後各奏疏,即著歸入此書,按其朝代一體編纂,特諭。欽此。

　　乾隆四十六年十一月初六日内閣奉上諭:昨閱四庫館進呈書,有朱存孝編輯《迴文類聚補遺》一種,内載《美人八詠》詩,詞意媟狎,有乖雅正。夫詩以温柔敦厚爲教,孔子不删鄭衛,所以示刺示戒也。故三百篇之旨,一言蔽以無邪。即美人香草以喻君子,亦當原本風雅,歸諸麗則。所謂托興遥深,語在此而意在彼也。自《玉臺新咏》以後,唐人韓偓輩務作綺麗之詞,號爲香奩體,漸入浮靡。尤而效之者,詩格更爲卑下。今《美人八咏》内所列麗華髮等詩,毫無寄託,輒取俗傳鄙褻之語,曲爲描寫。無論詩固不工,即其編造題目,不知何所證據。朕輯《四庫全書》,當採詩文之有關世道人心者。若此等詩句,豈可以體近香奩,概行採錄?所有《美人八詠》詩,著即行撤出。至此外各種詩集内有似此者,亦著該總裁督同總校、分校等詳細檢查,一併撤出,以示朕釐正詩體、崇尚雅醇之至意。欽此。

　　乾隆五十五年六月初一日奉上諭:《四庫全書》薈萃古今載籍,富有美備,不特内府珍藏,藉資乙覽,亦欲以流傳廣播,沾溉藝林。前因卷頁浩繁,中多舛錯,特令總纂等復加詳細讎校,俾無魯魚亥豕之譌。茲已釐訂葳工,悉臻完善。所有江浙兩省文宗、文匯、文瀾三閣應貯全書,現在陸續頒發藏庋。該處爲人文淵藪,嗜奇好學之士自必羣思博覽,藉廣見聞。從前曾經降旨,准其赴閣檢視鈔錄,俾資蒐討。但地方有司恐士子繙閱污損,或至過有珍祕,以阻爭先快覩之忱,則所頒三分全書,亦僅束之高閣,轉非朕搜輯羣書、津逮譽髦之意。即武英殿聚珍板諸書,排印無多,恐士子等亦未能全行購覓。該督撫等諄飭所屬,俟貯閣全書排架齊集後,諭令該省士子有願讀中祕書者,許其呈明,到閣鈔閱,但不得任其私自攜歸,以致稍有遺失。至文淵閣等禁地森嚴，士子等固不便進內鈔閱，但翰林院現有存貯底本，如有情殷誦習者，亦許其就近鈔錄，掌院不得勒阻留難。如此廣爲傳播，俾茹古者得覩生平未見之書，互爲鈔錄，傳之日久，使石渠天祿之藏無不家絃户誦，益昭右文稽古，加惠士子盛事，不亦善乎。欽此。

【校記】

① 此條上諭底本原脱，據殿本補。

表　文

多羅質郡王臣永瑢等爲奉敕編纂《四庫全書》告成，謹奉表上進者。伏以天璣甄度，書林占五緯之祥；帝鏡懸光，藝苑定千秋之論。立綱維於黿極，函列雲珠；媲删述於龍蹲，契昭虹玉。理符心矩，絜三古以垂謨；道叶神樞，匯九流而證聖。治資鑒古，德洽敷文。臣等誠歡誠忭，稽首頓首上言：竊惟神霄九野，太清耀東壁之星；懸圃三成，上帝擴西崑之府。文章有象，翠嬀遂吐其天苞；繪畫成形，白阜肇圖其地絡。書傳蒼頡，初徵雨粟之祥；籙授黄神，始貯靈蘭之典。洞庭祕簡，稽大禹所深藏；柱下叢編，付老聃以世守。秦操金策，聖籍雖焚；漢理珠囊，遺經故在。儒生密寶，維孔鮒之承家；謁者旁求，見陳農之奉使。蝌文以後，篇章自是滋多；麟閣所儲，條目於焉漸備。杖吹藜火，夜讎《別錄》之編；衣染鑪香，坐校《中經》之簿。王仲寶區其流別，定新志之九條；阮孝緒撮其叢殘，括舊傳之五部。勘書妙畫，世摹展氏之圖；捲幔飛仙，史載隋宮之蹟。

唐武德訖乎天寶，鈿軸彌增；宋景祐繼以淳熙，牙籤再錄。南征俘玉，元遷三館之幬；北極營都，明運十艘之櫝。莫不前徵遂古，丹壺溯合雒之蹤；毖發空林，青簡豾頻斯之篆。西州片札，辨點漆於將磨；南雍殘文，檢穿絲於已斷。竹編未朽，名認師春；瓠本猶攜，槀存班固。爬羅纖碎，或得諸玉枕石函；掇拾畸零，均給以螺丸麻紙。精鏐廣購，一篇增十匹之酬；華賵重紹，三品別兩廂之等。凡以窮搜放失，獵文林辨囿之精；互鏡瑕瑜，立聖域賢關之訓。結德興而輶軒，軌順經涂；傃學海以沿波，源通道筏。然而掇餘易匱，四千卷既匄殘膏；鶩廣彌蕪，百兩篇更珍贗鼎。丹青失實，或貼誚於王充；朱紫相淆，孰齊蹤於鄭默。甚乃別風淮雨，惜奇字而偏留；或如許綠紂紅，踵駁文而莫悟。蘭臺庋貯，多如賄改漆經；槧板摹傳，遂至誤尊閣本。故《祕書總目》，鄭夾漈復議校讎；而《文苑英華》，彭叔夏重加辨證。從未有重熙累洽，雯華懸紫極之庭，稽古崇儒，册府闢丹宸之館，彌綸宙合，識大識小之無遺，榮鏡登閎，傳信傳疑之有準，金模特建，寶思周融，如今日者也。欽惟皇帝陛下，瑞席蘿圖，神凝松棟。播威棱於十曲，響震靈夔；洽文德於四溟，兆開神鷟。帝始歌詠，已題九萬瓊牋；臣向編摩，更緝三千寶牘。博收竹素，仍沿天祿之名；珍比琳琅，永付長恩之守。乃猶尋端竟委，溯支絡於詞源；緯地經天，探精微於義海。昭陽詔歲，特紬翰府之藏；永樂遺編，俯檢文樓之帙。例取諸吳興韻海，割裂雖多；體宏於孟蜀書林，蒐羅終富。榛楛宜翦，命刊削其譾言；瀝液堪珍，敕比排其墜簡。焦桐漆斷，重膠百衲之琴；古罍銅斑，合鑄九金之鼎。復以羽陵蠹牒，或有存留；宛委藏餘，不無佚漏。十行丹詔，徧徵汲古之家；七錄緗囊，廣啟獻書之路。逸經斷策，出自大航；雜卦殘篇，發從老屋。錦帆捩舵，孟家東洛之船；玉軑飛軨，吳氏西齋之軸。鱗排玉字，多王粲之所未聞；筍束金繩，率張華之所莫識。光明繭紙，朱題芸帙之名；蟠屈鸞章，紫認槐廳之印。紅梨隔院，曹司對設於東西；青鏤濡香，品第詳分其甲乙。天潢演派，光連太史之河；卿月澄暉，彩接文昌之宿。總司序錄，叨楊億之華資；分預校讎，列任宏之清秩。銀袍應召，驤雲路以彈冠；粉署徵才，記仙郎而題柱。懷鉛握槧，學官願效其一長；切綫割圜，博士亦研其九術。遂乃别開書局，特分署於龍墀；增置鈔胥，競抽毫於虎僕。圖與史並陳左右，粉本鉤摹；隸與蝌兼備古今，絲痕蟕扁。曹連什五，各隸於寫官；工辨窳良，均稽研於計簿。提綱挈領，董成者職總監修；補闕拾遺，覆勘者官兼詳定。庀器預儲於將作，棐几筠簾；傳餐徧給於大官，瑺糜珠餾。温鑪圍炭，紋凝鵁鶄之青；朗甓涵冰，色暎玻璃之白。花甎入直，地同兜率天宫；蓮炬分行，人到嫏嬛福地。瓊箱牒送，全搜縢囊帷蓋之餘；芝殿籤排，共刊木扇金華之謬。程材效技，各一一而使吹；累牘連篇，遂多多而益辦。香霏辟惡，擁書何止百城；瀋漬隃糜，削稾寧惟兩屋。譬入衆香之國，目眩瞀於花光；宛遊群玉之峯，神愕眙於寶氣。豈但鴻都多士，駴聞見所未曾；實令虎觀諸儒，辨妍媸而莫決。所賴恭承睿鑒，提玉尺以量才；仰稟天裁，握銀華而鑒物。初披卷軸，共掇零璣；即荷絲綸，務甓完璧。吳澄《易翼》，辨顛倒乎陰陽；楊簡《詩音》，斥混淆乎周漢。稗官剿説，删馬角之荒唐；譯史傳聞，摘象胥之譌異。醮章祈福，發凡於劉跂之詞；語錄參禪，示例於齊熙之記。固已南車指路，陟道岸而衢亨；北斗旋杓，揆文星而度正。洎乎群書大集，品雜金沙；聖訓彌彰，鑒澄珠礫。詁經忌鑿，黜錯簡於龜文；論史從公，溯編年於麟筆。立言乖體，四明之錄必删；贋古誣真，五柳之名宜辨。七簽三藏，汰除釋老之編；五蠹九姦，排斥申韓之術。毒深孔雀，無容校寫其青詞；巧謝璇璣，未許增添其錦字。小山豔曲，削香奩脂盝之篇；金谷新詞，刊酒肆歌樓之句。凡皆詞臣之奏進，誤點丹黃；一經聖主之品題，立分黑白。至於銅籤報夜，紫殿勤披；玉案開緘，丹毫親詠。五家《易》説，岐塗附闢其傳燈；四氏《書》箋，餘緒兼詳乎括地。前車後鑒，陳風雅於經筵；斜上旁行，寓春秋於世本。廬陵處士，特申僭上之防；安定門人，大著尊王之義。王元杰名同讞獄，爲雲谷之重儓；洪咨夔跡類探囊，竊玉川之餘瀋。四箴誤注，甯知顏巷之心；二佛同稱，轉臨尼山之量。六經作繪，全收諸楊甲圖中；七緯成編，知出自莊周書後。五音分配，篆文互備其形聲；二史交參，奇字各通其假借。古香龕蝎，細辨班書；碎腋穿連，重刊薛史。清流肇釁，示鑒戒於東林；正統明尊，存綱常於西蜀。派沿涑水，袁朱之新例兼存；俗記扶餘，班范之譌傳並訂。黨碑再勒，嗟揖盜而開門；權焰彌張，嗤敎星而替月。西湖遊蹟，殊憐野老之藏名；北使賓筵，深陋詞臣之校射。宋鈔僅賸，蒐舊志於臨安；金刻稀聞，寶遺聞於貞觀。或攻或守，徒存十鑑之兵謀；相勝相生，未信五行之德運。建炎政草，媿彼中興；至正刑章，斥其左祖。李尊洛學，辨道命於天原；酈注桑書，剖源流於地理。史腴詳摘，有逾漢雋之精；經笥懸探，更勝曹倉之富。至於孔庭舊語，首定儒宗；蔡帳祕文，嚴排異説。范祖禹之帝學，具有淵源；曾公亮之武經，姑存崖略。橫戈危堞，節取陳規；握策靈臺，參徵蘇頌。算窮杪忽，九章研鮑瀚之藏；術雜縱橫，十卷稽趙蕤之撰。楚中隱士，互榷韓柳之評；婺郡名賢，不廢呂唐之學。臚登讖記，衍《洪範》而原非；妄議井田，托《周官》而更誤。《錢唐遺事》，深譏首鼠於宋元；《曲洧舊聞》，微憾操戈於洛蜀。紃聰有取，旁通方朔之言；指佞無難，慎聽韓非之說。陳思《書苑》，列筆陣而成圖；馬總《意林》，搴詞條而擢秀。黃伯思之博洽，石墨精研；孫逢吉之淹通，雲龍遙溯。多知舊事，病歌舞之銷金；一洗清波，笑詞章之諛墓。《太平御覽》，徒粉飾乎嘉名；《困學紀聞》，偶抨彈其迂論。晚唐小史，入廚寧取乎巵言；南宋枝談，按鞫深嫌其曲筆。十七卷騷人舊製，更證以草木之名；二百年史部清吟，特賞其煙霞之氣。兼推韓杜，續來鳳觜之膠；並採郊祁，擬以棠華之句。文恭著作，先歐尹而孤行；忠肅風裁，抗蘇程而角立。勤王留守，呼北渡者凡三；殉節侍郎，壯南朝者惟一。學如和叔，原不限以宗朱；詩到儀卿，乃轉嫌其入墨。讀書祕閣，明詹初論古之非；從宦金淵，賞仇遠耽吟之癖。楊維楨取其辨統，而頌莽則當誅；劉宗周閔其完忠，而吠堯爲可恕。凡茲獨斷，咸稟睿裁；懿此同情，實乎公義。苞千齡而建極，道出於天；綜百氏以歸型，言衷諸聖。權衡筆削，事通乎春賞秋刑；絜度方圓，法本乎乾規坤矩。是以儀璘懸耀，揆景梟趨；鏞棧先鳴，聆音麏集。鯨鐘方警，啟蓬館以晨登；鶴籥嚴關，焚蘭膏以夜繼。披文計數，寧止於萬七千篇；按月程功，務得夫四十五日。裁縫無迹，先成綴白之裘；傳寫相爭，齊炙汗青之竹。架羅黃卷，積盈有似於添籌；几擁烏皮，刊謬時防其掃葉。畢昇活板，漸看字是排成；曾鞏官書，已見序稱校上。加以乾行至健，七旬之念典彌勤；離照無遺，一字之褒讓恒審。梁翳練士，庚郵遞初寫之函；雲輅巡方，乙夜展重修之卷。至三至再，戒玉楮之遲雕；數萬數千，摘金根之屢誤。坤原爲釜，兼搜刊板之譌；
芈或作羊，細檢鈔書之謬。毫釐不漏，戳旁添待補之戈；塗點必
嚴，羅上辨續加之网。削除不盡，時飭以妄下雌黃；輪郭空存，常
指其竟同曳白。明周纖芥，共欽睿照無遺；報乏微涓，彌覺媿心
生奮。若夫考勤校惰，督課雖詳；荷寵邀榮，恩慈實渥。風雲得
路，先登或列於九官；雨露均滋，中考亦賜以一級。柏臺聯句，聽
鳳律之新聲；芸署題名，踵麟臺之故事。墨勻蟬翅，祖帖雙鉤；帙
簇龍紋，天書五色。猩毛擢穎，膩魚子之華牋；龍尾雕紋，融麝煤
之芳氣。銀罌翠管，細爇百和之香；錦緞香羅，交暎五明之扇。
繡囊委佩，鋌貯朱提；珍毳豐茸，帕裁白氎。雕盤列飣，果分西域
之甘；華俎嘗新，瓜勝東陵之種。自天宣賜，多非夢寐所期；無地
酬恩，惟以文章爲報。周賅始末，擬勒長編；別採英華，先爲縮
本。曩長庚之紀歲，慶叶嵩呼；屬太乙之占祥，象符奎聚。八年
敬繕，挹古今四庫之精；兩部分儲，合大小二山之數。惟全書之
浩博，實括群言；合衆手以經營，倏逾數載。香薰蘭檮，方粗就而
未終；閣聳雲楣，已先成以有待。文河疏瀹，初如江別爲三；筆海
朝宗，繼乃瀆增以四。望洋無際，慮創始之爲難；登岸有期，幸觀
成之可冀。較刪繁之別帙，又閱兩年；勒彙總之鴻裁，已盈一部。
插籤分帙，次按乎甲乙丙丁；列架罏函，色別其赤青白黑。經崇
世教，貴實徵而賤虛談；史繫人心，削誣詞而存公論。選諸子百
家之粹，博收而不悖聖賢；懲十人九集之非，嚴汰而寧拘門戶。
上沿虞夏，咸挹海以求珠；下採元明，各披沙而見寶。六千篋璋
分圭合，延閣儲珍；二百卷部次州居，崇文列目。釋名訓義，因李
肇之解題；考異參同，近歐陽之集古。事稽其實，循文防誤於樹
萱；詞取其詳，求益非同於買菜。人無全美，比量其尺短寸長；語

或微疵，辨白其玉瑕珠纇。一經採錄，真同鯉上龍門；附載姓名，亦使蠅隨驥尾。元元本本，總歸聖主之持衡；是是非非，盡掃迂儒之膠柱。至其盈箱積案，或汗漫而難尋；復以提要鉤元，期簡明而易覽。譬諸典謨紀事，別行小序之一篇；類乎金石成書，先列諸碑之十卷。分綱列目，見義例之有條；按籍披圖，信源流之大備。水四瀆而山五嶽，伻此壯觀；前千古而後萬年，無斯巨帙。蓋非常之制作，天如留待於今；而稀有之遭逢，人乃躬當其盛。叨司校錄，實忝光榮。臣等功謝囊螢，識同窺豹。鑽研文字，未能脈望之通仙；延緩歲時，僅類鞠通之食墨。仰蒙訓示，得聞六藝之源；曲荷寬容，許假十年之限。百夫決拾，望學的而知歸；一簣成山，營書巖而幸就。欣陳寶笈，對軒鏡之澄光；恭進瑤階，同羲圖之永寶。從此依模范狀，若疊矩而重規；因之循軌知途，益輕車而熟路。先難後易，一隅可得而反三；謀始圖終，百里勉行乎半九。精心刊誤，八行細檢朱絲；協力鳩工，萬指齊磨烏玉。連綿告蕆，竚看四奏天閽；迅速先期，不待六更歲籥。人文成化，帝機運經緯之功；皇極敷言，王路示會歸之準。舥棱雲構，嵬峨乎銀牓璇題；方策星羅，珍貴乎金膏水碧。曰淵曰源，曰津曰溯，長流萬古之江河；紀世紀運，紀會紀元，恒耀九霄之日月。並五經以垂訓，道通乎丹書綠字之先；合六幕以同文，治超於元律蒼牙之上。臣等無任瞻天仰聖，踴躍歡忭之至，謹奉表恭進以聞。

乾隆四十七年七月　日，皇六子多羅質郡王臣永瑢、皇八子多羅儀郡王臣永璇、皇十一子臣永瑆，大學士公臣阿桂、大學士臣英廉、大學士臣嵇璜、領侍衛內大臣尚書公臣福隆安、領侍衛內大臣尚書臣和珅、尚書臣梁國治、侍郎臣金簡、侍郎臣董誥、侍郎臣曹文埴。

乾隆四十七年七月十九日奉旨開列辦理《四庫全書》在事諸臣職名

正總裁

皇六子多羅質郡王臣永瑢

皇八子多羅儀郡王臣永璇

皇十一子臣永瑆

原任經筵日講起居注官、太子太保、東閣大學士、管吏部刑部事、翰林院掌院學士臣劉統勳

原任經筵講官、太子太保、文淵閣大學士、兼工部尚書臣劉綸

原任經筵日講起居注官、太子太保、武英殿大學士、管吏部刑部事、翰林院掌院學士、文淵閣領閣事臣舒赫德

經筵日講起居注官、太子太保、領侍衛內大臣、武英殿大學士、管吏部事、翰林院掌院學士、文淵閣領閣事、一等誠謀英勇公臣阿桂

原任經筵日講起居注官、太子太保、文華殿大學士、管戶部事、翰林院掌院學士、文淵閣領閣事、世襲一等輕車都尉臣于敏中

經筵講官、太子太保、東閣大學士、兼刑部尚書、內務府總管、教習、庶吉士臣英廉

原任經筵講官、文淵閣大學士、兼吏部尚書、文淵閣領閣事

臣程景伊

經筵日講起居注官、太子太保、文淵閣大學士、兼吏部尚書、翰林院掌院學士、文淵閣領閣事臣嵇璜

太子太保、御前大臣、議政大臣、領侍衛內大臣、兵部尚書、兼管工部、內務府總管、文淵閣提舉閣事、一等忠勇公、和碩額駙臣福隆安

太子太保、御前大臣、議政大臣、領侍衛內大臣、戶部尚書、內務府總管、步軍統領、世襲三等輕車都尉臣和珅

經筵講官、協辦大學士、吏部尚書、兼管國子監事務臣蔡新

原任經筵講官、太子少傅、工部尚書臣裘曰修

原任經筵講官、太子少傅、戶部尚書臣王際華

副總裁

經筵講官、太子少傅、戶部尚書、教習、庶起士臣梁國治

經筵講官、禮部尚書臣曹秀先

〔都察院左都御史臣張若淮〕

內閣學士、兼禮部侍郎，今任工部尚書臣劉墉

吏部侍郎，今任左都御史臣王杰

吏部侍郎臣彭元瑞

原任經筵講官、刑部侍郎臣錢汝誠

戶部侍郎臣金簡

經筵講官戶部侍郎臣董誥

經筵講官、戶部侍郎臣曹文埴

原任兵部侍郎臣沈初

〔工部侍郎臣李友棠〕

總閱官

經筵講官、禮部尚書、兼管樂部太常寺鴻臚寺事務臣德保

兵部尚書臣周煌

禮部侍郎臣莊存與

署工部侍郎臣汪廷璵

經筵講官、吏部侍郎臣謝墉

禮部侍郎臣達椿

工部侍郎，今任江西學政臣胡高望

內閣學士、兼禮部侍郎，今任順天學政臣金士松

內閣學士、兼禮部侍郎臣尹壯圖

內閣學士、兼禮部侍郎臣李綬

宗人府府丞，今任浙江學政臣竇光鼐

太常寺卿臣倪承寬

原任日講起居注官、翰林院侍讀學士臣李汪度

日講起居注官、文淵閣直閣事、翰林院侍講學士，今任福建學政臣朱珪

總纂官

文淵閣直閣事、兵部侍郎臣紀昀

文淵閣直閣事、大理寺卿臣陸錫熊

太常寺少卿，今任山東布政使臣孫士毅

總校官

日講起居注官、文淵閣直閣事、詹事府少詹事臣陸費墀

翰林院提調官

日講起居注官、司經局洗馬，今任通政使臣夢吉

翰林院編修臣祝德麟

掌河南道監察御史，今任江南河庫道臣劉錫嘏

原任日講起居注官、翰林院侍講臣王仲愚

文淵閣校理、翰林院編修臣百齡

日講起居注官、文淵閣校理、翰林院侍讀臣張燾

原任翰林院編修臣宋銑

翰林院編修，今任禮科給事中臣蕭際韶

日講起居注官、文淵閣校理、翰林院侍讀臣德昌

原任翰林院編修臣黃瀛元

原任翰林院編修臣曹城

日講起居注官、文淵閣校理、翰林院侍講臣瑞保

翰林院編修臣陳崇本

文淵閣校理、翰林院檢討臣五泰

翰林院檢討臣運昌

原任軍機處行走、工科給事中臣章寶傳

軍機處行走、鴻臚寺卿，今任江西布政使臣馮應榴

軍機處行走、都察院左副都御史，今任貴州布政使臣孫永清

軍機處行走、浙江道監察御史臣史夢琦

軍機處行走、戶部郎中臣劉謹之

軍機處行走、工部郎中臣蔣謝庭

軍機處行走、翰林院修撰臣戴衢亨

武英殿提調官

日講起居注官、文淵閣直閣事、詹事府少詹事臣陸費墀

日講起居注官、文淵閣直閣事、翰林院侍讀學士臣彭紹觀

翰林院編修臣查瑩

翰林院編修，今任山西學政臣劉種之

文淵閣校理、左春坊左贊善臣韋謙恒

翰林院檢討臣彭元玒

翰林院編修臣吳裕德

翰林院編修臣關槐

翰林院編修臣周興岱

總目協勘官

文淵閣校理、原任洗馬、補侍講臣劉權之

文淵閣校理、翰林院編修臣汪如藻

翰林院編修臣程晉芳

翰林院編修臣李潢

翰林院庶吉士臣梁上國

禮部候補主事臣任大椿

原任國子監助教臣張羲年

校勘永樂大典纂修兼分校官

右春坊右中允臣劉校之

翰林院編修，今任詹事府詹事臣劉躍雲

翰林院編修，今任刑科給事中臣陳昌圖

翰林院編修臣勵守謙

翰林院編修，今任太常寺少卿臣藍應元

原任翰林院編修，續任掌湖廣道監察御史臣鄒玉藻

原任翰林院編修臣王嘉曾

文淵閣校理、翰林院侍講臣莊承篯

文淵閣校理、翰林院侍講臣吳壽昌

翰林院編修，今任江西道監察御史臣劉湄

翰林院編修臣吳典

原任司經局洗馬臣黃軒

翰林院編修臣王增

翰林院編修，今任陝西道監察御史臣王爾烈

翰林院編修臣閔思誠

文淵閣校理、翰林院編修臣陳昌齊

原任翰林院編修臣孫辰東

翰林院編修臣俞大猷

文淵閣校理、翰林院編修臣平恕

文淵閣校理、翰林院編修臣李堯棟

翰林院編修，今任國子監司業臣鄒炳泰

文淵閣校理、翰林院編修臣莊通敏

翰林院編修臣黃壽齡

原任翰林院編修余集

翰林院編修臣邵晉涵

翰林院編修周永年

原任翰林院庶吉士戴震

翰林院庶吉士，續任戶部主事臣楊昌霖

原任翰林院編修臣莫瞻菉

翰林院檢討臣王坦修

翰林院編修臣范衷

翰林院編修臣許兆椿

翰林院編修臣于鼎

翰林院編修臣王春煦

翰林院編修臣吳鼎雯

翰林院編修臣吳省蘭

翰林院編修臣汪如洋

翰林院編修臣陳萬青

翰林院編修臣祝堃

校辦各省送到遺書纂修官

　　日講起居注官、文淵閣校理、左春坊左庶子，今任國子監祭酒臣鄒奕孝

翰林院編修臣鄭際唐

翰林院檢討臣左周

原任刑部郎中臣姚鼐

文淵閣校理、司經局洗馬臣翁方綱

原任翰林院編修臣朱筠

黃簽考證纂修官

候補國子監司業臣王太岳

候補國子監司業臣曹錫寶

天文算學纂修兼分校官

原任欽天監中官正臣郭長發

欽天監靈臺郎臣陳際新

算學錄臣倪廷梅

繕書處總校官

中允銜翰林院編修臣王燕緒

翰林院編修銜臣朱鈐

翰林院檢討臣何思鈞

翰林院庶吉士銜臣倉聖脈

繕書處分校官

原任日講起居注官、右春坊右中允臣張書勳

文淵閣校理、右春坊右中允臣季學錦

翰林院修撰臣錢棨

翰林院修撰臣金榜

翰林院編修,續任掌四川道監察御史臣張秉愚

翰林院編修,今任山東道御史臣項家達

翰林院編修臣楊壽楠

翰林院編修臣裴謙

翰林院編修臣張能照

翰林院編修臣汪學金

翰林院編修臣嚴福

翰林院編修臣孫希旦

翰林院編修臣羅修源

翰林院編修臣朱攸

翰林院編修臣邱庭漋

翰林院編修臣錢樾

翰林院編修臣周瓊

翰林院編修臣吳錫麒

翰林院編修臣蔡廷衡

翰林院編修臣翟槐

翰林院編修臣施培應

翰林院編修臣吳舒帷

翰林院編修臣何循

翰林院編修臣顔崇溈

翰林院編修臣張九鐔

翰林院編修臣王天禄

翰林院編修臣馮敏昌

翰林院編修臣朱紱

翰林院編修臣閔惇大

翰林院編修臣劉汝藼

翰林院編修臣高棫生

翰林院編修臣范來宗

翰林院編修臣馬啟泰

翰林院編修臣戴聯奎

翰林院編修臣方煒

翰林院編修臣徐如澍

翰林院編修臣戴心亨

翰林院編修臣戴均元

翰林院編修臣孫玉庭

翰林院編修臣許烺

翰林院編修臣沈孫漣

翰林院編修臣盧應

翰林院編修臣錢栻

翰林院編修臣胡榮

翰林院編修臣程昌期

翰林院編修臣何西泰

原任翰林院編修臣王嘉曾

翰林院編修臣盧遂

翰林院編修臣沈清藻

翰林院檢討臣洪其紳

翰林院檢討臣李奕疇

翰林院檢討臣温常綬

翰林院檢討臣王福清

翰林院檢討臣德生

翰林院檢討臣李鼎元

翰林院檢討臣張位

翰林院檢討臣蕭廣運

翰林院檢討臣蕭九成

翰林院檢討臣王允中

翰林院檢討臣龔大萬

翰林院檢討臣羅國俊

翰林院檢討臣錢世錫

翰林院檢討臣饒慶捷

翰林院檢討臣汪泉

原任翰林院檢討臣郭寅

翰林院檢討,降調候補臣王汝嘉

翰林院檢討,今任掌江西道監察御史臣王鍾健

翰林院庶吉士,今任吏部員外郎臣馮培

翰林院庶吉士,今任户部主事臣李廷敬

翰林院庶吉士,今任禮部主事臣吳蔚光

翰林院庶吉士,今任兵部主事臣徐文榦

翰林院庶吉士,今任刑部主事臣曾廷檁

翰林院庶吉士,今任刑部主事祖之望

翰林院庶吉士,今任刑部主事臣范鏊

翰林院庶吉士,今任刑部主事臣胡必達

原任翰林院庶吉士,改授吏部主事臣陳墉

原任翰林院庶吉士,改授禮部主事臣陳文樞

翰林院庶吉士臣王受

翰林院庶吉士臣王朝梧

翰林院庶吉士臣蔡共武

翰林院庶吉士臣潘紹觀

翰林院庶吉士臣蔣予蒲

翰林院庶吉士臣馮集梧

翰林院庶吉士臣曾燠

翰林院庶吉士臣吳紹浣

翰林院庶吉士臣鍾文韞

翰林院庶吉士臣俞廷榆

原任翰林院庶吉士臣侍朝

吏部員外郎臣張慎和

起居注主事臣牛稔文

文淵閣檢閱、宗人府主事臣吕雲棟

刑部主事臣胡敏

文淵閣檢閱工部主事臣王慶長

内閣中書，今任禮部郎中臣龔敬身

内閣中書，續任吏部郎中臣張培

内閣中書，今任户部員外郎臣李㮣

内閣中書，今任兵部員外郎臣汪日章

内閣中書，今任宗人府主事臣吳俊

内閣中書，今任吏部主事臣方維甸

内閣中書，今任吏部員外郎臣王璸

内閣中書，今任户部主事臣吳紹昱

内閣中書，今任户部主事臣毛上炱

内閣中書，今任兵部主事臣盛惇崇

内閣中書，今任吏部主事臣杜兆基

内閣中書，今任兵部主事臣雷純

文淵閣檢閱、内閣侍讀臣宋鎔

文淵閣檢閱、内閣侍讀臣裘行簡

文淵閣檢閱、内閣中書臣李斯咏

文淵閣檢閱、内閣中書臣方大川

文淵閣檢閱、内閣中書臣金光悌

文淵閣檢閱、内閣中書臣劉圖南

内閣中書臣李荃

内閣中書臣胡紹基

内閣中書臣董聯毅

内閣中書臣程炎

内閣中書臣王學海

内閣中書臣楊世綸

内閣中書臣閔思毅

内閣中書臣邱桂山

内閣中書臣馬猶龍

内閣中書臣甄松年

内閣中書臣沈琨

内閣中書臣鮑之鍾

内閣中書臣王照

内閣中書臣王中地

内閣中書臣費振勳

内閣中書臣沈叔埏

内閣中書臣顧宗泰

内閣中書臣楊揆

内閣中書臣洪梧

内閣中書臣江璉

内閣中書臣孫球

内閣中書臣徐秉敬

内閣中書臣秦瀛

内閣中書臣黃秉元

内閣中書臣張敦培

内閣中書臣潘奕雋

内閣中書臣張曾效

內閣中書臣石鴻翥

內閣中書臣趙秉淵

內閣中書臣劉英

內閣中書臣沈鳳輝

內閣中書臣溫汝適

內閣中書臣賈鋑

內閣中書臣章煦

內閣中書臣葉葵

內閣中書臣郭晉

內閣中書臣毛鳳儀

內閣中書臣竇汝翼

內閣中書臣張塤

內閣中書臣汪師曾

內閣中書臣言朝標

內閣中書臣趙懷玉

原任內閣中書臣徐步雲

原任內閣中書臣宋枋遠

中書科中書臣吳翼成

中書科中書臣李元春

候補中書科中書臣劉源溥

國子監助教臣陳木

國子監助教臣周鋐

國子監助教臣卜維吉

國子監助教臣金學詩

國子監助教臣黃昌禔

原任國子監助教臣汪錫魁

內閣典籍臣袁文邵

詹事府主簿臣汪日贊

國子監監生臣金兆燕

原任國子監監丞臣張曾炳

國子監學正臣沈培

國子監學正臣蔡鎮

國子監學正，今任大理寺司務臣吳垣

國子監學錄臣常循

國子監學錄臣李巖

考取國子監學正、候補教諭臣張志楓

通政司經歷臣張光第

太常寺典簿臣劉景岳

太常寺博士臣郭祚熾

進士臣柴模

進士臣吳樹萱

篆隸分校官

翰林院庶吉士，今任工部主事臣王念孫

國子監學正臣謝登㑺

繪圖分校官

工部員外郎臣門應兆

督催官

翰林院編修臣祥慶

内務府郎中臣董椿

翰林院筆帖式臣楚維寧

翰林院收掌官

筆帖式，今任户部員外郎臣安盛額

筆帖式，今任吏部主事臣文英

筆帖式，今任東陵主事臣富廉

筆帖式，今任刑部主事臣舒明阿

筆帖式，今任大理寺寺丞臣白瑛

原任筆帖式，續任大理寺寺丞臣英璽德

筆帖式，今任工部司務臣榮安

筆帖式，今任甘肅知縣臣明福

筆帖式臣博良

筆帖式臣恒敬

筆帖式臣那善

筆帖式臣長亮

筆帖式臣經德

筆帖式臣慶明

筆帖式臣盛文

筆帖式臣張純賢

筆帖式臣福智

筆帖式臣承露

原任翰林院孔目臣熊志契

翰林院侍詔臣馬蓁

繕書處收掌官

中書科中書臣田起莘

國子監典簿吳應霞

國子監學正臣史國華

武英殿收掌官

奉宸院筆帖式臣阿克敦

原任筆帖式,候選知縣臣敷註禮

筆帖式臣德光

筆帖式臣廣傳

七品庫掌臣海寧

七品庫掌臣伊昌阿

委署庫掌臣海福

委署庫掌臣德明

柏唐阿臣福慶

柏唐阿臣永清

柏唐阿臣惠保

營造司庫守臣八十

監造官

內務府郎中兼佐領臣劉淳

武英殿監造臣紹言

武英殿監造臣伊靈阿

凡例二十則

一、是書卷帙浩博，爲亘古所無。然每進一編，必經親覽，宏綱巨目，悉禀天裁。定千載之是非，決百家之疑似。權衡獨運，衰鉞斯昭。睿鑒高深，迴非諸臣管蠡之所及。隨時訓示，曠若發蒙。八載以來，不能一一殫記，謹錄歷次恭奉聖諭爲一卷，載諸簡端。俾共知我皇上稽古右文，功媲刪述，懸諸日月，昭示方來。與歷代官修之本泛稱御定者，迴不相同。

一、是書以經、史、子、集提綱列目。經部分十類，史部分十五類，子部分十四類，集部分五類。或流別繁碎者，又各析子目①，使條理分明。所錄諸書，各以時代爲次。其歷代帝土著作，從《隋書・經籍志》例，冠各代之首。至於列朝聖製，皇上御撰，揆以古例，當弁冕全書。而我皇上道秉大公，義求至當，以四庫所錄包括古今，義在衡鑒千秋，非徒取尊崇昭代，特命各從門目，弁於國朝著述之前。此尤聖裁獨斷，義愜理精，非館臣所能仰贊一詞者矣。

一、前代藏書，率無簡擇，蕭蘭並擷，珉玉雜陳，殊未協別裁之義。今詔求古籍，特創新規，一一辨厥妍媸，嚴爲去取。其上者悉登編錄，罔致遺珠；其次者亦長短兼臚，見瑕瑜之不掩。其有言非立訓，義或違經，則附載其名，兼匡厥謬②。至於尋常著述，未越羣流，雖咎譽之咸無，要流傳之已久③，準諸家著錄之例，亦併存其目，以備考核。等差有辨，旌別兼施，自有典籍以來，無如斯之博且精矣。

一、自《隋志》以下，門目大同小異，互有出入，亦各具得失。今擇善而從。如詔令奏議，《文獻通考》入集部，今以其事關國政，詔令從《唐志》例，入史部，奏議從《漢志》例，亦入史部。《東都事略》之屬，不可入正史而亦不可入雜史者，從《宋史》例，立別史一門。《香譜》、《鷹譜》之屬①，舊志無所附麗，強入農家，今從尤袤《遂初堂書目》例，立譜錄一門。名家、墨家、縱橫家，歷代著錄各不過一二種，難以成帙，今從黃虞稷《千頃堂書目》例，併入雜家爲一門。又別集之有詩無文者，《文獻通考》別立詩集一門，然則有文無詩者，何不別立文集一門。多事區分，徒滋繁碎。今仍從諸史之例，併爲別集一門。又兼詁羣經者，《唐志》題曰經解，則不見其爲羣經，朱彝尊《經義考》題曰羣經，又不見其爲經解，徐乾學通志堂所刻改名曰總經解，何焯又譏其杜撰。今取《隋志》之文，名之曰五經總義。凡斯之類，皆務求典據，非事更張。

一、焦竑《國史經籍志》多分子目，頗以餖飣爲嫌。今酌乎其中，惟經部之小學類，史部之地理、傳記、政書三類，子部之術數、藝術、譜錄、雜家四類，集部之詞曲類，流派至爲繁夥，端緒易至茫如。謹約分小學爲三子目，地理爲九子目，傳記爲五子目，政書爲六子目，術數爲七子目，藝術、譜錄各爲四子目，雜家爲五子目，詞曲爲四子目，使條理秩然。又經部之禮類，史部之詔令奏議類、目錄類，子部之天文算法類、小說家類，亦各約分子目，以便檢尋。其餘瑣節，槩爲刪併。

一、古來諸家著錄，往往循名失實，配隸乖宜，不但《崇文總目》以《樹萱錄》入之種植爲鄭樵所譏。今並考校原書，詳爲釐定。如《筆陣圖》之屬，舊入小學類，今惟以論"六書"者入小學，其論"八法"者不過筆札之工，則改隸藝術。《羯鼓錄》之屬，舊入樂類，今惟以論律吕者入樂，其論管絃工尺者，不過世俗之音，亦改隸藝術。《左傳類對賦》之屬⑤，舊入春秋類，今以其但取儷詞，無關經義，改隸類書。《孝經集靈》舊入孝經類，《穆天子傳》舊入起居注類，《山海經》、《十洲記》舊入地理類，《漢武帝内傳》、《飛燕外傳》舊入傳記類，今以其或涉荒誕，或涉鄙猥，均改隸小説。他如揚雄《太元〔玄〕經》，舊入儒家類，今改隸術數。俞琰《易外别傳》，舊入易類，今改隸道家。又如《倪石陵書》，名似子書，而實文集；陳埴《木鍾集》，名似文集，而實語錄。凡斯之流，不可殫述，並一一考核，務使不失其真。

一、諸書刊寫之本不一，謹擇其善本錄之；增删之本亦不一，謹擇其足本錄之。每書名之下，欽遵諭旨，各註某家藏本，以不没所自。其坊刻之書，不可專題一家者，則註曰通行本。至其編次先後，《漢書·藝文志》以高帝、文帝所撰雜置諸臣之中，殊爲非體。《隋書·經籍志》以帝王各冠其本代，於義爲允，今從其例。其餘概以登第之年、生卒之歲爲之排比，或據所往來倡和之人爲次。無可考者，則附本代之末。釋道、閨閣，亦各從時代，不復區分。宦侍之作⑥，雖不宜厠士大夫間，然《漢志》小學家嘗收趙高之《爰歷》、史游之《急就》，今從其例，亦間存一二。外國之作，前史罕載，然既歸王化，即屬外臣，不必分疆絶界。故木增、鄭麟趾、徐敬德之屬，亦隨時代編入焉。

一、諸書次序雖從其時代，至於箋釋舊文，則仍從所註之書，而不論作註之人。如儒家類明曹端《太極圖述解》，以註周子之書，則列於《張子全書》前。國朝李光地《註解正蒙》，以註張子之書，則列於《二程遺書》前是也。他如《史記疑問》附《史記》後、《班馬異同》附《漢書》後之類，亦同此例，以便參考。至於汪晫所輯之《曾子》、《子思子》，則仍列於宋。吕柟所輯之《周子鈔釋》諸書，則仍列於明。蓋雖裒輯舊文，而實自爲著述，與因原書而考辨者，事理固不同也。

　　一、劉向校理祕文，每書具奏。曾鞏刊定官本，亦各製序文。然鞏好借題抒議，往往冗長，而本書之始末源流，轉從疎略。王堯臣《崇文總目》、晁公武《郡齋讀書志》、陳振孫《書録解題》，稍具崖略，亦未詳明。馬端臨《經籍考》，薈粹羣言，較爲賅博，而兼收並列，未能貫串折衷。今於所列諸書，各撰爲提要，分之則散弁諸編，合之則共爲《總目》。每書先列作者之爵里，以論世知人，次考本書之得失，權衆説之異同，以及文字增删、篇帙分合，皆詳爲訂辨，巨細不遺。而人品學術之醇疵，國紀朝章之法戒，亦未嘗不各昭彰癉，用著勸懲。其體例悉承聖斷，亦古來之所未有也。

　　一、四部之首各冠以總序，撮述其源流正變，以挈綱領。四十三類之首亦各冠以小序，詳述其分併改隸，以析條目。如其義有未盡，例有未該，則或於子目之末，或於本條之下，附註案語，以明通變之由。

　　一、歷代勅撰官書，如《周易正義》之類，承詔纂修，不出一手，一一詳其爵里，則末大於本，轉病繁冗。故但記其成書年月[⑦]、任事姓名，而不縷陳其爵里。又如漢之賈、董，唐之李、杜、韓、柳，宋之歐、蘇、曾、王，以及韓、范、司馬諸名臣，周、程、張、朱諸道學，其書並家弦户誦，雖村塾童豎，皆能知其爲人。其爵里亦不復贅。至一人而著數書，分見於各部中者，其爵里惟見於第一部，後但云"某人有某書，已著錄"，以省重複。如二書在一卷之中，或數頁之內，易於省記者，則第二部但著其名。如明戴原禮，已見所校補朱震亨《金匱鉤元〔玄〕》條下，其《推求師意》二卷僅隔五條之類。

一、劉勰有言，"意翻空而易奇，詞徵實而難巧"。儒者説經論史，其理亦然。故説經主於明義理，然不得其文字之訓詁，則義理何自而推；論史主於示襃貶，然不得其事迹之本末，則襃貶何據而定。如成風爲魯僖公之母，明載《左傳》。而趙鵬飛《春秋經筌》謂"不知爲莊公之妾，爲僖公之妾"，是不知其人之名分，可定其禮之得失乎？劉子翼入唐爲著作郎、宏〔弘〕文館直學士，明載《唐書·劉禕之傳》。而朱子《通鑑綱目》書"貞觀元年，徵隋秘書劉子翼，不至"，尹起莘《發明》稱"特書隋官以美之，與陶潛稱晉一例"，是未知其人之始終，可定其品之賢否乎？今所錄者，率以考證精核，論辨明確爲主，庶幾叫謝彼虛談，敦兹實學。

一、文章流別，歷代增新。古來有是一家，即應立是一類，作者有是一體，即應備是一格，斯協於《全書》之名。故釋道外教，詞曲末技，咸登簡牘，不廢蒐羅。然二氏之書，必擇其可資考證者，其經懺章咒，並凜遵諭旨，一字不收。宋人朱表青詞，亦槩從删削。其倚聲填調之作，如石孝友之《金谷遺音》，張可久之《小山小令》，臣等初以相傳舊本，姑爲錄存。並蒙皇上指示，命從屏斥。仰見大聖人敦崇風教，釐正典籍之至意。是以編輯雖富，而謹持繩墨，去取不敢不嚴。

一、聖賢之學，主於明體以達用。凡不可見諸實事者，皆屬卮言。儒生著書，務爲高論。陰陽太極，累牘連篇，斯已不切人事矣。至於論九河則欲修禹迹，考六典則欲復周官，封建井田，動稱三代,而不揆時勢之不可行。至黃諫之流,欲使天下筆札皆改篆體,顧炎武之流,欲使天下言語皆作古音,迂謬抑更甚焉。又如明之曲士,人喜言兵,《二麓正議》欲掘坑藏錐以刺敵,《武備新書》欲雕木爲虎以臨陣,陳禹謨至欲使九邊將士人人皆讀《左傳》。凡斯之類,並闢其異說,黜彼空言,庶讀者知致遠經方,務求爲有用之學。

一、漢唐儒者,謹守師說而已。自南宋至明,凡說經、講學、論文,皆各立門户。大抵數名人爲之主,而依草附木者囂然助之。朋黨一分,千秋吳越。漸流漸遠,并其本師之宗旨亦失其傳。而釁隙相尋,操戈不已,名爲爭是非,實則爭勝負也。人心世道之害,莫甚於斯。伏讀御題朱弁《曲洧舊聞》,致遺憾於洛黨;又御題顧憲成《涇皋藏稿》,示炯戒於東林,誠洞鑒情僞之至論也。我國家文教昌明,崇真黜僞,翔陽赫燿,陰翳潛消,已盡滌前朝之敝俗。然防微杜漸,不能不慮遠思深。故甄別遺編,皆一本至公⑧,剗除畛域,以預消芽蘗之萌。至詩社之標榜聲名,地志之矜誇人物,浮辭塗飾,不盡可憑,亦併詳爲考訂,務核其真,庶幾公道大彰,俾尚論者知所勸戒。

一、文章德行,自孔門既已分科。兩擅厥長,代不一二。今所錄者,如龔詡、楊繼盛之文集,周宗建、黃道周之經解,則論人而不論其書;耿南仲之說《易》,吳开之評《詩》,則論書而不論其人。凡茲之類,略示變通,一則表章之公,一則節取之義也。至於姚廣孝之《逃虛子集》,嚴嵩之《鈐山堂詩》,雖詞華之美,足以方軌文壇,而廣孝則助逆興兵,嵩則怙權蠹國,繩以名義,非止微瑕。凡茲之流,並著其見斥之由,附存其目,用見聖朝彰善癉惡,悉準千秋之公論焉。

一、儒者著書，往往各明一義。或相反而適相成，或相攻而實相救，所謂言豈一端，各有當也。考古者無所別裁，則多岐而太雜；有所專主，又膠執而過偏。左右佩劍，均未協中。今所採錄，惟離經畔道、顛倒是非者，掊擊必嚴；懷詐挾私、熒惑視聽者，屏斥必力。至於闡明學術，各擷所長，品騭文章，不名一格，兼收並蓄，如渤澥之納眾流，庶不乖於《全書》之目。

一、《七略》所著古書，卽多依託。班固《漢書·藝文志》注可覆按也。遞流洎於明季，譌妄彌增，魚目混珠，猝難究詰。今一一詳核，並斥而存目，兼辨證其非。其有本屬偽書，流傳已久，或掇拾殘剩，真贋相參，歷代詞人已引爲故實，未可槩爲捐棄，則姑錄存而辨別之。大抵灼爲原帙者，則題曰“某代某人撰”。灼爲贋造者，則題曰“舊本題某代某人撰”。其踵誤傳訛，如呂本中《春秋傳》，舊本稱呂祖謙之類，其例亦同。至於其書雖歷代著錄，而實一無可取，如《燕丹子》、陶潛《聖賢羣輔錄》之類，經聖鑒洞燭其妄者，則亦斥而存目，不使濫登。

一、九流自《七略》以來，卽已著錄。然方技家遞相增益，篇帙日繁，往往偽妄荒唐，不可究詰，抑或卑瑣微末，不足編摩。今但就四庫所儲，擇其稍古而近理者，各存數種，以見彼法之梗槩。其所未備，不復搜求。蓋聖朝編錄遺文，以闡聖學明王道者爲主，不以百氏雜學爲重也。

一、是書主於考訂異同，別白得失，故辨駁之文爲多。然大抵於眾說互殊者，權其去取，幽光未耀者，加以表章。至於馬、班之史，李、杜之詩，韓、柳、歐、蘇之文章，濂、洛、關、閩之道學，定論久孚，無庸更贅一語者，則但論其刊刻傳寫之異同，編次增刪之始末，著是本之善否而已。蓋不可不辨者，不敢因襲舊文；無可復議者，亦不敢橫生別解。凡以求歸至當，以昭去取之至公。

【校記】

①"各"，殿本作"分"。

②"謬"，殿本作"繆"。

③"要"，殿本作"究"。

④《鷹譜》疑當作《鷹經》，《舊唐書·經籍志》、《新唐書·藝文志》皆著錄《鷹經》一卷。

⑤《總目》卷一百四十七子部四十七類書類存目一著錄《春秋經傳類對賦》一卷，當即此書。

⑥"宦侍"，殿本作"宦寺"。

⑦殿本"故"下有"今"字。

⑧"本"，殿本作"準"。

卷一

經　部　一

經部總敘

　　經稟聖裁，垂型萬世，删定之旨，如日中天，無所容其贊述。所論次者，詁經之説而已。自漢京以後垂二千年，儒者沿波，學凡六變。其初專門授受，遞稟師承，非惟詁訓相傳，莫敢同異，即篇章字句，亦恪守所聞。其學篤實謹嚴，及其弊也拘。王弼、王肅稍持異議，流風所扇，或信或疑，越孔、賈、啖、趙以及北宋孫復、劉敞等，各自論説，不相統攝，及其弊也雜。洛、閩繼起，道學大昌，擺落漢、唐，獨研義理，凡經師舊説，俱排斥以為不足信。其學務別是非，及其弊也悍。如王柏、吳澄攻駁經文，動輒删改之類。學脈旁分，攀緣日衆，驅除異己，務定一尊。自宋末以逮明初，其學見異不遷，及其弊也黨。如《論語集註》誤引包咸"夏瑚商璉"之説，張存中《四書通證》即闕此一條，以諱其誤。又如王柏删《國風》三十二篇，許謙疑之，吳師道反以為非之類。主持太過，勢有所偏，材辨聰明，激而橫決。自明正德、嘉靖以後，其學各抒心得，及其弊也肆。如王守仁之末派皆以狂禪解經之類。空談臆斷，考證必疏，於是博雅之儒引古義以抵其隙。國初諸家，其學徵實不誣，及其弊也瑣。如一字音訓動辨數百言之類。要其歸宿，則不過漢學、宋學兩家互為勝負。夫漢學具有根柢，講學者以淺陋輕之，不足服漢儒也；宋學具有精微，讀書者以空疏薄之，亦不足服宋儒也。消融門户之見而各取所長，則私心祛而公理出，公理出而經義明矣。蓋經者非他，即天下之公理而已。今參稽衆説，務取持平，各明去取之故，分為十類：曰易、曰書、曰詩、曰禮、曰春秋、曰孝經、曰五經總義、曰四書、曰樂、曰小學。

易　類　一

聖人覺世牖民，大抵因事以寓教。《詩》寓於風謡，《禮》寓於節文，《尚書》、《春秋》寓於史，而《易》則寓於卜筮。故《易》之為書，推天道以明人事者也。《左傳》所記諸占，蓋猶太卜之遺法。漢儒言象數，去古未遠也。一變而為京、焦，入於機祥，再變而為陳、邵，務窮造化，《易》遂不切於民用。王弼盡黜象數，説以老莊，一變而胡瑗、程子，始闡明儒理，再變而李光、楊萬里，又參證史事，《易》遂日啟其論端[①]。此兩派六宗，已互相攻駁。又《易》道廣大，無所不包，旁及天文、地理、樂律、兵法、韻學、算術以逮方外之爐火，皆可援《易》以為説，而好異者又援以入《易》，故《易》説愈繁。夫六十四卦大象皆有“君子以”字，其爻象則多戒占者，聖人之情見乎詞矣。其餘皆《易》之一端，非其本也。今參校諸家，以因象立教者為宗，而其他《易》外別傳者，亦兼收以盡其變，各為條論，具列於左。

【彙訂】

①　參證史事以證《易》非始於宋代，長沙馬王堆出土帛書《周易》中《繆和》篇有六則以歷史故事解釋《易經》卦爻辭的例

子，晉干寶《周易註》已經系統地以商末周初的史實釋《易》。（郭彧：《帛書〈周易〉以史解經芻議》；朱淵清：《干寶的〈周易〉古史觀》）

　　子夏易傳十一卷（內府藏本）

　　舊本題卜子夏撰。案說《易》之家，最古者莫若是書。其偽中生偽，至一至再而未已者，亦莫若是書。《唐會要》載開元七年詔："《子夏易傳》近無習者，令儒官詳定。"劉知幾議曰："《漢志》《易》有十三家，而無子夏作傳者。至梁阮氏《七錄》，始有《子夏易》六卷，或云韓嬰作，或云丁寬作。然據《漢書》，韓《易》十二篇，丁《易》八篇。求其符合，事殊瞭刺，必欲行用，深以為疑。"司馬貞議亦曰："案劉向《七略》有《子夏易傳》，但此書不行已久，今所存多失真本。"荀勖《中經簿》云："《子夏傳》四卷，或云丁寬。是先達疑非子夏矣。"又《隋書·經籍志》云："《子夏傳》殘闕，梁六卷，今二卷。"知其書錯繆多矣。又王儉《七志》引劉向《七略》云："《易》傳子夏，韓氏嬰也。今題不稱韓氏，而載薛虞《記》。其質粗略，旨趣非遠，無益後學。"云云。是唐以前所謂《子夏傳》，已為偽本。晁說之《傳易堂記》又稱："今號為《子夏傳》者，乃唐張弧之《易》。"案弧，唐末為大理寺評事，有《素履子》，別著錄。是唐時又一偽本並行。故《宋國史志》以假託《子夏易傳》與真《子夏易傳》兩列其目，而《崇文總目》亦稱"此書篇第略依王氏，決非卜子夏之文"也。朱彝尊《經義考》證以陸德明《經典釋文》、李鼎祚《周易集解》、王應麟《困學紀聞》所引，皆今本所無。德明、鼎祚猶曰在張弧以前，應麟乃南宋末人，何以當日所見與今本又異？然則今本又出偽託，不但非子夏書，亦並非張弧書矣。流傳既久，姑存以備一家云爾。

　　謹案，唐徐堅《初學記》以太宗御製升列歷代之前，蓋臣子尊君之大義。焦竑《國史經籍志》、朱彝尊《經義考》並踵前規。臣等編摩《四庫》，初亦恭錄《御定易經通註》、《御纂周易折中》、《御纂周易述義》弁冕諸經。仰蒙指示，命移冠國朝著述之首，俾尊卑有序而時代不淆。聖度謙沖，酌中立憲，實為千古之大公。謹恪遵彝訓，仍託始於《子夏易傳》，并發凡於此，著《四庫》之通例焉。

　　又案，託名之書有知其贗作之人者，有不知其贗作之人者，不能一一歸其時代，故《漢書·藝文志》仍從其所託之時代為次。今亦悉從其例。

周易鄭康成註一卷（通行本）

宋王應麟編。應麟，字伯厚，慶元人。自署浚儀，蓋其祖籍也。淳祐元年進士，寶祐四年復中博學鴻詞科，官至禮部尚書兼給事中。事蹟具《宋史·儒林傳》。案《隋志》載鄭元〔玄〕《周易註》九卷，又稱鄭元、王弼二註，梁、陳列於國學，齊代惟傳鄭義，至隋王註盛行，鄭學寖微。然《新唐書》著錄十卷，是唐時其書猶在，故李鼎祚《集解》多引之。宋《崇文總目》惟載一卷，所存者僅《文言》、《序卦》、《説卦》、《雜卦》四篇，餘皆散佚。至《中興書目》始不著錄，案《中興書目》今不傳，此據馮椅《易學》所引。則亡於南北宋之間。故晁説之、朱震尚能見其遺文，而淳熙以後諸儒即罕所稱引也。應麟始旁摭諸書，裒為此帙。經文異字，亦皆並存，其無經文可綴者，則總錄於末簡①。又以元註多言互體，並取《左傳》、《禮記》、《周禮正義》中論互體者八條，以類附焉。考元初從第五元先受京氏《易》，又從馬融受費氏《易》，故其學出入於兩家。然要其大旨，費義居多，實為傳《易》之正脈。齊陸澄《與王儉書》曰：“王弼註《易》，元〔玄〕學之所宗。今若崇儒，鄭註不可廢。”其論最篤。唐初詔修《正義》，仍黜鄭崇王，非達識也。應麟能於散佚之餘，搜羅放失，以存漢《易》之一線，可謂篤志遺經，研心古義者矣。近時惠棟別有考訂之本，體例較密。然經營創始，實自應麟，其捃拾之勞亦不可泯。今並著於錄，所以兩存其功也。

謹案，前代遺書後人重編者，如有所竄改增益，則從重編之時代，《曾子》、《子思子》之類是也。如全輯舊文，則仍從原書之時代。故此書雖宋人所輯，而列於漢代之次。後皆倣此。

【彙訂】

① “於”，殿本無。

新本鄭氏周易三卷（江蘇巡撫採進本）

國朝惠棟編。棟字定宇，長洲人①。初，王應麟輯鄭元《易註》一卷，其後人附刻《玉海》之末。雖殘章斷句，尚頗見漢學之崖略，於經籍頗為有功。然皆不著所出之書，又次序先後，閒與經文不應，亦有遺漏未載者。棟因其舊本，重為補正。凡應麟書所已載者，一一考求原本，註其出自某書，明其信而有徵，極為詳覈。其次序先後，亦悉從經文釐定。復搜採羣籍，《上經》補二十八條，《下經》補十六條，《繫辭傳》補十四條，《說卦傳》補二十二條，《序卦傳》補七條，《雜卦傳》補五條。移應麟所附《易贊》一篇於卷端，刪去所引諸經《正義》論互卦者八條。而別據元《周禮·太師》註作《十二月爻辰圖》，據元《月令》註作《爻辰所值二十八宿圖》，附於卷末，以駁朱震《漢上易傳》之誤。雖因人成事，而考覈精密，實勝原書。應麟固鄭氏之功臣，棟之是編，亦可謂王氏之功臣矣②。

【彙訂】

① 據錢大昕《潛研堂文集》卷三九《惠先生棟傳》："初為吳江縣學生員，後改歸元和籍。"《總目》卷六《周易述》條作"元和人"不誤。（漆永祥：《〈四庫總目提要〉惠棟著述糾誤》）

② 據馬國翰《玉函山房藏書簿録》，九十二條中先有明姚士粦增補二十五條，非盡惠棟之功。（杜澤遜：《馬國翰與〈玉函山房藏書簿録〉》）

陸氏易解一卷（浙江吳玉墀家藏本）

明姚士粦所輯吳陸績《周易註》也。《吳志》載績所著有《易註》，不言卷數。《隋書·經籍志》有陸績《周易註》十五卷。《經典釋文·序録》作陸績《周易述》十三卷，《會通》一卷。新、舊《唐書·志》所載卷數與《釋文》同。原本久佚，未詳其孰是。此本為《鹽邑志林》所載，凡一百五十條。朱彝尊《經義考》以為鈔撮陸氏《釋文》、李氏《集解》二書為之。然此本採京氏《易》傳註為多，而彝尊未之及。又稱其經文異諸家者，"履帝位而不疚"，"疚"作"疾"；"明辨晢也"，"晢"作"逝"；"納約自牖"，"牖"作"誘"；"三年克之，憊也"，"憊"作"備"。此本又皆無之，豈所見別一本歟？然彝尊明言《鹽邑志林》，其故則不可詳矣。彝尊又言曹溶曾見有三卷者。然諸家著録，並無三卷之本。殆京氏《易傳》三卷，舊本題曰"陸績註"，溶偶觀之未審，因誤記誤説也。昔宋王應麟輯鄭氏《易註》，為學者所重。士粦此本雖不及應麟搜討之勤博，而掇拾殘剩，存什一於千百，亦可以見陸氏《易註》之大略矣。績字公紀，吳郡人。官至鬱林太守，加偏將軍。事蹟具《吳志》。士䋲字叔祥，海鹽人。十三而孤[①]，年二十猶目不識丁。寓居德清卜氏家，卜始授以句讀。晚乃卓然自立。蓋亦奇士云。

【彙訂】

① 殿本"十"上有"年"字。

周易註十卷（浙江巡撫採進本）

上、下經註及《略例》，魏王弼撰。《繫辭傳》、《說卦傳》、《序卦傳》、《雜卦傳》註，晉韓康伯撰。《隋書·經籍志》以王、韓之書各著錄，故《易註》作六卷，《略例》作一卷，《繫辭註》作三卷。《舊唐書·經籍志》、《新唐書·藝文志》皆載弼註七卷，蓋合《略例》計之。今本作十卷，則併韓書計之也。考王儉《七志》已稱弼《易註》十卷，案《七志》今不傳，此據陸德明《經典釋文》所引。則併王、韓為一書，其來已久矣。自鄭元傳費直之學，始析《易》傳以附經，至弼又更定之。說者謂鄭本如今之乾卦，其坤卦以下又弼所割裂。然鄭氏《易註》至北宋尚存一卷，《崇文總目》稱存者為《文言》、《說卦》、《序卦》、《雜卦》四篇，則鄭本尚以《文言》自為一傳，所割以附經者，不過象傳、象傳[①]。今本乾、坤二卦各附文言，知全經皆弼所更定，非鄭氏之舊也。每卷所題乾傳第一、泰傳第二、噬嗑傳第三、咸傳第四、夬傳第五、豐傳第六，各以卷首第一卦為名。據王應麟《玉海》，此目亦弼增標。蓋因毛氏《詩傳》之體例。相沿既久，今亦仍舊文錄之。惟《經典釋文》以泰傳為需傳，以噬嗑傳為隨傳，與今本不同。證以《開成石經》，一一與陸氏所述合。當由後人以篇頁不均為之移併，以非宏旨之所繫，今亦不復追改焉。其《略例》之註為唐邢璹撰。璹里籍無考，其結銜稱"四門助教"。案《唐書·王鉷傳》稱"故鴻臚少卿邢璹子緯"[②]，以謀反誅。則終於鴻臚少卿也。《太平廣記》載其奉使新羅，賊殺賈客百餘人[③]，掠其珍貨貢於朝。其人殊不足道，其註則至今附弼書以行。陳振孫《書錄解題》稱："蜀本《略例》有璹所註，止有篇首釋'略例'二字，文與此同，餘皆不然。"是宋代尚有一別本。今則惟此本存，所謂蜀本者已久佚矣。弼之說《易》，源出費直。直《易》今不可見，然荀爽《易》即費氏學，李鼎祚書尚頗載其遺說。大抵究爻位之上下，辨卦德之剛柔，已與弼註略近。但弼全廢象數，又變本加厲耳。平心而論，闡明義理，使《易》不雜於術數者，弼與康伯深為有功[④]；祖尚虛無，使《易》竟入於老莊者，弼與康伯亦不能無過[⑤]。瑕瑜不掩，是其定評。諸儒偏好偏惡，皆門户之見，不足據也。

【彙訂】

①《三國志·魏書·三少帝紀》："丙辰，帝（高貴鄉公）幸太學……帝又問曰：'孔子作彖、象，鄭玄作註，雖聖賢不同，其所釋經義一也。今彖、象不與經文相連，而註連之，何也？'俊對曰：'鄭玄合彖、象於經者，欲使學者尋省易了也。'帝曰：'若鄭玄合之，於學誠便，則孔子曷為不合以了學者乎？'俊對曰：'孔子恐其與文王相亂，是以不合，此聖人以不合為謙。'帝曰：'若聖人以不合為謙，則鄭玄何獨不謙邪？'"案"鄭玄合彖、象於經"句，今本史文恐誤。高貴鄉公所見之本即"彖、象不與經文相連"，鄭玄應係合註於經，故有此問。蓋孔子作傳，不與經連，是孔子之謙也。若將孔子所作之傳合之於經，傳非鄭作，何云不謙？（俞樾：《鄭易合彖象於經辨》）

②“故”，底本作“爲”，據《舊唐書》卷一百五《王鉷傳》原文及殿本改。

③“賊”，殿本作“戕”。《太平廣記》卷一二六《邢璹》條載：“璹因其無備盡殺之，投於海中。”底本義勝。

④“與”，殿本無。

⑤“與”，殿本無。

周易正義十卷（内府刊本）①

魏王弼、晉韓康伯註，唐孔穎達疏。《易》本卜筮之書，故末派寖流於讖緯。王弼乘其極敝而攻之，遂能排擊漢儒，自標新學。然《隋書·經籍志》載晉揚州刺史顧夷等有《周易難王輔嗣義》一卷，《册府元龜》又載顧悦之案，悦之即顧夷之字。難王弼《易》義四十餘條，京口閔康之又申王難顧②，是在當日已有異同。王儉、顏延年以後，此揚彼抑，互詰不休。至穎達等奉詔作疏，始專崇王註而衆説皆廢③。故《隋志》“易類”稱：“鄭學寖微，今殆絶矣。”蓋長孫無忌等作《志》之時，在《正義》既行之後也。今觀其書，如《復·象》“七日來復”，王偶用六日七分之説，則推明鄭義之善；《乾·九二》“利見大人”，王不用“利見九五”之説，則駁詰鄭義之非。於“見龍在田，時舍也”，則曰“經但云‘時舍’，註曰‘必以時之通舍’者，則輔嗣以‘通’解‘舍’，‘舍’是‘通’義也”，而不疏“舍”之何以訓“通”；於“天元〔玄〕而地黄”，則曰“恐莊氏之言，非王本意，今所不取”，而不言莊説之何以未允。如斯之類，皆顯然偏祖。至《説卦傳》之分陰分陽，韓註“二四爲陰，三五爲陽”，則曰“輔嗣以爲初、上無陰陽定位”，此註用王之説。“帝出乎震”，韓氏無註，則曰“益卦‘六二，王用亨于帝，吉’，輔嗣註云：

'帝者生物之主，興益之宗，出震而齊巽者也'，則輔嗣之意以此
帝為天帝也。"是雖弼所未註者，亦委曲旁引以就之。然疏家之
體，主於詮解註文，不欲有所出入。故皇侃《禮疏》或乖鄭義，穎
達至斥為"狐不首丘④，葉不歸根"，其墨守專門，固通例然也。
至於詮釋文句，多用空言，不能如諸經《正義》根據典籍，源委粲
然，則由王註掃棄舊文，無古義之可引，亦非考證之疏矣。此書
初名《義贊》⑤，後詔改《正義》，然卷端又題曰《兼義》，未喻其故。
序稱十四卷，《唐志》作十八卷，《書録解題》作十三卷。此本十
卷，乃與王、韓註本同。殆後人從註本合併歟⑥？

【彙訂】

　　① 文淵閣《四庫》本為《周易注疏》十三卷附《略例》《考證》
一卷。《略例》，魏王弼著，唐邢璹注。《考證》，清朱良裘、陳浩、
李清植等撰。（沈治宏：《中國叢書綜録訂誤》）

　　② 梁劉峻《世説·文學篇》註引《顧氏譜》曰："夷字君齊，吳
郡人。"《宋書·隱逸傳》、《南史·隱逸傳》載"晉陵顧悦之《難王
弼易義》四十餘條，（關）康之申王難顧，遠有情理"。顧悦之字君
叔，顧愷之之父也。《晉書》附見《殷浩傳》後。顯為二人。（姚振
宗：《隋書經籍志考證》；余嘉錫：《四庫提要辨證》）

　　③ 陸德明《經典釋文·序録》："永嘉之亂，施氏、梁丘之
《易》亡，孟、京、費之《易》，人無傳者，唯鄭康成、王輔嗣所註行於
世，而王氏為世所重，今以王為主。"《隋書·經籍志》亦云："梁
丘、施氏、高氏，亡於西晉；孟氏、京氏，有書無師；梁陳鄭玄、王弼
二註，列於國學，齊代唯傳鄭義。至隋，王註盛行，鄭學浸微，今殆
絶矣。"則陳、隋之際已獨尊王弼註。（余嘉錫：《四庫提要辨證》）

　　④ "丘"，底本缺筆，殿本作"邱"。

⑤ "義贊"，殿本作"易贊"，誤。《新唐書》卷一九八《孔穎達傳》載："初，穎達與顏師古、司馬才章、王恭、王琰受詔撰《五經》義訓，凡百餘篇，號《義贊》，詔改為《正義》。"

⑥ 既謂"卷端又題曰兼義"，則館臣撰提要時所見為《周易兼義》九卷（附《略例》、《音義》合一卷），即元、明刊《十三經註疏》本，並非"內府刊本"即武英殿校刊《周易註疏》十三卷首一卷本，遂生"未喻其故"之惑。元、明以來，《兼義》九卷流行，《正義》十四卷、《註疏》十三卷（卷首一卷）流傳反稀，《兼義》實後人從王、韓註本合併，與孔書原貌相去甚遠，文瀾閣庫書原本佚，今存丁氏補抄本十冊，係據李元陽閩刻《十三經註疏》本（《兼義》九卷）繕錄，惟卷端改題"《周易註疏》卷一"，次行題"魏王弼註　晉韓康伯續註　唐孔穎達疏"，又將卷四析為上、下，以應《總目》"十卷"之數。卷前刪《略例》、《音義》，而將孔穎達《周易正義序》及《概論》八段標為"卷首"。《舊唐書·經籍志》著錄《周易正義》十四卷，《新唐書·藝文志》著錄為《周易正義》十六卷。（崔富章：《四庫提要補正》）

周易集解十七卷（內府藏本）

唐李鼎祚撰。鼎祚《唐書》無傳，始末未詳。惟據序末結銜，知其官為祕書省著作郎。據袁桷《清容居士集》載，資州有鼎祚讀書臺，知為資州人耳。朱睦㮮序稱為祕閣學士，不知何據也①。其時代亦不可考。《舊唐書·經籍志》稱"錄開元盛時四部諸書"，而不載是編，知為天寶以後人矣②。其書《新唐書·藝文志》作十七卷，晁公武《讀書志》曰："今所有止十卷，而始末皆全，無所亡失。豈後人併之耶？"《經義考》引李燾之言，則曰："鼎祚自序止云十卷，無亡失也。"朱睦㮮序作於嘉靖丁巳，亦云自序稱十卷，與熹説同。今所行毛晉汲古閣本乃作一十七卷，序中亦稱“王氏《略例》附於卷末，凡成一十八卷”，與諸家所説截然不同，殊滋疑竇。今考序中稱“至如卦爻象象，理涉重元〔玄〕，經註文言，書之不盡。別撰《索隱》，錯綜根萌，音義兩存，詳之明矣”云云。則《集解》本十卷，附《略例》一卷為十一卷，尚別有《索隱》六卷，共成十七卷。《唐志》所載蓋併《索隱》、《略例》數之，實非舛誤。至宋而《索隱》散佚，刊本又削去《略例》，僅存《集解》十卷，故與《唐志》不符。至毛氏刊本，始析十卷為十七卷，以合《唐志》之文。又改序中“一十卷”為“一十八卷”，以合附録《略例》一卷之數，故又與朱睦㮮序不符。蓋自宋以來，均未究序中“別撰《索隱》”一語，故疑者誤疑，改者誤改。即辨其本止十卷者，亦不能解《唐志》稱十七卷之故，致愈説愈訛耳。今詳為考正，以袪將來之疑。至十卷之本，今既未見，則姑仍以毛本著録。蓋篇帙分合，無關宏旨，固不必一一追改也。其書仍用王弼本，惟以《序卦傳》散綴六十四卦之首，蓋用《毛詩》分冠《小序》之例。所採凡子夏、孟喜、焦贛、京房、馬融、荀爽、鄭元、劉表、何晏、宋衷、虞翻、陸績、干寶、王肅、王弼、姚信、王廙、張璠、向秀、王凱沖、侯果、蜀才、翟元〔玄〕、韓康伯、劉瓛、何妥、崔憬、沈驎士、盧氏，案盧氏《周易註》，《隋志》已佚其名③。崔覲、伏曼容、孔穎達，案以上三十二家，朱睦㮮序所考。姚規、朱仰之、蔡景君案以上三家，朱彝尊《經義考》所補考。等三十五家之説。自序謂：“刊輔嗣之野文，補康成之逸象。”蓋王學既盛，漢《易》遂亡，千百年後學者得考見畫卦之本旨者，惟賴此書之存耳④。是真可寶之古笈也。

【彙訂】

① 朱睦㮮序稱為祕閣學士，即指曾官祕書省著作郎而言。

（余嘉錫：《四庫提要辨證》）

②《新唐書·藝文志》“五行類”李鼎祚《連珠明鏡式經》十卷條下註曰“開耀中上之”，則其人其書當在開元以前。（胡玉縉：《四庫全書總目提要補正》）

③盧氏乃盧景裕，見馬國翰玉函山房輯本《序》。景裕本傳見《魏書》卷八四、《北史》卷三十。（孫猛：《郡齋讀書志校正》）

④“耳”，殿本作“矣”。

周易口訣義六卷（永樂大典本）

唐史徵撰。《崇文總目》曰：“河南史徵，不詳何代人。”晁公武《讀書志》曰：“田氏以為魏鄭公撰，誤。”陳振孫《書錄解題》曰：“《三朝史志》有其書①，非唐則五代人。避諱作‘證’字。”《宋史·藝文志》又作“史文徽”，蓋以徽、徵二字相近而訛。別本作“史之徵”，則又以之、文二字相近而訛耳。今定為史徵，從《永樂大典》，定為唐人，從朱彝尊《經義考》也。《永樂大典》載徵自序云：“但舉宏機，纂其樞要，先以王註為宗，後約孔疏為理。”故《崇文總目》及晁氏《讀書志》皆以為“直鈔註疏，以便講習，故曰‘口訣’”。今詳考之，實不盡然。如《乾·象》引周氏說，《大象》引宋衷說，《屯·象》引李氏說，《師·象》引陸績說，六五引莊氏說，《謙·六五》引張氏說，《賁·大象》引王廙說，《頤·大象》引荀爽說，《坎·大象》引莊氏說，上六引虞氏說，《咸·大象》引何妥說，《萃·象》引周宏〔弘〕正說，《升·象》引褚氏說，《井·大象》引何妥說②，《革·象》引宋衷說，《鼎·象》引何妥說，《震·九四》引鄭眾說，《漸·象》引褚氏說，《大象》引侯果說，《困·大象》引周宏正說，《兌·大象》引鄭眾說，《漸·九五》引陸績說，多出孔穎達疏及李鼎祚《集解》之外。又如《賁·大象》所引王氏說,《頤·大象》所引荀爽說,雖屬《集解》所有,而其文互異;《坎·上六》所引虞翻說,則《集解》刪削過略,此所載獨詳。蓋唐去六朝未遠,《隋志》所載諸家之書猶有存者,故徵得以旁搜博引。今閱年數百,舊籍佚亡,則遺文緒論,無一非吉光片羽矣。近時惠棟作《九經古義》,余蕭客葺《古經解鉤沈》,於唐以前諸儒舊說,單辭隻義,搜採至詳,而此書所載均未之及,信為難得之祕本。雖其文義閒涉拙滯,傳寫亦不免訛脫。而唐以前解《易》之書,《子夏傳》既屬偽撰,王應麟所輯鄭元註,姚士粦所輯陸績註,亦非完書。其實存於今者,京房、王弼、孔穎達、李鼎祚四家,及此書而五耳。固好古者所宜寶重也。徵自序作六卷,諸家書目並同。今僅闕豫、隨、无妄、大壯、晉、睽、蹇、中孚八卦③,所佚無多。仍編為六卷,存其舊焉。

【彙訂】

①“三朝史志”,殿本作“五朝史志”,誤,參《直齋書錄解題》卷一“周易口訣義六卷”條原文。

②此書卷五《井·大象》所引乃周弘正說,疑為《升·大象》之誤。(金生楊:《漢唐巴蜀易學研究》)

③“豫隨无妄大壯晉睽蹇中孚八卦”,殿本作“豫隨无妄大壯晉睽蹇解中孚九卦”,誤。文淵閣《四庫》本此書解卦未缺。(楊遜:《從經部易類看〈四庫全書總目提要〉諸版本的異同和得失》)

周易舉正三卷(浙江巡撫採進本)

舊本題唐郭京撰。京不知何許人。《崇文總目》稱其官為蘇州司户參軍。據自序言"御註《孝經》,删定《月令》",則當為開元後人。序稱:"曾得王輔嗣、韓康伯手寫真本,比校今世流行本及國鄉貢學人等本①,舉正其謬。凡所改定,以朱墨書别之。"其書《崇文總目》始著録,《書録解題》於宋咸《易補註》條下稱咸得此書於歐陽修,是天聖、慶曆閒乃行於世也。洪邁、李燾並以為信。晁公武則謂:"以彖象相正,有闕漏,可推而知。託言得王、韓手札及石經。"趙汝楳亦詆其挾王、韓之名以更古文。王應麟又援《後漢書·左雄傳》"職斯禄薄"句,證其改旅卦"斯"字為"儕"之非。近時惠棟作《九經古義》,駁之尤力。今考是書,《唐志》不載。李燾以為京開元後人,故所為書不得著録,案燾説見《文獻通考》。然但可以解《舊書·經籍志》耳。若《新書·藝文志》,則唐末之書無不具列,豈因開元以後而遺之? 疑其書出宋人依託,非惟王、韓手札不可信,並唐郭京之名亦在有無疑似之閒也。顧其所説,推究文義,往往近理。故晁公武雖知其託名,而所進《易解》,乃多引用。即朱子《本義》,於《坤·象傳》之"履霜堅冰"、《賁·象傳》之"剛柔交錯"、《震·象傳》之"不喪匕鬯",亦頗從其説。則亦未嘗無可取矣。晁公武《讀書志》載京原序,稱所改正者一百三十五處,二百七十三字。而洪邁《容齋隨筆》、趙汝楳《易序叢書》皆作"一百三處"。今本所載原序,亦稱"差謬處一百三節"。則晁氏所云殆為疏舛。又原本稱"别以朱墨",蓋用《經典釋文》之例。今所行本已全以墨書,蓋非其舊。以非宏旨之所繫,故仍從近刻焉。

【彙訂】

①"國鄉貢學人",底本作"國學鄉貢人",據書前自序原文及殿本改。

經　部　二

易　類　二

易數鉤隱圖三卷附遺論九事一卷（浙江吳玉墀家藏本）

宋劉牧撰。牧字長民，其《墓誌》作字先之，未詳孰是，或有兩字也。彭城人，官至太常博士。《宋志》載牧《新注周易》十一卷，圖一卷，晁公武《讀書志》則作圖三卷。其注今不傳，惟圖尚在，卷數與晁氏本同。漢儒言《易》多主象數，至宋而象數之中復岐出圖書一派。牧在邵子之前，其首倡者也。牧之學出於种放，放出於陳摶，其源流與邵子之出於穆、李者同。而以九為河圖，十為洛書，則與邵異。其學盛行於仁宗時。黃黎獻作《略例隱訣》，吳祕作《通神》，程大昌作《易原》，皆發明牧説。而葉昌齡則作《圖義》以駁之，宋咸則作《王劉易辨》以攻之，李覯復有《刪定易圖論》。至蔡元定則以為與孔安國、劉歆所傳不合，而以十為河圖，九為洛書。朱子從之，著《易學啟蒙》。自是以後，若胡一桂、董楷、吳澄之書皆宗朱、蔡，牧之圖幾於不傳。此本為通志堂所刊，何焯以為自《道藏》録出。今考《道藏目録》，實在“洞真部·靈圖類·雲字號”中，是即圖書之學出於道家之一證。録而存之，亦足廣異聞也。南宋時劉敏士嘗刻於浙右漕司，前有歐陽修序①。吳澄曰："修不信河圖而有此序，殆後人所偽為，而牧之後人誤信之者。"俞琰亦曰："序文淺俚，非修作。"其言有見，故今據而削之。其《遺論九事》：一為《太皞授龍馬負圖》，二為《六十四卦推盪訣》，三為《大衍之數五十》，四為《八卦變六十四卦》，五為《辨陰陽卦》，六為《復見天地之心》，七為《卦終未濟》②，八為《蓍數揲法》，九為《陰陽律呂圖》。以先儒之所未及，故曰《遺論》③。本別為一卷，徐氏刻《九經解》，附之《鉤隱圖》末，今亦仍之焉④。

【彙訂】

① 南宋馮椅《厚齋易學》引《中興館閣書目》曰："《新注周易》十一卷，本朝太常博士劉牧撰。牧字長民，彭城人，仁宗時言數者皆宗之。又有《周易卦德通論》一卷，論元亨利貞四時，《易數鉤隱圖》一卷，採摭天地奇偶之數，自太極生兩儀而下，至於河圖，凡六十四位，點之成圖，於圖下各釋其義。"而四庫底本乃浙江吳玉墀家藏《通志堂經解》本，其前"有歐陽修序"者，可知即為《正統道藏》洞真部靈圖類雲一至雲三署"三衢劉牧撰"者。則所謂"其墓誌作字先之"，又取於王安石為"有功刺衢州"之劉牧所作《郎中劉君墓誌銘》。彭城即今江蘇徐州，衢州乃今浙江衢縣。一為彭城劉牧，字長民，曾任太常博士；一為三衢劉牧，字先之，曾任兗州觀察推官、大理寺丞、廣西南路轉運判官等職。俞琰《讀易舉要》曰："太常博士彭城劉牧長民，撰《新注周易》十一卷，《卦德統論》一卷，《易數鉤隱圖》二卷，黃黎獻為之序。又為《略例圖》一卷，亦黎獻所序。又有三衢劉敏士刻於浙右庾司者，有歐陽公序，文淺俚，決非歐公作。其書三卷，與前本大同小異。案敏士序稱，伯祖屯田郎中，臨川先生誌其墓。今觀誌文所述，

但言學《春秋》於孫明復而已。牧當慶曆時，其《易》學盛行，不應略無一語及之。且黎獻序稱字長民，而誌稱先之，其果一人耶，抑二人耶？當考。"《易數鉤隱圖》，黃黎獻序者為二卷，劉敏士刻者為三卷。四庫本三卷前有歐陽修序者，即俞出於劉敏士所刻本。而黃黎獻為太常博士劉牧弟子，其所序二卷本《易數鉤隱圖》當為彭城劉牧傳本。李覯《刪定易圖序論》曰："世有治《易》根於劉牧者，其說日不同，因購牧所為《易》圖五十五首，觀之則甚重複。假令其說之善，猶不出乎河圖、洛書、八卦三者之內，彼五十二皆疣贅也……乃刪其圖而存之者三焉：所謂河圖也，洛書也，八卦也。於其序解之中，撮舉而是正之。諸所觸類，亦復詳說，成六論，庶乎人事修而王道明也。其下得失，不足喜慍者，不盡糾割。別有一本，黃黎獻為之序，頗增多誕謾。"從其"治《易》根於劉牧者，其說日不同"分析，劉牧之書從刻版到流行並達到"仁宗時言數者皆宗之"之程度，非有十幾年之時間而不能如此，而范仲淹、阮逸、孫復、石介、宋咸、歐陽修、黃黎獻、李覯、富弼皆活動於劉牧之學盛行之時，阮逸與劉牧唱反調之《關子明易傳》、宋咸之《王劉易辨》（一說是石介撰）等皆作於此時。由此可知，彭城劉牧當是在這些人之前，必不是向孫復學《春秋》之三衢劉牧。"石介有名山東，自介而下皆以先生事復"（《宋史·儒林傳》），常執杖立孫復左右之石介著書辨從前彭城之劉牧《易》為可能，而辨從孫復學《春秋》之三衢劉牧，似不可能。一般據《宋元學案·泰山學案》，推三衢劉牧為"北宋中人"，又推其生於1011年（與邵雍同年生），卒於1064年。與"宋初三先生"同時之阮逸、李覯、宋咸、陳希亮等人攻"盛行"而"日見不同"之劉牧《易》，皆是本有黃黎獻序之流行本而發，其時甚至在吳秘將《易數鉤隱圖》獻於朝之後,三衢劉牧師事孫復,在"宋初三先生"之後,"三先生"之石介或其同時的阮逸、宋咸等人又怎能攻三衢劉牧弟子所序之書?"姚嗣宗謂劉牧之學授之吳祕,祕授揚庭,雖不及黃黎獻,而要是牧之源流不疑"(《厚齋易學》),據邵伯溫、沈括講,鄭夬與邵雍同時,亦即與三衢劉牧同時,當不會是三衢劉牧再傳弟子。又據邵伯溫《易學辨惑》,言穆修師事陳摶,傳李挺之,李挺之傳邵雍,种放亦師事陳摶,傳廬山許堅,許堅傳范諤昌,范諤昌一枝"傳於南方"。种放卒於宋真宗大中祥符八年(1015),穆修卒於宋仁宗明道中(1033),李挺之卒於慶曆五年(1045),如果朱震所謂劉牧從學於范諤昌是事實,則此人似當為南方之三衢劉牧,而彭城劉牧當與穆修為同時人。葉適《習學記言》卷四十九曰:"與契丹和前四十年,劉牧送張損之,後四十年,蘇洵送石揚休。"可知北宋初有一劉牧。以李覯據劉牧弟子黃黎獻所序《易數鉤隱圖》而有所刪定一條事實考之,即可證三衢劉牧並非黃黎獻師事之劉牧。而彭城劉牧必為北宋初人,而不是北宋中人。仁宗時劉牧《易數鉤隱圖》,當為一卷本和經黃黎獻增多之二卷本,而無三卷本。《中興館閣書目》記"易數鉤隱圖一卷",而李覯謂"頗增多誕謾"者,乃因黃黎獻所序之二卷本而發。其後南宋鄭樵於《通志》記劉牧作"鉤隱圖三卷",晁公武《郡齋讀書志》所記與之相同,此皆當為南宋劉敏士之刻本。《正統道藏》本《易數鉤隱圖》題"三衢劉牧撰",但前無"歐陽修序",而有劉牧自序。曰:"今採摭天地奇偶之數,自太極生兩儀而下,至於復卦,凡五十五位,點之成圖。於逐圖下各釋其義,庶覽之者易曉耳。"此又為一不同之刻本。顯然,《中興館閣書目》所引"自太極生兩儀而下"云云,即本於此書自序。("至於河圖,凡六十四位”，似後人所改，“河圖”四十五位，天地之數方是五十五位，後改之説有所不通。)《易數鉤隱圖》前二卷有四十八圖，與《郡齋讀書志》所云“凡四十八圖”正合，而“至於復卦”為四十六圖。看前四十六圖，主要是自“易有太極”説“是生兩儀”、“兩儀生四象”、“四象生八卦”，辨漢唐諸儒“四象”、“大衍之數”、“無陰無陽乃謂之道”、“七日來復”説之非。其言“四象生八卦”曰：“五行成數者，水數六、金數九、火數七、木數八也。水居坎而生乾，金居兑而生坤，火居離而生巽，木居震而生艮，巳居四正而生乾、坤、艮、巽，共成八卦也。”顯然，這裏所説八卦是由太極生來，並不言是聖人則什麽圖而畫出。卷下則列《河圖第四十九》、《河圖天地數第五十》(即前《天地數十有五第四》圖)、《河圖四象第五十一》(即前《兩儀生四象第九》圖)、《河圖八卦第五十二》(即前《四象生八卦第十》圖)、《洛書五行生數第五十三》與《洛書五行成數第五十四》(即前《天地之數第十四》圖之分兩圖)、《十日生五行並相生第五十五》(即前《二儀得十成變化第十一》圖)。卷下之七圖中，有六圖是與前兩卷重複之圖，而其中只有李覯所取三圖之一圖。劉牧原本所著之書當不致如此，此書下卷似不出於彭城劉牧。由此又可見南宋劉敏之所刻之三卷本之圖，與李覯所見至多二卷本之圖有所不同。如果只看前四十六圖，則明白劉牧説八卦之成是起於太極，無一語及於所謂聖人則河圖、洛書畫八卦。且前兩卷所言及“河圖”、“洛書”文字，亦有商量。其中辨“四象者其義有二”時曰：“一者謂兩儀所生之四象；二者謂易有四象所以示之四象。若天一地二天三地四所以兼天五之變化，上下交易，四象備其成數，而後能生八卦，於是乎坎離震兑居四象之正位。不云五象者，以五無定位，舉其四則五可知矣。夫五,上駕天一而下生地六,下駕地二而上生天七,右駕天三而左生地八,左駕地四而右生天九,此河圖四十有五之數耳,斯則二儀所生之四象。"此段文字中,"此河圖四十有五之數耳",似為後人加入之文字。劉牧以六、七、八、九為兩儀所生之四象,加四生數共為四十,又明説"不云五象,五無定位",其《四象生八卦》圖為四十數,中宮並無"五"數,可知此段之説本與四十五數無關。同樣,其《二儀得十成變化第十一》之圖説"此乃五行生成數,本屬洛書,此畫之者,欲備天地五十五數也",其後句亦似為後人所加之文字。卷下之"洛書"二圖即備天地五十五數,而此圖乃用於説二儀之數一、二、三、四之和為十與五成變化而得五十五數之義,故其後有《天地之數第十四》圖。故"本屬洛書"不當為此圖之説。又其《三才第四十五》之圖説,其中"夫卦者,天垂自然之象也,聖人始得之於河圖洛書,遂觀天地奇偶之數而畫之,是成八卦",亦因"始得之於河圖洛書"句而不通,本應為"卦者,天垂自然之象,聖人遂觀天地奇偶之數而畫之,是成八卦",即言天垂自然之象,象由數設,則遂觀天地奇偶之數而畫卦,與"始得之於河圖洛書"無關。又其《七日來復第四十六》圖説"論上"末句"七日來復闕則合經義之註也",應接"論下"首句"詳夫易緯稽覽圖及鄭六日七分之説",而其"論中"之文本與此圖説無關,亦似後人加入而分三論之文字。倘若如此,則前二卷似為原出彭城劉牧之本文和後人加入河洛説之文,而劉牧本文論説中並不及於所謂聖人則黑白點"河圖"、"洛書"畫卦説。"龍圖"之説,前二卷無之,突兀閒見於卷下。如果彭城劉牧主聖人則黑白點數圖畫卦説,則當首言"龍圖",不應至卷下方出。卷下或問"與龍圖五行之數之位不偶者,何也"之龍圖,乃指卷下第一幅戴九履一

圖而言,前兩卷並無此圖,亦與前兩卷內容無關。(李裕民:《四庫提要訂誤》;郭彧:《續四庫提要辯證(經部易類)》))

②"卦終未濟",殿本作"卦終九事",誤。

③《正統道藏》洞真部靈圖類雲四為《易數鉤隱圖遺論九事》一卷,亦題"三衢劉牧撰"。鄭樵《通志》記"先儒遺事一卷劉牧　一作陳純臣"。所列九圖,其《太皞氏授龍馬負圖第一》即《易數鉤隱圖》之《河圖第四十九》圖,《重六十四卦推盪訣第二》為內列黑白點八卦外列黑白點十二辟卦之圖,其圖說"水數六除三畫為坎,餘三畫布於亥上成乾;金數九除三畫為兌,餘六畫布於申上成坤;火數七除三畫為離,餘四畫布於巳上成巽;木數八除三畫為震,餘五畫布於寅上成艮,此所謂四象生八卦也",則見於范諤昌《四象八卦圖》之圖說(見《道藏·周易圖》);《大衍之數五十第三》圖,則本鄭玄註而出;《八卦變六十四卦第四》乃本《京氏易傳》八宮世系說而出;《辨陰陽卦第五》圖為《易數鉤隱圖》之《河圖八卦第五十三》變點陣圖;《復見天地之心第六》即為《易數鉤隱圖》之《七日來復第四十六》圖;《卦終未濟第七》圖為黑白點卦象圖;《蓍數揲法第八》為明《繫辭》揲蓍說之圖;《陰陽律呂圖第九》為本漢儒三分損益律呂說所出之圖。可見此九圖皆是本"先儒遺事"所作,以其中有劉牧圖考之,當不會出於劉牧(無自稱"先儒"之理)。(郭彧:《續四庫提要辯證(經部易類)》))

④ 附《遺論九事》非始於徐乾學刻《通志堂經解》。(胡玉縉:《四庫全書總目提要補正》)

周易口義十二卷(浙江吳玉墀家藏本)①

宋倪天隱述其師胡瑗之說。瑗字翼之,泰州如皋人。用范仲淹薦，由布衣拜校書郎。歷太常博士，致仕歸。事蹟具《宋史·儒林傳》。天隱始末未詳。葉祖洽作《陳襄行狀》，稱襄有二妹，一適進士倪天隱，殆即其人。董芬《嚴陵集》載其《桐廬縣令題名碑記》一篇，意其嘗官睦州也。其説《易》以義理爲宗。邵伯温《聞見前録》記程子《與謝湜書》，言讀《易》當先觀王弼、胡瑗、王安石三家。三原劉紹攽《周易詳説》曰："朱子謂程子之學源於周子，然考之《易傳》，無一語及太極。於《觀·卦辭》云：'予聞之胡翼之先生，居上爲天下之表儀。'於《大畜·上九》云：予聞之胡先生曰：'天之衢亨'，誤加'何'字。於《夬·九三》云：安定胡公移其文曰'壯於頄，有凶。獨行遇雨，若濡有愠。君子夬夬，无咎'。於《漸·上九》云：安定胡公以'陸'爲'逵'。考《伊川年譜》：'皇祐中游太學，海陵胡翼之先生方主教道。得先生文試，大驚。即延見，處以學職。'意其時必從而受業焉。世知其從事濂溪，不知其講《易》多本於翼之也。"其説爲前人所未及。今核以程《傳》，良然。《朱子語類》亦稱"胡安定《易》分曉正當"，則是書在宋時，固以義理説《易》之宗已[②]。王得臣《塵史》曰："安定胡翼之，皇祐、至和間國子直講，朝廷命主太學。時千餘士，日講《易》，是書殆即是時所説。"《宋志》載瑗《易解》十卷，《周易口義》十卷。朱彝尊《經義考》引李振裕之説云："瑗講授之餘，欲著述而未逮，其門人倪天隱述之。以非其師手著，故名曰《口義》。後世或稱《口義》，或稱《易解》，實無二書也。"其説雖古無明文，然考晁公武《讀書志》有云："胡安定《易傳》蓋門人倪天隱所纂，非其自著。故序首稱'先生曰'。"其説與《口義》合。又列於《易傳》條下，亦不另出《口義》一條。然則《易解》、《口義》爲一書明矣，《宋志》蓋誤分爲二也。

【彙訂】

① 文淵閣《四庫》本為《周易口義》十卷《繫辭》二卷卷末一卷。（沈治宏：《中國叢書綜録訂誤》）

② "已"，殿本作"也"。

温公易説六卷（永樂大典本）

宋司馬光撰。考蘇軾撰光《行狀》，載所作《易説》三卷，注《繫辭》二卷。《宋史·藝文志》作《易説》一卷，又三卷，又《繫辭説》二卷。晁公武《讀書志》云："《易説》雜解《易》義，無詮次，未成書。"《朱子語類》又云："嘗得温公《易説》於洛人范仲彪，盡《隨卦·六二》，其後闕焉。後數年，好事者於北方互市得版本，喜其復全。"是其書在宋時所傳本，已往往多寡互異，其後乃並失其傳，故朱彝尊《經義考》亦注為"已佚"。今獨《永樂大典》中有之，而所列實不止於隨卦，似即朱子所稱後得之本。其釋每卦或三四爻，或一二爻，且有全無説者，惟《繫辭》差完備，而《説卦》以下僅得二條。亦與晁公武之言相合。又以陳友文《集傳精義》、馮椅《易學》、胡一桂《會通》諸書所引光説核之，一一具在。知為宋代原本無疑。其解義多闕者，蓋光本撰次未成，亦如所著《潛虛》，轉以不完者為真本，並非有所殘佚也。光《傳家集》中有《答韓秉國書》，謂："王輔嗣以老莊解《易》，非《易》之本旨，不足為據。"蓋其意在深辟虛無元渺之説，故於古今事物之情狀，無不貫徹疏通，推闡深至。如解同人之彖曰："君子樂與人同，小人樂與人異。君子同其遠，小人同其近。"坎之大象曰："水之流也，習而不止，以成大川。人之學也，習而不止，以成大賢。"咸之九四曰："心苟傾焉，則物以其類應之。故喜則不見其所可怒，怒則不見

其所可喜，愛則不見其所可惡，惡則不見其所可愛。"大都不襲先
儒舊説而有德之言，要如布帛菽粟之切於日用。惜其沈湮既久，
説《易》家竟不獲睹其書。今幸際聖朝，表章典籍，復得搜羅故
簡，裒次成編。亦可知名賢著述，其精義所在，有不終泯没於來
世者矣。謹校勘釐訂，略仿《宋史》原目，定為六卷，著於録。

横渠易説三卷（内府藏本）①

宋張子撰。《宋志》著録作十卷。今本惟《上經》一卷，《下
經》一卷，《繫辭傳》以下至《雜卦》為一卷，末有《總論》十一則，與
《宋志》不合。然《書録解題》已稱《横渠易説》三卷，則《宋志》誤
也。楊時喬《周易古今文》稱："今本只六十四卦，無《繫辭》，實未
全之書"，則又時喬所見之本偶殘闕耳。是書較程《傳》為簡，往
往經文數十句中一無所説。末卷更不復全載經文，載其有説者
而已。董真卿謂："《横渠易説》發明二程所未到處"。然考《宋
史》，張子卒於神宗時。程子《易傳》序則作於哲宗元符二年，其
編次成書則在徽宗崇寧後，張子不及見矣。真卿謂"發明所未
到"，非確論也。其説《乾·象》用"迎之不見其首，隨之不見其
後"；説《文言》用"谷神"字；説"鼓萬物而不與聖人同憂"用"天地
不仁，以萬物為芻狗"語，皆借《老子》之言，而實異其義，非如魏
晉人合《老》、《易》為一者也。惟其解復卦"后不省方"，以"后"為
"繼體守成之主"，以"不省方"為"富庶優暇，不甚省事"，則於義
頗屬未安。此又不必以張子故而曲為之辭矣。

【彙訂】

① 文淵閣《四庫》本尚有《横渠先生行狀》一卷。（沈治宏：
《中國叢書綜録訂誤》）

東坡易傳九卷（副都御史黃登賢家藏本）

宋蘇軾撰。是書一名《毗陵易傳》。陸游《老學庵筆記》謂其書初遭元祐黨禁，不敢顯題軾名，故稱“毗陵先生”，以軾終於常州故也①。蘇籀《欒城遺言》記蘇洵作《易傳》未成而卒，屬二子述其志。軾書先成，轍乃送所解於軾。今蒙卦猶是轍解。則此書實蘇氏父子兄弟合力為之，題曰軾撰，要其成耳。籀又稱洵“晚歲讀《易》，玩其爻象，因得其剛柔遠近喜怒逆順之情”。故朱子謂其惟發明愛惡相攻，情偽相感之義，而議其粗疏。胡一桂記晁説之之言，謂軾作《易傳》，自恨不知數學，而其學又雜以禪。故朱子作《雜學辨》，以軾是書為首。然朱子所駁不過一十九條，其中辨文義者四條，又一條謂蘇説無病，然有未盡其説者。則朱子所不取者僅十四條，未足以為是書病。況《朱子語類》又嘗謂其“於物理上亦有看得著處”，則亦未嘗竟廢之矣。今觀其書，如解《乾卦·象傳》性命之理諸條，誠不免杳冥恍惚，淪於異學。至其他推闡理勢，言簡意明，往往足以達難顯之情，而深得曲譬之旨。蓋大體近於王弼，而弼之説惟暢元風，軾之説多切人事。其文辭博辨，足資啟發，又烏可一概屏斥耶？李衡作《周易義海撮要》，丁易東作《周易象義》，董真卿作《周易會通》，皆採録其説，非徒然也。明焦竑初得舊本刻之②。烏程閔齊伋以朱墨板重刻，頗為工緻，而無所校正。毛晉又刻入《津逮祕書》中。三本之中，毛本最舛。如《漸卦·上九》併經文皆改為“鴻漸于逵”，則他可知矣。今以焦本為主，猶不甚失其真焉。

【彙訂】

① 陸游《渭南文集》卷二八《跋〈蘇氏易傳〉》云：“此本，先君宣和中入蜀時所得也。方禁蘇氏學，故謂之毗陵先生云。”非《老

學庵筆記》所言。（楊武泉：《四庫全書總目辨誤》）

　　② 據焦竑《兩蘇經解序》，知其得蘇氏經解於荊溪唐氏，畢侍御裒而刻之。（王重民、屈萬里：《普林斯頓大學葛思德東方圖書館中文善本書志》）

　　易傳四卷（直隸總督採進本）

　　宋伊川程子撰。卷首有元符二年自序。考程子以紹聖四年編管涪州，元符三年遷峽州，則當成於編管涪州之後。王偁《東都事略》載是書作六卷，《宋史·藝文志》作九卷，《二程全書》通作四卷。考楊時跋語稱“伊川先生著《易傳》①，未及成書。將啟手足，以其書授門人張繹。未幾繹卒，故其書散亡，學者所傳無善本。謝顯道得其書於京師，以示余。錯亂重複，幾不可讀。東歸待次毘陵，乃始校正，去其重複，踰年而始完”云云，則當時本無定本，故所傳各異耳。其書但解上、下經及彖、象、文言，用王弼註本。以《序卦》分置諸卦之首，用李鼎祚《周易集解》例。惟《繫辭傳》、《說卦傳》、《雜卦傳》無註，董真卿謂亦從王弼。今考程子《與金堂謝湜書》謂：“《易》當先讀王弼、胡瑗、王安石三家”，謂程子有取於弼，不為無據；謂不註《繫辭》、《說卦》、《雜卦》以擬王弼，則似未盡然。當以楊時“草具未成”之說為是也。程子不信邵子之數，故邵子以數言《易》，而程子此《傳》則言理，一闡天道，一切人事。蓋古人著書，務抒所見而止，不妨各明一義。守門戶之見者必堅護師說，尺寸不容踰越，亦異乎先儒之本旨矣。

　　【彙訂】

　　① “考”，殿本無。

易學辨惑一卷（永樂大典本）

宋邵伯溫撰。伯溫字子文，邵子之子也。南渡後官至利路轉運副使。事蹟具《宋史·儒林傳》。案沈括《夢溪筆談》載"江南鄭夬字揚庭，曾為一書談《易》。後見兵部員外郎秦玠，論夬所談，玠駭然曰：'何處得此法？玠嘗遇一異人^①，授此歷數，推往古興衰運曆無不皆驗。西都邵雍亦知大略。'"云云，蓋當時以邵子能前知，故引之以重其術。伯溫謂："邵子《易》受之李之才，之才受之穆修，修受之陳摶，平時未嘗妄以語人。惟大名王天悅、滎陽張子望嘗從學，又皆蚤死。秦玠、鄭夬嘗欲從學，皆不之許。天悅感疾且卒，夬賂其僕於臥內竊得之，遂以為學，著《易傳》、《易測》、《明範》、《五經時用》數書，皆破碎妄作，穿鑿不根。因撰此書以辨之。"《宋史》邵子本傳頗採其說。考《書錄解題》有鄭夬《易傳》十三卷^②，《宋史·藝文志》有鄭夬《時用書》二十卷，《明用書》九卷，《易傳辭》三卷，《易傳辭後語》一卷，今並佚。《司馬光集》有《進鄭夬〈易測〉劄子》，稱其"不泥陰陽，不涉怪妄，專用人事，指明六爻，求之等倫，誠難多得。"與伯溫所辨，褒貶迥殊。光亦知《易》之人，不應背馳如是。以理推之，夬竊邵子之書而變化其說，以陰求駕乎其上。所撰《易測》，必尚隨爻演義，不涉術數，故光有"不泥陰陽，不涉怪妄"之薦。至其《時用書》之類，則純言占卜之法，故伯溫辭而辟之。其兼《易測》言之者，不過憎及儲胥之意耳。朱彝尊《經義考》載此書，注曰"未見"。此本自《永樂大典》錄出，蓋明初猶存。《宋史·藝文志》但題《辨惑》一卷，無"易學"字^③，《永樂大典》則有之，與《書錄解題》相合。故今仍以《易學辨惑》著錄焉。

【彙訂】

①"玠"，殿本無。

②《直齋書録解題》未著録鄭央《易傳》，實著録於《郡齋讀書志》卷一，書名爲《鄭揚庭周易傳》。（黄嬿婉：《〈四庫全書總目〉誤引〈直齋書録解題〉訂正十七則》）

③《宋史·藝文志》著録邵伯温《周易辨惑》一卷。（陳乃乾：《讀〈四庫全書總目〉條記》）

了翁易説一卷（浙江吳玉墀家藏本）①

宋陳瓘撰。瓘字瑩中，了翁其自號也。延平人②。元豐二年進士甲科。建中靖國初爲右司諫，嘗移書責曾布及言蔡京、蔡卞之奸，章數十上，除名編隸合浦以死。事蹟具《宋史》本傳。此本爲紹興中其孫正同所刊③。馮椅謂嘗從其孫大應見了翁有《易全解》，不止一卷，多本卦變，與朱子發之説相類。胡一桂則謂尚見其初刊本，題云《了翁易説》，並未分卷。此本蓋即一桂所見也。邵伯温《聞見録》稱瓘説得康節之學。沈作喆《寓簡》則曰：“陳瑩中嘗以邵康節説《易》，講解象數，一切屏絶。質之劉器之，器之曰：‘《易》固經世之用，若講解象數，一切屏絶，則聖人設卦立爻，復將何用？惟知其在象數者皆寓也，然後可以論《易》。故曰得意忘象，得象忘言。方其未得之際而遽絶之，則吉凶與民同患之理將何以兆？恐非筌蹄之意。’”云云。然則瓘之《易》學又嘗質之劉安世，不全出邵子矣。其造語頗詰屈，故陳振孫《書録解題》病其辭旨深晦。然晁公武《讀書志》謂其以《易》數言天下治忽多驗④，則瓘於《易》實有所得，非徒以艱深文淺易者，正未可以難讀廢矣。

【彙訂】

① 陳振孫《直齋書録解題》載“《了翁易説》一卷，左司諫延

平陳瓘了翁撰。晚年所著也。止解六十四卦,辭旨深晦”。《四庫採進書目》載“《了翁易説》一卷,宋陳瓘著,一本”。然《宋史·藝文志》作“陳瓘《了齋易説》一卷”,《浙江採集遺書總録》云:“《了齋易説》一卷,山陰祁氏澹生堂寫本。右宋贈諫議大夫延平陳瓘撰。”文淵閣、文溯閣庫書皆題《了齋易説》。今存清抄本(周星詒跋)、清道光二十年蔣氏別下齋抄本(許光治校並跋),並題“《了齋易説》一卷”。吳玉墀家藏本即澹生堂寫本,《呈送書目》誤作“了翁”,《總目》因之,且由陳正同跋稱“刊於官舍”之語,謂即陳正同原刊本,是誤而又誤矣。(崔富章:《四庫提要補正》)

②《宋史》卷三四五本傳云南劍州沙縣人。(陳乃乾:《讀〈四庫全書總目〉條記》)

③陳正同為其子。(同上)

④《郡齋讀書志》未著録《了翁易説》,亦無“以《易》數言天下治忽多驗”之語,當出自《宋史》卷三四五《陳瓘傳》。(黃嬿婉:《〈四庫全書總目〉誤引〈郡齋讀書志〉訂正十則》)

吳園易解九卷(湖北巡撫採進本)①

宋張根撰。根字知常,德興人。年二十一登進士第。大觀中官至淮南轉運使,以朝散大夫終於家。事蹟具《宋史》本傳。是書末有其孫垓跋,稱為“先祖太師”者,其子燾孝宗時為參知政事追贈官也。根所撰述甚多,垓跋稱有《宋朝編年》數百卷,五經、諸子皆為之傳注。晁公武《讀書志》載有《春秋指南》十卷,今皆未見。惟此《易解》僅存,明祁承爍家有其本。此為徐氏傳是樓所鈔,自《説卦傳》“乾,健也”節以下,蠹蝕殘闕。末有康熙壬

申李良年跋,亦稱此本不易得。然《通志堂經解》之中遺而不刻,
豈得本於刻成後耶? 書中次第悉用王弼之本,詮義理而不及象
數,不襲河洛之談。註文簡略,亦無支蔓之弊。末有《序語》五
篇,《雜説》一篇,皆論《繫辭》,於經義頗有發明。又《泰卦論》一
篇,於人事天道倚伏消長之機尤三致意焉。蓋作於徽宗全盛時
也。亦可云識微之士矣。

【彙訂】

① 文淵閣《四庫》本尚有附錄一卷。(沈治宏:《中國叢書綜
錄訂誤》)

　周易新講義十卷(浙江巡撫採進本)①

宋耿南仲撰。南仲字希道,開封人。靖康閒以資政殿大學
士簽書樞密院,與吳开沮戰守之説,力主割地。南渡後遷謫以
終。事蹟具《宋史》本傳。是書舊本或題《進周易解義》,疑為侍
欽宗於東宮時經進之本。前有南仲自序,曰:“《易》之道有要,在
无咎而已。要在无咎者何,善補過之謂也。”又曰:“拂乎人情,是
為小過,拂乎天道,是為大過。”南仲是説蓋推衍尼山“無大過”之
旨。然孔子作《文言傳》,稱:“知進退存亡而不失其正。”作《象
傳》,稱:“雲雷屯,君子以經綸。”行止斷以天理,所以教占者之守
道艱險;濟以人事,所以教占者以盡道。其曰“無大過”者,蓋論
是非,非論禍福也。如僅以“无咎”為主,則聖賢何異於黃老? 僅
曰“無拂天道”,則唐六臣輩亦將謂之知運數哉? 南仲畏戰主和,
依違遷就,即此苟求“无咎”與“無拂天道”之説有以中之。是則
經術之偏,禍延國事者也。然大致因象詮理,隨事示戒,亦往往
切實有裨,究勝於高語元虛,推演奇偶晦蝕,作《易》之本者。節

取所長可矣。

【彙訂】

① 文淵閣《四庫》本為六卷，書前提要不誤。（修世平：《〈四庫全書總目〉訂誤十七則》，苑）

紫巖易傳十卷（兩江總督採進本）

宋張浚撰。紫巖者，浚自號也。其曾孫獻之跋云："忠獻公潛心於《易》，嘗為之傳，前後兩著稿。親題其第二稿云①：'此本改正處極多，紹興戊寅四月六日，某書始為定本矣。'獻之嘗繕錄之，附以《讀易雜說》，通為十卷，藏之於家。"據此，則《雜說》一卷似獻之所續附。然考獻之是跋在嘉定庚辰，而朱子作《浚行狀》，已稱有《易解》及《雜說》共十卷，則獻之特繕錄而已，未嘗編次也。其書立言醇粹，凡說陰陽動靜皆適於義理之正。末一卷即所謂《雜說》。胡一桂議其專主劉牧，今觀所論河圖，信然。朱子不取牧說，而作《浚行狀》②，但稱尤深於《易》、《春秋》、《論》、《孟》，不言其《易》出於牧，殆諱之歟？

【彙訂】

① "其"，《〈紫巖易傳〉跋》原文及殿本皆無。

② "行狀"，殿本作"墓誌"，誤。朱熹《晦庵集》卷九十五有《少師保信軍節度使魏國公致仕贈太保張公行狀》，而無其《墓誌》。

讀易詳說十卷（永樂大典本）

宋李光撰。光字泰發，上虞人。崇寧五年進士，官至參知政事，諡莊簡。事蹟具《宋史》本傳。光為劉安世門人，學有師法。紹興庚申以論和議忤秦檜，謫嶺南，自號讀《易》老人。因摭其所得，以作是書。故於當世之治亂，一身之進退，觀象玩辭，恒三致意。如解坤之六四云："大臣以道事君，苟君有失德而不能諫，朝有闕政而不能言，則是冒寵竊位，豈聖人垂訓之義哉！故《文言》以'括囊'為賢人隱之時，而大臣不可引此以自解。"又解否之初六云："小人當退黜之時，往往疾視其上。君子則窮通皆樂，未嘗一日忘其君。"解蠱之初六云："天下蠱壞，非得善繼之子堪任大事，曷足以振起之？宣王承屬王後，修車馬，備器械，復會諸侯於東都，卒成中興之功，可謂有子矣，故考可以无咎。然則中興之業，難以盡付之大臣，蠱卦特稱父子者以此。"其因事抒忠，依經立義，大旨往往類此。史載其紹興中奏疏云："淮甸咫尺，了不經營；長江千里，不為限制。晉元帝區區草創，猶能立宗社，修宮闕，保江浙，未聞專主避敵如今日也。"其退而著書，蓋猶此志矣。光嘗作胡銓《易解》序曰："《易》之為書，凡以明人事。學者泥於象數，《易》幾為無用之書。邦衡說《易》，真可與論天人之際。"又曰："自昔遷貶之士，率多怨懟感憤。邦衡流落瘴鄉，而玩意三畫，可謂困而不失其所亨，非聞道者能之乎？"其序雖為銓作，實則自明其著述之旨也。書中於卦爻之辭，皆即君臣立言，證以史事，或不免閒有牽合。然聖人作《易》以垂訓，將使天下萬世無不知所從違，非徒使上智數人矜談妙悟，如佛家之傳心印，道家之授丹訣。自好異者推闡性命，鉤稽奇偶，其言愈精愈妙，而於聖人立教牖民之旨愈南轅而北轍。轉不若光作是書，切實近理，為有益於學者矣。自明以來，久無傳本，朱彝尊《經義考》亦云"未見"。茲從《永樂大典》薈萃成編。原闕豫、隨、无妄、睽、蹇、中孚六卦及晉卦六三以下，其復與大畜二卦《永樂大典》本不闕，而所載光解復卦闕大象及後四爻[①]，大畜則一字不存，《繫辭傳》以下亦無解。其為原本如是，或傳寫佚脫，均不可知，姑仍其舊。其書《宋史》作《易傳》，諸家書目或作《讀易老人解說》，或作《讀易詳說》，殊不畫一，而十卷之數則並同，殆一書而異名也。今從《永樂大典》題為《讀易詳說》，仍析為十卷，存其舊焉。

【彙訂】

① 文淵閣《四庫》本此書尚缺大壯卦，而不缺復卦大象。（楊遞：《從經部易類看〈四庫全書總目提要〉諸版本的異同和得失》）

易小傳六卷（直隸總督採進本）

宋沈該撰。該字守約，一作元約，未詳孰是①。吳興人。登嘉王榜進士，紹興中官至左僕射，兼修國史，故宋人稱是書為《沈丞相易傳》。嘗劄進於朝，高宗降敕褒諭，尤稱其每卦後之論。其書以正體發明爻象之旨，以變體擬議變動之意，以求合於觀象玩辭，觀變玩占之義②。其占則全用《春秋左傳》所載筮例，如蔡墨所謂“乾之姤曰‘潛龍勿用’，其同人曰‘見龍在田’”者。林至作《易裨傳》，頗以該說為拘攣。蓋南渡以後，言《易》者不主程氏之理，即主邵氏之數，而該獨考究遺經，談三代以來之占法，違時異尚，其見排於至固宜。然左氏去古未遠，所記卜筮，多在孔子之前。孔子贊《易》，未聞一斥其謬，毋乃太卜所掌周公以來之舊法，或在此不在彼乎③？陳振孫《書錄解題》稱該又有《繫辭補註》十餘則，附於卷末。今本無之，蓋已久佚矣④。

【彙訂】

①《南宋館閣錄》卷七、《宋元學案》卷三七均作字守約。（劉遠遊：《四庫提要補正》）

②　書中"以動者尚其變"句，動者，乃與言相對，非指卦動，變者，變易不常，非指卦變。"居則觀其象而玩其辭，動則觀其變而玩其占"句本是四義，與《易》有君子之道四：以言者尚其辭、以動者尚其變、以制器者尚其象、以卜筮者尚其占，非僅有兩義。（吳梯：《巾箱拾羽》）

③　左氏所記卜筮雖多在孔子之前，而孔子不見《左傳》，安能贊《易》而預斥其謬？（同上）

④　今存明祁氏澹生堂鈔本《易小傳》六卷附《繫辭補註》一卷。（崔富章：《四庫提要補正》）

漢上易集傳十一卷卦圖三卷叢說一卷（兩江總督採進本）

宋朱震撰。震字子發，荊門軍人。政和中，登進士第。南渡後，趙鼎薦為祠部員外郎，官翰林學士。事蹟具《宋史》本傳。是書題曰"漢上"，蓋因所居以為名。前有震進書表，稱："起政和丙申，終紹興甲寅，凡十八年而成。"其說以象數為宗，推本源流，包括異同，以救莊、老虛無之失。陳善《捫虱新話》詆其妄引《說卦》，分伏羲、文王之《易》，將必有據《雜卦》反對，造孔子《易》圖者。晁公武《讀書志》以為多採先儒之說，然頗舛謬。馮椅《厚齋易學》述毛伯玉之言，亦譏其卦變、互體、伏卦、反卦之失。然朱子曰："王弼破互體，朱子發用互體。互體自左氏已言，亦有道理，只是今推不合處多。"魏了翁曰："《漢上易》太煩，卻不可廢。"胡一桂亦曰："變、互、伏、反、納甲之屬，皆不可廢，豈可盡以為失而詆之[①]。觀其取象，亦甚有好處。但牽合處多，且文辭繁雜，使讀者茫然。看來只是不善作文爾。"是得失互陳，先儒已有公論矣。惟所敘圖書授受，謂："陳摶以先天圖傳种放，更三傳而至邵雍。放以河圖、洛書傳李溉，更三傳而至劉牧。穆修以太極圖傳周敦頤，再傳至程顥、程頤。厥後雍得之以著《皇極經世》，牧得之以著《易數鉤隱圖》，敦頤得之以著《太極圖說》、《通書》，頤得之以述《易傳》。"其說頗為後人所疑。又宋世皆以九數為洛書，十數為河圖，獨劉牧以十數為洛書，九數為河圖。震此書亦用牧說，與諸儒互異。然古有河圖、洛書，不云十數、九數；大衍十數見於《繫辭》，太乙九宮見於《乾鑿度》，不云河圖、洛書。黑白、奇偶、八卦、五行，自後來推演之學，楚失齊得，正亦不足深詰也。

【彙訂】

①"盡"，殿本脫，據胡一桂《周易本義啟蒙翼傳》中篇"朱震集傳十一卷易卦圖三卷叢說一卷"條原文。

卷三

經　部　三

易　類　三

周易窺餘十五卷（永樂大典本）

宋鄭剛中撰。剛中字亨仲，金華人。紹興二年進士及第。官至禮部侍郎，出為川陝宣撫副使，謫居桂陽軍。又責授濠州團練副使，復州安置，再徙封州。卒後追復原官，諡忠愍。事蹟具《宋史》本傳。王應麟《困學紀聞》稱鄭剛中有《周禮解義》。考王與之《周禮訂義》首列諸家姓氏①，有三山鄭鍔字剛中，淳熙中進《周禮全解》。蓋別自一人，字與剛中名偶同，或混而一之，非也。剛中所著《易解》十五卷，見於陳振孫《書錄解題》、《宋史·藝文志》者，卷目並合。惟乾、坤二卦及《繫辭》以下原闕不解，振孫以為或於乾、坤之際有所避。然其自序有云：“自屯、蒙而往，以象求爻，因爻識卦。萬一見其髣髴，則沿流尋源，乾、坤之微可得而探。”據此，則振孫之言非也。自序又云：“《伊川易傳》、《漢上易傳》二書，頗彌縫於象義之閒。但《易》道廣大，有可窺之餘，吾則窺之。”“窺餘”之名，蓋取諸此。明初《文淵閣書目》、葉盛《菉竹堂書目》尚著於錄②，其後傳本殆絕，朱彝尊《經義考》亦以為“未見”。惟《永樂大典》尚存其文,今採掇裒輯,依經編次。其七卦為原本所闕者,則但錄經文。或其説別見他書者,亦蒐錄補入。依仿原目,仍定為十五卷。自唐人以王弼注定為《正義》③,於是學《易》者專言名理。惟李鼎祚《集解》不主弼義,博採諸家,以為“刊輔嗣之野文,補康成之逸象”,而當時經生不能盡從其學。宋儒若胡瑗、程子,其言理精粹,自非晉、唐諸儒所可及,然於象亦多有闕略。剛中是書始兼取漢學。凡荀爽、虞翻、干寶、蜀才九家之説,皆參互考稽,不主一家。其解義閒異先儒,而亦往往有當於理。如訟之九二,以“不克訟歸”為句,而“逋其邑人三百户”為句。以為聖人所以必使“逋其邑人三百户”者,恐其恃衆憑險以成亂,所以謹上下之分也。比之初六“終來,有它吉”,朱子謂不可曉。剛中以為相比之道,以信為先。積之既久,昔之未比者皆自外至,故曰“有它吉”。皆能自出新意,不為成説所拘。至於解泰之九二、大有之大象,議論尤正大精切,通於治體。雖其人因秦檜以進身,依附和議,捐棄舊疆,頗不見滿於公論。然闡發經義,則具有理解,要為説《易》家所不廢也。

【彙訂】

①“王與之”,殿本作“王與義”,誤。《宋史・藝文志一》、焦竑《國史經籍志》卷二與朱彝尊《經義考》卷一二四均作王與之。《總目》卷十九《周禮訂義》條亦作“宋王與之撰”。(楊遜:《從經部易類看〈四庫全書總目提要〉諸版本的異同和得失》)

②“蔉竹堂書目”,殿本作“綠竹堂書目”,誤。《蔉竹堂書目》“易類”著錄《周易鄭剛中窺餘》五册。

③“人”,殿本無。

易璇璣三卷（兩江總督採進本）

宋吳沆撰。沆字德遠，臨川人[1]。紹興十六年，與其弟澥詣行在獻書。澥所獻曰《宇内辨》，曰《歷代疆域志》；沆所獻曰《易璇璣》，曰《三墳訓義》。澥書皆不傳，沆《三墳訓義》為太學博士王之望所駁，亦不傳，惟此書僅存。凡為論二十有七：曰《法天》，曰《通六子》，曰《貴中》，曰《初上定位》，曰《六九定名》，曰《天地變卦》，曰《論變有四》，曰《有象》，曰《求象》，曰《明位》，曰《明君道》，曰《明君子》，曰《論養》，曰《論刑》，曰《論伐》，曰《辨聖》，曰《辨内外》，曰《辨吉凶》，曰《通卦》，曰《通象》，曰《通爻》，曰《通辭》[2]，曰《通證》，曰《釋卦》，曰《釋繫》，曰《存互體》，曰《廣演》。每九篇為一卷。自序謂：“上卷明天理之自然，中卷講人事之修，下卷備傳疏之失[3]。”其大旨主於觀象，因象而求之卦，求之象，求之爻。其曰“璇璣”者，取王弼《易略例·明象篇》“處璇璣以觀大運”語也。胡一桂稱沆尚有《易禮圖説》，有或問六條，圖説十二軸。今未見其書，殆亦散佚。惟其《環溪詩話》為人所記者，尚載《永樂大典》中，今別著録於集部云。

【彙訂】

①《明一統志》卷五四撫州府《人物》吳沆條、雍正《江西通志》卷八〇《人物志·吳沆傳》、《嘉慶一統志·撫州府·人物》吳沆條均謂沆為崇仁人。崇仁與臨川為鄰縣，隸撫州。有時舉州名以示郡望（撫州又稱臨川郡），故稱“臨川吳沆”。（楊武泉：《四庫全書總目辨誤》）

②“通辭”，殿本作“通詞”，誤。此書卷下有《通辭篇第四》。

③“傳疏”，底本作“注疏”，據自序原文及殿本改。

易變體義十二卷（永樂大典本）①

宋都絜撰。絜字聖與，丹陽人。紹興中官吏部郎中，知德慶府。絜父郁，字子文，嘗為惠州教官，平生留心《易》學。絜因以所聞於父者為是書。大旨謂卦爻辭義，先儒之論已詳，故專明變體。今考《左傳》載《周易》諸占，所謂"某卦之某卦"者，凡十事。似乎因其動爻，隨機斷義，不必盡《易》之本旨。然王子伯廖論鄭公子曼滿，稱其在《周易》豐之離；游吉論楚子，稱《周易》有之，在復之頤，曰"迷復，凶"；荀首論邲之戰，稱《周易》有之，在師之臨，曰"師出以律，否臧，凶"；蔡墨論龍見於絳，稱《周易》有之，在乾之姤，曰"潛龍勿用"，其同人曰"見龍在田"，其大有曰"飛龍在天"，其夬曰"亢龍有悔"，其坤曰"見羣龍無首，吉"，坤之剝曰"龍戰于野"云云。皆未嘗卜筮而咸稱變體，知古來《周易》原有此一義矣。但古書散佚，其說不傳。而絜以義理揣摩，求其崖略。其中巧相符合者，如坤之初六"履霜，堅冰至"，則曰："此坤之復也。《月令》：'孟冬，水始冰。仲冬，冰益壯。'始則薄而未堅，壯則堅而難泮，故爻曰履霜。"以坤為十月之卦。又曰"堅冰至者，則變體為復"，乃十一月之卦也②。《家人·上九》"有孚威如，終吉"，則曰"此家人之既濟也。《雜卦》曰：'既濟，定也。'《象》曰：'正家而天下定。'天下之本在國，國之本在家，家之本在身。反身而誠，孰敢不聽。父子、夫婦、兄弟，莫不安分循理，而天下化之，無事而定矣。故變體為既濟，而曰'有孚威如'，反身之謂也。"如此之類，皆不事傅會而自然貫通，立義亦皆正大。亦有涉於牽強者，如《家人·六四》"富家大吉"，則曰："此乾之同人也。自道以觀，身家皆為我累，而況富乎！其有家也，姑以同乎人而已，不以家為累也；其家之富，亦以同乎人而已，不以富為累也。蓋極高明而道中庸，所以為中人法。"凡如此類，則務為穿鑿，以求合乎卦變之説，而義亦不醇。又多引老、莊之辭以釋文、周之經，則又王弼、韓康伯之流弊，一變而為王宗傳、楊簡者矣。然宋人遺籍，傳者日稀。是書雖瑜不掩瑕，亦瑕不掩瑜，分別觀之，以備言變體之一家，亦無不可也。《宋志》作十六卷。《玉海》引《續書目》曰："自乾之姤至未濟之解，以意演之，爻為一篇，凡三百八十四篇。"馮椅《易學附録》曰："都氏《易》先以理而次以象義，每卦終又有統論。"今考《永樂大典》所載，爻義皆分載於各爻之下，而無所謂卦終之統論，與《玉海》合。意應麟所見，即輯《永樂大典》時所據之本，已非其全矣。今《永樂大典》又闕豫、隨、大畜、大壯、睽、蹇、中孚等七卦，及晉卦之後四爻。謹裒合排比，編為十二卷。又其書單明爻義，不及象與大、小象，故經文亦不全載，從絜之舊焉。

【彙訂】

①《宋史·藝文志》作《易變體》十六卷，《直齋書録解題》作《周易變體》，均無"義"字。（陳乃乾：《讀〈四庫全書總目〉條記》）

②"之"，殿本無。

周易經傳集解三十六卷（浙江朱彝尊家曝書亭藏本）

宋林栗撰。栗字黃中，福清人。紹興十二年進士，官至兵部侍郎。與朱子論《易》及《西銘》不合，遂上疏論朱子。時太常博士葉適、侍御史胡晉臣皆助朱子劾栗，因罷知泉州，又移明州。卒諡簡肅。事蹟具《宋史》本傳。是書淳熙十二年四月嘗進於朝，首列進書表、貼黃、敕諭各一道，栗自序一篇。貼黃稱本名《周易爻象序雜指解》，後以未能該舉象、象①、《繫辭》、《文言》、

《説卦》,乃改今名。王應麟《玉海》稱其書經傳三十二卷,《繫辭》上下二卷,《文言》、《説卦》、《序》、《雜》本文共一卷,河圖、洛書、《八卦九疇大衍總會圖》、《六十四卦立成圖》、《大衍揲蓍解》共一卷,與今本合。當時與朱子所爭者,今不可考。《朱子語類》中惟載論《繫辭》一條,謂栗以太極生兩儀,包四象,四象包八卦,與聖人所謂生者意思不同,其餘則無所排斥[②]。朱彝尊《經義考》引董真卿之言,謂:"其説每卦必兼互體,約象覆卦為太泥。時楊敬仲有《易論》,黄中有《易解》。或曰黄中文字可燬,朱子曰:'卻是楊敬仲文字可燬。'"是朱子並不欲廢其書。考陳振孫《書録解題》曰[③]:"其與朱侍講有違言,以論《易》不合。"今以事理推之,於時朱子負盛名,駸駸嚮用,而栗之登第在朱子前七年[④],既以前輩自居,又朱子方除兵部郎中,而栗為兵部侍郎,正其所屬。辭色相軋,兩不肯下,遂互激而成訐奏。蓋其釁始於論《易》,而其故不全由於論《易》,故振孫云然。後人以朱子之故,遂廢栗書,似非朱子之意矣[⑤]。《經義考》又曰:"福清林黄中、金華唐與政皆博通經學,而一糾朱子,一為朱子所糾。其所著經説,學者遂置而不問。與政之書無復存者。黄中雖有《易解》,而流傳未廣,恐終泯没[⑥]。然當黄中既没,勉齋黄氏為文祭之。其略曰:'嗟哉我公,受天勁氣,為時直臣,玩羲經之爻象,究筆削於獲麟。至其立朝正色,苟咈吾意,雖當世大儒,或見排斥;苟異吾趣,雖前賢篤論,亦不樂於因循。規公之過,而公之近仁者,抑可見矣。論者固不以一眚而掩其大醇也。'勉齋為文公高弟,而好惡之公,推許之至若是。然則黄中之《易》,其可不傳鈔乎?"持論頗為平允。昔劉安世與伊川程子各為一代偉人,其《元城語録》、《盡言集》亦不以嘗劾程子而竟廢[⑦];耿南仲媚敵誤國,易袚依附權奸,其所撰《易》解，今亦並行。栗雖不得比安世，視南仲與袚則有閒矣。故仍録其書，而併存彝尊之論焉。

【彙訂】

①“象”，殿本作“詞”，誤。《經義考》卷二十七《周易經傳集解》條引貼黄曰：“臣昨陳乞修寫劄子，係以《周易爻象序雜指解》爲名。今來竊自維念三聖人所垂經訓，先設卦畫，次繫象辭，即‘爻、象’二字不爲該備；及觀孔子所贊有彖、象、繫辭、文言、説卦，即‘序、雜’二字亦未能概舉。今故仍《春秋》之例，以三聖所垂之經與孔子所贊之傳，總謂之《周易經傳集解》，繕寫進呈。”

②《朱子語類》卷六十七尚有“林黄中以互體爲四象八卦”，“林黄中來見，論《易》有太極，是生兩儀，兩儀生四象，四象生八卦。就一卦言之，全體爲太極，内外爲兩儀，内外及互體爲四象，又顛倒取爲八卦”，“林又曰，太極有四象，既曰《易》有太極，則不可謂之無”，“林又言三畫以象三才”數條駁林栗之説。（郭彧：《續四庫提要辯證（經部易類）》）

③“曰”，殿本作“稱”。

④ 朱熹登第在紹興十八年，見《宋史》本傳及《紹興十八年同年小録》，林栗僅早六年。（楊武泉：《四庫全書總目辨誤》）

⑤“之”，殿本無。

⑥“終”，殿本作“後”，誤，參《經義考》卷二十七《周易經傳集解》條原文。

⑦“竟”，殿本無。

易原八卷（永樂大典本）

宋程大昌撰。大昌字泰之，休寧人。紹興二十一年進士，歷官權吏部尚書，出知泉州建寧府，以龍圖閣直學士致仕。卒諡文簡。事蹟具《宋史》本傳。大昌學術湛深，於諸經皆有論說。以《易》義自漢以來糾紛尤甚，因作是書以貫通之。苦思力索，四年而成。陳振孫《書録解題》稱其"首論五十有五之數，参之圖書大衍為《易》之原^①，而卦變揲法皆有圖論，往往斷以己見，出先儒之外"。今考其所論，如謂分爻值日乃京、焦卦氣，其始於中孚，本用太初法，與夫子所謂乾坤之策當期之日不合；復姤生卦説始邵子，但乾坤生六子，《説卦傳》有明文，不得先有六畫之卦，後有三畫之卦；鄭康成用十日、十二辰、二十八宿以應大衍五十之數，本於《乾鑿度》，與馬融之增北辰，荀爽之增用九、用六，不過以意決擇傅會，初無不易之理；張行成別立二十五數以推大衍，則是五十有五數之外，別有二十五數，更非孔子所曾言。雖排斥先儒，務申己説，不能脱南宋之風氣，然其参互折衷，皆能根據《大傳》，於《易》義亦有所闡明，與所作《詩議》欲併"國風"之名而廢之者，固有別矣。其書久無傳本，惟程敏政《新安文獻志》載有三篇，故朱彝尊《經義考》注曰"已佚"。今考《永樂大典》尚存百有餘篇，皆首尾完整，可以編次。謹採掇釐訂，勒為八卷，備宋人説《易》之一家焉。

【彙訂】

①"之"，底本作"以"，據《直齋書録解題》卷一《易原》條原文及殿本改。

周易古占法一卷古周易章句外編一卷（兩淮鹽政採進本）

宋程迥撰。迥字可久，初家寧陵之沙隨，後徙餘姚，受經於嘉興聞人茂德、嚴陵喻樗。隆興元年舉進士，嘗為德興丞。事蹟具《宋史·儒林傳》。此書世無刊本，凡藏書家所傳寫者均作二卷。前卷題曰《周易古占法上》，凡十一篇[1]。後卷雜論《易》説及記古今占驗，題曰《周易古占法下》，又題曰《古周易章句外編》。中有一條云"迥作《周易古占法》，其序引"云云，顯非《占法》之下卷矣。考《宋史·藝文志》載迥《古易占法》、《周易外編》二書，均止一卷。然則止前卷十一篇者為《周易古占法》，其後卷自為《周易章句外編》，後人誤合為一書，因妄標"卷上"、"卷下"字耳。然陳振孫《書録解題》以迥《周易章句》十卷、《外編》一卷、《占法》一卷、《古易考》一卷並列，而總注其下曰："程迥可久撰。其論占法、雜記占事尤詳。"則通為一編，自宋已然，傳寫淆亂，固亦有由矣。其説本邵子加一倍法，據《繫辭》、《説卦》發明其義，用逆數以尚占知來，大旨備見於自序。後朱子作《啟蒙》[2]，多用其例。吴澄謂迥於朱子為丈人行，朱子以師禮事之云。

【彙訂】

①《鐵琴銅劍樓藏書目録》卷一著録舊抄本此書，其《周易古占法上》一卷，凡十二篇，又圖三。（胡玉縉：《四庫全書總目提要補正》）

②"後"，殿本無。

原本周易本義十二卷附重刻周易本義四卷[1]（内府校刊宋本）[2]

宋朱子撰。是書以上、下經為二卷，《十翼》自為十卷。顧炎武《日知録》曰："洪武初，頒《五經》天下儒學，而《易》兼用程、朱，二氏亦各自為書。永樂中修《大全》，乃取朱子卷次，割裂附程《傳》之後，而朱子所定之古文仍復淆亂。如'彖即文王所繫之辭,傳者孔子所以釋經之辭,後凡言傳仿此',乃《彖上傳》條下義,今乃削去'彖上傳'三字,而附於'大哉乾元'之下。'象者,卦之上下兩象,及兩象之六爻,周公所繫之辭也',乃《象上傳》條下義,今乃削去'象上傳'三字,而附於'天行健'之下。'此篇申《彖傳》、《象傳》之義,以盡乾、坤二卦之蘊③,而餘卦之説因可以例推云',乃《文言》條下義,今乃削去'文言'二字,而附於'元者,善之長也'之下。其'彖曰'、'象曰'、'文言曰',皆朱子本所無,復依程《傳》添入。後來士子厭程《傳》繁多,棄去不讀,專用《本義》。而《大全》之本乃朝廷所頒,不敢輒改。遂即監版傳義之本,刊去程《傳》,而以程之次序為朱之次序。"又曰"今《四書》坊本,每張十八行,每行十七字,而註皆小字。《書》、《詩》、《禮記》並同。惟《易》每張二十二行,每行二十三字,而《本義》皆作大字,與各經不同。凡《本義》中言程《傳》備矣者,又添一'傳曰'而引其文,皆今代人所為。"云云。其辨最為明晰。然割裂《本義》以附程《傳》,自宋董楷已然,不始於永樂也。詳董楷《周易傳義附錄》條。此本為咸淳乙丑九江吳革所刊④,内府以宋槧摹雕者,前有革序。每卷之末題"敷原後學劉爽校正文字",行款及《象傳》履、夬二卦不載程《傳》,一一與炎武所言合。卷端惟列九圖,卷末繫以《易》贊五首,《筮儀》一篇,與今本升《筮儀》於前而增列卦歌之類者,亦迥乎不同。《象上傳》標題之下注"從王肅本"四字,今本删之。又《雜卦傳》"咸,速也。恒,久也"下,今本惟注"咸,速,恒,久"四字,讀者恒以為疑。考驗此本,乃是"感,速,常,久",經後人傳刻而訛,實為善本。故我聖祖仁皇帝御纂《周易折中》,即用此本之次序,復先聖之舊文,破俗儒之陋見,洵讀《易》之家所宜奉為彝訓者矣。至成矩重刻之本,自明代以來,士子童而習之,歷年已久,驟令改易,慮煩擾難行。且其本雖因永樂《大全》,實亦王、韓之舊本,唐用之以作《正義》者。是以國朝試士,惟除其爻象之合題,而命題次序則仍其舊。内府所刊《袖珍五經》,亦復因仍。考漢代《論語》,凡有三本。梁皇侃《論語義疏》序稱"《古論》分《堯曰》下章,《子張問》更為一篇,合二十一篇。篇次以《鄉黨》為第二篇,《雍也》為第三篇。《齊論》題目長《問王》、《知道》二篇,合二十二篇。《魯論》有二十篇,即今所講是也"云云。是自古以來,經師授受,不妨各有異同。即祕府儲藏,亦各兼存衆本。苟其微言大義,本不相乖,則篇章分合,未為大害於宏旨。故今但著其割裂《本義》之失,而仍附原本之後⑤,以備參考焉。

【彙訂】

①"原本",底本無,據文淵閣庫書題名及殿本補。文淵閣本尚有卷末二卷。(沈治宏:《中國叢書綜録訂誤》)

②"内府校刊宋本",殿本作"並内府刊本"。(江慶柏:《殿本、浙本〈四庫全書總目〉著録圖書進獻者主名異同考》)

③"蘊",殿本作"義",誤,參朱熹此書卷九《文言傳》注文及《日知録》卷一"朱子《周易本義》"條。

④"本",殿本無。

⑤殿本"附"下有"於"字。

郭氏傳家易説十一卷(浙江鄭大節家藏本)①

宋郭雍撰。雍字子和,洛陽人。父忠孝,受業於程子,著《兼山易解》。靖康中為永興軍路提刑,死難。《宋史·忠義傳》附載《唐重傳》内。忠孝没後,遺書散逸。雍南渡後,隱居峽州長楊山谷,著為此書。其説一本於忠孝,故以"傳家"為名。乾道中,守臣薦於朝,召之不起,賜號沖晦處士,後更賜稱頤正先生。遣官受所欲言,乃以此書進。事蹟具《宋史·隱逸傳》。朱子云:"兼山《易》,溺於象數之學。"陸游《跋兼山易説》則謂:"程氏《易》學,立之父子實傳之。"立之,忠孝字也。忠孝書自《大易粹言》所引外,別無完本。今觀雍書,則大抵剖析義理,與程《傳》相似。其謂《易》之為書,其道其辭,皆由象出,未有忘象而知《易》者。如首腹馬牛之類,或時可忘,此象之末也"云云,實非專主象數者,游所跋或近實也。至雍又不以卦辭為象,而謂觀乎彖辭者,即孔子自謂其《彖傳》。馮椅《厚齋易學》深斥其非,則公論也。朱彝尊《經義考》謂:"雍原書不傳,僅散見《大易粹言》中。"此本十一卷,與《宋志》相合,蓋猶舊本,彝尊偶未見也。陳振孫《書録解題》作六卷②。考《中興書目》別有雍《卦爻旨要》六卷,殆誤以彼之卷數為此之卷數歟?

【彙訂】

①"郭氏傳家易説",底本作"郭氏家傳易説",據文淵閣庫書及殿本改。《直齋書録解題》卷一、《經義考》卷二四均著録作《郭氏傳家易説》。(江慶柏等:《四庫全書薈要總目提要》)

②《直齋書録解題》卷一亦作十一卷。(朱家濂:《讀〈四庫提要〉劄記》)

周易義海撮要十二卷(兩淮馬裕家藏本)

宋李衡撰。衡字彦平,江都人。乾道中官祕閣修撰,尋除御史改起居郎。事蹟具《宋史》本傳。先是,熙寧間蜀人房審權,病談《易》諸家或泥陰陽,或拘象數。乃斥去雜學異説,摘取專明人事者百家,上起鄭元,下迄王安石,編為一集,仍以孔穎達《正義》冠之。其有異同疑似,則各加評議,附之篇末,名曰《周易義海》,共一百卷。衡因其義意重複,文辭冗瑣,刪削釐定,以為此書,故名曰《撮要》。其程子、蘇軾、朱震三家之說,則原本未收,衡所續入。第十二卷《雜論》,亦衡所補綴。故婺州教授周汝能①、樓鍔跋稱"卷計以百,今十有一",蓋專指所刪房本也。《書錄解題》作十卷,又傳寫之誤矣。是書成於紹興三十年,至乾道六年,衡以御史守婺州,始鋟於木。自唐以來,唯李鼎祚《周易集解》合漢後三十五家之說②,略稱該備,繼之者審權《義海》而已。然考《宋史・藝文志》③,但有衡書,而無審權書。陳振孫《書錄解題》亦惟載殘本四卷④。豈卷帙重大,當時即已散佚,抑衡書出而審權書遂廢歟?然則採擷精華,使古書不沒於後世,衡亦可謂有功矣。

【彙訂】

①"周汝能",底本作"朱汝能",據殿本改。宋呂祖謙《東萊集》卷七《書校本〈伊川先生易傳〉後》:"會稽周汝能堯夫、鄞山樓鍔景山方職教東陽,乃取刊諸學官。"《宋元學案補遺》卷五一:"周汝能,字堯夫,會稽人。乾道六年教授婺州,嘗跋李彥平《周易義海撮要》。"《四庫》本書前提要不誤。(劉遠遊:《四庫提要補正》)

②殿本"後"上有"以"字。

③"考",殿本無。

④《直齋書錄解題》著錄《周易義海撮要》十卷。(陳乃乾:《讀〈四庫全書總目〉條記》)

南軒易説三卷（内府藏本）①

宋張栻撰。案曹學佺《蜀中廣記》載是書十一卷，以為張浚所作。考浚《紫巖易傳》其本猶存，與此別為一書，學佺殊誤。朱彝尊《經義考》亦作十一卷，註云“未見”，又引董真卿説，謂已闕乾、坤二卦。此本乃嘉興曹溶從至元壬辰贛州路儒學學正胡順父刊本傳寫②，並六十四卦皆佚之。僅始於《繫辭》“天一地二”一章，較真卿所見彌為殘闕。然卷端題曰“《繫辭》上卷下”，而順父序稱“魯人東泉王公，分司廉訪章貢等路。公餘講論，嘗誦《伊川易傳》，特闕《繫辭》。留心訪求，因得南軒解説《易繫》，繕寫家藏③。儻合以並傳，斯為完書。乃出示知事吳將仕，刊之學宫，以補遺闕，使與《周易》程氏《傳》大字舊本同傳於世”云云。是初刊此書，亦僅託始於《繫辭》，溶所傳寫，僅佚其上卷之上耳。序末有鉤摹舊本三小印，一作“謙卦”，一曰“贛州胡氏”，知順父即贛人，一曰“和卿”，蓋其字也。

【彙訂】

① 據《浙江省第四次吳玉墀家呈送書目》、《浙江採集遺書總録》著録，此書四庫底本為吳玉墀家藏本，今歸國家圖書館。而《天禄琳琅書目》、《故宫善本書目》均不見此書。（崔富章：《四庫提要補正》）

② 文瀾閣丁丙補抄本乃據歸安沈家本枕碧樓本傳録，沈本從曹本出，作五卷。（何槐昌：《〈四庫全書總目〉著録校正選輯》）

③ “因得南軒解説《易繫》，繕寫家藏”，殿本作“因得南軒解説《易繫辭》，藏寫家”，誤，參書前胡順父序原文。

復齋易説六卷（兩江總督採進本）

宋趙彦肅撰。彦肅字子欽，號復齋，太祖之後①。嘗舉進士，掌寧國軍書記，調秀州推官，移華亭縣丞攝縣事，以内艱歸。趙汝愚奏爲寧海軍節度推官，旋病卒。蓋朱子薦之汝愚也。彦肅所著有《廣雜學辨》、《士冠禮婚禮饋食圖》，皆爲朱子所稱。惟論《易》與朱子不合，故《朱子語録》謂其“爲説太精，取義太密，或傷簡易之趣”。然彦肅説《易》，在即象數以求義理，以六畫爲主。故其言曰：“先聖作《易》，有畫而已。後聖繫之，一言一字皆自畫中來。譬如畫師傳神，非畫煙雲草木比也。”然則彦肅冥思力索，固皆研搜爻義，務求其所以然耳。其沈潛於《易》中，猶勝支離於《易》外矣。

【彙訂】

① 宋太祖之後無“彦”字輩。“彦”爲太祖弟魏王廷美七世孫之排行。《宋史·宗室世系表二〇》廷美長子德恭六世孫有二彦肅，本書作者當即其一。（楊武泉：《四庫全書總目辨誤》）

楊氏易傳二十卷（浙江吳玉墀家藏本）

宋楊簡撰。簡字敬仲，慈溪人。乾道五年進士，官至寶謨閣學士、大中大夫。事蹟具《宋史·道學傳》①。是書爲明劉日升、陳道亨所刻。案朱彝尊《經義考》載《慈湖易解》十卷，又《己易》一卷，書名、卷數皆與此本不合。所載自序一篇，與此本卷首題語相同，而無其前數行，亦爲小異。明人凡刻古書，多以私意竄亂之，萬曆以後尤甚。此或日升等所妄改歟？其書前十九卷皆解經文，第二十卷則皆泛論《易》學之語，亦閒有與序文相複者。今既不睹簡之原本，亦莫詳其何故也。簡之學出陸九淵，故其解

《易》，惟以人心為主，而象數事物，皆在所略，甚至謂《繫辭》中
"近取諸身"一節為不知道者所偽作，非孔子之言。故明楊時喬
作《傳易考》，竟斥為異端。而元董真卿論林栗《易解》，亦引《朱
子語録》，稱"楊敬仲文字可煨"云云。實簡之務談高遠，有以致
之也。考自漢以來，以老莊説《易》始魏王弼，以心性説《易》始王
宗傳及簡。宗傳淳熙中進士，簡乾道中進士，皆孝宗時人也。顧
宗傳人微言輕，其書僅存，不甚為學者所誦習。簡則為象山弟子
之冠，如朱門之有黄榦。又歷官中外，政績可觀，在南宋為名臣，
尤足以籠罩一世。故至於明季，其説大行。紫溪蘇濬解《易》，遂
以《冥冥篇》為名，而《易》全入禪矣。夫《易》之為書，廣大悉備，
聖人之為教，精粗本末兼該，心性之理未嘗不藴《易》中。特簡等
專明此義，遂流於恍惚虚無耳。昔朱子作《儀禮經傳通解》，不删
鄭康成所引讖緯之説，謂"存之正所以廢之"。蓋其名既為後世
所重，不存其説，人無由知其失也。今録簡及宗傳之《易》，亦猶
是意云。

【彙訂】

① 楊簡未入《道學傳》，其本傳在卷四〇七。（楊武泉：《四
庫全書總目辨誤》）

周易玩辭十六卷（兩江總督採進本）

宋項安世撰。安世字平甫，松陽人。《館閣續録》載其淳熙
二年同進士出身，紹熙五年除校書郎，慶元元年添差通判池州。
陳振孫《書録解題》稱為太府卿，則所終之官也。事蹟具《宋史》
本傳。振孫又稱安世當慶元時謫居江陵，杜門不出，諸經皆有論
説，而《易》為全書。然據其自述，蓋成於嘉泰二年壬戌之秋。自

序謂："《易》之道四,其實則二象與辭是也。變則象之進退也,占則辭之吉凶也。不識其象何以知其變,不通其辭何以決其占?"又自述曰："安世之所學,蓋伊川程子之書也。今以其所得於《易傳》者,述為此書,而其文無與《易傳》合者,合則無用述此書矣。"蓋伊川《易傳》惟闡義理,安世則兼象數而求之。其意欲於程《傳》之外補所不及,所謂各明一義者也。馬端臨、虞集作序,皆盛相推挹。而近時王懋竑《白田雜著》中有是書跋,獨排斥甚力,至謂端臨等未觀其書。其殆安世自述中所謂"以《易傳》之文觀我"者歟?安世又有《項氏家說》,其第一卷亦解《易》。董真卿嘗稱之,世無傳本。今始以《永樂大典》所載裒合成編,別著於錄。合觀兩書,安世之經學深矣,何可輕詆也。

　　易說四卷(永樂大典本)

　　宋趙善譽撰。善譽字靜之,宗室子也。乾道五年試禮部第一,累遷大理丞,潼川路提刑轉運判官。事蹟見《宋史·宗室傳》。是編載陳振孫《書錄解題》。振孫稱其每卦為論一篇,蓋為潼川漕時進呈之本。今考其書,於各卦名義之相似者,多參互以求其義。如云："頤、井、鼎皆有養人之義,豈非養人之利溥,故多取象以示人耶?"又云："三卦義雖不同,皆以上爻為吉。故頤之'由頤',井之'勿幕',鼎之'玉鉉',皆在上爻也。"至於各卦之六爻,亦往往比類以觀之。如乾卦云："初九之辭,決戒之切也;九四之辭,疑則與之進也;九三之辭,詳猶可勉也;上九之辭,直則不可為也。聖人之言,纖悉委曲,一至於此!亦惟恐其陽剛之或偏而已。"論坤卦云："乾、坤二卦,惟二、五兩爻為善,而他爻皆有戒之之辭。"又云："'履霜'戒於一陰之生,'括囊'戒於多懼之位,三猶可以‘含章’而從事，上則至於‘龍戰’而道窮。亦乾卦爻辭不同之意。”論頤卦云：“頤以養正而不妄動為善。下卦震體有動而求養之象，故三爻皆凶；上卦艮體有静而知止之象，故三爻皆吉。”論革卦云：“内明則見理必盡，外説則無咈於人情。不如是而能革者，未之有也。”論節卦云：“六四一陰柔而應於初，又上承九五之陽，能安於節者安，則無所往而不通，故曰‘亨承上道’也。九五居尊得位，剛健中正，節之當者也，當則無所往而不可，故曰‘甘節吉，往有尚’。以其在臣，故曰‘安’曰‘亨’，言己能安之則亨也；以其在君，故曰‘甘’曰‘吉’，言施之天下，人皆美之，然後為吉也。”其論皆明白正大。朱子謂其“能擴先儒之所未明”。馮椅《易學》亦多取之，謂其“能本畫卦命名之意，參稽卦爻象象之辭，以貫通六爻之義而為之説”，蓋不虚美也。自明以來，外閒絶少傳本，故朱彝尊《經義考》注云“已佚”。今《永樂大典》具載於各卦之後，僅闕豫、隨、无妄、大壯、晉、睽、蹇、解、中孚九卦。因搜緝成編，資説《易》家之參考。《宋史・藝文志》本作二卷，今以其文頗繁，釐為四卷焉。

誠齋易傳二十卷（江西巡撫採進本）

宋楊萬里撰。萬里字廷秀，自號誠齋，吉水人。官至寶謨閣學士，致仕。韓侂冑召之不起。開禧閒，聞北伐啟釁，憂憤不食卒①。後謚文節。事蹟具《宋史・儒林傳》。是書大旨本程氏，而多引史傳以證之。初名《易外傳》，後乃改定今名。宋代書肆曾與程《傳》並刊以行，謂之《程楊易傳》。新安陳櫟極非之，以為足以聳文士之觀瞻，而不足以服窮經士之心。吳澄作跋，亦有微詞。然聖人作《易》，本以吉凶悔吝示人事之所從。箕子之貞，鬼方之伐，帝乙之歸妹，周公明著其人[2]，則三百八十四爻，可以例舉矣。舍人事而談天道，正後儒説《易》之病，未可以引史證經病萬里也。理宗嘉熙元年，嘗給札寫藏祕閣[3]。其子長孺進狀稱自草創至脱稿，閲十有七年而後成，亦可謂盡平生之精力矣。元胡一桂作《易本義附録纂疏》，博採諸家，獨不録萬里一字，所見蓋與陳櫟同。然其書究不可磨滅，至今猶在人閒也。

【彙訂】

① 楊萬里《誠齋集》卷七十載其七十七歲所作《辭免召赴行在奏狀》曰："伏自去年，偶嬰淋疾。"卷四二又載其七十八歲所作《淋疾復作醫云忌文字勞心曉起自警》，七十九歲所作《去歲四月得淋疾今又四月病猶未愈》等。至次年五月八十歲終卒於淋病。（于北山：《有關楊誠齋研究中的幾個問題》）

② "人"，殿本作"文"，誤。

③ 宋刊本此書卷首載劄兩通。一下吉州録進《易傳》指揮省劄，後大書嘉定元年八月十八日；一《易傳》進呈畢，宣傳史館，下吉州照會指揮省劄，後大書嘉定二年四月廿二日。誤"嘉定"為"嘉熙"，乃自鄱陽董真卿始。（陳乃乾：《讀〈四庫全書總目〉條記》）

大易粹言十卷（江蘇蔣曾瑩家藏本）

宋方聞一編。聞一，舒州人。淳熙中為郡博士。時温陵曾穜守舒州，命聞一輯為是書，舊序甚明。朱彝尊《經義考》承《宋志》之誤，以為穜作，非也。其書《宋志》作十卷，《經義考》作七十卷，又《總論》五卷[1]。蓋原本每卦每傳皆各為一篇，刊板不相聯屬，故從其分篇之數，稱七十有五。然宋刻明標卷一至卷十[2]，則《經義考》又誤也③。所採凡二程子、張子、楊時、游酢、郭忠孝及穜師郭雍七家之説。今忠孝之書已不傳，惟賴是書以存。穜初刻版置郡齋，後摹印漫漶，張嗣古、陳造先後修之。此本出蘇州蔣曾瑩家，即嗣古嘉定癸酉所補刻，佚穜自序一篇④，而移嗣古之跋冠其首。今從《經義考》補録穜序，仍移其跋於卷末焉。穜，溫陵人，始末無考。惟據元李簡《〈學易記〉序》，知其字曰"獻之"云⑤。

【彙訂】

①"《總論》五卷"疑為"《總論》三卷"之誤。（曹正元：《〈四庫全書總目提要〉偶證三十例》）

②據曾穜、程九萬、李祐之諸序，參與輯録此書者或有多人，然自規劃直至編訂，實出曾穜之手。今存宋淳熙三年舒州公使庫刻本此書十二卷，即曾穜初刻本，卷一為《總序》，卷十二為《諸家姓氏》等五篇，"宋刻明標卷一至卷十"之説不確。趙希弁《讀書附志》已著録《大易粹言》七十卷，《總論》三卷，文淵閣等諸閣庫書亦為七十三卷。（崔富章：《四庫提要補正》）

③《經義考》卷二九云："曾氏穜《大易粹言》，《宋志》十卷，或作七十卷。"並未否定十卷本，也未著録過"又《總論》五卷"。（羅琳：《〈四庫全書〉的"分纂提要"、"原本提要"、"總目提要"之間的差異》）

④文淵閣《四庫》原本提要作"佚穜自序二篇"，文淵閣本此書正文之前確補入穜自序二篇。（崔富章：《四庫提要補正》）

⑤《直齋書録解題》已稱"知舒州守曾穜獻之"。（陳乃乾：《讀〈四庫全書總目〉條記》）

易圖説三卷（兩江總督採進本）

宋吳仁傑撰。仁傑字斗南，崑山人[①]。《宋史・藝文志》載仁傑《古周易》十二卷，《易圖説》三卷，《集古易》一卷[②]。今《古周易》世罕傳本[③]，僅《永樂大典》尚有全文。此書其《圖説》也。其説謂六十四正卦，伏羲所作也，故首列《八純卦各變八卦圖》。又謂卦外六爻及六十四覆卦，文王所作也，故有《一卦變六十四卦圖》，有《六爻皆變則占對卦》、《皆不變則占覆卦圖》。又謂《序卦》為伏羲，《雜卦》為文王，今之爻辭當為《繫辭傳》，《繫辭傳》當為《説卦傳》。於諸家古《易》之中，其説特為新異[④]，迥與先儒不合。然證以《史記》引"同歸殊途"二語為《大傳》，不名《繫辭傳》；《隋志》謂《説卦》三篇，今止一篇，為後人亂其篇題，所言亦時有依據。録而存之，用備一説云爾。

【彙訂】

① 吳仁傑，一字南英，號蠹隱，又號蠹豪，洛陽人，寓居崑山。（李裕民：《四庫提要訂誤》）

②《宋史・藝文志》經部易類載吳仁傑《古易》十二卷，《周易圖説》二卷，《集古易》一卷。（同上）

③ "今"，殿本無。

④ "於諸家古易之中其説"，殿本作"較諸家古易之説"。

古周易一卷（兩江總督採進本）

宋吕祖謙編。祖謙字伯恭，金華人。隆興元年進士，復中博學宏詞科。官至直祕閣著作郎、國史院編修。事蹟具《宋史・儒林傳》。古《易》上、下經及十翼，本十二篇。自費直、鄭元以至王弼，遞有移掇，孔穎達因弼本作《正義》，行於唐代，古《易》遂不復存。宋呂大防始考驗舊文,作《周易古經》二卷,晁説之作《録古周易》八卷,薛季宣作《古文周易》十二卷,程迥作《古周易考》一卷,李燾作《周易古經》八篇[①],吳仁傑作《古周易》十二卷,大致互相出入。祖謙此書與仁傑書最晚出,而較仁傑為有據。凡分《上經》、《下經》、《彖上傳》、《彖下傳》、《象上傳》、《象下傳》、《繫辭上傳》、《繫辭下傳》、《文言傳》、《説卦傳》、《序卦傳》、《雜卦傳》為十二篇。《宋志》作一卷,《書録解題》作十二卷,蓋以一篇為一卷,其實一也。朱子嘗為之跋,後作《本義》,即用此本。其書與呂大防書相同,而不言本之大防,尤袤與吳仁傑書嘗論之。然祖謙非竊據人書者,稅與權《校正周易古經序》謂偶未見大防本,殆得其實矣。《書録解題》又載《音訓》二卷,乃祖謙門人王莘叟所筆受。又稱朱子嘗刻是書於臨漳、會稽,益以程氏是正文字及晁氏説。此本皆無之,殆傳寫者遺之歟[②]?

【彙訂】

①“篇”,殿本作“卷”,誤。稅與權《校正周易古經序》云:“巽巖李文簡公(燾)紹興辛未(1151)謂北學各有師授,經名從呂(呂大防《周易古經》),篇第從晁(晁説之《古周易》八篇),而重刻之。”可知李燾僅將晁氏書名改用呂氏書名,重新刻板流傳,並未增損删取。且朱彝尊《經義考》之前,從無一家書目著録李燾撰《周易古經》。(胡昭曦、劉復生、粟品孝:《宋代蜀學研究》)

②《宋史·藝文志》經部易類載“呂祖謙定《古易》十二篇為一卷。又《音訓》二卷,《周易繫辭精義》二卷”。是《音訓》別為一書,非“傳寫者遺之”。(崔富章:《四庫提要補正》)

易傳燈四卷（永樂大典本）

《易傳燈》一書，諸家書目俱不著録，朱彝尊《經義考》亦不載其名。惟《永樂大典》散見於各卦之中，題其官曰“徐總幹”，而不著名字。又載其子子東序，謂其父嘗師事吕祖謙、唐仲友。考《宋史》徐僑嘗受業於祖謙，著《讀易記》《尚書括旨》等書。祖謙門人又有徐侃、徐倬，序無明文，不能定其為誰也。“傳燈”本釋氏之語，乃取之以名經解，殊為乖刺。又謂《繫辭下傳》“《易》之為書”三章，皆漢儒《易緯》之文，訛為夫子之作，以誑後世，亦沿歐陽修之誤。又謂聖人觀河圖有數有象，以縱橫十五之妙，配乾、坤九六之數，白紫者吉，黄黑者凶。是直以《易》數為五行家言，尤未免於駁雜①。然其《八卦總論》十六篇，參互以求，頗能得《易》之類例。如曰大壯、大有、夬、乾，乾在乾、兑、離、震之下者也。《乾·九二》曰“君子”，而餘卦九三皆有君子、小人之詞，以君子在重剛中，君子則吉，小人則凶，故分别言之也。其處於巽、坎、艮、坤之下者曰小畜、大畜、需、泰，凡九三上遇陰爻皆有畏謹之義②。剖析更為微細。又謂《易》之取象該三代制度。如《比·九五》言“王用三驅”，見王田不合圍三面而驅之禮；《巽·九二》言“史巫紛若”，見古有太史、男巫、女巫之制。論《易》、《禮》之相通，亦有證據。蓋一知半解，可取者頗不乏。“雖有絲麻，無棄菅蒯”，固説《易》者之所旁採爾。

【彙訂】

①“於”，殿本無。

②“畏謹”，底本作“畏敬”，據此書卷一“乾下八卦”條原文及殿本改。

易裨傳二卷（兩江總督採進本）①

宋林至撰。至字德久，松江人。《書錄解題》作檇李人，未詳孰是。淳熙中登進士第。官至祕書省正字②。朱子集中有《答林德久書》③，即其人也。是書《宋史·藝文志》作一卷，《文獻通考》於二卷之外又有《外篇》一卷。此本為元至正間陳泰所刊，總為二卷，蓋泰所併也。凡三篇：一曰《法象》，一曰《極數》，一曰《觀變》。自序稱：“《法象》本之太極，《極數》本之天地數，《觀變》本之卦揲，十有八變，皆據《易大傳》之文。凡論太極者，惑於四象之說，而失卦畫之本。論天地之數者，惑於圖書之文，而失參兩之宗。論揲著者，惑於挂扐之間④，而失陰陽之變。各釐而正之。”其《外篇》則論反對、相生、世應、互體、納甲、卦變⑤、動爻、卦氣八事。自序稱：“謂其非《易》之道則不可，謂《易》盡在於是則非。”今觀其書，雖未免有主持稍過之處，而所論多中說《易》之弊。其謂“《易》道變化不窮，得其一端，皆足以為說”，尤至論也。

【彙訂】

① 文淵閣《四庫》本為《易裨傳》一卷附《外篇》一卷。（沈治宏：《中國叢書綜錄訂誤》）

② 松江即華亭，宋屬嘉興府，檇李為嘉興古名，一稱縣名，一稱郡望，其實一也。林至淳熙四年（1177）上舍釋褐出身，治《易》，開禧三年（1207）十一月除祕書省正字，嘉定元年（1208）十一月為校書郎，十二月以後兼國史院編修官、實錄院檢討官，二年十二月為祕書郎（《南宋館閣續錄》卷八、卷九）。三年二月五日以臣僚言其佞諛不顧，放罷（《宋會要輯稿》職官七三之四三）。十一年（1218）二月二十四日，新知道州，即與祠祿（《宋會要輯稿》職官七五之一八）。未之任。（李裕民：《四庫提要訂誤》）

③"集中",殿本無。

④"挂扐",殿本作"卦扐",誤,據此書自序原文。《繫辭上傳》曰:"大衍之數五十,其用四十有九,挂一以象三。揲之以四,以象四時。歸奇於扐,以象閏五。歲再閏,故再扐而後挂。"文淵閣《四庫》本書前提要不誤。

⑤"卦變",殿本作"變爻",誤,參此書《外編》原文。

厚齋易學五十二卷(永樂大典本)

宋馮椅撰。椅字儀之,一作奇之,號厚齋,南康都昌人。《宋史·馮去非傳》云:"父椅,家居授徒,所著《易》、《書》、《詩》、《語》、《孟》'輯說'等書,共二百餘卷。"今多不傳,惟所輯《易說》,尚散見《永樂大典》中。考胡一桂《啟蒙翼傳》引《宋中興藝文志》云:"寧宗時馮椅為《易輯註》、《輯傳》、《外傳》。猶以程迥、朱熹未及盡正孔《傳》名義,乃改'《彖》曰'、'《象》曰'為贊。又以《隋·經籍志》有《說卦》三篇,改《繫辭傳》上、下為《說卦》上、中。"俞琰《讀易舉要》所說亦同。今檢《永樂大典》所載,但有《輯註》、《輯傳》,而無所謂《外傳》者,與舊說殊不相合。以椅自序覈之,當日蓋各為一書。《輯註》止解彖、象,《輯傳》則尊彖、象為經,而退《十翼》為傳。《外傳》則以《十翼》為經,各附先儒之說,而斷以己意。《永樂大典》編纂不出一手,割裂其文,雜附於各卦爻下,遂併《外傳》之名而沒之。今反覆參校,釐為《輯註》四卷,《輯傳》三十卷,《外傳》十八卷。仍分三書,以還其舊。《輯註》多用古文,如坤卦"黃裳"之"裳"作"常";蒙卦"瀆蒙"之"瀆"作"黷";屯卦"磐桓"之"磐"作"般","邅如"之"邅"作"亶";師卦"丈人"作"大人",旅卦"資斧"作"齊斧"。雖異今本,而皆根舊義。

至於履、否、同人諸卦，以為舊脱卦名宜補；《姤‧彖》“女壯，勿用取”下以為衍“女”字之類，則椅之自抒所見者也。《輯傳》各卦，皆分卦序、卦義、彖義、爻義、象占諸目，縷析條分，至為詳悉，其蒐採亦頗博洽。如王安石、張汝明、張弼①、李椿年、李元量、李舜臣、閭邱〔丘〕昕、毛樸、馮時行、蘭廷瑞諸家，其全書今皆不傳，尚藉是以存梗概。《外傳》薈粹羣言，亦多所闡發。其以《繫辭》為《説卦》，宗吳仁傑之本，董真卿《周易會通》駁之，良允。明楊時喬《周易古今文》乃以合於《隋志》取之，斯好奇之過矣。然合觀三書，大抵元元本本，淹貫宏通，要不以一二微瑕掩也。《啟蒙翼傳》又云：“鄱陽汪標手編諸家《易》解為一鉅集，名《經傳通解》，以椅《易》解為底本，求古今解增入。”蓋宋元之際，甚重其書。今標書亦不傳，則此書彌可寶貴矣。董真卿、胡一桂皆稱是書為《易輯》，《宋史‧藝文志》作《易學》，《文獻通考》則作《厚齋易學》。考王湜先有《易學》，宜有所別，故今從《通考》之名焉。

【彙訂】

①“張汝明張弼”，殿本作“張弼張汝明”。

童溪易傳三十卷（直隸總督採進本）

宋王宗傳撰。宗傳字景孟，寧德人。淳熙八年進士，官韶州教授。董真卿以為臨安人。朱彝尊《經義考》謂是書前有寧德林焞序，稱與宗傳生同方，學同學，同及辛丑第，則云臨安人者誤矣。宗傳之説，大概祧梁、孟而宗王弼，故其書惟憑心悟，力斥象數之弊，至譬於誤註本草之殺人。焞序述宗傳之論，有“性本無説，聖人本無言”之語，不免涉於異學，與楊簡《慈湖易傳》宗旨相同①。蓋弼《易》祖尚元虛以闡發義理，漢學至是而始變。宋儒掃除古法，實從是萌芽。然胡、程祖其義理而歸諸人事，故似淺近而醇實；宗傳及簡祖其元虛而索諸性天，故似高深而幻窅。考沈作喆作《寓簡》，第一卷多談《易》理，大抵以佛氏為宗。作喆為紹興五年進士，其作《寓簡》在淳熙元年，正與宗傳同時。然則以禪言《易》，起於南宋之初。特作喆無成書，宗傳及簡則各有成編，顯闢別徑耳②。《春秋》之書事，《檀弓》之記禮，必謹其變之所始。錄存是編，俾學者知明萬曆以後，動以心學説《易》，流別於此二人，亦説《周禮》者存俞庭椿、邱〔丘〕葵意也。

【彙訂】

①　其説主義理而斥象數，徵人事而遠天道，引程伊川之説最多，蓋程氏學也……時或徵引史事證成其義，於楊誠齋《易傳》相近，非《慈湖易傳》比也。（陸心源：《儀顧堂題跋》）

②　“闢”，底本誤作“闡”，據殿本改。

周易總義二十卷（副都御史黃登賢家藏本）

宋易祓撰。《南宋館閣續錄》載祓字彥章，潭州寧鄉人。淳熙十一年，上舍釋褐出身①。慶元六年八月，除著作郎。九月，知江州。周密《齊東野語》則載其詔事蘇師旦，由司業躐擢左司諫。師旦敗後，貶死。蓋《館閣續錄》但記其入院出院之事，密所記則其究竟也。祓人不足重，其書世亦不甚傳，故朱彝尊《經義考》註曰“未見”。然其説《易》，兼通理數，折衷衆論。每卦先括為總論，復於六爻之下各為詮解，於經義實多所發明。與耿南仲之《新講義》，均未可以人廢言也。前有祓門人陳章序，稱祓侍經筵日，嘗以是經進講。又稱祓別有《易學舉隅》四卷，衰象與數為之圖説，與此書可以參考。今未見傳本。惟所撰《周禮總義》，尚散見《永樂大典》中耳。樂雷發有《謁山齋》詩曰："淳熙人物到嘉熙，聽説山齋亦白髭。細嚼梅花讀《總義》，只應姬老是相知。"蓋指此二書。山齋，祓別號也。則當時亦頗重其書矣。

【彙訂】

①《宋會要輯稿》崇儒一之四四云："淳熙十二年（1185）十二月十一日，詔大學上等上舍生易祓、顏械名特補文林郎，與職官差遣。"（李裕民：《四庫提要訂誤》）

西溪易説十二卷（浙江吳玉墀家藏本）

宋李過撰。過字季辨，興化人。董真卿《周易會通》稱此書有過自序，在慶元戊午，謂幾二十年而成。此本佚去其序，而書中亦多闕文。蓋傳鈔訛脱，又非真卿所見之舊矣。其書首為《序説》一卷，分上、下經依文講解，而不及《繫辭》以下①。馮椅《易學》稱其多所發明，而議其以毛漸《三墳》為信，又多割裂經文。如乾、坤初爻初九"潛龍勿用"以下，即接以"象曰：'潛龍勿用，陽在下也'"，又接以"《文言》曰：'潛龍勿用，下也'。潛龍勿用，陽氣潛藏。初九曰'潛龍勿用'，何謂也？至是以君子勿用也"，汩亂顛倒，殆不可訓矣。宜為胡一桂所譏。其論爻辭為文王作，謂先儒以"西山"等字指文王者為鑿。而説明夷一卦，以上三爻為箕子事，下三爻為文王事，則仍不免自亂其例。蓋過晚而喪明，冥心默索，不能與師友相訂正，意所獨造，或不免毅然自為。而收視返聽，用心刻摯，亦往往發先儒所未發。其亂經之罪與詁經之功，固約略可以相當也。

【彙訂】

①"而"，殿本無。

丙子學易編一卷（兩江總督採進本）

宋李心傳撰。心傳字微之，號秀巖，隆州人。寶慶二年以布衣召補從政郎，差充祕閣校勘。歷官至工部侍郎，兼祕書監。事蹟具《宋史・儒林傳》。心傳邃於史學，有《建炎以來繫年要錄》、《建炎以來朝野雜記》二書，為史家所重，而經術亦頗究心。高斯得《恥堂存稿》有《學易編》、《誦詩訓》二書跋，曰：“秀巖先生近世大儒也。世徒見其論著藏於明堂石室，金匱玉版，遂以良史目之。不知先生中年以後，窮極道奧，經術之邃，有非近世學士大夫所能及者。”雖弟子尊師之詞，要非甚溢美也。是書於嘉定九年竭二百八日之力，排纂蕆業，以歲在丙子為名。所取惟王弼、張子、程子、郭雍、朱子五家之說，而以其父舜臣《易本傳》之說證之，亦閒附以己意。原書十五卷，高斯得嘗與《誦詩訓》合刻於桐江，今已散佚。此本為元初俞琬〔琰〕所鈔①，後有琬跋曰“此書係借聞德坊周家書肆所鬻者。天寒日短，老眼昏花，併日而鈔其可取者”云云，蓋所存不及十之一矣。然琬邃於《易》學，凡所採摭，皆其英華，則大旨猶可概見也。心傳自序稱採王氏、張子、程子與朱文公四家之傳，而閒以周子、邵子及先君子之說補之，自唐以上諸儒字義之異者，亦附見焉。而琬跋所列則無周子、邵子，而有郭子和。子和，郭雍之字，即著《郭氏傳家易說》者也。心傳原書不存，未詳孰是。考周子《通書》、邵子《皇極經世》雖皆闡《易》理，而實於《易》外別自為說，可以引為義疏者少。惟郭雍依經闡義，具有成書，或心傳之序傳寫有誤歟？

【彙訂】

①“琬”，當作“琰”，下同，乃避嘉慶諱改。殿本作“琰”。（江慶柏等：《四庫全書薈要總目提要》）

易通六卷(江蘇巡撫採進本)

宋趙以夫撰。以夫字用父,宗室子,居於長樂。嘉定十年進士,歷官資政殿學士。是書前有以夫自序,皆自稱"臣末有不敢自祕,將以進於上,庶幾仰裨聖學緝熙之萬一",則經進之本也。考趙汝騰《庸齋集》有《繳趙以夫不當為史館修撰奏劄》,曰:"鄭清以進史屬之以夫①,四海傳笑。謂其進《易》尚且代筆,而可進史乎?其後聞為史館長,人又笑曰:'是昔代筆進《易》之以夫也。'"又何喬遠《閩書》曰:"以夫作《易通》,莆田黃績相與上下其論。"據其所説,則是書實出黃績參定。汝騰所論,不盡無因。殆以夫不協衆論,故譁然以為績代筆歟? 胡一桂云:"《易通》六卷,《或問類例圖象》四卷。"朱彝尊《經義考》曰:"《宋志》十卷。"又註曰:"《聚樂堂書目》作六卷。"蓋《宋志》連《或問類例圖象》言之,聚樂堂本則惟有《易通》。此本亦止六卷,而無《或問類例圖象》,其自聚樂堂本傳寫歟? 其書大旨在以不易、變易二義明人事動靜之準。故其説曰:"奇偶七八也,交重九六也。卦畫七八不易也,爻畫九六變易也②。卦雖不易,而中有變易,是謂之亨;爻雖變易,而中有不易,是謂之貞。《洪範》占用二:貞、悔。貞即靜也,悔即動也。故靜吉動凶則勿用,動吉靜凶則不處,動靜皆吉則隨遇而皆可,動靜皆凶則無所逃於天地之閒。"於聖人作《易》之旨,可謂深切著明。至其真出於誰手,則傳疑可矣。

【彙訂】

① 據《庸齋集》卷四《繳趙以夫不當為史館修撰事奏》,"鄭清"當為"鄭清之"之誤,其人官至左丞相,《宋史》有傳。(楊武泉:《四庫全書總目辨誤》)

② "爻畫",殿本作"爻書",誤,參《玉海》卷三六《太玄集解》

條、《經義考》卷三三《易通》條所引。

周易經傳訓解二卷(浙江吳玉墀家藏本)[1]

宋蔡淵撰。淵字伯靜，號節齋，建陽人[2]。案朱彝尊《經義考》：“蔡淵《周易經傳訓解》四卷”，註曰“存三卷”。此本惟存上、下經二卷，題曰《周易卦爻經傳訓解》，與彝尊所記不符。據董真卿《周易會通》，稱此書以大象置卦辭下，以象傳置大象後，以小象置各爻辭後，皆低一字，以別卦爻。與此本體例相合，知非贋託。董楷又言其《繫辭》、《文言》、《説卦》、《序卦》、《雜卦》亦皆低一字，則此本無之。又《經義考》載淵弟沈後序，稱“《易》有太極之説，知至知終之義，正直義方之語，皆義理之大原，為後學之至要，實發前賢之所未發”云云。其文皆在《繫辭》、《文言》，則是書原解《繫辭》、《文言》諸篇，確有明證，非但解卦爻[3]，不應揭“卦爻”以標日。蓋楷所見者四卷之全本，彝尊所見佚其一卷，此本又佚其一卷。傳寫者諱其殘闕，因於書名增入“卦爻”二字，若原本但解上、下經者。此書賈作偽之技，不足據也。今删去“卦爻”二字，仍以本名著録，存其真焉。

【彙訂】

① 此條殿本置於《易象意言》條之後，與文淵閣庫書次序不符。

② “淵字伯靜號節齋建陽人”，殿本無。

③ “確有明證非但解卦爻”，殿本作“非但解卦爻確有明證”。

易象意言一卷(永樂大典本)

宋蔡淵撰。淵[1]，蔡元定之子，而從學於朱子。故是書闡發名理，多本師傳。然兼數而言，則又西山之家學也。其中惟不廢互體與朱子之説頗異。考互體之法，見於《左傳·莊公二十二年》：「陳侯筮，遇觀之否。曰：『風為天于土上，山也。』」杜預註曰：「自二至四有艮象，艮為山也。」是《周官·太卜》舊有是法矣。顧炎武《日知録》曰：「朱子《本義》不取互體之説，惟《大壯·六五》云『卦體似兑②，有羊象焉』。不言『互』而言『似』，此又創先儒所未有，不如言互體矣。」然則朱子特不以互體為主，亦未嘗竟謂無是理也。淵於師説，可謂通其變而酌其平矣。董真卿《周易會通》稱淵《周易經傳訓解》外又有《卦爻辭旨》，論六十四卦大義；《易象意言》，雜論卦爻、《十翼》；《象數餘論》，雜論《易》大義，並成於開禧乙丑，今悉散佚。故朱彝尊《經義考》僅列其書名，而不能舉其卷數。惟此書載《永樂大典》中，尚首尾完具，猶當時祕府舊本③。今録而傳之，俾論《易》者知蔡氏之學不徒以術數見，而朱子之徒亦未嘗全棄古義焉。

【彙訂】

①「淵」，殿本作「淵字伯静號節齋建陽人」。

②「六五」，底本作「五六」，據朱熹《周易本義·下經第二》「大壯」條、顧炎武《日知録》卷一「互體」條及殿本改。

③「猶」，殿本作「蓋」。

周易要義十卷（副都御史黄登賢家藏本）①

宋魏了翁撰。了翁字華父，號鶴山，臨邛人②。慶元五年進士，官至資政殿大學士，參知政事，僉書樞密院事。事蹟具《宋史》本傳。了翁以説經者但知誦習成言，不能求之詳博，因取諸經註疏之文，據事別類而録之，謂之《九經要義》。此其中之第一部也。方回《桐江集》有《周易集義》跋，載了翁嘗言："辭變象占，《易》之綱領。而繇象象爻之辭，畫爻位虛之別，互反飛伏之説，乘承比應之例，一有不知③，則義理闕焉。"蓋其大旨主於以象數求義理，折衷於漢學、宋學之閒。故是編所録，雖主於註疏釋文④，而採掇謹嚴，別裁精審，可謂剪除支蔓，獨擷英華。王禕《雜説》云："孔穎達作《九經正義》，往往援引緯書之説，歐陽公常欲删而去之，其言不果行。迨鶴山魏氏作《要義》，始加黜削，而其言絶焉。"則亦甚與以廓清之功矣。明萬曆中，張萱重編《內閣書目》，載《九經要義》尚存《儀禮》七册，《禮記》三册，《周易》二册，《尚書》一册，《春秋》二册，《論語》二册，《孟子》二册。又《類目》六卷，本共為一編。今諸經或存或佚，不能復合，故今以世有傳本者各著於録。朱彝尊《經義考》"羣經類"中載《九經要義》二百六十三卷，註曰"分見各經"。然各經皆載《要義》，而《易》類則但據《宋志》載《了翁周易集義》六十四卷，不載此書，似乎即以《集義》為《要義》⑤。考方回《周易集義》跋曰："鶴山先生謫靖州，取諸經註疏，摘為《要義》。又取濂、洛以來諸大儒《易》説，為《周易集義》。"則為二書審矣。

【彙訂】

①《四庫採進書目》中《浙江省第四次吳玉墀家呈送書目》、《浙江省第五次范懋柱家呈送書目》皆著録此書，而《都察院副都御史黃交出書目》無。（崔富章：《四庫提要補正》）

②《宋史》本傳、《宋元學案》卷八〇小傳、雍正《四川通志》卷九上《人物志》本傳、嘉慶《直隸邛州志》卷三四本傳均作"邛州蒲江人"。宋時臨邛為邛州附郭縣，邛州又稱臨邛郡。（楊武泉：《四庫全書總目辨誤》）

③ "一"，殿本脱，參《經義考》卷三三《周易集義》條所引。

④ "主"，殿本作"止"。

⑤《宋史·藝文志》著録"《周易集義》六十四卷，又《周易要義》一十卷"。（李致忠：《宋版書敘録》）

東谷易翼傳二卷（兩江總督採進本）

宋鄭汝諧撰。汝諧字舜舉，號東谷，處州人。陳振孫《書録解題》云"仕至吏部侍郎"，《浙江通志》則云："中教官科，遷知信州，召為考功郎，累階徽猷閣待制。"振孫去汝諧世近，疑《通志》失之①。其言《易》宗程子之説，所謂"翼傳"者，翼程子之《傳》也②。然亦時有異同。其最甚者，如程子解"艮其背，不獲其身。行其庭，不見其人"，以為外物不接，内欲不萌。郭忠恕得其説而守之，遂自號兼山③，以是為儒者之至學也。朱子所解雖微異，然亦以是為克己復禮之義。獨汝諧以為"艮其背"者，所謂不見可欲使心不亂也。不見而後不亂，見則亂矣，故僅為无咎而已。説者或大其事，以為聖人之事，非也。所見迥乎相左。又如解困、井諸卦，其説亦別。然朱子解經，於程子亦多所改定。蓋聖賢精義，愈闡愈深。沈潛先儒之説，其有合者疏通之，其未合於心者別抒所見以發明之，於先儒乃為有功。是固不必守一先生之言，徒為門户之見也。是書前有自序及其子如岡、曾孫陶孫題語。如岡稱求得真德秀序，此本不載，蓋傳寫佚之矣。

【彙訂】

① 鄭汝諧確曾任吏部侍郎，《陳亮集》卷十八有《謝鄭侍郎啟》。而徽猷閣待制為虛銜。（洪波：《讀〈四庫全書〉之〈提要〉〈跋語〉劄記五則》）

② "程子之傳"，殿本作"程傳"。

③ 光緒《處州府志》卷一八《人物·鄭汝諧傳》作青田人，雍正《浙江通志》卷一七七《人物·鄭汝諧傳》作平陽人。郭忠恕卒於太平興國二年。《宋史·隱逸·郭雍傳》云："父忠孝，官至大中大夫，師事程頤，著《易說》，號兼山先生。"《郡齋讀書後志》卷一、《宋史》卷二百二《藝文志一》著錄《兼山易解》二卷，均作郭忠孝撰。可知"郭忠恕"乃"郭忠孝"之誤。姚鼐提要稿不誤。（楊武泉：《四庫全書總目辨誤》；江慶柏等：《四庫全書薈要總目提要》）

朱文公易說二十三卷（編修勵守謙家藏本）

宋朱鑑編。案朱子世系，朱子三子，長子塾，塾二子，長曰鑑，則朱子嫡長孫也。鑑字子明，以蔭補迪功郎，官至湖廣總領。朱子註《易》之書，為目有五：曰《易傳》十一卷，曰《易本義》十二卷，曰《易學啟蒙》三卷，曰《古易音訓》二卷，曰《蓍卦考誤》一卷，皆有成帙。其朋友論難與及門之辨說，則散見《語錄》中。鑑彙而輯之，以成是編。昔鄭元箋註諸經，其孫魏侍中小同復裒其門人問答之詞為《鄭志》十一卷。鑑之編輯緒言，亦猶此例也。考朱子初作《易傳》，用王弼本。後作《易本義》，始用呂祖謙本。《易傳》，《宋志》著錄，今已散佚。當理宗以後，朱子之學大行，賸語殘編，無不奉為球璧。不應手成巨帙，反至無傳。殆以未定之說，自削其稿，故不復流布歟？鑑是書全採《語錄》之文，以補《本義》之闕。其中或門人記述，未必盡合師說，或偶然問答，未必勒為確論，安知無如《易傳》之類為朱子所欲刊除者。然收拾放佚，以備考證，亦可云能世其家學矣。

易學啟蒙小傳一卷附古經傳一卷（兩江總督採進本）

宋稅與權撰。與權始末未詳。據其自序，知為魏了翁門人。據書末史子翬跋，知其字曰巽甫。據《書錄解題》載其《周禮折衷》一條，知為臨邛人爾①。初，朱子作《易學啟蒙》，多發邵氏先天圖義。至與袁樞論後天《易》，則謂：“嘗以卦畫縱橫反覆求之，竟不得文王所以安排之意，是以畏懼不敢妄為之說。”與權從魏了翁講明邵氏諸書，於《觀物篇》得《後天易上下經序卦圖》②。證以《雜卦傳》及揚雄所稱“文王重《易》六爻，互用兩卦十二爻”，孔穎達所稱“六十四卦二二相偶，非覆即變”之說，知乾、坤、坎、離、頤、中孚、大過、小過不易之八卦為上下兩篇之幹，其互易之五十六卦為上下兩篇之用。即其圖反覆觀之，上、下經皆為十八卦，始終不出九數，以明羲、文之《易》，似異而同。蓋闡邵子之說，以補《啟蒙》之未備，所謂持之有故，而執之成理者也。史子翬跋稱因是書“悟乾坤納甲之義，乾自甲而壬，坤自乙而癸，其數皆九”。而疑其“乾九能兼坤六，坤陰不能包乾陽”之說，謂“六之中有一三五，則九數固藏於六”，欲更與與權商之。蓋天下之數，不出奇偶，任舉一義，皆有說可通，愈推而愈各有理，此類是矣。謂非《易》之根本則可，謂非《易》中之一義則又不可也。

【彙訂】

①《直齋書錄解題》卷二“鶴山《周禮折衷》二卷”條云：“樞密臨邛魏了翁華父之門人稅與權所錄。”臨邛指魏了翁郡望。《宋元學案》卷八〇稅與權小傳與道光《重慶府志》卷八《人物志·稅與權小傳》皆作巴縣人。（楊武泉：《四庫全書總目辨誤》）

②“於”，殿本作“以”。

周易輯聞六卷附易雅一卷筮宗一卷（內府藏本）

宋趙汝楳撰。汝楳，商王元份之七世孫[1]，資政殿大學士善湘之子，理宗時官至户部侍郎。考《宋史·趙善湘傳》，載其説《易》之書有《約説》八卷，《或問》四卷，《指要》四卷，《續問》八卷，《補過》六卷。蓋研究是經，用功最久，故汝楳承其家學，以作是編。其説據《漢書·儒林傳》，稱費直惟以《彖》、《象》、《繫辭》十篇文言解説上、下經，疑《説卦》、《序卦》、《雜卦》皆為漢儒竄入。又以《繫辭》多稱"子曰"，定為門人所記，非夫子之書。因置此諸傳，惟註經文。其以象傳散附象辭，小象散附爻辭，仍用王弼之本。其以大象移於卦畫之後、象辭之前，以文言散附乾、坤象傳及小象後，則又汝楳之新意。割裂顛倒，殊屬師心。又王弼本雖移傳附經，尚有"彖曰"、"象曰"、"文言曰"字，以存識別。汝楳併此而去之，使經傳混淆，茫然莫辨，尤為治絲而棼。其每卦之中皆以卦變立論，亦未免偏主一隅。然其説推闡詳明，於比應乘承之理、盈虚消長之機，皆有所發揮，不同穿鑿。於宋人《易》説之中，猶為明白篤實。《易雅》一卷，總釋名義，略如《爾雅》之釋《詩》，故名曰"雅"。其目曰通釋，曰書釋，曰學釋，曰情釋，曰位釋，曰象釋，曰辭釋，曰變釋，曰占釋，曰卦變釋，曰爻變釋，曰得失釋，曰八卦釋，曰六爻釋，曰陰陽釋，曰太極名義釋，曰象數體用圖釋[2]，曰圖書釋，凡十八篇。其論圖、書曰："《易》有衍數，有積數。自五衍而為五十者，衍數也；自一二三四五積而為五十五者，積數也。圖、書二數，皆積數之傳，不可以與於揲蓍也。故舍圖、書之名而論二數，則自有妙理；強二數以圖、書之名，則於經無據。"可謂善於解紛矣。《筮宗》一卷，朱彝尊《經義考》作三卷。蓋是書原本題《釋本》第一[3]、《述筮》第二、《先傳考》第三，彝尊以一篇為一卷也。其推明大衍之數，頗為明白。於諸家舊説，一一條辨，亦具有考訂云。

【彙訂】

① "之"，殿本無。

② "圖"，殿本脫，參文淵閣《四庫》本《易雅》。

③ "釋本"，殿本作"明本"，誤，參文淵閣《四庫》本《筮宗》。

用易詳解十六卷（永樂大典本）

宋李杞撰。杞字子才，號謙齋，眉山人。仕履未詳。考宋有三李杞。其一為北宋人，官大理寺丞，與蘇軾相唱和，見《烏台詩案》。一為朱子門人，字良仲，平江人，即嘗録《甲寅問答》者。與作此書之李杞均非一人，或混而同之者，誤也。其書原本二十卷，焦竑《經籍志》作《謙齋詳解》，朱彝尊《經義考》作《周易詳解》。考杞自序稱："經必以史證，後世岐而為二，尊經太過，反入於虛無之域，無以見經為萬世有用之學。故取《文中子》之言，以'用易'名編。"其述稱名之義甚詳。竑及彝尊殆未見原書，故傳聞訛異歟？外閒久無傳本，惟《永樂大典》尚散見各韻中。採掇裒輯，僅闕豫、隨、无妄、大壯、暌、蹇、中孚七卦及晉卦後四爻，其餘俱屬完善。謹排次校覈，釐為十六卷。書中之例，於每爻解其辭義，復引歷代史事以實之，如《乾·初九》稱"舜在側微"，《乾·九二》稱"四岳薦舜"之類。案《易》爻有帝乙、高宗之象①，傳有文王、箕子之辭，是聖人原非空言以立訓。故鄭康成論乾之用九，則及舜與禹、稷、契、皋陶在朝之事；論隨之初九，則取舜"賓於四門"之義，明《易》之切於人事也。宋世李光、楊萬里等更博採史籍以相證明，雖不無稍涉泛濫，而其推闡精確者，要於立象垂戒之旨，實多所發明。杞之説《易》，猶此志矣。其中不可訓者，惟在於多引《老》、《莊》之文。如蒙之初六則引《老子》“終日嗥而不嗄”云云，以為“童蒙”之義；履之象則引《莊子》“虎與人異類而媚養己者”云云②，以為“履虎尾”之義。夫老、莊之書其言雖似近《易》，而其强弱攻取之機、形就心和之論，與《易》之无方无體而定之以中正仁義者，指歸實判然各殊。自葉夢得《巖下放言》稱“《易》之精藴盡在《莊》、《列》”，程大昌遂著為《易老通言》。杞作《易編》，復引而伸之。是則王弼蕫掃除漢學，流弊無窮之明驗矣。別白存之，亦足為崇尚清談者戒也。

【彙訂】

①“爻”，殿本作“文”，誤。

②“彖”，殿本作“象”，誤。履卦彖辭有“履虎尾”，象辭無。此書卷三亦於履卦彖辭下引《莊子》“虎之與人異類而媚養己者，順也”。

淙山讀周易記二十一卷（山東巡撫採進本）

宋方實孫撰。實孫不知何許人。惟劉克莊《後山集》有《實孫樂府跋》，稱其字曰端仲。有《實孫經史説跋》，稱其“以所著《易》説上於朝，以布衣入史局。時相以其累上春官，欲令免省奉對。遽以風聞報罷，浩然而歸”。其所終則不可考矣。此書舊本但題曰《讀周易》。案朱彝尊《經義考》作《淙山讀周易記》，蓋此本傳寫脱訛。《經義考》又引曹溶之言曰：“《宋志》八卷，《澹生堂目》作十卷，《聚樂堂目》作十六卷。”今世所行凡二本，一本不分卷，不知孰合之。此本凡《上經》八卷①，《下經》八卷，《繫辭》二卷，《序卦》、《説卦》、《雜卦》各一卷，又不知誰所分也。其書取朱子《卦變圖》別為《易卦變合圖》，以補《易學啟蒙》所未備[2]。其説多主於爻象，不涉空談。自序有曰："《易》者道也，象數也，言道則象數在其中矣。道果有耶？《繫辭》曰：'《易》無體。'道果無耶？《繫辭》曰：'《易》有太極。'是道自無而有也。"可以識其宗旨矣。其據《隨·上六》爻"王用亨于西山"[3]、《升·六四》爻"王用亨于岐山"、《明夷·象》"文王以之"、《革·象》"湯武革命"，證爻、象非文王作，自為確義；其據《大有·九三》爻"公用亨于天子"[4]、《解·上六》爻"公用射隼于高墉之上"、《小過·六五》爻"公弋取彼在穴"，證爻辭非周公作，則必不然。説《易》者本不云"公，周公也"。然其大旨，則較諸家為淳實矣。

【彙訂】

① "凡"，殿本無。

② 方實孫所出《易卦正覆圖》、《易卦變合圖》，實本李挺之《變卦反對圖》和《六十四卦相生圖》衍出，追本溯源皆發端於虞翻。（郭彧：《續四庫提要辯證（經部易類）》）

③ "上六"，殿本作"上九"，誤。隨卦第六爻為陰爻。

④ "九三"，殿本作"六三"，誤。大有卦第三爻為陽爻。

周易傳義附錄十四卷（兩江總督採進本）[1]

宋董楷撰。楷字正叔[2]，台州臨海人。寶祐四年進士，官至吏部郎中。其學出於陳器之，器之出於朱子。故其説《易》，惟以洛、閩為宗。是編成於咸淳丙辰[3]，合程子《傳》、朱子《本義》為一書，而採二子之遺説附錄其下，意在理、數兼通。又引程、朱之語以羽翼程、朱，亦愈於逞臆鑿空，務求奇於舊説之外者。惟程子《傳》用王弼本，而朱子《本義》則用呂祖謙所定古本，楷以程子在前,遂割裂朱子之書,散附程《傳》之後。沿及明永樂中,胡廣等纂《周易大全》,亦仍其誤。至成矩專刻《本義》,亦用程《傳》之次序。鄉塾之士,遂不復知有古經,則楷肇其端也。然楷本以經文平書,而《十翼》之文則下一格書之,其《本義》無所附麗者,則仿諸經疏文“某句至某句”之例,朱書其目以明之,猶為有別。今本經、傳一例平書,而《本義》亦意為割綴,則愈失愈遠,又非楷所及料矣。

【彙訂】

① 文淵閣《四庫》本尚有《綱領》一卷《圖説》一卷。(沈治宏:《中國叢書綜録訂誤》)

② 雍正《浙江通志》卷一七六《人物·董楷傳》、《宋元學案》卷六五《董楷小傳》均作“字正翁”。(楊武泉:《四庫全書總目辨誤》)

③ 咸淳無丙辰。董楷自序署“咸淳丙寅(二年)後學天台董楷謹序”。(同上)

易學啟蒙通釋二卷(內府藏本)

宋胡方平撰。方平字師魯,號玉齋,婺源人。據董真卿《周易會通》載,是書有方平至元己丑自序,則入元已十四年矣。然考熊禾跋稱:“己丑春讀書武夷山中,有新安胡君庭芳來訪,出其父書一編,曰《易學啟蒙通釋》。”又劉涇跋亦稱:“一日,約退齋熊君訪雲谷遺跡。適新安胡君庭芳來訪,出《易學啟蒙通釋》一編。謂其父玉齋平生精力盡在此書,輒為刻置書室。”云云。則己丑乃禾與涇刊書作跋之年,非方平自序之年,真卿誤也[1]。方平之學出於董夢程,夢程之學出於黃榦。榦,朱子婿也。故方平及其子一桂皆篤守朱子之説。此書即發明朱子《易學啟蒙》之旨。案朱子《易學啟蒙》序曰：“近世學者，類喜談《易》。其專於爻義者，既支離散漫而無所根據；其涉於象數者，又皆牽合附會，而或以為出於聖人心思智慮之所為也。若是者，余竊病焉。因與同志頗輯舊聞，為書四篇，以示初學，使毋疑於其說。”云云。蓋《易》之為道，理、數並存，不可滯於一說。朱子因程《傳》專主明理，故兼取邵子之數以補其偏，非脫略《易》理，惟著此書以言數也。後人置《本義》不道，惟假借此書以轉相推衍，至於支離謬轕而不已，是豈朱子之本旨乎？方平此書雖亦專闡數學，而根據朱子之書，反覆詮釋。所採諸書，凡黃榦、董銖、劉爚、陳埴、蔡淵、蔡沈六家，皆朱子門人。又蔡模、徐幾、翁泳三家。模，蔡淵子[②]，幾、泳，皆淵之門人。故所衍說，尚不至如他家之竟離其宗。是亦讀《啟蒙》者所當考矣。董真卿所稱方平自序，今本佚之，惟存後序一篇。朱彝尊《經義考》乃竟以朱子原序為方平之序，可謂千慮之一失。徐氏通志堂刻本於此序之末題“淳熙丙午暮春既望，雲臺真逸手記”，是顯著朱子之別號矣。而其標目乃稱《〈易學啟蒙通釋〉序》。淳熙丙午，下距至元己丑凡一百一十三年[③]，朱子安知有《通釋》乎？今刊正之，俾無滋後來之疑焉。

【彙訂】

　　① 胡方平子一桂於宋理宗景定五年領鄉薦，其年十八，則至元二十六年己丑年為四十三，方平之年當在七十左右，蓋即於是年作序，亦為一桂示書於劉與熊之年，而劉、熊作序之年均在至元二十九年壬辰，即刊行之年。（潘雨廷：《讀易提要》）

　　②《總目》卷三五《孟子集疏》條云：“（蔡）模，字仲覺……蔡沈之子，蔡抗之兄也。”《宋元學案》卷六七“九峯學案·教授蔡覺軒先生模”條云：“字仲覺，沈長子。”雍正《福建通志》卷四七建寧

府人物蔡模傳云："字仲覺，沈長子。"而蔡淵為蔡沈之兄，另有子蔡格等，見《宋元學案》卷六二"西山蔡氏學案"。（楊武泉：《四庫全書總目辨誤》）

③ 丙午為淳熙十三年，即西元 1186 年，下距至元二十六年己丑（1289）僅一百零三年。（同上）

三易備遺十卷（內府藏本）

宋朱元昇撰。其子士立補葺。元昇字日華，里貫未詳。惟卷首載咸淳八年兩浙提刑家鉉翁進書狀，稱"承節郎差處州龍泉遂昌慶元及建寧松溪政和巡檢朱元昇"。卷末士立跋稱"咸淳庚午備遺成帙，則堂家先生用聞於朝，三載先子歿"云云，疑其即終於是官。庚午為咸淳六年，而狀署八年，殆傳寫誤"六"為"八"歟？其書本河圖、洛書一卷，《連山》三卷，《歸藏》三卷，《周易》三卷，元昇自序亦兼言三《易》。而鉉翁進狀特稱其著《中天歸藏書》數萬言，未詳其故。豈以先天、後天皆儒者所傳述，而中天之說元昇創之，故標舉見異耶？然干寶《周禮註》稱："伏羲之《易》小成為先天，神農之《易》中成為中天，黃帝之《易》大成為後天。"則中天實亦古名，非新義也。元昇學本邵子，其言河圖、洛書，則祖劉牧；其言《連山》，以卦位配夏時之氣候；其言《歸藏》，以干支之納音配卦爻；其言《周易》，則闡反對互體之旨。雖未必真合《周官・太卜》之舊，而冥心求索，以求一合，亦可謂好學深思者。過而存之，或亦足備說《易》者之參考耳。

周易集說四十卷（內府藏本）

宋俞琬〔琰〕撰①。琬字玉吾，吳縣人。生宋寶祐初，入元隱居著書。徵授溫州學錄，不赴。至延祐初始卒②。生平邃於

《易》學，初裒諸家之説為《大易會要》一百三十卷，後乃掇其精華以著是編。始於至元甲申，至至大辛亥，凡四易稿。其初主程、朱之説，後乃於程、朱之外自出新義。嘗與孟淳講坤之六二，謂："六二既中且正，是以其德直方，惟從乾陽之大，不習坤陰之小，故無不利。"如此之類，其説頗異。至謂："《尚書·顧命》'天球、河圖在東序'，河圖與天球並列，則河圖亦是玉名。"如此之類，則大奇矣。然其覃精研思，積三四十年，實有冥心獨造，發前人所未發者，固不可廢也。據琬自作後序，尚有《讀易舉要》、《讀易須知》、《易圖纂要》、《易經考證》、《易傳考證》、《六十四卦圖》、《古占法》、《卦爻象占分類》、《易圖合璧連珠》、《易外別傳》諸書。今惟《易外別傳》有本單行，《讀易舉要》、《易圖纂要》見《永樂大典》，餘皆未見。序稱諸編皆舊所作，"將毀之，而兒輩以為可惜，又略加改竄而存於後"。則舊刻本附此數書，今佚之矣。

【彙訂】

①"俞琬"，當作"俞琰"，乃避嘉慶諱改。殿本作"俞琰"。俞琰大半生生活於元代，其著作均入元以後作。其人雖隱居不仕，似非為宋效忠之意。稱"宋俞琰撰"不確。

②俞琰《書齋夜話》卷四云十六歲應咸淳癸酉（1273）鄉貢進士，同書又云年十八，應咸淳末（即十年，1274）郡庠月試，則其生年當為寶祐五年或六年。寶祐年號僅六年，當謂生宋寶祐間或寶祐末。其《席上腐談》卷下云"四十年前註《參同契》"，又云"至元癸未（1283），遇異人，授以先天之極玄，乃撰《參同契發揮》"，則至治二年（1322）猶在世。且俞氏於泰定元年（1324）尚鈔錄李心傳之《丙子學易編》，"延祐初始卒"亦誤。（李裕民：《四庫提要訂誤》；潘雨廷：《讀易提要》）

讀易舉要四卷（永樂大典本）

宋俞琬〔琰〕撰。是書《文淵閣書目》、焦竑《經籍志》、朱睦㮮《授經圖》皆著於録。然外閒傳本殊稀，故朱彝尊《經義考》亦云“未見”。今惟《永樂大典》尚散見於各韻之中，可以採輯。謹裒合編次，仍定為四卷。考琬之《集説》以朱子為宗，而此書論剛柔往來，則以兩卦反對見義，例以泰、否二卦《象辭》，較朱子卦變之説更近自然。其圖《易》多本邵子，而此書論象數之學則駮張行成以“元、亨、利、貞”為《易》周起數於四之證，蓋不為苟同者。至於田疇謂：“積乾、坤、屯、蒙、需、訟之策，至於師而六軍之數皆全。”史璿謂：“革居四十九，應大衍之數，故云‘天地革而四時成’；節居六十而甲子一周，故云‘天地節而四時成’。”皆以偶合之見，窺聖人作《易》之意。琬顧取之，則殊非本旨。然琬於《易》苦思力索，積平生之力為之，意所獨契，亦往往超出前人。所列諸家著述，雖多本於晁公武、陳振孫兩家，而名字爵里閒有異同，亦可資考證。固宜與所撰《集説》並行也。琬別有《六十四卦圖》、《易圖合璧連珠》[①]、《易圖纂要》諸書，舊與此書合刻。修《永樂大典》之時，割裂龐雜，淆其端緒。惟《八分為十六》、《十六分為三十二》兩圖，猶標俞琬《纂圖》之目。其餘諸圖盡冒《讀易舉要》之名，合併為一，殊為瞀亂。今悉考訂汰除，以還其舊焉。

【彙訂】

①“易圖合璧連珠”，底本作“易圖合璧聯珠”，據《經義考》卷四十“俞琰”條引《周易集説》後序原文及殿本改。

周易象義十六卷（永樂大典本）[①]

宋丁易東撰。易東字漢臣，武陵人。仕至朝奉大夫、太府寺簿，兼樞密院編修官。入元不仕，教授鄉里以終。是編因《易》象以明義，故曰《象義》。其取象之例凡十有二：曰本體，即"乾天坤地"之類；曰互體，即"雜物撰德"之旨；曰卦變，彖所謂"大往小來"、傳所謂"柔來文剛"、"剛上文柔"是也；曰正應，傳所謂"剛柔內外之應"是也；曰動爻，陽老則變為陰，陰老則變為陽是也；曰變卦，《左傳》所載古人占筮之法，曰乾之姤、乾之同人是也；曰伏卦，乾則伏坤，震則伏巽，《說卦》所謂"天地定位"、"雷風相薄"是也；曰互對，即漢儒之"旁通"，卦義與伏通，而有本體、全體之異；曰反對，損之與益，五、二之辭同；夬之與姤，四、三之辭同，可以類推者是也；曰比爻，初比二，二比三是也；曰原畫，陽皆屬乾，陰皆屬坤是也；曰納甲，蠱之"先甲"、"後甲"，巽之"先庚"、"後庚"是也。其於前人舊說，大抵以李鼎祚《周易集解》、朱震《漢上易傳》為宗。而又謂李失之泥，朱傷於巧，故不主一家。如卦變之說則取邵子、朱子，變卦之說則取沈該、都絜，筮占之說則取朱子、蔡淵、馮椅。遠紹旁搜，要歸於變動不居之旨，亦言象者所當考也。諸家著錄，多作十卷。惟朱睦㮮《授經圖》作《易傳》十二卷，焦竑《經籍志》作《易傳》十四卷。考易東所著別無《易傳》之名，蓋即此編。朱氏併其《論例》一卷數之，為十一卷。焦氏又併其《大衍索隱》三卷數之，遂為十四卷耳。朱彝尊《經義考》作十卷，註曰"存"。然世所傳本殘闕特甚，僅存十之二三，又非彝尊之所見②。惟散見《永樂大典》中者，排比其文，僅闕豫、隨、无妄、大壯、睽、蹇、中孚七卦及晉卦之後四爻，餘皆完具。與殘本互相參補，遂還舊觀。以篇頁頗繁，謹析為一十六卷，以便循覽③。原本附有大衍策數諸圖，多已見《大衍索隱》中，今不復錄。其《論例》一卷，自述撰著之旨頗備，今仍錄以弁首焉。

【彙訂】

① 文淵閣《四庫》本尚有卷首《易統論》一卷。（沈治宏：《中國叢書綜録訂誤》）

②"又非彝尊之所見"，殿本無。

③ 今存宋丁易東撰《周易象義》十二卷元刻本，足補庫書之缺，正卷數之訛。（崔富章：《四庫提要補正》）

易圖通變五卷易筮通變三卷（兩江總督採進本）

宋雷思齊撰。思齊字齊賢，臨川人。宋亡之後，棄儒服為道士，居烏石觀。後終於廣信。事蹟具袁桷所撰《墓誌銘》。是編前有揭傒斯序，稱所著有《老子本義》、《莊子旨義》數十卷及《和陶詩》三卷。吳全節序又稱其有文集二十卷。今皆未見，惟此二書存。其《易圖通變》自序謂："河圖之數以八卦成列，相蕩相錯，參天兩地，參伍以變，其數實為四十，而以其十五會通於中。"所述河圖洛書《參天兩地倚數之圖》、《錯綜會變》等圖，及《河圖遺論》，大旨以天一為坎、地二為坤，天三為震、地四為巽，天七為兌、地六為乾，天九為離、地八為艮，而五十則為虛數。其說雖與先儒不同，而案以"出震齊巽"之義，亦頗相脗合。林至《易裨傳》序所謂"易道變化不窮，得其一端，皆足以為說"者也。其《易筮通變》凡五篇：一曰《卜筮》、二曰《立卦》、三曰《九六》、四曰《衍數》、五曰《命蓍》，亦多自出新意，不主舊法。白雲霽《道藏目録》載二書於"太元〔玄〕部"若字號中。蓋圖書之學，實出道家，思齊又本道家衍說之。以附於《易》，固亦有由云。

卷四

經 部 四

易 類 四

讀易私言一卷（兩江總督採進本）

元許衡撰。衡字平仲[①]，河内人。官至集賢殿大學士兼國子祭酒，諡文正。事蹟具《元史》本傳。其書論六爻之德位，大旨多發明《繫辭傳》同功異位、柔危剛勝之義。而又類聚各卦畫之居於六位者，分別觀之。蓋健順動止、入説陷麗，其吉凶悔吝又視乎所值之時，而必以正且得中為上。孔子彖、象傳，每以當位、不當位、得中、行中為言。衡所發明，蓋本斯旨。此書本在衡文集中，元蘇天爵《文類》、明劉昌《中州文表》皆載之，國朝曹溶採入《學海類編》。通志堂刊《九經解》，遂從舊本收入。而何焯《校正九經解目錄》以為即元李簡之書。今考簡所撰《學易記》，其書具在，未嘗與此書相複。且《永樂大典》所載亦作許衡，則非簡書明甚。焯之所校，不知何以云然也[②]。

【彙訂】

①《元史》本傳、《寰宇通志》卷八九《懷慶府·人物·許衡》條、《宋元學案》卷九〇小傳均作"字仲平"。明初王禕《王忠文集》卷一四《擬元列傳二首》亦云："許衡，字仲平，懷慶河内人

也。"（楊武泉：《四庫全書總目辨誤》）

② 何焯《校正九經解目錄》云："李簡《學易記》從李中麓家藏抄本發刊。後健庵得一元刻，書賈偽作劉玠著者，並假造劉玠序文。健翁云：'近得劉玠《學易記》，昔未曾刻。余狂喜叫絕，急索觀之。及開卷，即李簡之書也。'"是何焯校語乃指劉玠書即李簡之《學易記》，與許衡《讀易私言》無干。（陳乃乾：《讀〈四庫全書總目〉條記》）

易本義附錄纂疏十五卷（内府藏本）①

元胡一桂撰。一桂字庭芳，號雙湖，婺源人。景定甲子領鄉薦，試禮部不第，教授鄉里以終。事蹟具《元史·儒學傳》。是編以朱子《本義》為宗，取《文集》、《語錄》之及於《易》者附之，謂之"附錄"；取諸儒《易》說之合於《本義》者纂之，謂之"纂疏"。其去取別裁，惟以朱子為斷②。《元史》稱其受《易》源流出於朱子，殆以《啟蒙翼傳》及是書歟？陳櫟稱一桂此書於楊萬里《易傳》無半字及之。今檢其所引，櫟說信然。蓋宋末元初講學者門户最嚴，而新安諸儒於授受源流辨別尤甚。萬里《易傳》雖遠宗程子，而早工吟詠，與范成大、陸游齊名，不甚以講學為事。故雖嘗薦朱子，拒韓侂胄，而慶元黨禁獨不列名。一桂蓋以詞人擯之，未必盡以其書也。

【彙訂】

① 元刊本、《通志堂經解》本及文溯閣、文淵閣庫書皆題作《易本義附錄纂注》。（崔富章：《四庫提要補正》）

②"斷"，殿本作"宗"。

易學啟蒙翼傳四卷（内府藏本）

元胡一桂撰。一桂之父方平嘗作《易學啟蒙通釋》，一桂更推闡而辨明之，故曰《翼傳》。自序稱："去朱子纔百餘年，而承學漸失。如圖、書已釐正矣，復仍劉牧之謬者有之；卜筮之數灼如丹青矣[①]，復祖尚元〔玄〕旨者又有之。"因於《本義附錄纂疏》外，復輯為是書。凡為《内篇》者三：一曰《舉要》，以發辭變象占之義。二曰《明筮》，以考史傳卜筮卦占之法。三曰《辨疑》，以辨河圖、洛書之同異。皆發明朱子之說者也[②]。為外篇者一，則《易》緯候諸書以及京房《飛候》、焦贛《易林》、揚雄《太元》、司馬光《潛虛》以至邵子《皇極經世》諸法，亦附錄其概。以其皆《易》之支流，故別之曰"外"。大致與其父之書互相出入。而方平主於明本旨，一桂主於辨異學，故體例各殊焉。

【彙訂】

①《經義考》卷四三引胡氏自序作"炳如丹青"，文淵閣本書前自序同。（江慶柏等：《四庫全書薈要總目提要》）

②《舉要》、《明筮》、《辨疑》皆在内篇之下卷，而別有上、中兩卷，非此三卷之篇名。（陳乃乾：《讀〈四庫全書總目〉條記》）

易纂言十卷（内府藏本）[①]

元吳澄撰。澄字幼清，號草廬，崇仁人。宋咸淳末，舉進士不第。入元，以薦擢翰林應奉文字，官至翰林學士。卒謚文正。事蹟具《元史》本傳。是書用呂祖謙《古易》本經文，每卦先列卦變主爻，每爻先列變爻，次列象占，《十翼》亦各分章數。其訓解各附句下，音釋、考證則經附每卦之末，傳附每章之末。閒有文義相因，即附辨於句下者，偶一二見，非通例也。澄於諸經，好臆為點竄。惟此書所改，則有根據者為多。如師卦"丈人吉"改"大人吉"，據崔憬所引《子夏傳》；比卦"比之匪人"下增"凶"字，據王

蕭本；小畜卦"輿説輻"改"輿説輹"，據許慎《説文》；"尚德載"改
"尚得載"②，據京房、虞翻、子夏本；泰卦"包荒"改"包巟"，據《説
文》及虞翻本；大畜卦"曰閑輿衛"改"日閑輿衛"，從鄭元、虞翻、
陸希聲本；萃卦"萃，亨"，删"亨"字，從馬融、鄭元、虞翻、陸績本；
困卦"劓刖"改"劓𡵢"，據荀爽、王肅、陸績本；鼎卦"其形渥"改
"其刑剭"，據鄭元本；《比·象》"比，吉也"，删"也"字，據王昭素
本；《賁·象》補"剛柔交錯"四字，據王弼註；《震·象》"驚遠而懼
邇也"下補"不喪匕鬯"四字，據王昭素所引徐氏本；《漸·象》"女
歸吉也"改"女歸吉，利貞"，據王肅本；《坤·象》"履霜堅冰"改
"初六，履霜"，據《魏志》；《坎·象》"樽酒簋貳"删"貳"字，據陸德
明《釋文》；案澄註明言舊本有"貳"字，陸氏《釋文》無之，今世所行張弧、陸希聲
本皆同。是傳文已删去"貳"字。徐氏通志堂本乃剜補刊板，增入"貳"字，是顧湄
等校正之時以不誤為誤也。謹附訂於此。《繫辭上傳》"繫辭焉而明吉
凶"下補"悔吝"二字，據虞翻本；《繫辭下傳》"何以守位？曰仁"
改"何以守位？曰人"，據王肅本；"耒耨之利"改"耒耜之利"，據
王昭素本；"以濟不通"下删"致遠以利天下"六字，據陸德明《釋
文》；《序卦傳》"故受之以履"下補"履者，禮也"四字，據韓康伯
本。皆援引古義，具有源流，不比師心變亂。其餘亦多依傍胡
瑗、程子、朱子諸説，澄所自為改正者，不過數條而已。惟以《繫
辭傳》中説上、下經十六卦十八爻之文定為錯簡，移置於《文言
傳》中，則悍然臆斷，不可以為訓矣。然其解釋經義，詞簡理明，
融貫舊聞，亦頗賅洽。在元人説《易》諸家，固終為巨擘焉。

【彙訂】

①《通志堂經解》本作十二卷卷首一卷，明萬曆四十二年刻
本及文溯閣、文淵閣庫書亦作十二卷卷首一卷。（崔富章：《四

庫提要補正》)

②"尚德載改尚得載",殿本作"尚得載改尚德載",誤,參此書卷一《小畜·上九》"尚得載"注。

易纂言外翼八卷(永樂大典本)

元吳澄撰。澄所著《易纂言》,義例散見各卦中,不相統貫。卷首所陳卦畫,亦粗具梗概,未及詳言。因復作此書以暢明之。《纂言》有通志堂刻本,久行於世。此書則傳本漸罕,近遂散佚無存①。朱彝尊《經義考》云見明崑山葉氏《書目》載有四冊,而亦未睹其書。今惟《永樂大典》尚分載各韻之下。考澄所作小序,原書蓋共十二篇:一曰《卦統》,以八經卦之純體、合體者為經,六十四卦之雜體者為緯,乃上、下經篇之所由分。二曰《卦對》,以奇偶反易成二卦,成上、下篇相對。三曰《卦變》,言奇偶復生奇偶,其用無窮。四曰《卦主》,因无妄傳而推之,以明一經之義。五曰《變卦》,言剛柔交相變,而一卦可為六十四卦。六曰《互卦》,言中四爻復具二卦,以為一卦。七曰《象例》,凡經之取象皆類聚之,以觀其通。八曰《占例》,言元、亨、利、貞、吉、凶、无咎,其義皆本於天道。九曰《辭例》,乃《象例》、《占例》所未備,而可以互見者。十曰《變例》,言揲蓍四營十八變之法。十一曰《易原》,明河圖、洛書、先後天圖。十二曰《易流》,備舉揚雄以下擬《易》之書。今缺《卦變》、《變卦》、《互卦》三篇,《易流》缺半篇,《易原》疑亦不完。然其餘尚首尾整齊,無所遺失。自唐定《正義》,《易》遂以王弼為宗,象數之學,久置不講。澄為《纂言》,一決於象。史謂其能盡破傳註之穿鑿,故言《易》者多宗之。是編類聚區分,以求其理之會通。如《卦統》、《卦對》二篇,言經之所以蠱為上、下，乃程、朱所未及。《象例》諸篇，闡明古義，尤非元、明諸儒空談妙悟者可比。雖稍有殘缺，而宏綱巨目，尚可推尋。謹依原目編次，析為八卷，俾與《纂言》相輔而行焉。

【彙訂】

① 今存元刊本十二卷。（崔富章：《四庫提要補正》）

易原奧義一卷周易原旨六卷（內府藏本）①

元寶巴撰。<small>案寶巴，舊本作保八，今改正。</small>寶巴字普庵，色目人，居於洛陽。是書前有進太子箋，結銜稱"太中大夫、前黃州路總管、兼管內勸農事"。又有任士林序，稱"貳卿寶公"。不知其終於何官也。箋末不題年月。黃虞稷《千頃堂書目》稱舊有方回、牟巘二序。案回、巘皆宋末舊人，則寶巴為元初人矣。是書原分三種，統名《易體用》，本程子之說，即卦體以闡卦用也。朱彝尊《經義考》載："《易原奧義》一卷，存。《周易原旨》六卷，存。《周易尚占》三卷，佚。"考陳繼儒《彙祕笈》中有《周易尚占》三卷，書名與卷數並符。書前又有大德丁未寶巴序，人名亦合。然序稱為瑩蟾子李清庵撰，不云寶巴自作。其書乃用錢代蓍之法，以六爻配十二時、五行、六親、六神，合月建日辰以斷吉凶，亦非尚占之本義。序文鄙陋，尤不類讀書人語。蓋方技家傳有是書，與寶巴佚書其名偶合。明人喜作偽本，遂撰寶巴序文以影附之。不知寶巴說《易》，並根柢宋儒②，闡發義理，無一字涉京、焦讖緯之說，其肯以此書當古占法哉？今辨明其妄，別存目於"術數類"中。而寶巴原書則仍以所存二種著錄。庶闕而真，猶勝於全而偽焉。

【彙訂】

①《四庫全書》本書名題《易源奧義》。（郭彧：《續四庫提要

辯證（經部易類）》》

②　殿本“宋”上有“於”字。

周易程朱傳義折衷三十三卷（浙江吳玉墀家藏本）

元趙采撰。采字德亮，號隆齋，潼川人。其書用《註疏》本，節錄程子《易傳》、朱子《本義》之説，益以語録諸書，列之於前，而各以己説附於後，所謂“折衷”也。所註僅上、下經，殆以程子所傳不及《繫辭》以下歟？前有采自序，稱“有康節邵子推明羲、文之卦畫而象數之學著，有伊川程子推衍夫子之意而卦畫之理明。洎武夷朱文公作《本義》，釐正上、下經，《十翼》，而還其舊。作《啟蒙》，本邵子而發先天。雖《本義》專主卜筮，然於門人問答，又以為《易》中先儒舊説皆不可廢。但互體、飛伏、納甲之類，未及致思耳。故愚以為今時學者之讀《易》，當由邵、程、朱三先生之説泝而上之”云云。故其書雖以宋學為宗，而兼及於象數變互，尚頗存古義，非竟暖暖姝姝守一先生之言也。顧炎武《日知録》謂：“割裂《本義》以入程《傳》，始於胡廣之修《大全》。”然董楷已用程子之本而附以《本義》，采又因之，則其來有漸矣。炎武專責胡廣，殆未見二書歟？

周易衍義十六卷（浙江吳玉墀家藏本）

元胡震撰。震自署曰“廬山深溪”，又題“將仕佐郎、南康路儒學致仕教授”。書前有自序，作於大德乙巳，蓋成宗九年也①。又有其子光大識語，稱幾成書而下世。後十年，始克纂集成編。則其書實成於光大之手矣。書中於乾、坤二卦卦辭下接彖傳，繼以釋彖之文言，次大象，次爻辭，下接小象，繼以釋爻之文言，又置《雜卦》於《序卦》之前，序次頗為顛倒。昔李過作《西溪易説》，改乾、坤二卦經文次第，割裂《文言》分附卦爻，胡一桂譏其混亂古經，此書實同其病。前後脫簡，亦不一而足。或傳寫者失其原次，故錯綜若此歟？其於經文訓詁，大都皆舉史事以發明之，不免太涉泛濫，非說經家謹嚴之體。然議論尚為平正，所引諸儒之解，亦頗詳核，多可以備參考。視言理而空談元妙[2]，言數而漫衍奇耦者，猶為此善於彼焉。

【彙訂】

① 乙巳為大德九年，即成宗十一年。（楊武泉：《四庫全書總目辨誤》）

② "元妙"，殿本作"妙悟"。

易學濫觴一卷（兩淮鹽政採進本）

元黃澤撰。澤字楚望，資州人，家於九江。大德中嘗為景星書院山長，又為東湖書院山長，年踰八十乃終。故趙汸生於元末，猶及師事之，其《易》與《春秋》之學皆受之於澤者也。澤垂老之時，欲註《易》、《春秋》二經，恐不能就，故作此書及《春秋指要》發其大凡。卷首有延祐七年吳澄題辭。據其所言，二書蓋合為一帙。今《春秋指要》亦無傳本，惟此書僅存。朱彝尊《經義考》載此書，註曰"已佚"，則彝尊亦未及見，知為稀覯之本矣。其說《易》以明象為本，其明象則以《序卦》為本，其占法則以《左傳》為主。大旨謂王弼之廢象數，遁於元虛，漢儒之用象數，亦失於繁碎，故折中以酌其平。其中歷陳《易》學不能復古者，一曰《易》之名義，一曰重卦之義，一曰逆順之義，一曰卦名之義，一曰卦變之義，一曰卦名，一曰《易》數之原，一曰《易》之辭義，一曰《易》之占辭，一曰蓍法，一曰占法，一曰序卦，一曰脫誤疑字，凡十三事。

持論皆有根據。雖未能勒為全書，而發明古義，體例分明，已括全書之宗要。因其説而推演之，亦足為説《易》之圭臬矣①。

【彙訂】

① "矣"，殿本作"也"。

大易緝説十卷（內府藏本）①

元王申子撰。申子字巽卿，邛州人②。其始末未詳。據卷首載田澤刊書始末，惟稱其皇慶二年行省劄付充武昌路南陽書院山長③，又稱其寓居慈利州天門山，垂三十年始成《春秋類傳》及此書。澤為申送行省、咨都省移翰林國史院勘定，令本處儒學印造而已。其説《春秋》，主有貶無褒之説，今未之見。其説《易》則力主數學，而持論與先儒迥異。大旨以河圖配先天卦，以洛書配後天卦，而於陳摶、邵子、程子、朱子之説一概辨其有誤。於古來説《易》七百餘家中，惟取六家。一河圖、洛書，二伏羲，三文王，四周公，五孔子，六周子太極圖也。其自命未免太高，不足為據。同時有玉井陽氏者，案陽氏佚其名字，惟其姓見申子此書中，字為"陰陽"之陽，蓋宋陽枋之族也。朱彝尊《經義考》作楊氏，誤。謹附訂於此。受《易》於朱子門人竇淵，已傳五世，著《易説》二卷以駁之。申子又一一辨答，其大端具見於書中。蓋萬事不出乎奇偶，故圖書之學，縱橫反覆，皆可以通，彼亦一是非，此亦一是非耳。然考申子之繳繞圖、書者，僅前二卷。至於三卷以後，詮解經文，仍以辭變象占比應乘承為説，絕不生義於圖、書。其言轉平正切實，多有發明。然則又何必繪圖作解，纚纚然千萬言乎？讀是書者，取其詁經之語，而置其經外之旁文可也。所解惟上、下經為詳，《繫辭》稍略，《説卦》、《雜卦》尤略，《序卦》一傳則排斥非孔子之言，但錄其文而無一語之詮釋。蓋自李清臣、朱翌、葉適以來，即有是說，不始於申子。其論《易》中錯簡、脫簡、羨文凡二十有四，但註"某某當作某某"，而不改經文。亦尚有鄭氏注書之遺意，與王柏諸人毅然點竄者異焉。

【彙訂】

① 文淵閣《四庫》本尚有《續刊大易輯說始末》一卷。（沈治宏：《中國叢書綜錄訂誤》）

②《明一統志》卷六二、《隆慶岳州府志》卷十四《僑寓傳》均作邛峽人。（劉遠遊：《四庫提要補正》）

③ 四庫本卷末田澤《續刊大易緝說始末》云："皇慶二年四月蒙行省劄付擬王申子充武昌南陽書院山長，王申子守志不出，隱處山林。"可知申子未嘗出就此職。（同上）

周易本義通釋十二卷（編修勵守謙家藏本）

元胡炳文撰。炳文字仲虎，號雲峯，婺源人。嘗為信州道一書院山長，再調蘭溪州學正，不赴。《元史‧儒學傳》附載其父一桂傳中①。程敏政《新安文獻志》所謂"篤志朱子之學"者也②。是書據朱子《本義》，折衷是正，復採諸家《易》解，互相發明。序題"延祐丙辰"，蓋仁宗之三年。初名《精義》，後病其繁冗，刪而約之，改名《通釋》。所著《雲峯集》中有《與吳澄書》曰："《本義通釋》，郭文卿守浮梁時為刊其半。出之太早，今悔之無及也。刊本今以呈似，中有謬戾，閣下削之繩之，幸甚。"云云。考炳文生於宋理宗淳祐十年，其與澄書時稱年七十，則當在延祐七年庚申，在作序之後三年③。其所悔者改正與否，則不可考矣。王懋竑《白田雜著》曰："今刻雲峯《本義通釋》上④、下經解極詳，以

《大全》本考之，增多者十之三四。彖傳以後，語皆與《大全》同，無增多者。疑《通釋》自彖傳後已失去，後人鈔集《大全》所載以續之耳。又《大全》序例謂‘胡氏《通釋》既輒變古《易》，又於今《易》不免離析先後’。考今刻乃一依古《易》，此不可曉，或者今刻非原本歟。”云云。案此本前有明潘旦序，稱：“書經兵燹，多至亡佚。其九世孫珙及弟玠募遺書，得上、下經而闕《十翼》，乃復彙蒐諸集中以補之。”然則今本《十翼》乃珙、玠所裒録，非炳文之舊。懋竑蓋未見旦序，故有此疑。惟《大全》稱炳文輒變古《易》，又離析今文之先後，則彖傳、象傳必附經文之中。何以解傳者佚而解經者不佚，又何以珙、玠所得舊本上、下經文鑿然完具，而不參以彖傳、象傳，此則誠不可曉。然《大全》為胡廣等龐雜割裂之書，所言亦不盡可據也。

【彙訂】

①《元史·儒學傳》胡一桂本傳云：“其同郡胡炳文，亦以《易》名家。”不言父子。（陳乃乾：《讀〈四庫全書總目〉條記》）

②《元史·儒學·胡一桂傳》曰：“其同郡（應稱“同邑”）胡炳文，字仲虎。”《弘治徽州府志》卷一七《胡一桂傳》：“婺源梅田人。”又《胡炳文傳》：“婺源考川人。”《新安文獻志》卷七一汪幼鳳《胡雲峯炳文傳》云：“字仲虎，婺源人。父斗元，傳《易》學於前進士朱洪範。”《宋元學案》卷八九《胡炳文小傳》：“字仲虎，婺源人。父孝善先生斗元，從朱子從孫小翁（即洪範）得《書》、《易》之傳。”清道光十一年胡積成刻本《雲峯胡先生文集》十卷，附録《雲峯胡先生行狀》亦云其父“諱斗元，字聲遠，師朱文公從孫小翁，得《書》、《說》、《易》學之傳”。戴表元《剡源集》卷十六有《孝善胡先生墓誌銘》，謂其子男三：炳文、焕文、燦文。（楊武泉：《四庫全

書總目辨誤》;辛夢霞:《劉因文集版本考辨》)

③延祐三年丙辰時仁宗已在位五至六年。又胡炳文七十歲時為延祐六年己未。(楊武泉:《四庫全書總目辨誤》)

④"本義通釋",底本作"本義通繹",據《白田雜著》卷一《易本義九圖論後》原文及殿本改。

周易本義集成十二卷(兩江總督採進本)

元熊良輔撰。良輔字任重,號梅邊,南昌人。延祐四年嘗領鄉薦,其仕履未詳。是書前有良輔自序,稱:"丁巳以《易》貢,同志信其僭說,閔其久勤,出工費鋟梓。"丁巳即延祐四年。元舉鄉試始於延祐甲寅,是科其第二舉也。考《元史·選舉志》,是時條制,漢人、南人試經疑二道、經義一道。《易》用程氏、朱氏,而亦兼用古注疏。不似明代之制,惟限以程、朱,後併祧程而專尊朱。故其書大旨雖主於羽翼《本義》,而與《本義》異者亦頗多也。黃虞稷《千頃堂書目》稱良輔是書外有《易傳集疏》,不傳①。考《易傳集疏》,元熊凱撰。《江西通志》載:"凱字舜夫②,南昌人,以明經開塾四十年,時稱遙溪先生。同邑熊良輔受業焉。"良輔序中亦稱受《易》於遙溪熊氏,與《通志》合,截然兩人、兩書。虞稷以同姓、同里、同時,遂誤合為一耳。

【彙訂】

①《千頃堂書目》卷一:"熊良輔《周易本義集成》二卷,復有《易詩集說》,不傳。"又著錄熊凱《易傳集疏》。《總目》混為一談。(孫瑾:《〈四庫全書總目〉引〈千頃堂書目〉考校》)

②"舜夫",殿本作"舜臣",誤,參《江西通志》卷六十七《人物二·南昌府二·熊凱小傳》。

大易象數鈎深圖三卷（內府藏本）①

元張理撰。理字仲純，清江人。延祐中官福建儒學提舉。是書上卷《太極圖》，即周子之圖。其《八卦方位圖》，則本乎《説卦》。又有《乾知大始》、《坤作成物》、《參天兩地》及《大衍五十五數》諸圖，又有《仰觀俯察》、《剛柔相摩》、《八卦相盪》諸圖，而皆溯源於河、洛。中卷《天地數》、《萬物數》二圖，仍即大衍策數。又有《元會運數》、《乾坤大父母》、《復姤小父母》、《八卦生六十四卦》②、《八卦變六十四卦圖》，又有《反對變與不變》諸卦圖。以下則六十四卦之圖③，分見於中、下二卷。而參伍錯綜，《序卦》、《雜卦》亦皆為之圖④。蓋純主陳摶先天之學，朱子所謂“《易》外別傳”者也。其書初少傳本，《通志堂經解》刻本與劉牧之書均從《道藏》錄出。諸家著錄卷帙亦復不同。朱睦㮮《授經圖》載理之書有《周易圖》三卷、《易象數鈎深圖》六卷、《易象圖説》六卷。焦竑《經籍志》書目與《授經圖》同，而《鈎深圖》則作三卷。朱彝尊《經義考》止載《易象圖説》六卷，而不載此書之名。蓋由未見其本，但據書目傳鈔，故輾轉岐誤⑤。白雲霽《道藏目錄》以《易數鈎隱圖》與理此書並屬之劉牧，亦由但據標題繕錄，未及核作者之異同⑥。今以徐氏刻本定著三卷，併詳考舛異之故，以祛來者之疑焉。

【彙訂】

① 此條殿本置於《大易緝説》條之前，與文淵閣庫書次序不符。

② “八卦生六十四卦”，殿本脱，參此書卷中。

③ “以下則”，殿本作“其”。

④ 南宋高宗紹興年間，昌州（今四川榮昌縣）布衣楊甲（字

鼎卿)編《六經圖》,勒石於昌州郡學。孝宗乾道元年(1165)吳翬飛、毛邦翰等人增補《六經圖》作六卷並刻版成書,其中《易經》之圖一卷,名曰《大易象數鉤深圖》,共集圖七十幅。後東嘉葉仲堪復增補《六經圖》作七卷,其中《大易象數鉤深圖》作兩卷,共集圖百三十幅。俞琰《讀易舉要》記:"三山鄭東卿少梅,自號合沙漁父。撰《周易疑難圖解》二十五卷,以六十四卦為圖,外及六經、皇極、先天卦氣等圖,各附以論説,末有《繫辭解》。自言其學出於富沙丘先生。以為易理皆在於畫中,自是日畫一卦置座右。周而復始,歷五期而後有所得。沙隨程迥可久曰,丘程,字憲古,嘗有詩云:'易理分明在畫中。'又云:'不知畫意空箋注,何異丹青在畫中。'永嘉所刻作二冊,題曰《大易象數鉤深圖》,無《繫辭解》。"馮椅《厚齋易學‧附錄二先儒著述下》記:"《周易疑難圖解》三十卷,鄭東卿撰,一本稱合沙漁父。紹興丁巳自序云,為朋友講習而作。始得富沙丘先生告東卿曰:'易理皆在於畫。'於是日畫一卦置之座右,周而復始,歷五期而後有所入。醫算卜筮之書、神仙丹竈之説、經傳子史,凡與《易》相涉者,皆博觀之,不泥其文字,而一採其意旨,以求吾之卦畫。東卿,字少梅。丘先生名程,字憲古,建陽人。嘗有詩云:'易理分明在畫中,誰知易道畫難窮。不知畫意空箋注,何異丹青欲畫風?'"考二人所記鄭東卿作易圖,實存於《道藏》洞真部靈圖類陽一至陽三之《周易圖》中。其一為《鄭氏太極貫一圖》,圖説有"少梅先生曰";其二為《六位三極圖》,圖説有"合沙鄭少梅先生曰";其三為《八卦本象之圖》,圖説有"合沙鄭先生曰";其四為《卦配方圖》,圖説有"鄭合沙曰";其五至六十為《乾坤易簡之圖》至《既濟未濟合律之圖》五十六幅,圖説有"六十四卦圖並説　合沙鄭先生撰"。《道藏》洞真部·靈圖類·陽四至陽六為《大易象數鉤深圖》三卷,共集圖百四十幅,不題撰人。將此書同《六經圖·大易象數鉤深圖》對照,即可發現其中有《六經圖》全部七十幅易圖,且録入前後次序並無變動。其餘八十幅易圖,有六十幅是自《周易圖》中録鄭東卿易圖(圖説中去掉"鄭合沙先生曰"等字樣,並改正原《睽卦象圖》與《損益用中圖》圖名互竄、《夬決圖》與《寒往來圖》部分圖説互竄之誤),有録自《易數鉤隱圖》之圖六幅(部分圖有所演變),自司馬光《潛虛》中補《性圖》一幅,餘三幅《太極函三自然奇偶之圖》、《德事相因皆本奇偶之圖》和《日月運行一寒一暑卦氣之圖》),則不知出處。此即為經葉仲堪重編俞琰所謂"永嘉所刻作二册"之《大易象數鉤深圖》而後人又有所增補者。其編著者當為劉牧、楊甲、鄭東卿等人。(郭彧:《續四庫提要辯證(經部易類)》)

⑤　今存明抄本《大易象數鉤深圖》三卷《周易圖》三卷,與焦竑《國史經籍志》著録卷數同。(崔富章:《四庫提要補正》)

⑥　白雲霽《道藏目録》以《大易象數鉤深圖》屬之劉牧,是因是書中有牧之《易》圖而自斷。亦非"但據標題繕録,未及核作者之異同"。朱彝尊《經義考》"止載《易象圖説》六卷,而不載此書",並非"未見其本,但據書目傳鈔",實是因《通志堂經解》刻本録自《道藏》,並無撰者。《經義考》卷四一著録"《周易圖》三卷",注云"未見",又引陳弘緒跋云:"《周易圖》三卷,出《道藏》,不詳作者何人……中一卷則鄭少梅之卦圖也。"可見朱彝尊考書之謹慎態度。而朱睦㮮《授經圖》將是書作張理之書,則毫無根據。(郭彧:《續四庫提要辯證(經部易類)》)

學易記九卷（兩江總督採進本）①

元李簡撰。簡里貫未詳。自序稱“己未歲，承乏倅泰安”。
己未為延祐六年，蓋仁宗時也②。其書所採自《子夏易傳》以逮
張特立、劉肅之說，凡六十四家，一一各標姓氏。其集數人之說
為一條者，亦註曰“兼採某某”。其不註者則簡之新義矣。大抵
仿李鼎祚《集解》、房審權《義海》之例。自序稱：“在東平時，與張
中庸、劉佚庵、王仲徽聚諸家《易》解節取之③。張與王意在省
文，劉之設心務歸一說。僕之所取，寧失之多，以俟後來觀者去
取。”又稱：“己未歲，取向所集重加去取。”則始博終約，蓋非苟
作，故所言多淳實不支。其所見楊彬夫《五十家解》、單渢《三十
家解》，今並不存。即所列六十四家遺書，亦多散佚。因簡所輯
猶有什一之傳④，則其功亦不在鼎祚、審權下也。

【彙訂】

① 文淵閣《四庫》本尚有卷首一卷。（沈治宏：《中國叢書綜
錄訂誤》）

②《自序》末署“中統建元庚申秋七月望日信都李簡序”。
“中統”乃孛兒只斤忽必烈入主中原建立元朝之年號，時當南宋
理宗景定元年（1260）。則己未（1259）為蒙古孛兒只斤蒙哥執政
末年。而元仁宗延祐己未為西元 1319 年。（郭彧：《續四庫提
要辯證（經部易類）》）

③ “家”，殿本脫，參此書自序原文。

④ “輯”，殿本作“錄”。

周易集傳八卷（浙江巡撫採進本）

元龍仁夫撰。仁夫字觀復，廬陵人，《吉安府志》作永新人，

官湖廣儒學提舉。事蹟附載《元史·儒學傳·劉詵傳》內。是書成於至治辛酉。董真卿《周易會通》稱其有自序一篇，此本無之。朱彝尊《經義考》於舊序例皆全錄，而亦無是篇①，則其佚已久矣。《吉安府志》云："仁夫《周易集傳》十八卷，立說主《本義》，每卦爻下各分變象辭占。今觀所注，雖根據程、朱者多，而意在即象詁義，於卦象、爻象互觀析觀，反覆推闡，頗能抒所心得，非如胡炳文等徒墨守舊文者也。"《吉安府志》又稱其謂《雜卦》為占筮書，引《春秋傳》"屯固、比入、坤安、震殺"，皆以一字斷卦義為證。其說似創而有本，亦異乎游談無根者。《元史》稱仁夫所著《周易》，多發前儒之所未發②，殆不誣矣。原書十八卷，今僅存八卷③。然上、下經及彖、象傳皆已全具。朱彝尊《曝書亭集》有是書跋，謂"通志堂刻《經解》時，以其殘闕，故未開雕"云云。夫傳錄古書，當問其義理之是非，不當論其篇頁之完闕。殘編斷簡，古人尚且蒐輯。仁夫是書，上、下經哀然俱完，而以不全棄之，何其偶也！況傅寅《禹貢說斷》、程大昌《禹貢圖說》、林之奇《三山書傳》，今以《永樂大典》校之，皆非完帙，而徐氏仍登梨棗，是又何說歟？今特錄存之，俾重著於世，庶於經義有所裨焉。

【彙訂】

① "亦"，殿本作"已"。

② "所"，殿本無。

③ 殿本"存"下有"者"字。

讀易考原一卷（兩淮馬裕家藏本）

元蕭漢中撰。漢中字景元，泰和人。此書成於泰定中。凡三篇，一論分卦，一論合卦，一論卦序。不敢顯攻《序卦傳》，而亦不用《序卦》之説。大旨以圓圖乾、坤、坎、離居四正為《上經》之主卦，兑、艮、巽、震居四隅為《下經》之主卦。復案圖列説，申明《上經》三十卦、《下經》三十四卦，多寡分合之不可易；及乾、坤之後受以屯、蒙，屯、蒙之後受以需、訟，次序之不可紊。卷後論三十六宮陰陽消長之機，以互明其義。漢中書不甚著，明初朱升作《周易旁注》，始採録其文，附於末卷。升自記稱："謹節縮為上、下經二圖於右，而録其原文於下，以廣其傳。"則是書經升編輯，不盡漢中之舊。今升書殘缺，而漢中書反附以得存。此本即從升書中録出別行者①。朱彝尊《經義考》作三卷，蓋以一篇為一卷，實無別本也。其説雖亦出於邵氏，而推闡卦序，頗具精理。蓋猶依經立義，視黑白奇偶蔓衍而不可極者，固有殊焉。

【彙訂】

① 朱升《周易旁註前圖序》曰："作河圖洛書合一圖第一……作著七卦八圖第七，邵子天根月窟之吟，非為今易安注腳也。豫章蕭氏《周易》卦序之學，區別於三畫、六畫之原，而意象昭融，玩味乎正變始終之故，而教道明著。前纂為圖，今録其全文於後。而係以邵子之詩，履運處身同一揆也。作'三十六宮圖説'第八。八圖為之前，而後《周易旁註》可得而讀矣。"序後目録則是首"河圖"、"洛書"、"河圖洛書合一圖"，其後是"著七卦八圖"、"蕭氏《讀易考原》全書"、"三十六宮圖説"。則知"三十六宮圖説"本為朱升所出之第八圖，並非"蕭氏《讀易考原》全書"之內容。從《四庫全書》本《讀易考原》卷末"三十六宮圖説"文中，亦可見此圖與説非是蕭氏本文。圖右之"愚案"為朱升自謂，圖説末"愚故詳之，以附於易旁註前圖之後云"，則是朱升自附所出《三十六宮圖》及圖説於己作之後，而特注之文字。（郭彧：《續

四庫提要辯證（經部易類）》》

　　易精蘊大義十二卷（永樂大典本）

　　元解蒙撰。蒙字求我，吉水人。《江西通志》作字來我，蓋字形相近而誤也。中天曆乙巳江西鄉試[①]。與兄子尚字觀我者，並以善《易》名於時。子尚所著《周易義疑通釋》，久無傳本。朱彝尊《經義考》載蒙此書，亦注曰“佚”。今檢《永樂大典》所引蒙說尚多，自豫、隨、无妄、大壯、睽、蹇、中孚七卦及晉卦之後四爻外，其他皆文義完備，蔚然具存。其例於彖、爻之下，採輯先儒之說，而末乃發明以己意，各以“蒙謂”二字別之。雖原為場屋經義而作，而薈萃羣言，頗能得其精要。凡所自注，亦皆簡明。如《頤·六三》云：“頤養之道，以安静為無失。二、三動體，故顛拂而凶；四、五静體，故顛拂亦吉。震三爻凶，艮三爻吉可見。”《恒·彖》云：“恒有二義，利貞者不易之恒，所以體常；利有攸往者不已之恒，所以盡變。天地聖人所以能恒者，以其能盡變也。”其義雖多根柢前人，而詮釋明晰，亦殊有裨於後學。至所引諸家之說，往往不署名氏，蓋用朱子《詩集傳》例。雖不能盡考其由來，要皆宋元以前諸經師之緒論也。謹依文排比，正其訛舛，釐為十二卷，著之於錄。解縉《春雨堂集》稱是書為《易經精義》，《經義考》稱是書為《周易精蘊》。考《永樂大典》所題，實作解蒙《周易精蘊大義》，二人皆偶誤記也。今據以為斷，庶不失其本名焉。

　　【彙訂】

　　① 天曆紀元無乙巳，清雍正《江西通志》卷五一《選舉志》天曆二年己巳鄉試條載“解蒙，吉水人”。（楊武泉：《四庫全書總

目辨誤》)

易學變通六卷（永樂大典本）[①]

元曾貫撰。貫字傳道，泰和人。天曆辛巳舉於鄉[②]，官紹興府照磨。元季兵亂，棄官家居，鄉人推率義軍。後禦龍泉寇，戰敗抗節死。事蹟見《江西通志》。所著《四書類辨》、《學庸標旨》諸書，俱湮没不傳。惟朱彝尊《經義考》載有《周易變通》之名，亦以為已佚。今檢《永樂大典》所録《周易》各卦下，收入貫説尚多，其標題實作《易學變通》。知彝尊未見原書，故稱名小誤矣。謹裒輯彙次，釐為六卷。其豫、隨、无妄、大壯、晉、睽、蹇、中孚八卦為《永樂大典》所原闕者，今無可校補，亦姑仍其舊。是書純以義理説《易》，其體例每篇統論一卦六爻之義，又舉他卦辭義之相近者參互以求其異同之故。如乾卦云："乾六爻不言吉，無往而非吉也。初九處之以'勿用'，即初九之吉，上九處之以'无悔'，即上九之吉。二之'見'，五之'飛'，三、四之'无咎'皆然。蓋位或過於中，而聖人處之則無不中；位或失於正，而聖人處之則無不正。所謂'剛健中正，純粹精'者[③]，吉有大於此乎！"坤卦云："或疑六三'王事'為六五之事。然乾主君道，坤主臣道，'王事'乃九五'大人'之事。故坤卦三、五，聖人皆有戒辭者，其所以正人臣之體，為慮深矣。"艮卦云："敦臨、敦艮皆吉，何也？曰敦者，厚道也。厚於治人則人無不服者，臨是也；厚於治己而己無不修者，艮是也。人之自處容可處於薄乎？"凡此諸條，立義皆為純正。其他剖析微細，往往能出前儒訓解之外。閒取互體立説，兼存古義，尤善持平。在説《易》諸家，可謂明白而篤實。且其成仁取義，無愧完人。而《元史·忠義傳》失於記載，殊傷漏略。今蒐輯遺文,著之於錄。非惟其書足重,亦因以表章大節,發潛德之幽光焉。

【彙訂】

① 此條殿本置於《周易會通》條之後,與文淵閣庫書次序不符。

② 天曆紀元無辛巳,清雍正《江西通志》卷五一《選舉志》天曆二年己巳鄉試條載"曾貫,泰和人"。(楊武泉:《四庫全書總目辨誤》)

③ 底本"精"上有"以"字,據《周易·乾卦·文言》、此書卷一乾卦原文及殿本刪。

周易會通十四卷(内府藏本)①

元董真卿撰。真卿字季真,鄱陽人。嘗受學於胡一桂。斯編實本一桂之《纂疏》而廣及諸家,初名曰《周易經傳集程朱解附錄纂註》。蓋其例編次伏羲、文王、周公之經而翼以孔子之傳,各為標目,使相統而不相雜。其無經可附之傳,則總附於六十四卦之後,是為"經傳"。又取程子之《傳》、朱子之《本義》夾註其下,是為"集解"。其程子經說、朱子《語錄》各續於傳之後,是為《附錄》。又取一桂《纂疏》而增以諸說,是為《纂註》。其後定名《會通》者,則以程《傳》用王弼本,《本義》用呂祖謙本,次第既不同,而或主義理,或主象占,本旨復殊。先儒諸說,亦復見智見仁,各明一義,斷斷為門戶之爭。真卿以為諸家之《易》,途雖殊而歸則同,故兼搜博採,不主一說,務持象數、義理二家之平。即蘇軾、朱震、林栗之書為朱子所不取者,亦並錄焉。視胡一桂排斥楊萬里《易傳》,不肯錄其一字者,所見之廣狹,謂之"青出於藍"可也。

惟其變易經文,則不免失先儒謹嚴之意,可不必曲為之詞耳。

【彙訂】

① 文淵閣《四庫》本尚有卷首二卷附録二卷。(沈治宏:《中國叢書綜録訂誤》)

周易圖説二卷(浙江吳玉墀家藏本)

元錢義方撰。義方字子宜,湖州人。嘗舉進士,其仕履則不可考矣。是書成於至正六年。上卷為圖者七,下卷為圖者二十。朱彝尊《經義考》作一卷,疑傳寫誤也。其説謂河圖為作《易》之本①。《大傳》云"河出圖,洛出書,聖人則之",乃聖人即理推數,二者可以相通,故並言之,非謂作《易》兼取洛書。又引朱子之説,謂圓圖有造作,且欲挈出方圖在圓圖之外。又謂"朱子《易本義》於先天、後天卦位必歸其説於邵子,似歉然有所未足。是以不揆其陋,而有所述"云云。其説較他家為近理,然猶據陳摶以來相傳之圖、書言之。其實河圖、洛書雖見經傳,而今之五十五點、四十五點兩圖,其為古之圖、書與否,則經傳絶無顯證。援《左傳》有《三墳》,而謂即毛漸之書,援《周禮》有《連山》、《歸藏》,而謂即劉炫之書,考古者其疑之矣。且《繫辭》言洛書,不言即九疇《洪範》,言九疇,不言即洛書。盧辯註《大戴禮記》,始云明堂九室法龜文,其説起於後周。阮逸偽作《關朗易傳》,因而述之。於是洛書之文始傳為四十五點,而九疇亦遂併於《易》。義方知九疇之非《易》,而不知洛書本非九疇,其辨猶為未審②。至其謂自漢以來惟孟喜本《易緯稽覽圖》,推《易》離、坎、震、兑各主一方,餘六十卦每卦主六日七分,為有圖之始。寥寥千載,至陳摶始本《易》有太極、兩儀、四象、八卦,"因而重之"及"天地定位"等説，為横、圓、大、小四圖，傳穆、李以及邵子。又本"帝出乎震"之説，為後天圓圖。内大横圖之卦為否、泰，反類方圖。則於因《易》而作圖，非因圖而作《易》。本末源流，粲然明白。不似他家務神其説，直以為古聖之制作，可謂獨識其真矣③。其所演二十七圖，亦即因舊圖而變易之。奇偶之數，愈推愈有。人自為説，而其理皆通。譬之自古至今，弈無同局，固亦不妨存之以備一家焉④。

【彙訂】

① 此書卷上列"本旨圖七"，以《伏羲太極兩儀四象八卦横圖》為伏羲所畫八卦，謂"此聖人仰觀俯察近取遠取畫卦之最親切而明白者，又何待於傅會牽合而後成之邪？其不主於則河圖也亦明矣"。至於"河圖"之用，則曰："聖人之則河圖，蓋謂揲蓍，非畫卦也。"則非"謂河圖為作易之本"。(郭彧：《續四庫提要辯證(經部易類)》)

② 全書只列一幅十數《河圖》，而不列九數《洛書》，圖説中但言"所謂'河出圖，洛出書，聖人則之'者，言聖人則之而已，未嘗指言則為何事也。自漢孔安國、劉歆皆謂伏羲則河圖以畫八卦，後世遂信其説，相承而不悟。賢如朱子亦未免曲説求之，而卒不可通……聖人則河圖以揲蓍者甚明白而無可疑也……若夫洛書，則蔡元定之論詳矣，故不復贅。"此外無一處再提及"洛書"。所謂"義方知'九疇'之非《易》，而不知'洛書'本非'九疇'"亦非是書之要，"其辨猶為未審"之評，則是無的放矢。(同上)

③ 此書實本朱熹《易學啟蒙》之圖書推衍。所謂"孟喜本《易緯稽覽圖》，推《易》離、坎、震、兑各主一方，餘六十卦每卦主六日七分，為有圖之始"及"朱子《易》本義"云云，皆不見於本文。(同上)

④ "之以"，殿本無。

周易爻變義蘊四卷（浙江吳玉墀家藏本）①

元陳應潤撰。應潤，天台人，始末未詳。《黃溍集》有是書序，稱其字曰澤雲。又稱其延祐閒由黃巖文學起為郡曹掾，數年調明掾，至正乙酉調桐江賓幕。卷首應潤自序題“至正丙戌”②，案《經義考》載此序，題至治丙戌。至治有壬戌無丙戌，干支不合。且黃溍序題至正丙戌，序中稱：“延祐閒余丞寧海。又數年，余為越上監運。三年，余乞老金華。”溍延祐二年進士，下距至治壬戌僅六年，安有乞老之事？此必《經義考》刊版之訛，非此本傳寫之誤也。謹附訂於此。則是書成於桐江也③。其書大旨謂義理元妙之談，墮於老莊，先天諸圖雜以《參同契》“爐火”之說，皆非《易》之本旨。故其論八卦，惟據《說卦傳》“帝出乎震”一節，為八卦之正位，而以“天地定位”一節，邵氏指為先天方位者，定為八卦相錯之用。謂文王演《易》，必不顛倒伏羲之文④，致相矛盾。其論太極、兩儀、四象，以天地為兩儀，以四方為四象，謂未分八卦，不應先有揲蓍之法，分陰、陽、太、少。周子無極、太極、二氣、五行之說，自是一家議論，不可釋《易》。蓋自宋以後，毅然破陳摶之學者，自應潤始⑤。所註用王弼本，惟有上、下經六十四卦，據《春秋傳》某卦之某卦例。如乾之姤曰“潛龍勿用”、乾之坤曰“見羣龍无首，吉”之類，故名曰“爻變”。其稱一卦可變六十四卦，六爻可變三百八十四爻，即漢焦贛《易林》之例。蓋亦因古占法而推原其變通之意，非臆說也。每爻多證以史事，雖不必其盡合，而因卦象以示吉凶，以決進退，於聖人作《易》垂訓之旨實有合焉。在宋、元人《易》解之中，亦翹然獨秀者矣。

【彙訂】

① 文淵閣《四庫》本為《周易爻變易蘊》八卷首一卷。吳玉墀《繡谷亭薰習錄》亦作“易蘊”。傳世清抄本皆作《周易爻變易

蘊》四卷。（崔富章：《四庫提要補正》；沈治宏：《中國叢書綜録訂誤》）

②“卷首”，殿本作“首卷”，誤。

③黄序云：“三年春，余乞老金華，澤雲以書來曰：余近調桐江賓幕。”“三年”當作“去年”，即至正五年乙酉。（胡玉縉：《四庫全書總目提要補正》）

④“文”，殿本作“言”。

⑤是書列有十數《河圖》和九數《洛書》，並於《序圖説》中曰：“易之有圖，尚矣。河圖洛書，有象而無文，不圖不可也。”則不可謂“破陳摶之學者”。而破劉牧黑白點圖書之學者，北宋時期已有宋咸、陳希亮、葉昌齡等人。（郭彧：《續四庫提要辯證（經部易類）》）

周易參義十二卷（浙江巡撫採進本）

元梁寅撰。寅字孟敬，新喻人。元末辟集慶路儒學訓導，以親老辭。明年兵起，遂隱居教授。明初徵修禮樂書，將授以官①，復以病辭歸，結屋石門山。學者稱曰“梁五經”。著有《禮書演義》②、《周禮考註》、《春秋考義》諸書。此乃所作《周易》義疏，成於至元六年，前有寅自序。其大旨以程《傳》主理，《本義》主象，稍有異同。因融會參酌，合以為一，又旁採諸儒之説以闡發之。其分上、下經，《十翼》，一依古《易》篇次，即朱子所用吕祖謙本。其詮釋經義，平易近人，言理而不涉虛無，言象而不涉附會。大都本日用常行之事，以示進退得失之機，故簡切詳明，迥異他家之轇轕。雖未能剖析精微，論其醇正，要不愧為儒者之言焉。

【彙訂】

① “以”，殿本無。

② “著”，殿本無。

周易文詮四卷（兩淮馬裕家藏本）

元趙汸撰。汸字子常，休寧人。師事黃澤，受《易象》、《春秋》之學。隱居著述，作東山精舍以奉母。洪武二年召修《元史》，不願仕，乞還。未幾卒。事蹟具《明史·儒林傳》。此書大旨源出程、朱，主於略數言理。然其門人金居敬跋稱其“契先天內外之旨，且悟後天卦序之義”，則亦兼用邵氏學也①。《經義考》載八卷，此本舊鈔止四卷，然首尾完具，不似有所闕佚，或後人合併歟？原書上方，節節標題細字，詳其詞意，不類汸筆，或後來讀者所題識，於經義亦無所發明。今併從刪削。汸平生學力，多在《春秋》，所著說《春秋》之書亦最多，並已別著於録。其說《易》衹有此本，流傳頗罕。其中詮釋義理，大抵宋儒緒論為多，不及其《春秋》諸書之深邃②。然其於天道人事、吉凶悔吝之際，反覆推闡，亦頗明暢。觀其名書曰“文詮”，其宗旨固可見矣。

【彙訂】

① “學也”，殿本作“之學”。

② “其”，殿本無。

卷五

經　部　五

易　類　五

周易大全二十四卷（内府藏本）

明胡廣等奉敕撰。考《明成祖實録》，永樂十二年十一月甲寅，命行在翰林院學士胡廣、侍講楊榮、金幼孜修《五經四書大全》，十三年九月告成。成祖親製序，弁之卷首，命禮部刊賜天下。賜胡廣等鈔幣有差，仍賜宴於禮部。同時預纂修者，自廣、榮、幼孜外，尚有翰林編修葉時中等三十九人。此其《五經》之首也。朱彝尊《經義考》謂廣等"就前儒成編，雜為鈔録，而去其姓名。《易》則取諸天台、鄱陽二董氏，雙湖、雲峯二胡氏，於諸書外未寓目者至多"云云。天台董氏者，董楷之《周易傳義附録》；鄱陽董氏者，董真卿之《周易會通》；雙湖胡氏者，胡一桂之《周易本義附録纂疏》；雲峯胡氏者，胡炳文之《周易本義通釋》也。今勘驗舊文，一一符合。彝尊所論，未可謂之苛求。然董楷、胡一桂、胡炳文篤守朱子，其説頗謹嚴；董真卿則以程、朱為主而博採諸家以翼之，其説頗為賅備[①]。取材於四家之書，而刊除重複，勒為一編。雖不免守匵抱殘，要其宗旨則尚可謂不失其正。且二百餘年以此取士，一代之令甲在焉。録存其書，見有明儒者之經學,其初之不敢放軼者由於此,其後之不免固陋者亦由於此。鄭曉《今言》曰:"洪武開科,《五經》皆主古註疏及宋儒:《易》,程、朱;《書》,蔡;《詩》,朱;《春秋》,《左》、《公羊》、《穀梁》,程、胡、張;《禮記》,陳。後乃盡棄註疏,不知始於何時②。或曰始於頒《五經大全》時,以為諸家説優者採入故耳。然古註疏終不可廢也。"是當明盛時,識者已憂其弊矣。觀於是編,未始非千古得失之林也。

【彙訂】

①"頗為",殿本作"亦頗"。

②"於",明嘉靖四十五年項篤壽刻本《今言》卷一第三十則原文及殿本無。

易經蒙引十二卷(江蘇巡撫採進本)

明蔡清撰。清字介夫,號虛齋,晉江人。成化甲辰進士,官至南京國子監祭酒。事蹟具《明史・儒林傳》。是書專以發明朱子《本義》為主,故其體例以《本義》與經文並書。但於《本義》每條之首加一圈以示別,蓋尊之亞於經也。然實多與《本義》異同。如經分上、下,朱子云:"以其簡袠重大,故分為上、下二篇。"清則云:"六十四卦何以不三十二卦為《上經》,三十二卦為《下經》,而乃《上經》三十卦,《下經》三十四卦也?""用九,見羣龍无首",朱子云:"'用九'是諸卦百九十二陽爻之通例,'見羣龍无首'是此卦六爻皆用九者之占辭。"清則云:"孔子《象傳》及《文言》,節節皆是主六爻皆用九者言,但《本義》不主此説。"又云:"若依朱子之説,則於用九之下又當添'六爻皆用九者'一句①。""知至至之,知終終之",朱子説:"上句'知'字重,下句'終'字重。"清則云："此未必是本文之意。本文下句一'知'字,豈偶然哉?豈姑以對上句而無所當哉?"其他不肯委曲附和,大率類此。朱子不全從程《傳》,而能發明程《傳》者莫若朱子;清不全從《本義》,而能發明《本義》者莫若清。醇儒心得之學,所由與爭門户者異歟?

【彙訂】

①"之",殿本脱,參此書卷一上原文。

讀易餘言五卷(副都御史黄登賢家藏本)

明崔銑撰。銑字仲鳧,一字子鍾,安陽人。宏〔弘〕治乙丑進士,官至南京禮部侍郎,謚文敬。事蹟具《明史·儒林傳》。是書以程《傳》為主,而兼採王弼、吳澄之説,與朱子《本義》頗有異同。大旨舍象數而闡義理,故謂陳摶所傳圖象皆衍術數,與《易》無干。諸儒卦變之説亦支離無取。其《上經卦略》、《下經卦略》、《大象説》皆但標卦名,不載經文,《繫辭輯》、《説卦訓》則備録傳文。蓋書非一時所著,故體例偶殊。且經有卦名,而《繫辭》、《説卦》則無章名①,其勢亦不能不異也。惟删《説卦》廣象八章,而別以蔡清之説增損之。又《序卦》、《雜卦》、《文言》三傳一概從删,則未免改經之嫌。要其篤實近理,固不失為洛、閩之傳矣。朱彝尊《經義考》載銑《讀易餘言》五卷,又載銑《易大象説》一卷。考此書第三卷即《大象説》,彝尊以其別本單行,遂析為二,偶未考也。今附著於此,不更復出焉。

【彙訂】

①"則",殿本無。

易學啓蒙意見五卷(浙江汪啓淑家藏本)

明韓邦奇撰。邦奇字汝節,朝邑人。正德戊辰進士,官至南京兵部尚書，謚恭簡。事蹟具《明史》本傳。是編因朱子《易學啟蒙》而闡明其說。一卷曰《本圖書》，二卷曰《原卦畫》，皆推演邵氏之學，詳為圖解。三卷曰《明蓍策》，亦發明古法，而附論近世後二變不挂之誤。四卷曰《考占變》，述六爻不變及六爻遞變之舊例。五卷曰《七占》[①]，凡六爻不變、六爻俱變及一爻變者皆仍其舊，其二爻、三爻、四爻、五爻變者則別立新法以占之。所列卦圖，皆以一卦變六十四卦，與焦延壽《易林》同[②]。然其宗旨則宋儒之《易》，非漢儒之《易》也。

【彙訂】

① 明正德九年李滄刻《易學本原啟蒙意見》，卷一《本圖書》，卷二《明蓍策》，卷三《考占變》，卷四《七占意見》，是正德原本四卷。文淵閣《四庫》本唯卷四作《七占》，餘同。明嘉靖十三年蘇祐重刻本，蘇跋稱"苑洛先生早承家學，極研《易》道，乃著是編。首《本圖書》以溯其源，次《原卦畫》以崇其象，次《明蓍策》以極其數，次《考占變》以達其用。《易》之用廣矣。舊嘗刻諸河東，《原卦畫》缺焉。茲乃大備，刻諸上谷，與同志者共焉。"重刻時，韓邦奇尚在世，《原卦畫》或為邦奇自補，亦未可知。嘉靖本亦四卷，補《原卦畫》，而不載《七占意見》。（崔富章：《四庫提要補正》）

② 是書為全錄朱熹《易學啟蒙》原圖原文並附以衍圖及"意見"之書。其體例仍是四篇，《四庫全書》本卷一為"本圖書第一"和"原卦畫第二"，卷二為"明蓍策第三"，卷三、卷四為"考占變第四"。《易學啟蒙》"考變占第四"篇中有"凡卦六爻皆不變，則占本卦彖辭"、"一爻變，則以本卦變爻辭占"、"二爻變，則以本卦二變爻辭占"、"三爻變，則占本卦及之卦之彖辭"、"四爻變，則以之

卦二不變爻占”、“五爻變,則以之卦不變爻占”、“六爻變,則乾坤占二用,餘卦占之卦象辭”,此即所謂之“七占”。是書第四卷實接第三卷繼續提格引用《易學啟蒙》“考變占第四”之原文,而卷首“七占古法不傳久矣,朱子以事理推之如前,猶有可疑者”至“今以六十四卦之變列為三十二圖”(此為《易學啟蒙》本文)前之一段,為韓邦奇討論七占新法之“意見”。所以,不能謂“卷五曰七占”。《易學啟蒙》“考變占第四”於述“七占”之文後,“以六十四卦之變列為三十二圖”,皆是一卦變六十四卦之圖。韓邦奇於卷四隻列其第一幅圖,又有自作“加詳”之三十二幅圖。圖後則又是《易學啟蒙》書末之文:“以上三十二圖,反復之則為六十四圖。以一卦為主而各具六十四卦,凡四千九十六卦,與焦贛《易林》合。然其條理精密,則有先儒所未發者,覽者詳之。”所以,韓邦奇所附之圖皆為依朱熹“七占說”和三十二幅“變占圖”而來,其法並不與漢儒焦延壽之《易林》相同(《易林》是本《序卦》之序而將主卦置於六十四卦之首,並非以爻變得卦。如“乾坤屯蒙……”“坤乾屯蒙……”“屯乾坤蒙……”等)。(郭彧:《續四庫提要辯證(經部易類)》)

　　易經存疑十二卷(福建巡撫採進本)

　　明林希元撰。希元字茂貞,號次崖,同安人。正德丁丑進士,官至廣東提學僉事。見自序及王慎中序。《泉州府志》稱官至大理寺丞,誤也。《明史·儒林傳》附載《蔡清傳》中。是書用《註疏》本。其解經一以朱子《本義》為主,多引用蔡清《蒙引》。故楊時喬《周易古今文》謂其“繼《蒙引》而作,微有異同”。其曰“存疑”者,洪朝選序謂其“存朱子之疑以羽翼程[①]、朱之《傳》、

《義》也"。自序謂:"今必下視程、朱,則吾之説焉能有易於彼。
無已則上宗鄭、賈,鄭、賈之説其可施於今乎?"蓋其書本為科舉
之學,故主於祧漢而尊宋。然研究義理,持論謹嚴,比古經師則
不足,要猶愈於剽竊庸膚為時文弋獲之術者。蓋正、嘉以前,儒
者猶近篤實也。原刻漫漶,此本為乾隆壬戌其裔孫廷玙所刻。
舊有王慎中、洪朝選二序,載朱彝尊《經義考》,廷玙删之。所言
皆無大發明,今亦不復補録焉。

【彙訂】

① "其",殿本無。又據《經義考》卷五十三林氏《易經存疑》
條所引洪朝選序,"朱子"乃"諸子"之誤。

周易辨録四卷(山東巡撫採進本)①

明楊爵撰。爵字伯修,富平人。嘉靖己丑進士,官至山東道
監察御史。以上疏極論符端,下詔獄,繫七年始得釋。事蹟具
《明史》本傳。其書前有自序,題"嘉靖二十四年乙巳",蓋即其與
周怡、劉魁等在獄中講論所作,故取《繫辭》"困德之辨"一語為
名。《明史》本傳作《周易辨説》,其名小異。然《藝文志》仍作《周
易辨録》,蓋刊本字誤也。所釋惟六十四卦,每卦惟載上、下經卦
辭。然其訓解則六爻及彖傳、象傳皆兼及之,特不列其文耳。其
説多以人事為主,頗剴切著明。蓋以正直之操,處杌隉之會,幽
居遠念,寄託良深,有未可以經生常義律之者。然自始至終,無
一字之怨尤,其所以為純臣歟?

【彙訂】

① 明刻本、四庫底本清抄本皆作《周易辯録》四卷。(崔富
章:《四庫提要補正》)

易象鈔四卷（兩淮鹽政採進本）①

明胡居仁撰。居仁字叔心，號敬齋，餘干人。事蹟具《明史·儒林傳》。是書前有居仁自序，稱："讀《易》二十年，有所得輒鈔積之，手訂成帙，取先儒圖書論説合於心得者録之。"三卷以下則皆與人論《易》往復劄記及自記所學，又為檃括歌辭以舉其要。居仁之學雖出於吳與弼，而篤實則遠過其師。故在明代，與曹端、薛瑄俱號醇儒。所著《居業録》，至今稱道學正宗。其説《易》亦簡明確切，不涉支離元渺之談②。考萬曆乙酉御史李頤請以居仁從祀孔子廟庭疏，稱："所著有《易傳》、《春秋傳》，今頗散佚失次。"朱彝尊《經義考》載有居仁《易通解》，注曰"未見"，而不載此書，豈此書一名《易通解》歟？然李頤時已稱散佚失次，何以此本獨完？疑後人哀其緒言，重為編次，非居仁手著也③。

【彙訂】

① 文淵閣《四庫》本為《易像鈔》十八卷，書前提要亦作十八卷。（郭彧：《續四庫提要辯證（經部易類）》）

② "元渺"，殿本作"幽渺"。

③《四庫》本前五卷為本列圖集説體例而成，共列《馬圖》、《龜書》等易圖三十二幅。所列圖後抄録諸家之説，有虞翻、邵雍、邵伯温、張行成、朱熹、陸九淵、楊簡、蔡元定、項安世、王應麟、翁泳、胡方平、胡一桂、吳澄、胡炳文等。其中"陰陽兩端再參得甚物來作三？天地生物只一陰一陽交變，錯綜生千生萬，無窮無盡更不可限以數目，故曰一陰一陽之謂道"下註"胡叔心"，如此書為胡居仁所作，無自屬其名字之理；引"虛齋蔡氏"之語，乃出蔡清《易經蒙引》。蔡清為成化甲辰（1484）進士，其時正為胡居仁離世之年；引"章本清"語，乃出章潢《圖書編》。章潢於萬曆

乙巳（1605）以薦授順天府學訓導，時年已七十九。章潢出生之時，胡居仁已離世四十餘年；引“楊止庵”語，乃出楊時喬《周易古今文全書》。楊時喬為嘉靖乙丑（1529）進士，其時距胡居仁離世已四十五年；引“顧叔時”語，顧憲成字叔時，出生之時（1550）胡居仁已離世六十六年；引焦竑《易筌》語，焦氏乃萬曆己丑（1589）進士，時距胡居仁離世已百餘年。考明錢一本（1539—1610）有《像抄》六卷（《總目》卷八著錄）。是書卷一、卷二亦有《馬圖》、《龜書》等三十二圖，此二卷文字與《四庫全書》本《易像鈔》前五卷文字完全相同，其三十二圖唯《馬圖》畫有“龍馬”，《龜書》畫有“神龜”，其餘亦完全相同。（郭彧：《續四庫提要辯證（經部易類）》）

周易象旨決錄七卷（浙江巡撫採進本）

明熊過撰。過字叔仁，號南沙，富順人。嘉靖己丑進士，官至禮部祠祭司郎中。《明史·文苑傳》附載《陳束傳》中，稱過及陳束、王慎中、唐順之、趙時春、任瀚、李開先、呂高為“嘉靖八才子”。然過研思經訓，實不止以文章名。是書據過自序，初名《易象旨》，後遂加“決錄”之名。案《三輔決錄》，名始趙岐，而命名之義，古無傳說。以意推之，蓋定本之謂也①。自序又稱：“初聞閩人蔡清善為《易》，購得其書，惟開陳宗義，不及象，於是稍記疑者為贅言。辛丑謫入滇，晤楊慎，勸成此書。”蓋初讀宋《易》，覺不合，乃去而為漢《易》，故其說以象為主。考《左傳》韓起適魯，見《易象》、《春秋》。古人既以“象”名，知象為《易》之本旨。故《繫辭傳》曰②：“《易》者③，象也。象也者，像也。”王弼以下變而談理，陳摶以下變而言數，所謂各明一義者也。後人併而一之，概

稱象數。於是喜為杳冥之說者併而掃之，乃諱言象數。明人之
《易》，言數者入道家，言理者入釋氏，職是故矣。過作此書，雖未
能全復漢學，而義必考古，實勝支離恍惚之談。其據舊說以證今
文者，凡證字一百有一，證音三十有八，證句二十有六，證脫字七
十有九，證衍文三十，證當移置者三十有二，證舊以不誤為誤者
三。所據之書，如郭京之偽託舊本、吳澄之妄改古經者，概用引
援，不免輕信。又如坤卦小象，但知《魏志》之作“初六，履霜”，不
知《後漢書》之實作“履霜堅冰”，亦間有未審④。然皆據前文，非
由臆撰。又但注某字據某書當作某，亦不敢擅更一字，猶屬謹
嚴。在明人《易》說之中，固卓然翹楚矣⑤。

【彙訂】

①《後漢書·趙岐傳》云：“岐多所述作，著《孟子章句》、《三
輔決録》，傳於時。”注引《三輔決録》序云：“三輔者，本雍州之
地……其為士好高尚義，貴於名行，其俗失則趣執進權，唯利是
視。余以不才，生於西土，耳能聽而聞故老之言，目能視而見衣
冠之疇，心能識而觀其賢愚。常以玄冬，夢黃髮之士姓玄名明字
子真，與余寤言，言必有中，善否之閒，無所依違，命操筆者書之。
近從建武以來，暨於斯今，其人既亡，行乃可書，玉石、朱紫，由此
定矣，故謂之《決録》矣。”則《決録》之決，猶決嫌疑之決，謂決斷
其賢愚善否而録之，使有定論耳，非謂定本也。（余嘉錫：《四庫
提要辨證》）

②“繫辭傳”，殿本作“大傳”。

③殿本“者”上有“也”字，衍，參《繫辭傳》原文。

④“又如坤卦小象”至“亦間有未審”，殿本無。

⑤“猶屬謹嚴在明人易說之中固卓然翹楚矣”，殿本作“在

明人易説之中固猶屬謹嚴矣”。

易象鈎解四卷（兩淮馬裕家藏本）

明陳士元撰。士元字心叔，應城人。嘉靖甲辰進士，官至灤州知州。是編專闡經文取象之義。前有士元自序，稱：“朱晦庵、張南軒善談《易》者，皆謂互體、五行、納甲、飛伏之類俱不可廢。蓋文、周象爻，雖非後世緯數瑣碎，而道則無不冒焉。傳注者惟以虛元〔玄〕之旨例之，有遺論矣。”其履卦注又曰：“京房之學授受有自，今之學士大夫擯斥不取。使聖人不因卜筮而作《易》，惟欲立言垂訓，則畫卦揲蓍何為哉？朱子曰：‘《易》之取象，固必有所自來，而其為説必已具於太卜之官，今不可復考，亦不可謂象為假設。’然則京氏之學，安知非太卜所藏者耶。”云云。案太卜之法雖不可考，然《左傳》所載變爻、互體諸占，猶可以見其崖略。漢《易》自田何以下無異説。孟喜“六日七分”之學，云出田王孫，而田王孫之徒以為非；焦贛“直日用事”之例，云出孟喜，而孟喜之徒又以為非；劉向校書，亦云“惟京氏為異黨”。《漢書·儒林傳》源委秩然，可以覆案①。京氏書雖多散佚，而《易傳》三卷猶存，其占法亦大概可考，與《左傳》所載迥殊。士元以京氏《易》當太卜所藏，殊為無據。且京氏之法絶不主象，引以為明象之證，亦失其真。然其謂《易》以卜筮為用，卜筮以象為宗，則深有合於作《易》之本旨。故所論雖或穿鑿，而犁然有當者為多，要勝於虛談名理、荒蔑古義者矣。是書每卷標目之下皆題《歸雲別集》，卷數自五十八至六十一。蓋當時編入全集，如李石《方舟集》收《易互體》之例。其序又稱：“往為《彙解》二卷，括其大凡。”考《明史·藝文志》載士元《易象鈎解》四卷，《易象彙解》二卷，則《彙解》亦發明象學者。今以未見其書,故不著録焉。

【彙訂】

① 據《漢書·儒林傳》,劉向所言應為“惟京氏為異,黨焦延壽獨得隱士之説,託之孟氏,不相與同”。“黨”字通“儻”,當連下讀。(楊遴:《從經部易類看〈四庫全書總目提要〉諸版本的異同和得失》)

周易集註十六卷(浙江巡撫採進本)①

明來知德撰。知德字矣鮮,梁山人。嘉靖壬子舉人,萬曆三十年總督王象乾、巡撫郭子章薦授翰林院待詔。知德以老疾辭,詔以所授官致仕。事蹟具《明史·儒林傳》。知德自鄉舉之後,即移居萬縣深山中,精思《易》理。自隆慶庚午至萬曆戊戌,閲二十九年而成此書。其立説專取《繫辭》中“錯綜其數”以論《易》象②,而以《雜卦》治之。錯者陰陽對錯,如《先天圓圖》乾錯坤,坎錯離,八卦相錯是也。綜者一上一下,如屯、蒙之類本是一卦,在下為屯,在上為蒙,載之文王《序卦》是也。其論錯有四正錯,有四隅錯。論綜有四正綜,有四隅綜,有以正綜隅,有以隅綜正。其論象,有卦情之象,有卦畫之象,有大象之象,有中爻之象,有錯卦之象,有綜卦之象,有爻變之象,有占中之象。其注皆先釋象義、字義及錯綜義,然後訓本卦、本爻正意。皆由冥心力索,得其端倪,因而參互旁通,自成一説,當時推為絕學。然上、下經各十八卦本之舊説,而所説中爻之象亦即漢以來互體之法,特知德縱橫推闡,專明斯義,較先儒為詳盡耳。其自序乃高自位置,至謂:“孔子没後而《易》亡,二千年有如長夜。”豈非伏處村塾,不盡睹遺文祕籍之傳,不盡聞老師宿儒之論,師心自悟,偶有所得,遂夜郎自大哉？故百餘年來，信其說者頗多，攻其說者亦不少。然《易》道淵深，包羅衆義，隨得一隙而入，皆能宛轉關通，有所闡發，亦不必盡以支離繁碎斥也。

【彙訂】

① 文淵閣《四庫》本尚有卷首二卷。（沈治宏：《中國叢書綜錄訂誤》）

②“立說”，殿本作“數說”。

讀易紀聞六卷（浙江吳玉墀家藏本）

明張獻翼撰。獻翼字幼于，崑山人。後更名敉，嘉靖中國子監生。《明史·文苑傳》附見《皇甫涍傳》末①。此書乃其早年讀書上方山中所著。獻翼放誕不羈，言行詭異，殆有狂易之疾。而其說《易》乃平正通達，篤實不支，祧莊、老之元虛②，闡程、朱之義理，凡吉凶、悔吝、進退、存亡，足為人事之鑒者，多所發明，得聖人示戒之旨。朱彝尊《經義考》載獻翼《易》註凡五種，惟《讀易韻考》註“存”。其《讀易約說》三卷、《易雜說》二卷、《讀易臆說》二卷及此書六卷，均註曰“未見”。今蒐採遺編，惟得《讀易韻考》及此書③。《韻考》紕漏殊甚，如盲談黑白，聾辨宮商，已別存目。此書不載經文，但逐節拈說，有如劄記之體。《江南通志·文苑傳》稱：“獻翼好《易》，十年中箋註凡三易。”蓋亦積漸研思而始就者④。殆中年篤志之時，猶未頹然自放歟？

【彙訂】

①《明史·皇甫涍傳》及雍正《江西通志》卷一六五《文苑傳》均作長洲人。（楊武泉：《四庫全書總目辨誤》）

②“元虛”，殿本作“虛無”。

③今存萬曆龍宗武刻本《犧經臆說》三卷、《雜說》三卷,明張獻翼撰。(崔富章:《四庫提要補正》)

④"始",殿本無。

八白易傳十六卷(湖北巡撫採進本)

明葉山撰。山字八白,里貫未詳。《經義考》引張雲章之言曰:"八白本末無所考見,詳其自序,當是一老諸生。"是書屢易其稿,自序凡四。其初序略云:"予十歲讀《周易》,越十年能厭學究語。又十四年為嘉靖丁卯,又六年從鹿田精舍見楊誠齋《易傳》,又九年為今壬子。"云云。再序題"癸丑六月",三序題"丁巳三月",四序題"嘉靖三十九年七月"。考壬子為嘉靖三十一年,由壬子逆數十六年,當為丁酉。序云"丁卯"者,由原本"酉"字用古體作"丣",故傳寫誤也。據其所言,此書始於壬子,迄於庚申,凡九年而蒇事。以初序年月考之,山當生於宏治十七年甲子。至庚申書成時,年已五十七矣。其書專釋六十四卦爻辭,而於象、象、文言、《十翼》皆不之及。大旨以《誠齋易傳》為主,出入子史,佐以博辨。蓋借《易》以言人事,不必盡為經義之所有。然其所言,亦往往可以昭法戒也。

洗心齋讀易述十七卷(兩江總督採進本)

明潘士藻撰。士藻字去華,號雪松,婺源人。萬曆癸未進士,官至尚寶司少卿。事蹟附見《明史·李沂傳》①。其書上、下經十卷,《繫辭》至《雜卦》七卷。每條皆先發己意,而採綴諸儒之說於後。前有焦竑序,稱:"主理莫備於房審權,主象莫備於李鼎祚,士藻衷而擇之。"則所據舊說,惟採《周易義海》、《周易集解》二書。然大旨多主於義理,故取《義海》者較多,《集解》所載如虞

翻、干寶諸家涉於象數者，率置不録。蓋以房書為主，而李書輔
之也。案《義海》一百卷久佚，今所存者乃李衡《撮要》十五卷，非
其舊本。竑序云云，豈萬曆中舊本猶存耶？然《宋志》已不著録，
陳振孫《書録解題》亦云僅見四卷。其一百卷者未見，士藻安得
而見之？竑殆誇飾之詞。然衡所編者，其源本出於房氏，即謂之
房氏書亦可也。

【彙訂】

① "附見"，殿本作"具見"。

像象管見九卷（内府藏本）①

明錢一本撰。一本字國瑞，武進人。萬曆癸未進士，官至福
建道監察御史，以建言罷歸。天啟初，追贈太僕寺卿。事蹟具《明
史》本傳②。一本研究《六經》，尤邃於《易》。是書不取京、焦、管、
郭之説，亦不取陳摶、李之才之義，惟即卦爻以求象，即象以明人
事，故曰"像象"。象者天道，像其象者盡人合天之道也。大旨謂
由辭得象而後無虛懸説理之病，知象為像而後有神明默成之學。而
深闢言象遺理，言理遺象，彷彿其象而仍不知所以為象之弊。雖閒
有支蔓，而篤實近理者為多。自稱用力幾二十年，亦可謂篤志矣。

【彙訂】

①《天禄琳琅書目》未著録此書，民國二十三年編《故宮普
通書目》著録兩部，均萬曆刊四卷本。《四庫採進書目》凡兩見，
一為《兩淮商人馬裕家呈送書目》之九卷本，一為《武英殿第一次
書目》之四卷本。"内府藏本"應為"兩淮馬裕家藏本"之訛。（崔
富章：《四庫提要補正》）

②《明史》本傳及光緒《武陽志餘》卷九《人物·錢一本傳》皆

謂"天啟初追贈太僕寺少卿"。（楊武泉：《四庫全書總目辨誤》）

　　周易劄記三卷（山東巡撫採進本）

　　明逯中立撰。中立字與權，號確齋，聊城人。萬曆己丑進士①，由行人擢給事中，以建言貶陝西按察使司知事。事蹟具《明史》本傳。是書《明史·藝文志》不著錄，朱彝尊《經義考》亦不載。蓋當時編次無法，與其《兩垣奏議》合為一書，故錄經解者無自而著其名也。其書首為《啟蒙集略》，次分上經為一卷，下經為一卷，《繫辭》以下為一卷。不載經文，但標卦名、篇名。隨筆記錄，採之諸家者為多，其以己意論著者僅十之四五。然去取頗為精審，大旨以義理為主，不失純正。至中孚、復、姤諸卦，亦參用《易》緯"卦氣起中孚"及"一卦值六日七分"之説。蓋平心論義，不立門户之見者也。

【彙訂】

　　①"己丑"，殿本作"丙戌"，誤。《明史》卷二三〇《逯中立傳》云萬曆十七年（己丑）進士。丙戌為十四年。《明清進士題名碑錄》亦載萬曆十七年己丑科三甲第十三名為逯中立。

　　周易易簡説三卷（江蘇巡撫採進本）

　　明高攀龍撰。攀龍字雲從，無錫人。萬曆己丑進士①，官至左都御史，贈太子少保兵部尚書，諡忠憲。事蹟具《明史》本傳。是書詮解《易》義，每條不過數言。自序云："其知易知，其能簡能，易簡而天下之理得。"又曰："《五經》注於後儒，《易》注於夫子，説《易》者明夫子之言而《易》明矣。"是其著書大旨也。攀龍之學出入朱、陸之間，故以心言《易》。然其説曰："天下有非《易》之心，而無非心之《易》，是故貴於學也。學也者，知非《易》則非心，非心則非《易》；《易》則吉，非《易》則凶悔吝。"云云。則其説主於學《易》以檢心，非如楊簡、王宗傳等引《易》以歸心學，引心學以歸禪學，務屏棄象數，離絶事物，遁於恍惚窅冥，以為不傳之祕也。是固不得謂以心言《易》為攀龍之失矣。

【彙訂】

①"己丑"，殿本作"乙丑"，誤。《明史》卷二四三《高攀龍傳》云萬曆十七年（己丑）進士。萬曆朝無乙丑。《明清進士題名碑録》亦載萬曆十七年己丑科三甲第二百六十九名為高攀龍。

易義古象通八卷（浙江巡撫採進本）①

明魏濬撰。濬字蒼水，松溪人。萬曆甲辰進士，官至右僉都御史，巡撫湖廣。是書前有《明象總論》八篇，一曰《原古象》，二曰《理傳象》，三曰《八卦正象》，四曰《六爻位》，五曰《卦爻畫》，六曰《卦變》，七曰《互體》，八曰《反對動爻》。大旨謂文、周之《易》即象著理，孔子之《易》以理明象。又於漢、魏、晉、唐諸人所論象義，取其近正者，故名《古象通》。而冠以"易義"，言即象以通義也。朱彝尊《經義考》改曰《周易古象通》，則與濬名書之意不合矣。明自萬曆以後經學彌荒，篤實者局於文句，無所發明；高明者騖於元虛②，流為恣肆。濬獨能博考舊文，兼存古義。在爾時說《易》之家，譬以不食之碩果，殆庶幾焉。

【彙訂】

① 文淵閣《四庫》本尚有卷首一卷。（沈治宏：《中國叢書綜録訂誤》）

②"元虛"，殿本作"虛無"。

周易像象述五卷（浙江吳玉墀家藏本）①

明吳桂森撰。桂森字叔美，無錫人，萬曆丙辰歲貢生。嘗從顧憲成、高攀龍講學東林，又從武進錢一本學《易》。一本嘗著《像象管見》諸書，桂森本其意而推闡之，以成是書，名曰《像象述》，明師承也。經文用《註疏》之本，惟刪其卦首六畫。卷首列《像象金針》一篇，標舉大旨。卷中所註皆一字一句，究尋義理，頗有新意可參。據桂森自序，是書成於天啟乙丑。其上方朱字評語，稱"景逸高先生批"者，高攀龍筆；稱"錢師批"者，錢一本筆也②。考攀龍以天啟丙寅家居時聞逮自裁，乙丑在前一年，當猶及見。一本在萬曆中為御史，建言黜死。天啟辛酉已追贈太僕寺少卿，不應及見此書。蓋桂森以萬曆丁巳從一本於龜山，此書業已屬草，自序所謂"閒有所述以呈先生，先生為面訂之，惜未及半而先生曳杖"是也。然則桂森是書具有淵源，非師心自用者矣。

【彙訂】

① 文淵閣《四庫》本為十卷，卷首一卷。（修世平：《〈四庫全書總目〉訂誤十七則》，圖）

② 朱字評語乃載於崇禎原刊本（六卷，又《像象金針》一卷）眉端，文溯閣庫書卷前提要為"其原本上方朱字評語"，明庫書繕錄底本非原本，無朱字評語，而彙編《總目》時漏掉"原本"二字。（崔富章：《四庫提要補正》）

易用五卷（福建巡撫採進本）①

明陳祖念撰。祖念字修甫，連江人，陳第子也。第所著《毛詩古音考》、《屈宋古音義》，發明引證，一洗吳棫諸家之陋②，於韻學為大有功③。而所作《伏羲圖贊》則支離穿鑿，一無可取。祖念學不及其父，而說《易》乃勝其父。其書不載經文，但於每卦詳論其義④,《繫辭》諸傳則各標章目而詮釋之。其每卦之論,皆逐爻尋理,務以切於人事為主,故名曰"用"。前有原序曰:"義理無窮,非言之所能盡。故傳註於漢,疏義於唐,議論於宋,日起而日變,而《易》之用則隨時隨事可以自察。是以君子居則觀象玩辭,動則觀變玩占,聖人所以言《易》者,如是而已。《傳》曰:'精義入神,以致用也。利用安身,以崇德也。'朱文公言:'人能取《易》一卦若一爻熟讀而深玩之,推於事而反於身,則吉凶消長之理、進退存亡之道,無所求而不得,無所處而不當。'此則致用、利用之義也。"云云。其序後半佚脱,不知誰作。然一書大旨具在於斯矣。每卦之末率總論取象之義,多採互體之説。蓋其學於漢儒、宋儒無所偏附云。

【彙訂】

① 文淵、文津、文溯三本皆六卷。(崔富章:《四庫提要補正》)

② "陋",殿本作"謬"。

③ "大",殿本無。

④ "於",殿本無。

易象正十六卷(福建巡撫採進本)①

明黃道周撰。道周字幼元〔玄〕,一字螭若,漳浦人。天啟壬戌進士,崇禎中官至少詹事。明亡後,為唐王聿鍵禮部尚書,督師出婺源。師潰被執,不屈死。事蹟具《明史》本傳。乾隆乙未賜謚忠端。此書孟應春謂崇禎庚辰道周在西庫始創為之,成二十四圖。逮過北寺,毒痛之下,指節初續,又為《六十四象正》。劉履丁則云三十年前道周即有《易本象》八卷,《疇象》八卷。蓋是書之稿本也。道周初作《三易洞璣》，以卦圖推休咎，而未及於諸爻之變象。是編則於每卦六爻皆即之卦以觀其變。蓋即左氏內、外《傳》所列古占法也。其自序曰："凡《易》自《春秋》、《左》、《國》暨兩漢名儒，皆就動爻以論之②；虞、王而下，始就本卦正應以觀攻取，只論陰陽剛柔，不分七八九六。雖《易》有'剛柔雜居'之文，而卦無不動玩占之理。《象正》專就動爻以明之。"此其述作之大旨。前列《目次》一卷，則以漢人分爻直日之法，按文王之卦序，以推歷代之治亂。後二卷則以河圖、洛書之數自相乘除，為三十五圖。其《詩斗差圖》、《詩斗差退限圖》、《詩元命圖》、《春秋元命圖》，則本漢人緯書"四始"、"五際"之說，而別衍之以為推測之術。與所著《三易洞璣》相為表裏。雖其以《大傳》所釋十一爻俱為明之卦而作③，未免附會。故朱朝瑛曰："《易象正》，道周之自為《易》也。孔子之所不盡言，言之不盡意者也。"然引伸觸類，要亦《易》之一隅。宋儒沈該之《易傳》④、都絜之《易變體義》，皆發明之卦，與是書體例相似。而是書則每爻之下先列本卦之彖辭，次列本卦之象辭，然後列本爻之象辭，與沈氏、都氏之書又各不同。存之以為二家之外傳，亦無不可也。

　　案此書及《三易洞璣》皆邵氏《皇極經世》之支流也。《三易洞璣》全推衍於《易》外，故入之"數學"。此及倪元璐"易內、外儀"，有轇轕於《易》外者，猶有據經起義發揮於《易》中者。且皆忠節之士，當因人以重其書。故此二編仍附錄於經部焉，非通例也。

【彙訂】

① 此書實為十二卷凡例一卷卷初二卷卷終二卷。（王重民、屈萬里：《普林斯頓大學葛思德東方圖書館中文善本書志》）

② "之"下脱"卦"字,參自序原文。

③ "雖",殿本無。

④ 沈該所撰乃《易小傳》,《總目》卷二著録。

兒易内儀以六卷兒易外儀十五卷(浙江巡撫採進本)①

明倪元璐撰。元璐字玉汝,上虞人。天啟壬戌進士,歷官户部尚書②,兼禮部尚書、翰林學士。崇禎甲申殉難,世祖章皇帝賜諡文貞。事蹟具《明史》本傳。是書《内儀以》專以大象釋經,每卦列卦、爻辭至大象而止。以六十四卦大象俱有"以"字,以之為言用也,故以名書。《外儀》則有《原始》、《正言》、《能事》、《盡利》、《曲成》、《申命》六目,而又别為小目以紀之。皆取《繫辭》中字義名篇,篇各有圖。朱彝尊《經義考》曰:"倪氏元璐《兒易内儀》六卷,《外儀》十五卷。"《内儀》之下無"以"字。然此編為當時刊本,實有"以"字,則《經義考》誤脱也。其名《兒易》者,蔣雯階序謂:"公作《兒易》,兒者,姓也。"考《説文》"倪"、"兒"本二字,惟《漢書·兒寬傳》"兒"與"倪"同,則是古字本可通用。然考元璐自序實作"孩始"之義,其文甚明,則雯階不免於附會。萬曆中紫溪蘇濬已先有《兒易》,豈亦寓姓乎③? 元璐是書作於明運阨危之日,故其説大抵憂時感世,借《易》以抒其意,不必盡為經義之所有。然《易》興於中古,而作《易》者有憂患。其書不盡言,其言不盡意,而引伸觸類,其理要無不包。《春秋繁露》其言不盡比附《春秋》,而儒者至今尊用之,為其大義與《春秋》相發明也。元璐是書可作是觀,蓋與黄道周《三易洞璣》等書同為依經立訓者也④。其人足並傳,其言亦足並傳。必以章句訓詁核其離合,則細矣。

【彙訂】

① 文淵閣《四庫》本尚有《兒易外儀義例八明》一卷。(沈治宏:《中國叢書綜録訂誤》)

② "歷官",殿本作"官至"。

③《外儀義例明圖》云:"命圖教兒,事易勿泥。"又注云:"圖則因版而設,所以訓兒,義存淺顯,其義什九取之啟蒙,蓋使兒易曉耳。"述意甚為明白。(王重民:《中國善本書提要》)

④ 殿本"書"上有"九"字,疑衍。

卦變考略一卷(浙江巡撫採進本)①

明董守諭撰。守諭字次公,鄞縣人。天啟甲子舉人。是書成於崇禎癸未。大旨以卦變之説出於漢學,程子始廢斥之。朱子謂伊川不信卦變,故於"柔來文剛"等處無依據。於是兼採其説,又以意變之,凡十九卦,今《本義》第九圖是也。然朱子上經釋變卦者九,唯訟卦與《卦變圖》同②。餘則如隨自困、噬嗑、未濟來,據圖則自否、泰來。下經釋變卦者十,唯晉卦與圖同。餘則如復變師、姤變同人之類,例以復初上為師之二,復二下為師之初,姤初上為同人之二,姤二下為同人之初,及與初九變為初爻之八,初六變為初爻之七,皆不免前後異例。於是上考郎顗、京房、蜀才、虞翻諸家之説,定為此圖。每卦皆參列古法,斷以己意,宋、元諸儒以及明來知德之屬亦參考焉。其言率有根據,不同他家之穿鑿。其證以彖文,雖不免有所附會。然如謂屯本坎卦,初六升二,九二降初,是為剛柔始交;比本師卦,一陽居二,則為師眾所宗,故為師,變而居五則為天下所附,故為比;謙卦乾之上九來居坤三,是天道下濟而光明,坤之六三上升乾位,是地道卑而上行；豫卦復初變五體比象，故利建侯。復初升二體師象[3]，故利行師。於經文亦往往巧合。惟其篇末有曰："或謂變乃《易》中之一義，非畫卦作《易》之本旨，愚獨以為不然。"則主持未免太過。夫乾、坤之生六子，猶陰陽之生五行也。其配而為六十四卦，猶干支之配為甲子也。其因卦而推奇偶之變，猶干支相配而推衝合制化也。駁卦變者謂不應先有某卦，後有某卦，是猶談五行者謂水生於庚辛，不化於丙辛；火生於甲乙，不化於戊癸也。主卦變者以此為作《易》之本，六十四卦皆自此來，是又猶以化氣為本氣，亦乖五行相生之旨矣。故卦變之說不可謂非《易》之一義，亦不可謂為本義。漢以來儒者相傳，要必有取，並存以備參考可矣。

【彙訂】

① 文淵、文津、文溯三本皆二卷。（崔富章：《四庫提要補正》）

② "卦變圖"，底本作"變卦圖"，據殿本改。朱熹《周易本義》有《卦變圖》。

③ "二"，殿本作"三"，誤，參此書卷上原文。

古周易訂詁十六卷（浙江巡撫採進本）①

明何楷撰。楷字元子，晉江人。天啟乙丑進士，官至吏科給事中。唐王聿鍵起兵於閩，以為禮部尚書。旋為鄭芝龍所軋，憤恚而卒。事蹟具《明史》本傳。是書成於崇禎癸酉，蓋其管榷江南時所作。卷末附以《答客問》一篇，借詁經以言時事也。觀其自序，論分經合傳之非古，然復引魏淳于俊對高貴鄉公語，則又未始不以分附為便。故其前分上、下經為六卷，而《彖》、《象》、

《繫辭》諸傳之文仍隨卦分列，猶祖費直之意。而七卷後則仍列《十翼》原文[2]，以還田何之舊。蓋分經分傳以存古本，而經下所列《十翼》之文則引以互證，故皆低一格書之，以別於後之正文。其仍以"古周易"標目，蓋以是也。惟於上、下經內又別立初、中、終諸名，則自我作古耳。楷之學雖博而不精，然取材宏富，漢、晉以來之舊說，雜採並陳，不株守一家之言。又辭必有據，亦不為懸空臆斷、穿鑿附會之說，每可以見先儒之餘緒。明人經解，空疏者多。棄短取長，不得已而思其次，楷書猶足備採擇者，正不可以駁雜廢矣。

【彙訂】

① 文淵閣《四庫》本尚有附錄一卷。（沈治宏：《中國叢書綜錄訂誤》）

② 殿本"後"上有"以"字。

周易玩辭困學記十五卷（山東巡撫採進本）[1]

明張次仲撰。次仲字元岵，海寧人。天啟辛酉舉人。是書前有自序，謂："賦性顓愚，不敢侈談象數，又雅不信讖緯之說。惟於語言文字間求其諦當有益身心者，輒便疏錄。歲久成帙。"經二十餘年，凡六七易稿而後成，持論最為篤實。於乾卦遵用王弼本，以便解詁，而仍列鄭康成本於簡端。前集諸儒之論及己論數十條為《讀易大意》。其所論辨[2]，如謂八卦因重之法，自十六、三十二以至六十四，卦變某卦自某卦而來，皆夫子所不言[3]。河圖、洛書之外，別無他圖，後人依託夫子之言而支離蔓衍。又謂一卦六爻如主伯亞旅，無此以為君子，彼以為小人，反背錯綜之理[4]。蓋掃除繆轇之說，獨以義理為宗者。雖盡廢諸家義例，未免開臆斷之門。然其盡廢諸圖，則實有劃削榛蕪之力。且大旨切於人事，於學者較為有裨。視繪畫連篇，徒類算經、弈譜，而《易》理轉置不講者，勝之遠矣。

【彙訂】

① 文淵閣《四庫》本尚有卷首一卷。（沈治宏：《中國叢書綜録訂誤》）

② "論辨"，殿本作"辨論"。

③ 殿本"所"上有"之"字。

④ "錯綜"，殿本作"錯雜"。

卷六

經　部　六

易　類　六

易經通注九卷（湖北巡撫採進本）

國朝大學士傅以漸、左庶子曹本榮奉敕撰。首載順治十三年十二月十五日諭旨，次載順治十五年十月以漸等進書表，次為以漸恭撰序文。恭繹世祖章皇帝聖訓，謂自魏王弼、唐孔穎達有注與《正義》，宋程頤有《傳》，朱熹《本義》出，學者宗之。明永樂閒，命儒臣合元以前諸儒之說彙為《大全》。皆於《易》理多所發明。但其中同異互存，不無繁而可刪，華而寡要。且迄今幾三百年，儒生、學士發揮經義者亦不乏人。當加採擇，折衷諸論，簡切洞達，輯成一編，昭示來茲。仰見聰明天亶，睿鑒高深，萬幾餘閒，遊心經術。洋洋謨訓，發四聖之精微，衡諸儒之得失，斟酌乎象數義理，折以大中，非儒生株守專門，斤斤一家之言者所能窺見萬一。以漸等恪遵指授，亦能鎔鑄眾說，薈萃微言，詞簡理明，可為說經之圭臬。緣其書上備乙覽，外閒莫得而窺，僅有原稿尊藏曹本榮子孫之家①。今奉皇上求書明詔，湖北巡撫乃繕錄進呈。原本未標書名，恭閱《五朝國史》傅以漸舊傳，有“順治十三年十月纂修《易經通注》”之文，謹據以補題。伏思此書推闡聖經，發明精義，雖編摩於衆手，實稟受於聖裁。允宜寶軸琅函，昭示無極，俾天下萬世共仰世祖開天明道之功，且以見國家文治，超邁古今，本本元元，一皆欽承祖訓，故重熙累洽百有餘年，而有今日之極盛焉。

【彙訂】

① 考《湖北通志》，順治十二年至十三年間，曹本榮充日講官，該書即編修於此時，故雖冠以大學士傅以漸之名，乃大官領局之通例，書實成於本榮一人之手。蓋當時即以供日講者。故原稿獨藏其家。（盧弼：《四庫湖北先正遺書劄記》）

日講易經解義十八卷

康熙二十二年，聖祖仁皇帝御定。《易》為四聖所遞傳，則四聖之道法、治法具在於是。故其大旨在即陰陽往來、剛柔進退，明治亂之倚伏、君子小人之消長，以示人事之宜。於帝王之學，最為切要。儒者拘泥章句，株守一隅，非但占驗機祥，漸失其本，即推奇偶者言天而不言人，闡義理者言心而不言事，聖人立教，豈為是無用之空言乎？是編為講幄敷陳，睿裁鑒定，其體例與宋以來奏進講義大致略同。而於觀象之中，深明經世之道。御製序文所謂"以經學為治法"者，實括是書之樞要，亦即括六十四卦、三百八十四爻之樞要。信乎帝王之學，能見其大，非鰍生一知半解所能窺測高深也。

御纂周易折中二十二卷①

康熙五十四年，聖祖仁皇帝御纂。自宋以來，惟説《易》者至夥，亦惟説《易》者多岐。門户交爭，務求相勝，遂至各倚於一偏。故數者《易》之本，主數太過，使魏伯陽、陳搏之説竄而相雜，而

《易》入於道家；理者《易》之蘊，主理太過，使王宗傳、楊簡之說溢而旁出，而《易》入於釋氏。明永樂中官修《易經大全》，龐雜割裂，無所取裁，由羣言淆亂，無聖人以折其中也。我聖祖仁皇帝道契羲文，心符周孔，幾餘典學，深見彌綸天地之源。詔大學士李光地採摭羣言，恭呈乙覽，以定著是編。冠以《圖說》，殿以《啟蒙》，未嘗不用數，而不以盛談河、洛致晦玩占觀象之原；冠以程《傳》，次以《本義》，未嘗不主理，而不以屏斥讖緯併廢互體變爻之用。其諸家訓解，或不合於伊川、紫陽而實足發明經義者，皆兼收並採，不病異同。惟一切支離幻渺之說，咸斥不錄，不使溷四聖之遺文。蓋數百年分朋立異之見，至是而盡融；數千年畫卦繫辭之旨，乃至是而大彰矣。至於經、傳分編，一從古本，尤足正費直以來割裂綴附之失焉。

【彙訂】

① 文淵閣《四庫》本尚有卷首一卷。（沈治宏：《中國叢書綜錄訂誤》）

御纂周易述義十卷

乾隆二十年奉敕撰。凡卦爻四卷，彖傳一卷，象傳二卷，《繫辭傳》二卷，《文言傳》、《說卦傳》、《序卦傳》、《雜卦傳》共一卷。以多推闡《御纂周易折中》之蘊，故賜名曰《述義》。所解皆融會羣言，擷取精要，不條列姓名，亦不駁辨得失。而遺文詮釋，簡括宏深。大旨以切於實用為本。故於乾卦發例曰：“諸爻皆龍而三稱君子，明《易》之立象，皆人事也。”全書綱領，具於斯矣。又於取象則多從古義。如解《乾·九二》曰：“九二剛中，變離，文明。”解《坤·初六》曰：“變震為足，有履象焉。”解《屯·六二》曰：“變兌為女，柔正，故貞。"凡斯之類，皆取於變爻也。解《屯·六三》曰："震、坎皆木，聚於艮山，故為林。"解《屯·九五》曰："陷陰互艮，止而不動。"解《需·九五》曰："坎水兌口，故為酒食。"凡斯之類，皆取於互體也。解《蒙·六三》曰："三變互兌，故為女。"解《訟·九二》曰："坎，坤體，故為邑。又互離，戶象也。三百，離數也。"解《訟·九四》曰："乾初，復體，互巽為命，變艮為渝，艮止①，貞也。"凡斯之類，皆兼取變與互也。故解《繫辭傳》"若夫雜物撰德，辨是與非，則非其中爻不備"，曰："物謂八卦之爻，雜謂自其中四爻雜而互之，又撰成兩卦之德也。是非者時物之是非，皆於中爻辨之。正體則二為內卦之中，五為外卦之中；互體則三為內卦之中，四為外卦之中。故皆謂之中爻"云云，誠為根據先儒，闡明經義。蓋漢《易》之不可訓者在於雜以讖緯，推衍機祥。至其象數之學，則夫古未遠，授受具有端緒。故王弼不取漢《易》，而解"七日來復"，不能不仍用六日七分之説。朱子亦不取《漢》易，而解"羝羊觸藩"，亦不能不仍用互兌之義。豈非理有不可易歟？諸臣仰承指授，於宋《易》、漢《易》酌取其平，探羲、文之奧蘊，以決王、鄭之是非。千古《易》學，可自此更無異議矣。

【彙訂】

① "艮"，殿本作"變"，誤，參此書卷一《訟·九四》原文。

讀易大旨五卷（浙江巡撫採進本）①

國朝孫奇逢撰。奇逢字啟泰，號鍾元，又號夏峯，容城人。前明萬曆庚子舉人。是書乃其入國朝後流寓河南時所作。前有自序云："至蘇門始學《易》，年老才盡，偶據見之所及，撮其體要，以示門人子弟。"原非逐句逐字作解，故曰"大旨"。其門人耿極為之校訂。末附《兼山堂問答》及與三無道人李靮論《易》之語，別為一卷。靮，雄縣人，奇逢所從學《易》者也。後奇逢曾孫用正復取其論《易》之語散見他著述者五條，彙冠卷首，題曰《義例》。跋稱原本序文、凡例皆闕，故以是補亡。案奇逢説《易》，不顯攻圖、書，亦無一字及圖、書。大意發明義理，切近人事，以象傳通一卦之旨，由一卦通六十四卦之義。凡所訓釋，皆先列己説，後附舊訓。其平生之學主於實用，故所言皆關法戒，有足取焉。

【彙訂】

① 文淵閣《四庫》本尚有卷首一卷。（沈治宏：《中國叢書綜錄訂誤》）

周易稗疏四卷附考異一卷（湖南巡撫採進本）

國朝王夫之撰。夫之字而農，號薑齋，漢陽人。前明舉人。是編乃其讀《易》之時隨筆剳記，故每條但舉經文數字標目，不全載經文。又遇有疑義，乃為考辨，故不逐卦逐爻一一盡為之説。大旨不信陳摶之學，亦不信京房之術，於先天諸圖、緯書雜説皆排之甚力，而亦不空談元妙①，附合老莊之旨。故言必徵實，義必切理，於近時説《易》之家為最有根據。其中如解訟卦"鞶帶"云："帶無鞶名，鞶者鞶纓，車飾也。帶所以繫佩璲及芾者。"考《左傳》"后之鞶鑑"，杜預訓"鞶"為"帶"，《説文》"鞶"字，許慎亦註為"大帶"，安得曰"帶無鞶名"？又"何天之衢"，梁武帝解"何"為"荷"，見於《經典釋文》。夫之雖亦以為負荷之義，乃引《莊子》"負雲氣"為證，而不援梁武之説，亦偶然失考。至於"舊井无禽"，訓"禽"為"獲"，尤不免於穿鑿附會。然如引《禮》"人君至，命士黃裳,下士雜裳"以證"黃裳"之美,引《左傳》"班馬"證"乘馬班如"當讀"乘"為去聲,引《兵法》"前左下,後右高"證"師左次",與論"帝乙"非紂父、"王用亨于西山"非文王,以及臨之"八月"、復之"七日"、《易》之逆數、河圖蓍策之辨,皆具有條理。卷帙雖少,固不失為徵實之學焉。

【彙訂】

①"元妙",殿本作"幻渺"。

易酌十四卷(直隸總督採進本)①

國朝刁包撰。包字蒙吉,祁州人。前明天啟辛卯舉人②。是書用《註疏》本,以程《傳》、《本義》為主。雖亦偶言象數,然皆陳摶、李之才之學,非漢以來相傳之法也。原序稱陸隴其官靈壽時,欲為刊板,不果。雍正初,其孫顯祖又以己意附益之。卷首凡例、雜卦諸圖及卷中細字稱"謹案"者,皆顯祖筆。原序又稱此書為"經學之津梁,亦舉業之準的"。考包在國初,與諸儒往來講學,其著書一本於義理,惟以明道為主,絕不為程試之計。是書推闡《易》理,亦大抵明白正大,足以羽翼程、朱,於宋學之中實深有所得。以為科舉之書,則失包之本意多矣。

【彙訂】

① 文淵閣《四庫》本尚有卷首一卷。(沈治宏:《中國叢書綜錄訂誤》)

② 天啟無辛卯。《國朝先正事略》卷二八《刁包事略》、《池北偶談》卷七"刁蒙吉"條、雍正《畿輔通志》卷六五《選舉志》天啟七年舉人表均載刁氏為天啟七年丁卯舉人。(楊武泉:《四庫全書總目辨誤》)

田閒易學十二卷（副都御史黃登賢家藏本）①

國朝錢澄之撰。澄之原名秉鐙，字飲光，自號田閒老人，桐城人。家世學《易》，又嘗問《易》於黃道周。初撰一書曰《易見》②，因避兵閩地，失其本。又追憶其意撰一編，曰《易火傳》③。既而亂定歸里，復得《易見》舊稿，乃合併二編，删其重複，益以諸家之說，勒為此書。其學初從京房、邵康節入，故言數頗詳，蓋黃道周之餘緒也。後乃兼求義理，參取王弼註、孔穎達疏、程子《傳》、朱子《本義》，而大旨以朱子為宗。其說不廢圖，而以陳摶先天圖及河、洛二圖皆因《易》而生，非《易》果因此而作。圖中奇偶之數，乃揲蓍之法，非畫卦之本。持論平允，與元錢義方之論合，而義尤明暢。故卷首圖象雖繁，而不涉支離附會之弊。獨其"《周易》雜考"一條，既深慨今本非朱子之舊，而徒以彖傳、象傳篇首之註推其說，竟不能更其次第，以復古本。蓋劉公舊刻，國初尚未得見，故知其誤而不能改，仍用《注疏》本也。

【彙訂】

① 文淵閣《四庫》本為《田閒易學》十卷卷首二卷。（沈治宏：《中國叢書綜錄訂誤》）

② 此書凡例云："吾家自融堂先生以來，家世學《易》。先君子究心五十餘年，臨没之年，乃有所得，口授意指，命不孝為之詮次，錄諸簡端。不孝亦閒有己見，為先君子所首肯者，亦併載之。名曰《見易》。"則《易見》乃《見易》之誤。

③ "易火傳"，殿本作"易大傳"，誤。此書凡例云："漳浦黃先生……教令學《易》。不數月，吳下大亂，家室喪亡，竄身入閩，困閩山者三年。每念先生教，輒思讀《易》。其《見易》舊解遺亡殆盡，又無書可借，唯記誦章句，默尋經義。時有所獲，久之成

恢，目曰《火傳》。蓋以家園屢經兵火，所藏故本應付灰燼矣。又以薪盡火傳，即此猶是先君子之遺教也。"

易學象數論六卷（浙江巡撫採進本）

國朝黃宗羲撰。宗羲字太沖，號梨洲，餘姚人。前明御史尊素之子。康熙初，薦修《明史》，以老疾未赴。是書宗羲自序云："《易》廣大無所不備，自九流百家借之以行其說，而《易》之本義反晦。世儒過視象數以為絕學，故為所欺。今一一疏通之，知其於《易》本了無干涉，而後反求程《傳》，亦廓清之一端。"又稱王輔嗣注簡當而無浮義，而病朱子添入康節先天之學為添一障。蓋《易》至京房、焦延壽而流為方術，至陳摶而岐入道家，學者失其初旨，彌推衍而繆轕彌增。宗羲病其末派之支離，先糾其本原之依託。前三卷論河圖、洛書、先天、方位、納甲、納音、月建、卦氣、卦變、互卦、筮法、占法，而附以所著之《原象》為內篇，皆象也。後三卷論《太元》、《乾鑿度》、《元包》、《潛虛》、《洞極》、《洪範》數、《皇極》數以及《六壬》、《太乙》、《遁甲》為外篇，皆數也。大旨謂聖人以象示人，有八卦之象、六爻之象、象形之象、爻位之象、反對之象、方位之象、互體之象，七者備而象窮矣。後儒之為偽象者，納甲也，動爻也，卦變也，先天也，四者雜而七者晦矣。故是編崇七象而斥四象，而七者之中又必求其合於古，以辨象學之訛。又《遁甲》、《太乙》、《六壬》三書，世謂之"三式"，皆主九宮，以參詳人事。是編以鄭康成之太乙行九宮法證《太乙》，以《吳越春秋》之占法、《國語》泠州鳩之對證《六壬》，而云後世皆失其傳，以訂數學之失。其持論皆有依據。蓋宗羲究心象數，故一一能洞曉其始末，因而盡得其瑕疵。非但據理空談，不中窾要者比也。惟本宋薛季宣之説，以河圖為即後世圖經，洛書為即後世地志，《顧命》之“河圖”即今之黄册，則未免主持太過。至於矯枉過直，轉使傳陳摶之學者得據經典而反脣，是其一失。然其宏綱巨目，辨論精詳，與胡渭《易圖明辨》均可謂有功《易》道者矣。

周易象辭二十一卷附尋門餘論二卷圖書辨惑一卷（浙江巡撫採進本）①

國朝黄宗炎撰。宗炎字晦木，餘姚人。宗義之弟也。其説《易》力闢陳摶之學②。故其解釋爻象，一以義理為主。如釋《坤·象》曰：“乾既大矣，坤能配乎乾而與之齊，是乾之大，坤亦至焉，故曰至哉。蓋乾以元施而坤受之，即為坤之元，非别有元也。”其義為前人所未發，而於承天時行之旨、無成有終之道，皆分明融洽。他如解《豫·六二》“介于石”，謂“處地之中，得土之堅”，取象極為精確。解《剥·六五》“貫魚”，引《儀禮》，“魚每鼎用十五頭，昏禮用十四頭，其數多，必須貫”，亦頗有根據，不為牽合。解《解卦·初六》“无咎”云：“難之初解，人人喜補過之有地。此非人力，乃天時也，故直云无咎。”尤能得文外之意。其他詮釋大都類此，皆可備《易》家之一解。至於“歸妹以須”，須為女之賤者，舊解本無可易，而宗炎謂“須附頤以動”，則以為“須髮”之須，未免傷於好奇。又於《易》之字義多引篆文以釋之，亦不免王氏《新義》務用《字説》之弊。當分别觀之可也。後附録《尋門餘論》二卷，《圖書辨惑》一卷，宗旨大略相同。《尋門餘論》兼排釋氏之説，未免曼衍於《易》外。其詆斥宋儒，詞氣亦傷太激。然其論四聖相傳，不應文王、周公、孔子之外别有伏羲之《易》為不傳之祕；《周易》未經秦火，不應獨禁其圖，轉為道家藏匿二千年，至陳摶而始出，則篤論也。《圖書辨惑》謂陳摶之圖書乃道家養生之術，與元陳應潤之説合。見應潤所作《爻變義藴》。謂周子《太極圖説》圖雜以仙真，説冒以《易》道，亦與朱彝尊、毛奇齡所考略同。彝尊説見《經義考》二百八十三，奇齡説見所作《太極圖説遺議》。至謂朱子從而字析之，更流於釋，則不免有意深文，存姚江朱、陸之門户矣。二書各有别本單行。然考《周易象辭》目録，實列此二書，謂之附録，則非别自爲編也。今仍合之，俾相輔而行焉。

【彙訂】

① 會稽姜氏刻本《周易象辭》作十九卷，《圖書辨惑》作《圖學辨惑》，《浙江採集遺書總録》同。文淵閣《四庫》本《周易象辭》爲二十二卷，《圖學辨惑》爲一卷，書前提要著録不誤。（沈治宏：《中國叢書綜録訂誤》；陳乃乾：《讀〈四庫全書總目〉條記》）

② “易”，殿本無。

周易筮述八卷（陝西巡撫採進本）

國朝王宏〔弘〕撰撰。宏撰字無異，號山史，華陰人。康熙己未嘗舉薦博學鴻詞①。宏撰以朱子謂《易》本卜筮之書，故作此編以述其義。其卷一曰《原筮》、曰《筮儀》、曰《蓍數》。《筮儀》本朱子，並參以汴水趙氏。其卷二曰《揲法》。其卷三曰《變占》，尊聖經，黜《易林》，稽之《左傳》，與朱子大同小異。其卷四曰《九六》、曰《三極》、曰《中爻》。中爻即互體。其卷五曰《卦德》、曰《卦象》、曰《卦氣》。《卦氣》本邵子、朱子，並附《太乙祕要》。其卷六曰《卦辭》。其卷七曰《左傳國語占》、曰《餘論》。其卷八曰《推驗》，採之陸氏，其涉於太異可駁者弗載。其書雖專爲筮著而設，而大旨闢焦、京之術，闡文、周之理，立論悉推本於經義。較之方技者流,實區以別。故進而列之《易》類,不以術數論焉。

【彙訂】

①"舉薦",殿本作"薦舉"。

仲氏易三十卷(浙江巡撫採進本)

國朝毛奇齡撰。奇齡一名甡,字大可,號秋晴,一曰初晴,又以郡望稱西河。蕭山人。康熙己未以廩監生召試博學鴻詞,授檢討。初,奇齡之兄錫齡邃於《易》,而未著書,惟時時口授其子文輝。後奇齡乞假歸里,錫齡已卒,乃摭文輝所聞者,以己意潤飾成是書①。或傳奇齡假歸之後,僦居杭州,一日著一卦,凡六十四日而書成①。雖以其兄為辭,實即奇齡所自解。以理斷之,或當然也。大旨謂《易》兼五義:一曰變易,一曰交易。是為伏羲之《易》,猶前人之所知。一曰反易,謂相其順逆,審其向背,而反見之。如屯轉為蒙,咸轉為恒之類。一曰對易,謂比其陰陽,絜其剛柔,而對觀之。如《上經》需、訟與《下經》晉、明夷對,《上經》同人、大有與《下經》夬、姤對之類②。一曰移易,謂審其分聚,計其往來,而推移上下之。如泰為陰陽類聚之卦,移三爻為上爻,三陽往而上陰來則為損;否為陽陰類聚之卦③,移四爻為初爻,四陽來而初陰往則為益之類。是為文王、周公之《易》,實漢、晉以來所未知。故以《序卦》為用反易,以分篇為用對易,以演《易·繫辭》為用移易,其言甚辨。雖不免牽合附會、以詞求勝之失,而大致引據古人,終不同於冥心臆測者也。

【彙訂】

①"書",底本作"卦",據殿本改。

②《上經》與《下經》夬、姤對者應為剝、復,毛奇齡誤作同

人、大有。（黄壽祺：《周易名義考——六庵讀易叢考之一》）

③“陽陰”，底本作“陰陽”，據此書卷一“移易”條注文及殿本改。（同上）

推易始末四卷（浙江巡撫採進本）

國朝毛奇齡撰。奇齡既作《仲氏易》，復取漢、唐、宋以來言《易》之及於卦變者，別加綜核，以為是書。其名“推易”，蓋本《繫辭傳》“剛柔相推”一語，仍《仲氏易》“移易”義也。大旨謂朱子《本義》雖載《卦變圖》於卷首，而止以為孔子之《易》，未著其為文、周之《易》。因上稽干寶、荀爽、虞翻諸家，凡有卦變、卦綜之説與宋以後相生反對諸圖具列於卷，而以《推易折衷》之圖系於後。朱子謂卦變乃《易》中之一義，而奇齡則以為演畫《繫辭》之本旨，未免主持太過。然《易》義廣大，觸類旁通，見知見仁，各明一理，亦足與所撰《仲氏易》互相發明也。

春秋占筮書三卷（浙江巡撫採進本）

國朝毛奇齡撰。其曰“春秋”者，摭《春秋傳》所載占筮，以明古人之《易》學，實為《易》作，不為《春秋》作也。自漢以來言占筮者不一家，而取象玩占存於世而可驗者，莫先於《春秋傳》。奇齡既於所著《仲氏易》、《推易始末》諸書發明其義，因復舉《春秋》內、外傳中凡有得於筮占者彙記成書，而漢、晉以下占筮有合於法者亦隨類附見焉。《易》本卜筮之書，聖人推究天下之理，而即數以立象。後人推究《周易》之象，而即數以明理。羲、文、周、孔之本旨如是而已。厥後象、數、理岐為三家，而數又岐為數派。孟喜、焦贛、京房以下，其法不可殫舉，而《易》於是乎愈雜。《春秋》內、外傳所紀，雖未必無所附會，而要其占法則固古人之遺軌。譬之史書所載，是非褒貶，或未盡可憑，至其一代之制度，則固無偽撰者也。奇齡因《春秋》諸占以推三代之筮法，可謂能探其本，而足闢諸家之喙者矣。

易小帖五卷（浙江巡撫採進本）

國朝毛奇齡說《易》之語，而其門人編次成書者也。奇齡所著經解，惟《仲氏易》及《春秋傳》二種是其自編，餘皆出其門人之手，故中閒有附入門人語者。此《小帖》凡一百四十三條，皆講《易》之雜說，與《仲氏易》相為引伸。朱彝尊載之《經義考》，云：“皆西河氏紀說《易》之可議者。”今觀其書，徵引前人之訓詁，以糾近代說《易》之失，於王弼、陳摶二派，攻擊尤力。其閒雖不免有強詞漫衍，以博濟辨之處，而自明以來申明漢儒之學，使儒者不敢以空言說經，實奇齡開其先路。其論《子夏易傳》及《連山》、《歸藏》，尤為詳覈。第五卷所記皆商榷《仲氏易》之語。初稿原附載《仲氏易》末，後乃移入此編。舊目本十卷，今本五卷，蓋其門人編錄有所刊削。考盛唐所為《西河傳》，又稱《易小帖》八卷。蓋十卷刪為八卷，又刪為五卷也。儒者尊奉一先生，每一字一句奉為蓍蔡，多以未定之說編入語錄。故《二程遺書》朱子有疑，《朱子語類》又每與《四書章句集註》、《或問》相左，皆失於簡汰之故。若盛唐者，可謂能愛其師矣。

喬氏易俟十八卷（山東巡撫採進本）[1]

國朝喬萊撰。萊字石林，寶應人。康熙己未召試博學鴻詞，官至翰林院侍讀。是書雜採宋元後諸家《易》說，而參以己意。前列諸圖，不主陳摶河圖、洛書、先天、後天、方圓、橫直之說。於卦變亦不取虞翻以下諸家，而取來知德之反對。其解經多推求人事，參以古今之治亂得失。如謂《履卦·六三》為成卦之主，而引莽、卓、安、史解"咥人"之凶；謂三百八十四爻惟《離·九四》最凶，而引燕王旦、建成、元吉、高煦為證；謂《小畜·九三》為小人籠絡君子，而引溫體仁、文震孟近事為説。蓋《誠齋易傳》之支流。假借牽合，或所不免，而理關法戒，終勝莊老之元談也②。於經文兼註古韻，亦得失互陳。如《觀卦·六四》象下備引顧炎武方音之説，則非未見《音學五書》者。而《象傳》協韻仍從吳棫之舊，則棄取有不可解者矣。經文用王弼之本，惟解《上經》、《下經》，《繫辭》以下一概闕如。蓋宗旨主於隨爻闡義，故餘不及焉，非脱佚也③。

【彙訂】

① 文淵閣《四庫》本尚有卷首一卷。(沈治宏：《中國叢書綜錄訂誤》)

② "元談"，殿本作"虛談"。

③ 喬萊五世孫階於同治間之刊本，除於道光辛未已補足《繫辭》二卷外，復有《易義緒文》十四條，然仍未及《説卦》以下。曾孫光學後序云："未及成書，而被召入都，旋卒於京邸。手澤所存，遂止於此，惜哉！"則係未竣之作。(潘雨廷：《讀易提要》)

讀易日鈔六卷(山東巡撫採進本)①

國朝張烈撰。烈字武承，大興人。康熙庚戌進士，授内閣中書。己未召試博學鴻詞，改翰林院編修，歷官左春坊左贊善。是書一以朱子《本義》為宗。謂："《易》者象也，言有盡，象無窮。伏羲畫為奇偶②，再倍而三，因重而六。文、周逐卦繫象，逐畫繫爻，全是假物取象，不言理，不指事，而萬事萬理畢具。"大旨在因象設事,就事陳理,猶說《易》家之不支蔓者。前有其子益孫、升孫《紀實》,云"此稿已刪潤四十餘過。至易簀前數日,尚合《蒙引》、《通典》、《存疑》諸書,考訂'知來'、'藏往'二義,旋加改補"云云,則其用力亦可謂勤矣。烈之没也,門人私諡曰志道先生。楊允長作《私諡議》一篇,冠於此書之首。昔宋儒張載之没,門人欲為作私諡,司馬光力言其非。當時手帖,猶載《張子全書》之首。古人以禮處人,不欲妄相尊重,干國家易名之典,其謹嚴如是。允長等未之聞乎? 今録是書而削除是《議》,用杜標榜之漸焉。

【彙訂】

① 文淵閣《四庫》本為八卷,書前提要著録不誤。(沈治宏:《中國叢書綜録訂誤》)

② "畫",殿本作"畫",誤。此書卷一乾卦云:"伏羲仰觀俯察,至透極熟,欲舉以教人,無可形似,故借其數以明之。畫一奇以象陽,畫一耦以象陰也。然一陰一陽又有各生一陰一陽之象,故再倍而三,以成八卦。"

周易通論四卷(兩江總督採進本)

國朝李光地撰。光地字厚庵,安溪人。康熙庚戌進士,官至大學士,諡文貞。是書綜論《易》理,各自為篇。一卷、二卷發明上、下經大旨。三卷、四卷則發明《繫辭》、《説卦》、《序卦》、《雜卦》之義。冠以《易本》、《易教》二篇,次及卦爻、象象、時位、德應、河圖、洛書以及占筮掛扐,正變環互,無不條析其意,而推明其所以然。在宋學中可謂融會貫通,卓然成一家之説。其論復、无妄、中孚、離四卦為聖賢之心學,亦皆以消息盈虚觀天道而修人事，與《慈湖易傳》以心言《易》者迥殊。光地作《大學古本說》序，稱："於《易》之卜筮灼然無疑。"蓋宗旨既明，則卮言不得而淆之矣。其學一傳為楊名時，有《周易劄記》二卷。再傳為夏宗瀾，有《易義隨記》八卷，《易卦劄記》二卷。雖遞相祖述，而其宏深簡括，則皆不及光地也。

周易觀象十二卷（浙江巡撫採進本）

國朝李光地撰。光地嘗奉命纂修《周易折中》，請復用朱子古本。是編乃仍用《注疏》本，蓋成書在前也。其《語録》及《榕村全集》所載，頗申明先天諸圖。而是編則惟解《説卦傳》"天地定位"一章，附舉此義，然亦不竟其説。餘皆發明《易》理，兼證以《易》象，而數則略焉。蓋亦謂邵子之學為《易》外別傳也。其解《繫辭傳》"知者觀其彖辭，則思過半矣"二句，曰"彖辭所取，或有直用其爻義者，或有通時宜而爻義吉凶準以為決者。故以是觀之，不中不遠。惟其合始終以為質，故時物不能外"云云，"觀象"之名蓋取諸此。其解九四"重剛而不中"句，不以"重"字為衍文；解"履霜堅冰，陰始凝也"句，不從《魏志》作"初六，履霜"；解"後得主而有常"句，不從程《傳》增"利"字；解"蓋言順也"句[1]，不以"順"為"慎"。以及"比，吉也"句、"比之匪人"句、"同人曰"句、"小利有攸往，天文也"句、"震驚百里，驚遠而懼邇也"句、"漸之進也"句、"上九鴻漸于陸"句與"地之宜"句，皆不從程《傳》、《本義》脱誤之説。惟據《漢·律曆志》移"天一地二"二十字，從程《傳》；"能研諸侯之慮"句，"侯之"二字衍文，從《本義》耳。案光地謂"諸"為"侯之"合音，想以古經旁注字切而誤增。不知反切始自孫炎，古經安得注字切，其説殊誤。謹附訂於此。蓋尊信古經，不敢竄亂，猶有漢儒篤守之遺。其大旨雖與程、朱二家頗有出入，而理足相明，有異同而無背觸也。

【彙訂】

①“蓋言順也”，殿本作“蓋言慎也”，誤。《周易·坤卦·文言》曰：“蓋言順也。”此書卷一同。朱熹《周易本義》云：“古字‘順’、‘慎’通用。案此當作‘慎’，言當辨之於微也。”

周易淺述八卷（內府藏本）①

國朝陳夢雷撰。夢雷字省齋，閩縣人。順治己丑進士②，官翰林院編修。緣事謫戍，後蒙恩召還，校正銅板。復緣事謫戍，卒於戍所。是編成於康熙甲戌，乃其初赴尚陽堡時所作。大旨以朱子《本義》為主，而參以王弼注、孔穎達疏、蘇軾《傳》、胡廣《大全》、來知德注。諸家所未及及所見與《本義》互異者，則別抒己意以明之。蓋行篋乏書，故所據止此。其凡例稱“解《易》數千家，未能廣覽”，道其實也。然其說謂：“《易》之義蘊不出理、數、象、占，顧數不可顯，理不可窮，故但寄之於象。知象則理、數在其中，而占亦可即象而玩。”故所解以明象為主。持論多切於人事，無諸家言心言天、幻眇支離之說。其詮理雖多尊朱子，而不取其卦變之說；取象雖兼採來氏，而不取其錯綜之論，亦頗能掃除轇轕。惟卷末所附三十圖乃其友楊道聲所作，穿鑿煩碎，實與夢雷書不相比附。以原本所載，姑仍其舊存之，置諸不論不議可矣。

【彙訂】

① 文淵閣《四庫》本附《周易淺述圖》一卷。（沈治宏：《中國叢書綜錄訂誤》）

②《碑傳集》卷四四《陳編修夢雷傳》云："未冠登康熙九年進士。"則順治六年己丑陳尚未出生。《清史稿·李光地傳》云："陳夢雷者……與光地同歲舉進士。"即康熙九年庚戌進士。（楊武泉：《四庫全書總目辨誤》）

易原就正十二卷（直隸總督採進本）

國朝包儀撰。儀字羽修，邢臺人。拔貢生，其始末無考。觀其自序稱早年聞有《皇極經世》而無由求得其書。自順治辛卯至康熙己酉，七經下第，貧不自存，薄游麻城，乃得其書於王可南家。至江寧寄食僧寺，玩求其旨者一年，始有所得。蓋亦孤寒之士，刻志自立者也。儀之學既從邵子入，故於陳摶先天圖信之甚篤。其凡例併謂："行世《易》説，種不勝數，要皆未嘗讀《皇極經世》。無怪乎各逞私智，而總非立象盡意、觀象繫辭之本旨。"其持論尤膠於一偏。然其書發揮明簡，詞意了然，乃非拋荒經義，排比黑白，徒類算經者可比。其謂洛書無與於《易》，則差勝他家之繳繞。每爻皆注所變之卦，亦尚用《左氏》筮法，頗為近古。蓋其學雖兼講先天，而實則發明《易》理者為多。其盛推圖學，特假以為重焉耳。

大易通解十五卷附錄一卷（直隸總督採進本）

國朝魏荔彤撰。荔彤字念庭，柏鄉人，大學士裔介之子。官至江常鎮道。是編乃其罷官後所作，其論畫卦，謂與河圖、洛書，只可謂其理相通，不必穿鑿附會。又以乾一兑二離三震四巽五坎六艮七坤八非生卦之次序。其論爻則兼變爻言之，謂占法二爻變者以上爻為主，五爻變者占不變爻，四爻變者占二不變爻，仍以下爻為主，餘占本爻與象辭。至論《上經》首乾、坤，中閒變之以泰、否,《下經》首咸、恒,中閒交之以損、益,尤得二篇之樞紐,皆頗有所見。惟不信先儒扶陽抑陰之説,反覆辨論。大意謂"陰陽之中,皆有過、不及,皆有中正和平。德皆有美凶,品皆有邪正,非陽定為君子,陰定為小人,陰陽中皆有君子、小人。陽之美德剛健,其凶德則暴戾;陰之美德柔順,其凶德則奸佞。陰陽之君子俱當扶,小人俱當抑。陰陽二者,一理一氣,調濟剛柔、損益、過不及,務期如天地運化均平之時。此四聖人前民之用,贊化之心,而《易》所以作也"云云。其説甚辨。然觀於乾、坤、姤、復之初爻,聖人情見乎辭矣,荔彤究好為異論也。

易經衷論二卷(浙江巡撫採進本)

國朝張英撰。英字敦復,桐城人。康熙丁未進士,官至文華殿大學士。謚文端。是書專釋六十四卦之旨,而不及《繫辭》、《説卦》、《序卦》、《雜卦》①。每卦各為一篇,詮解大意而不列經文②。大抵以朱子《本義》為宗,然於坎卦之"貳用缶"句,又以《本義》為未安,而從程《傳》以"樽酒簋貳"為句,則固未嘗如胡炳文等膠執門户之見也。其立説主於坦易明白,不務艱深。故解《乾·象》"元亨利貞"云:"文王繫辭本與諸卦一例。"觧乾、坤文言云:"聖人舉乾、坤兩卦,示人以讀《易》之法。如此擴充體會③。"蓋以經釋經,一掃紛紜轕轇之見,大旨具是矣。《漢書·儒林傳》稱費直惟以《彖》、《象》、《繫辭》十篇文言解説上、下經。知漢代專門,不矜繁説。英作是書,其亦此志歟?

【彙訂】

①"雜卦",殿本脱。

②殿本"詮"上有"每篇"二字。

③"體會"，殿本作"體要"，誤，參此書卷上原文。

易圖明辨十卷（浙江巡撫採進本）

國朝胡渭撰。渭原名渭生，字朏明，號東樵，德清人。是書專為辨定圖、書而作。初，陳摶推闡《易》理，衍為諸圖。其圖本準《易》而生，故以卦爻反覆研求，無不符合。傳者務神其説，遂歸其圖於伏羲，謂《易》反由圖而作。又因《繫辭》"河圖、洛書"之文，取大衍算數作五十五點之圖，以當河圖；取《乾鑿度》太乙行九宮法造四十五點之圖，以當洛書。其陰陽奇偶，亦一一與《易》相應。傳者益神其説，又真以為龍馬、神龜之所負，謂伏羲由此而有先天之圖。實則唐以前書絶無一字之符驗，而突出於北宋之初。夫測中星而造儀器，以驗中星無不合，然不可謂中星生於儀器也；候交食而作算經，以驗交食無不合，然不可謂交食生於算經也。由邵子以及朱子，亦但取其數之巧合，而未暇究其太古以來從誰授受。故《易學啟蒙》及《易本義》前九圖皆沿其説，同時袁樞、薛季宣皆有異論。然考《宋史·儒林傳》，《易學啟蒙》朱子本屬蔡元定創稿，非所自撰。《晦庵大全集》中載《答劉君房書》曰："《啟蒙》本欲學者且就《大傳》所言卦畫蓍數推尋，不須過為浮説。而自今觀之，如河圖、洛書，亦不免尚有剩語。"至於《本義》卷首九圖，王懋竑《白田雜著》以《文集》、《語類》鉤稽參考，多相矛盾，信其為門人所依附，其説尤明。則朱子當日亦未嘗堅主其説也①。元陳應潤作《爻變義蘊》，始指先天諸圖為道家假借《易》理以為修鍊之術。吳澄、歸有光諸人亦相繼排擊，各有論述。國朝毛奇齡作《圖書原舛編》，黃宗羲作《易學象數論》，黃宗炎作《圖書辨惑》，爭之尤力。然皆各據所見，抵其罅隙，尚未能窮溯本末，一一抉所自來。渭此書，卷一辨河圖、洛書，卷二辨五行、九宮，卷三辨《周易參同》、先天太極，卷四辨《龍圖》、《易數鉤隱圖》，卷五辨《啟蒙》圖、書，卷六、卷七辨先天古《易》，卷八辨後天之學，卷九辨卦變，卷十辨象數流弊。皆引據舊文，互相參證，以箝依託者之口。使學者知圖書之說，雖言之有故，執之有理，乃修鍊、術數二家旁分《易》學之支流，而非作《易》之根柢。視所作《禹貢錐指》，尤為有功於經學矣。

【彙訂】

①《周易本義》九圖，雖為門人移易《易學啟蒙》初版"舊圖"而附之卷首，然其皆出於朱熹，則亦可自《文公易說》和《朱子語類》中稽考。今見《周易本義》卷首之《河圖》、《洛書》，《易學啟蒙》中已見於"本圖書第一"篇，自是出於朱熹已不待辨。至於以黑白之位所作之大小二橫圖，則朱熹於《答袁樞》曰："來教又論黑白之位尤不可曉，然其圖亦非古法，但今欲易曉且為此以寓之耳。乾則三位皆白，三陽之象也；兌則下二白而上一黑，下二陽而上一陰也；離則上下二白而中一黑，上下二陽而中一陰也；震則下一白而上二黑，下一陽而上二陰也；巽之下一黑而上二白、坎之上下二黑而中一白、艮之下二黑而上一白、坤之三黑，皆其三爻陰陽之象也。"又曰："僕之前書固已自謂，非是古有此圖，只是今日以意為之，寫出奇偶相生次第，令人易曉矣。"又曰："若要見得聖人作《易》根源直截分明，卻不如且看卷首舊圖。自始初只有兩畫時漸次看起，以至生滿六畫之後，其先後多寡既有次第而位置分明，不費詞說。"（《文公易說》卷二十三）所謂"卷首舊圖"即指《易學啟蒙》初版之圖而言，而其大下二橫圖即為列於《周易本義》卷首之黑白之點陣圖。大下二橫圖出於朱熹，又有

一證：“須先將六十四卦作一橫圖，則震巽、復姤正在中間，先自震、復而卻行以至於乾，乃自巽、姤而順行以至於坤，便成圓圖。”（《文公易説·答葉永卿》卷一）至於《卦變圖》，亦是出於朱熹，嘗曰：“如卦變圖，剛來柔進之類，亦是就卦已成後用意推説，以此為自彼卦而來耳，非真先有彼卦而後方有此卦也。”（《文公易説》卷二）又曰：“三爻變者有二十卦，前十卦為貞，後十卦為悔，是變盡了又反回來，有圖見《啓蒙》。”（《文公易説》卷二十二）又曰：“卦變獨於彖傳之詞有用，然舊圖亦未備，頃嘗修定。今寫去，可就空處填畫卦爻。而以彖傳考之，則卦所從來，皆可見矣。其間亦有一卦從數卦而來者，須細考之。可以見易中象數無所不通，不當如今人之拘滯也。”（《文公易説·答王遇》卷二十二）此則明白説《卦變圖》為《易學啓蒙》舊圖，而“嘗修定”不拘滯“一卦從數卦而來”之卦變圖即為三十二幅變占圖（《易學啓蒙》考變占篇新圖）。（郭彧：《續四庫提要辯證（經部易類）》）

合訂删補大易集義粹言八十卷（兩江總督採進本）

國朝納喇性德編[①]。相傳謂其稿本出陸元輔，性德殁後，徐乾學刻入《九經解》，始署性德之名，莫之詳也。性德原作成德，字容若，滿洲正黃旗人。康熙丙辰進士，官至乾清門侍衛。是書乃取宋陳友文《大易集義》、方聞一《大易粹言》_{案此書原本誤作曾穜，}_{今考正。}二書而合輯之。友文書本六十四卷，所集諸儒之説凡十八家，又失姓名兩家。聞一書本七十卷，所集諸儒之説凡七家。以二書校除重複外，《集義》視《粹言》實多得十一家。惟《粹言》有《繫辭》、《説卦》、《序卦》、《雜卦》，而《集義》止於上、下經，故所引未能賅備。性德因於十一家書中擇其論《繫辭》諸傳者，以補其闕，與《粹言》合為一編，又刪其繁蕪，勒成此本。今《粹言》尚有傳本，已著於録。《集義》流播較希，尚藉此以見梗概。其中理、數兼陳，不主一說。宋儒微義，實已略備於斯。李衡刪房審權之書，俞琬〔琰〕鈔李心傳之說[②]，並以取精擷要，有勝原編。此書之作，其功亦約略相亞矣。

【彙訂】

① 殿本“國”上有“舊本題”三字。

② “琬”，殿本作“琰”。

周易傳註七卷附周易筮考一卷（直隷總督採進本）

國朝李塨撰。塨字剛主，號恕谷，蠡縣人。康熙庚午舉人，官通州學正。是編大旨謂聖教罕言性、天，乾、坤四德，必歸人事。以下屯“建侯”、蒙“初筮”，每卦亦皆以人事立言。陳摶《龍圖》、劉牧《鉤隱》以及探無極、推先天者，皆使《易》道入於無用；《參同契》、《三易洞璣》諸書，皆異端方技之傳，其說適足以亂《易》。即五行勝負、分卦直日、一世二世三世四世諸說，亦皆於三聖所言之外再出枝節。故其說頗為淳實，不涉支離恍惚之談。其駁卦變之說，發例於《訟卦·象辭》；駁河圖、洛書之說，發例於《繫辭傳》；駁先天八卦之說，發例於《說卦傳》。其餘則但明經義，不復駁正舊文。其凡例論先儒辨難，卷不勝載，惟甚有關者，始不得已而辨之也。大抵以觀象為主，而亦兼用互體。於古人多採李鼎祚《集解》，於近人多取毛奇齡《仲氏易》、《圖書原舛編》，胡渭《易圖明辨》。其自序排擊諸儒雖未免過激，然明自隆、萬以後，言理者以心學竄入《易》學，率持禪偈以詁經，言數者奇偶與黑白遞相推衍[①]，圖日積而日多，反置象占辭變、吉凶悔吝於不問，其蠹蝕經術，實弊不勝窮，塨引而歸之人事，深得聖人垂教之旨。其矯枉過直，懲羹吹齏者分別觀之，不以詞害意可矣。

【彙訂】

①“與”，殿本無。

周易劄記二卷（兩江總督採進本）

國朝楊名時撰。名時字賓實，江陰人。康熙辛未進士，官至禮部尚書，諡文定。是編乃其讀《易》所記，前後無序跋，未詳其成書年月。觀書中所引證，蓋猶在《欽定周易折中》之後也。名時本李光地所取士，故其《易》學多得之光地。雖《説卦傳》及《附論啟蒙》之類頗推衍先天諸圖，尚不至於支離附會。至其詮解經傳，則純以義理為宗，不涉象數。大抵於程、朱之義不為苟異，亦不為苟同。在宋學之中，可謂明白而篤實矣。名時為雲南巡撫時，夏宗瀾嘗從之問《易》，所作《易》説，皆質正於名時，其問答具載宗瀾書中。然宗瀾所説，如漸卦“禦寇”證以“孤雁打更”之類，頗為膚廓，不及名時所論，猶有光地之遺也。

周易傳義合訂十二卷（江西巡撫採進本）

國朝朱軾撰。軾字若瞻，高安人。康熙甲戌進士，官至大學士，諡文端。是編因程子《易傳》、朱子《易本義》互有異同，為參校以歸一是，不復兩可其説，以滋岐貳。惟兩義各有發明，可以並行不悖者，仍俱録焉，而附以諸儒之論。其諸儒之論有實勝《傳》、《義》者，則竟舍《傳》、《義》以從之，軾所見亦各附於後。其凡例有曰：“遺象言理，自王輔嗣始。然《易》者象也，有象斯有理，理從象生也。孔子《彖》、《象》二傳，何嘗非言象？雷、風、山、澤以及乾馬、坤牛、震龍、巽雞之類，皆象也。即卦之剛柔上下、應比承乘，亦何莫非象乎？舍是而言理，不知所謂理者安在矣。《易》道之取類大，精粗巨細，無所不有。即納甲、飛伏等術數之學，不可謂非《易》之一端也。況中爻、互卦、倒巽、倒兌、厚離、厚坎之象，皆卦體之顯而易明者乎？”又稱：“卦有對易、反易。反易之義，先儒言之已備，來知德謂之卦綜，謬矣。”又稱：“程子不取卦變，謂凡卦皆自乾、坤來。然合之《象傳》，究未盡協。今一遵朱子‘一陰一陽自姤、復’之說。”又稱“宋元以來《易》圖不下數千，於四聖人之精義，全無干涉，今一概不錄。止纂析朱子各圖之義而圖仍不載”云云。其全書宗旨①，具見於斯。較之分門別戶，尊一先生之言，而先儒古義無不曲肆掊擊者，其識量相去遠矣。其書軾存之日未及刊行，乾隆丁巳，兩廣總督鄂彌達始為校付剞劂②，恭呈御覽。蒙皇上篤念舊學，親灑宸翰，弁於編首。稱其“簡而當，博而不支，鉤深探賾而不鑿。蓋玩之熟，故擇言也精；體之深，故析理也密”。天藻表揚，昭垂日月。非惟是書仰託以不朽，即天下萬世伏繹聖謨，亦均能得讀《易》之津梁，窺畫卦之閫奧，曉然知所向方也，又豈獨軾一人之幸哉！

【彙訂】

①“其”，殿本無。

②“鄂彌達”，殿本作“鄂爾達”，誤。鄂彌達，《清史稿》卷三二三有傳。滿洲正白旗人，雍正十年，署廣東總督。十三年，命兼轄廣西，仍駐肇慶。(乾隆)四年，調川陝總督。丁巳為乾隆二年。此書卷首乾隆二年御製序云：“文端以兩粵督臣鄂彌達舊為曹屬，手授是書。鄂彌達梓而傳之，刻成進覽。”

周易玩辭集解十卷（浙江巡撫採進本）[①]

國朝查慎行撰。慎行字初白，號悔餘，海寧人。康熙癸未進士，官翰林院編修。慎行受業黄宗羲，故能不惑於圖書之學。卷首《河圖説》二篇，一謂河圖之數聖人非因之以作《易》，乃因之以用著，自漢、唐以下未有列於經之前者；一謂河圖出於讖緯，而附以朱子亦用河圖生著之證。次為《横圖圓圖方圖説》，論其順逆加減，奇偶相錯之理。次為《變卦説》，謂變卦為朱子之《易》，非孔子之《易》。次為《天根月窟考》，列諸家之説凡六，而以為老氏雙修性命之學無關於《易》。次為《八卦相錯説》，謂相錯是對待，非流行。又謂相錯只八卦，非六十四卦相錯。次為《辟卦説》二，一論十二月自然之序，一論陰陽升降不外乾、坤。次為《中爻説》，以孔穎達用二、五者為是。次為《中爻互體説》，謂正體則二、五居中，互體則三、四居中，三、四之中由變而成。次為《廣八卦説》，謂《説卦》取象不盡可解，當闕所疑。其言皆明白篤實，足破外學附會之疑。經文次序用《註疏》本，乾卦之末有註曰："案胡雲峯《本義通釋》乾、坤二卦，自《文言》起至末，別為一卷，編在《説卦》之前。竊意《本義》原本當如是，而《通釋》遵之。今原本不復見矣。"云云。蓋未見劉龑刻本者。案龑之舊刻，聖祖仁皇帝特命開雕，慎行侍直内廷，何以不見，其理殆不可解。然其説經則大抵醇正而簡明，在近時講《易》之家，特為可取焉。

【彙訂】

①　此條殿本置於《周易劄記》條之前，與文淵閣庫書次序不符。文淵閣本尚有卷首一卷。（沈治宏：《中國叢書綜録訂誤》）

易説六卷（陝西巡撫採進本）

國朝惠士奇撰。士奇字仲儒，吳縣人。康熙己丑進士，官至翰林院侍讀。是書雜釋卦爻①，專宗漢學，以象爲主。然有意矯王弼以來空言説經之弊，故徵引極博，而不免稍失之雜。如釋訟卦，引荀爽説“訟之言凶也”，則以丹朱之“嚚訟”爲“嚚凶”；釋“弟子輿尸”，引《左傳》“輿子尸之”，以尸爲軍中元帥；釋“觀國之光”，引《聘禮》“請觀”及《左傳》季札觀樂、韓宣子觀書以證“觀國”，皆失之拘。釋“繫于苞桑”，以“桑”字爲“喪亡”之“喪”，而無所考據；釋“先張之弧，後説之弧”，以下“弧”字改爲“壺”，引《昏禮》“壺尊”、《太元》“壺婦”爲證，皆愛博嗜奇，不能自割。至編端論《乾·象傳》“大明終始”，引《莊子·在宥篇》“我爲女遂於大明之上矣，至彼至陽之原也；爲女入於窈冥之門矣，至彼至陰之原也”，謂莊周精於《易》，故善道陰陽，先儒説《易》者皆不及，尤未免失之不經。然士奇博極羣書，學有根柢。其精研之處，實不可磨，非暖暖姝姝守一先生之言者所可彷彿。一二微瑕，固不足累其大體也。

【彙訂】

① “卦爻”，殿本作“卦文”，誤。

周易函書約存十八卷約註十八卷別集十六卷（刑部尚書胡季堂家藏本）①

國朝胡煦撰。煦字曉滄，光山人。康熙壬辰進士，官至禮部侍郎。是書原本一百十八卷。其詮釋經文者四十九卷。冠以《原圖》八卷，用解伏羲之《易》，《原卦》三卷，用解文王之《易》，《原爻》三卷，用解周公之《易》。又取先儒論説，集爲《原古》三十六卷,謂之《首傳》。共九十九卷,為《周易函書》正集。外有《函書約》三卷,《易學須知》三卷,《易解辨異》三卷,《籌燈約旨》十卷,共十九卷,為《別集》。《別集》先已刊板,正集因卷帙浩繁,艱於剞劂,乃取詮釋經文之四十九卷,約為十八卷,名曰《函書約註》。又取《首傳》五十卷,約為十六卷,附以《續約旨》二卷,共十八卷刊之,名曰《續集》。皆煦所手訂也。其正集原本,煦門人李學裕欲為校刊,攜其稿去。會學裕病卒,遂散佚。後《別集》、《續集》板並漫漶,其子季堂重為校訂。因正集未刊,《續集》之名無所緣起,且《續集》之《原圖》、《原卦》、《原爻》、《原古》即删取正集之要語,非别有所增,未可目之以續。而《别集》内之《函書約》三卷,亦即正集之《原圖》、《原卦》、《原爻》撮其大義,更不可附入《别集》。遂以《續集》編為十五卷,取《函書約》三卷弁首,共十八卷,名為《約存》。蓋以正集既佚,其大義僅存於是也。又以《續約旨》二卷,依《籌燈約旨》原目,散附各篇之内,合《易學須知》三卷,《易解辨異》三卷,仍為《别集》。其釋經文之十八卷,仍名《約註》。共為五十二卷,即此本也。煦研思《易》理,平生精力盡在此書。其持論酌於漢學、宋學之間,與朱子頗有異同。然考《朱子語録》有曰"某作《易本義》,欲將文王卦辭大概略説,至其所以然之故,於孔象辭中發之。如此乃不失文王大意,但未暇整頓爾"云云,是朱子於《本義》蓋欲有所改定而未能,則後人辨訂,亦未始非朱子之志也。陸游《渭南集》有《朱氏易傳跋》,曰:"《易》道廣大,非一人所能盡。堅守一家之説,未為得也。元晦尊程氏至矣,然其為説亦已大異,讀者當自知之。"斯可謂天下之通論矣。

【彙訂】

① "周易函書約存十八卷約註十八卷别集十六卷",殿本作

"周易函書約存二十四卷約註十八卷別集八卷"。文淵閣《四庫》本為《周易函書約存》十五卷卷首三卷《約註》十八卷《別集》十六卷。（沈治宏：《中國叢書綜録訂誤》）

易箋八卷（山東巡撫採進本）

國朝陳法撰。法字定齋，貴州安平人。康熙癸巳進士，官至直隸大名道。其書大旨以為《易》專言人事，故彖、爻之辭未嘗言天地，雷、風諸象亦並不言陰陽。考《震·彖》言"震驚百里"，即象震雷，諸卦彖言"利涉大川"，即象坎水。法所云彖辭不言象者，未為盡合。然其持論之大旨，則切實不支。至來知德以伏卦為錯，反對之卦為綜，法則謂《大傳》所云"錯綜"者，以揲蓍而言，錯綜其七、八、九、六之數，遂定諸卦之象。今以錯綜諸卦定象，是先錯綜其象也，又以錯綜言數，是錯綜其象以定數也。先儒雖言卦變，未有易其陰陽剛柔之實，顛倒其上下之位者。今以乾為坤，以水為火，以上為下，混淆汩没，而《易》象反自此亡矣。其辨最為明晰。又論筮法云《傳》所謂"挂"者，懸之四揲之外，原以象三，而非與奇數同歸於扐，以象閏也。其曰"再扐而後挂"，是三變之中有不挂者矣。夫一變之中，初扐之挂不待言矣，惟再扐不挂，故曰"再扐而後挂"。故知再扐為指第二變、第三變而言也。其說與郭、朱迥異。而前一變挂一，後二變不挂，其挂一之策不入歸奇之中，則三變皆以四、八為奇偶，不用五、九借象，與經義似有發明。固亦可備一解也。

楚蒙山房易經解十六卷（江西巡撫採進本）

國朝晏斯盛撰。斯盛字一齋，新喻人。康熙辛丑進士，官至湖北巡撫。是書凡《學易初津》二卷，《易翼宗》六卷，《易翼說》八卷。《學易初津》為全書之宗旨，謂今所傳圖、書乃大衍之數，因《大傳》之言而圖之，不取河洛奇偶之説，所見最確。又謂辭占不遺象辭，而不取卦變、互體之説，則盡廢漢《易》之古法，未免主持稍過。《易翼宗》以經文為主，而割《十翼》散附於句下，意在以經解經，頗傷破碎。又每爻之首，畫一全卦而閒以一動爻，奇作〇，偶作（），亦自我作古。《易翼説》全解《十翼》，而先《繫辭》，次《説卦》，次《序卦》，次《雜卦》，次《彖傳》，次《文言》，次《象傳》，非古非今，更不知所據何本。然不廢象數而不為方技術數之曲説，不廢義理而不為理氣心性之空談，在近日説《易》之家，猶可云篤實近理焉。

周易孔義集説二十卷（編修周永年家藏本）

國朝沈起元撰。起元字子大，太倉人。康熙辛丑進士，官至光禄寺卿。是書大旨以《十翼》為夫子所手著，又未經秦火，其書獨完，故學《易》者必當以孔《傳》為主。因取明高攀龍《周易孔義》之名別加纂集，於古今説《易》諸書，無所偏主，惟合於孔《傳》者即取之。其篇次則仍依今本，以《彖傳》、《象傳》繫於經文之下，謂《易》之亡不亡，不係於古本之復不復。王氏以傳附經，亦足以資觀玩。惟《大象傳》往往別自起義，《文言》則引伸觸類以闡《易》蘊，皆無容附於本卦，故別出之。前列三圖，一為《八卦方位圖》，一為《乾坤生六子圖》，一為《因重圖》，皆據《繫辭》、《説卦》之文。至於河圖、洛書、先天、後天、方、圓諸圖，則謂此陳、邵之《易》，非夫子所本有，概從删薙，頗能掃除紛紜繆轕之習。其中亦多能推驗舊説，引伸新義。如《乾·象傳》“大明終始”，王《註》、程《傳》、朱子皆未有確解。起元獨取侯行果“大明，日也”

之說,而證以《晉·象傳》之"順而麗乎大明"、《禮記》之"大明生於東",於經義頗有根據。《觀·六三》、《九五》、《上九》之"觀我生"、"觀其生",自孔疏以"動出"為生,而後儒遂以"動作施為"解之,俱不免於牽強。起元獨取虞翻"生謂坤生民也"之說,尤有合於九五象傳"觀民"之旨。其釋《大象傳》比類求義,於字句相似而義不同者,推闡更為細密①。在近來說《易》家中,亦可云有本之學矣。

【彙訂】

①"更為細密",殿本作"尤密"。

易翼述信十二卷(直隸總督採進本)

國朝王又樸撰。又樸字介山,天津人。雍正癸卯進士,官至廬州府同知。是編經傳次序悉依王弼舊本,而冠以讀《易》之法,終以所集諸儒雜論。其大旨專以《彖》、《象》、《文言》諸傳解釋經義,自謂篤信《十翼》,述之為書,故名曰《易翼述信》,而以朱子所云"不可便以孔子之說為文王之說"者為非。其徵引諸家,獨李光地之言為最夥①,而於《本義》亦時有異同。蓋見智見仁,各明一義,原不能固執一說以限天下萬世也。至其注釋各卦,每爻必取變氣,蓋即之卦之遺法。其於河圖、洛書及先天、後天皆不列圖,而敘其說於雜論之末,特為有識。其時、位、德、大小、應比、主爻諸論,亦皆恪遵《御纂周易折中》之旨,闡發證明,詞理條暢,可取者亦頗多焉。

【彙訂】

①"為",殿本無。

周易淺釋四卷(江蘇巡撫採進本)

國朝潘思榘撰。思榘字補堂,陽湖人。雍正甲辰進士,官至福建巡撫。是書皆即卦變之法以求象，而即象以明理。每卦皆注自某卦來，謂之"時來"。蓋《易》道廣大，無所不該，其中陰陽變化，宛轉關生，亦具有相通之理。故漢學如虞翻諸家，皆有是說；宋學即程子、朱子，亦闡明是理。雖非《易》之本義，要亦易之一義也。前有白瀛序，稱思榘"點勘通志堂所刊《易》解四十二家，竭畢生之力以成此書。比其没也，力疾屬草，尚闕乾、坤二卦未注，遂以絶筆"。故此本所説惟六十二卦。其《彖傳》、《象傳》則以用《注疏》本附經併釋，而《文言》、《繫辭》、《説卦》、《序卦》、《雜卦》則未之及。蓋主理者多發揮《十翼》，主象、主數者多研索卦爻，其宗派然也。後有松江沈大成與其門人福唐林迪光二跋。迪光述思榘之言曰："彖多言象，而變在其中；爻多言變，而象在其中。不明時來，不知卦之來處；不求爻變，不知卦之去處。爻無所不包，舊説一概講入身心政治上去，遺卻許多道理。不如就其淺處説，而深處亦可通也。"固足括是書之大旨矣①。

【彙訂】

①"固"，殿本無。

周易洗心九卷（編修勵守謙家藏本）①

國朝任啟運撰。啟運字翼聖，荊溪人。雍正癸丑進士，官至宗人府府丞。是編大旨謂讀《易》者當先觀圖象，故首卷備列諸圖。自朱子、邵子而外，如國朝李光地、胡煦所作諸圖，皆為採入，而又以己見推廣之，端緒頗為繁賾。自序謂："其要不外《論語》'五十以學《易》'之言，文、周卦畫自羲圖出，羲圖自河、洛出。五十者，圖、書之中也。學《易》不以五十，失其本矣。"其說頗務新奇。然其詮釋經義，則多發前人所未發。大抵觀象玩辭，時闡精理,實不盡從圖、書生解。其文句異同,亦多從馬、鄭、王弼、王肅諸家之本。即或有不從舊本[2],必注某本作某字,以存古義,亦非圖、書以外廢訓詁而不言。然則其研尋奇偶,特好語精微而已,非如張行成等竟舍經而談數也。

【彙訂】

① 文淵閣《四庫》本為《周易洗心》七卷卷首二卷。(沈治宏:《中國叢書綜錄訂誤》)

② "或有不從舊本",殿本作"不從舊本者"。

豐川易説十卷(兩江總督採進本)[1]

國朝王心敬撰。心敬字爾緝,鄠縣人。乾隆元年薦舉賢良方正,以老病不能赴京而罷。心敬受業於李容〔顒〕[2],而謹嚴不逮其師。所註諸經,大抵好為異論,《書》及《春秋》為尤甚。惟此編推闡《易》理,最為篤實。其言曰:"學《易》可以無大過,是孔子明《易》之切於人身,即是可以知四聖人繫《易》之本旨,並可以識學《易》之要領。"又曰:"《易》是道人事之書,陰陽消長,只是借來作影子耳。故曰:'《易》者[3],象也,象也者,像也。'於陰陽消長處看得不明,是影子不真。若徒泥陰陽消長而無得於切己之人事,亦屬捕風捉影。"又曰:"置象言《易》,是謂懸空;執象舍義,是為泥跡。象義雙顯,則體用一源,顯微無閒。"又曰:"《中庸》一書,是子思為當日之言道者視為高深元遠,故兩引《中庸》之説以明道。《易翼》十篇,是孔子為當日之言《易》者視為高深元遠,故重申'易簡'之説以明《易》。後儒往往索諸隱深,欲以張皇《易》妙,而不知反失其本旨。"又曰:"若《易》不關象,不知義於何取;不屬卜筮,不知設蓍何為。"又曰:"學者讀《易》不知求設教之本旨，讀《書》不知《洪範》經世之宏猷，每於河圖、洛書穿鑿附會，何切於實事實理？”又曰“大抵漢、唐之《易》，只成訓詁；宋、明之《易》，多簸弄聰明。訓詁非《易》而《易》在，聰明亂《易》而《易》亡。”又曰：“義言象占，同體共貫，廢一不得，泥一不得。後儒紛紛主象、主數、主理、主卜筮、主錯綜之變，是舍大道而入旁蹊。”云云。其說皆明白正大，故其書皆切近人事，於學者深為有禆。至於互卦之說，老陰、老陽始變之說，錯綜之說，卦變之說，皆斥不信，併《左氏》所載古占法而排之。雖主持未免太過，要其立言之大旨，則可謂正矣。

【彙訂】

① 文淵閣《四庫》本尚有卷首一卷。（沈治宏：《中國叢書綜錄訂誤》）

② “李容”，當作“李顒”，底本乃避嘉慶諱改。殿本作“李顒”。

③ 殿本“者”上有“也”字，衍，參《周易·繫辭傳》原文。

周易述二十三卷（浙江吳玉墀家藏本）

國朝惠棟撰，棟字定宇，號松崖，元和人①。其書主發揮漢儒之學，以荀爽、虞翻為主，而參以鄭元、宋咸、干寶諸家之說，融會其義，自為注而自疏之。其目錄凡四十卷。自一卷至二十一卷，皆訓釋經文。二十二卷、二十三卷為《易微言》，皆雜鈔經典論《易》之語。二十四卷至四十卷，凡載《易大義》、《易例》、《易法》、《易正訛》、《明堂大道錄》、《禘說》六名，皆有錄無書。其注疏尚闕下經十四卷及《序卦》、《雜卦》兩傳，蓋未完之書。其《易微言》二卷，亦皆雜錄舊說以備參考。他時藏事，則此為當棄之糟粕，非欲別勒一編，附諸注疏之末。故其文皆未詮次。棟歿之後，其門人過尊師説，并未定殘稿而刻之，實非棟本意也②。自王弼《易》行，漢學遂絕。宋、元儒者類以意見揣測，去古寖遠。中閒言象數者又岐為圖、書之説，其書愈衍愈繁，而未必皆四聖之本旨。故説經之家莫多於《易》與《春秋》，而《易》尤叢雜。棟能一一原本漢儒，推闡考證。雖掇拾散佚，未能備睹專門授受之全。要其引據古義，具有根柢，視空談説經者，則相去遠矣。

【彙訂】

①《總目》卷一《新本鄭氏周易》條已敘惠棟表字籍貫，此條當作“棟有《新本鄭氏周易》，已著録”。

② 此書前二十一卷為《周易述》，以漢儒之説為主另立新説。《易微言》彙輯先秦兩漢諸家論説以為旁證，《易大義》實即《中庸注》二卷與《禮運注》一卷（闕）（惠棟《松崖文鈔》卷一《上制軍尹元長先生書》：“子游《禮運》、子思《中庸》，純是《易》理。”）。《易例》、《易法》（闕）明聖人作《易》之源及漢儒解《易》之本例法則，《易正訛》（闕）校歷代相沿之訛文誤字以復古本之舊，《明堂大道録》與《禘説》鈎稽明堂之法與禘祀之制以證《易》為軍國大政之用，實為惠棟精心結撰之系列著述。（漆永祥：《〈四庫總目提要〉惠棟著述糾誤》）

易漢學八卷（光禄寺卿陸錫熊家藏本）

國朝惠棟撰。是編乃追考漢儒《易》學，掇拾緒論以見大凡。凡《孟長卿易》二卷，《虞仲翔易》一卷，《京君明易》二卷，《干寶易》附見。《鄭康成易》一卷，《荀慈明易》一卷。其末一卷則棟發明漢《易》之理，以辨正河圖、洛書、先天、太極之學。其以虞翻次孟喜者，以翻《別傳》自稱五世傳孟氏《易》；以鄭元次京房者，以《後漢書》稱元通《京氏易》也。荀爽別為一卷，則費氏《易》之流派矣。考漢《易》自田王孫後，始岐為施、孟、梁邱〔丘〕三派。然《漢書·儒林傳》稱[1]：“孟喜得《易》家候陰陽災變書，詐言田生且死時，枕喜厀獨傳。而梁邱賀疏通證明[2]，謂‘田生絕於施讎手中。時喜歸東海，安得此事？’”又稱：“焦延壽嘗從孟喜問《易》，京房以為延壽即孟氏學，而翟牧、白生不肯，皆曰非也。劉向亦稱諸《易》家說皆祖田何、楊叔、丁將軍，大義略同，惟京氏為異黨。”則漢學之有孟、京，亦猶宋學之有陳、邵，均所謂《易》外別傳也。費氏學自陳元、鄭眾、馬融、鄭元以下，遞傳以至王弼，是為今本。然《漢書》稱：“直長於卦筮，無章句，徒以《彖》、《象》[3]、《繫辭》十篇、《文言》解說上、下經。”《隋志》“五行家”有直《易林》二卷、《易內神筮》二卷、《周易筮占林》五卷，則直《易》亦兼言卜筮。特其爻象承應陰陽變化之說，與孟、京兩家體例較異。合是三派，漢學之占法亦約略盡此矣[4]。夫《易》本為卜筮作，而漢儒多參以占候，未必盡合周、孔之法。然其時去古未遠，要必有所受之。棟採輯遺聞，鉤稽考證，使學者得略見漢儒之門徑，於《易》亦不為無功矣。孟、京兩家之學，當歸術數。然費氏為象數之正傳，鄭氏之學亦兼用京、費之說，有未可盡目為讖緯者。故仍列之經部焉。

【彙訂】

[1] 殿本“然”下有“考”字。

[2] “而”，殿本無。

[3] “彖、象”，底本作“象、彖”，據《漢書》卷八十八費直本傳原文及殿本乙。

[4] “占”，殿本作“古”，誤。

易例二卷（桂林府同知李文藻刊本）

國朝惠棟撰。棟所作《周易述》目錄，列有《易微言》等七書。惟《易微言》二卷附刊卷末，其餘並闕。此《易例》二卷，即七書中之第三種，近始刊本於潮陽，皆考究漢儒之傳以發明《易》之本例。凡九十類，其中有錄無書者十三類。原跋稱為未成之本。今考其書，非惟採摭未完，即門目亦尚未分。意棟欲鎔鑄舊說[①]，作為《易》例。先創草本，採摭漢儒《易》說，隨手題識，筆之於冊，以儲作論之材。其標目有當為例而立一類者，亦有不當為例而立一類者；有一類為一例者，亦有一類為數例者。如既有"扶陽抑陰"一類，又有"陽道不絕陰道絕義"一類，又有"陽無死義"一類。此必欲作"扶陽抑陰"一例，而雜錄於三處者也。曰"中和"，曰"《詩》尚中和"，曰"《禮》、《樂》尚中和"，曰"君道尚中和"，曰"建國尚中和"，曰"《春秋》尚中和"，分為六類，已極繁複。而其後又出"中和"一類，"君道中和"一類，卷末更出"中和之本"一類。此亦必欲作"《易》尚中和"一例，而散見於九處者也。"古者有聖人之德，然後居天子之位"一類，徵引繁蕪，與《易》理無關，而題下注曰："即二升坤五義。"此必摭為"乾升坤降"之佐證，而偶置在前者也。又如"初為元士"一類，即"貴賤"類中之一。乾為仁、震為車、艮為言三類，即諸例中之三。"天地之始"一類，即"卦無先天"一類之復出。皆由未及排貫，遂似散錢滿屋。至於《史記》讀《易》之文、《漢書》傳《易》之派，更與《易》例無與，亦必存為佐證之文，而傳寫者誤為本書也。此類不一而足，均不可據為定本。然棟於諸經深窺古義，其所捃摭[②]，大抵老師宿儒專門授受之微旨，一字一句，具有淵源。苟汰其蕪雜，存其菁英，因所錄而排比參稽之，猶可以見聖人作《易》之大綱、漢代傳經之崖略。正未可以殘闕少緒，竟棄其稿矣。

【彙訂】

① "意"，殿本作"蓋"。

② "挭摭"，殿本作"据摭"。

易象大意存解一卷（編修程晉芳家藏本）

國朝任陳晉撰。陳晉字似武，號後山，亦曰以齋，江蘇興化人。乾隆己未進士，官徽州府教授。是編不載經文，惟折衷諸家之說，明《易》象之大意，故以為名。考《左傳》韓起聘魯，見《易·象》、《春秋》，則《易》之主象，古有明文。陳晉以象為宗，實三代以來舊法。卷首標凡例七則，多申尚象之旨。書中首論太極、五行，兼談河、洛、先天諸圖，然發揮明簡，惟標舉其理所可通，凡一切支離推衍、布算經而繪弈譜者，剗除殆盡。其凡例有曰："後之言象數者流入藝術之科，其術至精，而其理亦更奧澀。然偏於一隅，似反涉形下之器。"可云篤論。次論彖、論爻、論象，不廢互體之說，蓋以《雜卦傳》為據。次論六十四卦，各括其大旨，亦大抵切人事立言。終以《繫辭》、《序卦》、《說卦》、《雜卦》，其文頗略。蓋著書之意在於六十四卦，餘皆互相發明耳。

大易擇言三十六卷（兩江總督採進本）

國朝程廷祚撰。廷祚字綿莊，號青溪，上元人。是編因桐城方苞《緒論》，以六條編纂諸家之說。一曰正義，諸說當於經義者也。二曰辨正，訂異同也。三曰通論，謂所論在此而義通於彼，與別解之理猶可通者也。四曰餘論，單辭片語可資發明者也。五曰存疑，六曰存異，皆舊人訛舛之文，似是者謂之疑，背馳者謂之異也。六條之外，有斷以己意者，則以"愚案"別之。其闡明爻象,但以《說卦》健、順、動、入、陷、麗、止、説八義為八卦真象,八者之得失則以所值之重卦為斷。其明爻義則求之本爻,而力破承乘比應諸舊解。其稽六位則專據《繫辭》"辨貴賤者存乎位"之旨,凡陽爻陰位、陰爻陽位之説,亦盡芟除。蓋力排象數之學,惟以義理為宗者也。

周易辨畫四十卷（安徽巡撫採進本）

國朝連斗山撰。斗山字叔度,潁州人。是書大旨謂一卦之義在於爻,爻[1]畫有剛有柔,因剛柔之畫而立之象,即因剛柔之畫而繫以辭[2],其道先在於辨畫,故以為名。末有輯圖一卷,則即朱子舊圖而略為損益之。其説專主卦畫立義。如屯之大象云:"四偶以次條列如絲,中貫[3]一奇如梭。上互艮,手,下動震,足,如織紝然。故有經綸之象。"未免穿鑿太甚。然其逐卦詳列互體,剖析微渺,亦頗有合於精理者。蓋即爻論爻,乃能以《易》詮《易》。雖閒有附會之失,而錯綜變化之本旨,猶可藉以參觀。固與高談性道以致惝怳無歸者,尚較有實際焉。

【彙訂】

① "爻",殿本脱。

② 殿本"即"上有"亦"字。

③ "貫",殿本作"畫",誤,參此書卷三屯卦原文。

周易圖書質疑二十四卷（安徽巡撫採進本）

國朝趙繼序撰。繼序號易門,休寧人。乾隆辛酉舉人。其書以象數言《易》,而不主陳、邵河洛之説。謂作圖者本於《易》,而反謂作《易》者本於圖,蓋因錢義方之説而暢之[1]。首為《古經》十二篇。次逐節詮釋經義而不載經文,但標卦爻,用漢儒經、傳別行之例。次為圖三十有二，各繫以説，而終以《大衍象數考》《春秋傳論易考》《易通歷數》《周易考異》《卦爻類象》。又一篇辨吳仁傑本、費直本而不立標題，列於《周易考異》前。疑即《考異》之末簡，傳寫顛倒也。全書多從卦變起象，而兼取漢、宋之説，持論頗平允。惟以"帝出乎震"為夏之《連山》，"坤以藏之"為殷之《歸藏》，本程智之説而推衍之[2]，未免曲解夫子所贊《周易》也。豈忽攙説舊法，自亂其例乎？

【彙訂】

① 底本此句下有"全書不分卷數"六字，據殿本刪。

② "程智"，殿本作"程氏"。程智，《江南通志》卷一六四《人物·儒林·徽州府》有傳，卷一九〇《藝文志》著録其《易説》《大易要語》《二四一三參兩説》《大易宗旨》等。

　周易章句證異十一卷（江蘇巡撫採進本）

　國朝翟均廉撰。均廉字春沚，仁和人。乾隆乙酉舉人，官內閣中書舍人。是書取《周易》古今諸本同異之處，互相考證。如李鼎祚卦辭前分冠《序卦》；周燔卦辭前列《大象》，卦辭後列《象傳》；趙汝楳卦辭前列《大象》，卦辭後列《象傳》，次《文言》，次爻辭；李過、方逢辰乾卦卦辭後列《象傳》，次《文言》釋《彖》處，次《大象》，次爻辭；蔡淵卦辭後列《大象》，次《象傳》，《文言》別為一傳，傳低一字；王洙於篇中不載卦辭，別為一篇之類。此篇章之同異也。如乾卦三爻，孟喜作"夕惕若夤"句[1]，"厲无咎"句；荀爽、虞翻、王弼作"夕惕若厲"句；邵子、朱震、朱子作"夕惕若"句。此句讀之同異也。逐卦逐爻，悉為臚列，閒或附以己意，以"廉案"二字別之。古今本異同之處，校勘頗為精密。雖近時之書，而所言皆有依據。轉勝郭京《舉正》以意刊改,託言於王、韓舊本者也。

【彙訂】

①"夕",殿本作"惕",誤。

附錄

乾坤鑿度二卷(永樂大典本)

案《乾坤鑿度》,隋、唐《志》,《崇文總目》皆未著録。至宋元祐閒始出,《紹興續書目》有《倉頡注鑿度》二卷。後以鄭氏所注《乾鑿度》有別本單行,故亦稱此本為《《《鑿度》①。程龍謂"隋焚讖緯,無復全書,今行於世惟《乾坤二鑿度》"者是也。其書分上、下二篇。上篇論四門四正,取象取物,以至卦爻著策之數。下篇謂坤有十性,而推及於蕩配、陵配②。又雜引《萬形經》、《地形經》③、《制靈經》、《著成經》、《含靈孕》諸緯文,詞多聱牙不易曉。故晁公武疑為宋人依託,胡應麟亦以為《元包》、《洞極》之流。而胡一桂則謂:"漢去古未遠,尚有祖述,有裨《易》教。"評騭紛然,真偽莫辨。伏讀御製《題〈乾坤鑿度〉》詩,定作者為後於莊子④,而舉《應帝王篇》所云"儵忽"、"混沌",分配乾坤、太始,以推求"鑿"字所以命名之義。援據審覈,折衷至當。臣等因考《列子》、《白虎通》、《博雅》諸書,皆以太易、太初、太始、太素為氣、形⑤、質之始,與《鑿度》所言相合。獨《莊子》於《外篇‧天地》略及"泰初有無"之語,而其他名目,概未之見。則"儵忽"、"混沌",實即南華氏之變文,作《鑿度》者復本其義而緣飾之耳。仰蒙聖明剖示,精確不刊,洵永為是書定論矣。案《七經》緯皆佚於唐,存者獨《易》，逮宋末而盡失其傳。今《永樂大典》所載《易》緯具存，多宋以後諸儒所未見⑥，而此書實為其一。謹校定訛闕，釐勘審正，冠諸《易》緯之首⑦，而恭疏其大旨於簡端。

【彙訂】

① "單行故亦稱此本"，殿本脫。《直齋書錄解題》卷三"讖緯類"著錄《乾坤鑿度》二卷，"一作《巛鑿度》，題'包犧氏先文 軒轅氏演籀 蒼頡修'。"

② "配"，殿本脫。此書卷下有三蕩配、四凌配。

③ "地形經"，殿本作"地制經"，誤。此書卷上"立乾坤巽艮四門"條引《地形經》曰"山者艮也"云云。

④ "為"，殿本無。

⑤ "氣形"，殿本作"形氣"，誤。《列子·天瑞》曰："太初者氣之始也，太始者形之始也，太素者質之始也。"《白虎通義·天地》引《乾鑿度》、《廣雅(一名博雅)·釋天》所載略同。

⑥ "多"，殿本無。

⑦ "首"，殿本作"前"。

周易乾鑿度二卷(永樂大典本)①

案《周易乾鑿度》，鄭康成注，與《乾坤鑿度》本二書②。晁公武並指為倉頡修古籀文，誤併為一，《永樂大典》遂合加標目。今考《宋志》有鄭康成注《易乾鑿度》三卷，而不及《乾坤鑿度》，則知宋時固自單行也。說者稱其書出於先秦，自《後漢書》、南北朝諸史及唐人撰《五經正義》③，李鼎祚作《周易集解》，徵引最多。皆於《易》旨有所發明④，較他緯獨為醇正。至於太乙九宮、四正四維，皆本於十五之說，乃宋儒戴九履一之圖所由出。朱子取之，列於《本義》圖説。故程大昌謂"漢、魏以降,言《易》學者皆宗而用之⑤,非後世所託為",誠稽古者所不可廢矣。原本文字斷闕,多有訛舛。謹依經史所引各文,及旁採明錢叔寶舊本互相校正,增損若干字⑥。其定為上、下二卷,則從鄭樵《通志》之目也⑦。

【彙訂】

① 底本此條與文淵閣庫書次序不符。應據殿本置於"易緯通卦驗二卷"條之前。

②"與乾坤鑿度本二書",殿本作"本與乾坤鑿度異"。

③"及唐人撰五經正義",殿本脱。

④"易旨",殿本作"易數"。

⑤ 明程敏政《新安文獻志》卷三一、明唐順之《稗編》卷二、《經義考》卷二六三均引作"凡言《易》、《老》者,皆已宗而用之",文淵閣書前提要不誤。(江慶柏等:《四庫全書薈要總目提要》)

⑥"增損若干字",殿本無。

⑦"從",殿本無。

易緯稽覽圖二卷(永樂大典本)

案《後漢書・樊英傳》注舉"七緯"之名①,以《稽覽圖》冠《易》緯之首。《隋志》鄭康成注《易緯》八卷,《唐志》宋均注《易緯》九卷,皆不詳其篇目。《宋志》有鄭康成注《稽覽圖》一卷,《通志》七卷。而馬氏《經籍考》載《易》緯七種,亦首列鄭注《稽覽圖》二卷。獨陳振孫《書録解題》別出《稽覽圖》三卷,稱:"與上《易》緯相出入,而詳略不同。"似後人掇拾緯文,依託為之者,非即康成原注之本。自宋以後,其書亦久佚弗傳。今《永樂大典》載有《稽覽圖》一卷,謹以《後漢書》郎顗、楊賜傳,《隋書・王邵傳》所見緯文及注參校，無不符合，其為鄭注原書無疑。惟陸德明《釋文》引"無以教之曰蒙"、《太平御覽》引"五緯各在其方"之文，此本皆闕如。則意者書亡僅存，已不免於脫佚矣。其書首言"卦氣起中孚"，而以坎、離、震、兌為四正卦，六十卦卦主六日七分。又以自復至坤十二卦為消息，餘雜卦主公、卿、侯②、大夫，候風雨寒溫以為徵應。蓋即孟喜、京房之學所自出。漢世大儒言《易》者，悉本於此，最為近古。至所稱軌策之數以及世應遊歸③，乃兼通於日家推步之法。考唐一行推大衍之策，以算術本於《易》，故其《本議》言代軌德運，及《六卦議》言一月之策九六七八，"發斂術"言中節候卦④，皆與《稽覽圖》相同。獨所云天元甲寅以來至周宣帝宣政元年，則似甄鸞所推甲寅元曆之術⑤。而又有云"太初癸巳"，則古無以此為元者⑥。其他雜引宋永初、元嘉，魏始光，唐上元、先天、貞元、元和年號，紛錯不倫。蓋皆六朝迄唐術士先後所附益，非《稽覽圖》本文。今審覈詞義，退文附書⑦，以為區別。並援經注史文，是正訛舛。依馬氏舊錄，析為上、下二卷，庶言《易》學者或有所考見焉。

【彙訂】

①　"注"，殿本作"謹"，誤，參《後漢書·樊英傳》注。

②　"侯"，殿本脫，據此書卷下六陽月三十卦直事日、六陰月三十卦直事日二表。

③　"軌策"，殿本作"軌策"，誤。此書卷下有"軌折之數"。

④　"候卦"，殿本作"卦議"。

⑤　"似"，殿本無。

⑥　殿本"則"下有"似"字。

⑦　"退文"，殿本作"隨文"，誤。"退文附書"指將附益者低

格附記,以與本文相區別。(江慶柏等:《四庫全書薈要總目提要》)

易緯辨終備一卷(永樂大典本)

案《辨終備》,一作《辨中備》。《後漢書·樊英傳》註《易》緯凡六,為《稽覽圖》、《乾鑿度》、《坤靈圖》、《通卦驗》、《是類謀》,而終以此篇。馬氏《經籍考》皆稱為鄭康成注,而《辨終備》著録一卷。今《永樂大典》所載僅寥寥數十言,已非完本。且其文頗近《是類謀》,而《史記正義》所引《辨中備》孔子與子貢言世應之説①,與此反不類。或其書先佚而後人雜取他緯以成之者,亦未可定也。然別無可證,姑仍舊題云。

【彙訂】

①《史記》卷六七《仲尼弟子列傳》,《正義》引作《中備》。文淵閣書前提要不誤。(江慶柏等:《四庫全書薈要總目提要》)

易緯通卦驗二卷(永樂大典本)

案《易緯通卦驗》,馬端臨《經籍考》及《宋史·藝文志》俱載其名①。黃震《日抄》謂其書大率為卦氣發,朱彝尊《經義考》則以為久佚,今載於《説郛》者,皆從類書中湊合而成,不逮什之二三。蓋是書之失傳久矣。《經籍考》、《藝文志》舊分二卷,此本卷帙不分。核其文義,似於"人主動而得天地之道,則萬物之蘊盡矣"以上為上卷,"曰:凡《易》八卦之氣,驗應各如其法度"以下為下卷。上明稽應之理,下言卦氣之徵驗也。至其中訛脱頗多,注與正文往往相混。其字句與諸經注疏、《續漢書》劉昭補注、歐陽詢《藝文類聚》、徐堅《初學記》、宋白《太平御覽》、孫瑴《古微書》等書所徵引,亦互有異同。第此書久已失傳,當世並無善本可校。類書所載,亦輾轉訛舛,不盡可據。謹於各條下擬列案語,其文與注相混者,悉為釐正,脱漏異同者,則詳加參校,與本文兩存之。蓋通其所可知,闕其所不可知,亦闕疑仍舊之義也。

【彙訂】

① "宋史藝文志俱載其名",殿本作"宋藝文志俱載其文"。

易緯乾元序制記一卷(永樂大典本)

案《乾元序制記》,《後漢書》註《七緯》名,並無其目。馬氏《經籍考》始見一卷。陳振孫疑為後世術士附益之書。今考此篇首簡"文王比隆興始霸"云云,孔穎達《詩疏》引之,作《是類謀》。疏又引《坤靈圖》"法地之瑞"云云,今《坤靈圖》亦無其文,而與此篇文義相合。又《隋書·王劭傳》引《坤靈圖》"泰姓商名宫"之文,亦在此篇。至其所言風雨寒温消息之術,乃與《稽覽圖》相近。疑本古緯所無,而後人於各緯中分析以成此書者。晁公武謂其本出於李淑①,當亦唐、宋閒人所妄題耳。

【彙訂】

① "本出於李淑",殿本作"出於李淑家"。

易緯是類謀一卷(永樂大典本)

案《是類謀》,一作《筮類謀》。馬氏《經籍考》"一卷,鄭康成注"。其書通以韻語綴輯成文,古質錯綜,別為一體。《藝文類聚》、《太平御覽》諸書引其文頗多,與此本參校並合①,蓋視諸緯略稱完備。其閒多言機祥推驗,並及於姓輔名號,與《乾鑿度》所引《易曆》者義相發明。而《隋書·律曆志》載周太史上士馬顯所上表亦有"玉羊、金雞"之語,則此書固隋以前言術數者所必及也。

【彙訂】

① "合"，殿本作"同"。

易緯坤靈圖一卷（永樂大典本）

案《坤靈圖》，孫瑴謂配《乾鑿度》名篇。馬氏《經籍考》著録一卷。今僅存論乾、无妄、大畜卦辭及史注所引"日月連璧"數語，則其闕佚者蓋已夥矣。考《後漢書》注，《易緯坤靈圖》第三，在《辨終備》、《是類謀》之上。而王應麟《玉海》謂："三館所藏有鄭注《易》緯七卷①，《稽覽圖》一，《辨終備》四，《是類謀》五，《乾元序制記》六，《坤靈圖》七，二卷、三卷無標目。"《永樂大典》篇次亦然。今略依原第編膏，蓋從宋時館閣本也。

【彙訂】

① "易緯坤靈圖第三在辨終備是類謀之上而王應麟玉海謂三館所藏有鄭注"，殿本脱，參《後漢書‧樊英傳》注、《玉海》卷三五《易》類原文。

　　案，儒者多稱讖緯，其實讖自讖，緯自緯，非一類也。讖者詭為隱語，預決吉凶。《史記‧秦本紀》稱盧生奏録圖、書之語，是其始也。緯者，經之支流，衍及旁義。《史記‧自序》引《易》"失之毫釐，差以千里"①，《漢書‧蓋寬饒傳》引《易》"五帝官天下，三王家天下"，注者均以為《易》緯之文是也。蓋秦漢以來，去聖日遠，儒者推闡論説，各自成書，與經原不相比附。如伏生《尚書大傳》、董仲舒《春秋陰陽》，核其文體，即是緯書。特以顯有主名，故不能託諸孔子。其他私相撰述，漸雜以術數之言，既不知作者為誰，因附會以神其説。迨彌傳彌失，又益以妖妄之詞，遂與讖合而為一。然班固稱："聖人作經,賢者緯之。"楊侃稱："緯書之類,謂之祕經。圖讖之類,謂之内學。河洛之書,謂之靈篇。"胡應麟亦謂："讖、緯二書,雖相表裏,而實不同。"則緯與讖別,前人固已分析之。後人連類而譏,非其實也。右《乾鑿度》等七書,皆《易》緯之文,與圖讖之熒惑民志、悖理傷教者不同。以其無可附麗,故著録於《易》類之末焉。

【彙訂】

① "以",殿本作"之",誤,參《史記・太史公自序》原文。

右"《易》類"一百五十八部,一千七百五十七卷①,附録八部,十二卷,皆文淵閣著録。

【彙訂】

① "一百五十八部一千七百五十七卷",殿本作"一百五十九部一千七百四十八卷"。實際著録一百五十八部,底本一千七百六十一卷,殿本一千七百五十九卷。

　　案,盈虛消息,理之自然也。理不可見,聖人即數以觀之,而因立象以著之。以乾一卦而論,積一至六、自下而上者,數也;一潛,二見,三惕厲,四躍,五飛,六亢者,理也,而象以見焉。至於互體變爻,錯綜貫串,《易》之數無不盡,《易》之理無不通,《易》之象無不該矣①。《左氏》所載即古占法,其條理可覆案也。故象也者,理之當然也,進退存亡所由決也;數也者,理之所以然也,吉凶悔吝所由生也。聖人因卜筮以示教,如是焉止矣。宋人以數言《易》,已不甚近於人事,又務欲究數之所以然,於是由畫卦推奇偶,由奇偶推河圖、洛書,由河圖、洛書演為黑白方圓、縱橫順逆,至於汗漫而不可紀,曰此作《易》之本也。及其解經,則象義、爻象又絕不本圖、書立説,豈畫卦者一數,繫辭者又別一數耶?
夫聖人垂訓,實教人用《易》,非教人作《易》。今不談其所以
用,而但談其所以作,是《易》之一經非千萬世遵為法戒之
書,而一二人密傳元妙之書矣②。經者,常也,曾是而可為
常道乎? 朱子以康節之學為《易》外別傳,持論至確。其作
《易學啟蒙》,蓋以程子《易傳》不及象數,故兼備此義以補所
闕,非專以數立教也。後人棄置《本義》而專以《啟蒙》為口
實,殆倒置其本末矣。今所編録,於推演數學者略存梗概,
以備一家。其支離曼衍,不附經文,於《易》杳不相關者,則
竟退置於術數家。明不以魏伯陽、陳摶等方外之學淆《六
經》之正義也。

【彙訂】

① 殿本"無"上有"亦"字。

② "元妙",殿本作"妙悟"。

卷七

經 部 七

易 類 存 目 一

關氏易傳一卷（內府藏本）

舊本題北魏關朗撰，唐趙蕤注。朗字子明，河東人。蕤字大賓，梓州鹽亭人。詳見子部雜家類《長短經》條。是書《隋志》、《唐志》皆不著錄。晁公武《讀書志》謂李淑《邯鄲圖書志》始有之。《中興書目》亦載其名，云"阮逸詮次刊正"。陳師道《後山談叢》①、何薳《春渚紀聞》及邵博《聞見後錄》皆云，阮逸嘗以偽撰之稿示蘇洵，則出自逸手，更無疑義②。逸與李淑同為神宗時人③，故李氏書目始有也。《吳萊集》有此書後序，乃據《文中子》之說力辨其真。文士好奇，未之深考耳。

【彙訂】

① "後山談叢"，底本作"後山叢談"，據殿本改。

② 朱熹嘗曰："關子明《易》是阮逸作，陳無己集中說得分明。"（《朱子語類》卷六十七）然其《易學啟蒙》"原卦畫第一"篇曰："關子明云，河圖之文，七前六後，八左九右。洛書之文，九前一後，三左七右，四前左二前右，八後左六後右。"清江永《河洛精蘊》曰："元魏太和時，關郎子明述其六代祖淵有《洞極真經》，其

‘序本論’云：‘河圖之文，七前六後，八左九右，是故全七之三以為離，奇以為巽，全八之三以為震，奇以為艮，全六之三以為坎，奇以為乾，全九之三以為兌，奇以為坤。正者全其位，偶者盡其畫。四象生八卦，其是之謂乎？’”以此知朱熹《易學啟蒙》所引“河圖之文”云云，係出自關朗（或託名關朗者）所述其六代祖淵之《洞極真經》，而非關朗所著《易傳》。元初胡一桂《周易啟蒙翼傳外篇》録有《洞極真經》之“序”、“生傳第一”、“資傳第二”、“育傳第三”、“敍本論”、“明變論”、“極數”、“原名”、“原德”、“次為論”之文，所引“敍本論”上有“擬玄圖”，其文曰：“子曰：‘河圖之文，七前六後，八左九右，聖人觀之以畫八卦’，是故全七之三以為離，奇以為巽；全八之三以為震，奇以為艮；全六之三以為坎，奇以為乾；全九之三以為兌，奇以為坤。正者全其位，偶者盡其畫。《易》曰四象生八卦，其是之謂乎？洛書之文，九前一後，三左七右，四前左二前右，八後左六後右，後聖稽之以為三象……”據鄭樵《通志·藝文略》所記：“周易傳一卷，後魏關朗撰，唐趙蕤註。”（入“傳”類）“洞極真經一卷。”（無撰者，入“擬易”類）則知南宋初鄭樵所見為二書，一為題關朗撰之《周易傳》，一為無撰人之《洞極真經》。蔡元定起《易學啟蒙》之稿時所引之“關子明曰”，當出於《洞極真經》，而誤將其中“敍本論”有關河圖洛書說作關子明說而已。依元初胡一桂所引，則知其時有此“河圖洛書說”之書尚存，名曰《洞極真經》，而不是“關子明《易傳》”。至於阮逸所撰偽書，從《洞極真經》之內容上看，亦即是此書，而不是“關子明《易傳》”。所謂“河圖之文”，以六、七、八、九為四象而用三數（三畫）為坎、離、震、兌，所餘之數為乾、巽、艮、坤，其說實本《易數鉤隱圖》之《河圖四象第五十一》之圖（上七、下六、左八、右七）

及《易數鈎隱圖遺論九事》之《太皞氏授龍馬負圖第一》之圖説而來。而其“洛書之文”又是本“九宮數”而出（無中宮之五），顯然是與《易數鈎隱圖》唱反調。阮逸與宋咸等皆反對劉牧之易學，以託古之“洞極擬玄”偽書即可從根本上否定劉牧之河洛説。（郭彧：《續四庫提要辯證（經部易類）》）

③《直齋書録解題》卷八載《邯鄲書目》（即《邯鄲圖書志》）十卷，有李淑皇祐元年自序。則“神宗”乃“仁宗”之誤。（楊武泉：《四庫全書總目辨誤》）

方舟易學二卷（浙江吳玉墀家藏本）

宋李石撰。石字知幾，資陽人。陸游《老學庵筆記》載其本名知幾，後感夢兆，改名石，而以知幾為字①。《宋史》不為立傳。《資州志》載其舉進士高第②。紹興末以薦任太學博士，黜成都學官。乾道中再入為郎，後歷知合州、黎州、眉州，皆以論罷。終於成都轉運判官③。鄧椿《畫繼》則載其“少負才名④。既登第，以趙逵薦任太學博士，今倅成都”。蓋椿與石同時，故舉其現居之官也⑤。是書專論互體，每卦標兩互卦之名，而以爻辭證之。考漢儒説《易》，多主象占，後孟喜、焦贛、京房流為災變，鄭元又配以爻辰，固不免有所附會。自王弼掃滌舊文，併謂互體、卦變皆無足取，於是棄象不論。夫納甲、五行本非《易》義所重，棄之可也。若互卦及動爻之變，其説見於《繫辭》，其法著於《左傳》⑥，歷代諸儒相承有自，概從排斥，未免偏涉元虛⑦。故石專闢王弼之學⑧。其上卷詳言互體之義。下卷曰《象統》，曰《明閏》。《象統》但存一序，其説未竟。《明閏》以六十四卦分月，以明置閏之法也。朱彝尊《經義考》曰：“《方舟集》止存二卷，崑山徐秉義家藏有《易互體例》，卷首不著撰人名氏，但題‘門人劉伯熊編’。”此本卷首有“竹垞”二字小印，豈其書後歸彝尊歟？考《書錄解題》載李石《方舟集》五十卷，《後集》二十卷，而《永樂大典》所載《左氏君子例》、《詩如例》、《詩補遺》及此書皆題曰李石《方舟集》。則是四書皆其集中所載，徐氏惟得其兩卷，故卷端無姓名耳。今《方舟集》已於《永樂大典》中裒輯成帙，此四書亦仍其舊例，併入集中。故不復重錄，而附存其目於此焉。

【彙訂】

①《老學庵筆記》卷二云：“李知幾少時祈夢於梓潼神，是夕夢至成都天寧觀，有道士指織女支機石曰：‘以是為名字，則及第矣。’李遂改名石，字知幾，是舉過省。”初無本名知幾之說。（余嘉錫：《四庫提要辨證》）

②“資州志”，底本作“資川志”，據殿本改。資陽地屬資州。（王重民：《跋新印本〈四庫全書總目〉》）

③“於”，殿本無。

④“則”，殿本作“亦”。

⑤“故舉”，殿本作“猶及見”。

⑥“著”，殿本作“見”。

⑦“元虛”，殿本作“虛無”。

⑧ 殿本“石”下有“此書”二字。

周易繫辭精義二卷（兩淮馬裕家藏本）

舊本題宋呂祖謙撰。祖謙有《古周易》，已著錄。初，程子作《易傳》，不及《繫辭》。此書似集諸家之說，補其所缺，然去取未為精審。陳振孫《書錄解題》引《館閣書目》，以是書為託祖謙之名，殆必有據也。

東萊易説二卷（江西巡撫採進本）

舊本題宋吕祖謙撰。朱彝尊《經義考》亦列其名。今勘驗其文，實吕喬年所編《麗澤論説集録》之前二卷。書賈鈔出以售偽，非祖謙所自著也。

周易輯説明解四卷（江西巡撫採進本）

舊本題宋馮椅撰。椅有《厚齋易學》，已著録，此其別行之偽本也。案椅原書，《宋史·藝文志》作五十卷，此本卷數懸殊。其不合者一。又朱彝尊《經義考》載《中興藝文志》云：“馮椅為《輯註》、《輯傳》、《外傳》，以程沙隨、朱文公雖本古《易》為注，猶未及盡正孔《傳》名義，乃改‘彖曰’、‘象曰’為‘贊曰’，又改《繫辭》上、下為《説卦》上、中，以《隋·經籍志》有《説卦》三篇也。”此本仍作“彖曰”、“象曰”，不作“贊曰”，《繫辭傳》亦仍分上、下，不作《説卦》上、下。其不合者二。胡一桂《易本義附録纂疏》曰：“馮厚齋講《明夷·六五》‘箕子之明夷’，云‘箕’字蜀本作‘其’字，此繼統而當明揚之時之象，其指大君當明揚之時而傳之子，則其子亦為明夷矣。又謂‘文王作爻辭，移置君象於上六，以初登於天、後入於地況明夷之主，六五在下而承之，明夷之主之子之象也。子繼明夷之治，利在於貞，明不可以復夷也。後世以其為箕，遂傅會於文王與紂事，甚至以爻詞為周公作，而非文王。蓋箕子之囚在文王羑里之後，方演《易》時，箕子之明未夷也。’李隆山深然其説。”云云，此本解明夷六五、上六二爻，仍用舊説，未嘗改“箕”字為“其”字[①]。其不合者三。且《永樂大典》具載椅書，有《輯註》、《輯傳》之目，與《中興藝文志》同其議論，與胡氏之言同。又其以古訓改今文者甚多，如"裳"之為"常"，"瀆"之為"黷"，"寵"之為"龍"，"拯"之為"承"，皆本《説文》、《釋文》諸家。履、否諸卦則以為舊脱卦名宜補，姤卦則以為"勿用取"下衍"女"字，漸卦則以"漸之進"，"之"字為"漸"字之訛。今此書皆無其文。又《輯註》、《外傳》所引諸家，如司馬光、王安石凡二三十家，多外閒所未有，今並無之②。至其各卦講解，多沿襲本義，與《永樂大典》所載全殊③。其為偽託，更無疑義。今椅之全書業已重編成帙，此本已可不存。以外閒傳寫已久，恐其亂真，故存其目而論之焉。

【彙訂】

① "字"，殿本作"子"，誤。

② "且永樂大典具載椅書"至"今並無之"，殿本無。

③ 殿本"載"下有"椅説"二字。

水村易鏡一卷（兩江總督採進本）

宋林光世撰。光世字逢聖，莆田人。《館閣續録》載其淳祐十一年以《易》學召赴闕，充祕書省檢校文字。十二年，教授常州，文字職事如舊。寶祐二年，補迪功郎，添差江西提舉司幹辦公事。《閩書》則謂淮東漕臣黃漢章上所著《易鏡》，由布衣召為史館檢閲，遷校勘，改京秩，自將作出知潮州。開慶元年召為都官郎中，入為司農少卿，兼史館。官階頗有異同。又稱其景定二年賜進士出身，在都官郎中後二年。均未詳孰是也。是書序稱丙午，蓋成於理宗淳祐六年①。大旨據《繫辭》之語，謂諸儒詁《易》，獨遺仰觀俯察之義。因居海上，測驗天文，悟天、澤、火、雷、風、水、山、地八宮之星，皆自然有六十四卦，遂以星配卦。先取《繫辭》所列自離至夬十三卦，推闡其旨，以發大凡。所列星圖,穿鑿附會,自古説《易》之家未有紕繆至此者。夫庖犧仰觀天文,亦揆其盈虛消息之運耳,何嘗準列宿畫卦哉! 後永豐陳圖作《周易起元》,又以名山大川分配六十四卦,謂之察於地理。充乎其類,殆不至以鳥獸配卦不止矣。

【彙訂】

① 自序題淳祐辛亥仲秋。(陳乃乾:《讀〈四庫全書總目〉條記》)

易序叢書十卷(浙江吳玉墀家藏本)

舊本題宋趙汝楳撰。汝楳有《周易輯聞》六卷、《易雅》一卷、《筮宗》三卷,總謂之《易序叢書》,已著於録。此本亦分十卷,卷各為目。惟首二卷為《易雅》、《筮宗》。自第三卷至七卷則言兵法,所載營陳隊伍圖法甚備①,皆與《易》絶不相涉。又所題《衍義》、《拾遺》等目,核之書中,亦多不甚分晰。其中惟第八卷《六日七分論》及第九卷②、十卷《辨方》、《納甲》二篇,尚頗存漢學之舊,然文字亦多脱誤。疑好事者偶得其殘本,不知完帙尚存,雜鈔他書以足十卷之數也。卷首有董其昌名印,則其來已久。殆明人所雜編歟?

【彙訂】

① 卷三《深衣考》、卷四《律本義》、卷五《周尺説》,皆非兵書。唯卷六《八陳通紀》、卷七《如意城略》言兵法。(朱家濂:《讀〈四庫提要〉劄記》)

② "又所題衍義拾遺等目核之書中亦多不甚分晰其中",殿本無此二十一字。

周易上下經解殘本四卷(兩淮鹽政採進本)

宋丁易東撰。易東有《易象義》,已著録。此即《易象義》殘本，傳鈔者改其名也。《十翼》惟存《彖傳》、《象傳》，其餘皆佚。《上經》自乾卦至泰卦僅有一頁，尤為殘缺。惟《下經》晉、大壯、睽、蹇、中孚五卦為《永樂大典》所佚者，此本獨完。今已採掇補錄，而別存其目於此，俾世知與《易象義》非兩書焉。

大易衍說無卷數（安徽巡撫採進本）

舊本題元李簡撰。簡有《學易記》，已著錄。是編即以《學易記》序冠於卷首，而書則絕不相同。核其文義，與今村塾講章相類。朱彝尊《經義考》亦未載其名，蓋書肆偽託之本也。

大易法象通贊七卷（浙江吳玉墀家藏本）

元鄭滁孫撰。滁孫字景歐，處州人。宋景定間進士。嘗知溫州樂清縣，遷宗正丞、禮部郎官。入元，以薦召授集賢直學士。事蹟具《元史·儒學傳》。此書首為諸圖，次以《中天述考》、《述衍》等說，終以甲辰、乙巳、丙午三年所作《習坎書院旅語》。其《中天圖》後署曰“至元三十年十一月吉日，宣召赴闕，儒人臣鄭滁孫”，蓋即其被薦時所進也。其序自言“年踰五十，探索先天圖，忽得中天元景”云云。案“中天”之說，始見於干寶《周禮註》，朱元昇衍之為《三易備遺》。然滁孫所謂“中天元景”，與干寶之說又異。大旨謂中天即天也，由其運用合一居中，故曰中天；由其在生兩之後，用九之前，故曰中天。其象藏於互體，而義發見於文王、周公、孔子之辭。其說大抵皆幽渺恍惚，不可究詰。計滁孫登第，自宋景定至元世祖至元中，當已五六十歲。而此書之成在成宗之末，又在進圖後十餘年。逮至嘉興、溫州升席說經，年已耄耋矣。其始終敷析者，皆一“中天”之義。又刪《周易·繫辭傳》以遷就己說，而牽合諸經以證之。支離曼衍，終無歸宿。

自來以奇偶推《易》者病於穿鑿，以老莊談《易》者病於虛無。此書更以穿鑿之數附會於虛無之理，兩家流弊兼而有之，可謂敝精神於無用者矣。

周易訂疑十五卷序例一卷易學啟蒙訂疑四卷周易本義原本十二卷（山東巡撫採進本）

舊本題董養性撰。不著時代。考元末有董養性，字邁公，樂陵人。至正中嘗官昭化令，攝劍州事。入明不仕，終於家。所著有《高閑雲集》。或即其人歟①？是書前有自序，謂用力三十餘年乃成。其說皆以朱子為宗，不容一字之出入。蓋亦胡一桂、陳櫟之末派也。

【彙訂】

① 清正誼堂刻本《周易訂疑》引及明來知德、季本說，又央卦云："明思宗之去魏璫，得之。"則係清人無疑。正誼堂刻本《易學啟蒙訂疑》前有康熙八年董養性自序。乾隆《樂陵縣志》卷八《藝文》下載施閏章《寧國府通判董公墓誌銘》、張璪《毓初董先生傳》，云"諱養性，字邁公，世為樂陵人"，"著《周易訂疑》十五卷、《易學啟蒙訂疑》四卷、《四書訂疑》二十二卷，所訂《周易本義原本》十二卷，皆已鏤版"。日本内閣文庫藏董益《杜工部詩選註》序末云："臨川之高閑雲叟董益養性敘。"即著《高閑雲集》之董養性，乃明初江西樂安人。同治《樂安縣志》卷八《人物志·文苑》有小傳，云："洪武間應通經名儒，徵授劍州知州。"（杜澤遜：《跋清正誼堂刻本〈周易訂疑〉》、《四庫存目標注》；綦維：《海外孤本——董益〈周易訂疑〉》、《〈四庫全書總目〉辨正一則》）

學易舉隅三卷（浙江吳玉墀家藏本）

元鮑恂撰。恂字仲孚，崇德人。登至元乙亥進士。薦為翰林，不就[①]。王褘《造邦勳賢錄》稱洪武初嘗應召至京師[②]，授文華殿大學士，輔導東宮。《明史·吳伯宗傳》則稱與吉安余詮、高郵張長年、登州張紳同薦。恂年八十，詮年亦七十，並命為文華殿大學士。皆以老疾固辭，遂放還。惟紳授鄞縣教諭，後官至布政使。則恂固未嘗仕明。《造邦勳賢錄》載陶珽《續說郛》中，疑為偽託，當以史為據。又陶宗儀《輟耕錄》載鮑恂以妻父建德知縣俞鎮之力，夤緣中浙江鄉試第十四名。考其籍乃嘉興，其年乃至正甲申，蓋名姓偶同，非此鮑恂也[③]。是書略舉讀《易》之法，分析門目，指陳綱要，大抵皆約舉舊文。卷首有寧王權序，題曰“旃蒙單閼”，蓋宣德十年乙卯也。序稱“程蕃伯昌重加訂正”，而稱蕃生於至元十七年丁酉。考後至元無十七年，惟順帝至正十七年歲在丁酉，則“至元”乃“至正”之誤也。其書本名《學易舉隅》，權為刊板，始更名《大易鉤元〔玄〕》。然朱彝尊《經義考》載之，仍曰《舉隅》。考所言僅粗陳崖略，不足當“鉤元”之名。題曰《舉隅》，於義為近，故今亦仍恂原目著錄焉。

【彙訂】

①《弇山堂別集》卷四五“殿閣大學士未預閣務者”條載“鮑恂，浙江崇德人，洪武中薦舉，十六年拜文華殿大學士，未任辭”。可知所謂“薦為翰林，不就”在明初，非元代之事。（楊武泉：《四庫全書總目辨誤》）

②《造邦勳賢錄》一卷，諸叢書本如《說郛續》、《廣百川學海》、《稗乘》及《叢書集成初編》等均題為“夏山王褘”撰，其名從示從韋。其中所列人物事蹟，有不少在曾任《元史》總裁的義烏

人王禕(其名從衣從韋)之後。(徐永明：《王禕年譜》)

③ 前至元十二年乙亥元朝尚未開科取士，後至元元年乙亥乃鄉試之年，年底又廢科舉，次年未行會試。《明史·鮑恂傳》云"元至正中，以薦授溫州路學正"，光緒《嘉興府志》卷六○《人物·鮑恂傳》、光緒《石門縣志》卷八《鮑恂傳》亦未言成進士。《弇山堂別集》卷八一"科試考"載洪武四年會試"知貢舉官"中有"前貢士鮑恂"。據徐一夔《西溪隱居記》(《始豐稿》卷二)，鮑恂僅三次中鄉試。其中一次在後至元乙亥，中江浙行省第十四名。據《元史·地理志》，崇德乃嘉興屬縣，又據劉岳申撰《嘉興路儒學教授俞君墓誌銘》(《申齋集》卷九)，俞鎮為崇德人，其女婿應即《學易舉隅》作者，非"名姓偶同"的另一人。(桂棲鵬：《〈四庫全書總目〉正誤六則》；楊武泉：《四庫全書總目辨誤》)

周易旁注圖説二卷(山東巡撫採進本)

明朱升撰。升字允升，休寧人。元至正乙酉舉於鄉，授池州路學正，秩滿歸里。丁酉太祖兵至徽州，以升從軍。吳元年拜侍講學士，洪武中官至翰林學士。事蹟具《明史》本傳。是書原本十卷，冠以《圖説》上、下二篇①。上篇凡八圖，下篇則全錄元蕭漢中《讀易考原》之文。萬曆中姚文蔚易其旁注，列於經文之下，已非其舊。此本又盡佚其注，獨存此《圖説》二篇②。漢中書已別著錄。餘此八圖，僅敷衍陳摶之學③，蓋無可取矣④。

【彙訂】

① 此書明刻全本為《周易旁注》二卷《前圖》二卷《卦傳》十

卷,計十四卷。(崔富章:《四庫提要補正》)

②是書名為《周易旁注前圖》,有"前圖上"和"前圖下"二卷。"前圖上"列十九圖,"前圖下"節錄"蕭氏《讀易考原全書》"、列《三十六宮圖》。據朱升《周易旁注前圖序》,所謂"八圖",本為朱升自作圖,其中"前圖上"有七,"前圖下"有一,即《三十六宮圖》,非"上篇凡八圖"。(郭彧:《續四庫提要辯證(經部易類)》)

③朱升所列十二圖,實本朱熹《周易本義》卷首九圖和吳澄《易纂言外翼》諸圖而出,其自作之圖亦即本此十二圖演變而來。(同上)

④"蓋",殿本作"益"。

八卦餘生十八卷(江西巡撫採進本)

明鄧夢文撰。夢文字志文,安成人。是書前有永樂甲辰自序,稱著是書時,夢神授以《八卦餘生》之名,覺而不識其所謂。但既有所受之,則不敢不以是名之。其說甚怪。其書卷首列《總論》五條。一曰《偶感》,記經文之有會於心者,凡十九處。二曰《記臆》,指程子、蘇軾二家之説大不合於經者七十處。三曰《論應》,斥諸家某爻應某爻之非,而取其不謬於理者十一處。四曰《論五位》,辨諸家以五爻為君之非,凡九處。五曰《論變》,謂卦不必至三爻而變,凡三處。其大旨主於以身為《易》,不假蓍筮而自然與造化相符。多掊擊前人之説,而攻程《傳》為尤甚。至《繫辭》諸傳,則並攻傳文。如《繫辭》"成性存存"二句,則注曰:"其語意頗似《老子》,不類夫子口氣。""刳木為舟"節,則注曰:"自神農、黃帝、堯、舜時始有舟楫。而當堯之時,天下猶未平,洪水橫流，不知神農以前，天下之民何以涉河？"服牛乘馬"節，則注曰：
"牛馬之用，似不待取諸卦象而後然。""古之葬者"節，則注曰：
"《本義》云：'送死大事而過於厚'。然則聖人制葬埋之禮，蓋亦
自為大過矣。則於墨子之薄葬又何譏焉？""《易》之興也，其當殷
之末世"節，則注曰："此節與《易》道似無甚發揮，而又皆前經之
所已言者。"又曰："夫子殷人也，紂之事所不忍言。即贊文王不
須以紂，以紂贊文王亦非文王之所願聞也。"《説卦傳》"昔者聖人
之作《易》也，將以順性命之理"節，則注曰："仁知之不足以盡道
也久矣，此云爾，似亦不合。""帝出乎震"節，則注曰："此節似弄
字法。"《序卦傳》"飲食必有訟"二句，則注曰："訟何必專始於飲
食？""訟必有眾起"六句，則注曰："物自蒙之時必有所依附而
後成立，比似莫切於此時①，且不比何以成師，亦似在師之前。"
"有大而能謙必豫"二句，則注曰："必待大有能謙而後樂其為
樂也，不亦隘乎？""豫必有隨"二句，則注曰："同人而物歸之，
已大有矣，於此而始隨乎？""有事而後可大"句，則注曰："然則
大有者非人乎？""物大然後可觀"句，則注曰："然則同人、大有
之時，尚不可觀乎？""賁者飾也"三句，則注曰："大有、臨、觀，
尚未足亨乎？必待飾而後亨耶？""復則不妄矣"句，則注曰：
"然則剝以前諸卦皆妄乎？""物畜然後可養"句，則注曰："然則
需不已早乎？""故受之以坎"三句，則注曰："既曰陷矣，而可受
乎？聖人豈欲陷人者哉？""遯者，退也"四句，則注曰："有是理
否也？""物不可以終壯"句，則注曰："既不終壯而又晉，將欲何
之？""傷於外者必反其家"句②，則注曰："似非確論。""升而不
已必困"句，則注曰："困乎下者奈何？""震者，動也"四句，則注
曰："何待不可終動而後受之以艮耶？""旅而無所容"句，則注

曰："然則不毀方耶？""巽者，入也"四句③，則注曰："是不得入則終不說矣。""渙者，離也"二句，則注曰："然則是離、渙一卦也，以渙繼坎，不亦可乎？"如是之類，不能殫舉。是其所見，殆欲出《十翼》上矣。恐無此事也④。

【彙訂】

①"比似"，殿本作"比時"，誤，參清乾隆四十二年文會堂刻本此書卷十八《序卦傳》原文。

②"必"，殿本脫，據《易·序卦傳》。此書卷十八《序卦傳》所引同。

③"入"，殿本作"說"，誤。《易·序卦傳》作："巽者，入也……兌者，說也。"

④"此"，殿本作"是"。

石潭易傳撮要一卷（江西巡撫採進本）

明劉髦撰。髦字孟恂，永新人，永樂戊子舉人。是書大旨以程子之全體大用具於《易傳》，朱子嘗欲將其要處別寫為書，而竟未成編。髦因摘錄其文，分類排纂，定為本性道、精公私、正身心、施政治四門。又分子目三十有三。前有蕭鎡序，云總為四卷，而此刻則僅有一卷。然門目與鎡序皆符，知無所佚闕。朱彝尊《經義考》亦作一卷，蓋重刻者所合併也。

易經圖釋十二卷（江西巡撫採進本）

明劉定之撰。定之字主敬①，號呆齋，永新人。正統丙辰進士，官至禮部侍郎兼翰林院學士，諡文安。事蹟具《明史》本傳。其書用古本，以上、下經及《十翼》釐為十卷。惟《象傳》則以大象為《象傳上》，以小象為《象傳下》，又與古本小異。然以為象分大小，猶之《雅》分大小，出於孔子所定，則於古無徵，不足信也。卷首列《先天》、《後天》諸圖，率同《本義》，惟不列《卦變圖》。蓋卦變之説從程子，不從朱子。亦不列河圖、洛書。蓋其説皆由太極、兩儀、四象、八卦互推，不甚用奇偶方位。其《伏羲先天六十四卦方位圖》下注云："此圖二經十傳，皆無明文可見。"又圖末總注云："已上諸圖，昔者學《易》之家失其傳，而異端方士祕藏焉。邵子始復取歸於《易》。程子與之同時，而於《易傳》向置之不論，豈未嘗得見此於邵子歟？"則雖堅主陳摶之學，而亦微覺其未安矣。《上經》、《下經》每卦六爻各總為一圖，各以儷偶之辭括其爻義。左右上下，以次排列，而以墨線分合交貫之，頗類坊本講章之節旨。《象傳》則《上經》、《下經》各為一總圖，橫行六十四卦，而以卦德、卦象、卦體、卦變直列四格，以經文分隸之，如史家之年表；大象則以《大學》三綱領、八條目橫行為綱，以經文相類者分配其下；小象則為列一韻圖，以三百八十四爻為經，四聲十九部為緯，如等韻之譜，皆與經義渺不相關。《文言》、《繫辭》則或一節為一圖，或總括數節為一圖，各標其語脈相貫之處。《説卦傳》前數節仍以先天、後天諸説作圖，其取象諸節又作一表，經以八卦，緯以天象、地法、人身、物類、草木、鳥獸六格，填列傳文，亦毫無取義。《序卦》僅附《反對》一圖，而《雜卦》則不為圖，遂不置一語。蓋大旨在標六爻之義，餘皆蔓衍成書，取盈卷帙而已。

【彙訂】

①《明史》本傳作"字主静"。彭時《劉公定之神道碑》（載焦竑《國朝獻徵録》卷一三）、王世貞《弇山堂別集》卷四五《內閣輔臣年表》、錢謙益《列朝詩集小傳》乙集"劉閣學定之"條、雍正《江西通志》卷七八吉安府人物劉定之傳，均謂劉定之字主静。案，

《大學》首章："定而後能静。"（楊武泉：《四庫全書總目辨誤》）

　　玩易意見二卷（浙江汪啟淑家藏本）

　　明王恕撰。恕字宗貫，三原人。正統戊辰進士，官至吏部尚書，諡端毅。事蹟具《明史》本傳。恕於宏治壬戌養痾家居，因構一軒名"玩易"。於程、朱之説有所未愜於心者，劄記以成此書。前有自序，作於正德丙寅，時年已九十一矣。其説頗自出新意，然於文義有不可通者，輒疑經文有訛，殊不可訓。凡《上經》一卷，《下經》合《繫辭》為一卷，而不及其餘。蓋意有所見乃筆之，故不盡解全經云。

　　學易象數舉隅二卷（安徽巡撫採進本）[①]

　　明汪敬撰。敬字思敬，一字益謙，婺源人。宣德癸丑進士，官户部主事。所著有《易傳通釋》及此書。《明史·藝文志》不著錄。朱彝尊《經義考》載此書四卷，而《通釋》則闕其卷數。《江南通志》載之，則均無卷數。此本二卷，似尚非完書也。其書專明象數，自天地自然之《易》至邵子《經世書》，全數皆列圖於前，而繫説於後。大抵皆因襲舊文，糾纏奇偶。中間論"大衍之數"一條，證以陳摶《龍圖》之説。不知《龍圖》準《易》數以作，非《易》數出於《龍圖》也。其上卷《圖書象數》，下卷《九卦》及《觀象玩辭》、《觀變玩占》四篇，皆標《通釋》之名。豈本與其所謂《易傳通釋》者共為一帙[②]，後來《通釋》殘缺，傳寫者誤併為一書，而標題則未及改歟？是不可詳矣。

　　【彙訂】

　　①《安徽省呈送書目》、安徽省圖書館藏明嘉靖十八年曾孫汪奎等刻本書名均作《易學象數舉隅》。（杜澤遜：《四庫存目

標注》)

②"其所謂易傳通釋者",殿本作"易傳通釋"。

周易傳義約說十二卷(兩江總督採進本)

明方獻夫撰。獻夫初名獻科,字叔賢,南海人。宏治乙丑進士,案,朱彝尊《經義考》引《姓譜》以獻夫為正德辛巳進士,誤也。官至武英殿大學士,諡文襄。事蹟具《明史》本傳。是書用朱子所定古經本,以上、下經、《十翼》各自分篇,兼取程《傳》、《本義》而參以邵子之學,頗以象數為主,其說務在簡明。然大抵依違舊說,不能別有發明。末附《易雜說》四則,深辯爻辭非周公作。蓋本元胡炳文之論,亦未能確有所據也。

圖書紀愚一卷(福建巡撫採進本)

明阮琳撰。琳字廷佩,號晶山,莆田人。嘗官教諭,其人在成化、宏治閒。朱彝尊《經義考》列諸嘉靖之末,由未見其書故也。《經義考》載此書不著卷數,注曰"未見"。其書首載太極、河、洛諸圖,次及《六十四卦橫方圖》,終之以五行生尅。大率因前人舊說,無所發明。

易圖識漏無卷數(浙江范懋柱家天一閣藏本)

明黃芹撰。芹字德馨,號畏庵,龍巖人。蔡清之弟子也。正德九年,以歲貢生官海陽縣訓導。是編為發明先天圖學而作。前有正德丁卯自序,稱《易》圖凡二十七面,而今書新、舊諸圖凡二十有八。蓋以陳真晟《天地聖人之圖》、《君子法天之圖》總名為《心學圖》也。其謂《伏羲八卦橫圖》、《八卦圓圖》皆為贅設,乃後人因《繫辭》、《說卦》之語而誤加之,則未嘗不知後人因《易》以作圖。又謂胡一桂於《伏羲六十四卦圓圖》分配節氣,非其本旨,其伏羲本河圖以作《易》圖、先天八卦合洛書數圖，皆穿鑿可疑，於圖書之學亦未嘗不覺其不安。而堅信先天圖出自伏羲，推而至於心學，推而至於曆法，曼衍支離，殊不可解。鈔本亦黑白混淆，奇偶參錯，殆不可辨識[1]。此真覆瓿之書也。

【彙訂】

[1]《浙江省第五次范懋柱家呈送書目》著錄此書一本，未言為刊本、抄本，《浙江採集遺書總録》則作刊本，當即《總目》著録之本。（崔富章：《四庫提要補正》）

周易説翼三卷（江西巡撫採進本）

明吕柟撰。柟字仲木，號涇野，高陵人。正德戊辰進士第一，官至南京禮部右侍郎。事蹟具《明史·儒林傳》。是編乃柟平時講授，其門人馬書林、韋鸞、滿潮等録其問答之語而成[1]。每卦皆有論數條，專主義理，不及象數。前有嘉靖己亥王獻芝序，後有李遂跋。

【彙訂】

[1]“平時講授其門人馬書林韋鸞滿潮等録其問答之語而成”，殿本作“門人馬書林韋鸞滿潮等録其講授問答之語”。

易經大旨四卷（浙江吳玉墀家藏本）

明唐龍撰。龍字虞佐，蘭溪人。正德戊辰進士，官至吏部尚書，諡文襄。事蹟具《明史》本傳。此書其提學陝西時所作，專為舉業而設。故皆擇科場擬題釋之，凡九百八十五條。

周易議卦一卷（編修程晉芳家藏本）

明王崇慶撰。崇慶字德徵，開州人。正德戊辰進士，官至南京吏、禮二部尚書[1]。是書泛論卦名、卦義，閒亦推及爻辭。自序謂以六十四卦大義本諸象,質諸象,而又參諸人事。然所得頗淺。本載所著《五經心義》中,曹溶摘入《學海類編》。考《明史·藝文志》亦載崇慶《周易議卦》二卷[②],則當時已別行矣。

【彙訂】

①《弇山堂別集》卷四七《南京吏部尚書表》中無王崇慶,而卷四八《南京戶部尚書表》有"王崇慶,直隸開州人。正德戊辰進士,嘉靖二十九年任",卷四九《南京禮部尚書表》中有"王崇慶,見前,三十一年任"。《西湖遊覽志》卷十三載:"開州王崇慶為南京戶部尚書,慕西湖而未至也,作四絶句。"《千頃堂書目》卷九著錄王崇慶《南京戶部志》二十卷。(胡露、周錄祥:《〈四庫全書總目〉存目補正十二則》)

②"二卷",殿本作"一卷",誤。《明史》卷九六《藝文一》載王崇慶《周易議卦》二卷。

讀易索隱六卷(浙江巡撫採進本)

明洪鼐撰。鼐字廷器,壽昌人。正德庚午舉人,官國子監助教。朱彝尊《經義考》載有是書,注曰"未見"。此本紙墨尚新,蓋刻於彝尊後也[①]。其書不載經文,但隨意標舉某節某句而說之。大旨主於良知之學,故於朱子《本義》、蔡清《蒙引》頗有所辨駁云。

【彙訂】

① 今存《蓮谷先生讀易索隱》六卷,明洪鼐撰,嘉靖二十六年順裕堂原刻本,未聞有重刻本。(崔富章:《四庫提要補正》)

古易考原三卷(兩淮鹽政採進本)

明梅鷟撰。鷟,旌德人。正德癸酉舉人,官南京國子監助教,終鹽課司提舉。是書謂伏羲之《易》已有文字畫卦在前,河圖後出,伏羲但則之以揲蓍;大衍之數當為九十有九,以五十數為體,以四十九為用,無有中五乘十①,置一不用之理,論殊創闢。然於古無所授受,皆臆撰也。

【彙訂】

① "有",殿本作"以"。

周易贊義七卷(浙江范懋柱家天一閣藏本)

明馬理撰。理字伯循,三原人。正德甲戌進士,官至南京光禄寺卿。事蹟具《明史·儒林傳》。其書雖參用鄭元、王弼及程、朱二家之説,然大旨主於義理,多引人事以明之。朱睦㮮序稱此書"發凡舉例,闡微摘隱,博求諸儒異同,得十餘萬言"。原書十有七卷,其門人涇陽龐俊繕録藏於家,河南左參政莆田鄭絧為付梓。今本僅存七卷,《繫辭上傳》以下皆佚。案朱彝尊《經義考》已注曰"闕",則其來久矣。

易問箋一卷(兩江總督採進本)

明舒芬撰。芬字國裳,進賢人。正德丁丑進士第一,授翰林院修撰。以諫南巡廷杖,謫福建鹽課司副提舉。嘉靖初復職,又以爭議大禮廷杖。尋遭母憂歸,卒。萬曆閒,追諡文節。事蹟具《明史》本傳。芬嘗哀生平著作為《梓溪文鈔》,凡十八卷,分內、外集。外集為雜文,內集則皆所著諸書,是編其首也①。大抵以意推衍,泛言義理,而多有牽合之病。如解"潛龍勿用",謂"用則動,動則變而之姤",引韓愈詩"賢愚同一初,乃一龍一豬"為證。又如解"鼎,利貞",謂重器不可以輕舉②;《春秋》書"納宋郜鼎",為不知利貞之訓。凡若斯類,於經義皆無當也。

【彙訂】

① 檢萬曆四十八年刻《梓溪文鈔》，此書書名當作《易篯問》。（杜澤遜：《四庫存目標注》）

② "謂重器不可以輕舉"，殿本作"為重器不可輕舉"。

易學四同八卷別録四卷（浙江巡撫採進本）

明季本撰。本字明德，山陰人。正德丁丑進士，官至長沙府知府。是編以"四同"為名，蓋以朱子《本義》首列九圖，謂有天地自然之《易》，有伏羲之《易》，有文王之《易》，有孔子之《易》，四者不同。本極以其説為不然，故以"四同"標目，亦閒有闡發。然其大旨乃主於發明楊簡之《易》，以標心學之宗，則仍不免墮於虛渺。至於祖歐陽修之説，以《繫辭》為講師所傳，非孔子所作，故多割裂經文，從吳澄所定之本。《上傳》第七章"《易》其至矣乎"五字，删"子曰"二字，屬"易簡之善配至德"以下。第八章"聖人有以見天下之至賾"至"擬議以成其變化"九十五字，謂前五十六字重出，後三十五字移並於第十二章。"鳴鶴在陰"七節及古本十二章"《易》曰：自天祐之"五十一字，與《下傳》古本第五章合。乾、坤《文言》另歸一卷，附《繫辭》之後。《下傳》"夫乾，確然示人《易》矣"三節，分為二章。"天地之大德曰生"一節，合第十章"將叛者其辭慚"為第三章。《雜卦》末"大過，顛也"一節，本亦以卦不反對，從吳澄所採蔡本為定。考澄説多可取，而其謬則在於改經，原為瑕瑜並存。本之理不及澄，而改經則效之，益無取矣。其《別録》則為《圖文餘辨》二卷，分内、外二篇。《内篇》辨朱子"九圖"之誤。其論《後天圖》非文王所作是矣，至謂《先天圓圖》亦尚有可疑①，則仍糾繞於圖之中②，不能確定也。《外篇》雜論術數之數③,如《皇極經世》、《易林》、京房《易傳》、《火珠林》、《太元》、《潛虛》、《洪範》、《九九數》、《參同契》之類皆辨之,至於《梅花數》亦與詰難,則泛濫矣。又《蓍法別傳》二卷④,自序謂發明蓍法本旨者,定為占辨、占例、占戒、占斷,合《卜筮論》為《內篇》。若象占取應於《易》詞之中,物類增分於《易》象之外,及以己意斷占有驗而非出於《易》理之自然者,為《外篇》。朱彝尊《經義考》云二書各一卷,此本乃各二卷,或刊本誤"二"字為"一"字。彝尊又載《古易辨》一卷⑤,此本無之,則當由脫佚矣。

【彙訂】

①"至",殿本無。

②"之",殿本無。

③"之數",殿本無。

④ 殿本"法"下有"有"字,衍。此書《別錄》三、四卷為《蓍法別傳》。

⑤"古易辨",殿本作"古義辨",皆誤。《經義考》卷五三著錄季本《古易辯》一卷。

　　圖書質疑無卷數(河南巡撫採進本)

　　明薛侃撰。侃字尚謙,號中離,揭陽人。正德丁丑進士,官至行人司司正①。事蹟具《明史》本傳。是書為侃門人所記。前列卦位、河圖、太極、洛書等十三圖,圖各有說。後為《圖書總解》及與諸生答問。其大旨謂即數為圖,即圖成卦,皆造化自然之理。其答問中所論格致、體用、虛實及儒釋之辨,皆守姚江良知之說。史稱侃"師事王守仁於贛州,歸語兄助教俊。俊大喜,率羣子姪宗鎧等往學焉。自是王氏學盛行於嶺南"。蓋不誣云。

【彙訂】

① “至”，殿本脫。

易經淺說八卷（内府藏本）

明陳琛撰。琛字思獻，晉江人。正德丁丑進士，官至吏部考功司主事，乞終養歸。嘉靖中起授貴州提學僉事，不赴。再起江西提學僉事，亦不赴。事蹟附見《明史·蔡清傳》。是書一名《易經通典》，原刻作六卷。此本乃其後人擬欲重刻之稿本①，分為八卷。中多塗乙，有標某句為後人增改者，有標採入《折中》者。然《文言傳》“知至至之”一條標採入《折中》，而《折中》實未採，則亦有所假借依託②，不盡可據矣。琛《易》學出蔡清，故大旨主於義理。然欲兼為科舉之計，故順講析講，全如坊本高頭講章。較清《易經蒙引》，可謂每況愈下矣③。

【彙訂】

① “擬欲重刻”，殿本作“重編”。

② “有所假借依託”，殿本無。

③ “主於義理”至“可謂每況愈下矣”，殿本作“頗醇然欲兼為科舉計故較清易經蒙引終有遜焉”。

易象解四卷（浙江鄭大節家藏本）

明劉濂撰。濂字濬伯，南宮人。正德辛巳進士，由杞縣知縣擢監察御史。是書惟解上、下經文，而無《十翼》。自序謂“《十翼》之辭不盡出於聖門，故其言多無謂，且叛於三聖之教”云云，蓋襲歐陽修之説，而益加甚焉。所謂象占①，亦多悖謬。濂嘗著《樂經元義》八卷，駁《樂記》與《周禮·大司樂》。此書復駁《十翼》，亦可謂勇於自用者矣。

【彙訂】

① "所謂"，殿本作"所解"。

補齋口授易説_{無卷數}（浙江巡撫採進本）

不著撰人名氏，題曰門人永豐周佐編次。蓋補齋乃其師之號，佐録所講授以成書。朱彝尊《經義考》題曰周氏佐《補齋口授易説》，蓋如胡瑗《口義》題倪天隱之名，非佐所撰也。補齋不知何許人①，佐亦不詳其始末。《經義考》據《聚樂堂書目》定為正、嘉以前人②，亦約度之詞耳。所言皆科舉之學，止乾、坤二卦及《繫辭》上、下傳，似乎尚非完本也。

【彙訂】

① 補齋姓丁，名璣，字玉夫，丹徒人。歷修《丹徒縣志》、《廣信縣志》（名宦）皆有傳。其同年進士林俊《見素集》卷二四亦有《丁補齋先生傳》，邵寶《容春堂前集》卷二〇有《祭丁提學玉夫文》。可知生於天順元年丁丑（1457），成化十四年戊戌（1478）曾彦榜三甲八名進士，卒於弘治十六年癸亥（1503）。（黎知謹：《〈補齋口授易説〉考》）

② 《經義考》卷五三録此書作三卷，"載《聚樂堂藝文志》"。《戊寅叢編・藏書題識》卷一載録《聚樂堂藝文目録》四册，有朱彝尊跋，應即此目。（同上）

周易古經_{無卷數}（浙江吳玉墀家藏本）

明雷樂編。樂，建安人。嘉靖間由貢生官廣州訓導。是書《明史・藝文志》不著録，朱彝尊《經義考》亦不載。所據乃宋吳仁傑本，稱為費直之所傳。首列《沿革》一篇，歷載前儒古《易》之式，凡初本、費直本、鄭元本、王弼本、胡旦①、胡瑗本、吕大防本、

邵子本、晁説之本、程迥本、吕祖謙本、朱子本,共十二家。樂據
吴仁傑本為費氏之《易》,原無確證。且朱子本即吕祖謙本,亦未
可分為二家。至十二家外尚有王洙②、周燔、馮椅諸本未及載
入,亦殊掛漏。末闕《雜卦》一篇,蓋傳寫佚之。然吴仁傑本具
在,正不假此本以傳也。

【彙訂】

① "旦"下疑脱"本"字。

② 殿本"至"下有"於"字。

周易不我解二卷(浙江鄭大節家藏本)

明徐體乾撰。體乾字行健,長淮衛人,嘉靖癸未進士。自序
謂嘗得《青山易》半卷、《希夷易》一卷,其法以天星配四時。解乾
卦六龍即指龍星,解坤為牛,亦指犧牛星。蓋即林光世《水村易
鏡》之説而變幻之,殊為附會①。書中多引邵子及《左傳》占法②,而
以《青》、陳、《左》、邵並稱。其名"不我解"者,言解不以我也。然
陳搏之《易》但有《龍圖》一卷,載於《宋志》,今未見其書,而尚見其
序,絶無仰觀星象之説③。《青山易》則更莫知所自來,其亦在影響
有無間矣。序稱為書六卷。朱彝尊《經義考》引黄百家之言曰:
"是編流傳者寡,餘家止存乾、坤一卷,後五卷訪之不得。"此本乾、
坤二卦一卷,與百家所言合。又有《古易辨》諸條別為一卷,則百
家之所未言。蓋殘闕之餘,所存者互有詳略,故其本不同④。百家
又云:"其《易》本陳希夷、趙青山。"然體乾自序云"青山不知何許
人",未審百家何以知其姓趙。殆因趙文號青山,而以意揣之歟?

【彙訂】

① 南宋林世光撰《水村易鏡》一卷,其書獨取《繫辭》所謂伏

義"仰則觀象於天"之義,以所擅長之天文知識釋《繫辭》"古者包犧氏之王天下也,仰則觀象於天"以下《離》至《夬》十三卦制器尚象之義。所出二十餘幅圖皆為卦象與星宿相配之圖。如釋《益》,則謂《益》卦有"耕犂象"、"耒耜象"、"耒耨象",曰:"心三星曲而下垂,全似耒尾,九星勺而仰,全似耜,俗稱為犂鉤星,東作時見箕四星,全似箕,種時播種,熟時揚簸,尾似犂半入乎艮,艮土也……"而《周易不我解》之"乾龍辯"列《希夷龍圖》,為以空心圓點所作注有"勺"、"招搖"、"天門"、"角"、"淵"等星之圖,其《乾六位配四時之圖》,為一圓圈內畫北斗等星之圖,釋《乾·九三》"君子終日乾乾,夕惕若屬,无咎"所出《龍日夕惕圖(希夷龍圖)》,為以空心圓點所作注有"心"、"尾"、"龜"、"房"、"鉤鈐"等星之圖,其後之《淵星分野之圖(希夷龍圖)》,亦為以空心圓點所作注有"斗"、"女"、"牛"、"淵"等星之圖。其說其圖與林世光迴異。(郭彧:《續四庫提要辯證(經部易類)》)

②邵雍自言"買卜稽疑是買疑"(見《伊川擊壤集》),本不信世俗之命,所謂言邵雍占法之書皆為後人偽託。且徐氏此書中根本未引"占法"。(同上)

③鄭樵《通志·圖譜略》"記有"中之《易》圖,有"《荆定易圖》、《先天圖》、《漢上易圖》、《八卦小成圖》、《乾生歸一圖》、《龍圖》、《伏羲俯仰畫卦圖》、《陳希夷易圖》、《劉牧鉤隱圖》、《稽覽圖》",其於《通志·藝文略第一·經類第一·易》中又記"《鉤隱圖》三卷劉牧、《續鉤隱圖》一卷黃黎獻、《龍圖》一卷、《河圖洛書解》一卷沈濟"。所記《龍圖》和《龍圖》一卷均無撰者,以其記《希夷易圖》推之,如《龍圖》確為陳摶所撰,當不致不屬其姓名。朱熹嘗謂"龍圖是假書,無所用"(《朱子語類》卷六十七)。以元初

道士雷思齊《易圖通變》所謂"愚幸及其全書"之説考之,《龍圖》一書於九位"龍圖"本圖而外又有"以五十有五數別出一圖,自標之以為形洛書"者,則知所謂"龍圖"為九數、"洛書"為十數,此與元末張理推出十數"河圖"與九數"洛書"所據之《易龍圖序》本不相同,可證《易龍圖序》為另一偽作,並非所謂《易龍圖》一卷書之序。考今見《易龍圖序》之"天之垂象,的如貫珠",乃是反本《易數鉤隱圖》"天地之數生成相因,理如貫珠,不可駢贅而設也"之義而出,所謂"是龍圖者,天散而示之"之説,又是反本《易數鉤隱圖》"觀今《龍圖》,其位有九,四象八卦皆所包韞,且其圖縱橫皆合天地自然之數"説而出,所謂"夫龍馬始負圖出於羲皇之代",又是本《易數鉤隱圖》"夫卦者,天垂自然之象也,聖人始得之於河圖"説而出。是劉牧之後為反對其九圖十書之説者,為證十圖九書之説為確而偽作《龍圖序》。又觀其所謂"是龍圖者,天散而示之,伏羲合而用之,仲尼默而形之,龍圖之未合也,惟五十五數"之説即知其為偽作。"伏羲合而用之",是先合之成"河圖"而後畫卦,"仲尼默而形之"是孔子畫之成圖,則孔子不當謂"鳳鳥不至,河不出圖,吾已矣夫"。(同上)

④ 今南京圖書館藏明萬曆刻本即鄭大節進呈原本,殘存卷一,自《古易辨》至《剛柔辨》凡六篇。又有一卷為乾坤二卦解,亦標卷一,但自為起迄,係獨立一卷。考鄭氏二老閣藏書實以黃宗羲藏書之殘餘三萬卷為基礎,黃百家為宗羲之子,則鄭、黃兩本當係同書。《古易辨》等六條實際並非正文。(杜澤遜:《四庫存目標注》)

周易義叢十六卷(浙江巡撫採進本)

明葉良佩撰。良佩字敬之,台州太平人。嘉靖癸未進士。

官至刑部郎中。是編用王弼本,採輯古今《易》説,自子夏《傳》迄元龍仁夫,凡一百七十七家。或自抒己見,則稱"測曰",以附於後。諸家皆有去取,惟程《傳》全錄,諸家皆以時世為次,惟朱子《本義》則升列衆説之首。其大旨可以概見也。

古易世學十七卷(兩淮鹽政採進本)

明豐坊撰。坊字存禮,鄞縣人。嘉靖癸未進士,除禮部主事。免官家居,坐法竄吳中,改名道生。事蹟附見《明史·豐熙傳》。坊平生喜作偽書,於諸經皆竄亂篇第,別為訓詁,詭言古本以欺世。此其一也。書中《正音》、《略説》、《傳義》,託之於遠祖稷、曾祖慶、父熙,而己自為考補。其實皆坊一手所作,當代已灼知其妄。惟《石經大學》、《子貢詩傳》、《申培詩説》三書,以篆籀寫之,一時頗為所惑,久之乃能辨定。詳具各本條下,兹不具論云。

易辨一卷(浙江鄭大節家藏本)

明豐坊撰。此書以孔子授《易》於商瞿,《文言》諸傳凡"何謂也"皆以為商瞿問辭,"子曰"以下皆瞿録夫子之答辭。又以周公爻辭謂之《易系》。其論筮法則以《象》專為卜,《繫》專為筮,大抵無根之談。其論《太極圖説》,謂朱子得之葛長庚,託名周子,尤為誣説。考朱子《太極圖傳》及《通書解》成於乾道九年癸巳,見於《年譜》。長庚生於紹熙五年甲寅,見《瓊琯集》長庚事實。是注《太極圖》後二十一年長庚乃生,安得指為長庚所授歟?

易修墨守一卷(浙江汪啟淑家藏本)

明唐樞撰。樞字惟鎮,歸安人。嘉靖丙戌進士,官刑部主事。以疏爭李福達事,斥為民。隆慶初復官,以年老加秩致仕。

事蹟具《明史》本傳。其書以《連山》為《文王八卦圖》，以《歸藏》為《伏羲方圖》，於義頗疏。樞文集中已載之，此其初出別行之本也。

易象大旨八卷（浙江巡撫採進本）

明薛甲撰。甲字應登，江陰人。嘉靖己丑進士，授至江西案察司副使。是書經文之外，惟《象傳》全文分列六爻之前，《象傳》則刪大象而存小象，分綴六爻之下。《文言》、《繫辭》、《說卦》、《序卦》、《雜卦》諸傳則全刪焉。變亂經文，殊乖古義。其大旨主於因象以明理。如解訟卦“元吉中正”、解升卦“亨於岐山”之類，頗出新意。然如解乾卦“潛龍勿用”為“泯思慮，忘知識”，解坤卦“括囊无咎”為“將迎意必之私，一無所容於中”之類，則闌入老莊之說矣。

胡子易演十八卷（浙江汪啟淑家藏本）

明胡經撰。經號前岡，廬陵人，嘉靖己丑進士。《明史·藝文志》載胡經《易演義》十八卷。此本但稱《易演》，疑史衍文也。其書用《注疏》本，移《乾·象傳》“大明終始”三句於“乃利貞”之下，謂是《周易》原本得之於師者；蒙卦六爻皆主君臣。凡若此類，大約喜為新說，務與朱子立異。夫朱子之《易》固不能無所遺議，然經以尋章摘句之學，於古義無所考證而漫相牴牾，則過矣。

周易卦變圖傳二卷（安徽巡撫採進本）

明呂懷撰。懷字汝愚，號巾石，永豐人。嘉靖壬辰進士，官至南京太僕寺少卿。事蹟附見《明史·洪垣傳》。是書主卦變之學，其例有宮變，有卦變，有爻變。大旨謂六十四卦者，八卦之重也。天四卦，各重八卦，乾八卦為太陽，兌八卦為少陰，離八卦為少陽,震八卦為太陰;地四卦,各重八卦,坤八卦為太陰,艮八卦為少陽,坎八卦為少陰,巽八卦為太陽。八卦各變天地陰陽太少,變者七,不變者一。天太陽八卦,不變者乾,少陰八卦,不變者中孚,少陽八卦,不變者離,太陰八卦,不變者頤;地太陰八卦,不變者坤,少陽八卦,不變者小過,少陰八卦,不變者坎,太陽八卦,不變者大過。計六宮,各變七卦,通計五十六卦。而不變之八卦又自陽卦變陰,陰卦變陽,以統五十六卦之變。蓋八卦以卦變,五十六卦以爻變,八卦以體變,五十六卦以用變。其爻變之例,若《乾·上九》變為《夬·上六》,《夬·九五》變為《大有·六五》,《大有·九四》變為《小畜·六四》,《小畜·九三》變為《履·六三》,《履·九二》變為《同人·六二》,《同人·初九》變為《姤·初六》之類。大抵支離牽合,若有意義而實非《易》之本旨也。

易經中説四十四卷(浙江巡撫採進本)

明盧翰撰。翰字子羽,潁州人。嘉靖甲午舉人,官兗州府推官。其講《易》專主人事,而證以卜筮。每爻皆列變卦之圖,而雜引經語史事之近似者,類附於下,頗為冗雜,亦多附會。又立圖太多,每成蛇足。如"雲行雨施"、"六位時成"諸句,亦繪畫縱橫,明其相配之義。覺理本簡易,圖反治絲而棼之。愛奇嗜博,無關經義,其亦可已不已矣[1]。

【彙訂】

[1] "愛奇嗜博無關經義其亦可已不已",殿本無。

看易凡例圖説一卷(江西巡撫採進本)

明龍子昂撰。子昂,泰和人。嘉靖庚子舉人,官知縣。是編不標書名,前列《讀易凡例》共三十二條,後列《圖説》,則解河圖、洛書及朱子《本義》九圖象數之理。疑為全書之首卷，非完本也。

周易私録無卷數（江蘇巡撫採進本）

明王樵撰。樵字明逸，號方麓，金壇人。嘉靖丁未進士，官至刑部侍郎，改南京都察院右都御史，諡恭簡。事蹟具《明史》本傳。是書凡三冊。前二冊編次一依東萊呂氏所定古本，酌取程子之《傳》、朱子之《本義》録於前，兼採諸家之説録於後，亦閒以己意折衷之。卷端有題記數條，其一曰："《周易》經傳十二篇，手録自嘉靖壬戌，至萬曆己丑春，修潤粗定，尚俟有所進，特恐精力不逮耳。成予之志者，其肯堂乎？"其餘多標示繕寫體例，蓋僅脱初稿，猶未全定之本也。後一冊題曰"方麓先生《周易程傳私録》原稿"，註其旁曰："震卦以下闕。"然檢核其稿，乃六十四卦皆全，未喻其故。後又別為一卷，題曰"方麓先生原稿"。所列為朱子九圖及説，附項氏《卦變綱領五贊》，陸子《易説正義》、《大象説》，王弼《略例》，胡庭芳《舉要》、《揲蓍》、《占法》、《筮法》、《易學傳授》，而總題曰《附録》。蓋全書之末卷，裝輯者誤置《程傳私録》稿後也。自此而下，又全録元蕭漢中《讀易考原》一卷、《像象金針》一卷，而終以河圖、洛書，糾紛無緒。是又鈔録備用之稿，其後人誤以為所著書矣。

九正易因無卷數（江蘇周厚堉家藏本）

明李贄撰。贄本名載贄，晉江人。嘉靖壬子舉人，官至姚安府知府。坐妖言逮問，自殺。事蹟附見《明史・耿定向傳》。是書每卦先列經文，次以己意總論卦象，又附録諸儒之説於每卦之後。書止六十四卦，其《文言》、《繫辭》等傳皆未之及。經文移大象於小象之後，則贄臆改也。朱彝尊《經義考》載其原序，述馬經綸之言曰：“樂必九奏而後備，丹必九轉而後成，《易》必九正而後定。”故有是名。贊所著述，大抵皆非聖無法。惟此書尚不敢詆訾孔子，較他書為謹守繩墨云。

今文周易演義十二卷（江蘇巡撫採進本）

明徐師曾撰。師曾字伯魯，吳江人。嘉靖癸丑進士，官至吏科給事中。師曾初從呂祖謙本，為《古文周易演義》一書。後以明代取士用《注疏》本，乃復為此書。大旨以闡發《本義》為主。初刻於杭州，隆慶戊辰又修改而重刻，即此本也。

周易傳義補疑十二卷（編修勵守謙家藏本）

明姜寶撰。寶字廷善，號鳳阿，丹陽人。嘉靖癸丑進士，官至南京禮部尚書。是編大旨以程子《易傳》主理、朱子《易本義》主占，其初頗有所疑。既而研究十五年，乃定從《傳》、《義》者十之八九，旁及諸家者十之一二。於《傳》、《義》或有所疑者，亦以己意斷之，故曰“補疑”。卷端有孫承澤題識印記，卷中亦多塗乙標注之處。蓋承澤說《易》，以是書為稿本云。

顧氏易解_{無卷數}（浙江吳玉墀家藏本）

明顧曾唯撰。曾唯字一貫，號魯齋，吳江人，嘉靖癸丑進士。朱彝尊《經義考》載顧曾唯《周易詳蘊》十三卷，而無《易解》之名。此書用《注疏》本，止上、下經。卷首載元蕭漢中《讀易考原》、明朱升《邵子三十六宮圖說》，而皆不著其姓氏。其自序一篇，則即宋楊簡《慈湖易解》之序，稍為節鈔而題以曾唯之名。大抵出於依託，非彝尊著錄之原本。至解經亦多支離。如乾、坤二卦之名妄加“純乾”、“純坤”之目，解“乾元”二字至引道家之“混元”、禪家之“妙明心元”，其虛誕可知矣。

淮海易譚四卷（兩淮鹽政採進本）①

明孫應鰲撰。應鰲字山甫，貴州清平籍②，南直隸如皋人。嘉靖癸丑進士，官至南京工部尚書，諡文恭。是書謂天地萬物，在在皆有《易》理，在乎人心之能明。故其說雖以離數談理為非，又以程子不取卦變為未合。而實則借《易》以講學，縱橫曼衍，於《易》義若離若合，務主於自暢其說而止，非若諸儒之傳惟主於釋經者也。自《說卦》"乾坤六子"以下即置而不言，蓋以八卦取象之類無可假借發揮耳。其宗旨可知矣。

【彙訂】

① 明隆慶刻本《淮海易談》四卷，有隆慶二年戊辰中秋日孫氏自序。是原刊本作"易談"。（崔富章：《四庫提要補正》）

② "清平"，殿本作"青平"，誤。清乾隆《貴州通志》卷二八有《孫應鰲小傳》："字山甫，清平人……嘉靖丙午鄉試第一，癸丑成進士。"卷三八載郭子章《尚書文恭孫公應鰲傳》云："孫應鰲，字山甫，清平衛人。"

易經淵旨一卷（山西巡撫採進本）

舊本題吳郡歸有光撰。有光字熙甫，嘉靖乙丑進士，官至太僕寺丞。事蹟具《明史·文苑傳》。案《文苑傳》及《明史·藝文志》均不載此書，朱彝尊《經義考》亦不著錄。惟《江南通志》載有光《易圖論上下篇》、《大衍解》二書，而無《淵旨》之目，真偽蓋莫可知也。其書每卦摘論數條，大抵剿襲舊說。其中自出新義者，如《說卦傳》"坤為布"，因九家尚有"坤為帛"而以布為泉貨；"震為龍"，因九家已有"乾為龍"而以為當從虞、干本作驪①，蓋虞云"蒼色"、干云"雜色"也。"艮為黔喙之屬"，類以黔喙為"口有鈐

如蟋蟀、螳螂、蝤蛑之類，惟蟲屬有之”，因引《爾雅》注“螳螂，有
斧蟲”為證。蓋“黔”與“鈐”通，較冷氏注謂為“鳴蝝”似屬有據。
然僅數條耳。

【彙訂】

①“驪”，殿本作“礧”，誤，參虞翻、干寶《易注》及清乾隆歸
朝煦玉鈴堂刻本此書卷下原文。

周易古今文全書二十一卷（內府藏本）

明楊時喬撰。時喬字宜遷，號止庵，上饒人。嘉靖乙丑進
士，官至吏部侍郎，諡端潔。事蹟具《明史》本傳。此書凡分六
部，曰論例二卷，古文二卷，今文九卷，《易學啟蒙》五卷，《傳易
考》二卷，附《龜卜考》一卷。每部皆有自序。其大意在薈萃古
今，以闢心學說《易》之謬，所宗惟在程、朱。雖兼稱古、今文，而
所發明者古文略而今文詳。中多互見其義，故閒有繁複，不害宏
旨。然《周易》古文本無可考，郭忠恕《汗簡》所引古《周易》諸字，
已不能究所自來。時喬此本更古篆、籀文，隨意填綴，往往竄入
訛字，殊不免杜撰之訾。又或竄改經文，如“旁行而不流”句下加
“正行而不泥”一句，自《經典釋文》以後，未見此文，竟不知其何
所本。而其解今文卷中又置之不論，竟似乎經所本有，殊近於
誣。至《傳易考》二卷，分宗傳、衍傳、正傳、輔傳、異傳、別傳等
名，亦類於門戶之見。王守仁、湛若水兩家弟子各述師承，競分
途轍，此書正以闢其非，而轉區分名目，是以闢解闢矣。朱彝尊
《經義考》摘所引諸家姓氏訛舛，猶其小焉者爾。

六爻原意一卷（編修鄭際唐家藏本）

明金瑤撰。瑤字德溫，號栗齋，休寧人。嘉靖辛卯選貢生，

授會稽縣丞，再補廬陵縣丞。遷桂林中衛經歷，以母老不赴。教授鄉里，年九十七乃卒。是書成於萬曆辛巳，乃其晚年所作。其曰"原意"者，原周公爻辭之意也。每卦皆先列六爻於前，而為統論於後。前有自序，謂"周公作爻辭，必先得一卦之意，然後因爻而布之。此爻是此意，則以此意屬此爻，彼意合彼爻，則以彼爻系彼意"云云。然《易》本天地自然之數，聖人因其盈虛消息、過與不及而以人事準之，明其吉凶悔吝，以決進退存亡。如瑤所論，是聖人先立一說而牽引《易》象以合之[①]，假借《易》數以證之。施於此處不可通者，移其說於彼，施於彼處不可通者，又移其說於此。反覆遷就，務申己意而後已。此後世著書之法，非聖人演《易》之本旨也。

【彙訂】

① "說"，殿本作"意"。

易疑三卷（江蘇周厚堉家藏本）

明陳言撰。言字獻可，號東涯，海鹽人。嘉靖丁酉舉人。其書用《周易注疏》本，題上經曰"經之上"，題下經曰"經之下"，題《繫辭》、《說卦》、《序卦》、《雜卦》四傳曰"經之旁"，殊為杜撰。其名《易疑》者，據其自述有曰"吾疑乎庖犧之卦非使人卜筮也，吾疑乎卜筮之因卦而作也。吾又疑乎文王、周公卦爻之辭未有占也，卜筮者占之也。吾疑乎卦辭論卦之吉凶，爻辭論爻之得失而已也。吾又疑乎《繫辭》之傳不必上下，其章不必皆十有二也。吾又疑乎卦爻之辭間有未安者也。吾又疑乎馬、鄭、王弼、孔穎達輩明其義而疏，希夷、康節精矣，而一於數。伊川得《易》之用，紫陽得《易》之深。吾又疑乎羲、文之一理而通之者也"云云。其持論甚高，而其書乃無甚精義。蓋不知古聖人之立教不託空言，必假一事以寓之，遂妄疑《易》非卜筮之書，而生種種似是而非之論耳。《經義考》作四卷。此本三卷，江蘇採進之本亦三卷①，疑或尚有所佚脫，抑或《經義考》誤"三"為"四"歟？

【彙訂】

①"江蘇"，底本作"江西"，據殿本改。《四庫採進書目》中"江蘇省第一次書目"著錄此書，而未見於"江西省呈送書目"。

易學十二卷（江西巡撫採進本）

明沈一貫撰。一貫字肩吾，號蛟門，鄞縣人。隆慶戊辰進士，官至中極殿大學士，案《明史》本傳作建極殿大學士，蓋字之誤。語詳史部詔令奏議類《敬事草》條下。諡文恭。事蹟具《明史》本傳。是書掃除先天之說，惟偶及象與卦變，亦不甚以為主。大旨斟酌於《伊川易傳》、《東坡易傳》之間，惟以人事為主，較糾紛奇偶者尚為篤實近理。然頗借以寓其私意。如說"亢龍有悔"曰："夫以龍德而亢極，猶有悔也。時之既極，無論德矣。"此自解固位招攻之意也。其解《訟卦·大象》曰："人每以正氣流為客氣，又每以其客氣流為健訟。"說《訟·九二》曰："夫人之訟，未必其身自為之也①，亦因羣從在旁操持之而不得休。"此解臺諫挹擊之事也。其他借經抒意，往往如此。他如解"日中為市，取諸噬嗑"，謂"噬嗑"與"市合"同音之類，亦頗穿鑿。《經義考》引陸元輔之言，以此書為進呈講義。案顧起元序稱："予告歸田且十年，研摩編削又不知凡幾，更乃版而行之，而先生遂厭人閒世矣。"則其晚年所作，非進呈本也。

【彙訂】

①"也"，殿本作"人"，誤。明萬曆刻本此書卷一《訟·九

二》條原文作"夫人之訟，未必盡其身之為也"。

圖卦億言四卷（江西巡撫採進本）

明賀泚撰。泚字汝定，廬州人。隆慶庚午舉人，官至蘇州府同知。是書以圖、書為《易》原本。首卷《圖書八卦說》，卷二《六十四卦說》、《太極圖說》，皆剿掇朱子緒論，無所發明。卷三《卦繫雜言》，卷四《圖卦續言》，則皆其所自撰也。如以河圖為先天體，洛書為後天用，不知八卦之有先天圖，本道家"抽坎填離"之說，猶有所本。至圖、書亦分先、後天，則前人所未有也。又引《陰符經》所稱"五賊"證五行。《陰符經》出自李筌，稱傳自北魏寇謙之，本道家之偽本。用以說《易》，相去愈遠矣。

大象觀二卷（浙江吳玉墀家藏本）

明劉元卿撰。元卿字調父，安福人。隆慶庚午舉人，萬曆中官至禮部主事。《明史‧儒林傳》附見《鄧元錫》傳中。史稱所著有《山居草》、《還山續草》、《諸儒學案》、《賢弈編》、《思閑編》、《禮律類要》、《大學新編》，而不及此書，蓋偶未見。然是書詮釋《易》象，謹依文訓詁，不足盡示人用《易》之義。至其以《雜卦》為序，尤為顛倒。夫雜者，相錯之餘義也，綴《十翼》之末，明非正經也。經文不以為次，而元卿改經以從傳，然則《序卦》可不用矣。

周易象義四卷（河南巡撫採進本）

明唐鶴徵撰。鶴徵號凝菴，武進人。隆慶辛未進士，官至太常寺少卿。凡例中屢稱先君，蓋右都御史順之之子也[①]。事蹟附見《明史》順之傳中。是編用王弼本，故不注《繫辭》以下。大旨述順之之說，主於以象明理。卷首所載《讀易法》六：一曰"易須象與理合，象與爻合[②]"，二曰"上下卦宜分看"，三曰"一卦必有主爻”，四曰“互卦最有關繫”，五曰“倒體亦有關繫”，六曰“每卦各有大意”，則是書之綱領也。所解如《屯·六二》，謂二以五為屯膏之主，非可事者，故守貞不字而字初。以爻辭觀之，則“匪寇婚媾”、“女子貞不字”，指五之坎而言也。“十年乃字”者，謂二不字五，至四互坤得十年之象，乃下應初，故六四亦云“求婚媾”也。《訟·九二》，謂二既歸則下復成坤，坤衆三爻[③]，有三百户象。坎多眚，變坤則不為坎，故無眚。六三在二既歸之後，坎復坤體，全有坤德，故曰“食舊德”，觀“或從王事”亦坤三舊文可見矣。雖自出新解，而於經義亦足相發。至於陽極而亢，陰極而戰，乾、坤二上爻其義相近。而鶴徵解乾之上爻以“反本還元、歸根復命”為說，已涉道家之旨。於坤之上爻謂“龍戰”為懼而戰慄，以過時退居，故稱“野”，以貶損自傷，故稱“血”，則穿鑿而不當理矣。

【彙訂】

①《明史·唐順之傳》載，順之死前，“擢右僉都御史”，巡撫鳳陽。《列朝詩集小傳》丁集上、《明儒學案》卷二六《唐順之小傳》、光緒《武進陽湖縣志》卷二一《人物·名臣·唐順之傳》所載並同。《總目》漏“僉”字。（楊武泉：《四庫全書總目辨誤》）

②“豕”，殿本作“象”，誤，參明萬曆三十五年純白齋刻本此書卷首《純白齋讀易法》原文。

③“衆”，殿本作“象”，誤，參此書卷一《訟·九二》條原文。

易象會旨一卷（浙江巡撫採進本）

舊本題曰“延伯生述”，不著名氏。前有萬曆己酉熊惟學序，稱為“同年臨川文臺吳君”，亦不著其名。考惟學為隆慶辛未進士,是年榜有臨川吳撝謙,或即其人歟? 其說取反對之卦,如乾坤、屯解、蒙蹇之類,合兩卦大象辭而會釋之,故曰“會旨”。大象統論一卦,又每卦皆有“以”字示人用《易》之方,初無取於對卦。其對卦乃《易》中之一義,不能標舉以詁全經。是書所論,殊非《易》之本旨也。

易象管窺十五卷(浙江巡撫採進本)

明黃正憲撰。正憲字懋容,秀水人。與其兄少詹事洪憲皆喜談《易》。洪憲有《周易集說》三卷,今未見傳本,惟正憲此書存。所用乃王弼之本,所注專主於義理。前有《膚見》七條,即其凡例也。正憲自記稱是書始於乙未,成於壬寅,凡六易稿。每早起則讀《金剛經》,終朝則讀《周易》,且以西方、北方聖人並言。則其書概可知矣。

蟫衣生易解十四卷(江西巡撫採進本)

明郭子章撰。子章字相奎,號青螺,又自號曰蟫衣生,泰和人。隆慶辛未進士,官至兵部尚書。是編成於萬曆丁巳,其歸田以後所作也。卷一為《易論》六篇。卷二至卷九,六十四卦各為總論,少者一篇,多者至八篇。總論之外,又標舉文句,發揮其義。自師、謙、噬嗑、復、頤、大過、咸、恒、損、萃、革、鼎、旅、節、中孚、未濟十六卦無所標舉外①,餘卦少者一條,多者至五條。十卷至十四卷,則雜論《繫辭》、《說卦》,而《序卦》以下不及焉。其《易論》以《繫辭》“生生之謂《易》”一句為本,而以人性當生生之理。其諸卦所論,乃皆不歸此義,往往牽合時事,或闌入雜說。如論謙卦云:“漢文、宋仁皆謙德之君也,尉佗自王,元昊自帝,皆非撝謙之臣。故佗、昊後俱削弱;王導、劉裕皆勳勞之臣也,周顗之不顧導，劉毅之不敬裕，皆非撝謙之友。故顗、毅終見誅戮。"其論已不切當日情事。至論遯卦謂："懷、愍不遯，故青衣行酒；徽、欽不遯，故獻俘金廟。當時固執死社稷之説，為晉、宋大臣不學之過。"尤紕繆不足與辨②。他如論震卦而及於雷之擊人，已非經義。又謂雷之所擊皆治其宿生之業，孔氏之門安得是言哉！

【彙訂】

①"外"，殿本無。

②"尤紕繆不足與辨"，殿本作"尤為紕繆"。

學易舉隅六卷（浙江汪啟淑家藏本）

明戴廷槐撰。廷槐，長泰人，隆慶中貢生。其説謂《易》自商瞿而後，斯道遂晦，至宋三子而後大明。其漢魏至唐諸儒，則概目為不知《易》，持論頗偏。且其謂日月為《易》①，本《參同契》之文，而《六十四卦圓圖》即《參同契》"六十卦周張布為輿"之説。既謂之不知《易》矣，何為又陰襲其義乎？

【彙訂】

①"其"，殿本作"廷槐"。

易傳闡庸一百卷（江蘇巡撫採進本）

明姜震陽撰。震陽字復亨，自稱曰東楚，蓋淮、泗閒人也。其書以朱子《本義》為主，附綴諸説於其下，而經文次第仍用王弼之本。蓋惟見坊刻《本義》，未見朱子原書也。其説皆循文衍義①，冗沓頗甚，不出坊刻講章之習。卷前標曰"十名家批評"，其陋亦可以想見矣。《經義考》作一百二卷，注曰"未見"。此本惟一百卷，殆彝尊偶誤歟？

【彙訂】

①"而經文次第仍用王弼之本蓋惟見坊刻本義未見朱子原書也其說"，殿本無。

今易詮二十四卷(浙江吳玉墀家藏本)

明鄧伯羔撰。伯羔字孺孝①，常州人。朱彝尊《經義考》載其《古易詮》二十九卷②，《今易詮》二十四卷，併載伯羔自序，謂"詮次成帙，為上、下經若干卷，為《彖》、《象》、《繫辭》、《文言》、《說卦》、《序卦》、《雜卦》諸傳若干卷，一遵東萊古《易》。其《外詮》則以廣未盡之旨"云云。今觀此二十四卷，前無自序，而有自述例十條云："前詮從古，此改從今。"則彝尊所引，蓋其《古易詮》之序也。然此書雖用《註疏》本，而其《總論》一卷，《外詮》一卷，則仍與前序之言相應。《經義考》又載史孟麟序云："先是輯今人言為《今述》若干卷，藏於家。茲乃裒古今人言及己所論著合為一帙③，命曰《易詮》。"此本但有《今易詮》，非完帙矣。

【彙訂】

①"孺孝"，殿本作"儒孝"，誤。《經義考》卷五八載史孟麟序、清光緒《金壇縣志》卷之九《人物志·隱逸·鄧伯羔小傳》皆作"孺孝"。

②"古易詮"，殿本作"古易論"，誤。《經義考》卷五八著錄《古易詮》二十九卷，《今易詮》二十四卷。《明史》卷九六《藝文一》、《千頃堂書目》卷一同。

③"論著"，殿本作"論註"，誤，參《經義考》卷五八載史孟麟序原文。

義經十一翼二卷（浙江巡撫採進本）

明傅文兆撰。文兆，金谿人。其書凡分五篇①。《上古易》第一，《觀象篇》第二，《玩詞篇》第三，《觀變篇》第四，《觀占篇》第五。其論爻辭②，以為文王所作。其大旨專主圖書象數之學。其稱《十一翼》者，蓋以孔子傳《易》為《十翼》，而己又翼孔子，故曰"十一"也。核其名稱，殊為僭妄。《明史·藝文志》載此書五卷，《經義考》亦注曰"存"。此本僅有《上古易》一卷、《觀象篇》一卷，其《玩辭》、《觀變》、《觀占》三卷並闕。其近時始佚歟？

【彙訂】

①"其書凡分五篇"，殿本作"是書原目凡五篇"。

②殿本"其"上有"故《明史·藝文志》著録五卷。此本缺其後三卷，惟前二卷存"一段。

經 部 八

易 類 存 目 二

周易象通八卷（浙江吳玉墀家藏本）

明朱謀㙔撰。謀㙔字鬱儀，寧獻王七世孫。萬曆閒，以中尉攝石城王府事。是書惟釋上、下經文，不及《十翼》。大旨欲稍還古義，而轉生臆説。如不用陳摶《先天圖》，亦不用周子《太極圖》，是矣。而别造《河圖》四，謂“三代以來世藏祕府以為寶，學者莫得而窺。迨宋徽宗考古搜奇，始出示於外”，是出何典記乎？邵、陳以前無論矣，耿南仲、張根諸家皆徽宗時人，王湜以下諸家皆徽宗後人，何不一見也？其説《易》以象，象取於互體、變體，是矣。然如謂乾居西北，當奎、婁白虎之尾，故曰“履虎尾”，已穿鑿附會。至於解既濟云：“涉者多繫匏以防危。離為大腹匏瓜之象，則涉者也，坎為川瀆，則津濟也。”因外卦為離而生大腹，因大腹而生匏瓜，因匏瓜而牽合於繫匏涉水，以遷就既濟之象。《易》果若是之迂曲乎？又解困卦初爻、二爻云：“坎為叢棘，初其株也。六三居泉谷之閒，故為石梁。株木、石梁皆因未渭而為橋梁，是急於濟渡而遭困也。”因坎生叢棘，因在初爻而變文曰株木，因六三在兑、坎之閒生泉谷，因泉谷而生石梁，而省文曰石。

《易》果若是之晦澀乎？《上經》始乾、坤而終坎、離，《下經》始咸、恒而終既濟、未濟，確有義理。《序卦》即不出孔子，亦必漢以前經師所傳。謀埠乃合上、下經而一之。《易》未經秦火，訛脫甚少，而謀埠或隨意改字，或動稱錯簡、衍文。甚至《漸卦·上九》併經文改為"鴻漸于逵"，並不言舊作"鴻漸于陸"，其武斷尤甚。謀埠以博洽名，此書尤為曹學佺所推許。然其實多出臆見，不為定論。學佺序詮釋《易》中諸字，如王安石《字説》，亦可笑也[1]。

【彙訂】

[1] "然其實多出臆見不為定論學佺序詮釋易中諸字如王安石字説亦可笑也"，殿本作"其實多出臆見不為定論也"。

易學識遺一卷（內府藏本）

明朱睦㮮撰。睦㮮字灌甫，號西亭，周定王六世孫。萬曆五年舉宗正，領宗學事。事蹟附見《明史·周王橚傳》。是書大旨皆辨論諸家説《易》之異同，雖薈萃不多，而頗有卓見。如乾之四德，謂程《傳》本《文言》，視《本義》為勝；《乾·九二》"利見大人"不專指九五；《明夷·九三》"不可疾貞"，從項安世以"貞"字為句；"井泥"之"泥"讀平聲；"勿幕"之"幕"即"羃"字；"數往者順"用王安石解，皆於經傳有裨，非同勦説雷同者。然《明史·藝文志》不載此書。核校其文，即睦㮮《五經稽疑》中説《易》之一卷。或其初出別行之本，抑或書賈作偽，改題此名歟？

易經疑問十二卷（浙江巡撫採進本）

明姚舜牧撰。舜牧字虞佐，烏程人。萬曆癸酉舉人，歷官新興、廣昌二縣知縣。考舜牧生於嘉靖癸卯，其《五經疑問》皆年過六十所撰。迨年過八十，又重訂《詩》、《禮》二經及此書，其序並載所著《來恩堂集》中①。歲月先後，一一可考。計其一生精力，殫於窮經。然此書率敷衍舊説，實無可取②，閒出己意，亦了不異人。蓋其學從坊刻講章而入，門徑一左，遂終身勞苦而無功耳。

【彙訂】

①　姚舜牧生於嘉靖二十二年癸卯，見《來恩堂集》卷一六《自敍歷年》。萬曆三十八年刊本《重訂易經疑問》十二卷自序云："余小子無知，蓄疑思問二十年，今復裁訂，求正於海內君子。"則初撰時約為萬曆十八年，舜牧當四十七八歲，非"年過六十"，重訂時亦非"年過八十"。（楊武泉：《四庫全書總目辨誤》）

②　"實無可取"，殿本無。

易測十卷（江蘇巡撫採進本）

明曾朝節撰。朝節字植齋，臨武人。萬曆丁丑進士，官至禮部尚書。是編取王弼注、孔穎達疏、程子《傳》、朱子《本義》及楊氏《易傳》之説，參互考訂，惟解上、下經、《象》、《彖》、《文言》、《繫辭》，而置《説卦》、《序卦》、《雜卦》。又倣王弼《略例》之意，別作《説凡》一卷，附於末。大旨主於觀辭玩占，一切卦圖、卦變之説，悉所不取，頗足掃宋《易》之葛藤。然其去取衆説，則未能一一精審也。

周易冥冥篇四卷（兩淮鹽政採進本）

明蘇濬撰。濬字君禹，號紫溪，晉江人。萬曆丁丑進士，官至廣西布政司參政。此書惟解上、下經、《繫辭》、《説卦》，刪《序卦》、《雜卦》。大旨主王弼虛無之説，一切歸之於心學，非惟廢卜筮之説，乃併宋儒言理而偶及數者亦以為執泥牽拘。其訓"潛龍勿用”，以為心之寂然不動；訓“大明終始”，以為心之靈明不昧。而於《繫辭》之末，以《易》主忘言為歸宿。觀其以“冥冥”名書，則其說之遁於二氏，不問可知矣。

易經兒說四卷（浙江吳玉墀家藏本）

明蘇濬撰。濬《周易冥冥篇》恍惚支離，頗涉異學。及作是書，乃墨守朱子《本義》，尺寸不踰。其首先曰“講”者，詮釋文句也，次曰“意”者，推闡大旨也，次曰“總論”，則一卦之綱領也。又閒出旁注，以一二語標題。蓋專為科舉之學而設。因在家塾以此書為子姪講授，故稱“兒說”。萬曆中嘗刊行，板後散佚。康熙丁卯，其裔孫堯松等重刊之。

續韋齋易義虛裁八卷（浙江巡撫採進本）

明涂宗濬撰。宗濬字鏡原，南昌人。萬曆癸未進士，官至兵部尚書，諡恭襄。是編用《注疏》本，彙前儒之說以作解。大旨依傍程朱《傳》、《義》，而亦時有所糾正。如坤六五一爻，駁程子女媧、武后之說是也。所說頗潔淨[①]，而隨文生義，罕所發明。其首列《易》圖，以河圖作《旋毛》，洛書作《拆甲》，蓋本吳澄之說，非所臆造。然澄說實臆造也。

【彙訂】

① 殿本“淨”下有“不支”二字。

易會八卷（浙江鄭大節家藏本）

明鄒德溥撰。德溥字汝光，安福人。萬曆癸未進士，官至司經局洗馬。《明史·儒林傳》附見其祖守益傳末。是書用《注疏》本。其說多主義理，亦兼言象，自《繫辭》以下所解甚略。自序謂就心所會者述之，故名《易會》。然往往亦借以寓意。如解“亢龍有悔"曰："亢而曰龍，則亢乎其所不得不亢也。蓋人處時勢之極，固有必亢而後濟者。惟聖人純乎天德，無一毫全軀保命之思，雖履盛滿，蒙譏謗，冒天下之不韙而弗之避也。即勢且至於悔，亦為天下甘之矣。若慮其有悔而先自處於不亢之地，則智士之所為耳，何龍德之云乎？"此明季清流之見，以愧選懦則可矣，實非經義也。

像鈔六卷（內府藏本）

明錢一本撰。一本有《像象管見》，已著錄。是書雖以"像"為名[1]，實則衍陳摶之數學。凡卦圖二卷，附錄書劄及雜吟二卷，上、下經解二卷[2]。其卦圖以朱子《本義》所列九圖衍為三十二圖，圖各有說，縱橫比對，自謂言象而理在其中。然孔子所謂"象者像也"，即指卦爻。朱子所列九圖，後儒已不免異同。一本借以旁推，尤為支蔓。雖《易》道廣大，隨拈一義皆有理可通，然究非聖人設教之本旨也[3]。

【彙訂】

[1] "像"，殿本作"象"，誤，參明萬曆四十一年原刊本此書。

[2] 原刊本為上、下經解各一卷，卦圖一卷，繫傳一卷，附錄二卷（書劄一卷，雜吟一卷）。（王重民、屈萬里：《普林斯頓大學葛思德東方圖書館中文善本書志》）

[3] "究非聖人設教之本旨也"，殿本作"然究非聖人設教本旨也"。

四聖一心錄六卷（兩淮馬裕家藏本）

明錢一本撰。是書於《像鈔》之外，又舍數而言理。其言理，舍天而言人，其言人，又舍事而言心，推闡之以至於性命。體例近乎語録，其論亦多支離。如謂許由讓王為能知河、洛之道，又謂《序卦傳》為格物之學，大抵皆無根之高論也①。

【彙訂】

①"無根之"，殿本作"故為"。

易筌六卷附論一卷（江蘇巡撫採進本）

明焦竑撰。竑字弱侯，應天旂手衛籍，山東日照人。萬曆己丑進士第一，授翰林院修撰。尋遷東宮講讀官，謫福寧州州同。事蹟具《明史·文苑傳》。是書大旨欲以二氏通於《易》，每雜引《列子》、《黃庭内景經》、《抱朴子》諸書以釋經。史稱竑講學以羅汝芳為宗，而善耿定向、耿定理及李贄，時頗以禪學譏之，蓋不誣云。

周易正解二十卷（浙江吳玉墀家藏本）

明郝敬撰。敬字仲輿，京山人。萬曆己丑進士，歷官縉雲、永嘉二縣知縣，擢禮科給事中，遷戶科，尋謫宜興縣丞，終於江陰縣知縣。《明史·文苑傳》附見《李維楨傳》末。所著有《九經解》，此即其一。用王弼註本。凡上、下經十七卷，其説較詳，《繫辭》以下僅三卷，則少略焉。大旨以義理為主，而亦兼及於象。其言理多以《十翼》之説印正卦爻，其言象亦頗簡易。然好恃其聰明，臆為創論。如釋蠱卦為武王之事，而以先甲、後甲為取象"甲子昧爽"。其他亦多實以文、武之事。蓋本"作《易》者其有憂患"一語而演之①，遂橫生穿鑿。其所著《經解》，大抵均坐此弊也。

【彙訂】

①"而演之"，殿本作"輾轉旁推"。

易領四卷（浙江鄭大節家藏本）

明郝敬撰。是書專釋卦序之義，自序謂冠以《序卦傳》，如衣之挈領，故以"領"名。卷前標"山草堂集第二　内編"。蓋敬所著《九經解》皆編入文集，此其集中之第二種耳[1]。

【彙訂】

[1]《郝氏九經解》刻在前，《山草堂集》刻在後，《九經解》未編入文集。（崔富章：《四庫提要補正》）

易學飲河八卷（兩淮馬裕家藏本）

明張納陛撰。納陛字以登，宜興人。萬曆己丑進士，官禮部主事。事蹟附見《明史·顧允成傳》。納陛以爭並封去官，乃閉門注《易》。其書惟解上、下經，每卦皆注互體，而不甚發互體之義。如解"亢龍有悔"，謂"處亢之時，不得不亢，不得不悔，何病乎亢龍"，則取鄒德溥之説；解"龍戰于野"，謂"戰者懼也，栗也。非與陽爭戰，乃疑於陽而自為戰懼也"，則取唐鶴徵之説。皆苟務趨新，乖違古義。又刪除上、下經之名，以咸、恒二卦移附坎、離二卦之末，尤竄亂舊次，割裂聖文。至六十四卦惟否與未濟二卦置而不註，蓋納陛丁明末造，以否為亂世，未濟為窮時，託不言以寓其慨也。前有錢一本序，其詞頗譎，大抵不得志而著書之意。則是書不必盡以經義核矣。

周易旁注會通十四卷（浙江吳玉墀家藏本）

明姚文蔚撰。文蔚字養谷[1]，錢塘人。萬曆壬辰進士，歷官南京太僕寺少卿[2]。初，休寧朱升作《周易旁注》，用王弼本。後程應明更定，從朱子本。文蔚以經傳相離，不便誦習，且旁注細字難讀，於是改為此本。於原文一無增損，但易旁註為直下，又仍取十二篇舊文列之於前。以其可以通今,題曰《會通》。蓋專為諧俗訓蒙而設也③。

【彙訂】

① 明萬曆三十五年楊廷筠刻本《省括編》末有門生李繼周後序,稱"吾師養谷先生",又黃居中題後,稱"虎林姚元素先生"。是姚文蔚字元素,號養谷。《總目》卷五六《右編補》條亦作"字元素"。

② "歷官",殿本作"官至"。

③ "訓蒙",殿本無。

古易彙編十七卷(浙江汪啟淑家藏本)

明李本固撰。本固字維寧,臨清州人。萬曆壬辰進士,官至太僕寺少卿。案《易》自費直以《十翼》解經,而鄭康成以《彖傳》連經文,於是十二篇之序始紊,如今乾卦是也。至王弼,又自坤卦以下每卦、每爻取傳辭連綴經文之下,並取《文言》入乾卦、坤卦之中,即今《注疏》本是也①。後王洙、呂大防、周燔、吳仁傑輩,遞有考核,而晁說之、呂祖謙所定為善,故朱子《本義》參用二家②。至吳澄,又謂《繫辭》內"居室"七條、"祐助"一條、"何思"十一條③,實《文言》之文。由王弼既取乾、坤《文言》入乾卦、坤卦,其無可附者,後人并入《繫辭》內,而孔疏復曲為之說。復古《易》者但取乾、坤《文言》別為一卷,而散入《繫辭》者未之改也。故其作《易纂言》,取此諸條入《文言》。是書篇第悉依朱子本,而《文言》則用澄本,故曰"古《易》"。然朱子本於古有據,吳澄說自昔未聞,以杜撰之說目為古本,於義殊為乖刺也。其書分為三集,一曰意辭,二曰象數,三曰變占。意辭之目凡八,曰古易,附見書前,曰辭會,即經傳十二卷,自第十三卷以下另為一編,有胡國鑑序,曰明意,曰釋名,曰詳易,曰玩辭,曰誤異,曰易派。象數之目亦八,曰圖書象,曰圖書數,曰總論,曰畫象,曰三易,曰廣象,曰觀象,曰衍數。變占之目凡十,曰蓍變,曰之變,曰反對,曰變例,曰辨成,曰觀變,曰不卜,曰玩占,曰卜筮,曰斷法。

【彙訂】

①“即”,殿本無。

②“而晁説之吕祖謙所定為善故朱子本義参用二家”,殿本作“而以吕祖謙所定為善故朱子本義用祖謙之本”,誤。晁説之《題〈古周易〉後》云“《周易》卦爻一,《彖》二,《象》三,《文言》四,《繫辭》五,《説卦》六,《序卦》七,《雜卦》八”,釐為八篇。吕祖謙《古周易》則卦爻辭、《彖》、《象》各分上下篇,共為十二篇。朱熹據之作《周易本義》,“揭十二篇以教天下”。本卷《易學古經正義》條亦云:“自費直合《十翼》於上、下經,唐用王弼《易》註作《正義》,《易》遂用王弼之本。宋晁説之、吕祖謙諸家始倡為復古之説,互有考訂,而亦互有異同。至朱子之《本義》,始定從吕本,分為經二篇,傳十篇,至今與王本並行。”(舒大剛:《試析宋代“古易五家”在恢復古周易上的重要成就》)

③殿本“十”上有“等”字。

玩易微言摘鈔六卷(浙江巡撫採進本)

明楊廷筠撰。廷筠字仲堅,錢塘人,萬曆壬辰進士。是編採諸家説《易》之言,彙集成帙,故曰“摘鈔”。首卷載《論易大旨》十餘條,亦皆徵引前人論説,未嘗自立一義,蓋仿李鼎祚《集解》之例。而鼎祚所採,多漢以來不傳之佚文,足資考證。廷筠此書,特撮録近代講義而已。

易引九卷(江蘇周厚堉家藏本)

明方時化撰。時化字伯雨,歙縣人。萬曆甲午舉人,官至敘州府同知。時化傳其高祖社昌之《易》學,著書六種,其子龐彙輯合刊。此其第一種也。共一百有一篇。前後泛論《易》理,中則每卦為一篇,兼及《繫辭》各章。大旨以佛經解《易》,根本已謬,其是非不待辨也。

周易頌二卷(江蘇周厚堉家藏本)

明方時化撰。其《易》學之第二種也。上卷九十頌,下卷亦九十頌。前後泛言象數,中閒每卦為一頌,亦有兩卦為一頌者。其體格頗倣焦氏《易林》,要不脫佛家之宗旨。

學易述談四卷(江蘇周厚堉家藏本)

明方時化撰。其子龐筆而誌之,故以“述談”為名。其《易》學之第三種也。分《密義述》二十則,《名象述》十二則,《卦爻述》四十則,《凡例述》十二則。總以禪機為主,故首卷之末有佛家“三乘”之說也。

易指要繹三卷(江蘇周厚堉家藏本)

明方時化撰。初,時化高祖社昌嘗著《周易指要》五卷①,至時化乃取而繹之。每段之下,凡稱“繹曰”者,皆時化之言。其《易》學之第四種也。

【彙訂】

①“卷”,殿本作“篇”。

易疑四卷(江蘇周厚堉家藏本)

明方時化撰。其《易》學之第五種也。首卷《密義疑》二十一則，二卷《名象疑》十二則，三卷《卦爻疑》三十六則，四卷《凡例疑》二十四則。所分四類與《易學述談》相同，皆別無精義。

易通一卷（江蘇周厚堉家藏本）

明方時化撰。其《易》學之第六種也。多取《通書》、《正蒙》之言發明《易》理。案《通書》一名《易通》，《正蒙》亦多詮解造化陰陽之妙，其理本自相貫。然一經時化之發揮，則儒言悉淆於異學。蓋其紕繆在宗旨之閒，故不免貌同而心異也。

周易鐵笛子一卷（兩江總督採進本）

明耿橘撰。橘字庭懷，獻縣人。萬曆甲午舉人，官至監察御史。是書每卦畫六爻而系爻辭於畫下，又取反對之卦爻辭倒書之，自謂古《易》，蓋據稅與權之本。其於《十翼》則取《文言》“乾元者”以下六十六字，“坤至柔”以下三十四字，謂當入《彖》；取《文言》“潛龍勿用，下也”以下一百七字，謂當入《象》。又分《繫辭傳》為上、中、下三段。則皆無據之說也。

易經通論十二卷（浙江巡撫採進本）

明曹學佺撰。學佺字能始，侯官人。萬曆乙未進士，官至四川按察使。以著《野史紀略》削籍。崇禎初，起廣西按察司副使，不就。後為朱聿鍵禮部尚書。聿鍵敗，學佺自殺。事蹟具《明史·文苑傳》。是書專釋各卦象詞、六爻，融會一卦之意。其釋“鳴鶴在陰”、“藉用白茅”諸句，頗有前人所未發之義。惟於河圖、洛書推求不已，則以家在閩中，習聞漳浦之學也。然漳浦之學本別傳於《易》外，學佺拾其緒論，愈衍愈支，既不及其術數之精，而又無當於經義，是進退無據矣。朱彝尊距學佺最近，而《經義考》注曰“未見”，殆當時已不甚行歟？

周易可説七卷(浙江巡撫採進本)

明曹學佺撰。是書以象占為主,於前人中多採來知德《易》注,而深疑朱子《本義》。如謂:"凡辭皆象也,《本義》一辭而分為象、占。如'潛龍勿用'本一句,而以'潛龍'為象、'勿用'為占者,非。"其説頗允。又謂"陰變為陽,陽變為陰,只是剛柔相推而變化在中,非真陰變為陽,陽變為陰。譬如男子有時行陰柔的事,即可變作婦人否? 婦人有時行剛方的事,即可變作男子否"云云,則殊膠固。不知變論其德,不論其人也。又謂"如小畜之下三爻,《本義》云以君子欲上進見畜於小人,上三爻則云以柔順之君子畜止剛暴之小人。遯之二陰浸長,則陽遯矣。爻之初六、六二,則云君子之遯在後與夫固守必遯者。一卦之中乍賢乍佞,何可以訓"云云,不知《易》之理變動不拘,隨爻取象,不可以一格繩也。亦自為一家之説而已矣。

易經澹窩因指八卷(安徽巡撫採進本)

明張汝霖撰。汝霖字明若,山陰人。萬曆乙未進士,官至江西布政司參議。其書隨文訓釋,蓋專為科舉制藝而作[1]。

【彙訂】

[1]"制藝",殿本無。

周易古文鈔二卷(浙江巡撫採進本)[1]

明劉宗周撰。宗周字起東,號念臺,山陰人。萬曆辛丑進士,官至左都御史。南都破後,絕粒而死。事蹟具《明史》本傳。乾隆乙未,賜諡忠介。宗周與漳浦黃道周,明末俱以善《易》名。道周長於數,宗周長於理。其學多由心得,故不盡墨守傳義。其刪《説卦》、《序卦》、《雜卦》三傳,雖本舊説,已失先儒謹嚴之義。

至於經文序次②，每以意移置，較吳澄《纂言》更為無據，亦勇於竄亂聖經矣。故其人可重，而其書終不可以訓焉。

【彙訂】

①《明史·藝文志》、《經義考》並著錄劉宗周《周易古文鈔》三卷《讀易圖記》一卷。據《浙江採集遺書總錄》，是書凡為經二卷，《繫辭傳》以下亦一卷，總三卷。（崔富章：《四庫提要補正》）

②“序次”，殿本作“次序”。

周易宗義十二卷（浙江吳玉墀家藏本）

明程汝繼撰。汝繼字志初，朱之蕃序又稱其字曰敬承，蓋有二字也。婺源人。萬曆辛丑進士，官至袁州府知府。是書前有自述凡例云：“以朱子《本義》為宗，故名曰《宗義》。”然亦往往與朱子異。朱之蕃序稱：“萬曆辛卯，遇汝繼於天界禪林，方以《易》學應制舉。”又稱：“比擢南曹，乃得乘其政暇，羅列諸家之說，不泥古，不執今，句櫛字比，必求其可安於吾心，以契諸人心之所共安，而後錄之。”蓋其初本從舉業而入，後乃以意推求，稍參別見，非能元元本本究《易》學之根柢者，故終不出講章門徑云。

周易象義十卷（江蘇巡撫採進本）①

明章潢撰。潢字本清，南昌人。萬曆乙巳，以薦授順天府學訓導。時年已七十九，不能赴官，詔用陳獻章例，官給月米。後至八十二歲，終於家。《明史·儒林傳》附載《鄧元錫傳》末。是書主於言象，故引張行成說以駁晁公武主理之論。大抵以《漢上易傳》為椎輪，雜引虞翻、荀爽九家《易》及李鼎祚、鄭汝諧、林栗、項安世、馮椅、徐大為、呂樸卿諸家，而參以己意。其取象之例甚多，約其大旨，不出本體、互體、伏體三者。雖多本古法，而推衍頗為繁碎，未能一一盡得經義也。

【彙訂】

①《四庫採進書目》中《江蘇省第一次書目》載《周易象義》四本，然據《江蘇採集遺書目錄》，此本實唐鶴徵所著者。《兩淮商人馬裕家呈送書目》載"《周易象義》未分卷，明章潢，四本"。（崔富章：《四庫提要補正》）

易經會通十二卷（浙江巡撫採進本）

明王邦柱①、江梄同撰。邦柱字砥之，萬曆丙午舉人②，梄字楚餘，皆休寧人③。其所徵引至一百七十餘家。然大旨本為舉業而設，故皆隨文衍義，罕所發明。其所標舉，有《全象合旨》、有《六爻合旨》、有《二卦合旨》、有《繫辭合旨》，亦皆不出講章窠臼。至於卷首列取象之義，分正體、互體、變體、復體、積體、移體、半體、似體、反體、伏體、對體諸例，自謂偶有巧合者，錄其一二。實則橫生枝節④，隨意立名。蓋冗瑣無當⑤，徒生穿鑿而已。

【彙訂】

①《明史·藝文志》、《經義考》並著錄汪邦柱《周易會通》十二卷。《四庫採進書目》中《浙江省第九次呈送書目》載"《周易會通》十二卷，明汪邦柱、江梄同輯，十本"。《浙江採集遺書總錄》亦云明湖廣參議長洲汪邦柱撰。今存明萬曆四十五年休寧梅田江氏生生館刻本《周易會通》十二卷，明汪邦柱、江梄輯。"王邦柱"顯誤。（崔富章：《四庫提要補正》）

②《明清進士題名碑錄》萬曆己未科有汪邦柱。（胡玉縉：《四庫全書總目提要補正》）

③《經義考》卷六一引高佑釲曰："汪邦柱，字砥之，長洲人。

萬曆己未進士,官湖廣參議。"謂"休寧人",誤。(同上)

④ "橫生枝節",殿本無。

⑤ "蓋冗瑣無當",殿本無。

易芥八卷(浙江吳玉墀家藏本)

明陸振奇撰。振奇字庸成,仁和人。萬曆丙午舉人。是書《經義考》作十卷,與此本不符。然所引鄭之惠説,稱陸庸成為諸生時著《易芥》八卷,與此本合,則"十卷"乃字之誤也。書中不載經文,其訓詁專主義理,每卦多論反對之意。其論"用九"謂非六爻皆變,與《左傳》蔡墨所稱"乾之坤"者顯相乖剌,知其不以古義為宗矣。

易林疑説無卷數(浙江汪啟淑家藏本)

明楊瞿崍撰。瞿崍字稚實,晉江人。萬曆丁未進士,官至江西提學副使。先是,瞿崍之父著《易經蒙筌》,未就而卒。瞿崍承其家學,考索諸家,有疑即為之説,故名曰"疑説"。其論"九疇"子目胎合河圖,謂洛書可以敘疇①,亦可以畫卦,以及橫圖、圓圖、逆數、順數、八卦序次、五行生尅,皆繳繞旁文,無關經義。《明史·藝文志》作十卷。今此本止三册,不分卷數,疑就其初成稿本傳寫者也。

【彙訂】

① "謂",殿本作"論"。

易經勺解三卷(浙江汪啟淑家藏本)

明林欲楫撰。欲楫字平庵,晉江人。萬曆丁未進士,官至禮部尚書,兼掌詹事府事。是書乃其子華昌所錄。其説專主人事,以發明義理為主①,不及象數。欲楫與楊瞿崍同里同年,又同説

《易》,而持論各局於一偏,豈相激而相反歟?然瞿峻似探《易》之本原,實牽合於《易》之外;欲楫似得《易》之皮毛,猶尋求於《易》之中也。

【彙訂】

①"義理",底本作"理義",據殿本改。

松蔭堂學易六卷(内府藏本)

明賈必選撰。必選字直生,上元人。萬曆己酉舉人,官戶部主事,以辯倪嘉慶冤謫外。旋陞南京工部郎中。其解《易》以數為本,於河圖、洛書之異同,先天、後天之分別,上經、下經之反對,皆發明邵子之說①。

【彙訂】

① 殿本"發"上有"主"字。

易略三卷(兩江總督採進本)

明陸夢龍撰。夢龍字君啟,會稽人。萬曆庚戌進士,官至山東按察司副使。調陝西,進布政司參政,分守固原。以奮擊土寇戰歿,贈太僕寺卿。事蹟附見《明史·張問達傳》。是書隨筆標識,不載經文,頗融會宋儒之說,而參以史事。大抵亦推尋文句之學。惟不取河圖、洛書之說,則頗有卓見。

易臆三卷(浙江鮑士恭家藏本)

明鄭圭撰。圭字孔肩,錢塘人。是書成於萬曆庚戌。前二卷以六十四卦各為一論,後一卷則於《繫辭》諸傳中標舉字義發明之。如論乾卦"閑邪存誠"云:"心者,人中龍也。其剛明不息,渾然乾也,著一物焉則不化,著一念焉則不神,所自邪也。邪識愈多,邪行愈妙,而赤子之心愈失,人道息矣。"又云:"天運不已,

以其無著；天體無著，以其純乾。"論屯卦云："侯為國主，心為人
主。心有主，心境自開朗；世界有主，世界自開朗。"論蒙卦云：
"屯者混沌之世宜治也，蒙者混沌之心可教也。"論離卦云："坎陽
內，心學也；離陽外，治道也。"論《繫辭》"洗心藏密"云："《易》有
太極，聖有心極。"其言皆近於二氏。觀其論"精變神"一條，引楊
簡"心之精神謂之聖"，則源出慈湖，概可見矣。其他亦多涉明季
時事。如論師卦謂："汲長孺與公孫宏〔弘〕，其忠佞相去天淵。
然汲恃忠，不能善道，故不相。世路通塞，雖得之有命，亦求之有
道。"論否、泰二卦云："非中行之臣不能包容小人，包容小人不
得，如何消得小人。"論大過卦謂："過而不過者，郭林宗、陳仲弓；
以過濟過者，梁伯鸞、徐孺子。"論遯卦云："舜、禹與四凶雜處堯
朝，曾不見一毫同異之蹟。故所謂肥遯者，舜、禹是也。"持論皆
不純粹。大抵有為言之，亦非經之本旨也[1]。

【彙訂】

[1] "亦"，殿本無。

重訂易學說海八卷（福建巡撫採進本）

明郭宗磐撰。宗磐號鵬海，晉江人。是書成於萬曆辛亥。
用《注疏》本，順文推衍，專主義理，不及象數。大抵以《本義》為
宗，而雜採諸家講義，貫以己說。於《本義》亦時有辨證，然不多
見也。其曰"重訂"者，蓋此書先經付梓，後覺其未善，復自加釐
正云。

周易易簡編無卷數（江蘇巡撫採進本）

明陸起龍撰。起龍字雲從，上海人。萬曆壬子舉人，官永寧
縣知縣。是書自序謂採漢、唐、宋以來注疏暨家藏未刻本，多至

充棟,筆之成帙。猶病其贖而雜,遂歸根易簡,融會精理,彙而成編。又謂其學淵源所出,在屠隆與歸有光。有光篤志宋儒,隆則希蹤兩晉,二家學問分道揚鑣。書中義理切實之處,當由宗法於歸;詞旨輕儁之處,當由漸染於屠矣。

易學殘本十二卷(浙江巡撫採進本)

明卓爾康撰。爾康字去病,仁和人。萬曆壬子舉人,官至工部屯田司郎中,謫常州府檢校,後終於兩淮鹽運通判。據《明史‧藝文志》載,爾康《易學》五十卷。此本僅存圖一卷、圖説六卷,及《説卦傳》二卷、《序卦傳》二卷、《雜卦傳》一卷。每卷首但有"卷之"二字,而空其數,蓋刻刊未竟之本也[1]。其大旨附會河、洛,推演奇偶,紛紜輵輵,展卷如曆家之數表。所謂聖人因象示教之本旨,渺不知其所在。以此為作《易》之奧,則老算博士人人皆妙契先天矣。其首列為起數之根者,有古河圖、古洛書。陳希夷《龍圖別傳》:"古河圖、今河圖、古洛書、今洛書。"豈龍馬所負一圖,而有此四本;神龜所呈一書,而有此兩本耶? 抑後人以意造作也? 為書如是,其完也不足貴,其闕也亦不足惜矣。

【彙訂】

①"刻刊",殿本作"刊刻"。

易窺無卷數(浙江汪啟淑家藏本)

明程玉潤撰。玉潤字鉉吉,常熟人。萬曆癸丑進士。據《經義考》所引倪長圩語,知其嘗官部郎,始末則未能詳也。然《經義考》但載程玉潤《周易演旨》六十五卷,而無《易窺》之名。又此書僅有十册,不分卷數,亦與六十五卷不合。惟所解止上、下經,與程子《易傳》同。其大意在申暢程《傳》，凡《傳》義與朱子《本義》異同者，多調停其說。與倪長玕所稱"取正叔先生《傳》而增益之"者，宗旨相符。或原名《易窺》，後改《演旨》，此猶其初稿。後以一卦為一卷，併總論為六十五卷。此稿則尚未分卷歟？今未見《演旨》，其為一為二，莫之考矣。

易學管見無卷數（浙江吳玉墀家藏本）

明洪啟初撰。啟初字爾還，南安人。萬曆癸丑進士，官兵部主事。是書用《注疏》本，大抵訓詁之恒言。至於《繫辭》、《說卦》每章之首，皆標首句為章名，亦非古式也。

易學五卷（浙江巡撫採進本）

明吳極撰。極字元無，漢陽人。萬曆丙辰進士，嘗官知縣，而其所官之地則不可考。是編首有天啟丙寅自序，謂初好讀《易》，即尋究萬廷言《易原》一書，恍然有得。迨三仕南中，官邸多暇，日以樂玩為業。研證既久，翻搜亦侈。其不甚異意者，於程子《易傳》外，獨楊簡之《己易》、蘇軾之《易解》、焦竑之《易筌》、鄒德溥之《易會》。以故編中多採四家之書云。

周易揆十二卷（浙江巡撫採進本）

明錢士升撰。士升字抑之，嘉善人。萬曆丙辰進士第一，官至文淵閣大學士。事蹟附見《明史·錢龍錫傳》。是書用《注疏》本，雜採前人之說，斷以己意。許譽卿序云："邵子揆諸氣，程子揆諸理，朱子揆諸象。"此書自屯以下，於每卦前設互卦，後設對卦，舉氣與理象而兼融之，此"揆"之所以名也。在明人《易》解中，持擇尚為詳審。特溺於河、洛反對之說，體例糾紛，未能盡除錮習耳。

周易時論合編二十二卷（安徽巡撫採進本）

明方孔炤撰。孔炤字潛夫，號仁植，桐城人。萬曆丙辰進士，官至右僉都御史，巡撫湖廣。為楊嗣昌劾罷逮治，謫戍，久之釋歸。崇禎末起故官，屯田山東、河北，兼理軍務。事蹟附見《明史·鄭崇儉傳》。是書即其罷官後所著[①]。凡《圖象幾表》八卷[②]，上下經、《繫辭》、《說卦》、《序卦》、《雜卦》十五卷[③]。其立說以時為主，故名《時論》。蓋孔炤初筮仕，即攖璫禍。及膺封疆之任，值時事孔棘，又遭齮齕。有所憂患而發於言，類多證據史事，感慨激烈。其講象數，窮極幽渺，與當時黃道周、董說諸家相近。孔炤自著凡例，稱"少侍先廷尉，教以三陳九卦"。案孔炤父大鎮，字君靜，萬曆己丑進士，官大理寺少卿，著有《易意》四卷，載朱彝尊《經義考》。則《易》固其家學也。是編刊於順治庚子，前有李世洽序。《經義考》作十五卷，或朱彝尊所見之本無《圖象幾表》歟？

【彙訂】

①　是書方孔炤序作於崇禎十六年（1643），時當"崇禎末起故官"之後，非"罷官後所著"。（郭彧：《續四庫提要辯證（經部易類）》）

②　據卷首方孔炤序和方以智《記》，《圖象幾表》八卷為孔炤子方以智編錄。

③　提要所列合計應為二十三卷，與清順治十七年刻本同。則前著錄書名作二十二卷誤。（杜澤遜：《四庫存目標注》）

易就六卷（兩淮鹽政採進本）

明徐世淳撰。世淳字中明，嘉興人。萬曆戊午舉人，官至隨州知州。張獻忠之亂,城破巷戰死。贈太僕寺卿。事蹟具《明史·忠義傳》。是書前有張溥序,比之王弼、胡瑗、王安石三家,而序多微辭,頗寓不滿之意。光時亨序則稱:"《易》當從自己性徹入,不可依傍先儒。"蓋世淳命意如此。故其書似儒家之語錄,又似禪家之機鋒,非說經之正軌也。

伏羲圖贊二卷(浙江巡撫採進本)

明陳第撰。第字季立,連江人。以諸生從軍,官至薊鎮遊擊。是書上卷於奇耦之數,皆以黑白為陰陽①,兩儀、四象、八卦,皆規方而為圓。於先儒所傳卦畫方位,先、後天方圓諸圖,一一辨其所失。下卷為圖贊二十一,末附《圖向》一篇。大抵皆臆造之説,不足為據。惟《雜卦傳古音考》一篇,用其所長,轉勝於全書。如《傳》文"屯見而不失其居,蒙雜而著",第謂"居"古讀"倨",引《詩·蟋蟀》"無已大康,職思其居。好樂無荒,良士瞿瞿"、漢韋元〔玄〕成《戒子孫》詩"昔我之墜,畏不此居。今我度茲,戚戚其懼"為證。考《周禮·春官》:"凡以神仕者掌三辰法,以猶鬼神示之居。"鄭注:"居,謂坐也。"故《春官釋文》:"居,紀慮反。"則與"踞"通。《前漢·趙禹傳》"為人廉倨",亦通作"居"。《郅都傳》"丞相條侯至貴居",則"居"與"倨"通。與第説皆足以相合。知其考辨之確,而惜非大旨之所存。如移以附所作《古音考》,則庶幾矣。

【彙訂】

①"皆以黑白為陰陽",殿本作"以黑白分陰陽"。

風姬易遡五卷(江西巡撫採進本)①

明王宣撰。宣字紀卿,一字虛舟,金溪人。其書止上、下經卦爻辭。前有自序曰："風，伏羲姓。遡風者，溯卦。姬，文周姓。溯姬者，溯彖。爻獨不遡孔者，余觀象家，非舉業家也。"如其所言，則孔子《十翼》竟為舉業而作，其妄謬殆不足道[②]。此因四聖人各自有《易》之説，而報讎流為行劫者也。所言多主於象，亦破碎支離，不盡合於經義。

【彙訂】

①"江西巡撫採進本"，殿本作"江南巡撫採進本"，誤。清無江南巡撫一職。此書見於《四庫採進書目》"江西巡撫海續購書目"。（江慶柏：《殿本、浙本〈四庫全書總目〉著録圖書進獻者主名異同考》）

②"其妄謬殆不足道"，殿本作"歟"。

周易古本一卷（浙江鮑士恭家藏本）

明華兆登編。兆登，無錫人。是書成於萬曆中。分文王《卦辭》上下、周公《爻辭》上下為四篇，以孔子《象傳》、《彖傳》、《爻傳》、《文言》、《繫辭》、《説卦》、《序卦》、《雜卦》為八篇，以合十二篇之數。其所謂《象傳》即今大象、《爻傳》即今小象也。附《古本辨》一篇[①]、《記疑》六條，皆自述更定編次之意。案《周易》十二篇見於《漢書・藝文志》，其十二篇之次第不可知。顏師古注曰："上、下經及《十翼》，故十二篇。"孔穎達《周易正義》曰："《十翼》謂《上彖》、《下彖》、《上象》、《下象》、《上繫》、《下繫》、《文言》、《説卦》、《序卦》、《雜卦》。"自宋以來，復古《易》者甚多，皆各有更定，彼此互異，然未有以卦辭、爻辭分篇者。兆登據馬融、陸績之説，以為爻辭周公作，故應與文王異卷。究為單辭孤證，經傳別無明文。且孔子明言"二篇之策"，今以上、下經為四篇，亦無證據。

至六爻有爻畫,見於吳仁傑之《費氏古易》,朱子已譏其重複。今用爻畫而删初九、初六之文,則孔子《傳》内稱"九六"者何所自昉,豈孔子所見尚非古本乎? 名為復古,實則臆説而已矣。

【彙訂】

① "古本辨",底本作"古本辯",據清求是齋刻本此書及殿本改。

易經增注十卷(直隸總督採進本)

明張鏡心撰。鏡心字用晦,磁州人。天啟壬戌進士,官至兵部尚書。是編用《注疏》之本,隨文闡發,多釋義理,無吊詭之詞,亦無深微之論,説《易》家之墨守宋儒者也。

繫辭十篇書十卷(江蘇巡撫採進本)

明陳仁錫撰。仁錫字明卿,長洲人。天啟壬戌進士第三,官至南京國子監祭酒。事蹟具《明史・文苑傳》。此編以"十篇"為名。今核其數,曰《翼易書》,曰《太極書》,曰《河洛書》,曰《羲易書》,曰《文易書》,曰《文序書》①,曰《孔易書》,曰《蓍占書》,曰《卦爻書》,僅有九名②。其首冠以《繫辭説》,不入目錄。《文易書》下附以《羲文合論》,而《翼易書》分上、下,不知以何一篇足為十也。其書立名詭異,至其所説,則不過掇拾舊文,編綴成帙而已。

【彙訂】

① "書",殿本無。明神默齋刻本此書卷七、卷八均為《文易書》,無《文序書》之名,實僅八篇。

② "僅有",殿本作"僅見"。

易經頌十二卷(副都御史黃登賢家藏本)

明陳仁錫撰。是書多剖析字句,以發揮意義,亦閒與《本義》

異同。大抵據文臆斷之處多，而研究古訓之處少。蓋仁錫文士，於經學本非專門也。

　　易思圖解無卷數（江西巡撫採進本）

　　明劉日曦撰。日曦字仲升，彭澤人。天啟壬戌進士。是書以邵子《大橫》、《大圓》二圖為先天，《橫排》、《圓排》為大成，其《小橫》為太極，《陰陽卦序小圓》為先天小成，《文王卦位》為後天小成，《漢儒卦氣圖》加以《四正之卦》為後天大成，《雜卦》之次則為《孔子序卦》與《文王序卦》一例。後附以河圖、洛書及周子《太極圖》、邵子《皇極經世》《陰陽剛柔四象圖》與《一元消長數》，各為之說。大抵出於臆撰①。其《序卦》、《雜卦》二圖，非方非圓，尤不知其何所受也②。

　　【彙訂】

　　①“出於臆撰”，殿本作“支離曼衍”。

　　②“尤”，殿本作“又”。

　　易備十四卷（兩江總督採進本）

　　明文安之撰。安之字鐵菴，夷陵人。天啟壬戌進士，官至國子監祭酒。朱由榔僭號粵西，以為大學士。告歸，尋卒。事蹟具《明史》本傳。是書乃其官南京司業時所刊行①。首列諸儒著述，次以《伏羲卦位》明《易》之數，以《文王卦位》明《易》之氣。又以先、後天之圖一上一下反覆合之，以明“對待流行”之體。大概本來知德之說。然其詮釋經文又多主義理，不本諸圖以立論。往往求高而涉於元虛②，求深而病於穿鑿，不能盡歸醇正也。

　　【彙訂】

　　①“行”，殿本無。

②“元虛”，殿本作“空虛”。

易史象解二卷（江蘇巡撫採進本）

明林允昌撰。允昌字為磐，號素菴，晉江人。天啟壬戌進士，官至吏部郎中。案朱彝尊《經義考》載允昌《周易耨義》六卷，稱：“莆田有金石社，允昌集子弟月三會，自崇禎庚辰四月至十一月，凡二十二會。門人張拱辰、何承都等輯而成編。因允昌以請學為圃名齋，故曰《耨義》。”此書書名、卷數皆不符，當各自一書，彝尊失載也。其說取《易》象大義各摭史事以配之，每一卦為一解。自序為本程《傳》、朱《義》、誠齋、紫溪諸說，而參以己見。然牽合附會處頗多，所謂必求其人以實之，則鑿矣。

周易纂六卷（浙江巡撫採進本）

明朱之俊撰。之俊字滄起，汾陽人。天啟壬戌進士，官至翰林院侍講。是編用《注疏》本，彙先儒舊說，融以己意。兼主義理、象數，亦採來注錯綜之例。詞旨頗為淺顯，而隨文敷衍者多。

易學統此集二十卷（兩江總督採進本）

明孫維明撰。其子越續成之。維明字克晟，江寧人。前有天啟四年維明自序。其書多取宋、元以來諸說，不甚考究古義。每節之下皆敷衍語氣，如坊刻講章之式。越所補入各條及引述其父之言，皆別為標識，亦無奧旨。

易經小傳二十卷（浙江吳玉墀家藏本）

明鄭友元撰。卷前有自序，自稱其號曰滄山，不著歲月。《明史·畢自嚴傳》稱：“時有詔縣令行取者，先核其錢穀。華亭知縣鄭友元已入為御史，先任青浦，逋金花銀二千九百。帝以詰戶部尚書畢自嚴，自嚴飾辭辨，遂下自嚴獄，遣使逮友元。"又《湖廣通志》："鄭友元字元章，京山人。天啟乙丑進士，官御史。"當即其人也。其書於乾卦經文卦辭下即接彖傳，而分文言之釋彖者附之，次大象，次爻辭，下接小象，而分文言之釋爻辭者附之，未免汩亂古經。其以爻辭爲文王作，亦與先儒之論不合也。

周易爻物當名二卷（兩淮馬裕家藏本）

明黎遂球撰。遂球字美周，番禺人。天啟丁卯舉人。從朱由榔起兵，後守贛州，城破巷戰死。其書惟載三百八十四爻，以互變推求其象。然互體、變卦雖古法，而遂球所推則自出新意。往往支離蔓衍，附會成文，不必盡當名辨物之本旨也。

廣易筌四卷（浙江巡撫採進本）

明沈瑞鍾撰。瑞鍾字德培，平湖人。自序言先嘗爲《易意筌》，十九年後復爲《廣易筌》。而書中又有稱"家先生《古筌》"者，則述其父之説。其閒經文次序用《注疏》本，惟乾卦分節解之，自坤以下，每卦爲一説，《繫辭》以後，每章爲一説。多主人事，不取象數之學。凡《上經》、《下經》、《繫辭傳》上下各爲一卷，而《説卦》、《雜卦》乃附諸《下繫》之後。朱彝尊《經義考》作《易廣筌》二卷，與此不合，殆僅見上、下經耶？自宋李光、楊萬里以來，多以史事證《易》義，瑞鍾是書，蓋亦是意。然逐卦逐爻務求比例，牽強既所不免，且於當代時事概行闌入，尤爲駁雜。造語遣詞，亦多涉明季纖佻之習。蓋沿李氏、楊氏之餘波而失之泛濫者也。

周易獨坐談五卷（兩淮馬裕家藏本）

明洪化昭撰。化昭自號曰北居士，新都人。《經義考》列之馬元調前，則啟、禎閒人也。是書《明史・藝文志》著録，然無卷數。今本五卷，不知何人所分。其說以《說卦》、《序卦》、《雜卦》三傳皆為漢儒所增入，故置而不言，惟說上、下經、《繫辭》。然雜引古事，語皆粗鄙。如周公作歌招夷齊，夷齊答歌之類，雜以俳諧，殊乖說經之體。至謂文王八卦退乾於西北者，乃因岐在西北，意在以天自處，尤穿鑿矣。其自述乃曰：“日北居士談《易》，每一卦六爻，合成一片，不知者以為迂，而非迂也；發揮文王、周公心事，不知者以為鑿，而非鑿也。謂之《獨坐談》，聊以自娛，而不可以語人也。”何其果於自信歟！

雪園易義四卷圖說一卷（浙江巡撫採進本）

明李奇玉撰。奇玉字元美，嘉善人。崇禎戊辰進士，官至汝寧府知府。是編惟解六十四卦，議論縱橫，而詞勝於理。前列《增補四易圖說》、《參訂圖說》、《進退變化圖》[①]、《對待流行圖》、《生生豎圖》、《卦變圖》、《納甲圖說》，皆推衍先天之學[②]。其因雲林傅氏之說，以先天為《歸藏》，後天為《連山》[③]，又出邵氏本論之外矣。

【彙訂】

① “進退”，殿本脫，參清順治刻本此書卷之首所載。

② 邵雍曰：“先天之學心也，後天之學跡也”（《觀物外篇》），又有“若問先天一字無，後天方要著功夫”、“人心先天天弗違，人身後天奉天時”、“能知同道道亦得，始信先天天弗違”等詩句（《伊川擊壤集》），朱熹則曰：“據邵氏說，先天者，伏羲所畫之易也；後天者，文王所演之易也。”（《文公易說·答袁樞》）邵雍以先天地生之“道”為“先天”、有卦畫文字之跡者為“後天”，朱熹則以“伏羲易”為“先天”、“文王易”為“後天”，雖二人之定義有所不

同,然二人卻從未以"卦變説"、"納甲説"為"先天之學"。李奇玉之書是本朱熹所謂之"先天"和"後天"而推衍,並非專門"推衍先天之學"。(郭彧:《續四庫提要辯證(經部易類)》)

③"以先天為《歸藏》,後天為《連山》"乃本朱元升《三易備遺》之説。(同上)

易疏五卷(浙江吳玉墀家藏本)①

明黃端伯撰。端伯字元公,江西新城人。崇禎戊辰進士,除寧波府推官。福王時官禮部儀制司郎中。南京破,死難。事蹟附見《明史·高倬傳》②。乾隆乙未,賜謚忠節③。其書專主京房《易傳》,卷首所列諸圖,皆以發明京氏卦變之義。旁及《陰符》、《乾鑿度》、《握奇》、《遁甲》等書,其説頗近荒渺。又先天圖震、巽互易,《後天圖》乾、艮互易,亦從來所未有也。

【彙訂】

① 明崇禎刻本作《易疏》五卷《圖説》一卷。(崔富章:《四庫提要補正》)

②《明史·高倬傳》附黃端伯傳:"福王立……明年三月,授儀制主事。五月,南京破……卒就戮。"雍正《江西通志》卷八四《建昌府·人物》:"黃端伯,字元公,新城人……福王立,授禮部主事……"則"禮部儀制司郎中"當為"禮部儀制司主事"之誤。(楊武泉:《四庫全書總目辨誤》)

③《嘉慶一統志·江西建昌府二·人物》云:"黃端伯……本朝乾隆四十一年,賜謚烈湣。"同治《新城縣志》卷一〇《人物傳·忠義篇》云:"黃端伯……監國贈太常卿,謚忠節……隆武贈禮部尚書,謚忠毅……乾隆四十一年,賜謚節湣。"可知賜謚"忠

節"者乃"監國"即福王朱由崧,非乾隆。且乾隆追諡在四十一年,非乾隆四十年乙未。(同上)

苑洛易學疏四卷(浙江巡撫採進本)

明周一敬撰。一敬,衢州人。崇禎戊辰進士,官至監察御史。初,韓邦奇作《啟蒙意見》五卷,推闡河、洛之義與卜筮之法,一敬因而疏之。自萬曆甲寅至崇禎壬午,凡二十九年乃成。於原書次序稍為易置,亦頗有刪削。自序謂"韓子以開明初學為心,故疏從其詳。此書以溯源明理,竊附前人,故多遺末而尋本"云。

易鼎三然無卷數(江蘇周厚堉家藏本)

明朱天麟撰。天麟字震青,吳江人,寄籍崑山。崇禎戊辰進士,由兵部主事改授編修。後桂王由榔僭號,以天麟為大學士,卒於廣西。是書成於崇禎庚午,以讀《易》譬之食味。溯《周易》之旨者曰"庖然",發《歸藏》之義者曰"漱然",闡《連山》首艮之蘊者曰"餤然",已為怪異。其子目有混沌譜、中化邃、氣穴、孫孫等三十六名,無一非吊詭之辭,於經義絲毫無當也。

周易廣義四卷(浙江鄭大節家藏本)

明鄭敷教撰。敷教字汝敬,吳縣人。崇禎庚午舉人。是編用《注疏》本,以程《傳》、朱《義》為主,而推廣其說,故名《廣義》。凡諸儒之說與《傳》、《義》合者取之[①],稍有不合者則去之。朱彝尊《經義考》載敷教《易經圖考》十二卷,而不載是書,殆偶未見歟?

【彙訂】

① "與傳義合者取之",殿本作"與程朱合者收之"。

尺木堂學易志三卷(山東巡撫採進本)①

明馬權奇撰。權奇字巽倩,會稽人。崇禎辛未進士,官兵部主事②。王鐸序稱權奇才高召忌,甫閱仕版,在繫者數月,縶維邸舍者三年。後事白歸里,因成是編。其説皆詮釋大旨,不規規於訓詁。閒引《莊子》、《文中子》諸説,旁及經史、禪乘以證之。蓋憂患之餘借抒憤懣,固不以説經論矣。

【彙訂】

①"山東巡撫採進本",底本作"山西巡撫採進本",據殿本改。《四庫採進書目》中此書僅見於"山東巡撫第二次呈進書目"。(江慶柏:《殿本、浙本〈四庫全書總目〉著錄圖書進獻者主名異同考》)

②《浙江通志》卷一百八十《人物六·文苑三》"紹興府"、《經義考》卷六四皆作工部主事。(陳乃乾:《讀〈四庫全書總目〉條記》)

十願齋易説一卷霞舟易箋一卷(浙江鄭大節家藏本)

明吳鍾巒撰。鍾巒字巒稚,武進人。崇禎甲戌進士,官桂林府推官。魯王監國,以為禮部尚書。後自焚死。乾隆乙未,賜諡忠烈。是編每卦摘箋數語,止有《上經》三十卦,而無《下經》,似非足本。朱彝尊《經義考》惟載鍾巒《周易卦説》,不著卷數,注曰"未見",而無此書名。《江南通志·儒林傳》所載亦同。殆輾轉傳聞,相沿而誤歟? 此本前有小引,題曰《霞舟易箋》,又題曰《十願齋全集》。以《易説》為卷一,《易箋》為卷二,蓋編入文集之中,如李石《方舟集》例。今僅存此兩卷耳。

易經説意七卷(浙江吳玉墀家藏本)

明陳際泰撰。際泰字大士,臨川人。崇禎甲戌進士,官行人司行人。《明史·文苑傳》附見《艾南英傳》中。際泰本以時文名，故其說經亦即用時文之法，中閒或有竟作兩比者。自有訓詁以來，一二千年無此體例也。

周易翼簡捷解十六卷附羣經輔易說一卷（浙江巡撫採進本）

明陳際泰撰[1]。是編謂河圖、洛書體用相為附麗，表裏經緯，悉師羲《易》。首卷載古今諸圖，中十六卷為《捷解》，末卷又為《圖說》二十四條、《拾遺》九條，散漫支離，未得要領。附載《羣經輔易說》一卷，僅十四頁。大旨謂《大學》、《中庸》諸書皆所以明《易》[2]，而西方之教獨與之背。蓋明末心學橫流，大抵以狂禪解《易》，故為此論以救之。所見特為篤實。其八比高出一時，亦由其根柢之正也。

【彙訂】

① 明崇禎四年刻本題陳際泰撰，周光德輯。（崔富章：《四庫提要補正》）

② 殿本"中庸"下有"春秋"二字。

易辰九卷（江西巡撫採進本）

明賀登選撰。登選號澹餘，鄱陽人。崇禎甲戌進士，官至監察御史。是書以三百八十四爻取象之義，雜引史事以證經。蓋仿《誠齋易傳》之例，而深切則不及之。其以乾初爻為象人心，乾四爻為象太子之類，亦頗穿鑿。自序謂"《易》無象而三百八十四爻其象，辰無象而三百六十度其象[1]"，故以"辰"名其書焉。

【彙訂】

① "三百六十度"，底本作"三百六十五度"，據殿本改。依《皇極經世書》元會運世之說，一月三百六十辰。

易序圖説二卷（浙江巡撫採進本）

明秦鏞撰。鏞字大音，無錫人。崇禎丁丑進士，官清江縣知縣。是書以《序卦》言義理而不及象數，因合先後天而求之。《上經》分五節，象陽，《下經》分四節，象陰。每節中又一一分析而引《雜卦》及彖、象、爻辭以為之解①。案《序卦》、《雜卦》先儒多疑非孔子之書，故言《易》諸家往往粗陳梗概。至元蕭漢中《讀易考原》，述分卦、序卦之義，始詳為發明。是書較漢中所言推闡加密，而穿鑿附會亦以過密而生。蓋此類皆《易》之末義，必求其説，亦皆有理之可通。然謂四聖本旨在是，則殊不然也。

【彙訂】

①“彖象爻辭”，殿本作“彖爻象辭”。

讀易略記無卷數（浙江鄭大節家藏本）

明朱朝瑛撰。朝瑛字美之，號康流，又號罍菴，海寧人。崇禎庚辰進士，官旌德縣知縣。其《易》學出於黃道周，此書亦閒引道周之語，然持論與道周又異。其言象數，不主邵子之説，又別為《先天》、《後天》之圖，取一索、再索之序為《先天》，取對卦、化氣為《後天》，殊為創見。鈔本不分卷數，朱彝尊《經義考》作一卷。然細字至二百五十一頁，必非一卷。疑彝尊所見或不完之本耶？

讀易隅通二卷（浙江巡撫採進本）

明來集之撰。集之字元成，蕭山人。崇禎庚辰進士，官安慶府推官。是書多觸類旁推以求其融貫。自序言一隅之通，故謂“隅通”①。其論四時五行，多本之《皇極經世書》。又謂後天卦圖為周家全象，龍亢上應天星，皆不免於穿鑿。

【彙訂】

① 殿本"謂"下有"之"字。

卦義一得無卷數（浙江巡撫採進本）

明來集之撰。是編於每卦約舉大義，所發明不過數語，故名"一得"。其中頗有精澈之語，然支離處亦復不少。如釋訟謂："天開於子，水歸於壑，見其始而不見其終，此天水訟之可以謀始而不可以成終也。"釋師謂："五行之用莫大於水，土有衆多之義，而五行之用土又尅水，有勝負之義。且土在上者為高，水在下者為深，即兵法之'右背山林，前阻水澤'也。"亦未免失之纖巧矣。

易圖親見一卷（浙江巡撫採進本）

明來集之撰。此書取《序卦》、《雜卦》以及三陳、九德、先天、後天之義為圖四十有五，而各為之説。用力雖勤，然究不免於牽強湊合。至《上繫》所引中孚等七爻亦為之圖，而《下繫》所引十二爻即不能為説①。亦可見其出於臆度，而非本自然矣。

【彙訂】

① "十二爻"，底本作"十一爻"，據殿本改。《易·繫辭下》引離、益、噬嗑、乾坤、渙、隨、豫、小過、睽、大壯、大過、夬十二事。（邱實：《對〈跋影印本四庫全書總目〉一文的一點意見——兼對〈四部叢刊〉本〈周易·繫辭〉作一點訂正》）

讀易緒言二卷（浙江巡撫採進本）

明錢棻撰。棻字仲芳，嘉善人。崇禎壬午舉人，文淵閣大學士士升子也。士升嘗作《易揆》，棻作是編，復推衍其未盡之意，故曰《緒言》。首以八宮各統八卦為説八篇。次於六十四卦，卦為一説。次為《繫傳箋略》，附以《圖書説》、《先後天説》、《上下篇說》、《觀象說》、《觀變說》、《錯綜互代說》、《反對說》、《大小象象爻辭說》、《六爻主輔說》、《順逆說》。大旨兼取象數，以推求《易》理。其間牽強附會，多不能免。又如以"師出以律"為律呂之律，"包羞"為小人羞惡之良心，"觀我生"為長養之生，亦未免好求新異。至於君子小人、陰陽消長之際，多有感於明末門戶分爭之禍，借以發洩其不平，亦不必與經義盡相比附也。

易憲四卷（編修勵守謙家藏本）

明沈泓撰。泓字臨秋，華亭人。崇禎癸未進士，官刑部主事。是編隨文詮義，不載《本義》原文，而全書宗旨一一與《本義》合。在舉業家，則可謂之簡而有要矣。

說易十二卷（直隸總督採進本）

明喬中和撰。中和字還一，内邱〔丘〕人。崇禎中，由拔貢生官至太原府通判。是書前列圖說，次卦象，次象傳，次爻象，次文言，次繫辭，次說卦，次序卦，次雜卦，次附錄。其分卷前後與古今本皆不合，頗近臆斷。第二卷先列卦象，以孔子之《易》移於文、周之前，尤乖次序。案朱彝尊《經義考》載中和《易林補》四卷，又名《大易通變》。今此書名《說易》，版心又標《躋新堂集》，疑即從文集中析出單行。而其卷數不止四卷，則《易林補》又當在此書之外也。

桂林點易丹十六卷（兩江總督採進本）

明顧懋樊撰。懋樊字霖調，仁和人。其自題桂林者，乃舉所居之地而言也。崇禎中副榜貢生，其科分則未詳[1]。是書前有其父《七寶山解易影》數則并《諸儒姓氏考》一卷。所臚列自周至明幾數百家，而頗多前後失次。蓋以摭錄示富，未必悉睹原書。

其所訓解,大都順文敷衍,不出講章門徑。《經義考》引張雲章之
説,斥其以聖經比之道家爐火,亦特據其書名而言。實則無一字
涉丹經也。

【彙訂】

① "其科分則未詳",殿本無。

周易説統十二卷(浙江巡撫採進本)

明張振淵撰。振淵字彦陵,仁和人。是編大旨宗程、朱
《傳》、《義》,凡諸儒説理可互證者,亦旁採並存,標為四例。其與
《本義》相左而理有闡發者,曰附異;其互有異同與《傳》、《義》相
發明者,曰附參;其出自獨見者,曰附別;其可以觸類旁通者,曰
附餘。凡所援引,各標姓氏,閒或附以己意,則以"彦陵氏"
別之①。

【彙訂】

① 書中所採舊説,未標著姓氏者頗多。(王重民、屈萬里:
《普林斯頓大學葛思德東方圖書館中文善本書志》)

周易去疑十一卷(兩江總督採進本)

明舒宏〔弘〕諤撰。宏諤字士一,旌德人,老於授徒。故鈔撮
講章,纂而成帙,以便課誦。其舉例有五:曰演脈①,曰闡旨,曰
互參,曰摹象,曰注字。初梓於池氏。後版燬於火,蔣時機又重
刊之,而改其體例,卷首又題"蔣先庚增補"。標目雜糅,不可究
詰。大抵書賈射利之本也。

【彙訂】

① "演脈",殿本作"演派",誤,參清順治蔣時機刻本此書卷
前凡例。

四易通義六卷（內府藏本）

明程觀生撰。觀生字仲孚，歙縣人。流寓嘉興。崇禎中知天下將亂，即棄去諸生，以相地之術自給。朱彝尊《靜志居詩話》載其事蹟頗詳。然《經義考》惟載其《易內三圖注》三卷，注曰"已佚"，而不及此書①。蓋遺書散失，此編幸而僅存，久乃復出，彝尊未及見也。其意以說《易》者多以我解《易》，而不能以《易》解《易》，故其義轉為傳疏所淆，因作是編。首列《橫圖方圖圓圖合參要旨》，次《卦象爻定辭微旨》，而於每卦每爻下各系錯綜互變所在以貫通之。其大旨主於明人事。自序謂時當大亂，非藉四聖之力不足以救。故每發一義以舉今之非，而折衷於《易》理之是，類多隱切明季時勢立言。至釋晉之上九，乃極稱封建為良法，且言天地一日不改，此法終不可易，則立論未免迂僻矣②。

【彙訂】

①"書"，殿本作"編"。

②"迂僻"，殿本作"迂闊"。

易發八卷（編修王汝嘉家藏本）

明董說撰。說字雨若①，湖州人。黃道周之弟子也。後為沙門，名南潛。其論《易》專主數學，兼取焦、京、陳、邵之法，參互為一，而推闡以己意。其根柢則黃氏《三易洞璣》也。其研索具有苦心，而究不免失之雜。如《飛龍訓》一篇，歷引堯、禹、周、孔，謂皆以飛龍治萬世。而復舉《圓覺》、《道德》二經，以為釋迦、老子亦然，未免援儒入墨。又《黃鸝河洛徵》謂黃鸝一聲，即河、洛之全機大用；《杏葉飛龍表》謂黃鍾之律為杏葉之正位，其說皆近於怪誕。極其博辨之才，沈漾自喜則可矣，謂《易》之精奧在是，則殊不然也。

【彙訂】

① 清初刻本題"吳興董説若雨著"。(杜澤遜:《四庫存目標注》)

周易時義注無卷數(浙江巡撫採進本)

明章佐聖撰。佐聖字右臣,歙縣人。其書依經訓解,而以《卦圖》一卷附於後。大旨主於言理,而徵引蕪雜,頗乏持擇。書成於崇禎甲申正月。前有自序,謂:"以明經獲儁,而烽火交訌,行路艱阻,因坐臥小樓,自為箋注,大都自憂患中來。"蓋有託而為之,故其言頗譏切時事云。

易參五卷(浙江巡撫採進本)

明錢彭曾撰。彭曾號覺龕,錢塘人。是書用《注疏》本而不載經文,但標每節之目。首為圖説,其方圓黑白雖皆《易》外之枝節,而自宋以來猶有所受。又旁及曆法、推步、奇門、九宮、干支、納音,雖不得漢儒之本法,而其説猶有所傳。又廣而推及五岳地形、《禹貢》水道、堪輿、律呂、井田、兵法、道家、佛家、選擇、六壬,殊泛濫龐雜,無所紀極。然則五藏六府亦配陰陽,將曰《易》為醫作乎①? 方罫圓棋亦合奇偶,將曰《易》為弈作乎? 至所詮釋則與圖渺不相關,仍不過摘句尋章,循文推演,閒或自出新意,又往往乖舛。如謂乾為四月之卦,猶未分龍,雨未時行,故曰"潛龍";坤之"履霜堅冰"乃指忠臣孝子而言,其初發一念為"履霜",歷久不變為"堅冰"。自有《易》以來無此説也。

【彙訂】

① "乎",殿本無。

易旨一覽四卷(江蘇周厚堉家藏本)

明蔣時雍撰。時雍字繩武,江都人。其書訓詁字句,乃村塾課蒙之本。

周易辨正一卷(浙江巡撫採進本)

明喻國人撰。國人字春山,郴州人。其書大旨謂先儒多是非倒置,以十為圖,九為書,因作辨十九章,以九為圖配天,以十為書配地,且及河圖主生、洛書主尅之理。蓋仍祖劉牧之舊説。第十七辨言古人左圖右書,左陽也,故左字五畫;右陰也,故右字六畫,殊為悠謬。書中率皆類此。其凡例乃云:"秦漢諸儒昧其則者千餘年,宋元諸儒枉其則者五百年,國人辨正,四聖知必冥慰。"何其誕也!

河洛定議贊一卷(浙江巡撫採進本)①

明喻國人撰。其説以伏羲則河圖畫乾、坎、艮、震四卦,則洛書畫巽、離、坤、兑四卦。由河圖四卦得訟、遯十六陽卦,由洛書四卦得家人、中孚十六陰卦。合河、洛迭為上下而得否②、姤、履、泰三十二陰陽配合之卦。且以揲蓍之數不惟康節茫然,即一行亦屬妄附。自以河、洛之議,至此書而始定。書成,且祭河、洛之神及天地四聖,為文以告。其誕至此,又何異於中風狂走者乎③?

【彙訂】

①"議",殿本作"義",疑誤。

②"河洛",殿本作"河圖",誤。

③"其誕至此又何異於中風狂走者乎",殿本作"其敢為大言至此殆有狂疾歟"。

全易十有八變成卦定議一卷（浙江巡撫採進本）

明喻國人撰。大旨謂數九則滿，滿則損。數六則謙，謙則益。故大《易》總不外乾九損三，變為坤六，坤六益三，變為乾九。或乾九、坤六交相損益[①]，十有八變以成卦而已[②]。

【彙訂】

① “交”，殿本作“爻”，誤。

② “以”，殿本脫。

周易對卦數變合參一卷（浙江巡撫採進本）

明喻國人撰。謂朱子不知《易》中“十年”、“三年”、“七日”、“八月”之旨[①]，及《訟·九二》“三百户”之數，國人乃於反對兩卦得之。合屯、蒙二卦，以屯下蒙上，謂屯二爻為一年，逆數之至蒙五爻，歷十爻為十年。合需、訟二卦，以需下訟上，謂訟二畫九，即九十户，訟初畫六，即六十户，需上畫六，即六十户，五畫九，即九十户。合之得三百户。以為此意數千年不明。真穿鑿附會之説也。

【彙訂】

① “八月”，底本作“八日”，據殿本改。《易》臨卦象辭云：“臨，元亨利貞。至於八月，有凶。”而無“八日”之文。

河洛真傳一卷（浙江巡撫採進本）

明喻國人撰。其説謂天地十二會真數不出五十五，惜陳、邵俱未發明。因演《天地五十五數圖》，卷末復附以《河洛真傳説》數頁。辨“蓍短龜長”之説，謂《記》云“假爾泰龜有常”、“假爾泰筮有常”，原龜筮並重，朱子妄更祝詞，故重視泰筮。然所引證據，仍不過《廣輿記》、《本草圖經》諸書而已。

周易生生真傳一卷（浙江巡撫採進本）

明喻國人撰。謂先儒解《易》為變易，為交易，總不如《繫辭》“生生之謂易”五字最確。又謂伏羲則河九、洛六，始畫八卦，以木德王也。木主仁，仁為生生真種子。每卦六爻，推演五行相生之數以配合之。

三易大傳七十二卷（江西巡撫採進本）

明李陳玉撰。書分二册。一曰《先天古易》，以解圖畫，又每篇繫以贊語。其最異者，以無極、太極、無極而太極分為三圖，而先天八卦配以英輔九星之名，後天八卦配以疏附先後之名。支離破碎，全無理據。一曰《後天周易》，以解經傳。雖言象數，而皆出臆說。附以《易導》、《易鈴》、《易眼》諸書。其《易鈴》有云：“若欲《易》學了澈，直須將一切訓詁辭章盡情剗却，即孔文之語亦不過《易》象一端之論，方有入處。”可謂敢為大言。蓋言圖畫者病於支離破碎，談心性者病於杳冥恍惚。陳玉兼二家之説，而各得二家之極弊，真所謂誤用其心者也。

易經補義四卷（浙江巡撫採進本）

明方芬撰。芬字舒林，歙縣人。其書全列《本義》於前，而以己所發明附贅於末，皆標“補”字以別之。所得頗為膚淺。其凡例云述其王父有度所撰《易旨正宗》及其父希萊《易經要旨》而為之。今二書皆未見。然觀芬之書，其大略可睹矣[①]。

【彙訂】

① “所得頗為膚淺”至“其大略可睹矣”，殿本作“所得頗淺”。

讀易鏡六卷（兩江總督採進本）

明沈爾嘉撰。爾嘉字公亨，常熟人。是書悉依今本次序，每一卦一節，列經文於前，列講義於後，而講義高經文一格，全為繕寫時文之式。其説皆循文敷衍，別無發揮。經文旁加圈點，講義上綴評語，亦全以時文法行之，即其書可知矣①。

【彙訂】

①"亦全以時文法行之即其書可知矣"，殿本作"亦全似時文"。

易學古經正義十二卷（湖北巡撫採進本）

明鄒元芝撰。元芝字立人，竟陵人。自費直合《十翼》於上、下經，唐用王弼《易》注作《正義》，《易》遂用王弼之本。宋晁説之、吕祖謙諸家始倡為復古之説，互有考訂，而亦互有異同。至朱子之《本義》，始定從吕本，分為經二篇，傳十篇，至今與王本並行。元芝是書，欲駕出朱子之上①，謂孔子《十翼》與經並尊，不得抑之稱傳，遂臆為分別。如乾卦以"乾，元亨利貞"五字為本經之彖，割"天行健"三字為本經之象，而綴以六爻。他皆倣此。其《十翼》則仿制藝之體，經文反低二格，而彖辭、小象之辭各冠以"彖曰"、"象曰"字，跳行頂格書之。其大象"天行健"、"地勢坤"諸句，因删之不能成文，遂既以為本經之文，又復見於象辭之内。一文兩屬，莫定所歸。皆有意立異，而詭稱復古，不知所據何古本也。其説經大旨，則以羲、文之《易》為卜筮之書，孔子之《易》為盡性至命之書，故所注皆舍象數而言義理。蓋借尊孔子之名以劫伏衆論，實則茫無確證，徒見其割裂聖經而已。

【彙訂】

①"自費直合十翼於上下經"至"欲駕出朱子之上"，殿本作"是書重定周易古本之次序"。

射易淡詠二卷（江蘇周厚堉家藏本）

不著撰人名氏,卷端惟題"西農"二字。前有陳愫《索射易書》一篇,稱其字曰"孝若"①。考愫至國朝尚存,嘗與邱〔丘〕象隨等共注李賀《昌谷集》。又《書》中稱張九山青衣得《射易》半部於虎邱〔丘〕僧舍,乃録寄尹子求者。考明尹伸字子求,宜賓人。萬曆戊戌進士,官至湖廣布政使。崇禎甲申,張獻忠部賊陷敘州,伸殉節死。此書既云寄伸,則是時伸尚無恙,當為明末人作矣。其説《易》但解六十四卦,每卦但標象、彖及"第幾爻"字,不列經文。大抵皆借經發議,其言辨博自喜,而詞勝於理。又喜作似了非了語,類禪宗之機鋒,殊乏先儒明白淳實之意。每卦之末,各系以五言古詩一首,以發明一卦之大義,蓋即所謂"淡詠"者。自古以來,亦無此説經之體例也。

【彙訂】

① 宋慈抱《兩浙著述考》:"《射易淡詠》四卷,明錢塘張遂辰撰,遂辰字西農,號卿子,崇禎季年隱居里巷,以醫自給。"《仁和縣志》、《海州府志》、《杭州府志》等皆載張遂辰事蹟,其人通中醫,著有《張卿子傷寒論》七卷等,當即《射易淡詠》之作者無疑。（杜澤遜:《四庫存目標注》）

大易衍説無卷數（安徽巡撫採進本）

不著撰人名氏,亦不著時代,蓋明人舊録藏本也①。其書乃鄉塾講義,隨文敷衍,不能發明大旨,亦姑存之可耳②。

【彙訂】

①"録藏",殿本作"抄"。

②"不能發明大旨亦姑存之可耳",殿本作"無所發明"。

原易二卷（兩江總督採進本）

不著撰人名氏。上卷原太極、圖、書，凡十一條，下卷原六十四卦。皆剿襲舊文，別無創獲，不足以言著書也①。

【彙訂】

①“不足以言著書也”，殿本無。

易傳義十二卷（内府藏本）

不著編輯者名氏。取程子《易傳》、朱子《易本義》合為一書，冠以《圖説》、《綱領》各一篇。皆從《易經大全》中録出，故改朱本之次第以從程本，版式字畫頗為工楷。曹寅《楝亭書目》亦載有此書一函①。蓋明代經廠本也。

【彙訂】

①“有”，殿本無。

易象與知編一卷圖書合解一卷（兩淮馬裕家藏本）

題曰“天山道人撰”。不著名氏，不知何許人也。其書惟論河圖、洛書、八卦方位及對待流行之義、五行生成之理，皆於諸家《易》解之中鈔合成帙。蓋欲講陳、邵之學而僅掇拾其糟粕者。

卷九

經　部　九

易　類　存　目　三

讀易蒐十二卷（浙江吳玉墀家藏本）

國朝鄭賡唐撰。賡唐，縉雲人。前明天啟丁卯舉人，官至福建按察使僉事。是書序稱丁亥，蓋成於順治四年。經文全用《注疏》本，每卦之末附論一篇，多經生之常義。至《繫辭》舊雖分章，然自漢、晉以來未有標目。賡唐直加以"天尊章"、"設位章"諸名，則是自造篇題，殊乖古式。又《説卦》章次亦加删併，而不言所以改定之故，更不免變亂之譏。蓋猶明季諸人輕改古經之餘習也。

大易則通十五卷閏一卷（湖北巡撫採進本）

國朝胡世安撰。世安字處静，别號菊潭[①]，井研人。前明崇禎戊辰進士，歷任少詹事。入國朝，官至大學士。是書專主闡明圖學，彙萃諸家之圖，各為之説。雖亦及於辭變象占，而總以數為主。其閏卷則續採明羅喻義《讀易珊瑚箸》及劉養貞《易遺象義》之説也。

【彙訂】

①"别"，殿本無。

周易感義無卷數（兩江總督採進本）

此書為未刻稿本，中多朱墨塗乙。其撰人姓名，墨筆題“東海衲民岳嵐墨山氏述”，蓋所自書；朱筆題“江西兵憲岳虞巒衡山氏述”，為其同里魯釗所書。考《太學題名碑録》前明崇禎辛未科有岳虞巒，南直隸武進人。又《江南通志·儒林傳》稱：“虞巒字舜牧，官至江西按察使。晚尤好《易》，撰有《周易感》及《春秋平義》二書。”書中云幼時及見熹廟初年，時代亦復相合。然則所謂《周易感》者，當即此書，特刻板誤脱“義”字耳。書中又云“丙申五月著稿”，則成於國朝順治十三年。疑其明亡以後，變服為僧，改名岳嵐，故自號“東海衲民”也①。是書惟解六十四卦，分作八巨册②，而朱筆又間有標“二編第幾卷”者。殆本有初編、二編，經釗删併為今本耶？其説詳於取象，近錢一本之學。然皆參以佛氏，如稱“西域之有迦、文，猶中國之義、文、周、孔”云云，謬妄非一。釗雖多所刊削，欲滅其迹，而能潤飾其字句，究不能改易其宗旨。蓋於王宗傳、沈作喆之説又變本加厲矣。

【彙訂】

①“自號”，殿本作“自稱”。

②“作”，殿本無。

易學筮貞四卷（浙江吳玉墀家藏本）①

國朝趙世對撰。世對字襄臣②，衢州人。兹編論《易》為卜筮之書，故經秦火而獨存。命之曰“筮貞”，謂以筮而貞萬世之變也。不載經文，惟採先儒議論，分類編輯。一卷曰《綴集本旨》，曰《易學源流》，曰《圖書節要》。二卷曰《蓍法指南》。三卷曰《占變詳考》。四卷曰《易道同歸》。論筮法與占變，條理頗為詳明，蓋純以數言《易》者也。

【彙訂】

①《浙江省第四次吳玉墀家呈送書目》、《浙江採集遺書總錄》、清順治刻本均作《易學著貞》。（杜澤遜：《四庫存目標注》）

②"襄臣"，殿本作"襄城"，誤。清順治刻本題"瀫水後學趙世對襄臣輯"，卷前章有成引言亦稱"襄臣"。

周易明善録二卷（江西巡撫採進本）

國朝徐繼發撰。繼發字繩武，貴溪人。其書專以後天諸圖為主，由占筮卦氣而蔓衍於律吕等韻。前有自序，謂："後天之道以致用為主，而造化之流行有常有變。常者宰之於帝，變者藏之於神。履其常者以卦為體，通其變者以筮為用。是故帝者流行一定之極，而神者造化不測之機也。"其推闡亦頗極苦心。然與講先天之圖者亦同一關紐，總為《易》外之別傳而已。

麗奇軒易經講義無卷數（編修勵守謙家藏本）

國朝紀克揚撰。克揚字武維，號六息，文安人。是編用《注疏》本，不錄經文，但每卦約詁數條，皆略象數而談義理。詳其文義，蓋標識於經傳之上，而其後人録之成帙者也。

羲畫憤參二十五卷（浙江巡撫採進本）

國朝陸位時撰。位時字與偕，錢塘人。在前明嘗官鄞縣訓導。是書成於順治丙戌。前有位時自序，稱："小憤小悟，大憤大悟，不憤不悟。憤之云者，心求通而未得之意，故云'憤參'。"其書專闡河、洛之數而附益以先天之時令、後天之節序。首列卦爻象象諸解、圖書諸説。每條之首，設"卦難"數條，卦畫之下，列"卦旨"數條，卦後列"六爻總論"一篇，而以字義諸説別標題目，參錯於經文之中。體例頗為龐雜。前又有黃道周序，不署年月，中有"時值鼎革"語。考順治乙酉、丙戌之間，黃道周方從朱聿鍵稱兵閩中，勢不暇為位時作序。況方輔聿鍵僭號改元，亦決不肯自稱"鼎革"。其為依託無疑。蓋以道周喜談象數，與此書宗旨相近，故假借之以為重耳。

周易辨疑無卷數（山東巡撫採進本）

國朝李開先撰。開先字傳一，長壽人。與嘉靖中太常寺卿李開先名姓偶同，非一人也。其《易》學受於鄉人來知德，案知德雖嘉靖三十一年舉人，其授待詔則在萬曆三十年，下距明亡僅四十年，故其門人能至順治初尚在①。故其書詮解象數，多推闡其師錯綜之例，惟卦變之説與知德不合。其中駁《本義》者頗多。如九三"重剛而不中"、九四"重剛而不中"，《本義》謂九四"重"字疑衍。開先則謂三畫卦重為六畫，自四畫始，卦重則剛亦重。其説近鑿。又如《坤·六二》"直方大"，《本義》："賦形有定，坤之方也。"開先謂方即徑一圍四，《伏羲方圖》之方，尤為不倫②。至所自立之新義，如《説卦》"乾為馬"而爻詞取象於龍，朱子以為理會不得。開先則謂"伏羲時龍馬負圖，乾雖為馬而非馬，乃龍馬也。周公略去'馬'字而止言龍，非擬之以馬，又擬之以龍也"云云。案乾與震合德，龍與馬同性，故《説卦傳》乾、震皆取馬象。至震之為龍亦以一索得男，體從乾化，故二卦皆取龍象。聖人繫《易》，偶舉一端，不得膠此以疑彼，而委曲以遷合之也。且爻詞"潛"、"見"、"飛"、"躍"諸義，豈能施之龍馬耶？亦好異而不顧其安矣。

【彙訂】

① "在"，殿本作"存"。

②“如九三”至“尤為不倫”,殿本作“而不盡愜當”。

易存無卷數(大理寺卿王昶家藏本)

國朝蕭雲從撰。雲從字尺木,蕪湖人①。前明崇禎己卯副榜貢生。是書乃雲從年八十時所撰②。以數言《易》,而其數乃以律呂、曆算為宗,旁及於三命、六壬之術。前列《易存四學》一條,稱:“學者先讀《易》卦爻詞、《大傳》蓍法,次學卦氣以及支干陰陽、五行生尅、氣運衰旺,次學算歸、除、因、乘,次學音律、詞曲、聲調、管弦以及翻切諸法方得。”其説頗屬支離。夫奇偶陰陽為萬事萬物之根本,故《易》道廣大,推之無所不通。律呂為《易》中之一理,非因律呂作《易》,亦非因《易》作律呂也。曆算亦《易》中之一理,非因曆算作《易》,亦非因《易》作曆算也。即以醫術而論,榮衛者陰陽也,七竅者奇偶也,心腎者坎、離之宅也,其消長則姤、復之機,其升降則既濟、未濟之象也。至於五運六氣,司天在泉,無一不與《易》理通。亦將曰因醫有《易》,因《易》有醫乎哉! 王士禎《池北偶談》嘗記雲從作《杜律細》一書,凡吳體拗句,俱強使協於平仄。如“盤渦浴鷺底心性”句,則讀“底”為“高低”之“低”;“江草日日喚愁生”句,則讀“草”為《離騷》之“騷”。此書言《易》,殆亦類斯與? 連江童能靈作《律呂古義》二卷,純以河圖、洛書為聲音之本者,均可謂誤用其心矣。

【彙訂】

① 現存蕭氏許多畫跡皆有自識:“于湖蕭雲從”,于湖即當塗。《圖繪寶鑒續纂》、《國朝畫徵錄》等亦作當塗人。(陳傳席:《有關蕭雲從及〈太平山水詩畫〉諸問題》)

② “乃”,殿本無。《蕪湖縣志》、黄鉞《畫友録》等皆謂蕭雲

從卒時七十八歲。（同上）

周易説略四卷（山東巡撫採進本）

國朝張爾岐撰。爾岐字稷若，濟陽人。篤守朱子之學，因作此書以發明《本義》之旨。内惟第四卷分為二，故亦作五卷。李焕章作爾岐《傳》云"八卷"者，誤也[1]。

【彙訂】

[1] 清康熙五十八年泰山磁版印本正作八卷。（陳乃乾：《讀〈四庫全書總目〉條記》）

周易纂解正宗六卷（江西巡撫採進本）

國朝謝復苊撰。復苊字菁來，吉水人。其書先列朱子《本義》，以《直解》、《大全》、《蒙引》諸家之説各系於其下。其子能立以圖説未備，重加纂訂，别為一編，附之於後。蓋里塾講授之本也。

周易塵談無卷數（兩淮馬裕家藏本）

不著撰人名氏。朱彝尊《經義考》載孫應龍有《周易塵談》十二卷，疑此本是也。應龍字海門，餘杭人。順治丁亥進士，官隰州知州。其書多引先儒語録，排比成文，或標曰"注"，或標曰"解"，或標曰"傳"，每章之中三名疊見，竟莫得而詳其例也。

周易纂註無卷數（江蘇巡撫採進本）

國朝朱奇穎撰。奇穎字九愚，嘉定人。順治辛卯拔貢生，官平遥縣知縣。此書大概依附朱子《本義》，而稍參以己説。後有附録一卷，則其子所刻墓誌、行狀也。

易史參録二卷（江西巡撫採進本）

國朝葉矯然撰。矯然字思菴，閩縣人。順治壬辰進士，官樂亭縣知縣。是書於每卦象爻各證以史事，蓋仿李光、楊萬里二家《易傳》之意，而所舉不免於偏枯。夫《易》道廣大，無所不包，而不膠滯於一二事①。文王、箕子偶引以明卦義，無所不可。至於每象、每爻必求其事以實之，則挂漏牽合，固其所矣。

【彙訂】

①"膠滯"，殿本作"膠柱"。

大易疏義五卷（江蘇巡撫採進本）

國朝王芝藻撰。芝藻字淇瞻，溧水人。順治甲午舉人。其書論九疇本於洛書，謂萬物之生始於五行，故五行居一；皇建有極為天地人物之主，故皇極居中；天時人事之應盡於五福六極，故福極居九。三八政，王者所以治明；七稽疑，王者所以合幽。此中央四正所以立其幹也。五事盡乎人事，五紀考乎天時，故居肩之左右；三德以輔皇極，庶徵以驗五行，故居足之左右。宋人九疇自九疇，洛書自洛書之說，未足以窺《易》書之奧。蓋芝藻並主象數，故立論如此。然《繫辭》雖有洛書之名，而所為洛書者，其文實不可考①。後人影附太乙九宮之法以造洛書，因而牽洛書以解《易》。是徒借洛書之名，而非孔子所謂洛書也。夫《連山》、《歸藏》，名見《周禮》，可以劉炫之書當之乎②？芝藻亦眩於舊文，未之深考耳。

【彙訂】

①"而所為洛書者其文實不可考"，殿本作"而所謂洛書者其文實未明指龜文"。

②"夫連山歸藏名見周禮可以劉炫之書當之乎"，殿本無。

周易滴露集無卷數（直隸總督採進本）

國朝張完臣撰。完臣字良哉，平原人。順治乙未進士。是書皆訓釋文句,不及象數。大旨取朱子《本義》為主,而附益以諸家之説,於吳璉《訂疑》、蔡清《蒙引》、姚舜牧《疑問》所引尤多,閒亦附以己意。所注僅上、下兩經,而無《繫辭》以下,蓋用程子本也。

周易疏略四卷(河南巡撫採進本)

國朝張沐撰。沐字仲誠,上蔡人。順治戊戌進士,官資縣知縣。沐於《五經》、《四書》皆有《疏略》。其解《周易》,自謂悉本孔子《十翼》之義。所注多取舊文,融以己意,不復標古人名氏。書中力排京房、陳摶、邵康節之學,而摶等所造河圖、洛書及伏羲、文王諸圖仍列於卷首。其"洛書"條下注曰:"聖人因之,以明吉凶,著於《易》之首。"是竟以今本九圖為孔子所定也。又撰著求卦必自內而外,由初而上,故古本相傳,卦畫之下所注皆先下後上。沐獨用朱睦㮮之例,改為先上後下,於卦爻之始初終上、《繫辭》之小成大成,俱無一可通。前有康熙庚申趙御眾序,稱:"韋編以來,《易》學久晦,得此書乃明。"又有王渭序,稱:"孔子之説有不可易,則張先生之説亦不可易。"沐自謂朱子所不能解者[①],"繹諸孔訓,恍然來告,敢曰獨信",亦談何容易乎!

【彙訂】

① 殿本"所"上有"之"字。

加年堂講易十二卷(編修戈岱家藏本)

國朝周漁撰。漁字大西,興化人。順治己亥進士,官翰林院編修。是書前有自序,稱與朱子《本義》、程子《傳》及古今來言《易》之家大相違戾[①]。謂:"直接加年寡過之學,漁不敢當也。"謂:"四聖人覺世明道之旨,不欲終晦於天下,賴四聖人之靈,竊吾之聰,鑿吾之明,假吾之心慮口宣,以代為發之也,是則何能辭?"其自命甚高。今觀其書,非惟盡反漢、宋諸家之説,併《繫辭》、《文言》亦指為非孔子之説,橫加排詆,即《象傳》亦有所去取。末附一卷,闢洛書之偽。首弁一卷,別衍河圖之奇偶,而深斥《繫辭》"太極生兩儀,兩儀生四象,四象生八卦"之文。所解六十四卦,亦多創論。如謂乾卦以龍喻性,六爻皆言見性盡性。"見羣龍無首",猶言見性而實無所見。要之性亦强名,見亦落見,故增此以掃六爻名象之迹。謂復卦言賢人之去就,先儒作"復善"解,不知何所見而云然。其翻新出奇,大率類此,亦可謂好怪矣。

【彙訂】

①"違戾",殿本作"乖戾"。

讀易近解二卷(江西巡撫採進本)

國朝湯秀琦撰。秀琦號弓菴,臨川人。順治中以歲貢生官鄱陽縣訓導①。是編取《周易圖説》為之發明,使淺顯易解。舊有圖者,因圖而推衍之;舊有説而無圖者,補圖以證佐之。蓋於《易》專主數,於數專主宋學者也。

【彙訂】

①"以",殿本作"由"。

周易郁溪記十四卷(江蘇巡撫採進本)①

國朝郁文初撰。文初號郁溪,蘄州人,官至肇慶府知府。此書為河間賈棠所刊。凡《總論》一卷,上、下經九卷,《繫辭上傳》三卷,而《繫辭下傳》至《雜卦傳》則皆標"卷下"以統之,不復分析卷目。蓋編次者之失也。書中首推河、洛,縱橫曼衍,不出常談。

至於各卦象、爻，立論尤多僻異。大率以五行生尅、精氣骨肉為言。如解"需于血，出自穴"，則云："乾者精氣之極，而血脈之生通之中行，需是已；坤為血脈之極，而精氣之生通之中行，晉是已。'出自穴'者，謂人自有生以來，耳穴已有，而今則天地通，水自穴中出也。目苞之啟，亦猶是也。"解"入於左腹，獲明夷之心于出門庭"，則云："明之入也，自右腹而下，自左腹而上，意巽也。火復則風生，心開則意隨。"蓋愈鑿而障礙愈多矣。

【彙訂】

①"江蘇巡撫採進本"，底本作"江西巡撫採進本"，據殿本改。《四庫採進書目》中"江蘇省第二次書目"、"江蘇採輯遺書目錄簡目"皆著錄此書。（江慶柏：《殿本、浙本〈四庫全書總目〉著錄圖書進獻者主名異同考》）

　周易起元十八卷（江西巡撫採進本）

　國朝陳圖撰。圖字寄嚴，永豐人。是書以太極、先天、河、洛諸圖合而演之，支離曼衍，不可究詰。如周子《太極圖》以無極作一空圈，此則變為一純黑圈形，以為陽含於陰。至於《太極圖》①，乃為半黑半白圈，是先生陰而後生陽，非太極生陰陽也。又以名山大川分配六十四卦之陰陽，尤為牽合。昔林至《水村易鏡》以卦配星，以為"仰觀天文"，此更以卦配地，以為"俯察地理"。此非惟聖人作《易》慮不及此，即邵子、周子傳陳摶之圖，豈料其末流至此耶？其詮釋經文，每句皆隨意叶韻，如《象傳》"天行健，君子以自强不息"，則以"天行"為一句，"健"為一句，"君子以自强"為一句，"不息"為一句，而注曰"行叶杭，息叶襄"。坤卦初爻則注曰："六叶翕，至叶室"，殆不知其何據。他如"雲行雨施"、"飛龍在天"之類,必破為二字一句,雖嫌煩碎[2],理尚可通。至於乾卦三爻以"君子終日"為一句,"乾乾夕惕"為一句,"若厲"為一句,"无咎"為一句,則"君子終日"四字,不知是何文義矣。又經文之中多閒以圖,其圖皆奇形怪狀。如《文言傳》"見龍在田"節下,附一《物欲所蔽圖》,作純黑壺盧形。上段分布五小白圈,中書"人欲一萌,血自攻心"云云四言詩十二句,下段則書"欲海茫茫不計深,其中灼灼產黃金"云云七言詩八句。左右注"致知格物"四字,下注云:"此亦黑體用陰文。"其圖大抵皆類此,真不知意欲何為也[3]。

【彙訂】

① "於",殿本無。

② "煩碎",殿本作"繁雜"。

③ "真不知意欲何為也",殿本作"多非經文之本意也"。

易贊二卷(安徽巡撫採進本)

國朝王艮撰。艮字無悶,號不菴,歙縣人。是書每條皆泛論《易》理,不標經文。凡與人問答書中有論及《易》者[1],亦節錄附入。自序云:"漢儒亂其數,宋儒鑿其理,其有合於《易》而不失厥旨者,要非全《易》矣。"然大旨仍主義理而不言象數。《經義考》作一卷,稱其友始安吳懷、鄱陽史白序之。今二序並存,而卷分為二,題曰"王煒",蓋艮之初名也。

【彙訂】

① "及",殿本無。

易大象説録二卷(浙江吳玉墀家藏本)

國朝吳舒鳬撰[1]。舒鳬一名逸,字吳山,吳縣人。是書惟釋

大象,蓋因杭人施相《周易大象頌》而作,每條附以贊語。其中改
"天行健"為"天行乾","天地交"為"地天交"之類,其子向榮跋語
述其父言,稱"不闕疑而改經文,獲罪千古",蓋已自知之矣。前
有施相《傳》,謂崇禎乙卯相年十七。明崇禎無乙卯,當是己卯之
譌也②。

【彙訂】

① 清康熙刻本此書題"吳人舒梟撰",下注:"一名逸,字吳
山。"(杜澤遜:《四庫存目標注》)

② "譌",殿本作"誤"。

周易惜陰録四十六卷(兩江總督採進本)

國朝徐世沐撰。世沐字爾瀚,江陰人。《江南通志》列之《儒
林傳》中,稱其與陸隴其相契。考隴其《三魚堂集》中有世沐《四
書惜陰録》跋①,蓋亦講學家也。其解經皆以變爻為主,蓋宋都
絜之緒論。其法為太卜舊法,其説則空談義理,不出語録之
窠臼②。

【彙訂】

① "集",殿本脱。陸隴其《三魚堂文集》卷四有《書〈四書惜
陰録〉後》。

② "空談義理不出語録之窠臼",殿本作"不免於空談"。

周易存義録十二卷(兩江總督採進本)

國朝徐世沐撰。其文與《周易惜陰録》並同。蓋自覺其冗
雜,删為此本,非別一書也。

周易惜陰詩集三卷(兩江總督採進本)

國朝徐世沐撰。是書取經傳字義,分題賦詠,或為四言贊,

或為五言、七言詩,多至一千餘首。蓋本張九成《論語詩》例而益曼衍之。其《惜陰録》用呂祖謙本。此集所列彖、爻、象傳次第,則仍用王弼本。其文皆體近歌括,不可入於詩集,今仍附之《易》類焉。

圖易定本一卷(江蘇周厚堉家藏本)

國朝邵嗣堯撰。嗣堯,郇陽人。康熙庚戌進士,官至江南提學副使。其言《易》,"以河、洛之數一乘一除①。小圓圖即小橫圖之'順往逆來',大橫圖即小橫圖之'因重成爻',大圓圖即小圓圖之'運行寒暑',方圖即大圓圖之'乾君坤藏',文王二圖實由此變而通之"。蓋本於《皇極經世》者為多。末附以揲蓍之法。自序謂一刻於都門,再刻於上谷,三刻於襄陽,屢有改易。此本刻於康熙甲戌,凡四易稿始為定本云②。

【彙訂】

① 底本"除"下有"之"字,據殿本刪。清道光十年《賜硯堂叢書新編》甲集本作《易圖定本》一卷,前有自序云:"於河、洛之數一乘一除。小圓圖即小橫圖之'順往逆來'。"

② "始為定本",殿本無。

易經述無卷數(浙江巡撫採進本)

國朝陳詵撰。詵字叔大①,號實齋,海寧人。康熙壬子舉人,由中書科中書官至禮部尚書②,諡清恪。其書取六十四卦每兩卦為一篇,前列經文而綴總論於其後。前無序文,亦無凡例。觀其兩卦合併之意,有以陰陽相反言者,乾、坤,剥、夬,復、姤,坎、離,震、巽,艮、兌,臨、遯是也;有以上下反對言者,屯、解,蒙、蹇,需、訟,師、比,泰、否,未濟、既濟,同人、大有,隨、歸妹,无妄、大壯，晉、明夷是也；有以卦名比合言者，小畜、大畜、小過、大過、損、益是也；有以雜卦連合言者，咸、恒、家人、睽、豐、旅、渙、節、萃、升是也。至於履與謙③、豫與漸、蠱與困、觀與頤、噬嗑與中孚、賁與革、井與鼎④，則未審其所以合并之意矣。

【彙訂】

①"叔大"，殿本作"叔夫"，誤。《清史稿》卷二七四本傳、《大清一統志》卷二百十九《杭州府·人物》小傳、《浙江通志》卷一百五十八《人物·名臣·杭州府》小傳等皆作"字叔大"。

②"由中書科中書"，殿本無。

③"履"，殿本作"旅"，誤，參清康熙信學齋刻本此書。

④"井"，殿本作"升"，誤，參清康熙信學齋刻本此書。

周易廣義六卷（江蘇周厚堉家藏本）

國朝潘元懋撰。元懋字友碩，鄞縣人。是書成於康熙壬子。以朱子《本義》為主，逐句發明，如注之有疏。又以章旨、節旨及敷衍語氣者冠於上方。所謂坊刻高頭講章也。

大易蓄疑七卷（陝西巡撫採進本）

國朝劉蔭樞撰。蔭樞字喬南，韓城人。康熙丙辰進士，官至貴州巡撫。是編用王弼之本，但有六十四卦，而無《繫辭》以下。其說多用朱子《本義》而小變之。然措語蹇滯，多格格不能自達其意。

易論無卷數（浙江范懋柱家天一閣藏本）

國朝徐善撰。書首有沈廷勘序，稱為"南州徐敬可"，則當為南昌人，而善自署曰"嘉禾"。考朱彝尊《曝書亭集》有徐敬可《左傳地名考》序，又閻若璩《潛邱劄記》亦稱"秀水徐勝敬可，為人作

《左傳地名考》"云云。其字與里貫皆合,惟名有異,未知為一人二人也①。其書成於康熙丙辰。不載經文,亦不及《十翼》,惟六十四卦各為一篇,條舉其義而論之。才辨縱橫,而頗浸淫於佛老。

【彙訂】

①《潛邱劄記》卷二:"秀水徐善敬可,為人作《左傳地名》訖……"可知作者名徐善,非徐勝。徐嘉炎字勝力,乃徐善之姪。(李裕民:《四庫提要訂誤》;楊武泉:《四庫全書總目辨誤》)

周易應氏集解十三卷(浙江吳玉墀家藏本)

國朝應撝謙撰。撝謙字嗣寅,錢塘人①。康熙己未嘗舉博學鴻詞②。是書朱彝尊《經義考》作十七卷。此本僅十三卷,然首尾完具,不似有所佚脫。或彝尊偶誤耶? 其注雜採諸說,故名《集解》。所取多依文訓詁之說,未為精密。首列諸圖,謂《上經》三十卦,《下經》三十四卦,多寡不均。乃創為《上經》三十六卦往來之圖,《下經》三十六卦往來之圖,一往一來,共成七十二卦。尤為枝節。

【彙訂】

①《總目》卷三八《古樂書》條云:"(應)撝謙,字嗣寅,仁和人。"全祖望《應潛齋先生神道碑》謂"杭之仁和縣人也"。李元度《國朝先正事略》卷二八《應潛齋先生事略》、民國《杭州府志》卷一三八《儒林傳》亦謂仁和人。惟《清史稿·儒林·應撝謙傳》亦誤記為錢塘人。(楊武泉:《四庫全書總目辨誤》)

②"康熙己未嘗舉博學鴻詞"下失書"不就"。(同上)

易原無卷數（江蘇巡撫採進本）

國朝趙振芳撰。振芳字香山，山陰人。是書列《古本圖書》、《古本易經》為首卷，列諸圖與說為次卷。其《古本周易》集諸家舊本而考其異同，於章句文字頗有釐訂。惟所載圖說自河洛、蓍法、五行、卦氣而外，並及天行地勢之類，則不免曼衍支離。夫《易》為象數之總，推而衍之，三才萬物無不貫通。故任舉一端，皆能巧合，然於聖人立象設教之旨，則究為旁義也。

易或十卷（江蘇巡撫採進本）

國朝徐在漢撰。在漢初名之裔，字天章，晚年乃易今名，字寒泉。歙縣人。初與趙振芳同著《易原》，後復自作是編。曰"或"者，疑不自信之意也。書中不載經文，止案其節次，自為解義。復兼採諸儒之說，皆未見精要。卷首列《觀玩要領》一篇，其第二條謂爻辭係於文王，而非周公。然文王作彖辭、周公作爻辭，自馬融、陸績以來，相沿無異。在漢乃欲去周公而存三聖，亦過於臆斷矣。

易經辨疑七卷（浙江巡撫採進本）

國朝張問達撰。問達字天民，江都人。前有康熙己未廣平冀如錫序，稱其得力於陽明良知之學。故其書黜數崇理，而談理一歸之心，力掃卜筮之說，未免主持太過。問達自序首推王弼，又引王守仁"箇箇人心有仲尼"及"求諸我心之是"諸語。是即陸九淵"《六經》注我"之說也，宜有取於弼之虛無矣。

周易通十卷（浙江巡撫採進本）

國朝浦龍淵撰。龍淵字潛夫，吳縣人。嘗佐洪承疇幕，以承疇薦，授城步縣知縣。其書名《易通》者，謂六爻之義本一理，四聖之旨本一貫，自説《易》者解以己意，遂致卦辭不通於象辭，下卦之辭或不通於上卦之辭。故六十四卦各立論發揮，於卦義、爻義或逐條剖析，或連類推闡，務使相通而後已。其説不為無見。然卦爻之義宛轉相通，亦猶一人之身，脈絡孔穴宛轉相通也。必從一脈以通百脈，由一穴以通百穴，則必有所隔礙於其際。故龍淵所説有時而融洽，亦不免有時而穿鑿。至既欲牽合於理學，又欲比附於史事，縱横曼衍，辨而太華，是又作論之才，非詁經之體也。

周易辨二十四卷（浙江吳玉墀家藏本）

國朝浦龍淵撰。兹編因《繫辭》“包犧氏王天下”之文，遂謂六十四卦無一非帝王師相之事，乃明主良臣所以致太平之書。因乾卦“六位時成”之文[①]，謂六爻中君臣上下各有攸司，周公分位繫辭，正名定分，皆取諸此。歷來一切圖書、象數、卦變等説，皆略而不論。夫人事準乎天道，治法固《易》理之所包。然謂帝王師相之學當求於《易》則可，謂《易》專為帝王師相作則主持太過矣。朱彝尊《經義考》載此書作二十八卷。此本少四卷，疑亦《經義考》傳寫之誤也。

【彙訂】

① “成”，殿本作“乘”，誤，參乾卦象辭原文。

周易義參六卷（浙江巡撫採進本）

國朝于琳撰。琳，平湖人。兹編皆因仍舊説，依文訓釋，罕所發明。末列三十三圖，亦皆剿襲舊圖而小變其貌。其自作者，如《在天成象圖》，以日星霞露虹左列為陽，以月漢風霜雪右列為陰，而以雲雨雷電雹霧居中為兼陰陽，殊為無理。《在地成形圖》，以水金山右列為柔，土火石左列為剛，木絲穀鹽並列於中為兼柔剛，尤不可解。而《成男成女圖》作⊙〇之形，《一陰一陽謂之道圖》又作〇=●形，益怪誕矣。

身易實義五卷（浙江巡撫採進本）

國朝沈廷勱撰。廷勱字克齋，嘉興人。康熙中，由副貢生授欒城縣知縣[1]，官至商州知州。是書一以程、朱為宗。凡宋明諸儒稱引程、朱之說者，摭拾無遺，其別有發明者，概屏勿錄[2]。前有自序云：“以心言《易》，未若以身體《易》之為實。以身體《易》，又必以《易》見諸用之為實。”故名其書為《身易實義》云。

【彙訂】

①“由副貢生授欒城縣知縣”，殿本作“貢生”。

②“勿”，殿本作“弗”。

河圖洛書原舛編一卷（浙江巡撫採進本）

國朝毛奇齡撰，奇齡有《仲氏易》，已著錄。河圖、洛書，辨者既非一家，駁者亦非一說。奇齡謂今之河圖即大衍之數，當名“大衍圖”，而非古所謂河圖；今之洛書則太乙行九宮之法，亦非《洪範》九疇。既著其說於前，更列其圖於後。其排擊異學，殊有功於經義。顧其所列之圖又復自生名例，轉起葛藤。左右佩劍，相笑無休。是仍以鬥解鬥，轉益其鬥而已矣。

易宗集注十二卷（兩江總督採進本）

國朝孫宗彝撰。宗彝，高郵人。是書成於康熙庚申。以象、數、理各有宗[1]，因象而測其數，因數而測其理，而所宗者以中為主。故卷首冠以《中論》三篇。其說謂河圖、洛書五皆居中。中，五象之宗也，五，數之中也，中，理之宗也。故名《易宗》。案《易》

所言"中"，皆指中畫，過與不及，皆因象示戒，則謂《易》為用中，未始不可。然必執河圖、洛書之五位以為用中之本，則橫生枝節，附會經義矣。注中於變爻、變卦及反對、互體之義獨詳，而卷首兼論歲運。其學蓋出於黃道周而參以他說小變之。中閒詆斥先儒，殊為已甚。又每節之下必注"宗彝曰"[②]，云以擬《象傳》，尤無謂也。

【彙訂】

① 殿本"宗"上有"其"字。

② "曰"，殿本脫。清康熙刻本此書皆作"宗曰"。

周易清解無卷數（浙江巡撫採進本）

國朝江見龍撰。見龍字壽水，杭州人。康熙中諸生。其說《易》，主象與理而略於數。如解《屯·六四》四止而初動，有班如之象；《大壯·九三》"用壯"、"用罔"之故；《旅·六二》"得童僕"為得三爻。此類凡數十條，皆於經傳有裨。惟經前傳後，次序昭然。漢、晉以來，或亦析傳以附經，從無後經而先傳。見龍乃移《繫辭》、《說卦》、《雜卦》、《序卦》於上、下經之前，分為二卷，名曰《孔子讀易傳》，則欲尊孔子而不知所以尊矣。

周易本義述蘊四卷（江蘇巡撫採進本）

國朝姜兆錫撰。兆錫字上均，丹陽人。康熙庚午舉人[①]，乾隆初薦充《三禮》館纂修官。是書取名《述蘊》者，蓋取《通書》"聖人之精畫卦以示，聖人之蘊因卦以發"之義。大旨恪遵朱子《本義》，如解《屯卦·六二》"匪寇婚媾"句，解否卦"否之匪人"句，舍《本義》而從程《傳》、孔疏者，亦偶有之，非其通例也。其經傳之次第，則於卦畫之後繼以彖辭、《彖傳》，於彖辭、《彖傳》之後繼以象辭、《象傳》，而乾、坤二卦則又割《文言傳》為二段，分綴於《彖》、《象》二傳之下。其以大、小《象傳》列《彖傳》後者，自謂用今本《乾卦》之例；列《彖傳》於象辭後者，自謂用今本《坤卦》之例也。然割裂《文言》，又用何例乎？既非今本，又非古本，殊為進退無據。又既解《本義》之九圖[②]，而《卦變》一圖其說與《本義》互異者，置不一言，亦為疏漏。至訂定《雜卦》大過以下八卦，本蔡淵之說而小變之，以漸、歸妹、既濟、未濟四卦相次為隔句韻體，亦殊勇於改經也。

【彙訂】

①“舉人”，殿本作“進士”，誤。《江南通志》卷一三二《選舉志・舉人八》康熙二十九年庚午科有姜兆錫，丹陽人。《清史列傳》卷六十七有傳，未言曾中進士。《明清進士題名碑錄》無姜兆錫。

②“之”，殿本無。

周易蘊義圖考二卷（江蘇巡撫採進本）

國朝姜兆錫撰。是編主先天之學，皆根柢圖、書，演錯綜互變之旨，大抵推闡舊說也。

硯北易鈔十二卷（編修勵守謙家藏本）

國朝黃叔琳撰。叔琳字昆圃，大興人。康熙辛未進士，官至詹事府詹事。乾隆辛未，恩加吏部侍郎銜[①]。是編用《注疏》本，以程《傳》、《本義》為主，雜採諸說附益之。中多朱墨校正商榷之處，蓋猶未定之稿也。

【彙訂】

①“吏部”，殿本作“禮部”。據《清史稿》卷二百九十、《清史

《列傳》卷十四本傳,黃叔琳曾於雍正元年任吏部侍郎。

宋元周易解提要附易解別録_{無卷數}（副都御史黄登賢家藏本）

不著撰人名氏,前署"養素堂纂本"。又有黄叔琳名字二私印①,蓋即叔琳所録也②。其書蓋仿李鼎祚《周易集解》之例③,但衷諸説,不加論斷。然所採録頗簡④,且書名既題"宋元",而書中復録《子夏易傳》語十數條,未免失於斷限。又宋時説《易》者如王湜《易學》、林至《易裨傳》、鄭汝諧《易翼傳》、趙汝楳《易敘叢書》、林光世《水村易鏡》之類,傳於世者尚多,兹皆未録⑤。而元人説《易》者竟未採一家。其書未分卷帙,亦無序目,殆猶未成之本也。後附《易解別録》一册,並旁採異説⑥,亦僅有宋而無元云。

【彙訂】

① "名字",殿本作"名氏"。

② 殿本"録"上有"輯"字。

③ "蓋",殿本無。

④ "頗簡",殿本作"頗為簡略不能括宋人之易學"。

⑤ "而書中復録子夏易傳語十數條"至"兹皆未録",殿本作"書中乃録子夏易傳數條"。

⑥ "並",殿本作"蓋"。

周易淺解四卷（江蘇巡撫採進本）

國朝張步瀛撰。步瀛字翰仙,河南新安人,康熙辛未進士。是編題其父含命意而步瀛筆受者①,昔房融譯《楞嚴經》稱為"筆受",此注經而襲佛氏之稱,蓋偶未檢。其凡例稱家傳《易》學已歷六世,自其曾祖至其父與伯叔父及其弟姪②,均以《易》得科名。又稱"《易》家自明嘉、隆以後③,穿鑿附會,置《本義》、程《傳》不顧,惟喜新奇異説。見之文者,蒙混支離。《大象傳》孔子所著,庚辰房書竟認作周公語"云云。蓋其家傳科舉之學也。

【彙訂】

①"者",殿本無。

②"叔"下"父"字,底本無,據清康熙三十年張氏刻本此書卷前例言及殿本補。

③"又稱",殿本作"人稱",誤,參卷前例言。

易經詳説無卷數(山東巡撫採進本)

國朝冉覲祖撰。覲祖字永光,中牟人。康熙辛未進士,改庶吉士。是書兼用程《傳》、《本義》,謂朱子分象占,程《傳》説理,二書不可偏廢。故兼取二家之説,低一格以別於經。又採諸儒之説互相發明者,再低一格以別於二家。覲祖時有所見,亦附著焉,其中亦閒有與朱子異者。如朱子謂《左傳》穆姜筮遇艮之八法,宜以"係小子失丈夫"為占,而史妄引象辭為非。覲祖則謂艮卦只二不變,當為隨。既以二為八,則非六二矣,當以象辭為是,史非妄也。又謂文王八卦方位未必分配父母男女,較量卦畫陰陽。朱子從後推論,未必是文王當日之意。又不取卦變之説。蓋大旨不出程朱①,而小節則兼採諸論也。至所論卦變,謂來知德為姚江之支派餘裔,創立異説,以翻程朱《傳》、《義》之案。考王守仁未嘗講《易》,知德亦不傳姚江之學。黃宗羲《明儒學案》列之《諸儒案》中,謂其與陽明相異,而惜其獨學無朋,師心自用,可為明證。覲祖以門户餘習,見近似者而咻之,亦考之未審耳②。

【彙訂】

① "不",殿本作"雖"。

② "耳",殿本作"矣"。

易學參説二卷(浙江巡撫採進本)

國朝馮昌臨撰。昌臨字與肩,嘉興人。是書分内、外二編。
内編為説六篇,自《先天八卦圖》以至《八卦納甲》。外編亦六篇,
自《天干化氣五行》以至《七政四餘》。蓋欲從漢學而不究古法,
遂以後世斗首化曜之説參雜而敷演之,可謂逐影而失形矣。

易象二卷(陝西巡撫採進本)

國朝王明弼撰。明弼字亭二,陝西人。康熙間官鳳翔府教
授。是編取六十四卦大象,列《本義》於前而各敷衍數語於後,殊
無所發明。

易宮三十八卷(浙江巡撫採進本)

國朝吳隆元撰。隆元號易齋,歸安人。康熙甲戌進士,官至
太常寺少卿。其書前後無序跋,末闕《雜卦傳》①,其中亦多闕
文②、闕卷,又頗有塗乙,或注"未定本"字,或注"非先生手授本"
字。則隆元草創未竟之書,其門人追録之也。大旨取來知德之
説,以不反對之卦為錯,反對之卦為綜。錯者一卦自為一宮,綜
者兩卦合為一宮。《上經》三十卦不反對者六,合之為十八卦。
《下經》三十四卦不反對者二,合之亦十八卦。總二篇分配之數,
適符邵子三十六宮之義,故以名書。中多從吳澄《纂言》,改易經
文,頗傷於輕信③。

【彙訂】

① "雜卦傳",殿本作"説卦傳"。

②“其”，殿本無。

③“中多從吳澄纂言改易經文頗傷於輕信”，殿本無。

讀易管窺五卷（浙江巡撫採進本）

國朝吳隆元撰。是編卷一為《考略》，次列河圖、洛書諸圖。其《河圖旋毛》、《洛書坼甲》二圖，云得之朱升《易經旁注》。然升洪武時人，非伏羲時人，不知何自而見之。案《旋毛》、《坼甲》二圖乃吳澄所傳，非始於朱升。卷二為《先天後天卦圖》。卷三為《蓍數太極圖》、《卦象太極圖》、《性理太極圖》。《性理》即周子之圖也①，餘二圖，隆元所造也。卷四為《參伍錯綜圖》，為《納甲》，為《卦變》。卷五為《啟蒙三十二圖》，而附以《占例私言》。大抵力闡陳摶之學。其辨歸有光《先天圖》晚出一條，謂《舜典》首二十八字齊建武時始出，學者未嘗疑之，豈先天四圖不可出於太平興國時？是又未考《經典釋文》之語矣。

【彙訂】

①“也”，殿本無。

讀易約編四卷（內府藏本）

國朝朱江撰。江字東註，江都人。是書成於康熙丁丑。其凡例有云：“是編原為便舉子業，凡可備大小試題者，著其精意，餘止存經文。”蓋鄉塾課蒙之本也。

孔門易緒十六卷（山西巡撫採進本）①

國朝張德純撰。德純字能一，號松南，長洲人②。康熙庚辰進士，官常山縣知縣。是書專以《十翼》解經。其說謂經本無陰陽、剛柔之名及天、地、風、雷、水、火、山、澤之象，皆夫子所顯示以闡經，故曰《孔門易緒》。為目凡三：曰《經緒》，說上、下經也。

曰《傳緒》，說《繫辭》、《說卦》、《序卦》、《雜卦》也。曰《緒餘》，則以諸家《易》圖為未善而以己意推衍，自立新圖、新譜也。別以《引緒》冠於首，則總論也。其說與諸家迥異。蓋《易》道廣大，隨引一端推衍之，皆可成理耳。

【彙訂】

①"山西巡撫採進本"，殿本作"陝西巡撫採進本"。《四庫採進書目》未著錄此書。（江慶柏：《殿本、浙本〈四庫全書總目〉著錄圖書進獻者主名異同考》）

② 據雍正《江南通志》卷一二四《選舉志》、嘉慶《松江府志》卷五八《張德純傳》、光緒《常山縣志》卷三七《職官志》、《明清進士題名碑錄》，德純籍貫為青浦。（楊武泉：《四庫全書總目辨誤》）

易韋二卷（兩淮鹽政採進本）

國朝朱襄撰。襄，無錫人。是書成於康熙庚辰。卷首為《易圖說》，凡十二圖。其以九數為河圖，宗劉牧之說。而以洛書為八卦，又與牧異。其《尚占》一圖，獨有圖而無說，殆傳寫佚之歟？次為《讀易字義》，凡十四篇。其說無一不與前人相反。蓋不究聖人立教之本，而惟黑白奇偶之是求，其勢必至於此，不足異也。其《讀易字義》序稱命之曰《易韋》，而撮取《大傳》中之字，推明其義凡十四則，冠於《易韋》之前。然則《易韋》別有全書，此特其卷首《圖說》及《字義》耳。

周易闡理四卷（浙江吳玉墀家藏本）

國朝戴虞皋撰。虞皋號遯軒，崑山人。是編原稿凡三四百紙，虞皋自以為太繁，刪存十之一二。其子孫貽又以為太簡，復採原稿補其遺闕，即此本也。書成於康熙壬午。前有孫貽序，後有虞皐從子鑑跋。大旨黜象數而明義理①，故名曰《闡理》。首冠《授易源流》一篇，分言數、言理二宗，於漢以來諸儒之學皆有所排擊，惟推尊郝敬之書，持論頗偏。其述數學，以為老子傳鬼谷子，後焦延壽得之以傳京房，陳摶得之以授穆脩、李之才以及邵子。案老子與孔子同時，鬼谷子與蘇秦同時，相距百有餘年，邈乎無涉，不知老子之《易》何以得傳鬼谷子。又《漢書》載焦贛之學莫知所出，自稱出於孟喜，而喜弟子施讎等力攻其非，無所謂得之鬼谷子者。至焦、京乃占候之術，而陳摶所傳先天諸圖，則以道家爐火之說推衍陰陽奇偶，其法截然不同，亦無所謂得之焦、京者。虞皐所云，均不知其何本。其述理學，以為孔子授商瞿後，分田何、費直二家。田何學傳晁說之②、呂祖謙，費直學傳鄭元③，元傳王弼。至宋而為周、程、朱三家之學。至明而為胡廣之《大全》、蔡清之《蒙引》、林希元之《存疑》、陳深之《通典》，而郝敬之書獨能脫盡陳腐。案鄭元、王弼，截然兩派，一漢一魏，時代又殊，無元傳於弼之事，所考尤疏矣。

【彙訂】

① "黜"，殿本作"斥"。

② "田何學"，殿本作"田學"。

③ "費直學"，殿本作"費學"。

易盪二卷（安徽巡撫採進本）

國朝方鯤撰。鯤字羽南，桐城人。其書不載經文，不依《周易》卦次。惟據《大傳》"八卦相盪"之義，縱橫圖之，八卦相重，一卦盪為八卦，故名曰《易盪》。每卦各為之說，說後附以自注、集注及補遺。卷首有自序二，一在康熙癸未，一在戊戌。蓋成書之後又十六年，復加訂定云。

易説要旨二卷（江蘇巡撫採進本）

國朝李寅撰。寅字東崖，吳江人。是書用王弼本，僅解《上經》、《下經》。前有康熙甲申自序，云法紫陽《本義》。然語多龐雜，往往並《本義》原旨而失之。

易象數鈎深圖三卷（山西巡撫採進本）

國朝張文炳撰。文炳字明德，絳州人。康熙中以《實録》館供事議敘，授高唐州州判，終於泗州知州。近世胥吏之能著書者，文炳及泰安聶鈫而已。是編稱本之成氏《五經講義》，而不著其名。考通志堂所刻《經解》，皆冠以納蘭成德之序。其中如劉牧《易數鈎隱圖》、張理《易象圖説》、雷思齊《易圖通變》，皆發明數學。文炳蓋會萃諸書以成一編，以其不明纂述體例，故誤以宋元經解統名曰《五經講義》，又不著成氏之名[①]。不知滿洲氏族源流，故誤以納蘭為其自號，成德為其姓名，而稱為成氏也。其書由割裂而成，頗為龐雜。閒有文炳所附論，亦皆捃拾之學。

【彙訂】

① "不著成氏之名"，殿本無。

周易象義合參十二卷（江西巡撫採進本）

國朝吳德信撰。德信字成友，九江人。是書以《繫辭》、《文言》[①]、《説卦》、《序卦》、《雜卦》各自為篇，而以《彖傳》、《象傳》仍散附經文之内，蓋用宋人所傳鄭氏之本。其例以《本義》大書，而發明《本義》者夾注句下。每節之末又隨文衍説，如舉業家之講章。前有康熙丙戌自序，稱"淮安舟次，中宵假寐，忽因'剛柔相摩'句,恍悟河圖本有八卦,特假伏羲畫出"云云。是其學本從圖、書而入,真以為先有此五十五點黑白之圖,伏羲乃因之作《易》。又卷首《伏羲八卦次序圖》後附注云:"案《說卦傳》是,故《易》逆數也。在《天地定位章》末,似承上文通解《圓圖》之辭。"云云②,是又真以為方、圓二圖為在孔子之前,孔子作《傳》以解之。故根本先已轇轕,枝葉從而曼衍。卷首所列新舊圖說至於四十有二。其河、洛二圖各有本文,各有朱子之本,其奇偶陰陽方位並同。惟朱子本則作黑白圈,本文則河圖作旋毛,洛書作坼裂之狀。考"河圖"字始見於《書》,古注不言其質。似不應以馬革一片從伏羲流傳至周,久而不腐,始以此五十五圈畫於尺簡之上③,即傳為重寶。似又於事理不然。至於龜文之說,僅見後周盧辯《大戴禮注》,為經典之所不載。果有其物,不應周人棄之,專寶河圖。果無其物,則古書別無繪象,何由睹其文理?朱謀㙔等摭拾吳澄偽作④,造為宣和內府祕本之說,鑿空無證,德信乃摹而傳之。至所列《太極自然圖》,如今工匠刻鏤器物所畫,蓋即來知德所作。德信不能言其授受,但以"相傳"二字注於其下,足知其罕所考證矣⑤。

【彙訂】

①"繫辭文言",殿本作"文言與繫辭"。清康熙五十二至五十三年俞卿刻本此書卷七、卷八為《繫辭傳》,卷九為《文言傳》,則當從底本。

②"文",殿本脫,參此書卷首《伏羲八卦次序圖》附注原文。

③"始",殿本作"如",誤。

④"偽作",殿本作"偽本"。

⑤"足知其罕所考證矣",殿本作"尤失於考證矣"。

周易通義十四卷（浙江巡撫採進本）

國朝方菜如撰。菜如字葯房，淳安人。是書悉取《四書》成語以證《周易》。古無此體，徒標新異而已，於經義無關也。

周易本義晰無卷數（湖北巡撫採進本）

國朝胡良顯撰。良顯字忠遂，別號得嶺，漢陽人。康熙辛卯舉人，官武城縣知縣。是編皆推衍朱子《本義》之旨，而經傳次序仍用王弼之本①。至於經文字句，如《坤卦·初六》小象"履霜堅冰"句上增"初六"字，《文言傳》"後得主而有常"句中增入"利"字②，漸卦象傳"漸之進也"句，刊除"之"字。雖其説本於朱子，然《本義》但注於句下，未敢逕改。良顯乃據以筆削，亦可謂信傳不信經矣。

【彙訂】

① "而經傳次序仍用王弼之本"，殿本無。

② "入"，殿本作"人"，誤。

易説十卷（山西巡撫採進本）

國朝田嘉穀撰。嘉穀字樹滋，陽城人。康熙壬辰進士，官翰林院編修。是書以《本義》為主，而取程《傳》輔之。凡他説之羽翼《本義》者，乃採緝彙編。然所見未廣，引用之語不外永樂《周易大全》一書。自序謂："學者應舉，由是求之，庶乎不迷所往。"則本不為發明經義作矣。

先天易貫五卷（直隸總督採進本）

國朝劉元龍撰。元龍字凝焉，饒陽人。是編前有康熙壬辰自序，又有雍正癸卯補序。蓋其書先成三卷，刊於江南，後又續增二卷，故兩序也。元龍自稱歷三十年乃成書。其首卷即數以言理,首河圖,次洛書,附以《妙合而凝之圖》。次卷即象以言理,首《畫卦圖》,次《太極圖》,次《儀象卦爻錯變圖》,附以《易貫圖》。三卷即氣以言理,首《變卦圖》,次《八卦圖》、《綜卦圖》,附以《致知格物圖》。四卷、五卷即六十四卦以言理,標舉伏羲《大象》、孔子《大象傳》,附以錯卦、互卦之解。蓋惟講陳、邵之學者也。其謂《易》不為卜筮而作,所言似高,而實不然。夫聖人立教,隨時寓義,初不遺於一事一物。三代以上,無鄙棄一切,空談理氣之學問也。故《詩》之教,理性情,明勸戒,其道至大,而謂《詩》非樂則不可;《春秋》之教,存天理,明王政,其道亦至大,而謂《春秋》非史則不可。聖人準天道以明人事,乃作《易》以牖民。理無迹,寓以象,象無定,準以數。數至博而不可紀,求其端於卜筮,而吉凶悔吝、進退存亡於是見之,用以垂訓示戒。曰蓍曰龜,經有明文,口揲口扐,傳亦有成法。豈取盡性至命之書而褻而玩之哉?俗儒但見抛珓擲錢之為卜筮,又見夫方技之流置義理而談趨避,遂以為侮我聖經,乃務恢其說,欲離卜筮而談《易》。然則四聖人中,周公居一。公作《周官》,以三《易》掌之太卜,無乃先不知《易》乎?是猶觀優伶歌曲,而謂聖人必不作《樂》;觀小說傳奇,而謂聖人必不作史也。

　　易經纂言無卷數(兵部侍郎紀昀家藏本)

　　國朝王士陵撰。士陵字阿瞻,武邑人。康熙癸巳舉人,官翁源縣知縣。是編用《注疏》本,大旨以《本義》為宗而雜引衆說以相印證。蓋鄉塾講章也。

　　周易本義拾遺六卷(湖南巡撫採進本)

　　國朝李文炤撰。文炤字朗軒,長沙人[①]。康熙癸巳舉人。

其書用朱子古本,併為六卷。自序謂《本義》於辭多得之,而於象未深考,因為補葺。釋經則以象數為主,釋傳則以義理為歸。各條載《本義》全文,而以己說附於後。於變爻互體,言之特詳,而所釋諸象,則大抵隨文傅會。至於爻辭之首各冠以本卦六畫②,而以所值之畫陽作○、陰作×以別之,如世傳錢卜動爻之式。其法雖見賈公彥《周禮疏》中,乃卜筮者臨時之所記,用以詁經則非矣。

【彙訂】

① 據李文炤撰《大學講義》,應為善化人。(葉啟勳:《〈大學講義〉提要》)

②“各”,殿本作“卷”,誤。

易經釋義四卷(浙江巡撫採進本)

國朝沈昌基撰。昌基字儒珍,烏程人。其書删節《本義》,敷衍成文,前列擬題三頁。其自序云先世多以《易》發解成名①。蓋所講乃科舉之術也。

【彙訂】

①“其”,殿本無。

易鏡無卷數(浙江吳玉墀家藏本)

國朝戴天章撰。天章字漢文①,湖州人。所著僅《上經》、《下經》,惟言卜筮。其解釋甚略,而皆雜以互變、納甲、五行之說,蓋言數而流於術矣。又沿漢學而失之者也。

【彙訂】

①“漢文”,殿本作“漢明”。

心易一卷(浙江汪啟淑家藏本)

國朝戴天恩撰。天恩字福承,蕭山人。是書成於康熙癸巳。

自太極至八卦變六十四卦,為圖十五,而各為説於其後。卷末為
《象説》、《字義》、《統義》三篇。其所圖所説,皆前人所有。所附
三論,亦無所發明。

易經粹言三卷(江西巡撫採進本)①

國朝應麟撰。麟字囷呈,宜黄人,康熙丁酉舉人。是編不載
經文。首卷總論卦圖,上、下二卷依上、下經卦次解之,《十翼》則
略焉。河圖、洛書,數學也,邵子之傳也;吉凶、法戒,理學也,程
子之傳也;兼而言之,是朱子之傳也。麟講圖、書與所説卦爻不
相關,其講卦爻與所説圖、書又不相關。兼而取之,又分而治之,
亦足見先天之説與爻象為兩事矣。

【彙訂】

① 據清乾隆十六年宜黄應氏刻《屏山草堂稿》本,書名應作
《易經碎言》。《江西巡撫海續購書目》不誤。(杜澤遜:《四庫存
目標注》)

易互六卷(江蘇巡撫採進本)

國朝楊陸榮撰。陸榮字采南,青浦人。是書卷一曰《卦互》,
若乾坤反對是也。卷二曰《爻互》,若小畜、大有、大畜、需、大壯、
夬、泰,下卦皆三畫,陽則相互;姤、同人、履、遯、訟、无妄、否,上
卦皆三畫,陽則相互,而皆統以乾。推之巽、離、兑、艮、坎、震、坤
七卦皆然。卷三曰《卦爻互》,若姤初爻陰與復初爻陽互,夬上爻
陰與剥上爻陽互是也。卷四、五曰《雜説》上、下。卷六曰《輯
參》,乃經文及句讀異同者。大抵本何楷、黄道周之餘論也。

成均課講周易無卷數(山西巡撫採進本)

國朝崔紀撰。紀原名珺,字君玉,後更今名,字南有,永濟

人。康熙戊戌進士，官至副都御史[1]。此書乃乾隆辛酉紀官國子監祭酒時所著。其說以《本義》為主，而亦閒有異同。至其以經文專主卜筮，《十翼》專言義理，謂孔子恐人惑於吉凶禍福之說，要求趨避之術，故專以義理言。則似傳非以解經[2]，惟以補救夫經矣。

【彙訂】

①《清史稿》卷三〇九本傳載崔紀乾隆十五年卒，時為副都御史。然乾隆二年曾"擢吏部侍郎"。據《清史稿》卷一一四《職官志一》，雍正八年後吏部侍郎定為從二品，據卷一一五《職官志二》，左副都御史為正三品。則當云"官至吏部侍郎"。（胡露、周錄祥：《〈四庫全書總目〉存目補正十二則》）

②"以"，殿本無。

索易臆說二卷（兩江總督採進本）

國朝吳啟昆撰。啟昆字宥函[1]，江寧人。康熙辛丑進士，官翰林院編修。其書惟總論《易》之大旨，不復為章解句釋[2]。如上、下經之分篇，諸卦之命名，以及先天、後天、圓圖、方圖等類，各為一篇，以闡其義。其《卦變》一篇，謂："《彖傳》所云'剛來柔進'之類，必本卦貞悔二體實有此象而云然，非本卦所無，外卦所有，而必假之以得解也。在《本義》逐爻細推，以為此自某卦而來，不過兼此一說，欲使經無剩義，非真先有彼卦而後方有此卦也。後人尊信《本義》，遂誤以餘意為正意。"又如《分宮卦象次序》一篇，謂："天地之造化不離五行，八卦率領諸卦，分掌五行以用事。術家以子父[3]、才官、兄弟論生尅制化，而不知其所以然。然剛柔者，立本者也，綱領之八卦是也；變通者，趨時者也，所屬之諸卦是也。一切往來屈伸之理,無一不在此六十四卦變通之中。"其發明象數,皆為有見。然所言皆宋以來之象數,非漢以來之象數,故不離乎圖、書之説焉。

【彙訂】

① "宥函",殿本作"宥涵",誤。清康熙五十二年懷新閣刻本此書題"江左後學吳啟昆宥函著"。

② "為",殿本無。

③ "子父",底本作"父子",據此書卷二《分宫卦象次序説》原文及殿本改。

陸堂易學十卷(浙江巡撫採進本)

國朝陸奎勳撰。奎勳字坡星,平湖人。康熙辛丑進士,官翰林院檢討。是編講《易》,宗朱子者十之六,宗諸儒者十之四。閒以己意訓釋①,於前人亦無大異同。惟謂伏羲但畫八卦而無卦名;黄帝始立著數,乃名以乾、坤、震、巽、坎、離、艮、兑;堯舜始增加屯、蒙諸卦名,更定《方圖》卦位;文王始定《序卦》之錯綜與夫揲著用九、用六。於是首列《伏羲方圖》、《黄帝方圖》、《唐虞方圖》、《連山圓圖》、《歸藏圓圖》、《周易卦序圖》。其説新異,所引據亦皆未確。

【彙訂】

① "己意",殿本作"日意",誤。

周易録疑無卷數(福建巡撫採進本)

國朝陳綽撰。綽字文裕,福安人。是編用《注疏》本而不載經文,上、下經但標卦名,《繫辭》、《説卦》標章次,《序卦》、《雜卦》則但標篇名而已。所解皆循文生義,罕所考證。每條之下多有標"湜附"二字者。湜字亦徵,綽之子也。

卷一〇

經 部 十

易 類 存 目 四

易義隨記八卷（江蘇巡撫採進本）

國朝夏宗瀾撰。宗瀾字起八，江陰人。由拔貢生薦授國子監助教。是編乃宗瀾恭讀《御纂周易折中》，意有所會，即標記之，多因《集説》而作。時宗瀾方從楊名時於雲南，以修《周易折中》時李光地為總裁官，而名時為光地門人，故參互以光地《榕村易解》就正於名時，以成此書。其體例在講章、語録之閒，凡問者皆宗瀾語，答者皆名時語也。兩江總督採進本內，末有附刻一卷，皆從名時文集中採録。其《鄉賢夏君傳》一篇，即為宗瀾之父調元作。此本無之，殆以其疣贅刪除歟[1]？

【彙訂】

① "兩江總督採進本內"至"殆以其疣贅刪除歟"，殿本無。

易卦劄記四卷（江蘇巡撫採進本）

國朝夏宗瀾撰。是書惟解上、下二經[1]，不及《繫辭》以下。前列《易例舉要》一篇、《讀易指要》一篇。其《指要》有曰："要明《易》理，須先將伏羲畫卦次序方位，文王八卦方位，及先後天方、

圓諸圖反覆記看，令其曉然，再《説卦傳》記得極熟。然後讀
《易》，方有入手處。"其宗旨不外是矣。

【彙訂】

① "二"，殿本無。

程氏易通十四卷（江蘇巡撫採進本）

國朝程廷祚撰。廷祚有《大易擇言》，已著録。是書凡《易學
要論》二卷，《周易正解》十卷，《易學精義》一卷，又附録《占法訂
誤》一卷，《易通》其總名也。其《要論》盡去漢人爻變、互體、飛
伏、納甲諸法，未免主持稍過。然舉宋人河、洛、先天諸圖及乘承
比應諸例，掃而空之，則實有芟除繆轕之功。其《正解》則經傳之
義疏，不用今本，亦不用古本，以《彖傳》、《小象》散入經文，《十
翼》併為《六翼》，頗嫌變亂。而詮釋尚為簡明。其《精義》統論
《易》理①，通其説於道學，略如語録之體。其《占法訂誤》謂："畫
有奇偶九六，而上下進退於初、二、三、四、五、上之際，所謂'六爻
發揮'者，《易》之變惟在於此。之卦則所以識別動爻之用，而所
取仍在本卦。"故以《洪範》之説為占法，而以《春秋内》、《外傳》所
載為附會，變亂不與《易》應。然箕子殷人，未睹《周易》，"太卜掌
三《易》之法"，則三《易》異占，灼然可證。左氏所紀，其事或有附
會，其占法則當代所用，卜史通行，斷不至實無此法而憑虛自造。
是則信理黜數，至於矯枉過直者矣。

【彙訂】

① "易理"，殿本作"義理"，誤。

易説辨正四卷（江蘇巡撫採進本）

國朝程廷祚撰。此書蓋其中年所作，在《大易擇言》、《易通》

二書之前，後多附入二書中。然亦時有採取未盡者。蓋所見隨年而進，故不一一盡執其舊説也。

學易闡微四卷（福建巡撫採進本）

國朝羅登標撰。登標字子建，寧化人。康熙閒舉人，官松溪縣教諭。是書皆辨《易》中疑義，凡為論者七十四，為考者五，為解者三十三，共一百十二篇①，多循前人之説②。其首卷第一篇論畫前有《易》，不免膚辭。卷三中以三百八十四爻割隸八卦，於全卦之義反有未融。至卷四中以《六十四卦之五爻配歷代帝王解》一篇，亦屬挂一漏百。其以恒五爻“婦人吉，夫子凶”擬武后之幽囚太子，竊弄神器，尤為悖理。夫武后可稱“婦人吉”乎？

【彙訂】

① “一百十二篇”，殿本作“一百十一篇”，誤。

② 殿本“循”下有“用”字。

讀易質疑二十卷（浙江巡撫採進本）

國朝汪璲撰。璲字文儀，號默菴，休寧人。其書置象數而專言理，其凡例有云：“今説《易》之家謂《易》以道陰陽，務以圓妙幽渺，籠罩影響，如捕風，如捉影，無當實用。故愚以為學《易》當就平實切近處用功。”云云，其宗旨可見。故隨文詮釋，無所穿鑿，而亦無所發明。卷末《雜卦》一篇有録無書，疑裝緝者偶脱云。

周易會緝無卷數（山東巡撫採進本）

國朝吳映撰。映字沐日，晉江人。其書大旨皆宗朱子《本義》，而折衷於《蒙引》、《存疑》諸書，持論亦頗平實。然取材太寡，用意太拘，尚未能深研精奧也。

大易闡微録十二卷（直隸總督採進本）

國朝劉琯撰。琯字獻白，棗强人。先天之圖於《周易》之上別尊羲《易》，其傳出自陳搏，自《參同契》以外別無授受之確證。故邵子之學，朱子以為《易》外別傳。自元以來，諸儒互有衍説，亦遞相攻擊。至國朝黃宗炎、胡渭諸人，始抉摘根源，窮究依託，渭書考究尤詳。琯未睹黃、胡二家之書，不知其偽之已破，故又因而推衍，加以穿鑿。如謂：“人之生虱，人止一个，而所生之虱个个有對。”又謂：“男女雖是二个，合來仍是一个。故男鰥女寡俗稱‘半个人’。”其辭皆不雅馴。於《月令》“天氣上升，地氣下降，閉塞成冬”及《周髀》“四游”之説，攻駁尤甚，大抵皆憑臆而談。其敘、跋皆自命甚高，以為聖賢所未發，過矣。

周易詳説十九卷（陝西巡撫採進本）

國朝劉紹攽撰。紹攽，三原人。是書大旨以程《傳》為宗，於《本義》頗有同異，於邵子先天之説亦不謂盡然，不為無見。惟於漢儒舊訓掊擊過當，頗近於偵。其議論縱橫，亦大抵隨文生義，故往往自相矛盾。如卷首“論玩辭”一條，駁諸儒之失，曰：“甚有釋傳與象傳不合，釋象與爻不合，無以自解，則藉口有伏羲之《易》，有文、周之《易》①，有孔子之《易》”云云。至開卷“元亨利貞”一條，又主大通而利正固之説，謂“王弼泥於穆姜之言，以元亨利貞為四德，後多宗之。殊不知文王有文王之《易》，孔子有孔子之《易》，彖辭、彖傳不相牽合者甚多”云云②。是二説者，使後人何所從乎？

【彙訂】

① “文周”，殿本作“周文”。清乾隆刻本此書卷一“論玩辭”

條原文作"文周"。

②"牽合",殿本作"率合",誤,參此書卷三"元亨利貞"條原文。

周易原始六卷（浙江巡撫採進本）

國朝范咸撰。咸字貞吉,號九池,錢塘人。雍正癸卯進士,官至監察御史。其書惟解經文,不及《十翼》。大旨以理始於象,象始於畫,又以萬物始於陰陽,象始於日月,取《繫辭》"陰陽之義配日月"之語,而總以陰始於陽為斷,故名"原始"。其説多採輯古義,不以白圈黑點依託圖、書,亦不以禪偈、道經空標心性,較明以來諸家説《易》頗為篤實①。然其長在盡掃厄言,其短亦在好生新意。如謂"元亨"之"元"為陽在下,至於陰卦亦每稱"元",義有難通者,亦曲伸其説。又謂上經皆陽盛之卦,下經皆陰盛之卦。而上經有剥、復,下經有中孚、大壯,理有所格,亦必強合其義。是又好持己見,務勝先儒之過矣。

【彙訂】

①"諸家説易",殿本作"説易諸家"。

易經理解一卷（浙江巡撫採進本）

國朝郜煜撰。煜字光庭,汝州人。雍正癸丑進士,官至中書科中書。其書不釋《十翼》,惟六十四卦每卦撰説一篇,詮釋大意。其大旨欲以義理矯象數之失,以平易救穿鑿之失,以切實救支離泛濫之失,而矯枉不免過直云。

周易撥易堂解二十卷（江蘇巡撫採進本）

國朝劉斯組撰。斯組,字斗田,新建人。雍正甲辰舉人,官杞縣知縣。是書前有《記略》,載梓此書時,其婿夢二童歌詩曰:

“不、不、不，九六乾坤七四執，黄、農非古世非今，理數瓜分一太極。”又載著是書時，其姪夢閣上有朱題“撥易閣”三字，因以為名。其事頗涉幻杳，似乎故神其説。又謂“撥”字有發揮三才之義，不知《説文》“撥”字在手部，篆作“𢫦”，隸省作“扌”，非從“才”也。其書首二卷皆圖説，大抵因舊解而蔓衍之。又謂《論語》、《中庸》皆通於易，即陳際泰“羣經輔《易》”説之意。夫《六經》一貫①，理無不通②。至於才辨縱横，隨心牽引。如解“飛龍在天”曰：“此則唐人所謂‘龍池躍龍龍已飛’矣，入天門、開黄道，艮闕亦具爻内。讀《易》方解詩中寫龍德特全。”是豈詁經之體耶！

【彙訂】

① “夫”，殿本無。

② “理無不通”，殿本作“理自相通”。

周易摘鈔五卷（江蘇巡撫採進本）

國朝顧昺撰。昺號虛莊，南匯人。雍正甲辰舉人。是編為其《三經解》之一，皆節録《御纂周易折中》内所集諸儒之説，參以李光地《周易觀象通論》，故曰“摘鈔”。間附己意，亦罕所發明。

學易大象要參四卷（編修林澍蕃家藏本）

國朝林贊龍撰。贊龍字澤雲①，侯官人。雍正丙午舉人。是書以發明大象為主，六十四卦各為一篇，以上、下經分二卷。而冠以綱領六篇為一卷，一曰《發凡》，二曰《象例》，三曰《義理象數》，四曰《卦爻中相錯陰陽相應》，五曰《憂患九德》，六曰《大象有通於四書》。殿以附解二篇為一卷，一曰《作易憂患解》，二曰《雜卦傳解》。大旨以大象上一句為天地萬物之象，下句為人事，以天象為人事之則，不言吉凶而言理義，不言神聖而言君子，以明人人可學。故所闡發皆切日用。其綱領有曰："借《易》明理，自夫子已然。'學以聚之，問以辨之，寬以居之，仁以行之'，為《乾·九二》而言也，而乾之九二豈有學、問、寬、仁之義乎？'日月相推而明生焉，寒暑相推而歲成焉'，為《咸·九四》而言也，而咸之九四豈有日月、寒暑之義乎？"是則借象立言之旨矣。

【彙訂】

①"澤雲"，底本作"雲澤"，據殿本改。唐鑑《國朝學案小識》卷十三"侯官林先生"條（目録作"林澤雲先生"）云："先生諱贊龍，字澤雲，舉人。撰《學易大象要參》四卷。"

經義管見一卷（浙江巡撫採進本）

國朝饒一辛撰。一辛，字治人①，南城人。是書成於雍正丙午。凡《圖説》七，《周易統天旋卦賦》一，《説卦傳論》一，《納音五行論》一，《古今本得失論》一。於周子太極圖、邵子先天圖多所攻駁②。而其所自造之圖，亦初無所受。至擬《歸藏》、《連山》等圖，則以乾北③、坤南、坎東、離西、艮東北、兑西南、震東南、巽西北為位，尤於古無徵。

【彙訂】

①"治人"，殿本作"冶人"。同治《廣昌縣志》卷六《人物志·新編人物》有饒一辛小傳，曰"字近韓"。

② 殿本"多"上有"皆"字。

③"則"，殿本無。

周易解翼十卷（陝西巡撫採進本）

國朝上官章撰。章字闇然，乾州人。是書成於雍正丁未，自稱凡二十六易稿。大旨本京房納甲之法，而以八宮經緯錯綜為脈絡。一切舊圖皆屏不用，頗為潔淨不支。然不用古圖，而又重乾、巽、艮、坤四卦十二畫，別立為圖，以為河、洛，方、圓，先、後天諸說，皆足以包括。是掃一圖學之障，又生一圖學之障也。

東易問八卷（奉天府尹採進本）

國朝魏樞撰。樞字又弼，一字慎齋①，承德人。雍正庚戌進士，官永平府教授。乾隆元年，薦舉博學鴻詞，未及試而卒。是書用王弼本，列朱子《本義》於前，而以己意附於後。其凡例謂生長遼東，日與東人相問答。故敘其原委而集之，以示初學，名之曰《東易問》，紀其實也。其論卦變曰："剛柔皆當指卦，不當指爻。如訟之'剛來而得中'者，坎也；隨之'剛來而下柔'者，震下於兌也；蠱之'剛上而柔下'，坎在巽上也；噬嗑、晉、暌、鼎四卦言'柔得中而上行'者，皆離火也；賁'柔來而文剛'，離文乎艮之內也，'分剛上而文柔'，艮文乎離之外也；无妄之'剛自外來'者，震也；大畜之'剛上'者，艮也；咸'柔上而剛下'，兌在艮上也；恒'剛上而柔下'，巽在震下也；'柔以時升'者，巽也。是凡言剛者皆陽卦，凡言柔者皆陰卦也，則以'剛來'、'柔來'指一爻而言者，固未足以盡其義矣。"云云。其論似近理而不盡然。其論來知德"錯綜"曰："乾本至健也，以錯言，則又可以謂之順；初爻變巽為入，以錯言，則又可以謂之動，以綜言，則又可以謂之說；二爻變離為明，以錯言，則又可以謂之陷；中爻巽可以謂之入，以錯言，則又可以謂之動，以綜言，則又可以謂之說。推之三、四、五、上，莫不皆然。則亦何所不像哉！是故初以在下，變巽而潛，有以為錯震而躁動者，其將何以應之乎？二以在田，變離而見，有以為錯坎而隱伏者，其將何以應之乎？"則持論固為明確矣。

【彙訂】

①"字又弼一字慎齋",殿本無。

易貫十四卷(江蘇巡撫採進本)

國朝張敘撰。敘字鳳岡,太倉人。雍正壬子舉人。是書用《注疏》本,而以小象總列六爻之後。如乾、坤二卦例,又以大象置象傳之前。考象辭列六爻後,是吳仁傑所傳鄭本,大象置象傳前,是周燔本。而敘乃以為創獲,蓋未知有吳、周二本也。至圖學傳自邵子,其位置皆依《説卦》,周子太極圖初不言八卦,此書皆强為牽合。又斥諸儒爻變之説,而以左氏所載占法,為《周易》未成經時,卜筮家雜用以測驗。則又過於疑古矣。

周易緯史無卷數(浙江巡撫採進本)

國朝錢偲撰。偲號堅瓠老人,錢塘人。雍正壬子副榜貢生。是書以卦爻分配史事①,故曰"緯史"。夫引事證經,鄭氏《易》注即有之,至《吳園易解》、《誠齋易傳》始大暢厥旨。以人事之成敗證易象之吉凶,是亦以古為鑑之意,未為無所發明。至此書所引,則多不考據。如《屯·六二》稱曹操待壽亭侯,《需·上六》稱劉備桃園投結,皆未嘗校以史傳也。

【彙訂】

①"以卦爻分配史事",殿本作"以卦分爻配史事",誤。

空山易解四卷(直隸總督採進本)

國朝牛運震撰。運震字階平,號真谷,滋陽人。雍正癸丑進士,官平番縣知縣。其學博涉羣書,於金石考據為最深,經義亦頗研究。是編務在通漢、晉、唐、宋為一,然大旨主理不主數,故於卦氣、值日及虞翻半象、兩象等説皆排抑之。是仍一家之學,不能疏通衆説也。

周易剩義二卷（福建巡撫採進本）

國朝童能靈撰。能靈字龍儔，號寒泉，連江人①。雍正中貢生②。其論《易》專主河圖，以明象數之學。雖曼衍縱橫③，旁推曲闡，亦皆有一説之可通。然云得作《易》之本旨，則未必然也。其亦張行成之支裔歟？

【彙訂】

①《總目》卷九《易存》提要亦以童能靈爲連江人，然民國《連江縣志》無此人。據李元度《國朝先正事略》卷三〇《童能靈事略》、《清史稿·儒林·李夢箕傳》附《童能靈傳》、雷鋐《童寒泉墓誌銘》、民國《連城縣志》卷二一《列傳》，能靈乃連城人。（楊武泉：《四庫全書總目辨誤》）

② 民國《連城縣志》卷一五《選舉志·貢生》："童能靈，甲子優貢。"甲子爲乾隆九年。（同上）

③ "雖"，殿本無。

易學圖説會通八卷（江蘇巡撫採進本）

國朝楊方達撰。方達字符蒼，一字扶蒼①，武進人。此書自序云："尋繹宋、元經解及近代名家纂述，見其精研象數，或著爲圖，或著爲説，有裨《易》學者②，類而録之。左圖右説，集成八卷。"一曰《太極探原》，二曰《圖書測微》，三曰《卦畫明德》，四曰《變互廣演》，五曰《筮法考占》，六曰《律呂指要》，七曰《外傳附證》，八曰《雜識備參》。大旨以朱子《本義》九圖爲主，而博採諸家，間附己論，蓋專講先天之學。故前列周子《太極圖説》，後論《律呂八陣圖》，而不及乎辭占云。

【彙訂】

①"扶蒼",殿本作"扶倉",疑誤。清乾隆復初堂刻本此書儲大文序稱"晉陵扶蒼楊子"。

②"有裨易學",殿本作"有裨於易",自序原文作"有裨易學"。

易學圖説續聞一卷(江蘇巡撫採進本)

國朝楊方達撰。方達既為《易學圖説會通》,復自出己意成此編。凡三十二條,總不離陳摶之學。其後泛衍及於天文、物理、雜類諸説,皆牽合比附,務使與《易》相通。荀卿所謂"持之有故,言之成理"者歟?

周易輯説存正十二卷附易説通旨略一卷(江蘇巡撫採進本)

國朝楊方達撰。是書分經二篇、傳十篇,一依《本義》之舊。大旨亦多主《本義》,惟卦變之説主程而不主朱。其體例以為必使《正義》先明,而後以旁義參之,賓主秩然則條理各得。故凡言變、互者,皆列之圈外,使不與《正義》相混。又以爻位之正不正、有應無應乃卦中之大義,象辭、爻辭皆從此推出,故每卦卦畫之下即為注明。末附《易説通旨略》一卷,雜引先儒象、彖、爻位之説,閒亦參以己見。蓋仿王弼《略例》而為之也。

周易蛾術七十四卷(户部尚書王際華家藏本)

國朝倪濤撰。濤字崑渠,錢塘人。其書於每卦中分尚辭、尚變、尚象、尚占四類,各採録舊説發明之,故又名《周易四尚》。其言義理多以程《傳》為主,其言象占則遵馬、鄭、荀、虞之説,而自稱折衷於朱子。然以世應納甲列圖於每卦之前,乃京氏之學,非朱子之學也。所引諸書,往往止載姓氏而未録其辭,蓋亦編纂未成之稿本耳。

易説一卷（山東巡撫採進本）

國朝吳汝惺撰。汝惺，字匪席，德州人。所論十五事，皆闡發宋儒舊説。自序謂漢儒所傳《三禮》不可盡信，故不主漢《易》。書中致疑邵子之説，亦不盡主先天諸圖，然未能竟廢圖學也。

易經一説無卷數（浙江巡撫採進本）

國朝王俶撰。俶字善思，彭山人①。其書大旨以程《傳》、《本義》原互相發明，不容偏廢。坊本依費、王之次，已錯亂聖經，復止載《本義》，不及程《傳》，注不全而解益艱。因遵朱子十二篇舊次，復參取衆家，歸於一説，使初學易讀易曉。蓋亦爲科舉經義而設也。

【彙訂】

① 清乾隆十六年繫籍軒刻本此書自序末署"鼓山王淑夢生甫書於繫籍軒"。（杜澤遜：《四庫存目標注》）

周易彙解衷翼十五卷（陝西巡撫採進本）

國朝許體元撰。體元字御萬，靈武人。其書大旨以象爲主，每於一卦先觀本象，次觀《繫辭》所取之象，凡時義德用之所在，胥於象中見之。然謂八卦有本象，有象中之象，有理中之象，又謂象中象、理中象，各有兩端，有自然之象，有懸設之象。多端辨析，未免涉於煩碎也。

易象援古無卷數（浙江巡撫採進本）

國朝申爾宣撰。爾宣字伯言，河南人。此書乃其父舒坦命意，而爾宣本之成書。其曰"援古"者，援古事以證《易》理也。大旨謂程《傳》引古釋經者六十餘條，朱子《本義》引古釋經者亦四十餘條。故取三百八十四爻，每爻隸以一事。又復自分甲乙，以圈點四項別之。其中逐爻取譬，如蒙之初爻謂如伊尹之於太甲；需之五爻謂如虞舜恭己無為①，漢文恭修元〔玄〕默②；師之三爻謂如宋伐江南③；泰之二爻謂狄仁傑事周之類④，多於經義不甚比附也。

【彙訂】

① "如虞舜"，殿本作"虞帝"。

② "修"，殿本作"己"，疑誤。

③ "伐"，殿本作"之"，疑誤。

④ 殿本"謂"下有"如"字。

大易合參講義十卷（江西巡撫採進本）

國朝朱用行撰。用行字翼承，新建人。是書大旨以朱子為主。首列《本義》，而以"正義"、"析義"次之。"正義"以闡朱子之旨，"析義"則兼採他說。又以象數不可竟廢，閒採瞿塘來知德之說，補於"析義"之後。大抵循文推衍，未能深造自得也。

周易粹義五卷（江蘇巡撫採進本）

國朝薛雪撰。雪字生白，號一瓢，蘇州人。自署曰河東，稱郡望也。其書採摭諸說，融以己意，仿朱子《論孟集注》之例，皆不載所引姓名。詮釋頗為簡明，而大抵墨守宋學也①。

【彙訂】

① "也"，殿本無。

易箸圖說十卷（河南巡撫採進本）

國朝潘咸撰。咸，不知何許人。所著別有《音韻源流》，中引李漁《詩韻》，則其人在李漁後矣。是書凡《周易大衍蓍》六卷，《連山易蓍》三卷，《歸藏易蓍》一卷，咸自為之序。其説謂讀《易》者當自知蓍始，《易》有三，蓍亦有三。《周易大衍蓍》用四十九策，以四為揲，内含六百八十七萬一千九百四十七萬六千七百三十六卦，共用四千九十六卦。以象、爻二辭占《左傳》繇辭，皆四千九十六卦之卦辭也[①]。邵子《皇極經世》為《連山》蓍，用九十七策，以八為揲，正卦一千一十有六，互卦一千一十有六，變卦三萬二千五百十有二，以數斷不以辭斷，其吉凶一定而不可易。後周衛嵩《元包》為《歸藏》蓍，用三十六策，以三為揲，以飛伏、世應、渾天、納甲、五行生尅占吉凶，用十二支、十干，為千有二百兆。又以焦贛《易林》、《參同契》月卦，《乾坤鑿度》軌數及讖緯諸占為大衍之遺意；以管輅觀枚數、《參同契》納甲，及奇門遁甲、煇夢契響、鳥鳴辨音、拆字諸占為《連山》之遺意；以京房火珠林、翼氏風角、《素問》五運六氣、揚子《太元》，及《元〔玄〕珠密語》、杯珓、洞靈、望雲、省氣諸占為《歸藏》之遺意。其中惟《元包》云出《歸藏》，於古有徵。其餘大抵臆説，無所授受，如畫"、"為少陽，畫"、"為少陰[②]，易卦畫為點，多與古法相背。其《雜卦蓍數圖》以四象起卦，反易為義，本無甚奇特。而託之繙閲舊籍，偶獲一帖。蓋又在豐坊偽經之下矣。

【彙訂】

① "六"下"卦"字，據殿本補。

② "畫、為少陽畫 ˇ 為少陰"，殿本作"畫 ˇˇˇ 為少陽畫 ˇˇˇˇ 為少陰"。

讀易自識無卷數（江蘇巡撫採進本）

國朝金綖撰。綖字絲五，吳縣人。是書隨筆記録，未分卷帙。首為總論，次為《繫辭》、《序卦》，次乃為六十四卦，次序與諸本迥異。又《序卦論》中乃多解《説卦》，標目亦不相應，蓋未成之稿，後人以意鈔合，遂倒亂無緒也。其説《易》，好為新解。如謂"《南華》取象率本於《易》。如《逍遥遊》曰'鯤'，陰物類也，猶坤卦之象馬也；曰'鵬'，陽物類也，猶乾卦之象龍也。鯤化為鵬，陰變為陽①，自北溟而徙南溟，蓋自一陽之動於至陰。而歷六位以時成，故曰'六月息'也。曰'九萬里'、曰'六月息'，即卦之用九、用六，以言變也。言'鯤化'而不言'鵬變'，蓋復可喜而變不可言，亦《易》之扶陽抑陰也"云云②，持論之異，大抵如是，亦可謂之好奇矣。

【彙訂】

①"為"，殿本作"而"。

②"亦"，殿本作"而"。

易觀十二卷（江西巡撫採進本）

國朝凌去盈撰。去盈號旭齋，爵里未詳。書中引毛奇齡説，則近時人也。是書主於即象以明理。大旨謂象有三例，有定象，有化象，有互象。一卦之定象如乾為天、坤為地是也，其化象如剥皆言牀、漸皆言鴻是也。一爻之定象如陽必為九、陰必為六是也，其化象如陽動化陰、陰動化陽是也。又有中爻之互象，如二四互、三五互是也。所引多來知德、毛奇齡之説，而所重尤在化象、互象二義。謂王弼崇卦變，來氏置錯卦，毛氏主推《易》以求一得之偶當，凡以不知有化象故也。其解乾之九四"或躍在淵"，謂："四化巽互兑,有'淵'象;乾化巽風,虛薄天表,'躍'所自起。"
解屯之初九"磐桓",謂："大石曰磐,大柱曰桓。石者土之核。震
九以乾陽而為坤,初索而為坎。屯鬱而亘處坤下,二、四互坤,有
若核然,磐之象也。柱者木之豎。震九以坤索而為天,三化天,三生
木而為坎。屯鬱而倔強,初下有若豎然,桓之象也。"是皆半附古義,
半參臆説,因互體、變爻而穿鑿之,不足為説《易》之準也。

周易小疏十四卷(兩江總督採進本)

國朝虞楷撰。楷字孝思,號蓼園,里籍未詳。書無序跋,亦
不知作於何時。中述《周易折中》稱聖祖仁皇帝廟號,則近人也。
其次序用古本,大旨亦主圖、書,而以為先天寓理於數,後天因數
以闡理,文王之《易》即伏羲之《易》。其説彌縫調停,變而愈巧。
至於掊擊《左傳》諸占,尤似是而非。夫左氏周人,所述者即周之
占法,周之占法所用即太卜之三《易》。謂其占驗之詞多所附會
則可,謂古《易》占法不如是則不可。居百世之下而生疑寶於百
世之上,將周人之法周人不知之,今人反知之乎?

易經貫一二十二卷(兩江總督採進本)

國朝金誠撰。誠字閑存,華亭人。是書分元、亨、利、貞四
部,元部載《略言》六則,《談餘雜録》四卷,《易學問徑説》,《程子
易傳序》,《周子太極圖説》,《張子西銘》,及河、洛卦象諸圖與會
講之語。亨、利兩部解上、下經,而亨部之首冠以《經文定本》四
卷及《程子篇義》。貞部解《繫辭》、《説卦》、《序卦》、《雜卦》,以用
《注疏》本,故止此四傳也。其大旨以程《傳》、朱《義》為歸。

易觀四卷(大理寺卿陸錫熊家藏本)

國朝胡淳撰。淳字厚菴,慶雲人。乾隆丙辰進士,授蒙自縣

知縣,未上而卒。是編惟解上、下經。大旨謂聖人作《易》,使學者研究卦爻,推吉凶悔吝之由,以知進退存亡之道。故孔子稱假年學《易》,可無大過。至於求諸卜筮,以決從違,乃為常人設,非為君子設也。故其説掃除圖學,惟玩六爻。然皆隨文生義,未能融會貫通,其謂《繫辭傳》"河出圖,洛出書,聖人則之"句為漢儒言讖緯者所竄入,更主持太過矣。

易象約言無卷數(兩江總督採進本)

國朝吳鼐撰。鼐字大年,無錫人。乾隆丙辰進士,官工部主事。是書詮釋文句,頗為簡明。惟自序言"考究先儒更定諸本,而從其是者"。然以《文言》分上、下,而《彖辭》、《象辭》反不分上、下,又每卦象辭以卦名割繫卦畫之下,每爻又於句中截斷,體例似皆未允。至於《參同契》稱"日月為易",虞翻注雖亦引之。然核以《説文》,"易"字實不從日、月。今其末冊既以懸象著明,畫易為圖,而又以此字大書於卷首,據為宗旨,亦泥古太甚也。

易經提要録六卷(兩江總督採進本)

國朝徐鐸撰。鐸字令民,鹽城人。乾隆丙辰進士,官至山東布政使。此書不載經文,第摭古今論《易》之語。前有總義一卷,又圖象一卷,皆不載其圖,惟存其説。餘各分卦分章,第取總括大意而止。故以"提要"為名焉①。

【彙訂】

①"焉",殿本無。

易讀無卷數(江蘇巡撫採進本)

國朝宋邦綏撰。邦綏字逸才,號況梅,長洲人。乾隆丁巳進士,官至兵部左侍郎。是編用《注疏》之本。其凡例云:"專為課子而成,故以行文之體為講書,使孺子易於記誦。"又云是書專奉朱注。自序又稱:"取之方氏《時論》者十之二三,不敢隱其所自。"其大旨盡是數言矣。

大易理數觀察二卷(江西巡撫採進本)

國朝朱如日撰。如日字洞彝,號荷軒,蓮花廳人。是編成於乾隆丁巳。大抵掇拾圖、書之陳言①。

【彙訂】

①"掇拾圖書之陳言",殿本作"敷衍圖書之說"。

來易增删八卷(陝西巡撫採進本)

國朝張祖武撰。祖武,長安人。乾隆戊午舉人。是編即明來知德《易注》原本,去其煩冗,閒補以《易傳》、《本義》諸說。其錯綜、變爻、中爻、大象、卦情、卦畫、卦占之類,則一仍其舊焉。

周易輯要五卷(安徽巡撫採進本)

國朝朱瓚撰。瓚字穉霑,全椒人。是書成於乾隆庚申。不言河、洛,亦不取朱子卦變之說,頗能芟除枝蔓。惟逐句詮釋,詞義雖潔淨而未精微。

周易讀翼揆方十卷(浙江巡撫採進本)

國朝孫夢逵撰。夢逵字中伯,常熟人。乾隆壬戌進士,官至宗人府主事。是編不取陳摶先天諸圖,深有考證。惟謂孔子作《彖傳》以釋彖辭,作《爻傳》以釋爻辭。世所稱《小象傳》乃爻傳非象傳,當附《彖傳》之後,而《大象》則另歸《繫辭》之後。用吳仁傑本而變之,於歷來諸本之外自為一例。謂經文經孔子作傳,後人豈能加毫末。故但釋傳而不釋經,於諸家《易》解之外亦自為一例。其論揲蓍左扐得一得三為奇,得四得二為偶,亦不同於舊解。皆自我作古之説也①。

【彙訂】

①"説",殿本作"論"。

易深八卷(湖南巡撫採進本)

國朝許伯政撰。伯政字惠棠,巴陵人。乾隆壬戌進士,官山東道監察御史。是書以為圖、書皆出太昊之世,卦數生於河圖,蓍數生於洛書。又兼取漢人卦氣、納甲及京房《易傳》火珠林之法,而不用卦變及變占之法①。其論卦變曰:"重卦自具兩體,凡傳稱上、下者,如乾下乾上、震下坎上之類;凡稱進退、往來、內外者,如《乾·九四》'上下无常'、'進退无恒'。及否、泰反其類也。泰之'小往大來',傳曰'內陽外陰';否之'大往小來',傳曰'內陰外陽'之類。"皆《易》例之顯而易見者。又"剛、柔"之稱,有以爻言者、有以卦言者。以義求之,皆象明理顯,無取於卦變之穿鑿。其論變占曰:"《啟蒙》所論,依傍《左》、《國》,參以己意。其實卜筮以衍忒,宜各隨其人、其地、其事、其時而推衍之,乃能旁通其變,曲暢其情,未可先為例以拘之。《左氏》卜筮之法,如秦伯伐晉,卦遇蠱,是六爻不變之卦,而其占全不用象辭。孔成子筮立君,卦遇屯之比。史朝以靈公名元,即以'元亨'屬之;孟縶弱行,即以'利居貞'屬之,皆非《繫辭》之本旨"云云。其言甚辨②。然所論有合有離,不能一一精確也。

【彙訂】

①"法",殿本作"説"。

②"言",殿本作"辭"。

易經講義八卷（河南巡撫採進本）

國朝萇仕周撰。仕周字穆亭，汜水人。乾隆壬戌進士，官宜君縣知縣。是書以程《傳》及《本義》為宗，不用象數之説，於卦變辨之尤力。大旨謂："凡卦有二體，即有内外、上下，有内外、上下即有上下、往來。凡《彖傳》言上下、往來者，皆虛象耳。大概在内卦曰來，在外卦則曰往也。"云云。其説與魏樞《東易問》同。今案賁言"柔來而文剛"、"分剛上而文柔"，噬嗑、涣俱言"剛柔分"。分者，自合而分也。不用卦變自泰、否之説，亦當用卦本乾、坤之説，方於"分"字之解有合。以泰、否即乾、坤也。今但云"柔在下為來，剛在上為往"、"三陰三陽為平分"，恐可以解上下、往來，而不可解分合也。

周易析疑十五卷（江蘇巡撫採進本）[①]

國朝張蘭皋撰。蘭皋原名一是，字天隨，武進人。是書初刻於乾隆甲子，至己巳，又改訂八十頁而重刻之，是為今本。大旨以程子《易傳》、朱子《本義》為宗，而佐證以宋、元諸説。其謂卦必先分而後序，不用古文十二篇之説，蓋從蕭漢中《讀易考原》。其《繫辭》以下，略不置解，則用王弼例也。

【彙訂】

①"疑"，底本作"義"，據殿本改。清乾隆九年梅花書屋刻本此書書名題作《周易析疑》，《江蘇省第一次進呈書目》同。（杜澤遜：《四庫存目標注》）

易説存悔二卷（編修邵晉涵家藏本）

國朝汪憲撰。憲字千陂[①]，錢塘人。乾隆乙丑進士，官刑部陝西司員外郎。是書大旨謂學《易》期於寡過，欲過之寡，惟在知悔，悔存而凶吝漸消，可日趨於吉。故以"存悔"顏其齋，因以名其《易說》，蓋即耿南仲《周易新講義》以"无咎"為主之意。所說唯上、下經，而不及《十翼》。前有《擬議》數條，譏自漢以來儒者說《易》之病在調停經傳。"文王作彖辭，今不求諸彖，而執《彖傳》以解彖，是有孔子之《易》無文王之《易》矣。周公作爻辭，今不求諸爻而執《爻傳》以解爻，是有孔子之《易》無周公之《易》矣。孔子作傳多取言外之意，當別為孔子之《易》，雖述而實作"云云，亦朱子不可便以孔子之《易》為文王之《易》之舊說也。夫傳以翼經，必依經以立義，故《釋名》曰："傳，傳也，案，上'傳'字去聲，下'傳'字平聲。以傳示後人也。"朱子作《詩集傳》，不能不依詩立義。即分《大學》為一經十傳，亦不能曰此曾子所傳孔子之《大學》，此門人所傳曾子之《大學》也。何至於《易》乃曰孔子之傳必異於文王之經乎？

【彙訂】

①"千陂"，底本作"千波"，據殿本改。《後漢書》卷八三《黃憲傳》載郭林宗曰："叔度汪汪若千頃陂"，當即出典。（王重民：《跋新印本〈四庫全書總目〉》）

易義便覽三卷（侍講劉亨地家藏本）

國朝向德星撰。德星字雲路，漵浦人。是書前有乾隆丙寅德星自序。大旨以朱子《本義》為主，附採《大全》、《蒙引》、《存疑》諸說，取初學易於循省，故以"便覽"為名。其卷首六十七圖，則德星因舊說而推衍者也。

周易集解增釋八十卷（浙江巡撫採進本）

國朝張仁浹撰。仁浹，秀水人。是書前有乾隆戊辰自序。

首八卷載諸儒傳授及王氏《略例》、朱子《啟蒙》，九卷以後始釋經
文。其説惟以朱子《本義》為主，故《本義》與經文一例大書，而雜
取前儒諸説合於本義者著於下。如程《傳》之類與朱子異義者，
偶附一二，不以為例。蓋名為釋經，實則釋《本義》也。其首列引
用姓氏，特升朱子於漢儒之前，題曰先賢，以示尊崇之義。然所
列先賢三人，一曰卜子，實則張弧之《易》；一曰左氏，考丘明於
《易》未有成書，亦不知其何以特列。至周、程、張、邵五子，則雜
於先儒之中，以時代為序。考邵子為《易》外別傳，張子於二程亦
尚為友教。至於朱學本程，程學本周，源流燦然。抑周、程而獨
尊朱，似非朱子所樂受。又謂張弧優於周、程，恐亦非周、程所
甘矣。

周易曉義九卷（江蘇巡撫採進本）

國朝唐一麟撰。一麟，宜興人。由貢生官江寧府學訓導。
是書成於乾隆戊辰。大旨主於義理，與《本義》不甚異同，惟不取
朱子卦變之説。

易例舉要二卷（浙江巡撫採進本）

國朝吳鼎撰。鼎字尊彝，號易堂，金匱人。乾隆辛未薦舉經
學，授國子監司業，官至翰林院侍講學士，後降補侍講。《易》有
義例，《繫辭傳》、《説卦傳》已括其要。是書仿《御纂周易折中》卷
首義例，而益加推衍。上卷多輯先儒之説，下卷多出己意，凡一百四
十八條。書中惟不及互卦、卦變二義，其自序云：“已詳《中爻考》、
《卦變考》中。”今書中不載《中爻》、《卦變》二考，或別有成書歟？

十家易象集説九十卷（大學士于敏中家藏本）

國朝吳鼎撰。是編採宋俞琬〔琰〕[①]，元龍仁夫、吳澄、胡一

桂，明來知德、錢一本，唐鶴徵、高攀龍、郝敬、何楷十家之説。
其論辨去取，別為附録十卷。蓋以漢、唐舊説略備於李鼎祚
《周易集解》，宋儒新義略備於董楷《周易會通》，惟元、明諸解
則未有專彙一書者。因裒此十家以繼二書之後。大旨主於明
象，其論六十四卦之對體、覆體，《雜卦傳》非錯簡，出於來《易》
者為多云②。

【彙訂】

①“俞琬”，當作“俞琰”，乃避嘉慶諱改。殿本作“俞琰”。
《總目》卷三著録俞琰撰《周易集説》、《讀易舉要》。

②“云”，殿本無。

周易井觀十二卷（編修吳壽昌家藏本）

國朝周大樞撰。大樞字元木，號存吾，山陰人。乾隆壬申舉
人，官平湖縣教諭。此編論天地之數，謂與大衍相符，必漢儒遞
相傳授以及康成。是以古來説《易》並無先天八卦，故不取邵子
所傳圖位。蓋先天八卦即從所稱後天圖演出，不過取其一畫交
易則各成乾坤，乃道家“抽坎填離”之説，不合聖經之旨也。於六
十四卦，則尊離重震，各為之解，為圓圖以應一歲節候之數，為方
圖以應三才旋轉之象。以《雜卦傳》為孔子之序《易》，取文王所
序卦而雜之他卦，皆用文王覆卦。至大過而後，獨不覆焉。終之
以剛決柔，與卦首之乾相接，即無大過之道，作《雜卦傳》三十六
宮圖以差次之。又創為兼兩卦，每六畫覆之則為十二畫，仍可併
為六畫，以盡《易》之變化。他如用九用六①、四象八卦以及蓍策
占驗諸説，俱博綜衆論，斷以己意。惟引“性空真火，性火真空，
火愈分愈多，愈興愈有”云云，頗涉二氏之旨焉。

【彙訂】

①"他"，殿本作"也"，誤。

大易近取録無卷數（浙江巡撫採進本）

國朝邵晉之撰。晉之字敘階，號檀波，仁和人。乾隆丙子舉人①。其大旨以朱子《本義》有"有註而可疑"者、有"可疑而無註"者，偶有所見，即以己意補之。其曰"近取"者，自序謂："遠取諸物，必俟宏通該博之士，而近取諸身，則人莫不有身也。"首列《卦圖初參》，自謂所得者淺，或將來更有所見，故以"初參"為名。次《大凡發明》，乃著書之義例。其所詮釋，多切人事。自序云"館海州三閱月而成，傳之家塾，為子弟求釋字義者觀之"云。

【彙訂】

①"丙子"，殿本作"辛酉"，誤。民國《杭州府志》卷一百十二《選舉六》乾隆二十一年丙子科舉人有邵昔之，仁和人。

周易觀瀾無卷數（山東巡撫採進本）

國朝喬大凱撰。大凱字頤菴，濟寧州人。乾隆癸酉舉人。此書每象、爻之下，皆先列《本義》、程《傳》，次列諸儒舊説，而以己意折衷之。其所採掇，不出習見之書，閒有自出新義者。如謂"乾之象辭不設象，坤則曰'利牝馬之貞'；乾無分於先後，無擇於西南東北，坤則不然，為天道地道、陽全陰半之分"云云，為先儒之所未發，然亦隨文生義之説。象不設象，不止乾一卦也。

易經觀玩篇無卷數（山西巡撫採進本）

國朝朱宗洛撰。宗洛字紹川，無錫人。乾隆庚辰進士，官天鎮縣知縣。是編凡例謂用費直本。然其書每卦畫六爻於前，而分書初九、九二等字於爻畫之中。右列爻辭，左列《小象》，而後列卦辭及《象傳》，至《文言》、《大象》則另録置《繫辭》前。則是宗洛自定本，非費直本矣。宗洛酷信圖、書，故其解經多引《參同契》爲説。其《序卦圖説》亦主五行、納甲，其《雜卦圖説》以爲即古《歸藏易》，孔子附之《易》末，如録《詩》之有《商頌》。亦無所據也。

易解拾遺七卷附周易句讀讀本二卷（湖南巡撫採進本）

國朝周世金撰。世金字仲蘭，衡山人。是書成於乾隆辛巳，大旨以數言《易》。卷一、卷二衍河圖、洛書，先天、後天之説，務拔奇於舊説之外。卷三、卷四、卷五爲觀玩四法，各系以圖解。卷六解《易》象、卦宫及標舉《繫辭》、《説卦》、《雜卦》要義。卷七又别爲十九卦解。據目尚有詩一首、呈一篇，而有録無書，蓋繕寫佚之矣。後附《周易句讀讀本》，上、下經各註"句"、"讀"字，《繫辭》以下則但以黑、白圈分章、段。其自序謂"句讀有訛，則經旨皆晦，故爲此本以正之"云。

周易集註十一卷圖説一卷（陝西巡撫採進本）

國朝王琬〔琰〕撰[1]。琬，渭南人。是書成於乾隆乙酉。自序稱年八十有一，蓋積一生之力爲之也。其論來知德列太極圖於河圖前，所圖黑白各半，明是陰陽，不得謂之太極。論洛書無關於畫卦，《繫辭》並舉圖、書，猶之並舉蓍、龜，不過帶言。論伏羲八卦次序及六十四卦次序，並改邵子之"右陽左陰"爲"左陽右陰"，以合於逆數。論伏羲六十四卦方位，既有圓圖，則方圖可以不作。論文王八卦次序，即"帝出乎震"一節，不得當以"乾坤六子"一節。論羲、文二圖，並無對待流行之分，不過一明二氣、一明五行。論"《易》有太極"一節，即生蓍之數，觀不言"天地萬物有太極",而言"《易》有太極",可得其旨。論來知德所謂錯卦即"橫反對卦",所謂綜卦即"豎反對卦",不必添立名目。論《本義》筮儀第一變歸奇之策,通挂一數,不五則九。二、三變去第一變所挂之一而不用,惟於本數策中挂一策,仍復合而通數其奇。是以四、八與初之五、九不同。來知德謂第一變不通挂一數,所見為是。然謂二、三變並不挂一,則少"象三"一營,止三營而非四營矣。惟第一變挂一而歸奇,不必通挂一數,二、三變即用第一變所挂之一而歸奇,亦不必通挂一數。斯皆不四則八,無所謂不五則九也。其大旨雖亦糾繞圖學,然所説均自出新意[2],亦可備一解。惟以《十翼》兼象辭、爻辭數之,未免於古無稽。其解經亦皆敷衍成文,殊乏精義。蓋所注意惟在圖説而已。

【彙訂】

①"王琬",當作"王琰",乃避嘉慶諱改。殿本作"王琰"。(杜澤遜:《四庫存目標注》)

②"所説",殿本作"其説"。

易準四卷(浙江巡撫採進本)

國朝曹庭棟撰[1]。庭棟字六吉,嘉善人。是書為圖學而作。一卷河圖,二卷洛書,三卷大衍圖,四卷蓍法。其於河圖改中宮十點之舊,於洛書信鳳來道士之傳,通洛書大衍之説於《易》,更分挂扐揲之法於蓍。又皆圖學中後起之説矣。

【彙訂】

①"曹庭棟",殿本作"曹廷棟",下同,誤。清乾隆刻本此書題曹庭棟著。

易圖疏義四卷（江蘇巡撫採進本）

國朝劉鳴珂撰。鳴珂字伯容，蒲城人。是書因《周易啟蒙》"本圖書"、"原卦畫"二篇之説，而疏通其義。其稍有異同者，《大傳》"河出圖，洛出書，聖人則之"，謂聖人兼指羲、文，非專云伏羲。至"則之"之義，既取邵子加一倍法，則如朱子之説可自六十四而加之以至無窮矣。乃復謂"六十四卦之畫，限以六位，為三才之義"。又不知乾一兌二之數出於小橫圖，而以為邵子"逐爻漸生"之説與之天然脗合，皆未免彌生繳繞。其解《易》逆數也，謂："自震一陽歷離、兌二陽至乾三陽，左旋而順；自兌一陰歷坎、艮二陰至坤三陰，左旋而逆。以乾一兌二之序推之，則陽進陰退，皆為逆數。"則較邵、朱之説頗為貫穿①。然亦《易》外之旁義。至於本來知德之説，以羲《易》為錯、文《易》為綜，益强生區別矣。

【彙訂】

① "説"，殿本作"數"，誤。

易見九卷（江蘇巡撫採進本）

國朝貢渭濱撰。渭濱字羨溪，丹陽人。是書前列《易》序、《傳》序、諸儒姓氏、《易》學源流，邵子、程子、朱子綱領及筮儀、五贊、經傳音釋、《本義》異同、程《傳》異同，不入卷數。末附《啟蒙大旨》，亦不入卷數。其解經以《本義》為宗，而雜録先儒舊説以足之，然往往曲相遷就。如《坤·象》"先迷，後得主"，以《文言》"後得主而有常"考之，應以"主"為句，以陽為陰主故也。渭濱附合《本義》"主利"之讀，乃云："主利者不主於迷，而主於利也。"又漸爻辭九三、九五取象於婦，《本義》於九五取"六二正應在下"為解，於九三則云："九三過剛不中，而無應。"於《象傳》云："自二至

九五位皆得正①，故其占為'女歸吉'。"前後自相抵牾。渭濱則
云："艮非婦，但以二為陰，故云然耳。"然何以處九三乎？是亦偏
主之過也。

【彙訂】

① 據《周易本義》卷二漸卦《象傳》注文，"九"字衍。

易象圖説二卷（山東巡撫採進本）

國朝吳脈罍撰。脈罍字灌先，蓬萊人。是書隱括諸圖，各為
之説。以圓圖象天，方圖象地，因創為豎圖象人，以配三才。復
集邵子、朱子詠《易》諸詩，附以己作及沈時升詩。末附《八宮納
甲占例》，則今以錢代卜者之所用也。

周易後天歸圖四卷（江西巡撫採進本）①

國朝黎由高撰。由高字鵬翥，通城人。是書專明後天之
《易》六十四卦反對之義，而一歸之於圖。一卷總論後大方位，見
經之當歸於圖。二卷説乾、坤，為歸經於圖之綱領。三卷説反
對，為歸經於圖之門户。四卷摘録諸卦，為歸經於圖之凡例。首
卷《方位圖》，其三四長少序次變為自右而左，與《本義》異。大旨
以邵子諸説為宗，而參用《本義》之解也。

【彙訂】

① "江西巡撫採進本"，殿本作"河南巡撫採進本"，疑皆誤。
《四庫採進書目》中僅《湖北巡撫呈送第三次書目》著録此書。通
城亦屬湖北。（江慶柏：《殿本、浙本〈四庫全書總目〉著録圖書
進獻者主名異同考》）

易經輯疏四卷（江西巡撫採進本）①

國朝黃家杰撰。家杰，臨川人。其書刪邵子之橫圖，謂此邵

氏之《易》，非羲、文之《易》，而不免仍用先天之説。又謂來知德之卦錯、卦綜勝於卦變，而不免仍用卦變之説。觀其自序稱"來《易》恐不近於舉業"，是既欲詁經，又牽合以就程試，遂兩者騎牆耳。

【彙訂】

①"江西巡撫採進本"，殿本作"江蘇巡撫採進本"，誤。《四庫採進書目》中僅《江西巡撫海續購書目》著録此書。（江慶柏：《殿本、浙本〈四庫全書總目〉著録圖書進獻者主名異同考》）

易經會意解無卷數（河南巡撫採進本）

國朝王芝蘭撰。自序稱伊南人，未詳其仕履。是書首《句讀質疑》，皆與《本義》句讀相異者。次《辨〈本義〉衍文》，謂《易》為卜筮之書①，不經秦火，應無衍文。次《乾卦質疑》、《坤卦質疑》，次《乾坤以下八卦説》②。其序六十四卦，專取兩卦相對相反之義，一頁之中分上、下二格。上格列一卦之辭，其文自前左行；下格列其相對相反之卦，其文自後右行。一順一逆，體若回文，為自來經典所未有。其《繫辭傳》以下，亦各分篇次。名目有《開宗明義篇》、《綱領篇》、《申明爻辭篇》、《彌綸篇》、《四道篇》,《尚辭》、《尚變》、《尚象》、《尚占》諸篇，《先後天圖辨》，又有《徵時篇》、《終意篇》。亦先儒傳授所未聞也③。

【彙訂】

①"書"，殿本作"説"。

②"坤"，殿本作"卦"，疑誤。

③"先儒"，殿本作"儒先"。

河洛先天圖説二卷（江西巡撫採進本）

國朝劉天真撰。天真字汝迪，號去僞，興國州人。由歲貢生官安仁縣訓導。其言《易》大旨謂天數五、地數五，五位相得而各有合。其六、七、八、九之數，乃一、二、三、四倚五而成，蓋即“參天兩地而倚數”之説。張尚瑗序之，以爲後天八卦配洛書，若合符契①，“帝震”一章是其註腳。不知圖、書之數正影附此章而作，即以配河圖亦相脗合，不僅洛書可配也。

【彙訂】

① “若合”，殿本作“合若”，誤。

周易象訓十二卷（兩江總督採進本）

國朝姚球撰。球字頤真，無錫人。其凡例稱：“辛未歲年二十七，始讀《周易》。二十餘年閒，見註疏百三四十部。”不知爲前辛未、後辛未也。是書雖用古本，分十二篇，而篇數迥異。其分《象傳》於《爻傳》之外，本於宋吳仁傑。又分《説卦》爲三，以《繫辭》上、下傳爲《説卦》之第一、第二，以應《隋志》三篇之目。而合《象》、《爻傳》之上下爲一，以爲古本，殊不見其確據①。每卦前之六畫，古本皆先下後上。乃用朱謀㙔之例，標曰上某卦、下某卦，亦非古本之舊也。

【彙訂】

① “以應隋志三篇之目而合象爻傳之上下爲一以爲古本殊不見其確據”，殿本作“本於隋書經籍志皆非確據”。

易經辨疑四卷（湖南巡撫採進本）

國朝鄭國器撰。國器，湘鄉人。是書首爲《圖書辨疑》，次爲《羲易辨疑》，以舊傳先天八卦方位衍爲數十圖①，頗爲繁碎。

【彙訂】

① "以舊傳先天八卦方位衍為數十圖"，殿本作"以舊傳八卦方位復各衍為數十圖"。

周易剩義四卷（湖南巡撫採進本）

國朝黃燐撰。燐字暘谷，湘潭人①。其凡例謂"說經者有未備、未當，而作此以補之"，故曰"剩義"。然體例頗近講章，所註亦皆先儒之舊說，無甚新義也。

【彙訂】

① 據同治《湘鄉縣志》，黃燐乃湘鄉人。（王曉天：《〈四庫全書〉中的湘人著述上》）

易經告蒙四卷圖註三卷（侍講劉亨地家藏本）

國朝趙世迴撰①。世迴字鐸峯，湘潭人。是書凡例稱遵仿《本義》分卷。然其書仍用《注疏》本，未喻其故，殆據坊刻《本義》言之歟？卷首《圖註》三卷，皆推衍河、洛之義，書中時時附圖。蓋欲以圖、書明《易》，而反以《易》明圖、書者也。

【彙訂】

① "世迴"，底本作"世迴"，下同，據殿本改。清乾隆刻本《周易告蒙圖註》題"湘潭縣趙世迴鐸峯著"。（杜澤遜：《四庫存目標注》）

周易懸象八卷（編修周永年家藏本）

國朝黃元御撰。元御字坤載，號研農，昌邑人。早為諸生，因庸醫誤藥損其目，遂發憤學醫。於《素問》、《靈樞》、《難經》、《傷寒論》、《金匱玉函經》皆有註釋，凡數十萬言，已別著錄"醫家類"中。大抵自命甚高，欲駕出魏、晉以來醫者，上自黃帝、岐伯、秦越人、張機外,罕能免其詆訶者。未免師心太過,求名太急。惟其詁經,乃頗能沿溯古義。其訓釋以觀象為主,其觀象以說卦為主,而參以荀九家之說,亦兼用互體。大抵緣象以明理,不糾繞飛伏、納甲之術,亦不推演河、洛、先天之說,在近人《易》說中,猶可謂學有根據。惟好以己意改古書,併《彖》、《象傳》於經,而合《文言》為一篇,此猶據鄭元本也;鄭元本《文言》自為一篇,見《崇文書目》①。改乾卦之次序使與坤卦以下同,此猶據王弼本六十三卦之例也。割《繫辭》十九卦之說移入《文言》,於古僅吳澄有此說,見《易纂言》。斯已無據矣。至《繫辭》全移其次第,並多所刪節,又割掇《說卦》以補之,《說卦》更多所改正。直以孔《翼》為稿本,而筆削其文,別造一經,尤非古法也。

【彙訂】

①“崇文總目”,殿本作“中興書目”,疑誤。《崇文總目》卷一著錄《周易》一卷,“鄭康成注。今惟《文言》、《說卦》、《序卦》、《雜卦》合四篇。餘皆逸”。

易經本義翼十二卷(編修勵守謙家藏本)

不標撰人名氏①。惟卷首題籤云:“蘇州府學附生曹澐手輯吳敬庵《羲經本義》二十本,上大宗師鑒定。今呈到十九本,其一本係圖說,因繪畫不及,俟於原本錄出補送呈。”云云。蓋江南諸生錄送提學之本,不知吳敬庵者為何人也②。其書圖說分六編,一曰河洛圖說、二曰卦畫圖說上、三曰卦畫圖說下、四曰明筮圖說、五曰序卦圖說、六曰合纂圖說,而附以《易》說綱領,皆不入卷數。其解釋經文共十二卷,亦分為八編,上經乾至履為一編,泰至觀為二編,噬嗑至離為三編,下經咸至解為一編,損至艮為二編③，漸至未濟為三編，附以上、下編，分六編説。別以《彖傳》上下、《象傳》上下、《繫辭傳》上下、《文言傳》分七卷，共為一編。《説卦》《序卦》《雜卦》三傳分三卷，共為一編。體例頗為冗碎④，大抵以河、洛之説輾轉推衍，其解經則惟以《本義》為宗，閒有出入，不過百分之一，故名曰"本義翼"云。

【彙訂】

①"名氏"，殿本作"名字"。

②《惜陰軒叢書》有吳日慎《周易本義爻徵》，載其侄昌識語云："吾伯徽仲先生所著《周易本義翼》未及刊行，《周易折衷》內已採列數十條。"考《周易折中》列引用姓氏有吳日慎字徽仲，又字敬齋，則此書乃歙人吳日慎撰也。（胡玉縉：《四庫全書總目提要補正》）

③"損"，殿本作"泰"，誤。《周易》下經解卦為第四十，損卦為第四十一。

④"體例"，殿本作"例體"，誤。

讀易隨鈔無卷數（兩江總督採進本）

不著撰人名氏，亦無序目。其書用反對之説，除乾、坤、頤、大過、坎、離六卦兩名並列外，餘五十八卦皆每二卦順逆相對畫之，所解多參以人事。雖以"隨鈔"為名，實雜採諸家之言而融貫以己意，不出原採書名也。

卦爻遺稿演一卷（左副都御史黃登賢家藏本）

不著撰人名氏。前有小引，乃其子所作。謂其父於《易》多有論説，未有完書，其子始類次成編，而閒附己説於後。其自稱曰"覲"者，即其子之名，而姓則不可考矣。書中每一卦為一篇，於每爻下具列中、正、應三義，而不載經文。詞旨簡略，殊無心得。

周易觀彖疑問二卷大傳章旨二卷（原任工部右侍郎李友棠家藏本）

不著撰人名氏。前但署“上谷手授”，莫知為誰，亦不詳其時代。其書於六十四卦各為總說，《大傳章旨》於各章亦總為疏解，俱無甚奧義。

附録

古三墳一卷（内府藏本）

案，《三墳》之名，見於《左傳》，然周、秦以來，經、傳、子、史從無一引其說者，不但漢代至唐咸不著録也。此本晁公武《讀書志》以為張商英得於比陽民舍，陳振孫《書録解題》以為毛漸得於唐州，蓋北宋人所為。其書分山墳、氣墳、形墳。以《連山》為伏羲之《易》，《歸藏》為神農之《易》，《乾坤》為黄帝之易，各衍為六十四卦而繫之以傳，其名皆不可訓詁。又雜以《河圖代姓紀》及策辭、政典之類，淺陋尤甚。至以燧人氏為有巢氏子、伏犧氏為燧人氏子，古來偽書之拙，莫過於是。故宋、元以來，自鄭樵外無一人信之者。至明何鏜刻入《漢魏叢書》，又題為晉阮咸註。偽中之偽，益不足辨矣。

案，《左傳》稱倚相能讀三墳、五典、八索、九丘，孔安國《書序》所解雖出依託，至劉熙《釋名》，則確屬古書。據所訓釋，則《三墳》乃《書》類①，非《易》類也。然偽本既託於三《易》，不可復附《書》類中。姑從《易》緯之例，附其目於諸家

《易》説之末。

【彙訂】

①“則”，殿本無。

右《易》類三百十七部，二千三百七十一卷，_{内四十六部無卷}
_數①。附録一部，一卷，皆附存目。

【彙訂】

①“二千三百七十一卷_{内四十六部無卷數}”，殿本作“二千四百
卷_{内四十九部無卷數}”。實際著録三百十八部，二千三百八十五卷。
内四十七部無卷數。

經 部 十 一

書 類 一

《書》以道政事,儒者不能異説也。《小序》之依託,《五行傳》之附會,久論定矣。然諸家聚訟,猶有四端:曰今文、古文,曰錯簡,曰《禹貢》山水,曰《洪範》疇數。夫古文之辨,至閻若璩始明。朱彝尊謂:"是書久頒於學官,其言多綴輯逸經成文,無悖於理。"汾陰漢鼎,良亦善喻。吳澄舉而删之,非可行之道也。禹跡大抵在中原,而論者多當南渡。昔疏今密,其勢則然。然尺短寸長,互相補苴,固宜兼收並蓄,以證異同①。若夫劉向記《酒誥》、《召誥》脱簡僅三,而諸儒動稱數十;班固牽《洪範》於洛書,諸儒併及河圖,支離轇輵,淆經義矣。故王柏《書疑》、蔡沈《皇極數》之類,非解經之正軌者,咸無取焉。

【彙訂】

① "異同",殿本作"同異"。

尚書正義二十卷(内府藏本)①

舊本題漢孔安國傳。其書至晉豫章内史梅賾始奏於朝。唐貞觀十六年孔穎達等為之疏,永徽四年長孫無忌等又加刊定。

孔《傳》之依託，自朱子以來遞有論辯。至國朝閻若璩作《尚書古文疏證》，其事愈明。其灼然可據者，梅鷟《尚書考異》攻其注《禹貢》"瀍水出河南北山"一條、"積石山在金城西南羌中"一條，地名皆在安國後。朱彝尊《經義考》攻其注《書序》"東海駒驪、扶餘馯貊之屬"一條，謂駒驪王朱蒙至漢元帝建昭二年始建國，安國武帝時人，亦不及見。若璩則攻其注《泰誓》"雖有周親，不如仁人"，與所注《論語》相反；又安國《傳》有《湯誓》，而注《論語》"予小子履"一節乃以為《墨子》所引《湯誓》之文。案安國《論語》注今佚，此條乃何晏《集解》所引。皆證佐分明，更無疑義。至若璩謂定從孔《傳》，以孔穎達之故，則不盡然。考《漢書·藝文志敘》，《古文尚書》但稱"安國獻之，遭巫蠱事，未立於學官"，不云作《傳》。而《經典釋文·敘錄》乃稱："《藝文志》云：'安國獻《尚書傳》，遭巫蠱事，未立於學官。'"始增入一"傳"字，以證實其事。又稱："今以孔氏為正。"則定從孔《傳》者乃陸德明，非自穎達。惟德明於《舜典》下注云："孔氏《傳》亡《舜典》一篇。時以王肅注頗類孔氏，故取王注從'慎徽五典'以下為《舜典》，以續孔《傳》。"又云："'曰若稽古，帝舜曰重華，協于帝'十二字，是姚方興所上，孔氏《傳》本無。阮孝緒《七錄》亦云。方興本或此下更有'濬哲文明，溫恭允塞，玄德升聞②，乃命以位'，凡二十八字異。聊出之，於王注無施也。"則開皇中雖增入此文，尚未增入孔《傳》中，故德明云爾。今本二十八字當為穎達增入耳。梅賾之時，去古未遠，其《傳》實據王肅之注而附益以舊訓。故《釋文》稱王肅亦注今文，所解大與古文相類，或肅私見孔《傳》而祕之乎？此雖以末為本，未免倒置，亦足見其根據古義，非盡無稽矣。穎達之疏，晁公武《讀書志》謂因梁費甝疏廣之。然穎達原序稱為《正義》者，蔡大寶、巢猗、費甝、顧彪、劉焯、劉炫六家,而以劉焯、劉炫最為詳雅。其書實因二劉,非因費氏。公武或以《經典釋文》所列義疏僅甝一家,故云然歟?《朱子語錄》謂"《五經》疏《周禮》最好,《詩》、《禮記》次之,《易》、《書》為下",其言良允。然名物訓故究賴之以有考,亦何可輕也!

【彙訂】

①　文淵閣、文溯閣庫書皆為《尚書註疏》十九卷附《考證》,其底本為乾隆四年武英殿校刻《欽定十三經註疏》本。《考證》,清齊召南、陳浩等撰。(崔富章:《四庫提要補正》;沈治宏:《〈中國叢書綜錄〉訂誤》)

②　"玄",底本缺末筆,殿本作"元",均避康熙諱。

洪範口義二卷(永樂大典本)

宋胡瑗撰。瑗有《周易口義》,已著錄。是書《文獻通考》作《洪範解》,朱彝尊《經義考》注云"未見"。今其文散見《永樂大典》中,尚可排纂成書。《周易口義》出倪天隱之手,舊有明文。晁公武《讀書志》謂此書亦瑗門人編錄,故無詮次首尾。蓋二書同名"口義",故以例推。其為瑗所自著與否,固無顯證。至其說之存於經文各句下者,皆先後貫徹,條理整齊,非雜記、語錄之比,與公武所說不符。豈原書本無次第,修《永樂大典》者為散附經文之下,轉排比順序歟?抑或公武所見又別一本也?《洪範》以五事配庶徵,本經文所有。伏生《大傳》以下逮京房、劉向諸人,遽以陰陽災異附合其文,劉知幾排之詳矣。宋儒又流為象數之學,惟圖、書同異之是辯,經義愈不能明。瑗生於北宋盛時,學問最為篤實,故其說惟發明天人合一之旨,不務新奇。如謂"天錫洪範”為錫自帝堯,不取神龜負文之瑞;謂五行次第為箕子所陳,不辨洛書本文之多寡;謂五福六極之應通於四海,不當指一身而言,俱駁正注疏,自抒心得。又詳引《周官》之法,推演八政,以經注經,特為精確。其要皆歸於建中出治,定皇極為九疇之本。辭雖平近而深得聖人立訓之要,非讖緯術數者流所可同日語也。《宋史》本作一卷。今校定字句,析為二卷。

　　案,朱彝尊《經義考》,凡訓釋一篇者,悉彙載各經之末,不與訓釋全經者敘時代先後。然《隋志》載《繫辭註》、《洪範五行傳》、《月令章句》、《中庸講疏》固雜置各經中也。今從古例,不復別編。後均倣此。

東坡書傳十三卷(內府藏本)

宋蘇軾撰。軾有《東坡易傳》,已著錄。是書《宋志》作十三卷,與今本同。《萬卷堂書目》作二十卷,疑其傳寫誤也[①]。晁公武《讀書志》稱熙寧以後專用王氏之説進退多士,此書駁異其説為多。今《新經尚書義》不傳,不能盡考其同異。但就其書而論,則軾究心經世之學,明於事勢,又長於議論,於治亂興亡披抉明暢,較他經獨為擅長。其釋《禹貢》“三江”,定為南江、中江、北江,本諸鄭康成,遠有端緒。惟未嘗詳審經文,考覈水道,而附益以味別之説,遂以啟後人之議。至於以羲和曠職為貳於羿而忠於夏,則林之奇宗之;以《康王之誥》服冕為非禮,引《左傳》叔向之言為證,則蔡沈取之。《朱子語錄》亦稱其解《呂刑篇》以“王享國百年耄”作一句,“荒度作刑”作一句,甚合於理[②]。後《與蔡沈帖》雖有“蘇氏失之簡”之語,然《語錄》又稱:“或問諸家《書》解誰最好,莫是東坡? 曰:然。又問:但若失之太簡? 曰:亦有只須如此解者。"則又未嘗以簡為病。洛、閩諸儒以程子之故,與蘇氏如水火,惟於此書有取焉,則其書可知矣。

【彙訂】

①　此書今傳明清刻本皆為二十卷,《四庫》本亦為二十卷。或撰成時為十三卷,後因卷帙過重,分為二十卷。(舒大剛:《蘇軾〈東坡書傳〉述略》)

②《東坡書傳·呂刑》"王享國百年耄荒度作刑以詰四方"句解作"刑必老者制之,以其更事而仁也。'耄荒度作刑'者,以耄年而大度作刑,猶禹曰:'予荒度土功'"。與《朱子語錄》卷七九所稱異。(同上)

尚書全解四十卷(內府藏本)

宋林之奇撰。之奇字少穎,號拙齋,侯官人。官至宗正丞。事蹟具《宋史·儒林傳》。之奇辭祿家居,博考諸儒之說,以成是書。《宋志》作五十八卷。此本僅標題四十卷。考其孫畊後序,稱:"脫稿之初,為門人呂祖謙持去,諸生傳錄,僅十得二三。書肆急於鋟梓,遂譌以傳譌。至淳祐辛丑,畊從陳元鳳得宇文氏所傳《書說拾遺》手稿一冊,乃《康誥》至《君陳》之文。乙巳得建安余氏所刻完本,始知麻沙所刻,自《洛誥》以下皆偽續。又得葉真所藏《林李二先生書解》,參校證驗,釐為四十卷。"然則《宋志》所載乃麻沙偽本之卷數,朱子所謂"《洛誥》以後非林氏解"者。此本則畊所重編,朱子所未見①,夏僎作《尚書解》時亦未見,故所引之奇之說亦至《洛誥》止也。然畊既稱之奇初稿為呂祖謙持去,則祖謙必見完書,何以《東萊書說》始於《洛誥》以下,云"續之奇之書"?毋乃畊又有所增修,託之乃祖歟? 自宋迄明,流傳既久，又佚其三十四卷《多方》一篇，通志堂刊《九經解》，竭力購之，弗能補也。惟《永樂大典》修自明初，其時猶見舊刻。故所載之奇《書解》，此篇獨存。今錄而補之，乃得復還舊觀。之奇是書頗多異説。如以陽鳥為地名，三俊為常伯、常任、準人，皆未嘗依傍前人。至其辨析異同，貫穿史事②，覃思積悟，實卓然成一家言。雖真贗錯雜，不可廢也。屢經散佚，而卒能完善，亦其精神刻摯有足以自傳者矣。前有自序一篇，述《尚書》始末甚詳，然舛誤特甚。《漢書·藝文志》已明云《古文尚書》孔安國獻之③，遭巫蠱，不立於學官，而用偽《孔傳序》藏於家之説，併謂劉歆未見；《儒林傳》明言伏生壁藏其書，漢興，亡數十篇，獨得二十九篇，而用衛宏《〈古文尚書〉序》使女傳言之説，併謂齊語難曉，尤其致謬之大綱。閻若璩諸人已有明辨，兹不具論焉。

【彙訂】

①“所”，殿本無。

②“貫穿”，殿本作“貫串”。

③“已”，殿本無。

鄭敷文書説一卷（兩淮馬裕家藏本）①

宋鄭伯熊撰。伯熊字景望，永嘉人。紹興十五年進士，累官吏部郎兼太子侍讀，進國子司業、宗正少卿，以直龍圖閣出知寧國府，卒。諡文肅。其詩文有《景望集》，今已不傳。此乃所作《尚書》講義，皆摘其大端而論之。凡二十九條②，每條各標題其目。《浙江通志》稱：“伯熊邃於經術，紹興末伊、洛之學稍息，伯熊復出而振起之。”劉壎《隱居通義》亦謂：“伯熊明見天理，篤信固守，言與行應。”③蓋永嘉之學自周行己倡於前，伯熊承於後，呂祖謙、陳傅良、葉適等皆奉以為宗④。是書雖為科舉而作，而尚不汩於俗學。惟誤信《書》序，謂真孔子所作。故於《太甲》序則以為體常盡變，存正明權，得《春秋》之法；於《泰誓》序則以為經稱十三年者誤，當依序作十一年；於《洪範》序則以為所稱勝殷殺紂，亦誅獨夫紂之義，皆未免牽合舊文，失於考證。然其大端醇正。如釋“作服汝明”，則發明服以象德之義；釋“儆擾天紀”，則推言天人相應之機；《大禹謨》言“謙受益，滿招損”，《仲虺之誥》言“好問則裕，自用則小”，皆能反覆推詳，以明其説，於經世立教之義亦頗多闡發，有足採焉。

【彙訂】

① 此書殿本未著録，文淵閣《四庫》本亦未收。（沈治宏：《〈中國叢書綜録〉訂誤》）

② 實為二十六條。（孫詒讓：《温州經籍志》）

③ 此劉壎引葉適《温州新修學記》語。（同上）

④ 諸人皆永嘉人，獨呂祖謙為金華人，不應列入其間，乃薛季宣之誤，説詳卷一三五《永嘉八面鋒》條訂誤。

禹貢指南四卷（永樂大典本）

宋毛晃撰。晃，《宋史》無傳，其始末未詳。世傳其《增注禮部韻略》，於紹興三十二年表進，自署曰“衢州免解進士”，蓋高宗末年人也。是書《宋史·藝文志》不著録。焦竑《經籍志》載“《禹貢指南》一卷，宋毛晃撰”，朱彝尊《經義考》云“未見”。又云：“《文淵閣書目》有之，不著撰人，疑即晃作。”則舊本之佚久矣。今考《永樂大典》所載，與諸家注解散附經文各句下。謹綴録成篇，釐為四卷。以世無傳本，其體例之舊不可見，謹以經文次第標列,其無注者則經文從略焉。其書大抵引《爾雅》、《周禮》、《漢志》、《水經註》、《九域志》諸書,而旁引他説以證古今山水之原委①,頗為簡明。雖生於南渡之後,僻處一隅,無由睹中原西北之古蹟,一一統核其真,而援據考證,獨不泥諸儒附會之説。故後來蔡氏《集傳》多用之。亦言地理者所當考證矣。

【彙訂】

① 殿本“證”下有“於”字。

禹貢論五卷後論一卷山川地理圖二卷(永樂大典本)①

宋程大昌撰。大昌有《易原》,已著録。《宋史·藝文志》載大昌《禹貢論》五卷,《後論》一卷,又《禹貢論圖》五卷。陳振孫《書録解題》則謂《論》五十二篇,《後論》八篇,《圖》三十一。王應麟《玉海》則謂淳熙四年七月“大昌上《禹貢論》五十二篇②,《後論》八篇,詔付祕閣”,不及其圖。蓋偶遺也。今諸論皆存,其圖據歸有光跋稱吳純甫家有淳熙辛丑泉州舊刻,則嘉靖中尚有傳本,今已久佚。故《通志堂經解》惟刻其前、後《論》,而所謂《禹貢山川地理圖》者則僅刻其《敍説》。今以《永樂大典》所載校之,祇缺其《九州山水實證》及《禹河》、《漢河》二圖耳。其餘二十八圖,巋然並在,誠世所未覯之本③。今依通志堂《圖敍》原目,併為二卷,而大昌之書復完。大昌喜談地理之學,所著《雍録》及《北邊備對》,皆刻意冥搜,考尋舊蹟,是書論辨尤詳。周密《癸辛雜識》載“大昌以天官兼經筵,進講《禹貢》,闕文疑義,疏説甚詳,且多引外國幽奧地理。阜陵頗厭之,宣諭宰執云:‘《六經》斷簡,闕疑可也,何必強為之説?且地理既非親歷,雖聖賢有所不知,朕殊不曉其説,想其治銓曹亦如此。’既而補外”云云,與自序及陳應行後序所言殊相乖剌④。夫帝王之學與儒者異，大昌講《尚書》於經筵，不舉唐、虞三代之法以資啟沃，而徒炫博奧，此誠不解事理。然以詁經而論，則考證不爲無功。蓋其失在不當於經筵講《禹貢》，而不在辨定《禹貢》之山水也⑤。其《前論》於江水、河水、淮水、漢水、濟水、弱水、黑水皆糾舊傳之誤，《後論》則專論河水、汴水之患。陳振孫譏其"身不親歷，烏保其皆無牴牾"，亦如孝宗之論。歸有光亦證其以鳥鼠同穴指爲二山之非。要其援據釐訂，實爲博洽，至今注《禹貢》者終不能廢其書也。

【彙訂】

①《四庫》本目録、内文《禹貢論》均已改作上下二卷。今存宋淳熙八年泉州州學刻本也爲二卷。（何槐昌：《〈四庫全書總目〉著録校正選輯》）

②"五十二篇"，殿本作"五十三篇"，誤，據《玉海》卷三七"淳熙《禹貢論》"條原文。

③陸心源《儀顧堂題跋》卷一影宋本跋曰："《山川地理圖》傳本尤稀。乾隆中館臣始從《永樂大典》輯出二十九圖（《四庫》所收實爲二十八圖），以聚珍版印行，尚缺《九州山水實證》及《禹河漢河》二圖。此從淳熙辛丑泉州刊本影寫，三十一圖完具……明嘉靖時吳純甫藏有宋本，見《歸震川集》。道光中歸上海郁氏，近歸豐順丁雨生中丞家。"又考豐順丁氏《持靜齋書目》，宋刊本《禹貢圖》二卷："《四庫》所載《永樂大典》二十八圖者已爲世所未覯之本，此本則三十圖歸然並在，真稀世鴻寶也。較《四庫》本多《九州山水實證圖》、《禹河漢河圖》。共只三十圖，不知陳《書録解題》何以云三十一圖。"（徐鵬、劉遠游：《四庫提要補正》）

④陳應行後序當作彭椿年後序，陳氏有跋。（胡玉縉：《四

庫全書總目提要補正》）

⑤"蓋其失在不當於經筵講禹貢而不在辨定禹貢之山水也"，殿本無。

尚書講義二十卷（永樂大典本）

宋史浩撰。浩字直翁，鄞縣人。紹興十四年進士[①]。孝宗為建王，浩以司封郎中兼直講。即位後，遷翰林學士知制誥，累官右丞相，致仕。事蹟具《宋史》本傳。此書《宋史·藝文志》作二十二卷。《文淵閣書目》、《一齋書目》並載其名，而藏弆家已久無傳本。故朱彝尊《經義考》亦注云"未見"。惟《永樂大典》各韻中尚全錄其文。謹依經文考次排訂，釐為二十二卷。案宋《館閣書目》云："淳熙十六年正月，太傅史浩進《尚書講義》二十卷，詔藏祕府。"蓋本當時經進之本，故其說皆順文演繹，頗近經幄講章之體。其說大抵以《注疏》為主，參考諸儒而以己意融貫之。當張浚用兵中原時，浩方為右僕射，獨持異論。論者責其沮恢復之謀。今觀其解《文侯之命》一篇，亦極美宣王之勤政復讎，而傷平王之無志恢復，則其意原不以用兵為非。殆以浚未能度力量時，故不欲僥倖嘗試耶？《朱子語類》嘗稱"史丞相說《書》亦有好處，如'命公後'，衆說皆云命伯禽為周公之後。史云成王既歸，周公在後，看'公定予往矣'一言，便見得周公且在後之意"云云。其後命蔡沈訂正《書傳》，實從浩說。則朱子固於此書有所取。孫應時《燭湖集》有《上史越王書》云："《書傳》多所發明帝王君臣精微正大之蘊，剖抉古今異同偏見，開悟後學心目，使人沛然飽滿者，無慮數十百條。"又云："欲以疑義請教者，一一疏諸下方。"則浩此書實與應時商榷之，亦非率爾苟作矣。

【彙訂】

①《宋史》本傳亦言紹興十四年進士，然是年無進士科，科在次年。樓鑰《攻媿集》卷九三《純誠厚德元老之碑》謂史浩"年四十，始登進士科"，紹熙五年(1194)四月薨，"享年八十有九"。據此推算，應生於北宋崇寧四年(1105)，四十歲登第之年為紹興十五年。《寶慶四明志》卷九《史浩傳》云："年四十，登紹興十五年進士第。"清乾隆《寧波府志》卷一七《選舉志》將史浩登第時間系於紹興十五年劉章榜下。《宋史》卷四〇〇《汪大猷傳》稱汪為紹興十五年進士，與史浩同里，又同年進士。《南宋館閣錄》卷七"史浩"條云："劉章榜進士出身。"劉章為紹興十五年狀元，見《建炎以來繫年要錄》紹興十五年四月紀事、《夢梁錄》卷一七《狀元表》。（何忠禮：《〈宋史〉立傳人物登科年代證誤》；莊劍：《〈四庫全書總目提要〉訂誤三則》；楊武泉：《四庫全書總目辨誤》）

尚書詳解二十六卷（永樂大典本）

宋夏僎撰。僎字元肅，號柯山，龍游人。時瀾作是書序，稱其"少業是經，妙年擷其英，以掇巍第"，則嘗舉進士也。陳振孫《書錄解題》稱是書集二孔、王、蘇、陳、林、程、張及諸儒之說。以時瀾序及書中所引參考之，二孔者，安國、穎達之《傳》、疏；蘇者，蘇軾《書傳》；陳者，陳鵬飛《書解》；林者，林之奇《尚書全解》；程者，程子《書說》；張者，張九成《尚書詳說》。惟王氏瀾序不之及，蓋王雱《新經尚書義》，諱言之也。然僎雖博採諸家，而取於林之奇者實什之六七，蓋其淵源在是矣①。明洪武閒，初定科舉條式，詔習《尚書》者並用夏氏、蔡氏兩《傳》②。後永樂中《書經大全》出③，始獨用蔡《傳》，夏氏之書寖微。亦猶《易》並用程、朱，

後程廢而獨用朱;《春秋》並用張、胡,後張廢而獨用胡也。今觀
其書,視蔡《傳》固不免少冗,然其反覆條暢,深究詳繹,使唐、虞
三代之大經大法燦然明白,究不失為說《書》之善本。淳熙閒,麻
沙劉氏書坊有刻版,世久無傳。今惟存鈔帙,脫誤孔多。浙江採
進之本,《虞書·堯典》至《大禹謨》全闕,《周書》闕《泰誓中》、《泰
誓下》、《牧誓》三篇,又闕《秦誓》之末簡。謹以《永樂大典》參校,
惟《泰誓》,《永樂大典》亦闕,無從校補外,其餘所載尚並有全文。
各據以補輯,復成完帙。書中文句則以《永樂大典》及浙本互校,
擇所長而從之④。原本分十六卷,經文下多附錄重言、重意,乃
宋代坊本陋式,最為鄙淺。今悉刪除,重加釐訂,勒為二十六卷。

【彙訂】

① 林之奇《尚書全解》採錄了眾多宋人《書》說,故為夏僎大
量引用,不足以判論學派。蔡元定《和渠虹橋記》(載民國《龍遊
縣志》卷三三)曰:“龍邱夏元肅,從余講《尚書》。”可知其《書》學
師承。(蔣秋華:《夏僎及其〈尚書詳解〉流傳考》)

②《太祖實錄》卷一六〇曰:“洪武十七年三月戊戌朔,命禮
部頒行科舉程式:……經義:《詩》主朱子《集傳》;《易》主程、朱
《傳》、《義》;《書》主蔡氏《傳》及古注疏;《春秋》主《左氏》、《公
羊》、《穀梁》、胡氏、張洽《傳》;《禮記》主古注疏。”王世貞《弇山堂
別集》卷八一所記洪武三年所下詔中“鄉試會試文字程式”亦僅
曰《書》:蔡氏《傳》、古注疏”,並未言及並用夏氏、蔡氏兩《傳》。
實出自楊慎所言,恐不可信。(同上)

③ “後”,殿本無。

④ 據《總目》所云,此書實以浙江採進本為底本,《永樂大
典》為參校本,則不當注為《永樂大典》本。

禹貢説斷四卷（永樂大典本）

宋傅寅撰。寅字同叔，義烏人。嘗從唐仲友游，仲友稱其職方、輿地盡在腹中。是編其所著《禹貢》圖説也。案朱彝尊《經義考》有寅所著《禹貢集解》二卷，通志堂嘗刊入《九經解》中。而《永樂大典》載其書，則題曰《禹貢説斷》，無《集解》之名。又《經解》所刊本稱原闕四十餘簡。今檢《永樂大典》，不獨所闕咸在，且其《五服辨》三千餘言，《九州辨》千數百言，較之原注闕文多至數倍。又《山川總會》及《九河》、《三江》、《九江》四圖，《經解》俱誤編入程大昌《禹貢論》中，與其書絶不相比附。而《永樂大典》獨繫之《説斷》篇内。蓋當時所見，實宋時原本，足以援據。而《經解》刊行之本，則已傳寫錯漏，致併書名而竄易之，非其舊矣[1]。書中博引衆説，斷以己意，具有特解，不肯蹈襲前人。其論《孟子》"決汝、漢，排淮、泗而注之江"為古溝洫之法，尤為諸儒所未及，洵卓然能自抒所見者。今取《經解》刊本與《永樂大典》互相勘校，補闕正譌，析為四卷，仍題《説斷》舊名。而於補闕之起訖，各加注語以别之，庶幾承學之士得以復見完書焉。

【彙訂】

[1]　宋刊本《杏溪傅氏禹貢集解》二卷，序首行題"杏溪傅氏禹貢集解圖"，後又題曰"尚書諸家説斷"，次行曰"禹貢第一"，故《永樂大典》本曰《禹貢説斷》，而《通志堂經解》本曰《禹貢集解》，名遂兩歧也。（瞿鏞：《鐵琴銅劍樓藏書目録》）

書説三十五卷（内府藏本）

宋吕祖謙撰。祖謙有《古周易》，已著録。是編《文獻通考》作十卷，趙希弁《讀書附志》作六卷，悉與此本不合。蓋彼乃祖謙原書，未經編次，傳鈔者隨意分卷，故二家互異。此本則其門人時瀾所增修也。原書始《洛誥》，終《秦誓》。其《召誥》以前，《堯典》以後，則門人雜記之語録，頗多俚俗。瀾始删潤其文，成二十二卷。又編定原書為十三卷，合成是編。王應麟《玉海》云：“林少穎《書説》至《洛誥》而終，吕成公《書説》自《洛誥》而始。”蓋之奇受學於吕居仁，祖謙又受學於之奇，本以終始其師説為一家之學，而瀾之所續，則又終始祖謙一人之説也。瀾，婺州清江人。厲鶚《宋詩紀事》收其詩一篇，而不能舉其仕履。考周必大《平園集》有祭瀾文，稱“從政郎差充西外睦宗院宗學教授”，而瀾自序則稱“以西邸文學入三山監丞”，蓋作是書時為監丞，其後則以教授終也。吴師道曰：“清江時鑄字壽卿①，吕成公同年進士，與弟鏛率羣從子弟十餘人悉從公遊。若澐、若瀾、若涇，尤時氏之秀。成公輯《書説》，瀾以平昔所聞纂成之，今所行《書傳》是也。”然則是書一名為《書傳》矣。又朱彝尊《經義考》是書三十五卷之外，又别出時瀾增修《書説》三十卷，並注曰“存”。今三十卷者未見，不知所據何本也。

【彙訂】

①　宋代婺州所轄無清江縣。此書卷首序末署“門人金華時瀾書”。雍正《浙江通志》卷一二六《選舉志》、道光《婺志粹》卷三《承師志》、光緒《金華府志》卷八《人物志》亦言時氏為金華人。“清江時鑄”云云，乃宋人好以居處之山川為號之習。（楊武泉《四庫全書總目辨誤》）

尚書説七卷（内府藏本）

宋黄度撰。度字文叔，號遂初，新昌人。紹興閒登進士，寧宗時為御史。嘗劾韓侂胄誤國，又劾内侍楊舜卿、陳源，又奏吳曦必反，以正直稱。累官禮部尚書、龍圖閣學士。謚宣獻。事蹟具《宋史》本傳[①]。陳振孫《書録解題》稱其"篤學窮經，老而不倦。晚年制閫江淮，著述不輟。時得新意，往往晨夜叩書塾，為友朋道之[②]"。其勤摯如此。所注有《書説》、《詩説》、《周禮説》。《詩》與《周禮説》今佚，惟《書説》僅存。此本乃明吕光洵與唐順之所校。前有光洵序，述度始末甚詳。當度之時，吳棫《書裨傳》始出，未為世所深信，尚不知孔安國《傳》出於梅賾託名。故度作是編，其訓詁一以孔《傳》為主。然梅賾當東晉之初，去古未遠，先儒舊義，往往而存，注《尚書》者，要於諸家為最古。度依據其文，究勝後來之臆解。至於推論三代興衰治亂之由，與夫人心、道心、精一、執中、安止、惟幾、綏猷、協一、建中、建極諸義，亦皆深切著明。以義理談經者固有取焉。

【彙訂】

①《宋史》本傳云："隆興元年進士。"宋張淏《寶慶會稽續志》卷五《人物志》亦云黄度為隆興元年進士。同書卷六《進士志》隆興元年木待問榜有黄度。（楊武泉：《四庫全書總目辨誤》）

②"友朋"，殿本作"朋友"，誤，參《直齋書録解題》卷二《書説》條原文。

五誥解四卷（永樂大典本）

宋楊簡撰，簡有《慈湖易傳》，已著録。昔韓愈稱"周誥殷盤，佶屈聱牙"。宋儒如吕祖謙《書説》，亦先釋《周誥》而後及虞、夏、商《書》。蓋先通其難通者，則其餘易於究尋。簡作是書[①]，惟解

《康誥》以下五篇,亦是意也[2]。簡受學於陸九淵,好舉新民保赤之政,推本於心學。又當《字說》盛行之後,喜穿鑿字義,為新奇之論。措辭亦迂曲委重,未能暢所欲言。然如《康誥》言"惠不惠,懋不懋",則歸重於君身;"服念旬時",則疑孔《傳》三月為過久;《酒誥》"厥心疾很",指民心而言;《召誥》"顧畏于民碞",謂民愚而神可畏如碞險;《洛誥》"公無困哉",謂困有倦勤之意。皆能駁正舊文,自抒心得。至如先卜黎水用鄭康成、顧彪之說;封康叔時未營洛邑用蘇氏《書傳》之說[3];"復子明辟"之訓詁、"圻父薄違"之句讀用王氏《書義》之說,又能兼綜羣言,不專主一家之學矣。此書世久失傳。《文淵閣書目》作一冊,焦竑《經籍志》作一卷,朱彝尊《經義考》以為"未見"。今從《永樂大典》各韻中案條薈萃,唯闕《梓材》一篇,餘皆章句完善。謹依經文前後,釐為四卷[4]。

【彙訂】

①"宋儒如呂祖謙書說"至"簡作是書",殿本作"簡欲先通其難通者故"。

②"亦是意也",殿本無。

③"書傳",殿本作"書義",誤。此書卷一《康誥》篇云"東坡之說為是。蓋封康叔時,未營洛邑"。蘇軾《書傳》卷十二《周書·康誥》篇云:"則封康叔之時,決未營洛。"

④ 殿本此句下有"而'五誥'之名則仍而不改,以存其舊焉"一句。

絜齋家塾書鈔十二卷(永樂大典本)

宋袁燮撰。燮字和叔,絜齋其自號也,鄞縣人。淳熙辛丑進

士，官至顯謨閣學士，諡正獻。事蹟具《宋史》本傳。燮之學出陸
九淵。是編大旨在於發明本心，反覆引申，頗能暢其師說。而於
帝王治蹟，尤參酌古今，一一標舉其要領。王應麟發明洛、閩之
學，多與金谿殊軌。然於燮所解"徹誠無虞"諸條，特採入《困學
紀聞》中。蓋其理至足，則異趣者亦不能易也。其書《宋史·藝
文志》作十卷，陳振孫《書錄解題》稱為燮子喬錄其家庭所聞，至
《君奭》而止。則當時本未竟之書，且非手著。紹定四年，其子甫
刻置象山書院。蓋重其家學，不以未成完帙而廢之。明葉盛《菉
竹堂書目》尚存其名，而諸家說《尚書》者罕聞引證。知傳本亦
稀，故朱彝尊作《經義考》注云"未見"。今聖代博採遺編，珍笈祕
文，罔不畢出，而竟未睹是書之名，則其佚久矣。謹從《永樂大
典》所載，採輯編次，俾復還舊觀。以篇帙稍繁，釐為一十二卷。
蠹殘賸簡，復顯於湮沒之餘，亦可云燮之至幸矣。喬字崇謙，嘗
為溧陽令。與燮相繼而卒，未顯於世。故《宋史》但有其弟甫傳，
而不立喬傳。據真德秀所作燮行狀，稱燮有子四人，喬其伯子，
甫則其叔子云。

書集傳六卷（通行本）

宋蔡沈撰。沈字仲默，號九峯，建陽人。元定之子也。事蹟
附載《宋史》元定傳。慶元己未，朱子屬沈作《書傳》。至嘉定己
巳，書成。案此據自序年月，真德秀作沈墓誌，稱"數十年然後克成"，蓋誤衍一
"數"字。淳祐中，其子杭表進於朝，稱《集傳》六卷，《小序》一卷，
朱熹《問答》一卷，繕寫成十二冊。其《問答》一卷久佚。董鼎《書
傳纂注》稱："淳祐經進本錄朱子《與蔡仲默帖》及語錄數段，今各
類入綱領、輯錄內。"是其文猶散見於鼎書中[①]，其條目則不復可

考。《小序》一卷，沈亦逐條辨駁，如朱子之攻《詩序》。今其文猶存，而書肆本皆削去不刊。考朱升《尚書旁注》稱古文《書序》自為一篇，孔注移之，各冠篇首。蔡氏删之而置於後，以存其舊。蓋朱子所授之旨。案陳振孫《書錄解題》載朱子《書古經》四卷，《序》一卷，則此本乃朱子所定，先有成書。升以為所授之旨，蓋偶未考。是元末明初，刊本尚連《小序》。然《宋史·藝文志》所著錄者亦止六卷，則似自宋以來即惟以《集傳》單行矣②。元何異孫《十一經問對》稱吉州所刊蔡《傳》仍以《書序》置之各篇，初不害其為蔡《傳》。蓋一家之版本，非通例也。沈序稱二《典》、三《謨》經朱子點定，然董鼎《纂注》於"正月朔旦"條下注曰："朱子親集《書傳》，自孔序止此。其他大義，悉口授蔡氏。並親稿百餘段，俾足成之。"則《大禹謨》猶未全竣。序所云二《典》、三《謨》，特約舉之辭③。鼎又引陳櫟之言曰：案櫟此條不載所作《書傳纂疏》中，蓋其《書傳折衷》之文也。"朱子訂傳原本有曰：正月，次年正月也。神宗，說者以為舜祖顓頊而宗堯，因以神宗為堯廟，未知是否。如帝之初等，蓋未嘗質言為堯廟。今本云云，其朱子後自改乎？抑蔡氏所改乎？"則序所謂朱子點定者，亦不免有所竄易。故宋末黃景昌等各有正誤、辨疑之作。陳櫟、董鼎、金履祥皆篤信朱子之學者，而櫟作《書傳折衷》，鼎作《書傳纂注》，履祥作《尚書表注》，斷斷有辭。明洪武中修《書傳會選》，改定至六十六條。國朝《欽定書經傳說彙纂》，亦多所考訂釐正。蓋在朱子之說《尚書》，主於通所可通，而闕其所不可通，見於《語錄》者不啻再三。而沈於殷盤、周誥，一一必求其解，其不能無憾也固宜。然其疏通證明，較為簡易。且淵源有自，大體終醇。元與古注疏並立學官，見《元史·選舉志》。而人置注疏肆此書；明與夏僎《解》並立學官，見楊慎《丹鉛錄》④。而人亦置僎《解》肆此書,固有由矣。

【彙訂】

① "於",殿本無。

② 今存宋刻本《書集傳》六卷《書傳問答》一卷。"《問答》一卷久佚"及"自宋以來即惟以《集傳》單行矣",皆不確。(崔富章:《四庫提要補正》)

③ 宋刊本沈序原文作:"二《典》、《禹謨》先生蓋嘗是正之",與董鼎之言合。(余嘉錫:《四庫提要辨證》)

④ 楊慎《丹鉛錄》不見此語,乃出自楊氏《升庵集》卷三《雲南鄉試錄序》。(蔣秋華:《夏僎及其〈尚書詳解〉流傳考》)

尚書精義五十卷(永樂大典本)

宋黃倫撰。《宋史・藝文志》載有是書十六卷。陳振孫《書錄解題》亦著於錄,稱為三山黃倫彝卿所編,知為閩人。此本前有余氏萬卷堂刊行小序,稱為"釋褐黃君",則又曾舉進士。然《閩書》及《福建通志》已均不載其名,其仕履則莫能詳矣[1]。其刊書之余氏,亦不知何時人。案岳珂《九經三傳沿革例》稱世所傳《九經》本,以興國余氏及建安余仁仲本為最善。又林之奇《尚書全解》亦惟建安余氏刊本獨得其真,見之奇孫畊所作跋語中。此篇所稱余氏,當即其人。是在宋時坊刻中猶為善本也。其書薈萃諸説[2],依經臚載,不加論斷。閒有同異,亦兩存之。其所徵引,自漢迄宋,亦極賅博。惟編次不以時代,每條皆首列張九成之説[3],似即本九成所著《尚書詳説》而推廣之。故陳振孫頗疑其出於偽託。然九成《詳説》之目僅見《宋志》,久經湮晦。即使果相沿襲,亦未嘗不可藉是書以傳九成書也。其他如楊氏繪、顧氏臨、周氏範、李氏定、司馬氏光、張氏沂、上官氏公裕、王氏日休、王氏當、黃氏君愈、顏氏復、胡氏伸、王氏安石、王氏雱、張氏綱、孔氏武仲、孔氏文仲、陳氏鵬飛、孫氏覺、朱氏震、蘇氏洵、吳氏孜、朱氏正太、蘇氏子才等當時著述，並已散佚，遺章賸句，猶得存什一於是編。體裁雖稍涉泛濫，其裒輯之勤，要亦未可盡没矣。其書傳本久絶，朱彝尊《經義考》亦曰"已佚"。今從《永樂大典》各韻中採撮編綴，梗概尚存。惟《永樂大典》之例，凡諸解已見前條者，他書再相援引，則僅注"某氏曰見前"字。其為全録、摘録，無由考校。今亦不復補録，姑就所現存者釐訂成帙，分為五十卷。存宋人《書》説之梗概，備援證焉。

【彙訂】

① 梁克家《三山志》卷二十九，乾道四年，太學兩優釋褐黃倫，字彝卿，閩縣人，授左承務郎。太學録渡江釋褐，始於此。（陸心源：《儀顧堂題跋》）

② "書"，殿本作"説"。

③ "列"，殿本作"引"。

尚書詳解五十卷（編修汪如藻家藏本）

宋陳經撰。經字顯之，一云字正甫，安福人。慶元中登進士第①，官至奉議郎、泉州泊幹所。著有《詩講義》、《存齋語録》諸書，已佚不傳②。是編《宋史・藝文志》作五十卷。今鈔帙僅存，檢勘卷目，猶為完本。寧宗之世，正蔡氏《傳》初出之時。而此書多取古注疏，或間參以新意，與蔡氏頗有異同。每援後世之事以證古經，蓋趙岐注《孟子》已有此例，無庸以駁雜為嫌。惟如解"説築傅巖"，引伊川訪董五經事之類，稍為泛濫，當分別觀之。

至於論舜放四凶,云:"欲安其居止,俾無所憂愁。"則欲明先王愛物之心,轉失聖人懲惡之義,頗有未協。又自序稱"今日語諸友以讀此書之法,當以古人之心求古人之書。吾心與是書相契而無閒,然後知典、謨、訓、誥、誓、命皆吾胸中之所有,亦吾日用之所能行"云云,尤近於陸九淵"六經注我"之説。殆傳金谿之學派者,亦不可立訓。然其句櫛字比,疏證詳明,往往發先儒所未發,實可與林之奇、夏僎諸家相為羽翼。固無庸拘蔡氏之學,執一格以相繩焉。

【彙訂】

①"第",殿本無。

②《明一統志》卷七八《福寧州·人物》陳經條云:"長溪人,號存齋,舉進士,有《書解》五十卷及《詩講(義)》、《存齋語録》行世。"雍正《福建通志》卷五一《福寧州·人物》陳經傳略同。《寰宇通志》卷四五"福州府科甲"條,慶元五年曾從龍榜進士有陳經,長溪人。《讀史方輿紀要》卷九六"福寧州福安縣"條云:"唐長溪縣地,宋淳祐四年,析置福安縣。"可知陳經籍貫為長溪縣,即後來之福安縣。而宋安福縣屬江南西路之吉州。(楊武泉:《四庫全書總目辨誤》)

融堂書解二十卷(永樂大典本)

宋錢時撰。時字子是,淳安人。受學於楊簡。嘉熙中,以丞相喬行簡薦,授祕閣校勘,遷史館檢閱。案時《兩漢筆記》之前載有尚書省劄,列時所著諸書,有《尚書啟蒙》。又載嚴州進狀,則稱《尚書演義》。同時案牘之文,已自相違異。《永樂大典》所載則皆題錢時《融堂書解》,其名又殊。然《永樂大典》皆據内府宋本採入，當必無譌。朱彝尊《經義考》以《尚書演義》著録，蓋未睹中祕書也。舊本久佚，今採掇裒輯，重為編次。惟《伊訓》、《梓材》、《秦誓》三篇全佚，《説命》、《吕刑》亦閒有闕文，餘尚皆篇帙完善，不失舊觀。時之意主表章《書序》，每篇之首，皆條具大旨。其《逸書》之序，則參考《史記》，覈其時事以釋篇題。復採《經典釋文》、《史記集解》、《史記索隱》所引馬融、鄭康成説，引伸其義。雖因仍舊説，不知《書序》非《詩序》之比，未免稍失考證，然用意則可謂精勤。所解如“羲和曠厥職”則本諸蘇軾；康叔封衞在成王時則仍用孔安國《傳》；《康王之誥》則兼採張九成《書説》，不專主一家之學。至以《泰誓》為告西岐師旅，《牧誓》為告遠方諸侯，皆不傍前人，自抒心得。又謂《武成》本無脱簡，前為武王告師之辭，後為史臣紀事之體；《康誥》首節，以“周公初基”定為東都營洛邑，封康叔以撫頑民，不當移置於《洛誥》，尤為不惑於曲説。亦宋人經解中之特出者也。其書省劄、進狀皆不著卷數，《經義考》作八卷，未知何據。今以篇帙頗繁，謹約略離析，勒為二十卷。

洪範統一一卷（永樂大典本）

宋趙善湘撰。善湘字清臣，濮安懿王五世孫，仕至資政殿大學士。封文水郡公①，贈少師。事蹟具《宋史》本傳。據其子汝楳《周易輯聞》序，善湘於《易》學用力至深，而所著書五種皆不傳。此書藏弄之家亦罕著録，故朱彝尊《經義考》注曰“未見”。今從《永樂大典》繕録，復為完編。書成於開禧時，《宋史》謂之《洪範統論》，《文淵閣書目》又作《統紀》。今據善湘謂“漢儒解傳，祇以五事庶徵為五行之驗，而五行八政謂疇散而不知所統，徵引事應，語多傅會。因採歐陽修《唐志》、蘇洵《洪範圖論》遺意，定皇極為九疇之統。每疇之中，如五行則水、火、木、金皆統於土，五事則貌、言、視、聽皆統於思，得其統而九疇可一以貫之矣"云云，則《永樂大典》題曰《洪範統一》為名實相應矣。考朱子與陸九淵論皇極之義，往復辨難，各持一說。此書以大中釋皇極，本諸《注疏》，與陸氏合。復謂九疇皆運於君心，發為至治，又合於朱子建極之旨。蓋能通懷彼我，兼取兩家之說者。生當分朋講學之時，而超然不預於門戶，是難能也。

【彙訂】

①《宋史·趙善湘傳》、雍正《寧波府志》卷二〇《鄞縣·人物》條、周中孚《鄭堂讀書記》卷九《洪範統一》條均作"天水郡公"。（楊武泉：《四庫全書總目辨誤》）

尚書要義十七卷序説一卷（浙江鄭大節家藏本）

宋魏了翁撰。了翁謫居靖州時，著《九經要義》，凡二百六十三卷。皆摘《注疏》中精要之語，標以目次，以便簡閱。其《周易要義》已著錄，此其所摘《尚書注疏》也。孔安國《傳》本出依託，循文衍義，無大發明，亦無大瑕纇。故宋儒說《詩》排《小序》，說《春秋》排三《傳》，而說《書》則不甚排孔氏。孔穎達《正義》雖詮釋傳文，不肯稍立同異，而原原本本，考證粲然。故《朱子語錄》亦謂《尚書》名物典制當看疏文。然《尚書》文既聱牙，《注疏》又復浩汗，學者卒業為艱。了翁汰其冗文，使後人不病於蕪雜，而一切考證之實學已精華畢擷，是亦讀《注疏》者之津梁矣。是書傳寫頗稀。此本有"曠翁手識"一印、"山陰祁氏藏書"一印、"澹生堂經籍記"一印，猶明末祁彪佳家所藏也。原目二十卷中，第七卷、第八卷、第九卷並佚，無別本可以校補，今亦姑仍其闕焉①。

【彙訂】

① 鄭大節呈送本原缺七、八、九、十二、十三、十四等六卷，庫書亦缺六卷。（崔富章：《四庫提要補正》）

尚書集傳或問二卷（內府藏本）

宋陳大猷撰。自序稱：“既集《書傳》，復因同志問難，記其去取曲折以成此編。”則此編本因《集傳》而作。今《集傳》已佚，存者惟此兩卷①。朱彝尊《經義考》引張雲章之言，謂：“大猷，東陽人，登紹定二年進士。案“紹定”，刻本誤“紹興”，今改正。由從仕郎歷六部架閣，著《尚書集傳》。又有都昌陳大猷者，號東齋，饒雙峯弟子，著《書傳會通》，仕為黃州軍州判官。乃陳澔之父，與東陽陳氏實為兩人。”彝尊附辨其說，則謂：“鄱陽董氏《書傳纂注》列引用姓氏，於陳氏《書集傳》特注明‘東齋’字，未可定《集傳》為東陽陳氏之書，而非都昌陳氏之書。”納喇性德作是書序，則仍從雲章之說。案董鼎《書傳纂注》所引，其見於《輯錄》者有《東齋書傳》、《復齋集義》。其見於《纂注》者，則一稱“復齋陳氏”，仍連其號；一稱“陳氏大猷”，惟舉其名。案是書標氏、標名，例不畫一。大抵北宋以前皆稱某氏②；南宋以後則入朱子學派者稱某氏，不入朱子學派者雖王十朋、劉一止皆稱其名。所列大猷諸說，此書不載，蓋皆《集傳》之文。惟《甘誓》“怠棄三正”一條採用此書，亦稱“陳氏大猷”。則所謂陳氏大猷者即此人，而非東齋矣③。又此書皆論《集傳》去取諸說之故，與朱子《四書或問》例同。董鼎書於《禹貢》“冀州”引《東齋書傳》一條，謂“與蔡氏《傳》所論梁州錯法不合④，然蔡亦似未的"云云,於此書之例當有辨定,而書中不一及之。知其《集傳》中無此條矣。且此陳大猷為理宗初人,故所引諸家僅及蔡沈而止。其稱朱子曰朱氏、晦庵氏,持論頗示異同。至論《堯典》"敬"字一條,首舉"心之精神謂之聖"。此《孔叢子》之語而楊簡標為宗旨者,其學出慈湖,更無疑義⑤。若都昌陳大猷乃開慶元年進士,見其子澔《禮記集説》序。當理宗之末年,時代既後。又大猷受業饒魯,魯受業黃榦,榦受業朱子,淵源相接。尊朱子若神明,而視楊氏若敵國,安有是語哉! 彝尊蓋偶見董鼎注"東齋"字,而未及核檢其書也。今參考諸説,仍定為東陽陳大猷之書,著於録焉。

【彙訂】

① 今存元刻本陳大猷《書集傳》十二卷《或問》二卷,"《集傳》已佚"不確。(崔富章:《四庫提要補正》)

② "某氏",殿本作"其氏",誤。

③ 董鼎《書傳輯録纂注》所引《復齋集義》指董琮《尚書集義》,與陳大猷無關。"纂注"亦無"復齋陳氏",只有"復齋董氏"。宋元之際陳櫟《書集傳纂疏》卷四、元吳師道(金華人)《敬鄉録》卷十三、明應育廷(永康人)《金華先民傳》均謂東陽陳大猷號"東齋",則都昌陳大猷號"東齋"之説蓋緣於張雲章誤記。(許華峯:《陳大猷〈書集傳〉與〈書集傳或問〉的學派歸屬問題》)

④ "蔡氏傳所論",殿本作"蔡傳所謂"。

⑤《尚書集傳或問》卷上原文云:"或問:'東萊謂,敬乃百聖相傳第一字,其義何如? 而人之於敬,若何而用力邪?' 曰:'心之精神是謂聖。'"以下解釋發揮呂祖謙此句之意,與楊簡應無直接關係。且《尚書集傳》僅有一則署名"楊氏"的材料或出於楊簡,

而引用呂祖謙多達四百一十六次，顯然深受後者影響。（許華峯：《陳大猷〈書集傳〉與〈書集傳或問〉的學派歸屬問題》）

尚書詳解十三卷（內府藏本）

宋胡士行撰。士行，廬陵人。官臨江軍軍學教授。是編焦竑《國史經籍志》作《書集解》，朱彝尊《經義考》又作《初學尚書詳解》。稱名互異，其實一書也。其解經多以孔《傳》為主，而存異說於後。孔《傳》有未善，則引楊時、林之奇、呂祖謙、夏僎諸說補之；諸說復有所未備，則以己意解之。《堯典》星辰之伏見列為四圖，以驗分至；《洪範》“初一曰五行”，則補繪太極圖以釋“初”字，見五行生尅之有本。雖皆根據舊說，要能薈萃以成一家言[①]，猶解經之篤實者也。所引漢、晉人訓詁閒有異字。如《益稷篇》引鄭康成云：“黼，紩也，紩以為繡也。”與《注疏》所載不同。凡斯之類，亦見其留心古義，不但空談名理矣。

【彙訂】

① 殿本“言”上有“之”字。

尚書表注二卷（兩江總督採進本）

宋金履祥撰。履祥字吉父[①]，號仁山，蘭谿人。從學於王柏。德祐初，以史館編修召，不赴。入元，隱居教授以終。事蹟具《元史·儒學傳》。初，履祥作《尚書注》十二卷[②]，柳貫所撰《行狀》稱“早歲所著《尚書章釋句解》，已有成書”是也。朱彝尊《經義考》稱其尚存，今未之見。惟此書刻《通志堂經解》中。前有自序，稱：“擺脫衆說，獨抱遺經，復讀玩味，為之正句畫段，提其章旨與其義理之微，事為之概。考正文字之誤，表諸四闌之外。”蓋其晚年定本也[③]。其書於每頁之上下左右，細字標識,縱橫錯落,初無行款,於古來著經之家別為一體④。大抵擥摭舊説,折衷己意,與蔡沈《集傳》頗有異同。其徵引伏氏、孔氏文字同異,亦確有根原。所列作書歲月,則與所作《通鑑前編》悉本胡宏《皇王大紀》。參考後先,雖未必一一盡確,然要非盡無據而作也。至於過為高論,求異先儒,如欲以《康誥》之敘冠於《梓材》篇首,謂:"前為'周公咸勤'之事,後即'洪大誥治'之文。'集庶邦'則營東都,以均四方朝貢之道里⑤;'先後迷民',則所謂遷殷頑遷洛,以密邇王化。"其説甚辨。而於篇首"王曰封"三字,究無以解。因復謂"王"字當作"周公","封"字因上篇《酒誥》而衍,則未免於竄改經文以就己意矣。是則其瑜不掩瑕者也。

【彙訂】

① "吉父",殿本作"吉人",誤,參《元史》卷一八九本傳。

② "十二卷",殿本作"二十卷",誤。《經義考》卷八四著録金履祥《尚書注》十二卷:"案柳文肅貫撰《行狀》云'先生早歲所注《尚書章釋句解》',蓋指《書注》十二卷而言。"《十萬卷樓叢書》初編有《書經注》十二卷,《碧琳琅館叢書》甲部、《芋園叢書》經部有《金氏尚書注》十二卷。

③ 《經義考》卷八四《尚書注》條云:"此書為先生早年所成,晚復掇其要而為《表注》也。"為得其實。"晚年定本"之説不確。(崔富章:《四庫提要補正》)

④ 此書實係論文,並非解經。全書皆白文,止句畫段,而於每頁之上下左右,皆以細字標識,略為詮解,語意亦為論文而作,自無庸列入經説中。(莫伯驥:《五十萬卷樓藏書目錄初編》)

⑤ "道里",殿本作"道理",誤,參此書卷下注文。

經 部 十 二

書 類 二

書纂言四卷（內府藏本）

元吳澄撰。澄有《易纂言》，已著錄，是編其《書》解也。《古文尚書》自貞觀敕作《正義》以後，終唐世無異說。宋吳棫作《書裨傳》，始稍稍掊擊，《朱子語錄》亦疑其偽。然言性、言心、言學之語，宋人據以立教者，其端皆發自古文，故亦無肯輕議者。其考定今文、古文，自陳振孫《尚書說》始；其分編今文、古文，自趙孟頫《書古今文集注》始；其專釋今文，則自澄此書始。自序謂：“晉世晚出之書，別見於後。”然此四卷以外，實未釋古文一篇。朱彝尊《經義考》以為權詞，其說是也。考漢代治《尚書》者，伏生今文，傳為大小夏侯、歐陽三家；孔安國古文，別傳都尉朝、庸生、胡常，自為一派。是今文、古文本各為師說。澄專釋今文，尚為有合於古義，非王柏《詩疑》舉歷代相傳之古經，肆意刊削者比。惟其顛倒錯簡，皆以意自為，且不明言所以改竄之故，與所作《易纂言》體例迥殊。是則不可以為訓，讀者取所長而無效所短可矣。

尚書集傳纂疏六卷(兩江總督採進本)

元陳櫟撰。櫟字壽翁,號定宇,休寧人。宋亡之後,隱居三十八年。至延祐甲寅,年六十三,復出應試,中浙江鄉試。以病不及會試。越二年,上書干執政,不報。遂終於家,年八十有三。事蹟具《元史·儒學傳》。董鼎《書傳纂注》所稱"新安陳氏",即其人也。是編以疏通蔡《傳》之意,故命曰"疏",以纂輯諸家之説,故命曰"纂"。又以蔡《傳》本出朱子指授,故第一卷特標朱子訂正之目。每條之下,必以朱子之説冠於諸家之前。閒附己意,則題曰"愚謂"以別之。考櫟別有《書説折衷》①,成於此書之前,今已散佚。惟其序尚載《定宇集》中,稱:"朱子説《書》,通其可通,不强通其所難通。而蔡氏於難通罕闕焉,宗師説者固多,異之者亦不少。予因訓子,遂掇朱子大旨及諸家之得經本義者,句釋於下。異同之説,低一字折衷之。"則櫟之説《書》,亦未嘗株守蔡《傳》。而是書之作,乃於蔡《傳》有所增補,無所駁正,與其舊説迥殊。自序稱"聖朝科舉興行,諸經、《四書》一是以朱子為宗。書宗蔡《傳》,固亦宜然"云云,蓋延祐設科以後,功令如斯②,故不敢有所出入也③。

【彙訂】

① 據陳櫟《書解折衷》自序、《送董季真入閩刊書序》,書名當作《書解折衷》。(許華峯:《論陳櫟〈書解折衷〉與〈書蔡氏傳纂疏〉對〈書集傳〉的態度——駁正〈四庫全書總目〉的誤解》)

② "如斯",殿本作"如此"。

③ 此書中不乏明指蔡《傳》缺失之例,或據朱子見解駁之,或注明其未闕疑卻有可疑之處,或不盲從朱、蔡觀點,並非"無所駁正"。董真卿(董鼎之子)與陳櫟合作編纂《書蔡氏傳輯錄纂

注》,於延祐五年完成,所引"新安陳氏曰"當係出自《書解折衷》或《書蔡氏傳纂疏》已撰成部分。《輯錄纂注》所引與《纂疏》中"駁蔡"之言比例相近,且内容互相承襲,可知未因延祐開科而改變立場。(許華峯:《論陳櫟〈書解折衷〉與〈書蔡氏傳纂疏〉對〈書集傳〉的態度——駁正〈四庫全書總目〉的誤解》)

讀書叢說六卷(浙江吳玉墀家藏本)①

元許謙撰。謙字益之,金華人。延祐中以講學名一時,儒者所稱白雲先生是也。事蹟具《元史·儒學傳》。自蔡沈《書集傳》出,解經者大抵樂其簡易,不復參考諸書。謙獨博覈事實,不株守一家,故稱"叢説"。如蔡氏釋《堯典》,本張子"天左旋,處其中者順之,少遲則反右"之説。不知左旋者東西旋,右旋者南北旋,截然殊致,非以遲而成右也。日東出西没,隨大氣而左,以成晝夜,非日之自行。其自行則冬至後由南斂北,夏至後由北發南,以成寒暑。月之隨大氣而左,及其自行亦如之②。謙雖不能盡攻其失,然"七政疑"一條謂"七政與天同西行,恐錯亂紛雜,泛然無統",可謂不苟同矣。舊説《洛誥》"我乃卜澗水東、瀍水西"為王城,據《召誥》、《洛誥》,周公皆乙卯至洛,在召公得卜經營攻位五日位成之後,是王城無庸再卜。謙謂:"此時王城已定,但卜處殷民之地。故先河朔黎水,以近殷舊都,民遷之便。次及澗東、瀍西,次及瀍東,皆以洛與此地相對定墨,而皆惟洛食。瀍、澗流至洛,所經已遠,不知周公所卜者何處。"又《吕刑》稱"惟作五虐之刑,曰法。爰始淫為劓③、刵、椓、黥",舊説以為其刑造自有苗。謙謂苗乃專以刑為治國之法,乃始過用其刑,非創造刑也。如此之類,亦頗不為習聞所囿。至於説六律五聲,漫錄《律吕新書》;說唐、虞之修五禮,漫錄《周官·大宗伯》之文④;說《酒誥》太史、內史,漫錄《周官·太宰》六典、八灋、八則、八柄之文,殊屬泛衍。書內載其師金履祥說為多,卷首《書紀年》一篇,即據履祥《通鑑前編》起算。其間得失雜出,亦不盡確。然宋末元初說經者多尚虛談,而謙於《詩》考名物,於《書》考典制,猶有先儒篤實之遺,是足貴也。其書與《詩名物鈔》、《四書叢說》並刊於至正六年,其版久佚。此本為浙江吳玉墀家所藏,其第二卷中脫四頁,第三卷中脫兩頁,第五卷、第六卷各脫四頁。勘驗別本,亦皆相同。今亦無從校補,姑仍其舊焉。

【彙訂】

① 殿本此條置於《書纂言》條之前,與文淵閣庫書次序不符。

② 冬夏二至與春秋二分,太陽高度不同,古謂地之"四遊",見《尚書考靈曜》,不稱"右旋",乃館臣杜撰。(楊武泉:《四庫全書總目辨誤》)

③ 殿本"爰"上有"稱"字,衍,參《尚書·呂刑》原文。

④ "周官",殿本作"周公",下同,誤。

尚書輯錄纂注六卷(內府藏本)①

元董鼎撰。鼎字季亨,鄱陽人。朱子之學授於黃榦,鼎族兄夢程嘗從榦游,鼎又從夢程聞緒論,故自敘謂得朱子之再傳。是編雖以蔡沈《集傳》為宗,而《集傳》之後續以《朱子語錄》及他書所載朱子語,謂之"輯錄",又採諸說之相發明者附列於末,謂之"纂注"。自序稱:"《集傳》既為朱子所訂定,則與自著無異。"又稱:"薈萃成朱子之一經,則仍以朱子為主也。"考蔡沈《書集傳》

序,惟稱二《典》、三《謨》嘗經先生點定。故陳櫟作《書集傳纂疏》,惟《虞書》首標朱子,而《夏書》以下則不然。其凡例曰:“首卷有‘朱子訂定’四字,不忘本也。自二卷起去四字,紀實也。”吳澄作是書序,亦稱朱子訂定蔡《傳》僅至“百官若帝之初”而止。此書《大禹謨》“正月朔旦”條下,鼎併附注其説,是鼎於此書源委本自分明。其稱《集傳》為朱子所訂定,似未免假借。然澄序又稱《集傳》“自《周書·洪範》後寖覺疏脱,師説甚明而不用者有焉。疑其著述未竟而人為增補,或草稿初成而未及修改”。所舉《金縢》、《召誥》、《洛誥》諸條,皆顯相舛異。又稱鼎作是書,“有同有異,俱有所裨。如解《西伯戡黎》則從吳棫,解《多士》則從陳櫟,解《金縢》則兼存鄭、孔二義,不以蔡《傳》之從鄭為然”云云,然則鼎於《集傳》蓋不免有所未愜。恐人以源出朱子為疑,故特引朱子之説補其闕失。其舉《集傳》歸之朱子,猶曰以朱翼朱,則不以異蔡為嫌耳,非其考之不審也。

【彙訂】

① 今存元延祐五年初刻本、元至正十四年翠岩精舍重刻本、康熙十九年《通志堂經解本》(四庫底本),皆作《書傳輯録纂注》六卷《朱子説書綱領》一卷《書序》一卷。(崔富章:《四庫提要補正》)

尚書通考十卷(江西巡撫採進本)

元黃鎮成撰。鎮成字元鎮,邵武人。以薦授江南儒學提舉①,未上而卒。其書徵引舊説,以考四代之名物典章,亦閒附以論斷,頗為詳備。其中如論閏月而牽及後代司天之書,論律而旁引京房之法,論樂而臚陳自漢至宋之樂名,皆與經義無關,失之泛濫。其他四仲、五品、五教、九疇、六府、三事之類,皆經有明文而復登圖譜,別無發明,亦為冗瑣。又全書皆數典之文,而"曰若稽古"一條獨參訓詁,尤為例不純。似乎隨筆記錄之稿,未經刊潤成書者。然《書》本以道政事,而儒者以大經大法為麤蹟,類引之而言心。王應麟《困學紀聞》曰:"《仲虺之誥》,言仁之始也;《湯誥》,言性之始也;《太甲》,言誠之始也;《說命》,言學之始也。"然則刪《書》錄此四篇,果僅因此四語乎?鎮成此編雖頗嫌蕪雜,然猶為以實用求書,不以空言求書者。其自序有曰:"求帝王之心易,考帝王之事難。"可謂知說經難易之故矣。

【彙訂】

①　嘉靖《邵武府志》卷十四《黃鎮成傳》云:"部使者相繼論薦,後授江西等處儒學提舉,不應,以壽終。"雍正《福建通志》卷五一《文苑·黃鎮成傳》亦作"江西儒學提舉"。(楊武泉:《四庫全書總目辨誤》)

書蔡傳旁通六卷(兩江總督採進本)

元陳師凱撰。師凱家彭蠡,故自題曰東匯澤。其始末則不可得詳。此書成於至治辛酉。以鄱陽董鼎《尚書輯錄纂注》本以羽翼蔡《傳》,然多採先儒問答,斷以己意。大抵辨論義理,而於天文、地理、律曆、禮樂、兵刑、龜策、河圖、洛書、道德、性命、官職、封建之屬皆在所略。遇《傳》文片言之賾,隻字之隱,讀者不免囁嚅齟齬。因作是編,於名物度數蔡《傳》所稱引而未詳者,一一博引繁稱,析其端委。其蔡《傳》岐誤之處,則不復糾正。蓋如孔穎達諸經《正義》主於發揮注文,不主於攻駁注文也。然不能以回護注文之故廢孔氏之疏,則亦不能以回護蔡《傳》之故廢師凱之書矣。知其有所遷就而節取所長可也。

　　讀書管見二卷（兩江總督採進本）

　　元王充耘撰。黃虞稷《千頃堂書目》稱充耘字與耕，而原序及梅鶚跋並稱“耕野”，疑虞稷誤也①。吉水人。元統甲戌進士②，授承務郎，同知永新州事。後棄官養母，著書授徒，因成是編。所説與蔡氏多異同。其中如謂《堯典》乃《舜典》之緣起，本為一篇，故曰《虞書》；謂“九族既睦”，“既”當訓“盡”；謂“象以典刑”為各象其罪而加之，非“垂象”之意；謂“同為逆河”以海潮逆入而得名，皆非故為異説者。至於《洪範》錯簡之説、《伊訓》改正不改月之辨，尚未能糾正。所附“周不改月，惟魯史改月”一條，尤為强辭。大醇小疵，別白觀之可也。又《禹貢篇》“嶧陽孤桐”一條，語不可解。梅鶚跋稱：“此書得之西皋王氏，寫者草草，其末尤甚。”此條疑亦當時所訛脱。今無別本可校，姑仍其舊焉。

　　【彙訂】

　　① 明解縉《文毅集》卷十二《翰林院修撰王欽業先生墓表》曰：“其祖與耕先生治《尚書》，學聞天下。著《書經管見》，藏於家。”閻若璩《尚書古文疏證》卷八云：“元王充耘，號耕野，吉水人。著《讀書管見》。”則黃氏未必誤也。（周春健：《元代四書類著述考》；孫瑾：《〈四庫全書總目〉引〈千頃堂書目〉考校》）

　　②《千頃堂書目》卷一“王充耘《讀書管見》”條云：“吉水人，元統甲戌進士。”即《總目》所本。甲戌為元統二年。考《元史·順帝紀》，元統二年無進士科，科在元年。雍正《江西通志》卷五一《選舉志》元統元年癸酉科進士欄載：“王充耘，吉水人，永州同知。”又王充耘名入《元統元年進士錄》。（楊武泉：《四庫全書總

目辨誤》）

書義斷法六卷（浙江巡撫採進本）

元陳悦道撰。其自題曰鄒次，不知何許人[1]。書首冠以"科場備用"四字，蓋亦當時坊本為科舉經義而設者也。其書不全載經文，僅摘録其可以命題者載之。逐句詮解，各標舉作文之龕要。蓋王充耘《書義矜式》如今之程墨[2]，而此書則如今之講章。後來學者，揣摩擬題，不讀全經，實自此濫觴。録而存之，知科舉之學流為剽竊，已非一朝一夕之故。猶《易》類録王宗傳，《禮》類録俞廷椿，著履霜堅冰，其來有漸，不可不紀其始也。書末原附《作義要訣》一卷，為新安倪士毅所輯。分《冒題》、《原題》、《講題》、《結題》四則。又《作文訣》數則，尚具見當日程式。以世有別本，且論文之作不可附麗於經部，故著録於"詩文評類"，而此則從删焉[3]。

【彙訂】

[1] 據《永樂大典》殘本，陳悦道乃鄒悦道之誤。（王重民：《中國善本書提要》）

[2] "程墨"，殿本作"墨程"，誤。程墨即科舉應制文字。

[3] 文淵閣《四庫》本此書仍附録倪士毅《作義要訣》一卷。（修世平、張蘭俊：《〈景印文淵閣四庫全書〉訛例録述》）

尚書纂傳四十六卷（兩江總督採進本）

元王天與撰。天與字立大，梅浦人[1]。大德二年，以薦授臨江路儒學教授[2]。蓋天與為贛州路先賢書院山長時，憲使臧夢解以是書申臺省[3]，得聞於朝，故有是命也。是書雖以孔安國《傳》、孔穎達疏居先，而附以諸家之解。其大旨則以朱子為宗，而以真德秀説為羽翼。蓋朱子考論羣經,以《書》屬蔡沈,故天與以蔡氏《傳》為據。德秀則《書説精義》以外,復有《大學衍義》一書,所言與虞、夏、商、周之大經大法多相出入,故天與亦備採之。其注疏或删或存,亦以二家之説為斷。自序所謂"期與二先生合而已,不敢以私意去取",蓋道其實也。所説於名物訓詁多有闕略,而闡發義理則特詳,亦王元杰《春秋讞義》之流亞也。

【彙訂】

①《元史類編》卷三四本傳、《宋元學案》卷八一俱稱天與"號梅浦,吉安人",天與自序署曰"安成後學"。《欽定續文獻通考》卷一四六稱天與"號梅浦,安福人"。是天與為安福人,梅浦其號也。稱吉安人者,當是以郡稱。(何振作:《〈四庫全書總目〉著録江西人著作考辨七則》)

②"臨江路",殿本作"瑞江路",誤。《元史·地理志》載江西等處行中書省下設有臨江路。

③"臧夢解",底本作"臧夢麟",據殿本改。此書卷首劉辰翁序云:"大德中,鄞人臧夢解為憲使,以其書上於朝,得授臨江路儒學教授。"臧夢解,《元史》卷一七七有傳:"大德元年,遷江西肅政廉訪副使。"(何振作:《〈四庫全書總目〉著録江西人著作考辨七則》)

尚書句解十三卷(兩江總督採進本)

元朱祖義撰。祖義字子由,廬陵人。於諸經皆有《句解》,今多散佚,惟此書僅存。考《元史·選舉志》,延祐中定經義取士之制,《尚書》以古注疏及蔡沈《集傳》為宗。故王充耘《書義矜式》尚兼用孔《傳》。迨其末流,病古注疏之繁,而蔡《傳》遂獨立於學官。業科舉者童而習之，莫或出入。祖義是書專為啟迪幼學而設，故多宗蔡義，不復考證舊文。於訓詁名物之間，亦罕所引據。然隨文詮釋，辭意顯明，使"殷盤周誥，詰屈聱牙"之句，皆可於展卷之下了然於心口，其亦古者"離經辨志"之意歟？以視附會穿鑿，浮文妨要，反以晦蝕經義者，此猶有先儒篤實之遺矣。亦未可以其淺近廢也。

書傳會選六卷（浙江朱彝尊家曝書亭藏本）

明翰林學士劉三吾等奉敕撰。案蔡沈《書傳》雖源出朱子，而自用己意者多。當其初行，已多異論。宋末元初，張葆舒作《尚書蔡傳訂誤》，黃景昌作《尚書蔡氏傳正誤》，程直方作《蔡傳辨疑》，余苞舒作《讀蔡傳疑》[①]，遞相詰難。及元仁宗延祐二年，議復貢舉，定《尚書》義用蔡氏，於是葆舒等之書盡佚不傳。陳櫟初作《書傳折衷》，頗論蔡氏之失。迨法制既定，乃改作《纂疏》，發明蔡義，而《折衷》亦佚不傳[②]。其自序所謂"聖朝科舉興行[③]，書宗蔡《傳》，固亦宜然"者，蓋有為也。至明太祖始考驗天象，知與蔡《傳》不合，乃博徵績學，定為此編。凡蔡《傳》之合者存之，不預立意見以曲肆詆排；其不合者則改之，亦不堅持門戶以巧為回護。計所糾正凡六十六條。祝允明《枝山前聞》載其劄示天下者，惟《堯典》注"日月左旋"、《洪範》注"相協厥居"二條，舉大凡耳。顧炎武《日知錄》曰："此書謂天左旋，日月五星違天而右旋，主陳氏祥道；《高宗肜日》謂祖庚繹於高宗之廟，主金氏履祥；《西伯戡黎》謂是武王，亦主金氏；'惟周公誕保文武受命，惟七年'，謂周公輔成王之七年，主張氏、陳氏。皆不易之論。又如《禹貢》'厥賦貞'主蘇氏軾，謂賦與田正相當；涇屬渭、汭主孔《傳》'水北曰沕’；《太甲》‘自周有終’主金氏，謂‘周’當作‘君’；《多方》‘不克開於民之麗’主葉氏。惟《金縢》‘周公居東’駁孔氏，以為東征非是，至《洛誥》又取東征之説，自相牴牾耳。每傳之末，繫以經傳音釋，於字音、字體、字義辨之甚悉。其傳中用古人姓氏、古書名目，必具出處，兼亦考正典故。蓋宋、元以來諸儒之規模猶在。而其為此書者，皆自幼為務本之學，非由八股發身之人。故所著之書雖不及先儒，而尚有功於後學。”云云。以炎武之淹博絶倫，罕所許可，而其論如是，則是書之足貴可略見矣。閻若璩《尚書古文疏證》因《禹貢》注中“濫水至復州竟陵境者”一語，誤“者”字為“來”字，遂肆毒詈，非篤論也。考《明太祖實録》，與羣臣論蔡《傳》之失，在洪武十年三月。其詔修是書，則在二十七年四月丙戌，而成書以九月己酉，僅五閲月。觀劉三吾敘稱：“臣三吾備員翰林，屢嘗以其説上聞。皇上允請，乃詔天下儒士倣石渠、白虎故事，與臣等同校定之。”則是十七年閏三吾已考證講求，先有定見，特參稽衆論以成之耳④。惟《實録》所載纂修諸臣姓名與此本卷首所列不符。朱彝尊《經義考》謂許觀、景清、盧原質、戴德彝等，皆以死建文之難删去。其説是已。然胡季安、門克新、王俊華等十一人，何以併删？且靳觀、吳子恭、宋麟三人，此書所不載，又何以增入？蓋永樂中重修《太祖實録》，其意主於誣惠宗君臣以罪，明靖難之非得已耳。其餘草草，非所注意，故舛謬百出，不足為據。此書為當時舊本，當以所列姓名為定可也。

【彙訂】

①“余芑舒”當為“余芑舒”之誤。《千頃堂書目》卷一、《經義考》卷八五均作“余芑舒”。

②書名當作《書解折衷》，説詳本卷《尚書集傳纂疏》條訂誤。

③"其自序所謂聖朝科舉興行",殿本作"其序稱科舉以朱子為宗"。

④劉三吾洪武十八年始入翰林院。(王重民:《辨〈明史·錢唐傳〉》)

書傳大全十卷(通行本)①

明胡廣等奉敕撰。書以蔡沈《集傳》為主,自延祐貢舉條格已然。然元制猶兼用古注疏,故王充耘《書義程式》得本孔《傳》立義也。明太祖親驗天象,知蔡《傳》不盡可據,因命作《書傳會選》。參考古義,以糾其失,頒行天下。是洪武中尚不以蔡《傳》為主。其崇主蔡《傳》,定為功令者,則始自廣等②。是其書雖不似《詩經大全》之全鈔劉瑾《詩傳通釋》③、《春秋大全》之全鈔汪克寬《胡傳纂疏》,而實非廣等所自纂。故朱彝尊《經義考》引吳任臣之言曰:"《書傳》舊為六卷,《大全》分為十卷,大旨本二陳氏。"二陳氏者,一為陳櫟《尚書集傳纂疏》,一為陳師凱《書蔡傳旁通》④。《纂疏》皆墨守蔡《傳》,《旁通》則於名物度數考證特詳。雖回護蔡《傳》之處在所不免,然大致較劉氏說《詩》、汪氏說《春秋》為有根柢。故是書在《五經大全》中尚為差勝云。

【彙訂】

①文淵閣《四庫》本尚有《圖說》一卷。(沈治宏:《中國叢書綜錄訂誤》)

②"廣等",殿本作"是書"。

③"是",殿本無。

④此書實抄襲董鼎《書蔡氏傳輯錄纂注》最多,其次是為陳櫟《尚書集傳纂疏》,陳師凱《書蔡傳旁通》並未採入。(程元敏:

《三經新義輯考彙評(一)——尚書》;陳恒嵩:《〈書傳大全〉取材來源探究》)

　　尚書考異五卷(浙江范懋柱家天一閣藏本)

　　明梅鷟撰。鷟有《古易考原》,已著錄。是編辨正《古文尚書》。其謂二十五篇為皇甫謐所作,蓋據孔穎達疏引《晉書·皇甫謐傳》,案穎達作《正義》時,今本《晉書》尚未成,此蓋臧榮緒《晉書》之文。稱"謐姑子外弟梁柳得《古文尚書》,故作《帝王世紀》,往往載孔《傳》五十八篇之書"云云。然其文未明,未可據為謐作之證。至謂孔安國序并增多之二十五篇,悉雜取傳記中語以成文,則指摘皆有依據。又如謂瀍水出谷城縣,兩《漢志》並同,晉始省谷城入河南,而孔《傳》乃云出河南北山;積石山在西南羌中,漢昭帝始元六年始置金城郡,而孔《傳》乃云積石山在金城西南。孔安國卒於漢武[①]時,載在《史記》。則猶在司馬遷以前,安得知此地名乎?其為依託,尤佐證顯然。陳第作《尚書疏衍》,乃以"譸張為幻"詆之,過矣。《明史·藝文志》不著錄,朱彝尊《經義考》作一卷。此本為范懋柱家天一閣所藏,不題撰人姓名。而書中自稱"鷟案",則出鷟手無疑。原稿未分卷數,而實不止於一卷。今約略篇頁,釐為五卷。鷟又別有《尚書譜》,大旨略同,而持論多涉武斷。故今別存其目[②],不復錄焉。

【彙訂】

①"漢武",殿本作"武帝"。

②"今",殿本無。

　　尚書疑義六卷(浙江范懋柱家天一閣藏本)

　　明馬明衡撰。明衡字子莘,莆田人。正德甲戌進士[①],官至監察御史。事蹟附見《明史·朱淛傳》。是編成於嘉靖壬寅。前有自序云："凡於所明而無疑者,從蔡氏。其有所疑於心而不敢苟從者,輒錄為篇。"書中如"六宗",從《祭法》"輯五瑞"謂是朝衆之常②,非為更新立異;《洪範》"日月之行"取沈括之説;於《金縢》頗有疑辭,皆能參酌衆説,不主一家,非有心與蔡立異者。惟"三江"必欲連"震澤",而於"所其無逸"之"所"字亦不從蔡《傳》③,則未免意見之偏。又往往闌入時事,亦稍失解經體例。蓋不免醇駁互存。然明人經解,冗濫居多。明衡是編尚能研究於古義,固不以瑕掩瑜也。《明史》稱:"閩中學者率以蔡清為宗,至明衡獨受業於王守仁。閩有王氏學自明衡始。"考明衡當嘉靖三年世宗尊所生而薄所後,於興國太后誕節詔命婦入賀,於慈壽皇太后誕辰乃詔免朝。時盈庭附和新局,而明衡惓惓故君,與朱淛力爭。皆遘禍幾殆,坐是終身廢棄。可謂不愧於經術,更不必以門戶之見論是書之醇疵矣。

【彙訂】

① "甲戌",殿本作"丁丑",誤。《明清進士題名碑錄》載正德九年甲戌科三甲第一百五名為馬明衡,福建莆田人。《明史》卷二百七云"明衡登正德十二年進士",亦誤。

② "朝衆",殿本作"朝覲"。

③ "於",殿本作"下"。

尚書日記十六卷(兩江總督採進本)①

明王樵撰。樵有《周易私錄》,已著錄。兹編不載經文,惟案諸篇原第,以次詮釋。大旨仍以蔡《傳》為宗,制度名物蔡《傳》所未詳者,則採舊説補之。又取金履祥《通鑑前編》所載,凡有關當時事蹟者②,悉為採入。如微子抱器、箕子受封、周公居東、致辟諸條③,皆引據詳明,考證精核④。前有李維楨序稱:"《書》有古文、今文,今之解《書》者又有古義、時義。《書傳會選》以下數十家,是為古義,而經生科舉之文不盡用。《書經大全》以下主蔡氏而為之説者,坊肆所盛行,亦數十家,是為時義。"其言足括明一代之經術。又稱樵是書"於經旨多所發明,而亦可用於科舉",尤適得是書之分量,皆確論云。

【彙訂】

①"兩江總督採進本",底本作"浙閩總督採進本",據殿本改。此書見於《四庫採進書目》"兩江第一次書目"。(江慶柏:《殿本、浙本〈四庫全書總目〉著録圖書進獻者主名異同考》)

②"凡",殿本無。

③"致辟",底本作"復辟",據殿本改。書前凡例云:"舊説相沿,如文王稱王、武王觀兵、周公居攝之類,先儒俱已辨正。此外如微子抱祭器歸周、箕子受封朝鮮、'周公居東'為東征、'我之弗辟'為致辟,皆關聖賢大節,而傳記異辭不無害教,今悉辨之。"

④"考證精核",殿本無。

尚書砭蔡編一卷(浙江吳玉墀家藏本)

明袁仁撰。仁字良貴,號�* 波,蘇州人。與季本同時相善,故解經往往似之①。是編糾蔡沈之誤。所論如"粵若"、"越若"之前後異訓;"三百六旬有六日"乃宋曆非古曆②;"方命"當從《蜀志》、《晉書》所引;梅賾事不出《晉書》;宣夜有漢郗萌所傳,非無師説;并州不在冀東,醫無閭即遼東,不得既為幽州,又為營州;"鳥鼠同穴",實有其事;"用爽厥師","爽"訓"失";説築傅巖為版築；遯於荒野為甘盤；"西伯戡黎"為武王；"四輔"非三輔之義；"洪舒"通作"洪荼"；虎賁不掌射御；"荒度作刑"不連"毫"字為句，皆確有所據。至謂《史記索隱》"南譌"不作"為"字，則但據今本；"不格姦"為不止其姦，"鮮食"非肉食，"怪石"為資服餌，"汨陳"之"陳"訓為"舊"，則又有意立異，不可為訓矣。朱彝尊《經義考》載此書，注曰"未見"。此本載曹溶《學海類編》中，題曰《尚書蔡注考誤》。案沈道原序亦稱《砭蔡編》，則《經義考》所題為是。溶輯《學海類編》，多改易舊名以示新異，不足為據也。

【彙訂】

① 季本為正德丁丑進士，見《總目》卷七《易學四同》提要，則其友袁仁亦正德嘉靖時人。查同治《蘇州府志》及民國《吳縣志》，均無袁仁其人。光緒《嘉興府志》卷五五《嘉善隱逸》引《兩浙名賢錄》云："袁仁，字良貴……"可知袁仁確為嘉善人。《總目》卷五三《革除編年》條謂"《浙江通志》作嘉善袁仁撰"。實即同一人。（楊武泉：《四庫全書總目辨誤》）

②《尚書·堯典》："期三百有六旬有六日。"則"句"乃"旬"之誤，文淵閣書前提要不誤。

尚書註考一卷（浙江吳玉墀家藏本）

明陳泰交撰。朱彝尊《經義考》載陳氏泰來《尚書注考》一卷，注曰"未見"。又注："泰來字長水，平湖人。萬曆丁丑進士，官至禮部精膳司員外郎。"案吳永芳《嘉興府志》載"陳泰交字同倩，萬曆中國子監生，所著有《尚書注考》。"與《經義考》迥異。然《經義考》引項皐謨之說，稱"同倩治《尚書》，作《注考》"云云，明出泰交之字。則彝尊未見其書，誤以泰交為泰來審矣。其書皆考訂蔡沈《書傳》之譌。謂有引經注經不照應者三條，又有同字異解者三百二十三條[1]，皆直錄注語，不加論斷。其同字異解者，一字或有數義，抉摘未免過嚴。其不照應者三條，如"凡厥正人"引"惟厥正人"為證；"曰若稽古帝堯"引"越若來"為證；"德懋懋官"引"時乃功懋哉"為證，則前後顯相矛盾，誠蔡氏之疏略矣。馬明衡《尚書疑義》、袁仁《砭蔡編》頗以典制名物補正蔡《傳》之闕誤。泰交此書則惟較量於訓詁之閒，而所謂訓詁異辭者，又皆以矛攻盾，未及博援古義，證以舊文。故為少遜於二家。然釋事、釋義，二者相資，均謂之有功蔡《傳》可也。

【彙訂】

①"三百二十三"，底本作"三百六十二"，據原文及殿本改。文淵閣書前提要不誤。

尚書疏衍四卷（江蘇巡撫採進本）

明陳第撰。第有《伏羲圖贊》，已著錄。是書前有第自序，稱："少受《尚書》，讀經不讀傳注，口誦心維，得其意於深思者頗多。後乃參取古今注疏，而以素得於深思者附著之。"然第學問淹博，所著《毛詩古音考》、《屈宋古音義》諸書，皆援據該洽，具有根柢。其作是書，雖其初不由訓詁入，而實非師心臆斷，以空言說經者比。如論《舜典》"五瑞"、"五玉"、"五器"，謂不得以《周禮》釋《虞書》，斥注疏家牽合之非，其理確不可移。論《武成》無錯簡，《洪範》非龜文，亦足破諸儒穿鑿附會之說。惟篤信梅賾古文，以朱子疑之為非；於梅鷟《尚書考異》、《尚書譜》二編，排詆尤力，則未能深考源流。經師授受，自漢代已別戶分門，亦聽其各尊所聞可矣。

洪範明義四卷（福建巡撫採進本）①

明黃道周撰。道周有《易象正》，已著錄。是編乃崇禎十年道周官左諭德掌司經局時纂集進呈之書②。其進序曰③：“上卷言天人感召、性命相符及好德用人之方。下卷言陰騭相協、彝倫條貫，旁及陰陽曆數之務。初、終兩卷，考正篇章，分別倫序。”其學深於術數，於五行沴敘，類陳災異以明鑒戒，不免沿襲伏生、董仲舒、劉向等附會之文。至八政疇敘以食配坤，以貨配巽，以祀配離，以司空配兌，以司徒配艮，以司寇配坎，以賓配震，以師配乾，已屬牽合。又配以六十四卦先、後天圖，更為穿鑿。其最異者，至以河圖、洛書配曆數，而曰某年至某年為“稼穡”初際、中際、末際。以至“從革”、“曲直”、“潤下”、“炎上”，其例皆然。是更沿《皇極經世》之餘波，曼衍而不可究詰矣。至於改“農用”為“辰用”，“衍忒”為“衍成”，“六極”為“六殛”，殊為臆説。其改定章段次第，亦未見其必然。惟其意存啟沃，借天人相應之理，以感動恐懼修省之心。其文不盡合於經義，其意則與經義深有合焉。置其小節，存其宏旨可也。

【彙訂】

① 文淵閣《四庫》本為《洪範明義》六卷（卷上之上、卷上之下、卷下之上、卷下之中、卷下之下、卷下之終）附卷首一卷卷末一卷。（沈治宏：《中國叢書綜錄訂誤》）

② 據《黃漳浦集》卷三《進繳書錄疏》，此書為崇禎十年十一月至次年八月任左諭德掌司經局事及升任少詹事協理府事期間所撰四種經解之一。（侯真平：《黃道周紀年著述書畫考》）

③ "進序",殿本作"自序"。

日講書經解義十三卷

康熙十九年聖祖仁皇帝御定。《尚書》一經,漢以來所聚訟者,莫過《洪範》之五行;宋以來所聚訟者,莫過《禹貢》之山川;明以來所聚訟者,莫過今文、古文之真偽。然伏生、董仲舒、劉向、劉歆之所推,特術家傅會之說;程大昌、傅寅、毛晃之所辨,歸有光、梅鷟之所爭,特經生考證之資耳。實則尼山刪定,本以唐虞三代之規,傳為帝王之治法,不徒為尋章摘句設也。是編為大學士庫勒納等奉詔,以講筵舊稿編次而成,大旨在敷陳政典,以昭宰馭之綱維,闡發心源,以端慎修之根本。而名物訓詁,不復瑣瑣求詳。蓋聖人御宇,將上規堯、舜,下挹成、康,所學本與儒生異。故黼扆之所對揚,玉音之所闡繹,亦惟是大者遠者,與儒生音訓迥然有殊。臨御六十一年,聖德神功同符於典謨所述,信有由矣。

欽定書經傳說彙纂二十四卷①

康熙末,聖祖仁皇帝敕撰。雍正八年告成,世宗憲皇帝御製序文刊行。宋以來說《五經》者,《易》、《詩》、《春秋》各有門户。惟《三禮》則名物度數不可辨論以空言,故無大異同。《書》則帝王之大經大法,共聞共見,故自古文、今文互有疑信外,義理亦無大異同。蔡沈《集傳》始睥睨先儒,多所排擊。然書出未久,而張葆舒、黃景昌、程直方、余芑舒等紛紛然交攻其誤,是必有未愜者在矣。自元延祐中始以蔡《傳》試士,明洪武中雖作《書傳會選》以正其譌,而永樂中修《書經大全》,仍懸為功令,莫敢岐趨。我國家經術昌明,競研古義。聖祖仁皇帝聰明天縱,念典維勤,於唐虞三代之鴻規尤為加意。既敕編《日講書經解義》,復指授儒臣纂輯是編。雖仍以蔡《傳》居前，衆説列後，而參稽得失，辨別瑕瑜。於其可從者發明證佐，不似袁仁等之有意抨彈；於其不可從者辨訂譌舛[②]，亦不似陳櫟等之違心回護。其義可兩通者，皆別為附録，以明不專主一家。蓋即一訓詁之學，而聖人執兩用中之道，大公至正之心，悉可以仰窺焉，又不僅為説《書》之準繩已也。

【彙訂】

① 文淵閣《四庫》本為《欽定書經傳説彙纂》二十一卷書序一卷卷首二卷。（沈治宏：《中國叢書綜録訂誤》）

② "譌舛"，殿本作"舛譌"。

書經稗疏四卷（湖南巡撫採進本）

國朝王夫之撰。夫之有《周易稗疏》，已著録。是編詮釋經文，亦多出新意。其閒有失之太鑿者，如謂《虞書》自"戛擊鳴球"以下至"庶尹允諧"，皆韶樂之譜；"以詠"二字貫下"祖考來格"三句為升歌，以配笙瑟之詩；"鳥獸蹌蹌"為下管之所舞；"鳳凰來儀"為第九成吹簫之所舞；"百獸率舞，庶尹允諧"為樂終擊磬之所舞。又謂"作歌"、"賡歌"即《大韶》升歌之遺音，夔以被之管弦者，故繫之"庶尹允諧"之後。前數語不用韻，如樂府之有豔、有和、有唱；其三句一韻者，如樂府之有辭。其説附會支離，全無文義。其論洛書配九疇之數，以履一為五皇極，而以居中之五為一五行。雖推衍百端，畫圖立説，終與經文本數相戾[①]。其於地理，至以崑崙為洮州胭脂嶺，尤為武斷。然如蔡《傳》引《爾雅》"水北曰汭"，實無其文，世皆知之。夫之則推其致誤之由，以為譌記孔安國"涇屬渭汭"之《傳》；謂裡非《周禮》之裡，類非《周禮》

之類,五服、五章亦不以周制解虞制,與陳第論周之五玉不可解虞之五玉者,同一為古人所未發;引瞿相之射證"侯以明之",謂以與射不與射為榮辱,非以射中不中為優劣;因《周禮》日月辰次正《泰誓》十三年為辛卯;引《説文》、《大戴禮記》證蠙珠非蚌珠,蔡《傳》不知古字假借;引《周禮·玉府》"供王食玉"證玉食;引《左傳》證奄與淮夷為二②;引《喪大記》證狄人;引《説文》"羑"字之訓以解"羑若"③,駁蘇軾《傳》及蔡《傳》之失,則大抵辭有根據,不同游談。雖醇疵互見,而可取者較多焉。

【彙訂】

①"與",殿本作"於"。

②"證",殿本作"説",誤。此書卷四下"大誥多邦"條即證奄非淮夷。

③ 二"羑"字,殿本皆作"美",誤。《尚書·康王之誥》云"惟周文、武誕受羑若",此書卷四下有"羑若"條。

古文尚書疏證八卷①(内府藏本)②

國朝閻若璩撰。若璩字百詩,太原人,徙居山陽。康熙己未,薦舉博學鴻詞。《古文尚書》較今文多十六篇,晉、魏以來絕無師説。故左氏所引,杜預皆注曰"逸《書》"。東晉之初,其書始出,乃增多二十五篇。初猶與今文並立,自陸德明據以作《釋文》,孔穎達據以作《正義》,遂與伏生二十九篇混合為一。唐以來雖疑經惑古如劉知幾之流,亦以《尚書》一家列之《史通》,未言古文之偽。自吳棫始有異議,朱子亦稍稍疑之。吳澄諸人本朱子之説,相繼抉摘,其偽益彰。然亦未能條分縷析,以抉其罅漏。明梅鷟始參考諸書,證其剽剟,而見聞較狹,蒐採未周。至若璩乃引經據古，一一陳其矛盾之故，古文之僞乃大明。所列一百二十八條，毛奇齡作《古文尚書冤詞》，百計相軋，終不能以强辭奪正理。則有據之言，先立於不可敗也。其書初成四卷，餘姚黄宗羲序之。其後四卷又所次第續成。若璩没後，傳寫佚其第三卷。其二卷第二十八條、二十九條、三十條，七卷第一百二條、一百八條、一百九條、一百十條，八卷第一百二十二條至一百二十七條，皆有録無書。編次先後，亦未歸條理。蓋猶草創之本。其中偶爾未核者，如據《正義》所載鄭元《書序》注，謂馬、鄭所傳與孔《傳》篇目不符，其説最確，至謂馬、鄭注本亡於永嘉之亂，則殊不然。考二家之本，《隋志》尚皆著録，稱所注凡二十九篇。《經典釋文》備引之，亦止二十九篇。蓋去其無師説者十六篇，止得二十九篇，與伏生數合，非別有一本注孔氏書也。若璩誤以鄭逸者即爲所注之逸篇，不免千慮之一失。又《史記》、《漢書》但有安國上《古文尚書》之説，並無受詔作傳之事。此僞本鑿空之顯證，亦辨僞本者至要之肯綮，乃置而未言，亦稍疏略。其他諸條之後，往往衍及旁文，動盈卷帙。蓋慮所著《潛邱劄記》或不傳，故附見於此，究爲支蔓。又前卷所論，後卷往往自駁，而不肯删其前説，雖仿鄭元注《禮》先用《魯詩》，後不追改之意，於體例亦究屬未安。然反復釐剔，以祛千古之大疑，考證之學則固未之或先矣。

【彙訂】

① 文淵閣《四庫》本書名爲《尚書古文疏證》，附《朱子古文書疑》一卷。（沈治宏：《中國叢書綜録訂誤》）

②《四庫採進書目》中《山東巡撫第二次呈進書目》、《浙江省第十二次呈送書目》均著録此書，而《武英殿第一次書目》、《武英殿第二次書目》均無。山東巡撫採進本今存，内封有"總辦處

閱定，擬抄録”朱記兩處，“臣昀臣錫熊恭閱”印鑒一方，應即《四庫》底本。“内府藏本”恐誤。（唐桂艷：《山東省圖書館藏〈四庫全書〉進呈本考略》）

古文尚書冤詞八卷（浙江巡撫採進本）

國朝毛奇齡撰。奇齡有《仲氏易》，已著録。其學淹貫羣書，而好為駁辨以求勝。凡他人所已言者，必力反其辭。故《儀禮》十七篇古無異議，惟章如愚《山堂考索》載樂史有“五可疑”之言，後儒亦無信之者，奇齡獨拾其緒論，詆為戰國之偽書。《古文尚書》自吳棫、朱子以來皆疑其偽，及閻若璩作《古文尚書疏證》，奇齡又力辨以為真。知孔安國《傳》中有安國以後地名，必不可掩，於是别遁其辭，摭《隋書・經籍志》之文，以為梅賾所上者乃孔《傳》，而非《古文尚書》。其《古文尚書》本傳習人間，而賈、馬諸儒未之見。其目一曰《總論》，二曰《今文尚書》，三曰《古文尚書》，四曰《古文之冤始於朱氏》，五曰《古文之冤成於吳氏》，案吳棫《書裨傳》在朱子稍前，故《朱子語録》述棫説。當云始於吳氏，成於朱氏。此二門殊為顛倒[①]，附識於此。六曰《書篇題之冤》，七曰《書序之冤》，八曰《書小序之冤》，九曰《書詞之冤》，十曰《書字之冤》。考《隋書・經籍志》云：“晉世祕府存有《古文尚書》經文，今無有傳者。及永嘉之亂，歐陽、大小夏侯《尚書》並亡。至東晉豫章内史梅賾，始得安國之《傳》，奏之。”其敍述偶未分明，故為奇齡所假借。然《隋志》作於《尚書正義》之後，其時古文方盛行，而云“無有傳者”，知東晉古文非指今本。且先云古文不傳，而後云始得安國之《傳》，知今本古文與安國《傳》俱出，非即東晉之古文[②]。奇齡安得離析其文，以就己説乎？至若璩所引馬融《書序》云：“逸十六篇,絶無師説。"又引鄭元所注十六篇之名爲《舜典》、《汩作》、《九共》、《大禹謨》、《益稷》、《五子之歌》、《允〔胤〕徵》、《湯誥》、《咸有一德》、《典寶》、《伊訓》、《肆命》、《原命》、《武成》、《旅獒》、《冏命》,明與古文二十五篇截然不同。奇齡不以今本不合馬、鄭爲僞作古文之徵,反以馬、鄭不合今本爲未見古文之徵,亦頗巧於顛倒。然考僞孔《傳》序,未及獻者乃其《傳》。若其經,則史云安國獻之,故《藝文志》著録。賈逵嘗校理祕書,不應不見。又司馬遷爲安國弟子,劉歆嘗校《七略》,班固亦爲蘭臺令史,典校藝文。而遷《史記·儒林傳》云:"孔氏有《古文尚書》,安國以今文讀之,逸《書》得多十餘篇。"歆《移太常博士書》稱:"魯恭王壞孔子宅,得古文於壞壁之中,逸《書》十六篇。"班固《漢書·藝文志》亦稱:"以考二十九篇,得多十六篇。"則孔壁古文有十六篇,無二十五篇,鑿鑿顯證,安得以晉人所上之古文合之孔壁歟?且奇齡所藉口者,不過以《隋志》稱馬、鄭所注二十九篇,乃杜林西州古文,非孔壁古文。不知杜林所傳實孔氏之本,故馬、鄭等去其無師説者十六篇,正得二十九篇。《經典釋文》所引,尚可覆驗。徒以修《隋志》時梅賾之書已行,故《志》據後出僞本,謂其不盡孔氏之書。奇齡舍《史記》、《漢書》不據,而據唐人之誤説,豈長孫無忌等所見反確於司馬遷、班固、劉歆乎?至杜預、韋昭所引逸《書》,今見於古文者,萬萬無可置辨,則附會《史記》、《漢書》之文,謂不立學官者,即謂逸《書》。不知預注《左傳》,皆云"文見《尚書》某篇",而逸《書》則皆無篇名。使預果見古文,何不云逸《書》某某篇耶[③]?且趙岐注《孟子》、郭璞注《爾雅》,亦多稱《尚書》逸篇。其中見於古文者[④],不得以不立學官假借矣[⑤]。至《孟子》"欲常常而見之,故源源而來。不及貢,以政接於有庳"。岐

注曰："此'常常'以下皆《尚書》逸篇之詞。"《爾雅》"釗，明也"，璞
註曰："逸《書》：'釗我周王。'"核之古文，絕無此語，亦將以為不
立學官故謂之逸耶？又岐注"九男二女"，稱"逸《書》有《舜典》之
序⑥，亡失其文。《孟子》諸所言舜事，皆《堯典》及逸《書》所載"。
使逸《書》果指古文，則古文有《舜典》，何以岐稱"亡失其文"耶？
此尤舞文愈工而罅漏彌甚者矣。梅賾之書，行世已久。其文本
採掇佚經，排比聯貫，故其旨不悖於聖人，斷無可廢之理。而確
非孔氏之原本，則證驗多端，非一手所能終掩。近惠棟、王懋竑
等續加考證，其說益明，本不必再煩較論。惟奇齡才辨足以移人，又
以衛經為辭，託名甚正，使置而不錄，恐人反疑其說之有憑，故並存
之。而撮論其大旨，俾知其說不過如此，庶將來可以互考焉。

【彙訂】

①"門"，殿本作"目"。

②"今無有傳者"，傳即傳授之傳。明古文亡於永嘉，其後
官私本皆絕也。云梅賾奏安國之傳，不云經者，以上已言經文，
則此但言傳而經在其中矣……若以"無有傳"為無傳注，則梅賾
奏上其傳，施行已歷數朝矣，而尚云"今無有"，又可通乎？（沈
彤：《書〈古文尚書冤詞〉後一》）

③"某某"，殿本作"某"。

④"中"，殿本無。

⑤殿本"不得"上有"更"字。

⑥"序"，底本作"書"，據《孟子·萬章》注文及殿本改。

尚書廣聽錄五卷（浙江巡撫採進本）

國朝毛奇齡撰。奇齡欲注《尚書》而未及，因取舊所雜記者

編次成書，名曰《廣聽》，用《漢志》"《書》以廣聽"語也。奇齡嘗語其門人曰："《尚書》事實乖錯，如武王誥康叔、周公居洛邑、成王迎周公[①]、周公留召公，皆並無此事。"是書之意，大約為辨證三代事實而作。初作於禹州，繼撰於嵩山，凡屢易稿。至作《尚書冤詞》訖，而始刪成為五卷。其堅護孔《傳》，至謂安國解《舜典》文與《周禮》同者，乃相傳之《虞禮》，並非出自《周禮》。夫杞、宋無徵，孔子已歎不知。相傳之《虞禮》竟出何書，可謂虛辭求勝，不顧其安。然於名物典故則引據考證，時有可採[②]。置其臆斷之説而取其精核之論，於經義亦有所補也。

【彙訂】

①"迎"，底本作"寧"，據殿本改。《尚書·金縢》疏云："《金縢》之書迎公來反，反乃居攝，後方始東征管、蔡。"

②"採"，殿本作"取"。

尚書埤傳十七卷（浙江巡撫採進本）[①]

國朝朱鶴齡撰。鶴齡字長孺，別號愚菴，吳江人。前明諸生。是書前有《考異》一卷，辨經文同異。後有《逸篇》、《偽書》及《書説餘》一卷。大抵以孔《傳》為真，故《史記》所載《湯誥》親受於孔安國者，反以為偽。所見未免偏僻。然中閒《埤傳》十五卷，旁引曲證，亦多可採。如於沂水則取金履祥之言，而魯之沂與徐之沂截然分明；於分別"九州"則取章俊卿之《考索》；於"西伯戡黎"則取王樵之《日記》，如此之類，頗見別裁。至於三江故道，左祖郭璞，殊嫌失考；《多士》、《多方》，並録王柏更定之本，尤失於輕信瑣記[②]，竄改古經；又《堯典》"俊德"，謂遍考字書"俊"不訓"大"，不知"俊者，大也"乃《夏小正》傳文。如是之類，或亦閒有疏漏。要其注釋義理而不廢考訂訓詁，斟酌於漢學、宋學之閒，較書肆講義則固遠勝焉。

【彙訂】

① 文淵閣《四庫》本為《尚書埤傳》十五卷《書經考異》一卷卷首一卷卷末一卷。（沈治宏：《中國叢書綜錄訂誤》）

② "記"，殿本作"說"。

禹貢長箋十二卷（浙江巡撫採進本）①

國朝朱鶴齡撰。是編專釋《禹貢》一篇。前列二十五圖，自《禹貢全圖》以及《導山》、《導水》，皆依次隨文詮解②，多引古說，而以己意折衷之。《禹貢》自宋、元以來，注釋者不下數十家，雖得失互見，要以胡渭之《禹貢錐指》為最善。此書作於胡渭之前。如解"治梁及岐"，力主狐岐為冀州之境，則於理未合。蓋岐實雍地，當時水之所壅，惟雍為甚，故治冀必先治雍，而後壺口可得而疏。孔《傳》所云："壺口在冀州，岐在雍州，從東循山治水而西。"此語最為明晰。鶴齡所以反其說者，殆以冀州之中不當及雍地。不知冀為天子之都，何所不包。古人字句，原未拘泥。如荊州云"江、漢朝宗於海"，荊固無海，亦不過推江、漢所歸言之耳。即此可以為例，又何必斤斤致疑乎？至其"三江"一條，既主鄭康成左合漢，右合彭蠡，岷江居中之說，而又兼取蔡《傳》，以韋昭、顧夷所謂"三江口"者當之，亦殊無定見。又古黑水聯絡雍、梁，而鶴齡必區而二之；蜀漢之山本相連，而鶴齡謂蜀之嶓非雍之嶓，俱未為精密。又於"敷淺原"兼取禹過之及江過之二說，尤屬騎牆。此類皆其所短，殊不及胡渭書之薈粹精博。而旁引曲證，亦時多創獲，尚屬瑕瑜參半。且其於貢道、漕河經由脈絡，剖析條理，亦較他本為詳。故仍録存其書，與《禹貢錐指》相輔焉。

【彙訂】

① 文淵閣《四庫》本尚有《圖説》一卷。(沈治宏：《中國叢書綜録訂誤》)

②"依"，殿本作"備"，誤。

禹貢錐指二十卷圖一卷(浙江巡撫採進本)

國朝胡渭撰。渭有《易圖明辨》，已著録。其生平著述甚夥，而是書尤精力所專注。康熙乙酉，恭逢聖祖仁皇帝南巡，曾呈御覽，蒙賜"耆年篤學"扁額。稽古之榮，至今傳述。原本標題二十卷，而首列圖一卷。其中卷十一、卷十四皆分上、下，卷十三分上、中、下，而中卷又自分上、下，實共為二十六卷。其圖凡四十有七，如禹河初徙①、再徙，及漢、唐、宋、元、明河圖，尤考究精密。書中體例，亞經文一字為集解，又亞一字為辨證。歷代義疏及方志、輿圖，搜採殆遍。於九州分域，山水脈絡，古今同異之故，一一討論詳明。宋以來傅寅、程大昌、毛晃而下，注《禹貢》者數十家，精核典贍，此為冠矣。至於陵谷遷移，方州分合，數十年內②，往往不同。渭欲於數千載後，皆折衷以定一是。如郭璞注《山海經》，臨渝、驪成，已兩存"碣石"之説，渭必謂文穎所指臨渝為是，《漢·地理志》所指驪成為非，終無確驗。又"九江"一條，堅守洞庭之説。不思九江果在洞庭南，則經當曰"九江孔殷，江、漢朝宗於海"矣。徐文靖之所駁，恐渭亦不能再詰也。千慮一失，殆不屑闕疑之過乎？他若河水不知有重源，則由其時西域未平，無由徵驗。又所引酈道元諸説，經、注往往混淆，則由傳刻舛譌，未覯善本。勢之所限，固不能執為渭咎矣。

【彙訂】

① 殿本"禹"下有"貢"字，衍。此書圖一卷中有《禹河初徙圖》第二十五、《禹河再徙圖》第二十七。

②"數十年"，底本作"數千年"，據殿本改。

尚書範正論五卷（浙江巡撫採進本）

國朝胡渭撰。大旨以禹之治水本於九疇，故首言鯀堙洪水，繼言禹乃嗣興，終言天乃錫禹。則《洪範》為體，而《禹貢》為用，互相推闡，其義乃彰。然主於發明奉若天道之理，非鄭樵《禹貢》、《洪範》相為表裏之說，惟以九州次序分配五行者比也。其辨證前人之說，如謂漢人專取災祥，推衍五行，穿鑿附會，事同讖緯。其病一。洛書本文即"五行"、"五事"至"五福"、"六極"二十字，惟"敬用農用"等十八字乃為禹所加，與"危微精一"之心法同旨。初一、次二至次九不過是次第名目，亦非龜文所有。龜之有文，如木石之文理①，有可推辨，又如魯夫人、公子友有文在手之類。宋儒創為黑白之點、方員之體、九十之位，變書而為圖。以至九數、十數，劉牧、蔡季通紛紜更定。其病二。又《洪範》原無錯簡，而王柏、胡一中等任意改竄。其病三。皆切中舊說之失。蓋渭經術湛深，學有根柢，故所論一軌於理。漢儒附會之談、宋儒變亂之論，能一掃而廓除焉。

【彙訂】

①"文理"，殿本作"文"。

尚書解義一卷（兩江總督採進本）①

國朝李光地撰②。是書僅解《堯典》、《舜典》、《大禹謨》、《皋陶謨》、《益稷》、《禹貢》、《洪範》七篇，蓋未竟之本。所說不以訓詁為長,辭旨簡約而多有精義。《大禹謨》篇不以古文為偽,而云孔安國有所删添,東漢以後儒者又有所竊竄,以解文辭平易之故,未免出於調停。《禹貢》篇解"五服五千",以飛鳥圖為算,謂塞盡處北極出地四十二度,至廣海戴日北極出地二十三度,一度為二百五十里,南北恰距五千,以遷就"入於南海"之文。亦由光地閩人,不欲其鄉出《禹貢》揚州之外,故立是説。與訓"洪"為"大",訓"範"為"訓",謂《洪範》即《顧命》之"大訓",皆未免巧而不確。至於《堯典》之論中星歲差,《舜典》之論蓋天、渾天、十有二州與詩歌聲律,《禹貢》之論潛水、沔水相通,沔水、渭水不相入,彭蠡即今巢湖,"會於匯"為即鄱陽,原隰、瀦野非地名,則皆實有考證之言,非講學家之據理懸揣者矣。

【彙訂】

① 文淵閣《四庫》本為《尚書七篇解義》二卷。(沈治宏:《中國叢書綜録訂誤》))

② 依《總目》體例,當補"光地有《周易通論》,已著録"。

書經衷論四卷(江蘇周厚堉家藏本)

國朝張英撰。英有《易經衷論》,已著録。此書不全載經文,但每篇各立標題,而逐條繫説,亦如其説《易》之例。凡《虞書》六十三條,《夏書》三十二條,《商書》五十二條,《周書》一百六十七條。前有康熙二十一年正月進書原序一篇。時英以翰林學士侍講幄,故因事敷陳,頗類宋人講義之體。其説多采録舊文而參以新義。如《益稷篇》稱其有"暨益、稷"之文,故借此二字以名篇,乃林希逸之説;《甘誓篇》稱啟未接行陣而能素明軍旅之事,足見古人學無不貫,乃吕祖謙之説;《微子篇》稱比干答微子之言,當無異於箕子，故不復著，乃孔安國之説；《君牙篇》稱古來制誥之辭必自述祖功宗德，而因及其臣子之祖、父，此立言之體，乃《朱子語類》之説；至於《高宗肜日》為祖己訓祖庚之書，《西伯戡黎》為武王之事，皆不從蔡氏而從金履祥《通鑑前編》，頗總括羣言，不拘門户。其以《牧誓》庸、蜀、羌、髳、微、盧、彭、濮為在"友邦冢君"外舉小國之君連及之，而不用蔡氏八國近周西都、陳氏舉遠概近之説；以《君奭》為周公、召公共相勉勵輔翼成王之言，而不用諸家留之、慰之之説，則皆所自創之解。核諸經義，亦較為精切。雖卷帙無多，而平正通達，勝支離蔓衍者多矣。

尚書地理今釋一卷（山東巡撫採進本）

國朝蔣廷錫撰。廷錫字揚孫，常熟人。康熙癸未進士，官至大學士，諡文肅。是編乃其官内閣學士時所作。首題恭錄聖訓，蓋儤直内廷之日，仰承指授，敬繕成帙者也。其中訂定諸儒之説者。如《堯典》"宅嵎夷"，則據《後漢書》定為朝鮮，正薛季宣、于欽之誤；"宅西"，則據黄度《尚書説》，不限以一地，正徐廣《史記》注之誤；"蠙降嬀汭"，則據孔安國《傳》、陸德明《釋文》之説，正《水經注》嬀、汭二水之誤。《舜典》"恒山"，則據渾源、曲陽之道里，正《漢志》"上曲陽"之誤；"滎波既豬"，則據傅寅之説，正孔《傳》滎、波分二水之誤。又訂定蔡沈《集傳》之説者，如《禹貢》"治梁及岐"，則據曾旼之説，辨其非吕梁[①]、狐岐；"九河既道"，則據《經典釋文》辨簡、潔非一河；"灉、沮會同"，則據《元和郡縣志》、《元豐九域志》辨此沮水非汳沮；"浮于濟、漯"，則據《漢書·地理志》、陳師凱《書傳旁通》辨其不知漯水所在；"濰、淄既道"，則據《水經注》辨淄水不束入濟；"浮于淮、泗"，則據《史記·河渠

書》辨禹時泗水上源不自沛通河；“三江既入”，則據鄭元之説辨
其誤從庚闡《吳都賦》注；“和夷底績”，則據《水經注》、時瀾《書
説》辨嚴道以西無夷道；“盤庚于今五遷”，則據《史記索隱》辨
“邢”即音“耿”，祖乙並未兩遷。以及三危有二，嶓冢亦有二，熊
耳有二而實一，雍、梁二州兼得岷山，荆、梁二州各有沱、潛，南
亳、西亳皆湯所都。均考訂精核，足證往古之譌，釋後儒之惑。
至於崑崙河源之説，非惟訂漢儒之謬，並證《元史》之非。是則恭
逢聖代，混一輿圖，得以考見其實據，尤非前代經師輾轉耳食者
比矣。《欽定書經傳説彙纂》已備採其文，此蓋其先出別行之本。
敬著於録，俾天下萬世知聖學高深，度越千古，仰觀俯察，協契庖
犧。一時珥筆之臣，鞠脰蠵坳，備聆聖訓，得餘緒之萬一，已能總
括古今，爲説經家所未曾有也。

【彙訂】

① “其”，殿本無。

禹貢會箋十二卷（安徽巡撫採進本）①

國朝徐文靖撰。文靖字位山，當塗人。雍正癸卯舉人。乾
隆元年薦舉博學鴻詞，試不入格。十七年，又薦舉經學，特授翰
林院檢討。是書首列《禹貢山水總目》，以《水經》所載爲主，附論
於下。次爲圖十有八，各係以説。書中皆先引蔡《傳》而續爲之
箋，博據諸書，斷以己意。如汾水西入河，非東入河；徒駭即河之
經流，非別有一經流；“三江既入”，終以南江②、北江、中江爲正；
九江在潯陽，非洞庭，皆不爲蔡《傳》所囿。至於蔡山則闕其所
疑，不主《寰宇記》周公山即蔡山之説；於“惇物”則取《金史·地
理志》，謂在乾州武亭縣，今武功縣之東南二百里；三危山引《西

河舊事》為昇雨山,謂《史記》注作卑羽山,蓋字之誤,並辨胡渭之
譌,皆具有考證。蓋説《禹貢》者,宋以來棼如亂絲,至胡渭《錐
指》出,而摧陷廓除,始有條理可案。文靖生渭之後,因渭所已言
而更推尋所未至,故較之渭書益為精密,蓋繼事者易有功也。惟
信《山海經》、《竹書紀年》太過,是則僻於好古,不究真偽之失耳。

【彙訂】

① 文淵閣《四庫》本尚有卷首一卷圖一卷。(沈治宏:《中國
叢書綜録訂誤》)

②"終",殿本作"經",誤。

附録

尚書大傳四卷補遺一卷(兵部侍郎紀昀家藏本)①

舊本題漢伏勝撰。勝,濟南人。考《史記》、《漢書》但稱伏
生,不云名勝,故説者疑其名為後人所妄加。然《晉書·伏滔傳》
稱遠祖勝,則相傳有自矣②。《漢志》"《書》"類載經二十九卷,傳
四十一篇,無"伏勝"字。《隋志》載《尚書》三卷,鄭元注,亦無"伏
勝"字。陸德明《經典釋文》稱《尚書大傳》三卷,伏生作。《晉
書·五行志》稱漢文帝時伏生創紀《大傳》。《玉海》載《中興館閣
書目》引鄭康成《尚書大傳》序曰:"蓋自伏生也。伏生為秦博士,
至孝文時年且百歲,張生、歐陽生從其學而受之。音聲猶有譌
誤,先後猶有舛差。重以篆隸之殊,不能無失。生終後,數子各
論所聞,以己意彌縫其闕,别作章句。又特撰大義,因經屬指,名
之曰《傳》。劉向校書,得而上之。凡四十一篇,詮次為八十一
篇。"云云。然則此《傳》乃張生、歐陽生所述,特源出於勝爾,非

勝自撰也。《唐志》亦作三卷，《書録解題》則作四卷。今所傳者
凡二本，一為杭州三卷之本，與《隋志》合。然實雜採類書所引，
裒輯成編，漫無端緒。一為揚州四卷之本，與《書録解題》合，兼
有鄭康成注。校以宋仁宗《洪範政鑒》所引鄭注，一一符合，知非
依託。案《洪範政鑒》世無傳本，惟《永樂大典》載其全書。二本各附《補遺》
一卷，揚州本所補較備。然如《郊特牲》注引《大傳》云："宗室有
事，族人皆侍終日。大宗已侍於賓奠，然後燕私。燕私者何也？
已而言族人飲也"一條，猶未採入，信乎著書之難矣。其文或説
《尚書》，或不説《尚書》，大抵如《詩外傳》、《春秋繁露》，與經義在
離合之間。而古訓舊典，往往而在，所謂六藝之支流也。其第三
卷為《洪範五行傳》，首尾完具。漢代緯候之説，實由是起。然
《月令》先有是義，今列為經，不必以董仲舒、劉向、京房推説事
應，穿鑿支離，歸咎於勝之創始。第四卷題曰《略説》，王應麟《玉
海》別為一書。然如《周禮・大行人》疏引"孟侯"一條[3]、《玉藻》
疏引"祀上帝于南郊"一條，今皆在卷中。是《大傳》為大名，《略
説》為小目，應麟析而二之，非也。惟所傳二十八篇無《泰誓》，而
此有《泰誓傳》。又《九共》、《帝告》、《歸禾》、《揜誥》皆逸《書》，而
此《書》亦皆有傳。蓋伏生畢世業《書》，不容二十八篇之外全不
記憶，特舉其完篇者傳於世。其零章斷句，則偶然附記於《傳》
中，亦事理所有，固不足以為異矣。

　　案，《尚書大傳》於經文之外掇拾遺文，推衍旁義，蓋即
古之緯書。諸史著録於《尚書》家，究與訓詁諸書不從其類。
今亦從《易》緯之例，附諸經解之末。

【彙訂】

① 文淵閣《四庫》本為《尚書大傳》三卷《補遺》一卷。（沈治

宏：《中國叢書綜錄訂誤》）

②《總目》卷一九一《文選音義》條亦謂《晉書·伏滔傳》言"遠祖勝"為史書伏生名之始。然《晉書·伏滔傳》並無此文。《後漢書·伏湛傳》："九世祖勝，字子賤，所謂濟南伏生者也。"館臣或誤"湛"為"滔"，又誤史書之名。然《集解》引張晏注《史記·儒林列傳》曰："伏生名勝，伏氏碑云。"（楊武泉：《四庫全書總目辨誤》）

③"孟侯"，殿本作"益侯"，誤，參《周禮·大行人》疏及此書卷三。

書義矜式六卷（浙江范懋柱家天一閣藏本）

元王充耘撰。充耘以《書經》登第，此乃所作經義程式也。自宋熙寧四年，始以經義取士，當時如張才叔《自靖人自獻於先王義》，學者稱為不可磨滅之文。呂祖謙編次《文鑑》，特錄此一篇，以為程式。元仁宗皇慶初，復行科舉，仍用經義，而體式視宋為小變。綜其格律，有破題、接題、小講，謂之冒子。冒子後入官題。官題下有原題，有大講，有餘意，亦曰從講。又有原經，亦曰考經。有結尾。承襲既久，以冗長繁複為可厭，或稍稍變通之。而大要有冒題、原題、講題、結題，則一定不可易。充耘即所業之經篇，摘數題各為程文，以示標準。其"慎徽五典"一節①，引孔《傳》"大錄萬幾"為説，不全從蔡《傳》。考《元史·選舉志》載《書》用蔡《傳》及《注疏》。當時經義，猶不盡廢舊説，故應試者得兼用之。此元代經學所以終勝明代也。

案，此書乃科舉程文，當歸集部。然雖非詁經之書，實亦發明經義，入之別集為不類。故仍入經部附錄中。

【彙訂】

① "節"，殿本作"篇"。

右書類五十六部，六百五十一卷①，附錄二部，十一卷，皆文淵閣著録。

【彙訂】

① "五十六部六百五十一卷"，殿本作"五十五部六百五十卷"。

　　案，蔡沈《洪範皇極數》諸書，雖以《洪範》為名，而實以洛書九數推衍成文，於《洪範》絕無所涉。舊以為《書》類，於義殊乖。今悉退列子部術數類中，庶不使旁門小技淆亂聖經之大義焉。

經 部 十 三

書 類 存 目 一

書古文訓十六卷（内府藏本）

宋薛季宣撰。季宣字士龍，號艮齋，永嘉人。起居舍人徽言之子。紹興二十九年，年甫十七，即從荆南帥辟寫機宜文字，調鄂州武昌令。以王炎薦，改知常熟縣。入為大理寺主簿，進大理寺正①，知湖州。乾道元年，遷知常州，未上，卒②。然宋人多稱為薛常州，未之詳也。事蹟具《宋史·儒林傳》。是編所載經文，皆以古文奇字書之。案孔壁蝌蚪古文，漢時已佚，無人見其書蹟③。《後漢書·杜林傳》稱"林於西州得漆書《古文尚書》④，常寶愛之，雖遭艱困，握持不離身。出以示衛宏"云云，此言漆書古文之始。又《儒林傳》曰："扶風杜林傳《古文尚書》，同郡賈逵為之作訓，馬融作傳，鄭元作解。"云云。今賈、馬、鄭之注俱不傳。然考陸德明《經典釋文·敘錄》稱馬、鄭所注並伏生所誦，非古文也。《隋書·經籍志》亦稱杜氏所傳與賈、馬、鄭三家所注惟二十九篇，又雜以今文，非孔舊本。然則當時所謂古文，已非今本五十八篇之全矣⑤。郭忠恕作《汗簡》，所引有《古尚書》⑥。《玉海》載後周顯德六年郭忠恕定《古文尚書》刻版；沈括《夢溪筆談》稱宋太宗得古本《尚書》⑦，改“雲夢土作乂”為“雲土夢作乂”，均不言所自。晁公武《讀書志》稱⑧“《古文尚書》，呂大防得本於宋次道、王仲至家，以核陸氏《釋文》，雖有小異同，而大體相類。觀其作字奇古，非字書傅會穿鑿者所能到。學者考之，可以見制字之本”云云，亦不言宋、王之本何來。考顏師古《匡謬正俗》引《古文尚書》“戮”作“翏”⑨、“誓”作“斳”，則唐初即有此書。又《册府元龜》載天寶三載詔曰“先王令範，莫越於唐、虞；上古遺書，實稱於訓、誥。雖百篇奧義，前代或亡；而六體奇文，舊規猶在。但以古先所制，有異於當今；傅寫寖譌，有疑於後學。永言刊革，必在從宜。《尚書》應是古體文字，並依今字繕寫施行。其舊本仍藏之書府”云云。是宋、王二氏所傳，宋太宗所得，即郭忠恕所見本。忠恕所見，即唐內府本也。然《隋志》稱：“晉世祕書所存，有《古文尚書》經文，今無有傳者。”是唐初古《尚書》已亡，元〔玄〕宗時何以仍在祕府？惟魏江式《論書表》中稱所撰《古今文字》四十篇，採孔氏《尚書》、《五經》音注、《籀篇》、《爾雅》等書，似其時河北尚有傳本。然《經典釋文·敘錄》稱：“《尚書》之字本為隸古，既是隸寫古文，則不全為古字。今宋、齊舊本及徐、李等音所有古字，蓋亦無幾。穿鑿之徒，務欲立異，依傍字部，改變經文，疑惑後生，不可承用。”是式所據者即出此，元宗祕府所藏，正是本耳。陸德明已先辨之，何宋人又紛紛崇尚乎？季宣此本又以古文筆畫改為今體，奇形怪態，不可辨識，較篆書之本尤為駭俗。其訓義亦無甚發明，《朱子語錄》謂其惟於地名上用功，頗中其病。故雖宋人舊帙，今亦無取焉⑩。

【彙訂】

①“寺”，殿本脫。

②陳傳良《止齋集》卷五一《薛公行狀》只言："年十七,荊南安撫孫汝翼辟寫機宜文字。"未言二十九年。《宋史》本傳亦未言年代。呂祖謙《薛公墓誌銘》(附載薛季宣《浪語集》末)云："改知常州,未上,以乾道九年七月戊申卒於家,年四十。"推其生年當為紹興四年。年十七時當紹興二十年或二十一年,非二十九年。吳廷燮《南宋制撫年表》卷上,孫汝翼於"(紹興)二十年九月,由福州知荊南",直至二十三年八月。又於"二十四年六月,復知荊南",至二十五年十二月丁酉罷。可知薛季宣"辟寫機宜文字"非在二十九年。(楊武泉:《四庫全書總目辨誤》)

③《說文解字》序:"馬頭人為長,人持十為斗……皆不合孔氏古文,謬於史籀。"則許慎明見孔壁古文,謂"漢時已佚"非也。(胡玉縉:《四庫全書總目提要補正》)

④"西州",底本作"西川",據《後漢書》卷二十七《杜林傳》原文及殿本改。

⑤《古文尚書冤詞》云:"不知杜林所傳實孔氏之本,故馬、鄭去其無師說者十六篇,正得二十九篇,《經典釋文》所引尚得覆驗。徒以修《隋志》時梅賾之書已行,故《志》據後出偽本謂其不盡孔氏之書。"當從。(胡玉縉:《四庫全書總目提要補正》)

⑥殿本"引"下有"用"字。

⑦"古本",殿本作"古文",誤,參《夢溪筆談》卷四原文。

⑧"晁公武",殿本作"晁武公",誤。

⑨"翯",底本作"翯",據《匡謬正俗》卷二原文及殿本改。

⑩此本一沿舊本,別無更定,謂"以古文筆劃改為今體",非也。(孫詒讓:《溫州經籍志》)

書疑九卷（內府藏本）

宋王柏撰。顧炎武《日知錄》稱為元儒王柏。考柏以度宗咸淳十年卒，未嘗入元，炎武偶誤也。柏字會之，號魯齋，金華人。受業於何基之門。基，黃榦弟子，榦又朱子婿也。故托克托等修《宋史》，以朱子之故，列柏於《道學傳》中。然柏之學，名出朱子，實則師心，與朱子之謹嚴絕異。此其辨論《尚書》之文也。《尚書》一經，疑古文者自吳棫、朱子始，見《朱子語錄》[①]。併今文而疑之者自趙汝談始，見陳振孫《書錄解題》。改定《洪範》自龔鼎臣始，見所作《東原錄》。改定《武成》自劉敞始，見《七經小傳》。其併全經而移易補綴之者則自柏始。考《漢書》載"劉向以中古文校歐陽、大小夏侯三家經文，《酒誥》脫簡一，《召誥》脫簡二，率簡二十五字者脫亦二十五字，簡二十二字者脫亦二十二字。文字異者七百有餘，脫字數十"云云，此言脫簡之始也。然向既校知脫簡，自必一一改正，必不聽其仍前錯亂。又惟言《酒誥》脫簡一，《召誥》脫簡二，則其餘併無脫簡可知，亦非篇篇悉有顛倒。且一簡或二十五字，或二十二字，具有明文，則必無全脫一章一段之事。而此二十餘字之中，亦必無簡首恰得句首，簡尾恰得句尾，無一句割裂不完之事也。柏作是書，乃動以脫簡為辭，臆為移補。其併《舜典》於《堯典》，刪除姚方興所撰二十八字，合《益稷》於《皋陶謨》，此有孔穎達《正義》可據者也；以《大禹謨》、《皋陶謨》為《夏書》，此有《左傳》可據者也；以《論語》"咨爾舜"二十二字補"舜讓於德，弗嗣"之下，其為《堯典》本文，抑或為他書所載，如《鬻子》述帝王遺語之類，已不可知。案《鬻子》所述帝王遺語，今本不載，見賈誼《新書》所引。以《孟子》"勞之來之"二十二字補"敬敷五教，在寬"之下，則《孟子》明作堯言，柏乃以為舜語，已相矛盾。然亦尚有《論語》、《孟子》可據也。至於《堯典》、《皋陶謨》、《説命》、《武成》、《洪範》、《多士》、《多方》、《立政》八篇，則純以意為易置，一概託之於錯簡。有割一兩節者，有割一兩句者，何脱簡若是之多？而所脱之簡又若是之零星破碎，長短參差？其簡之長短廣狹，字之行款疏密，茫無一定也。其為師心杜撰，竄亂聖經，已不辨而可知矣。其所辨説，如謂盤庚之言，所欠者理明辭達。又信《〈泰誓〉序》"十有一年"之説，謂："武王承祖父之餘慶，藉友邦之歸心，氣焰既張，體貌且盛，改元紀年②，視紂猶諸侯。後世曲為覆護，反生荆棘。"又謂《大誥》"寧王貽我大寶龜，西土有大艱，人亦不靖"之語，無異唐德宗奉天之難，諉之於定數。是排斥漢儒不已，併集矢於經文矣，豈濂、洛、關、閩諸儒立言垂教之本旨哉！托克托等修《宋史》，乃與其《詩疑》之説並特録於本傳，以為美談，何其寡識之甚乎？

【彙訂】

①　王柏實入《宋史·儒林傳八》，非《道學傳》。且既言"柏之學，名出朱子，實則師心與朱子之謹嚴絶異"，又云"《尚書》一經，疑古文者自吳棫、朱子始"，是柏之師心，亦朱子之疑古文。（吳梯：《巾箱拾羽》；楊武泉：《四庫全書總目辨誤》）

②　"紀年"，殿本作"紀元"，誤，參此書卷四《泰誓疑》條原文。

古洪範一卷（永樂大典本）

宋賀成大撰。成大字季常，爵里未詳。其自序以為《洪範》自"三八政"以下，紊亂無次，因援朱子《大學》分經傳之例，每疇以禹之言為經，以箕子之言為傳。如"五行：一曰水"至"五曰土”，此禹之經也，“水曰潤下”至“稼穡作甘”，此箕子之傳也。“五事：一曰貌”至“五曰思”為禹之經，“貌曰恭”至“睿作聖”為箕子之傳。“三八政：一曰食”至“八曰師”為經，而移“惟辟作福”至“民用僭忒”為傳。“五紀：一曰歲”至“五曰歷數”為經，而以“王省惟歲”至“則以風雨”為傳。“五皇極”則以“皇建其有極”一句為經，而以“惟皇作極，無偏無陂”至“以為天下王”為傳。“三德”則以“一曰正直”至“三曰柔克”為經，而以“平康正直”至“高明柔克”為傳。“稽疑”則以“擇建立卜筮人”至“衍忒”為經，而以“立時人作卜筮”至“用作凶”為傳。“庶徵”則以“曰雨”至“曰時”為經，而以“五者來備”至“恒風若”為傳。“五福”則以“一曰壽”至“五曰考終命”為經，而移“斂時五福”至“其作汝用咎”為傳。“六極”則以“一曰凶短折”至“六曰弱”為經，而移“惟時厥庶民于汝極，錫汝保極，一極備凶，一極無凶。凡厥庶民，無有淫朋，人無有比德，不協於極，不罹於咎，無虐煢獨而畏高明，時人斯其惟皇之極”為傳。顛倒錯亂，純出臆斷，而自以為古《洪範》。自伏生以後，傳授歷歷可考，何處有此古本乎？

定正洪範二卷（內府藏本）

　　元胡一中撰。一中字允文，諸暨人。官紹興路參軍。是編因王柏、文及翁、吳澄三家改定《洪範》之本，而以己意參酌之。首為圖說，次考訂經文，次為雜說。案河圖、洛書，名見《繫辭》，不云有關於《洪範》。《漢書·五行志》始載劉歆之言，稱：“禹治洪水，錫洛書法而陳之，《洪範》是也。”於是洛書始合於《洪範》，然猶未及河圖。一中又因歆有“河圖、洛書相為經緯，八卦、九章相為表裏”之文，遂以河圖、洛書併合於《洪範》，而又參以陳搏先天之説。所列二十八圖，大抵支離破碎，至於“無偏無黨”亦以五行生尅立論，尤為無理。其以九為河圖，十為洛書，沿用劉牧之説。於彼法之中自生輵轕，猶其小焉者矣。且説既穿鑿，理多窒礙，乃於必不可通者，更遁為錯簡之説，以巧飾其謬。遂割裂舊文，強分經傳。移“曰王省惟歲”以下八十七字為第四、第五章之傳，移“無偏無陂”以下五十六字於“皇建其有極”句下為五章之經，移“斂時五福”以下割裂其文為九章之傳。其餘亦多移彼綴此，臆為顛倒。並據吳澄之説，改“而康而色”句為“而康而寧”，改“是彝是訓”句為“是彝是倫”，則併其字而竄易之。考《尚書正義》載《漢書·五行志》以“初一曰五行”六十五字為洛書本文，孔安國則以為禹所第敘，劉向以為龜背先有三十八字，劉歆以為先有二十字，孔穎達已均謂其無據。其以“一五行”以下為箕子所演，則諸家並同，絕無逐章各有經傳之説。一中欲仿朱子考定《大學》、《孝經》之例，強為分別，既已無稽。且一中既稱一行十三字，何以“於庶民錫汝保極”以七字而錯一簡，“五皇極，曰皇建其有極”以九字而錯一簡，“曰王省惟歲”以下復以八十七字錯一簡也？龔明之《中吳紀聞》載北宋余燾嘗上書[1]，請移《洪範》“曰王省惟歲”以下八十七字於“四五紀”一節之下，為臺諫所彈，不果施行。是前此已嘗論定矣，何一中又祖其説耶？

【彙訂】

[1]“余燾”，殿本作“余壽”，誤，參《中吳紀聞》卷二《改正洪範》條原文。

尚書旁注六卷（兩江總督採進本）

明朱升撰。升有《周易旁注圖説》，已著録。是編以《尚書》

本文大書正行①，以訓釋字義者細書於旁，閒有疏明大旨者，又別作一行書之。蓋鄉塾課蒙之本，不足以言詁經也。梅文鼎序謂升有《四書五經旁注》，明嘉靖閒程聞禮為重鋟，止存《易》、《詩》、《書》三種，餘皆散佚。國朝康熙五十年，石城蔡鐅再為鋟版以行。近坊肆《五經旁訓》之本，實倡始於升②。經學至此而極陋，又出朱申《句解》下矣③。

【彙訂】

①“正行”，殿本無。

② 元李恕已有《五經旁訓》，世傳《五經旁訓》多與李恕本相近而與朱升本有別。（杜澤遜：《〈四庫存目〉書探討》）

③“朱申”，殿本作“朱升”，誤。《總目》著錄宋朱申撰《周禮句解》十二卷、《春秋左傳句解》三十五卷、《孝經句解》一卷。

書義卓躍六卷（浙江范懋柱家天一閣藏本）

舊本題廬陵陳雅言撰。案《經義考》載鄒緝所作《墓表》，稱雅言永豐人。廬陵蓋舉其郡名。又卷首彭勖序稱“鄉先生雅言陳公”，似乎雅言其字也。舊本又作元人。考黃虞稷《千頃堂書目》稱其洪武中薦舉不起，後領永豐教事以終①。《墓表》稱其著述多所發明，有《四書一覽》、《大學管窺》、《中庸類編》、《書義卓躍》行於世。今其他書未見，此書則殊無可觀。蓋元代以經義取士，遂有擬題之書，以便剽竊。此書蓋亦其一，故每段必以“此題”二字冠首。所論亦皆作文之法，於經旨無所發明。楊士奇跋亦稱其專為科舉設云。

【彙訂】

①“後”，殿本作“復”。

書傳通釋六卷（浙江吳玉墀家藏本）

明彭勗撰。勗字祖期，永豐人。永樂乙未進士，官至山東按察司副使[1]。事蹟具《明史》本傳。其書卷首備列《四代譜系圖》及《定時成歲》、《七政五辰》、《璿璣玉衡》、《河洛九疇》、《聲音律呂》、《五服九州》等圖。編內於蔡《傳》之下摘録諸儒舊説，間於篇題之後加以案語，總論一篇大旨，率皆陳因之談。觀其自敍，蓋節録永樂中《書經大全》為之。考陸容《菽園雜記》曰："正統初，南畿提學彭御史勗嘗以永樂間纂修《四書五經大全》討論欠精，諸儒之説有與《集注》背馳者，當刪正自為一書，欲繕寫以獻。或以《大全》序出自御製而止。"云云。則勗於《四書五經大全》均有刪定之本，此特其一種耳。夫《大全》之謬在於偏主一家之説，荒棄古來之經義。勗更以其偏主為未堅，必鋤盡異同而後已，門户之見尤為深固。史稱勗官建寧教授時，疏請春秋祭朱子，蠲其子孫徭役。又創尊賢堂祀胡安國、蔡沈、真德秀。蓋尊信至深[2]，所以欲盡廢漢、唐舊詁云[3]。

【彙訂】

①"司"，殿本作"使"，誤。

②"至"，殿本作"既"。

③"漢唐"，殿本無。

尚書直指六卷（浙江范懋柱家天一閣藏本）

不著撰人名氏。朱彝尊《經義考》曰："是書徐文蕭為東宮講官時所進，未曾刊行，亦未署名。其後中璫錢能從宮中攜出，遂鏤版。於時錢溥[1]、劉宣序之，童軒跋之，皆不知為文蕭所著。予從曹侍郎溶家見之，因為標出。"云云。則此書乃徐善述撰也。

善述字好古,天台人。以薦授桂陽州學正。仁宗為太子時,簡為
左春坊左司直郎,陞左贊善。時宮僚多被罪②,善述亦坐累死。
洪熙初,贈太子少保,諡文肅。事蹟附見《明史·鄒濟傳》。其書
檃括蔡《傳》大義,已漸類後來講章,於蔡《傳》得失未嘗糾定。又
所纂之注,亦時有時無,如《禹貢》注“震澤”而不注“三江”,注“王
屋”而不注“太行、恒山”,《顧命》注“大訓”而不注“赤刀、琬炎
〔琰〕”之類③,不應罣漏至此。意剞劂之時④,並注脫去。能本内
官,姑借刊書啖名,未嘗一為校正歟?

【彙訂】

①“於時”,殿本作“於是”,誤,參《經義考》卷八七《尚書直
指》條原文。

②“宮僚”,殿本作“官僚”,誤,參《明史》卷一五二《鄒濟傳》
原文。

③“琬炎”,本當作“琬琰”,乃避嘉慶諱改。殿本作“琬琰”。

④ 殿本“意”下有“者”字。

書經提要無卷數(浙江吳玉墀家藏本)

明章陬撰。陬字仲寅,黃巖人。正統丙辰進士,官禮部主
事。是編以天文、地理、圖書、律吕四者皆釋經之要,故分為四
類。每類又各分細目,繫以圖說。自序謂見於蔡《傳》者不復出。
然其圖皆從諸書採録,其說亦多襲取陳言,無所考辨。“《召誥》
土中說”一條,引《周禮》“日東則景夕多風,日西則景朝多陰”,謂
蔡《傳》所引王氏之說,誤為“景朝多陽”、“景夕多陰”。今案蔡
《傳》只以“多風”誤為“多陽”,未嘗誤為“景夕多陰”。或陬所見
與今刊本不同耶?

書傳洪範考疑一卷（浙江巡撫採進本）

明吳世忠撰。世忠字懋貞，金谿人。宏治庚戌進士，官至延綏巡撫僉都御史。是書取蔡沈所釋《洪範》，有疑於心者，略為考正。大旨歸本於治法，立意未嘗不善。然如以"六三德"為馭臣之法，以"剛克柔克"為恩威之義，用張景之説，尚為可通。以《禹貢》"貢金"之類解五行，已覺附會。至"五福"、"六極"皆指刑賞而言，以"保全愛養，不使短折"為壽之之法，以"殺戮剿絶，不使得壽"為凶短折之之法①，則牽強太甚矣。

【彙訂】

① "凶短折之"，底本脱"之"字，據殿本補。

禹貢詳略無卷數（浙江范懋柱家天一閣藏本）

明韓邦奇撰。邦奇有《易學啟蒙意見》，已著録。邦奇學有原本，著作甚富。而此書訓釋淺近，惟言擬題揣摩之法。所附歌訣、圖考，亦極鄙陋①。前有邦奇自為小引云："略者，為吾家初學子弟也②。復講説者，舉業也。詳釋之者，使之進而有所考也。"後有薊門歐思誠跋，述邦奇之言，亦曰："特以教吾子弟，非敢傳之人人。"則是書本鄉塾私課之本，思誠刻之③，轉為邦奇累矣。至每州之下各加"每州之域"四字④，參於經文之中，尤乖體例。邦奇必不如是之妄⑤。或亦思誠校刊之時移其行款也⑥。朱彝尊《經義考》載邦奇《書説》一卷，注曰"未見"，而不載此書，其卷數則相同。或即因此書而傳譌歟⑦？

【彙訂】

① 殿本"陋"下有"乃類兔園册子"一句。

② "子弟"，殿本作"弟子"，誤。

③ 殿本"刻"上有"無識而"三字。

④ 殿本"至"下有"於"字。

⑤ "妄"，殿本作"謬"。

⑥ "或"，殿本作"殆"。

⑦《經義考》卷八十八載韓邦奇《書説》一卷，未見；卷九十四載其《禹貢詳略》二卷，存。（張宗友：《〈四庫全書總目〉誤引〈經義考〉訂正》）

尚書説要五卷（浙江汪啟淑家藏本）

明吕柟撰。柟有《周易説翼》，已著録。是編乃其與門人論《書》之説，詮次成帙，與蔡《傳》閒有出入。如以《舜典》"在璇璣玉衡"為北斗，以《武成》非錯簡之類，改從古説，異乎蔡《傳》者也；以《洪範》為洛書，以《伊訓》"元祀十有二月"證三代不改月之類，沿襲誤解，仍同乎蔡《傳》者也。大抵推尋文句，雖閒有闡發，亦皆以私意揣摩。如謂《堯典》仲夏稱"日永"、仲冬不稱"宵永"為扶陽抑陰之義，以《書》序《君奭》"不悦"為不悦仕進，是果經意乎？其言《禹貢》水土之序及五服之遠近，亦皆臆度之辭，無典據也。

書經旨略一卷（浙江吳玉墀家藏本）

明王大用撰。大用字時行，號蘗谷，興化人。正德戊辰進士，官至副都御史。是編不載經文，惟推闡傳注之意，載某段某句宜對看，某段某句宜串看，不出科舉之學。而拘牽淺陋，又在《書義卓躍》之下①。

【彙訂】

① "而拘牽淺陋又在書義卓躍之下"，殿本無。

尚書譜五卷（編修汪如藻家藏本）

明梅鷟撰。鷟有《古易考原》，已著錄。鷟因宋吳棫、朱子及元吳澄之説，作《尚書考異》及此書。《考異》引據頗精核，此則徒以空言詆斥，無所依據。如謂孔壁之十六篇出於孔安國所為，實以臆斷之，別無確證。又謂東晉之二十五篇出於皇甫謐所為，則但據孔穎達引《晉書》謐傳"從其姑子外弟梁柳得古文"一語，其説亦在影響之閒。且辭氣叫囂，動輒醜詈，亦非著書之體。故錄其《考異》，而是書僅存目焉。

書疇彝訓一卷（監察御史蕭際韶家藏本）

明蔡悉撰。悉字士備，合肥人。嘉靖己未進士，官至南京尚寶司卿，移署國子監祭酒。《明史·儒林傳》附載《王畿傳》末，稱其"嘗請立東宮，又極言礦稅之害。為人有學行，恬於宦情。仕五十載，家食強半。清操亮節，為淮西所宗"。在姚江末派之中，為最能謹嚴不肆者。是書闡發《洪範》九疇與《易》象合一之理。前五條總明其理，次九章分晰其旨。蓋即劉歆"河圖、洛書相為經緯，八卦、九章相為表裏"之説也。

禹貢圖説一卷（浙江巡撫採進本）

明鄭曉撰。曉字窒甫，海鹽人。嘉靖癸未進士，官至刑部尚書，謚端簡。事蹟具《明史》本傳。是書自總圖以下分圖者凡三十。旁綴以説，仍載《禹貢》經文於後。其中精核可從者，胡渭《禹貢錐指》每徵引之。然核其全書，實多疏舛，渭未及一一辨也。

禹貢説一卷（兩江總督採進本）

明鄭曉撰。是篇詮釋《禹貢》之文。其中如解"大野既豬"一條，解"揚州"一條、解"浮于江、沱、潛、漢"一條，解"江漢"一條，皆為閻若璩《潛邱劄記》所取。然大致多隨文演義，辭旨淺近。其門人徐允〔胤〕錫跋稱受業於曉數月，因出此帙授之，曰："子能了此，《禹貢》無難矣。"蓋本為舉業講授而設。允錫尊其師説，遂從而刊行，非曉意也。

　　古書世學六卷（兩淮鹽政採進本）

　　明豐坊撰。坊有《古易世學》，已著録。是篇以今文、古文石經列於前，而後以楷書釋之。且採朝鮮、倭國二本以合於古本①，故曰"古書"。又以豐氏自宋迄明世學古《書》，稷為《正音》，慶為《續音》，熙為《集説》，道生為《考補》，故曰"世學"。其序曰："正統六年，慶官京師，朝鮮使臣媯文卿、日本使臣徐睿入貢。二人皆讀書能文辭，議論《六經》，出人意表，因以《尚書》質之。文卿曰：'吾先王箕子所傳，起神農《政典》，至《洪範》而止。'睿曰：'吾先王徐市所傳，起《虞書·帝典》，至《秦誓》而止。'又笑'官本錯誤甚多，孔安國偽序皆非古經之舊。如《虞書·帝告》紀堯舜禪授之事，《汩作》紀四凶之過，《九共》紀四岳九官十二牧考績之事，《槁飫》紀后稷種植之法，序皆不知。吾國之法，有傳古經一字入中國者，夷九族。使臣將行，搜撿再三，遣兵衛之出境。'則六一翁謂令嚴不許傳中國者，不信然歟？固請訂其錯誤，僅録一《典》、二《謨》、《禹貢》、《盤庚》、《泰誓》、《武成》、《康誥》、《酒誥》、《洛誥》、《顧命》見示。僅録附先清敏公《正音》之下，俾讀是經者尚有考於麟角鳳毛之遺雋"云。又曰："梁姚方興妄分《堯典》、《舜典》為二篇。伏生今文、孔安國古文、《鴻都石經》、魏《三體石經》合為一篇，止名《堯典》。箕子朝鮮本、徐市倭國本總作《帝典》，與子思《大學》合。王魯齋、王深寧皆以為最是，今從之。"《考補》云："姚方興本齊篡主蕭道成之臣，偽增'曰若稽古，帝舜曰'七字於'重華'之上，變亂其文，分為二《典》。於建武二年上之。後事篡主蕭衍，以罪見誅。箕子封於朝鮮，傳《書》古文，自《政典》至《微子》而止[②]，後附《洪範》一篇。徐市為秦博士，因李斯坑殺儒生，託言入海求仙，盡載古書至島上立倭國，即今日本是也。二國所釋《書經》，先曾祖通奉府君與楊文懿公皆嘗錄得[③]，以藏於家。"顧炎武《日知錄》曰："案宋歐陽永叔《日本刀歌》：'徐福行時書未焚，《逸書》百篇今尚存。'蓋昔已有是說。夫詩人寄興之辭，豈必真有其事哉！日本之職貢於唐久矣，自唐及宋，歷代求書之詔不能得，而二千載之後慶乃得之，其得之又不以獻之朝廷而藏之家，何也？至曰箕子傳《書》古文，自《帝典》至《微子》[④]，則不應別無一篇《逸書》，而一一盡同於伏生、孔安國之所傳。其曰'後附《洪範》一篇'者，蓋徒見《左氏傳》三引《洪範》，皆謂之《商書》。而不知'王'者周人之稱，'十有三祀'者周史之記，不得謂商人之書也。《禹貢》以'導山導水'移於'九州'之前，此不知古人先經後緯之義也。《五子之歌》'為人上者，奈何不敬'，以其不叶，而改之曰'可不敬乎'，謂本之《鴻都石經》。據《正義》言，蔡邕所書石經《尚書》，止今文三十四篇，無《五子之歌》，熙又何以不考而妄言之也？"其辨可謂明矣。今考《明英宗實錄》，正統六年無此二國使臣之名，則其為子虛烏有，已可不辨。又朝鮮今為外藩，其書不異於中國，絕無箕子本之說。日本所刻《七經孟子考文》，其書為中國所佚者，惟孔安國《孝經傳》、皇侃《論語義疏》[⑤]，而《孝經傳》山井鼎等又自言其偽。至其《尚書》，則一一與中國注疏本同，不過字句偶異耳。然則朝鮮本、倭國本者何自來哉？是又不待證以篇章字句而後知其妄也。

【彙訂】

①"古本"，殿本作"古文"，誤。

②"政典"，底本作"帝典"，據明抄本此書卷一"帝典"字下《考補》原文及殿本改。

③"通奉府君"，殿本作"通秦府君"，誤，參"帝典"字下《考補》原文。

④"自"，殿本作"而"，誤，參《日知録》卷二"豐熙偽《尚書》"條原文。

⑤"論語義疏"，殿本作"論語疏"，誤，參《總目》卷三十五《論語義疏》條。

書經直解十三卷（内府藏本）①

明張居正撰。居正字叔大，江陵人。嘉靖丁未進士，官至太師、吏部尚書、中極殿大學士。卒謚文忠。事蹟具《明史》本傳。是書為萬曆初進講所作。時神宗幼沖，故譯以常言，取其易解。吳澄《草廬集》中所載經筵講義體亦如是也。

【彙訂】

①"卷"，殿本作"篇"，誤，今存明萬曆刻本作十三卷。

書經説意十卷（江西巡撫採進本）

明沈偉撰。偉號虹野，吳江人。嘉靖壬子舉人。是書分節總論，大旨不出講章之習。所標某句截、某句斷者尤陋。案朱彝尊《經義考》有杜氏偉《尚書説意》，不著卷數，注云"未見"。考偉本姓杜，少育於沈漢家，因冒其姓，後乃歸宗。此書蓋其未復姓時所著①，故仍題沈姓。彝尊所載，則據其後而言之也。

【彙訂】

①“著”，殿本作“作”。

書經講義會編十二卷（江西巡撫採進本）

明申時行撰。時行字汝默，號瑤泉，長洲人。嘉靖壬戌進士第一，官至大學士，謚文定。事蹟具《明史》本傳。是編乃時行官翰林直日講時所進。其説皆恪守蔡《傳》，務取淺近易明。考徐允〔胤〕錫作鄭曉《禹貢説》跋云：“嘗屬徐瑤泉作《虞商周書説》，以補所未備。”徐瑤泉者，即謂時行，蓋時行初冒徐姓。允錫跋作於隆慶二年，時猶未復姓也。據其所言，時行蓋深於《尚書》者。然其《書説》竟不及成，惟此編存於世云。

禹貢山川郡邑考四卷（浙江汪啟淑家藏本）

明王鑑撰。鑑字汝明，無錫人。嘉靖乙丑進士，官至太僕寺卿。事蹟附見《明史·邵寶傳》。其書以《禹貢》水道為主，每條用水名標目，而歷引諸書所載源流分合於下。其名為經文所無而見於蔡氏《傳》者，並附釋之。山名亦同此例，郡邑名則專取蔡《傳》所有者釋之。然地名僅載其沿革至到，山名引書亦頗略。惟水道稍詳，亦未為該博。朱彝尊《經義考》不著錄。《無錫縣志》列鑑名於《文苑傳》，亦不言其著有此書。疑草創之稿，未行於世歟？

禹貢元〔玄〕珠一卷（兩江總督採進本）

明俞鯤撰。鯤字之鵬，嘉興人。是書朱彝尊《經義考》不著錄，而別載其《百家尚書彙解》，列於申時行、袁仁之後，屠本畯①、鄧元錫之前。蓋嘉、隆間人也。大旨取《禹貢》篇蔡沈《集傳》删節浮文，歸於簡要。於青州濰、淄二水，則據毛晃《禹貢指南》之説，謂淄入海而以蔡《傳》淄入沛者爲誤，亦閒有考證。然大致主於詮釋文句，於山川地理未能洞悉原委。卷末附《九州總歌》、《導山導水歌》、《九州田法賦法歌》，尤村塾記誦之學矣。

【彙訂】

①“屠本畯”，殿本作“屠本峻”，誤。《經義考》卷八十九載申時行《書經講義會編》，卷九十載袁仁《尚書砭蔡篇》、俞鯤《百家尚書彙解》、屠本畯《尚書別録》、鄧元錫《尚書繹》。

卷一四

經 部 十 四

書 類 存 目 二

書經疑問十二卷（浙江巡撫採進本）

明姚舜牧撰。舜牧有《易經疑問》，已著録。是編於經義罕所考定，惟推尋文句，以意說之，往往穿鑿杜撰。如解《堯典》"湯湯洪水方割"云："湯湯如湯滾沸一般樣"；解《舜典》"有能奮庸熙帝之載"曰："'載'字下得極妙。天下事重且大矣，帝王以一身擔當負荷，如車載者然。"可謂遊談無根矣。

書帷別記四卷（浙江汪啟淑家藏本）

明王樵撰。樵所著《尚書日記》十六卷，說者稱其該洽，已著於録。此書則為科舉而作，曰《別記》者，所以別於《日記》也。書前舊有萬曆甲申自序，見朱彝尊《經義考》。此本不載，蓋偶佚之[①]。

【彙訂】

① "佚"，殿本作"失"。

尚書要旨三十卷（兩江總督採進本）

明王肯堂撰。肯堂字宇泰，金壇人，樵之子也。萬曆己丑進士,官至福建布政司參政。事蹟附見《明史》樵傳。是書承樵所著《尚書別記》①,鈔撮緒言,敷衍其説,以備時文之用。其經文較講義低二格,每節惟書首尾二句,亦如時文之體然②。

【彙訂】

①"著",殿本作"撰"。

②"體然",殿本作"式"。

尚書辨解十卷(浙江汪啟淑家藏本)

明郝敬撰。敬有《周易正解》,已著録。是編前八卷解伏書二十八篇,後二卷辨孔書①,故曰"辨解"②。其解"周公居東"為就管叔以兄弟之義感之;解"罪人斯得"為成王與太公、召公誅管叔而周公不與聞。他若周公稱成王為孺子,為國史代公之辭,非自周公口出③,其説多與先儒異。蓋敬之解經,無不以私意穿鑿④,亦不但此書為然也。

【彙訂】

①"卷",殿本作"篇",誤,參明萬曆郝氏《九經解》本此書。

②殿本"曰"上有"名"字。

③"為國史代公之辭非自周公口出",殿本作"為國史代周公之辭非周公口出"。

④"無不以私意穿鑿",殿本作"率憑臆度"。

禹貢備遺增注二卷(兩江總督採進本)

明胡瓚撰。其曾孫宗緒增注。瓚字伯玉,桐城人。萬曆乙未進士①,官至江西布政司參政。宗緒字襲參,雍正庚戌進士,官至國子監司業。是書先發明《禹貢》書法,別為卷首。自"禹敷土"至"西戎即敘"為一卷,"導岍及岐"以下為一卷②。依經附注,多遵蔡氏《集傳》。宗緒增注,則閒引蔡《傳》原文以證其同異。如謂淄水入海不入濟。考《左傳‧昭公二十六年》"成人伐齊師之飲馬于淄者",杜注云③:"淄水出泰山梁父縣,西北入汶④。"鄭樵誤會其文,遂據此謂濰淄之淄為入汶不入海,固為牽合。蔡《傳》云淄水東入濟,亦不知通淄濟之閒乃漢時事,有《河渠書》可證也。《禹貢》之淄出益都縣東南岳陽山,歷今臨淄、博興、樂安至壽光縣,北由清水泊入海,水道顯然。此糾正之得實者也。至謂汾本西流,則從蔡《傳》。考《水經注》:"汾水出太原汾陽縣北管涔山,南流與東、西溫谿合。"以今地輿考之,自汾陽至臨汾縣東,皆南流。自此而南,西流經曲沃縣,所謂故絳也。由曲沃至河津、榮河諸縣⑤,則皆西流。蔡《傳》未為明晰。如是之類,尚未盡正也。

【彙訂】

①"乙未",殿本作"己丑",誤。《明史》卷二二三《劉東星傳》附傳作萬曆二十三年(乙未)進士,《明清進士題名碑錄》萬曆二十三年乙未科二甲第四十九名為胡瓚。

②"導",底本作"道",據《尚書‧禹貢》原文及殿本改。

③"杜注",殿本作"杜預注"。

④"淄水出泰山梁父縣西北入汶",殿本作"出泰山梁父縣此乃淄汶",誤,參《左傳‧昭公二十六年》杜注原文。

⑤"榮河",殿本作"滎河",誤。《欽定大清一統志》卷一百一《蒲州府‧山川》"汾水"條載"在榮河縣北……舊志:汾河舊自榮河縣北后土祠旁西流於黃河,明隆慶中移河津縣葫蘆灘南入河"。

書傳會衷十卷（江蘇周厚堉家藏本）

明曹學佺撰。學佺有《易經通論》，已著録。是書自一卷《堯典》至六卷《召誥》題曰《書傳會衷》，七卷《洛誥》以下則題曰《書傳折衷》。篇帙相連而兩名互見，莫喻其故。今姑從其前名，以歸畫一。其説多沿襲舊文，閒自立議，則又舛誤[1]。如“四岳”，舊説皆以為四人[2]，學佺則以為一人而總四岳諸侯之事，不知下文“僉曰”為衆應之辭也。其以三江為松江、婁江、東江，九江為洞庭，則皆取舊説之不可信者[3]。《洪範》之“六，三德”，不取鄭康成臣道之説，而用孔《傳》，亦為寡識也[4]。

【彙訂】

① 殿本“又”下有“多”字。

② “皆”，殿本無。

③ “不可信”，殿本作“難信”。

④ “為寡識”，殿本作“失於決擇”。

虞書箋二卷（浙江巡撫採進本）

明茅瑞徵撰。瑞徵字伯符，歸安人。萬曆辛丑進士，官至南京光禄寺卿。解官後自號苕上漁父，又稱澹樸居士[1]。此書前有自序，言：“南局多暇，讀唐、虞論治之書，輒次數語。”蓋即官光禄時作也。考《定陵注略》，瑞徵官職方郎中時，欲黜一副將不遂，反為所搆。又御史姚永濟、韓浚皆有所請託，瑞徵不從，遂合力排擠之去。其人蓋亦錚錚者。而此書所箋，大抵敷衍舊説，無所發明。如解“柔遠能邇”句，云“柔字下得最妙”，解“惟時亮天工”句，云“即熙帝載意”，解“天敘有典”節，云“兩‘我’字正與兩‘天’字相應”，解“慎乃在位”句，云“即慎乃有位”，皆膚淺不足采録②。殆閑曹無事,姑以遣日,本無意於著書,而其子漫付剞劂耳。

【彙訂】

①"澹樸居士",底本作"澹泊居士",據殿本改。明崇禎刻本此書卷前自序署"崇禎壬申初秋吳興澹樸居士茅瑞徵題於浣花居",然明崇禎刻本《禹貢彙疏》自序署"崇禎壬申仲秋吳興澹朴居士茅瑞徵題於浣花居"。朱彝尊《静志居詩話》卷十六茅瑞徵條謂有《澹樸齋集》。

②"膚淺不足采録",殿本作"不過隨文敷衍"。

禹貢匯疏十五卷(兩淮鹽政採進本)

明茅瑞徵撰。其書前冠圖經二卷。上卷二十四圖,皆鄭曉原本。下卷二十四圖,則瑞徵所補輯也。次以九州為九卷,導山、導水各一卷。而"九州攸同"至末自為一卷。又採摭大禹神怪之事為附録一卷。書作於崇禎壬申,多借以抒寫時事。故其自序曰:"讀《禹貢》者詳九州之山川,則可供聚米之畫;習溝渠之岐路,則可商飛輓之宜;察東南之物力,則當念杼軸之空;考甸服之遺制,則當興樹藝之利,而挈要於'厎慎財賦'一語。疏解浩繁,可一言以蔽之。如必句櫛字比,執今圖誌疑古山川,此不離經生之耳食,何益孔①、蔡之舊文?"蓋其志不在於解經也。然徵引浩繁而無所斷制,動引及天文分野,未免泛濫。至其附録一卷,盡摭雜家之言,侈談靈異,則非惟無與於經義,亦並無關於時事矣。豈説經之體哉?

【彙訂】

①"益",殿本作"異",誤,參明崇禎刻本此書自序原文。

尚書傳翼十卷（浙江巡撫採進本）

明陸鍵撰。鍵字實府，秀水人。其時又有一陸鍵，平湖人，萬曆丙午舉人。未知一人二人也①。是書惟敷衍蔡沈之説，無所異同，故曰“傳翼”，然於《集傳》實無所發明②。其體例全似語録，亦頗不雅馴③。

【彙訂】

①“其時又有一陸鍵”至“未知一人二人也”，殿本無。光緒《嘉興府志》卷五八《平湖列傳·陸鍵傳》云：“陸鍵，字實甫，萬垓子……著有《尚書》、《四書傳翼》。”《光緒平湖縣志》卷十五《人物·列傳一》有陸鍵，字實甫，萬曆丁未進士，著有《尚書傳翼》十卷、《四書傳翼》行世。同書卷十三《選舉·文科》萬曆丙午科舉人、萬曆丁未科進士有陸鍵。而康熙《秀水縣志》無此人。則實只有一平湖陸鍵。（楊武泉：《四庫全書總目辨誤》）

②“然於集傳實無所發明”，殿本作“大旨主於通俗”。

③“其體例全似語録亦頗不雅馴”，殿本作“體例亦全似語録”。

尚書晚訂十二卷（編修勵守謙家藏本）

明史維堡撰。維堡字心傳，金壇人。萬曆丙辰進士，官至工部郎中。是書本名《尚書集覽》，後更名《晚訂》，蓋取晚年論定之意也。大旨以蔡《傳》為藍本。惟考據典故，頗引舊文，不盡同於蔡《傳》。蓋參用朱子“《尚書》名物度數當看注疏”之語也。

尚書揆一六卷（浙江汪啟淑家藏本）

明鄒期楨撰。期楨字公寧，無錫人。萬曆中諸生。《江南通志·儒林傳》附見《吳桂森傳》中，稱與桂森俱從高攀龍學，稱兩素衣先生。是書專主蔡《傳》，而雜引諸儒之説以發明之，蓋為科舉而作。書成於萬曆丙辰，前有高攀龍序，又有《讀尚書六要》，其孫陞所述也。國朝康熙庚戌，其門人顧宸序而刊之[①]。

【彙訂】

[①]"國朝康熙庚戌其門人顧宸序而刊之"，殿本無。

尚書葦籥二十一卷（兩江總督採進本）

明潘士遴撰。士遴字叔獻，烏程人。天啟壬戌進士，官至大理寺寺副。是書大意欲囊括漢、宋諸儒而折衷以己見。然博引繁稱，卮言多而精理少。其凡例高自標置，謂"從來説經非稽天之射，即無病之呻。《葦籥》指點虛實，筆光開洞，真可引人心氣，資人聰明。其經如經星之左旋，其緯如緯星之右轉，無可增減，無可讚宣。煙霞寶氣，結為祥光瑞靄。萬古執迷，一旦《葦籥》，獨見曉焉"云云。自古以來著述之家，未有誇誕至於如是者。其華而不實亦可概見矣。目録止二十一卷，而分編則為五十八卷。蓋以篇數為子卷也。

書經集意六卷（江西巡撫採進本）

明萬嗣達撰。嗣達字孝仲，潯陽人。其履貫無可考。自序稱天啟壬戌書於陪京。序中謂"雲曹簡静"，蓋官南京刑部時所作。書中分節講論，蓋家塾課蒙之本[①]。至《禹貢》内雜引明代漕輓束壩諸事，以便答策，尤非解經之體矣。

【彙訂】

[①]"蓋家塾課蒙之本"，殿本作"罕逢奧義"。

禹貢圖注無卷數（江西巡撫採進本）

明艾南英撰。南英字千子，東鄉人。天啟甲子舉人。朱聿

鍵僭號於福建,以為監察御史。病卒於延平。事蹟具《明史·文
苑傳》。楊陸榮《三藩紀事本末》則以為殉節自經。傳聞異辭,莫
之詳也。是編以《禹貢》九州分繪九圖,列於各州經文之前。又
繪《五服圖》,列於“五百里甸服”一節之前。後附《輿地總圖》,據
明代郡縣,紀其大略。採録蔡注之簡明者為內注,有不可廢者仍
録為外注。其圖與注俱頗簡略,無足以資考證①。南英自序亦
云為便於童蒙記誦也②。

【彙訂】

①“無足以資考證”,殿本作“無所考證”。

②“亦云為便於童蒙記誦也”,殿本作“亦稱為便於童蒙記
誦云”。

禹貢合注五卷(江蘇巡撫採進本)

明夏允彝撰。允彝字彝仲,華亭人。崇禎丁丑進士,官長樂
縣知縣。遭母憂歸。福王時召為吏部主事,以終制辭。南都失
守,投水死。事蹟附見《明史·陳子龍傳》。是書多證合時務,指
言得失。又雜取《水經注》及諸家小説,旁載山水形狀及諸奇異。
似乎博贍,實於經義無關也。

讀尚書略記無卷數(浙江巡撫採進本)

明朱朝瑛撰。朝瑛有《讀易略記》,已著録。此書力辨攻古
文者之非,殊失深考。其所注釋,亦不過隨文敷衍。在所作諸經
《略記》之中獨為最下。

書繹六卷(江西巡撫採進本)

明楊文彩撰。文彩字治文,寧都人。是編冠以《指略》十六
條、《先儒論》二十一條、《四十二篇亡書目》,次《汲冢周書篇名》。

其餘卷次,一如蔡《傳》。文彩崇信古文,其注或如策論,或如語錄,或如時文批語,無復先儒詁經之體。前有其門人魏禧序,推尊甚至。文彩自序亦謂:"與門人魏叔子共處一室,相與揚榷,正謬薙繁。義有未盡,復著為論,以補所未逮。是書之成,其功為多。"然禧工於文章,而學問則多講權略,解經亦非所長也。

禹貢廣覽三卷(浙江吳玉墀家藏本)

明許胥臣撰。胥臣,錢塘人。茲編首載《九州總圖》,次以九州各為一圖,而經文分附於後。又以導山、導水、南條、北條分析為圖,亦各以經文附焉。至"九州攸同"及"五百里甸服"諸條,又分《山水總敘》及《弼服》諸名,體例頗為詳悉。而經文下所引諸家注釋,則粗明訓詁,未足為考證之資也。

尚書講義無卷數(兩江總督採進本)

明蔡璋撰。璋字達夫,無錫人。是書順文敷衍,無所發明。即其開卷釋"曰若"①,"若"字作設問之"如"字解,則大略可睹矣。書凡兩冊,為明季寫本,當時朱墨標識猶存。疑即璋之原稿云。

【彙訂】

① "即",殿本無。

尚書解意六卷(直隸總督採進本)

明李楨阝撰。楨阝字華麓,任邱〔丘〕人。是編不甚訓詁名物,亦不甚闡發義理。惟尋繹語意,標舉章旨、節旨,務使明白易曉而止。蓋專為初學而設,故名以《解意》云。

禹貢通解一卷(江蘇巡撫採進本)

舊本題檇李邵璜撰。不著時代。前有寶坻杜立德序,當為國朝人。而其圖中稱北直隸、稱承天府，皆明人語。疑序為立德未入國朝以前作也。立德之序頗斥據後代地理以疑蔡《傳》之非，乃併河源之説亦指為不近理。而璜之所注，乃與蔡《傳》多有異同。其循《傳》發揮者謂之通解，其不從《傳》者謂之辨異。每州之首及導山、導水各列為圖，自云多本之鄭曉、夏允彝。然其《青州圖》下即駁允彝之説，亦不盡用二家也。是書頗有意於考正，而所學未博，引據疏略，視胡渭諸家不止上下牀之別矣。

尚書集解二十卷（直隸總督採進本）

國朝孫承澤撰。承澤號退谷，山東益都人。世隸上林苑籍，故自稱曰北平。前明崇禎辛未進士，官兵科給事中。李自成僭位，受偽職為四川防禦使。入國朝，官至吏部侍郎。平生以尊崇朱子得名，而是書篤信古文，與朱子獨異。所解自蔡沈《集傳》外，多採呂祖謙《書説》、金履祥《表注》、許謙《叢説》，而力斥馬融、鄭康成。蓋欲尊宋學，故不得不抑漢儒。然宋儒解經，惟《易》、《詩》、《春秋》掊擊漢學，其《尚書》、《三禮》實不甚異同。承澤堅持門户，又併排斥之耳。然千古之是非，曷可掩也？

九州山水考三卷（安徽巡撫採進本）

國朝孫承澤撰。是書取《禹貢》所載山水[①]，分類相從[②]。山凡四十有三[③]，正導者二十有七，雜見者十有六。水凡四十有二，正導者九，雜見者三十有三。附以澤九，原隰十。冠以《水道會同源委》[④]，皆首標其名，而以所合諸水旁行斜貫[⑤]，引以烏絲。略似族譜世系，與地圖之式迴殊[⑥]。中多附論時事，引明代諸人議論事實以相證佐，如水利、海運之類，與經義多不相關。蓋借事抒議，不專為注經設也。書首標曰"格致録卷"，而"卷"字之上缺一字未鑴。其子目乃題《九州山水考》上、中、下字。蓋其《格致錄》中之一種,刊而未竣者耳。

【彙訂】

① "是書",殿本無。

② 殿本"分"上有"使"字。

③ "四十有三",殿本作"四十有九",誤,參清康熙刻本此書。

④ "會同",底本作"會通",據清康熙刻本此書及殿本改。

⑤ "斜",殿本作"敘",誤。

⑥ "式",殿本作"例"。

尚書近指六卷(江西巡撫採進本)

國朝孫奇逢撰。奇逢有《讀易大旨》,已著錄。是書前有自序,以主敬存心為《尚書》之綱領。其說多標舉此義,不甚詮釋經文。然蔡沈《書集傳》序所謂"堯舜存此心,桀紂亡此心,太甲、成王困而存此心"者,已先揭大旨,不煩重演矣。

尚書引義六卷(湖南巡撫採進本)

國朝王夫之撰。夫之有《尚書稗疏》,已著錄。此復推論其大義①,多取後世事為之糾正②。如論《堯典》"欽明",則以闢王氏良知;論《舜典》"元德",則以闢老氏元旨;論"依永、和聲",斥宋濂、詹同等用九宮填郊廟樂章之陋;論"象以典刑",攻鍾繇、陳羣等言復肉刑之非;論"人心、道心",證釋氏明心見性之誤;論"聰明、明威",破呂不韋《月令》、劉向等《五行傳》之謬③;論"甲冑起戎",見秦漢以後制置之失;論"知之非艱,行之維艱",詆朱、陸學術之短;論《洪範》"九疇",薄蔡氏數學為無稽④;論"周公居束”，鄙季友避難為無據。議論馳騁，頗根理要。至於“王敬作，所不可不敬德”及“所其無逸”等句，從孔《傳》而非呂、蔡，亦有依據。惟《文侯之命》以為與《詩》錄《小弁》之意同，為孔子有取於平王，至謂高宗“諒闇”與“豐昵”同為不惠於義，則其論太創。又謂黃帝至帝舜皆以相而紹位，古之命相，猶後世之建嗣。又謂虞、夏有百揆，商有阿衡，皆相也。至周則六卿各率其屬，周之不置相自文王起。此皆臆斷之辭。他若論微子去紂，恐文王有易置之謀；周公營洛，亦以安商民反側之心。則益涉於權術作用，不可訓矣⑤。

【彙訂】

① “推論其大義”，殿本作“推闡其説”。

② “多取後世事為之糾正”，殿本作“多取後世之事糾以經義”。

③ “謬”，殿本作“論”，誤。

④ 殿本“為”上有“目”字。

⑤ 據劉毓崧《尚書引義》序，《總目》所駁諸條皆為王夫之陳古刺今，針對時事而發。（余嘉錫：《四庫提要辨證》）

尚書體要六卷（江蘇巡撫採進本）

國朝錢肅潤撰。肅潤字礎日，無錫人。是書章分句解，止於隨文生義，未能有所折衷。其訓《禹貢》“三江”①，既以松江、婁江、東江為三江，又謂“江、漢發源於梁，合流于荆，入海於揚，定是江、漢，為何又生松江、婁江、東江出來”云云，則又主蘇氏岷江為中江，嶓冢為北江，豫章為南江之説矣。又云：“東湖未築以前，江水直注太湖，是岷江、嶓冢、豫章三江未嘗不通震澤也。”考江水雖入海於揚，然自古未與震澤通。若如是說，則京口以東皆成巨浸矣。殊為無據。惟其辨"九江"有三，頗為詳晰，差足備考耳。

【彙訂】

① "三江"，殿本作"九江"，誤。

書經疏略六卷（河南巡撫採進本）①

國朝張沐撰。沐有《周易疏略》，已著錄。是書從《注疏》本，以《書序》分冠諸篇。又從古本合為一篇，列於卷首。其次第與孔安國《傳》及鄭康成所注百篇之序俱互有異同。又所載孔安國序，於"春秋左氏傳"句闕其"左氏"二字，解之曰："傳附經左曰《左傳》。以人號傳，古無此體。"考《左傳》或曰左氏，或曰左邱〔丘〕，漢以來說者不同，總為人姓。沐乃以為左右之左，殊駭視聽。且謂"傳以人號，古無此體"，是併《漢·藝文志》亦未見矣。蓋沐著《春秋疏略》，以《左傳》為孔子作，故於此書亦護其說耳。所解多襲蔡《傳》，其獨出己見者率多杜撰。如解《無逸篇》"則知小人之依"句曰："於是知小民者君子之所依賴以安也。"豈復成文義乎？

【彙訂】

① "河南巡撫採進本"，底本作"江南巡撫採進本"，據殿本改。《四庫採進書目》中此書僅見於"河南省呈送書目"。清無江南巡撫一職。（江慶柏：《殿本、浙本〈四庫全書總目〉著錄圖書進獻者主名異同考》）

古文尚書考一卷（編修程晉芳家藏本）

國朝陸隴其撰。隴其字稼書，平湖人。康熙庚戌進士，官嘉定、靈壽二縣知縣，行取御史。雍正二年從祀孔子廟庭，乾隆二年賜諡清獻[①]。是書原載陸其《三魚堂集》中，曹溶《學海類編》始摘録別行。大旨惟據朱子告輔廣之言，以中《古文尚書》非偽。然《朱子語録》曰："《書序》恐不是孔安國所作，只是魏、晉時文字。"又曰："孔氏《書傳》某疑決非安國所注，恐是魏、晉間人託安國為名，與毛公《詩傳》大段不同。"又曰："傳之子孫，以貽後代，漢時無這般文章。嘗疑安國書是假書。漢儒訓釋文字有疑則闕，此卻盡釋之。豈有千百年前人説底話，收拾於灰燼屋壁之中與口傳之餘，更無一字譌舛[②]。況孔書至東晉方出，前此諸儒皆不曾見，可疑之甚。"然則朱子辨古文非真，不一而足。未可據輔廣所記一條，遂謂他弟子所記皆非朱子語也。

【彙訂】

①"雍正二年從祀孔子廟庭乾隆二年賜諡清獻"，殿本作"乾隆元年從祀孔子廟庭賜諡清獻"，皆不確。據《清史稿》卷二六五陸隴其本傳，"雍正二年，世宗臨雍，議增從祀諸儒，隴其與焉。乾隆元年，特諡清獻，加贈内閣學士兼禮部侍郎。"（昌彼得：《跋武英殿本〈四庫全書總目提要〉》）

②"譌舛"，殿本作"譌錯"。

尚書惜陰録六卷（兩江總督採進本）

國朝徐世沐撰。世沐有《周易惜陰録》，已著録。是編乃世沐七十二歲時作。其篤信古文，猶先儒之舊論。至於尊古文而排抑今文，則變本而加厲矣。其排抑今文，惟以不全為辭，不思古文五十八篇亦不足百篇之數也。其説皆因蔡《傳》而衍之，往往支離於文外。如解"蒙羽其藝"，謂："蒙多蒙昧，亦要隨刊，羽多禽鳥，亦必麕除。益稷之有勞可知。”夫益稷佐禹，豈必在此二山？且以山名一字穿鑿生義，然則“熊耳”必多冬蟄之獸，“外方”必為中矩之形哉？又如解“厥貢惟土五色”，謂：“徐之東原乃中原正地，厥土五色而赤多，亦文明天闢。孔子雖為兗産，實徐産也。斯文之統，蓋像地靈。”是與經義何涉也？至謂：“唐尚無史，舜乃設史追書，故曰《虞書》。”謂：“舜以諸侯之禮祀瞽瞍，二姚並祔，正舜母，繼象母，一一秩之不紊，大小宗無餘憾，故官曰秩宗。”益不知其所據矣。

尚書口義六卷（浙江巡撫採進本）

國朝劉懷志撰。懷志字貞儒，武强人。康熙中左都御史謙之父也[1]。其孫自潔原跋稱為大司空，蓋其贈官，然未詳何以贈工部尚書也。是書於經文之内注小字以貫串之，大旨悉遵蔡《傳》，而衍以通俗之文，以便童蒙。凡蔡《傳》所謂錯簡者，俱移易經文以從之；凡蔡《傳》所謂衍文者，則徑從删薙。可謂信傳而不信經矣。

【彙訂】

[1]“謙之父也”，殿本作“劉謙之父”。

禹貢正義三卷（江蘇巡撫採進本）

國朝曹爾成撰。爾成字得忍，無錫人。是書成於康熙甲寅，據蔡氏《集傳》為本。或偶出己見，又於古無稽。如揚之三江，則以為錢塘江有兩源，北源為黟江，西源為太末江[1]，併錢塘而為三。梁之沱、潛，則以為皆江之別源，非江、漢別流[2]。其說導水也[3]，於“導河”節以“東過洛汭”為禹過之，以大陸為去河絶遠，“禹從澤水取陸路到高平之處”，下“又北”接上“北過澤水”，非自

大陸又北；於“導漾”節“過三澨，至於大別”，亦為禹取陸路，從三
澨至大別，下“南入于江”接上“又東，為滄浪之水”而轉南，非自
大別而南；於“導江”節“過九江，至於東陵”，為“禹從九江取陸路
至東陵”，於“東迤北”接上“又東至於澧”，非自東陵又東；於“導
沇水”節以“東出於陶邱〔丘〕北，又東”為濟之正派，下“至於菏”
為分流，南行通泗，“又東北”接“又東”正派，非自菏又東北；其
“又北，東入於海”，以“又北”為分流，北出為汨而合於灉，以“東
入於海”為正派。皆膠滯破碎，使文理不相貫也。

【彙訂】

①“太末江”，殿本作“且末江”，誤，參清乾隆刻本此書卷中
“三江既入”條原文。

②殿本“非”上有“而”字。

③“也”，殿本無。

舜典補亡一卷（浙江巡撫採進本）

國朝毛奇齡撰。奇齡有《仲氏易》，已著錄。《舜典》舊無篇
首二十八字，至梁姚方興始得別本於大航頭以補之①，其事本屬
可疑。然相沿已久，無可刊削之理。所謂有其舉之，莫敢廢也。
奇齡堅信古文而獨不信二《典》之分篇，遂以為自“月正元日”以
下乃為《舜典》而闕其前半篇，遂摭《史記》以補之。夫司馬遷書
豈可以補經？即用遷書為補，亦何可前半遷書，後半忽接以古
經，混合為一？奇齡以竄亂古經詆朱子，而所為又加甚焉。雖善
辨者殆亦難為之辭矣。

【彙訂】

①《總目》卷一三《古書世學》條引《序》曰：“梁姚方興妄分

《堯典》、《舜典》為二篇。"又引（豐坊）《考補》云："姚方興本齊篡主蕭道成之臣，偽增'曰若稽古帝舜曰'七字於重華之上，變亂其文，分為二《典》，於建武二年上之……"則姚方興分二《典》時尚為齊臣。陸德明《經典釋文·序錄》亦云："齊明帝建武中，吳興姚方興採馬、王之注，造孔傳《舜典》一篇，云於大航頭寫得，上之。梁武時為博士，議曰：……"則其時蕭衍尚為齊臣，何來梁朝？（楊武泉：《四庫全書總目辨誤》）

尚書義疏_{無卷數}（檢討蕭芝家藏本）

國朝蔣家駒撰。家駒字千里，丹陽人。康熙庚午舉人，官懷集縣知縣。是編亦高頭講章之類。鈔本綴以圈點，其體段皆類時文[1]。

【彙訂】

[1] "類"，殿本無。

書經詳説_{無卷數}（河南巡撫採進本）

國朝冉覲祖撰。覲祖有《易經詳説》，已著錄。是書以蔡《傳》為主，旁引孔《傳》、孔疏及宋元以下諸家之説以釋之。雖引證頗繁，然如"六宗"、"三江"，皆援據諸説而終以蔡《傳》為主。其有稍異於《傳》者，多削而不錄。如《文侯之命》引孔疏，其下注云："《傳》、疏多與蔡《傳》説異，故僅錄此。"又如《費誓》"徂茲淮夷"句引孔《傳》[1]，亦必注其下云："徂訓往徵，與蔡《傳》異。"蓋篤守宋學，不肯一字異同者也。

【彙訂】

[1] "孔傳"，殿本作"孔疏"，誤。清光緒七年《五經詳説》本此書卷七十六《周書·費誓》"徂茲淮夷"條先後引孔《傳》、孔疏，

此注文在孔《傳》下。

禹貢臆參無卷數（江蘇巡撫採進本）

國朝楊陸榮撰。陸榮有《易互》，已著錄。是書於經文之下詳載蔡《傳》，而並録《地理今釋》以糾其誤。亦閒附己説，然頗有攻詰未當者。若“三江既入，震澤厎定”一條，《初學記》引鄭康成注：“漢江為北江，右合彭蠡為南江，岷江居中為中江。”後儒咸主鄭義。而陸榮力攻之，謂《周禮·職方》於荆州曰“其川江、漢”，於揚州曰“其川三江”，若江、漢即三江之二，又何以一表之於荆，又再表之於揚也①？考《職方氏》有曰：“河東曰兗州，其川河、沛”，“東北曰幽州，其川河、沛。”一“河、沛”而既表之於兗，又表之於幽，陸榮又何以難之也？陸榮又謂：“《職方氏》曰：‘其川江、漢②，其浸五湖。’苟彭蠡可以為南江，則是一水而分列於川、浸。”蓋主李善、司馬貞之注，以彭蠡為五湖之一。然虞翻、韋昭、張勃、酈道元、張守節、陸龜蒙、李宗諤諸家皆與善及貞注不同。則五湖必兼彭蠡，尚未可確定，亦不得執以駁三江矣。

【彙訂】

①“再”，殿本脱，《楊潭西先生遺書》本此書原文云：“而一表於荆，再表之於揚，又何以故？”

②“江漢”，底本作“三江”，據此書原文所引及殿本改。

禹貢譜二卷（浙江巡撫採進本）

國朝王澍撰。澍字若霖，亦或自書為箬林，金壇人。康熙壬辰進士，歷官給事中。是書各著經文於前，而附圖於後。州為二圖，一言疆界，一言貢道。導山、導水及山川、田賦亦各有圖，凡四十圖。大抵皆本蔡《傳》，而參以諸家之説。條理簡明，頗易尋覽。然多因仍舊説，依違遷就，不能折衷歸一。與胡渭《錐指》蓋未可同日語也①。

【彙訂】

①“條理簡明”至“與胡渭錐指蓋未可同日語也”，殿本無。

禹貢解八卷（浙江巡撫採進本）

國朝晏斯盛撰。斯盛有《楚蒙山房易經解》，已著録。《禹貢》一篇，自《注疏》而外，無慮數十百家。迨胡渭《禹貢錐指》出，條分縷晰，辨正詳博。斯盛是編，大概全取渭書而變其體例。中如渭引《水經注》“漳至斥漳縣入河”，斯盛則以《漢志》“斥漳”下應劭云“漳水出治北入河”，蓋言漢時漳水在治北，其云“入河”者，以下流至阜城言也。漳水逕行鄴東，已當入故大河，若漢時阜城以上安得有河？渭據《水經注》“濟歷琅槐縣故城北，淄入馬車瀆，逕琅槐故城南”，故言淄、濟各自入海。斯盛以《漢書》“淄至博昌入沸”師古注云“沸音子禮反”，孔疏引作“入海”，誤也。淄入沸不在馬車瀆，而在琅槐東之博昌界。其辨別亦頗精密。至其論碣石，據《漢志》驪成之大碣石山即今昌黎縣北二十里所謂仙人臺、天橋柱者，不取王橫淪於海中之説。又謂河、濟相通，浮濟自陶邱〔丘〕而西以達於河。周以後滎川道室，至東漢時僅存滎菏澤渚之本源。故《漢志》云“軼出滎陽北平地”，非《禹貢》、《職方》舊跡，不取三伏三見之説。其他如冀之恒、衛，以恒由恒山得名，滱水出靈邱〔丘〕縣北高氏山，與渾源州恒山相連屬。衛由惡池得名，衛轉曰惡，惡轉曰虖，滱即恒，虖它即衛。皆因渭説而附益之。“導河”後附《歷代徙流》，亦因渭之書删繁就簡。於雍之黑水欲以打沖河當之，究不協“入於海”之文，且漫無實證。

又渭不知今呼老黃河者為宋之二股河，而以為二股河行唐馬頰河故道。斯盛亦曰"二股河尋唐景福以前馬頰河之道也"，則又沿渭之誤，不能糾正矣。

今文尚書説三卷（浙江巡撫採進本）

國朝陸奎勳撰。奎勳有《陸堂易學》，已著録。是編皆訂補蔡沈《書傳》之闕失。大抵推求於字句之間，離合參半。所解惟伏生二十八篇，而古文則置之不言。蓋用吳澄《書纂言》之例，未為無見。而所附《古文尚書辨》二篇，不引梅鷟、閻若璩的然有證之言①，而又變為《古文尚書》半真半偽之説。自稱"年將及艾，於《詩》、《禮》、《春秋》揆成《經説》三十八卷。夢見孔子，心似別開一竅者。凡於書之真贋，一覽自明"云云，其亦近於語怪矣。

【彙訂】

① "言"，殿本作"語"。

尚書通義十四卷（浙江巡撫採進本）

國朝方葇如撰。葇如有《周易通義》，已著録。是書亦仿《周易通義》之例，以《四書》成語釋之。如《禹貢》"冀州"至"四海會同"，則曰："所謂然後人得平土而居之也。""五百里甸服"至"五百里米"，則曰："所謂五十而貢，可想見矣。"《洪範》"無虐煢獨而畏高明"，則曰："此三代之所以直道而行也。"全書皆用此例，可謂附會經義矣。

尚書舉隅六卷（江西巡撫採進本）①

國朝徐志遴撰。志遴字掄英，江西新城人。雍正甲辰舉人。其書刪節蔡《傳》，而於蔡《傳》後每條各以己意附注一二語，簡略殊甚。蓋於舉業之中更闢捷徑矣②。

【彙訂】

①"江西巡撫採進本",底本作"江南巡撫採進本",據殿本改。《四庫採進書目》中此書僅見於《江西巡撫海第三次呈送書目》。清無江南巡撫一職。(江慶柏:《殿本、浙本〈四庫全書總目〉著録圖書進獻者主名異同考》)

②"蓋於舉業之中更闢捷徑矣",殿本無。

書經劄記無卷數(江蘇巡撫採進本)

國朝顧昺撰,昺有《周易鈔》,已著録①。是編為其《三經解》之二。取明陳第之説,謂《古文尚書》非偽。冠以《古文今文辯》,盡掃諸家考證,而斷以《大禹謨》之"精一危微"、《咸有一德》之"主善克一"數語,謂非漢、晉所能作。蓋摭近時方苞之論。此明知徵實之難誣,又變而蹈空以求勝也。

【彙訂】

①《總目》卷十著録顧昺撰《周易摘鈔》五卷。

禹貢方域考一卷(江西巡撫採進本)

國朝湯奕瑞撰。奕瑞號玉峯,南豐人。雍正中,官福建鹽場大使。其書載《禹貢》本文,而專疏其方域界址。附《江河入海記》、《河源記》數篇於後。前有自序,謂删撮胡渭《禹貢錐指》而為之。故卷首自稱曰"纂輯",明為渭書之節本云。

尚書約旨六卷(江蘇巡撫採進本)

國朝楊方達撰。方達有《易經圖説會通》,已著録。是書大略墨守蔡《傳》,依文訓義。閒有與蔡《傳》異者,亦僅鑽研語氣,未能考證其失。故所著凡例,亦自謂未脱講章舊局。至於名物典故不甚詮釋,則以別撰《尚書通典略》故也。

尚書通典略二卷（江西巡撫採進本）

國朝楊方達撰。是書皆考辨《尚書》典故。首卷力主梅書之非偽，至以馬融、鄭元不見古文，所見皆張霸偽書。而《顧命》"銳"字又以為《説文》本孔《傳》。蓋猶毛奇齡之緒論。其訓釋名物，多據理斷制，不由考證。如河出崑崙，信《水經注》五萬里之説，而駁元以來探求河源之謬。不知輿圖俱在，道里井然。是為泥古而不徵今。《允〔胤〕徵篇》中謂日食可以推算，不應馳走。不知自漢以前，無預知日食之術。是為知今而不稽古。蓋典制之學與義理之學，南轅而北轍也久矣。

禹貢約義無卷數（兩江總督採進本）

國朝華玉淳撰。玉淳字師道，號澹園，金匱人。是編考證《禹貢》山水，詳略頗不畫一。蓋隨事紀載[1]，未及成書之稿本也。其論三江，主鄭元、蘇軾之説，極為有見。論九江則以九江為洞庭，大抵與胡渭所見同。不知九江自在潯陽，古者江則名江，河則名河，未有以洞庭為九江者，應劭諸家不可廢。且澧江已見於經，而雲夢亦跨岳陽之界，洞庭之説終屬未安。玉淳蓋未深考耳。

【彙訂】

① "隨事"，殿本作"隨時"。

尚書質疑八卷（安徽巡撫採進本）

國朝王心敬撰。心敬有《豐川易説》，已著録。是書用趙孟頫、吳澄之説，分今文、古文為二，不為無據。惟是《康誥》等三篇，據《書》語則在武王時受封，據《左傳》則在成王時受封，先儒皆疑不能明。今徑升《大誥》之前，紊亂舊第，殊失謹嚴之義。伏書《顧命》一篇，孔氏古文分出《康王之誥》，見《史記‧周本紀》。馬融舊本亦見於《經典釋文》。今以為後人妄分，於考證亦疏。至於沿豐坊偽本之説，改《堯典》為《帝典》，自謂根據《大學》，不知無以處《孟子》。又以二《典》非虞史所作，出夫子筆削；"曰若稽古，帝堯"出孔子增加，尤為臆説矣。

書經參義六卷（浙江巡撫採進本）

國朝姜兆錫撰。兆錫有《周易本義述蘊》，已著録。是編以朱子命蔡沈作《書傳》[①]，甫越歲而朱子亡，其閒未是正者頗多。如《集注》行夏之時及歲十一月、十二月之屬，昭如日星，而蔡《傳》於《伊訓》之"元祀十有二月"及《泰誓》之"十有三年春"、《武成》"惟一月"之屬，皆力著不改時、不改月之辯，是顯與朱子有異。因作是書正之。計經文錯互篇簡者二條，錯分段落者五條，錯混句讀者二條，錯解文義者十二條，定錯復錯者一條。考蔡《傳》自南宋以來，即多異議，原非一字不刊之典。然兆錫所改，大抵推求字句，以意竄定，未能確有考證也。

【彙訂】

① "是編"，殿本作"是篇"。

尚書質疑二卷（江西巡撫採進本）

國朝顧棟高撰。棟高字震滄，晚年好治《春秋》[①]，又自號左畬，無錫人。康熙辛丑進士。乾隆辛未，薦舉經學，賜國子監司業。丁丑，又賜國子監祭酒銜。所著《春秋大事表》，最為精密。其注《詩》，亦有可觀。惟此一編，較他書為次乘。其例不載經文，亦不訓釋經義。惟標舉疑義，每條撰論一篇，為數凡四十有一。大抵多據理臆斷，不甚考證本末。如謂帝王巡狩必不能一

歲而至四嶽，因疑惟泰山為天子親至，餘皆不至其地，引泰山獨
有明堂為證。且稱華山、恒山、衡山久在晉、楚境內，若有明堂，
而為晉、楚所毀，列國宜何如問罪，《春秋》宜何如大書特書。夫
《春秋》明例，承告乃書，二百四十年中，未有以毀某來告者也。
安得以《春秋》不書毀為本無明堂之證？晉不奉正朔，_{《春秋》凡載}
_{晉事，傳與經皆差兩月，杜預以為晉用夏正。}楚僭稱王號，孰問其罪？又
安得以《春秋》無書毀明堂者為本無明堂之證乎？《古文尚書》晉
時乃出。棟高既確信"危微精一"數語，斷其必真。_{案"危微精一"數}
_{語，實《荀子》所載，云出道經。}乃獨以兩階干羽一事為劉歆竄入，主名
確鑿，此出何典記也？《山海經》本不足信，蔡《傳》引其怪說以注
《禹貢》，自是一失。棟高駁之是也。至謂為劉歆所偽作，則《禹
本紀》[②]、《山海經》之名先見於《史記·大宛傳贊》，亦歆所竄入
歟？周代諸侯所以能知其名者，賴《春秋傳》耳。夏、商年遠文
略，靡得而徵。乃謂夏、商不封建同姓。考《史記·夏本紀》曰
"禹為姒姓，其後分封，用國為姓，故有夏后氏、有扈氏、有男氏、
斟尋氏、彤城氏、褒氏、費氏、杞氏、繒氏、辛氏、冥氏、斟戈氏"云
云[③]，則夏代分封，史有明證，烏得遽斷其無？如以不見於《書》而
斷之，則今文惟有齊呂伋、魯伯禽、晉文侯、秦穆公，古文惟有蔡仲
耳。周公封魯，召公封燕，《書》且無明文矣[④]。他如論堯、舜、禹非
同姓[⑤]，論商、周改時改月，論"亂臣十人"中有膠鬲，論《洪範》不本
河圖、洛書，論微子面縛而又"左牽羊，右把茅"，論周公未曾居攝，
亦皆前人之舊論，不足以言心得。大抵棟高窮經之功，《春秋》為
最，而《書》則用力差少。人各有所短長，不必曲為之諱也。

【彙訂】

① "好"，殿本作"始"。

②“禹本紀”，底本作“禹本記”，據《史記》卷一二三《大宛列傳》原文及殿本改。

③“斟戈氏”，殿本作“斟氏戈氏”，誤，參《史記》卷二《夏本紀》原文。

④“書”，殿本無。

⑤殿本“禹”上有“及”字。

書經提要十卷（兩江總督採進本）

國朝徐鐸撰。鐸有《易經提要錄》，已著錄。是書體例亦不錄經文，但標舉字句，雜採諸家之説而以己意融貫之。然大抵推求文義之學。如王心敬以“曰若稽古”一句為孔子所加，至為無理，而鐸曰其説可從，殊乏考訂。他如解《大禹謨》曰：“堯曰‘大哉堯之為君’，舜曰‘大舜有大焉’，舜繼堯稱大舜，禹繼舜故亦稱大禹。”然則《大禹謨》之作在《論語》、《孟子》後乎？

尚書小疏一卷（江蘇巡撫採進本）

國朝沈彤撰。彤字冠雲①，號果堂，吳江人。嘗預修《三禮》及《一統志》，議敘九品官。是編所解，自《堯典》至《禹貢》僅數十則，而往往失之好異。如謂：“禹時交州本屬荆梁，胡渭《禹貢錐指》以九州大略不踰五嶺者非是。”蓋沿閻若璩《潛邱劄記》之説。然《潛邱劄記》精核者多，惟此條則過泥《通典》。今姑以《禹貢》經文求之，自“五百里甸服”至“五百里荒服”，每面各二千五百里，九州凡五千里。自孔、鄭諸儒無有異辭者也。經稱“荆及衡陽惟荆州”，《通典》稱衡陽郡去洛陽二千七百六十八里。以南、北兩面計之，已踰於五千里。至稱荆州之域兼有零陵、江華、桂陽、連山諸郡，又稱零陵去洛陽三千五十五里,江華去洛陽三千五百八十里,桂陽去洛陽三千五十七里,連山去洛陽三千五百八十九里,則荆州南域已踰千里有奇。恐經所云衡山之陽,未必遼闊如此。《禹貢錐指》謂騎田嶺北為桂陽,嶺南為連山,連山亦古南越地,不當入荆域。其駁正最為允協。必反其説已為非是,乃更謂荆州之域直統交趾,則距洛陽凡七千二百二十五里,較經文荒服里數,三倍過之,寧有是事乎？至引《後漢書》為證,尤屬牽合。考《獻帝本紀》"建安十八年,復《禹貢》九州",注引《獻帝春秋》曰[②]:"時省幽、并州,以其郡國并於冀州。省司隸校尉及涼州,以其郡國并為雍州。省交州,并荆州、益州。於是有兖、豫、青、徐、荆、揚、冀、益、雍。"據此則當時特復《禹貢》九州之名,非謂漢之疆域即禹疆域,又安得以後證前耶？其他附會遊移之説,往往類此。蓋彤長於《三禮》,而《尚書》非其所精,又務欲求勝於胡渭,故糾紛至是,不足為據也。

【彙訂】

①"冠雲",底本作"貫雲",據殿本改。《碑傳集》卷一三三載惠棟《沈君彤墓誌銘》、陳黃中《沈微君傳》、沈廷芳《徵士文孝沈先生墓誌銘》,均作字冠雲。

②"獻帝春秋",殿本作"漢帝春秋",誤,參《後漢書》卷九《獻帝本紀》注文。

心園書經知新八卷(浙江巡撫採進本)

國朝郭兆奎撰。兆奎,平湖人。是書成於乾隆乙亥,兆奎年七十三矣。大旨以蔡沈《集傳》為本,而時參己見,故曰"知新"。如解《堯典》"命羲和"數節,則謂後世日晷為定分、至之要,而舉南、北極及歲周、歲差之法，皆以為不足信。解《禹貢》，則謂黑水非有二水，因九江、三江未盡入海，上流泛濫，溢出於西。謂漢枝分於大別入江，其正流為北江，在彭蠡之北；江枝分會於彭蠡，其正流為中江，在彭蠡之南。他如"涇屬渭汭"條下，訾《周禮・職方》為後來雜湊之書；於《甘誓》條下，訾《禮記・曾子問》一篇率多不經；於《伊訓》論三年之喪，訾《儀禮・喪服》之經及《禮記》為非。說六律則謂古無六呂及隔八相生，其《國語》禘、郊、宗、祖、報，《左傳》羿、澆、管、蔡之事，皆訾為謬說。大抵不信古經，自以意斷。惟篤信梅賾古文，故卷末附《古今文辯》，謂秦焚民間《詩》、《書》，其博士所職，漢初猶有全書。又謂蔡邕書《石經》，即全古文。蓋取毛奇齡《古文尚書冤辭》之說，重為申衍。不知漢時古經果完，何以立於學官者僅伏生所傳[1]？以及賈、馬、鄭諸大儒親見古文者，其所傳述，何以絕不涉伏生所傳之外也？

【彙訂】

[1]"學官"，殿本作"學宮"。

尚書讀記一卷（編修周永年家藏本）

國朝閻循觀撰。循觀字懷庭，號伊蒿，昌樂人。乾隆丙戌進士，官吏部考功司額外主事。是編為濰縣韓夢周所刊，凡七十六條。循觀亦不信古文，其解《金縢》"我之弗辟"為弗辟攝政之嫌[1]，《康誥》首四十八字非錯簡，及《費誓》伯禽徵徐戎為周公在時事，並根據《史記》為說。蓋司馬遷受《古文尚書》於孔安國，其所引證，足為根據也。其他則多循文生義之說。蓋本其讀書之時，偶記簡端。循觀沒後，夢周錄為此帙。初非著成之書，故所解止此耳。

【彙訂】

① "其"，殿本作"所"。

尚書私學四卷（編修程晉芳家藏本）

國朝江昱撰。昱字賓谷，號松泉，甘泉人。貢生。是書大旨謂《古文尚書》論政、論學莫不廣大精深，非聖人不能道，故其説多據理意斷①。然亦有偶然標識，無關大義者。如謂"凜乎若朽索之馭六馬，若蹈虎尾涉於春冰，皆晉人危語之祖"云云，殆非詁經之體②。又如稱"刑，金氣也。苗為暴虐淫過之刑，殺戮無辜，金氣盛極，故惡臭薰蒸，變而為腥，腥於五臭為金"云云，亦過於求深也③。

【彙訂】

① "意斷"，殿本作"以斷"。

② "殆非詁經之體"，殿本作"頗旁涉於經外"。

③ "過於求深"，殿本作"研索過深"。

尚書注解纂要六卷（湖北巡撫採進本）

國朝吳蓮撰。蓮字余嘉，江都人。是書融會蔡沈《集傳》之義，每節之下先標指意，而各隨文句銓釋之，無所考證。

尚書剩義四卷（湖南巡撫採進本）

國朝黃燐撰①。燐有《周易剩義》，已著録。是書分條疏解，大旨為制義而作，與所注《周易》體例相同。

【彙訂】

① "黃燐"，底本作"黃璘"，下同，據《總目》卷十《周易剩義》條及殿本改。（杜澤遜：《四庫存目標注》）

附録

別本尚書大傳三卷補遺一卷（兩江總督採進本）

國朝孫之騄編。之騄號晴川，仁和人。雍正閒[1]，官慶元縣教諭。伏生《尚書大傳》久無刻本，外閒傳寫殘帙，譌缺顛倒，殆不可讀。元和惠棟號為博洽，修《明堂大道録》時，亦未見其原本[2]，僅從他書輾轉援引。故之騄搜採補綴，仍勒為三卷。其不注出典者，殘缺之原文。其注某書引者，之騄所增入也。殘章斷句，頗賴以存。近時宋本復出，揚州已有雕版[3]，此本原可不存。然之騄於舊帙未出之前，鉤稽參考，閲歲月而成是編。其好古之勤，亦不可没，故仍附存其目焉。

【彙訂】

① "閒"，殿本作"中"。

② "其"，殿本無。

③ 揚州本即盧氏雅雨堂所刻惠棟輯本，非宋本重刻。（陳乃乾：《讀〈四庫全書總目〉條記》）

右《書》類七十八部，四百三十卷，內十部無卷數。附録一部，四卷，皆附存目。

　　案，《尚書》文句古奧，訓釋為艱[1]。故宋、元以前注是經者差少。歷年久遠，傳本彌稀，凡有遺編，率皆採録。惟薛季宣之贗古，王柏、賀成大、胡一中之改經，特黜而存目，一以杜好奇之漸，一以杜變亂古經之漸也。

【彙訂】

① "艱"，殿本作"難"。

經 部 十 五

詩 類 一

《詩》有四家，毛氏獨傳，唐以前無異論，宋以後則衆説争矣。然攻漢學者意不盡在於經義，務勝漢儒而已；伸漢學者意亦不盡在於經義，憤宋儒之詆漢儒而已。各挾一不相下之心，而又濟以不平之氣，激而過當，亦其勢然歟？夫解《春秋》者，惟《公羊》多駁，其中高子、沈子之説，殆轉相附益。要其大義數十，傳自聖門者，不能廢也。《詩序》稱子夏，而所引高子、孟仲子乃戰國時人，固後來攙續之明證。即成伯璵等所指篇首一句，經師口授，亦未必不失其真。然去古未遠，必有所受。意其真贋相半，亦近似《公羊》。全信全疑，均為偏見。今參稽衆説，務協其平。苟不至程大昌之妄改舊文、王柏之橫删聖籍者，論有可採，並録存之，以消融數百年之門户。至於鳥獸草木之名、訓詁聲音之學，皆事須考證，非可空談。今所採輯，則尊漢學者居多焉。

詩序二卷（内府藏本）

案《詩序》之説，紛如聚訟。以為《大序》子夏作，《小序》子夏、毛公合作者，鄭元《詩譜》也。以為子夏所序《詩》即今《毛詩》

序者[①]，王肅《家語》注也。以為衛宏受學謝曼卿，作《詩序》者，《後漢書·儒林傳》也。以為子夏所創，毛公及衛宏又加潤益者，《隋書·經籍志》也。以為子夏不序《詩》者，韓愈也。以為子夏惟裁初句，以下出於毛公者，成伯璵也。以為詩人所自製者，王安石也。以《小序》為國史之舊文，以《大序》為孔子作者，明道程子也。以首句即為孔子所題者，王得臣也。以為毛《傳》初行尚未有序，其後門人互相傳授，各記其師説者，曹粹中也。以為村野妄人所作，昌言排擊而不顧者，則倡之者鄭樵、王質，和之者朱子也。然樵所作《詩辨妄》一出，周孚即作《非鄭樵〈詩辨妄〉》一卷，摘其四十二事攻之。質所作《詩總聞》，亦不甚行於世。朱子同時如呂祖謙、陳傅良、葉適，皆以同志之交，各持異議。黃震篤信朱學，而所作《日鈔》，亦申《序》説。馬端臨作《經籍考》，於他書無所考辨，惟《詩序》一事，反覆攻詰至數千言。自元、明以至今日，越數百年，儒者尚各分左右袒也。豈非説經之家第一爭詬之端乎？考鄭元之釋《南陔》曰：“子夏序《詩》，篇義各編，遭戰國至秦而《南陔》六詩亡。毛公作《傳》，各引其序冠之篇首，故《詩》雖亡而義猶在也。”程大昌《考古編》亦曰：“今六序兩語之下，明言有義無辭，知其為秦火之後見序而不見《詩》者所為。”朱鶴齡《毛詩通義序》又舉《宛丘篇》序首句與毛《傳》異辭，其説皆足為《小序》首句原在毛前之明證。邱〔丘〕光庭《兼明書》舉《鄭風·出其東門》篇，謂毛《傳》與序不符。曹粹中《放齋詩説》亦舉《召南·羔羊》、《曹風·鳲鳩》、《衛風·君子偕老》三篇，謂傳意、序意不相應[②]。序若出於毛，安得自相違戾？其説尤足為續申之語出於毛後之明證。觀蔡邕本治《魯詩》，而所作《獨斷》載《周頌》三十一篇之序，皆祇有首二句，與《毛序》文有詳略，而大旨略同。蓋子夏五傳至孫卿，孫卿授毛亨，毛亨授毛萇，是《毛詩》距孫卿再傳。申培師浮邱〔丘〕伯，浮邱伯師孫卿，是《魯詩》距孫卿亦再傳。故二家之序大同小異，其為孫卿以來遞相授受者可知。其所授受祇首二句，而以下出於各家之演說，亦可知也。且《唐書・藝文志》稱：“《韓詩》，卜商序，韓嬰注，二十二卷”，是《韓詩》亦有序，其序亦稱出子夏矣。而《韓詩》遺說之傳於今者，往往與毛迥異，豈非傳其學者遞有增改之故哉？今參考諸說，定序首二語為毛萇以前經師所傳③，以下續申之詞為毛萇以下弟子所附④，仍録冠《詩》部之首，明淵源之有自。併録朱子之辨説，著門戶所由分。蓋數百年朋黨之爭，兹其發端矣。《隋志》有顧歡《毛詩集解敍義》一卷，雷次宗《毛詩序義》二卷，劉炫《毛詩集小序》一卷，劉瓛《毛詩序義疏》一卷，案序、敍二字互見，蓋史之駁文，今仍其舊。《唐志》則作卜商《詩序》二卷。今以朱子所辨其文較繁，仍析為二卷。若其得失，則諸家之論詳矣，各具本書，兹不復贅焉。

【彙訂】

①　“毛詩序”，殿本作“毛詩”，誤。《孔子家語》卷九《七十二弟子解》云：“卜商，衛人，字子夏，少孔子四十四歲。習於《詩》，能通其義。”下注：“子夏所敍《詩》義，今之《毛詩》序是。”

②　《鄭風・出其東門》篇傳與序實精密配合。《君子偕老》乃《鄘風》篇什。（魏炯若：《關於〈毛詩序〉上》）

③　“語”，殿本作“句”。

④　鄭玄《詩譜》、陸璣《毛詩草木鳥獸蟲魚疏》、徐整《毛詩譜暢》皆謂毛萇作《詁訓傳》，毛亨傳其學，則此句中“毛萇”當易作“毛亨”。（陳允吉：《〈詩序〉作者考辨》）

毛詩正義四十卷(內府藏本)①

漢毛亨傳,鄭元箋,唐孔穎達疏。案《漢書·藝文志》:"《毛詩》二十九卷,《毛詩故訓傳》三十卷。"然但稱毛公,不著其名。《後漢書·儒林傳》始云趙人毛長傳《詩》,是為《毛詩》。其"長"字不從"艸"。《隋書·經籍志》載《毛詩》二十卷②,"漢河間太守毛萇傳,鄭氏箋",於是《詩傳》始稱毛萇。然鄭元《詩譜》曰:"魯人大毛公為訓詁,傳於其家。河間獻王得而獻之,以小毛公為博士。"陸璣《毛詩草木蟲魚疏》亦云:"孔子刪《詩》授卜商,商為之序以授魯人曾申,申授魏人李克,克授魯人孟仲子,仲子授根牟子,根牟子授趙人荀卿,荀卿授魯國毛亨,毛亨作《訓詁傳》以授趙國毛萇。時人謂亨為大毛公,萇為小毛公。"據是二書,則作《傳》者乃毛亨,非毛萇。故孔氏《正義》亦云:"大毛公為其傳,由小毛公而題毛也。"《隋志》所云,殊為舛誤。而流俗沿襲,莫之能更。朱彝尊《經義考》乃以《毛詩》二十九卷,題毛亨撰,注曰"佚",《毛詩訓故傳》三十卷,題毛萇撰,注曰"存"③。意主調停,尤為於古無據。今參稽眾說,定作《傳》者為毛亨。以鄭氏後漢人,陸氏三國吳人,併傳授《毛詩》,淵源有自,所言必不誣也。鄭氏發明毛義,自命曰"箋"。《博物志》曰:"毛公嘗為北海郡守,康成是此郡人,故以為敬。"推張華所言④,蓋以為"公府用記,郡將用箋"之意。然康成生於漢末,乃修敬於四百年前之太守,殊無所取。案《說文》曰:"箋,表識書也。"鄭氏《六藝論》云:"注《詩》宗毛為主。毛義若隱略,則更表明。如有不同,即下己意,使可識別。案此《論》今佚,此據《正義》所引。"然則康成特因《毛傳》而表識其傍,如今人之簽記,積而成帙,故謂之"箋",無庸別曲說也。自《鄭箋》既行,齊、魯、韓三家遂廢。案此陸德明《經典釋文》之説。然箋與傳義亦時有異同⑤。魏王肅作《毛詩注》、《毛詩義駁》、《毛詩奏事》、《毛詩問難》諸書，以申毛難鄭。歐陽修引其釋《衛風・擊鼓》五章，謂鄭不如王。見《詩本義》。王基又作《毛詩駁》，以申鄭難王。王應麟引其駁《芣苢》一條，謂王不及鄭。見《困學紀聞》，亦載《經典釋文》。晉孫毓作《毛詩異同評》，復申王説；陳統作《難孫氏毛詩評》⑥，又明鄭義。並見《經典釋文》。祖分左右，垂數百年。至唐貞觀十六年，命孔穎達等因《鄭箋》為《正義》⑦，乃論歸一定，無復岐塗。《毛傳》二十九卷⑧，《隋志》附以《鄭箋》作二十卷，疑為康成所併。穎達等以疏文繁重，又析為四十卷。其書以劉焯《毛詩義疏》、劉炫《毛詩述義》為稿本，故能融貫羣言，包羅古義。終唐之世，人無異詞⑨。惟王讜《唐語林》記劉禹錫聽施士匄講《毛詩》所説“維鵜在梁”、“陟彼岵兮”、“勿翦勿拜”、“維北有斗”四義，稱毛未注⑩，然未嘗有所詆排也。至宋鄭樵，恃其才辨，無故而發難端，南渡諸儒始以掊擊毛、鄭為能事。元延祐科舉條制，《詩》雖兼用古注疏，其時門户已成，講學者迄不遵用。沿及明代，胡廣等竊劉瑾之書作《詩經大全》，著為令典。於是專宗朱《傳》，漢學遂亡。然朱子從鄭樵之説，不過攻《小序》耳。至於《詩》中訓詁，用毛、鄭者居多。後儒不考古書，不知《小序》自《小序》，傳箋自傳箋，閧然佐鬭，遂併毛、鄭而棄之。是非惟不知毛、鄭為何語，殆併朱子之《傳》亦不辨為何語矣。我國家經學昌明，一洗前明之固陋。乾隆四年⑪，皇上特命校刊《十三經注疏》，頒布學宫。鼓篋之儒，皆駸駸乎研求古學。今特録其書，與《小序》同冠《詩》類之首⑫，以昭六義淵源，其來有自，孔門師授，端緒炳然，終不能以他説掩也。

【彙訂】

① 文淵閣《四庫》本為《毛詩注疏》三十卷卷首三卷。（沈治宏：《中國叢書綜録訂誤》）

②“隋書”，殿本作“隋唐”，誤。《隋書·經籍志》著録《毛詩》二十卷，“漢河間太守毛萇傳，鄭氏箋”。《舊唐書·經籍志》無此文。

③《經義考》卷一百云：“毛氏亨《詩詁訓傳》，《漢志》三十卷，佚；毛氏萇《詩傳》，《漢志》二十九卷，存。”（張宗友：《〈四庫全書總目〉誤引〈經義考〉訂正》）

④《博物志》卷六此句前有“或云”二字，顯為引用他人觀點，非張華本人所言。（陳尚君、張金耀主撰：《四庫提要精讀》）

⑤“時”，殿本無。

⑥“陳統”，殿本作“鄭統”，誤。《經典釋文》卷一“注解傳述人”條載：“晉豫州刺史孫毓為《詩評》，評毛、鄭、王肅三家同異，朋於王。徐州從事陳統難孫申鄭。”《隋書·經籍志》著録《難孫氏毛詩評》四卷，晉徐州從事陳統撰。

⑦ 孔穎達於貞觀十二年奉旨開始編撰《五經正義》，十四年初稿完成，十六年又對全書進行了覆審，但未能最後完成。高宗永徽四年始頒行天下，距其辭世已有五年。（姜廣輝：《政治的統一與經學的統一——孔穎達與〈五經正義〉》）

⑧ 前文已引《漢書·藝文志》：“《毛詩》二十九卷，《毛詩故訓傳》三十卷。”（陳尚君、張金耀主撰：《四庫提要精讀》）

⑨《唐會要》卷七七《論經義》載長安三年（703），王玄感表上《尚書糾謬》十卷，《春秋振滯》二十卷，《禮記繩愆》三十卷。據《舊唐書》本傳，馬嘉運、崔義玄也曾對《五經正義》加以駁議或自

創新説。（吳雁南等主編：《中國經學史》）

　　⑩《唐語林》卷二載施士匄説《毛詩》，對"維鵜在梁"、"勿翦勿拜"兩處的解釋有所批評，針對的是《毛傳》、《鄭箋》，而非《正義》。（陳尚君、張金耀主撰：《四庫提要精讀》）

　　⑪"四"，殿本作"八"，誤。今存乾隆四年武英殿刻《欽定十三經注疏》本。

　　⑫　四庫本及其底本《欽定十三經注疏》本皆作《毛詩注疏》三十卷《毛詩譜》一卷。《總目》著録書名、卷數與之不符。（崔富章：《四庫提要補正》）

　　毛詩草木鳥獸蟲魚疏二卷（通行本）

　　吳陸璣撰。明北監本《詩正義》全部所引，皆作陸機。考《隋書·經籍志》"《毛詩草木蟲魚疏》二卷"，注云："烏程令吳郡陸璣撰。"陸德明《經典釋文·序録》"陸璣《毛詩草木鳥獸蟲魚疏》二卷"，注云："字元恪，吳郡人。吳太子中庶子，烏程令。"《資暇集》亦辯"璣"字從"玉"。則監本為誤①。又毛晉《津逮祕書》所刻，援陳振孫之言，謂其書引《爾雅》郭璞注，當在郭後，未必吳人，因而題曰唐陸璣。夫唐代之書，《隋志》烏能著録？且書中所引《爾雅注》，僅及漢犍為文學樊光，實無一字涉郭璞，不知陳氏何以云然②。姚士粦跋已辨之，或晉未見士粦跋歟？原本久佚。此本不知何人所輯，大抵從《詩正義》中録出。然《正義·衛風·淇澳篇》引陸璣疏："淇、澳，二水名。"今本乃無此條。知由採摭未周，故有所漏，非璣之舊帙矣③。又《衛風》"椅桐梓漆"一條稱："今雲南、牂牁人績以為布。"考《漢書·地理志》益州郡有雲南縣，《後漢書·郡國志》永昌郡有雲南縣，皆一邑之名。《唐書·地理志》姚州雲南郡，武德四年以漢雲南縣地置。蓋至是始升為大郡，而袁滋《雲南記》、竇滂《雲南別録》諸書作焉。璣在三國，即以雲南配牂柯，似乎諸家傳寫，又有所竄亂，非盡原文。然勘驗諸書所引，一一符合，要非依託之本也④。末附四家《詩》源流四篇，而《毛詩》特詳。考王柏《詩疑》已詆璣所敘與《經典釋文》不合，王應麟《困學紀聞》亦議其誤以曾申為申公。則宋本已有之，非後人所附益矣⑤。蟲魚草木，今昔異名，年代迢遙，傳疑彌甚。璣去古未遠，所言猶不甚失真。《詩正義》全用其說。陳啟源作《毛詩稽古編》，其駁正諸家，亦多以璣說為據。講多識之學者，固當以此為最古焉。

【彙訂】

①《隋書·經籍志》與《經典釋文·序録》亦作陸機，《總目》所據皆誤本。（余嘉錫：《四庫提要辨證》）

② 李匡乂《資暇集》曰："陸璣《草木疏》稱，郭璞云綠竹，王芻也。今呼為白腳蘋。"陳振孫所見與唐本同，明人所見應為經竄改之本。（王欣夫：《蛾術軒篋存善本書録》）

③ 今本此書所存之文，多為《詩正義》所未引，縱為後人掇輯，亦不得謂其純出於《詩疏》。（余嘉錫：《四庫提要辨證》）

④《三國志·蜀志·後主傳》云："（建興）三年春三月，丞相亮南征四郡，四郡皆平。改益州郡為建寧郡，分建寧、永昌郡為雲南郡，又分建寧、牂柯為興古郡。"《華陽國志》、《晉書·地理志》等亦謂蜀置雲南郡。（同上）

⑤ 此書卷下《毛詩》篇云："孔子刪《詩》授卜商，商為之序，以授魯人曾申，申授魏人李克。"並未誤曾申為申公。《困學紀聞》卷三云："《序録》子夏傳曾申，申傳李克，《讀詩記》引陸機《草

木疏》，以曾申爲申公，以克爲尅，皆誤。"審其文義，乃訂《讀詩記》引用之誤，非謂此書誤也。（同上）

毛詩陸疏廣要二卷（内府藏本）①

吳陸璣撰，明毛晉注。晉原名鳳苞，字子晉，常熟人。家富圖籍，世所傳影宋精本，多所藏收。又喜傳刻古書，汲古閣版至今流布天下。故在明季，以博雅好事名一時。嘗刻《津逮祕書》十五集，皆宋、元以前舊帙。惟此書爲晉所自編。陸璣原書二卷，每卷又分二子卷。蓋儲藏本富，故徵引易繁；採摭既多，故異同滋甚。辨難考訂，其說不能不長也。其中如"南山有臺"一條，則引韻書證其佚脫；"有集維鷮"一條，則引《詩緝》證其同異。其考訂亦頗不苟。至於嗜異貪多，每傷支蔓。如"鶴鳴于九皋"一條，後附《焦山瘞鶴銘考》一篇，蔓延及於石刻，於經義渺無所關。核以詁經之古法，殊乖體例。然雖傷冗碎，究勝空疏。明季說《詩》之家，往往簸弄聰明，變聖經爲小品。晉獨言言徵實，固宜過而存之。是亦所謂論其世矣。

【彙訂】

① 文淵閣《四庫》本爲《陸疏毛詩廣要》四卷。（沈治宏：《中國叢書綜錄訂誤》）

毛詩指說一卷（兩江總督採進本）

唐成伯璵撰。伯璵爵里無考①。書凡四篇。一曰《興述》，明先王陳《詩》觀風之旨，孔子刪《詩》正雅之由。二曰《解說》，先釋《詩》義，而《風》、《雅》、《頌》次之，《周南》又次之②，詁、傳、序又次之，篇章又次之，后妃又次之，終以《鵲巢》、《騶虞》。大略即舉《周南》一篇，纍括論列，引申以及其餘。三曰《傳受》，備詳齊、魯、毛、韓四家授受世次及後儒訓釋源流。四曰《文體》，凡三百篇中句法之長短、篇章之多寡、措辭之異同、用字之體例，皆臚舉而詳之，頗似劉氏《文心雕龍》之體。蓋說經之餘論也。然定《詩序》首句為子夏所傳，其下為毛萇所續，實伯璵此書發其端。則決別疑似，於說《詩》亦深有功矣。伯璵尚有《毛詩斷章》二卷，見《崇文總目》，稱其"取《春秋》'斷章'之義，鈔取《詩》語，彙而出之"。蓋即李石《詩如例》之類。宋熊克嘗與毘陵沈必豫欲合二書刻之，而《斷章》一書竟求之不獲，乃先刻《指說》。此本末有克跋，蓋即從宋本傳刻也。克嘗著《中興小歷》③，別見史部編年類中。其刻此書時，方分教於京口，故跋稱"刻之泮林"云。

【彙訂】

① 成伯璵里貫可考。宋衛湜《禮記集說》卷首《禮記集說名氏》："唐中山成氏（伯璵），《禮記外傳》四卷……"宋王應麟《玉海》卷三十九《藝文·唐〈禮記外傳〉》："《志》：成伯璵《禮記外傳》四卷。《書目》：四卷，中山成伯璵撰。"（董運來：《〈四庫全書總目〉補正十則》，情）

② "周南"，文淵閣、文津閣本書前提要皆作"周"，余集分纂稿亦同。書中此節皆周、召二公，《周南》、《召南》兩篇並提。（江慶柏等：《四庫全書薈要總目提要》）

③ "中興小歷"，殿本作"中興小紀"。

毛詩本義十六卷（兩江總督採進本）①

宋歐陽修撰。是書凡為說一百十有四篇，統解十篇，《時世》、《本末》二論，《豳》、《魯》、《序》三問，而《補亡鄭譜》及《詩圖總序》附於卷末。修文章名一世，而經術亦復湛深。王宏〔弘〕撰

《山志》記嘉靖時欲以修從祀孔子廟，衆論靡定。世宗諭大學士楊一清曰："朕閲《書·武成篇》，有引用歐陽修語，豈得謂修於《六經》無羽翼，於聖門無功乎？"一清對以"修之論説見於《武成》，蓋僅有者耳。其從祀一節，未敢輕議"云云。蓋均不知修有此書也。自唐以來，説《詩》者莫敢議毛、鄭，雖老師宿儒，亦謹守《小序》。至宋而新義日增，舊説幾廢②。推原所始，實發於修③。然修之言曰："後之學者，因迹先世之所傳而較得失，或有之矣。使徒抱焚餘殘脱之經，悵悵於去聖人千百年後，不見先儒中閒之説，而欲特立一家之學者，果有能哉？吾未之信也。"又曰："先儒於經不能無失，而所得固已多矣。盡其説而理有不通，然後以論正之。"是修作是書，本出於和氣平心，以意逆志。故其立論未嘗輕議二家，而亦不曲徇二家④。其所訓釋，往往得詩人之本志。後之學者，或務立新奇，自矜神解；至於王柏之流，乃併疑及聖經，使《周南》、《召南》俱遭删竄。則變本加厲之過，固不得以濫觴之始歸咎於修矣。林光朝《艾軒集》有《與趙子直書》曰："《詩本義》初得之如洗腸，讀之三歲，覺有未穩處。大率歐陽、二蘇及劉貢父談經多如此⑤。"又一書駁《本義》《關雎》、《樛木》、《兔罝》、《麟趾》諸解，辨難甚力。蓋文士之説《詩》，多求其意；講學者之説《詩》，則務繩以理。互相掊擊，其勢則然，然不必盡為定論也。

【彙訂】

① 文淵閣《四庫》本為《毛詩本義》十五卷附録一卷。（沈治宏：《中國叢書綜録訂誤》）

② "幾"，殿本作"俱"。

③ 唐代施士匄、成伯璵、韓愈已有突破《詩》學傳統的言論。

（楊新勳：《宋代疑經研究》）

④“二家”當指毛序鄭箋與朱熹《詩集傳》，然朱熹時代晚於歐陽修。（楊晉龍：《論〈四庫全書總目〉對明代詩經學的評價》）

⑤《郡齋讀書志》、《直齋書錄解題》、林光朝《與趙著作子直書》及《宋史·藝文志》皆作《詩本義》，錢曾述古堂藏宋版亦無“毛”字。（劉毓慶：《歷代詩經著述考（先秦—元代）》）

詩集傳二十卷（內府藏本）①

宋蘇轍撰。其説以《詩》之《小序》反復繁重，類非一人之詞，疑為毛公之學，衛宏之所集錄。因惟存其發端一言，而以下餘文悉從删汰。案《禮記》曰：“《騶虞》者，樂官備也；《貍首》者，樂會時也；《采蘋》者，樂循法也。”是足見古人言《詩》，率以一語括其旨。《小序》之體，實肇於斯。王應麟《韓詩考》所載，如“《關雎》，刺時也；《芣苢》，傷夫有惡疾也；《漢廣》，悦人也；《汝墳》，辭家也；《蝃蝀》，刺奔女也；《黍離》，伯封作也；《賓之初筵》，衛武公飲酒悔過也。”劉安世《元城語錄》亦曰“少年嘗記讀《韓詩》，案《崇文總目》，《韓詩》北宋尚存。范處義《逸齋詩補傳》謂《韓詩》世罕有之，此語不可信，蓋偶未考。有《雨無極篇》，序云：‘正大夫刺幽王也。’首云‘雨無其極，傷我稼穡。’”云云，是《韓詩》序亦括以一語也。又蔡邕書《石經》，悉本《魯詩》。所作《獨斷》，載《周頌》序三十一章，大致皆與《毛詩》同，而但有其首句。是《魯詩》序亦括以一語也。轍取《小序》首句為毛公之學，不為無見。史傳言《詩序》者以《後漢書》為近古，而《儒林傳》稱謝曼卿善《毛詩》，乃為其訓。衛宏從曼卿受學，因作《毛詩序》。轍以為衛宏所集錄，亦不為無徵。唐成伯璵作《毛詩指説》，雖亦以《小序》為出子夏，然其言曰：“眾篇之《小序》，子夏惟裁初句耳。《葛覃》，后妃之本也；《鴻鴈》，美宣王也，如此之類是也。其下皆大毛公自以《詩》中之意而繫其詞。"云云。然則惟取序首，伯璵已先言之，不自轍創矣。厥後王得臣、程大昌、李樗皆以轍説為祖，良有由也。轍自序又曰："獨採其可者見於今傳，其尤不可者皆明著其失。"則轍於毛氏之學亦不激不隨，務持其平者。而朱翌《猗覺寮雜記》乃曰"蘇子由解《詩》不用《詩序》"，亦未識轍之本志矣。

【彙訂】

① 此書傳世明刻《兩蘇經解》本皆作十九卷，《天禄琳琅書目續編》著録之本亦十九卷。文淵閣《四庫》本為《蘇氏詩集傳》十九卷。（崔富章：《四庫提要補正》；沈治宏：《中國叢書綜録訂誤》）

毛詩名物解二十卷（兩江總督採進本）

宋蔡卞撰。卞字元度，興化仙遊人。熙寧三年與兄京同舉進士第，官至觀文殿學士。事蹟具《宋史》本傳。自王安石《新義》及《字説》行，而宋之士風一變。其為名物訓詁之學者，僅卞與陸佃二家。佃，安石客；卞，安石婿也。故佃作《埤雅》，卞作此書，大旨皆以《字説》為宗。陳振孫稱卞書"議論穿鑿，徵引瑣碎，無裨於經義"，詆之甚力。蓋佃雖學術本安石，而力沮新法，斷斷異議，君子猶或取之；卞則傾邪姦憸，犯天下之公惡，因其人以及其書，羣相排斥，亦自取也。然其書雖王氏之學，而徵引發明，亦有出於孔穎達《正義》、陸璣《草木蟲魚疏》外者。寸有所長，不以人廢言也。且以邢昺之僉邪，而《爾雅疏》列在學官，則卞書亦安得竟棄乎？書凡十一類，曰釋天、釋百穀、釋草、釋木、釋鳥、釋獸、釋蟲、釋魚、釋馬、雜釋、雜解。陳氏《書録解題》稱分十類，蓋傳寫誤脱"一"字也[1]。

【彙訂】

[1]《直齋書録解題》卷二《詩學名物解》條云"自'釋天'至'雜釋'，凡十類"，《總目》誤以"雜釋"為"雜釋"、"雜解"二類。（陳乃乾：《讀〈四庫全書總目〉條記》）

毛詩集解四十二卷（内府藏本）

不著編録人名氏。集宋李樗、黄櫄兩家《詩》解為一編，而附以李泳所訂吕祖謙《釋音》。樗字若林，閩縣人[1]，嘗領鄉貢。著《毛詩詳解》三十六卷。櫄字實夫，龍溪人。淳熙中以舍選入對，升進士兩科[2]。調南劍州教授，終宣教郎。著《詩解》二十卷，《總論》一卷。泳字深卿，始末未詳，與樗、櫄皆閩人。疑是書為建陽書肆所合編也。樗為林之奇外兄，見《書録解題》。又為吕本中門人，見何喬遠《閩書》。其學問具有淵源。《書録解題》稱其書"博取諸家訓釋名物文義，末用己意為論斷"。今觀櫄解，體例亦同。似乎相繼而作，而稍稍補苴其罅漏，不相攻擊，亦不相附合。如論《詩序》，樗取蘇轍之説，以為毛公作而衛宏續；櫄則用王安石、程子之説，以為非聖人不能作。所見迥為不同。其學雖似少亞於樗，而其説實足以相輔。編是書者惟音釋取吕祖謙，而訓釋之文則置《讀詩記》而取樗、櫄。殆亦以二書相續，如驂有靳，故不欲參以他説歟？

【彙訂】

[1]《寰宇通志》卷四五《福州府·人物》李樗條與《宋元學案》卷三六《李樗小傳》皆云"字迂仲"。萬曆《福州府志》卷二一

《李樗傳》云："字若林……黃榦嘗稱之曰：'吾鄉儒學彬彬，其以文行為學者宗，則若林其傑焉者也。'"以若林為李樗之字。雍正《福建通志》卷四三《李樗傳》所載同。然《宋元學案》李樗小傳記黃榦之語為"吾鄉之士，以文辭行義為學者宗師，若李若林，其傑然者也"。李指李樗，林指林之奇。萬曆《府志》、雍正《通志》皆誤。（楊武泉：《四庫全書總目辨誤》）

②嘉靖《龍溪縣志》卷八《黃櫄傳》與《宋元學案》卷三六《黃櫄小傳》皆載"升進士丙科"，即入進士第三甲。（同上）

詩補傳三十卷（浙江范懋柱家天一閣藏本）

舊本題曰逸齋撰，不著名氏。朱彝尊《經義考》云："《宋史·藝文志》有范處義《詩補傳》三十卷，卷數與逸齋本相符。明朱睦㮮《聚樂堂書目》直書處義名，當有證據。處義，金華人，紹興中登張孝祥榜進士。"云云。則此書為處義所作，逸齋蓋其自號也。大旨病諸儒說《詩》，好廢《序》以就己說，故自序稱："以《序》為據，兼取諸家之長，揆之性情，參之物理，以平易求古詩人之意。"又稱："文義有闕，補以《六經》、史傳；詁訓有闕，補以《說文》、《篇》、《韻》。"蓋南宋之初，最攻《序》者鄭樵，最尊《序》者則處義矣。考先儒學問大抵淳實謹嚴，不敢放言高論。宋人學不逮古，而欲以識勝之，遂各以新意說《詩》。其間剔抉疏通，亦未嘗無所闡發。而末流所極，至於王柏《詩疑》，乃併舉二《南》而刪改之。儒者不肯信傳，其弊至於誣經，其究乃至於非聖，所由來者漸矣。處義篤信舊文，務求實證，可不謂古之學者歟？至《詩序》本經師之傳，而學者又有所附益，中間得失，蓋亦相參。處義必以為尼山之筆，引據《孔叢子》，既屬偽書，牽合《春秋》，尤為旁義。矯枉過直,是亦一瑕。取其補偏救弊之心可也。

詩總聞二十卷(內府藏本)

宋王質撰。質字景文,興國人。紹興三十年進士,官至樞密院編修,出通判荊南府,改吉州。周亮工《書影》以為宋末人,蓋考之未審也。亮工又稱是書世久無傳,謝肇淛始錄本於祕府。後肇淛諸子盡賣藏書,為陳開仲購得,乃歸諸亮工。則其不佚者僅矣。其書取《詩》三百篇,每篇說其大義①。復有聞音、聞訓、聞章、聞句、聞字、聞物、聞用、聞跡、聞事、聞人,凡十門。每篇為總聞,又有聞風、聞雅、聞頌冠於四始之首。南宋之初,廢《詩序》者三家,鄭樵、朱子及質也。鄭、朱之說最著,亦最與當代相辨難。質說不字字詆《小序》,故攻之者亦稀。然其毅然自用,別出新裁,堅銳之氣乃視二家為加倍。自稱覃精研思幾三十年,始成是書。淳祐癸卯,吳興陳日強始為鋟版於富川。日強跋稱其“以意逆志,自成一家”,其品題最允。又稱其“刪除《小序》,實與文公朱先生合”,則不盡然。質廢《序》與朱子同,而其為說則各異。黃震《日鈔》曰“雪山王質、夾漈鄭樵始皆去《序》言《詩》,與諸家之說不同。晦庵先生因鄭公之說,盡去美刺,探求古始,其說頗驚俗。雖東萊先生不能無疑”云云,言因鄭而不言因王,知其趣有不同矣。然其冥思研索,務造幽深,穿鑿者固多,懸解者亦復不少。故雖不可訓,而終不可廢焉。

【彙訂】

① “每篇說其大義”,文淵閣、文溯閣本書前提要皆作“每章說其大義”。本書體例,先對《詩經》各章內容進行詮釋,然後總括全詩大意。(江慶柏等:《四庫全書薈要總目提要》)

詩集傳八卷(通行本)

宋朱子撰。《宋志》作二十卷。今本八卷,蓋坊刻所併。朱子注《易》,凡兩易稿。其初著之《易傳》①,《宋志》著録。今已散佚,不知其説之同異。注《詩》,亦兩易稿。凡吕祖謙《讀詩記》所稱"朱氏曰"者,皆其初稿,其説全宗《小序》。後乃改從鄭樵之説,案朱子攻序用鄭樵説見於《語録》。朱升以爲用歐陽修之説②,殆誤也。是爲今本。卷首自序作於淳熙四年,中無一語斥《小序》,蓋猶初稿。序末稱時方輯《詩傳》,是其證也。其注《孟子》,以《柏舟》爲仁人不遇;作《白鹿洞賦》,以《子衿》爲刺學校之廢;《周頌·豐年篇》小序,《辨説》極言其誤,而《集傳》乃仍用《小序》説,前後不符,亦舊稿之删改未盡者也。楊慎《丹鉛録》謂"文公因吕成公太尊《小序》,遂盡變其説",雖意度之詞,或亦不無所因歟? 自是以後,説《詩》者遂分攻《序》、宗《序》兩家,角立相争,而終不能以偏廢。《欽定詩經彙纂》雖以《集傳》居先,而《序》説則亦皆附録,允爲持千古之平矣③。舊本附《詩序辨説》於後,近時刊本皆删去。鄭元稱毛公以《序》分冠諸篇,則毛公以前,《序》本自爲一卷,《隋志》、《唐志》亦與《毛詩》各見。今已與《辨説》別著於録,兹不重載。其閒經文譌異,馮嗣京所校正者④,如《邶風》"終然允臧","然"誤"焉";《王風》"牛羊下括","括"誤"栝";《齊風》"不能辰夜","辰"誤"晨";《小雅》"求爾新特","爾"誤"我";"胡然厲矣","然"誤"爲";"朔月辛卯","月"誤"日"⑤;"家伯維宰"⑥,"維"誤"冢"⑦;"如彼泉流","泉流"誤"流泉";"爰其適歸","爰"誤"奚";《大雅》"天降滔德","滔"誤"慆";"如彼泉流",亦誤"流泉";《商頌》"降予卿士","予"誤"于"。凡十二條。陳啟源所校正者,《召南》"無使尨也吠","尨"誤"厖";"何彼襛矣","襛"誤

"穉";《衛風》"遠兄弟父母"誤"遠父母兄弟";《小雅》"言歸斯復","斯"誤"思";"昊天大憮","大"誤"泰";《楚茨》"以享以祀","享"誤"饗";"福祿脞之","脞"誤"媲"⑧;"畏不能趨","趨"誤"趍";"不皇朝矣","皇"誤"遑";下二章同。《大雅》"淠彼涇舟","淠"誤"淠";"以篤于周祜",脫"于"字;《周頌》"既右饗之","饗"誤"享";《魯頌》"其旂茷茷",誤"茷茷"⑨;《商頌》"來格祁祁",誤"祈祈"⑩,凡十四條。又傳文譌異,陳啟源所校正者,《召南·騶虞篇》"豝,牝豕也","牝"誤"牡";《終南篇》"黻之狀亞,象兩弓相背","亞"誤"亞"、"弓"誤"己";《南有嘉魚篇》"鯉質鱒鱗","鱗"誤"鯽",又衍"肌"字;《甫田篇》"或耘或耔",引《漢書》"苗生葉以上",脫"生"字;"隤其土"誤"壔其上"⑪;《頍弁篇》"賦而比也",誤增"興又"二字;案此輔廣《詩童子問》所增。《小宛篇》"俗呼青雀","雀"誤"觜";《文王有聲篇》"減成溝也","成"譌"城";《召旻篇》"池之竭矣"章"比也",誤作"賦";《閔予小子篇》引《大招》"三公穆穆",誤"三公揖讓";《賚篇》"此頌文王之功","王"誤"武";《駉篇》"此言魯侯牧馬之盛","魯侯"誤"僖公",凡十一條。史榮所校正者,《王風·伯兮篇》⑫,《傳》曰:"女為悅己者容","己"下脫"者"字;《采葛篇》"蕭⑬,荻也","荻"誤"获";《唐風·葛生篇》"域,營域也","營"誤"塋";《秦風·蒹葭篇》"小渚曰沚","小"誤"水";《小雅·四牡篇》"今鵻鳩也","鵻"誤"鴇";《蓼蕭篇》"在衡曰鸞","衡"誤"鑣"⑭;《采芑篇》"即今苦蕒菜","蕒"誤"薈"⑮;《正月篇》"申包胥曰:'人定則勝天'","定"誤"衆";《小弁篇》"江東呼為鸊鳥","鸊"誤"鴨";《巧言篇》"君子不能聖讒","聖"誤"墅"。凡十條。蓋《五經》之中,惟《詩》易讀,習者十恆七八。故書坊刊版亦最夥,其輾轉傳譌亦為最甚。今悉釐正,俾不失真。

至其音叶，朱子初用吳棫《詩補音》，案棫《詩補音》與所作《韻補》為兩書，《書録解題》所載甚明。《經義考》合為一書，誤也。其孫鑑又意為增損，頗多舛迕。史榮作《風雅遺音》已詳辨之，兹不具論焉⑯。

【彙訂】

① "著"，殿本無。

② "用"，殿本無。

③ "允"，殿本無。

④ 馮復京，字嗣宗，明萬曆閒常熟人，著有《六家詩名物疏》、《明右史略》三十卷、《先賢事略》十卷，見《明史·藝文志》、《牧齋初學集·馮嗣宗墓誌銘》。"馮嗣京"誤。（楊晉龍：《論〈四庫全書總目〉對明代詩經學的評價》）

⑤ "胡然屬矣然誤為朔月辛卯月誤日"，殿本作"朔月辛卯月誤日胡然屬矣然誤為"，次序有誤。《六家詩名物疏》卷二十二《齊風·東方未明篇》"辰"字注曰："案'不能辰夜'之'辰'，今朱《傳》誤作'晨'。朱子釋《詩》時，齊、魯、韓三詩俱亡，雖有附見他籍者，皆不依用。則所從惟《毛傳》耳。而字畫多訛，或傳寫之謬也。他如'終然允臧'之'然'作'焉'；'羊牛下括'作'牛羊'；'求爾新特'之'爾'作'我'；'胡然屬矣'之'然'作'為'；'家伯維宰'之'維'作'家'；《小旻》、《抑》二'如彼泉流'作'流泉'；'朔月辛卯'之'月'作'日'；'爰其適歸'之'爰'作'奚'；'天降滔德'之'滔'作'慆'；'降予卿士'之'予'作'于'，俱是顛倒錯誤。"

⑥ "維"，殿本作"家"，誤，參《詩經·小雅·十月》原文。

⑦ "維"，殿本作"家"，誤，參《六家詩名物疏》原文。

⑧ "'朧'誤'媿'"，殿本作"'朧'誤'朧'"，皆不確。陳啟源《毛詩稽古編》卷二十九"監本經注疑誤"條原文作："'福禄朧

之’，‘脧’誤作‘朘’，經、傳同。”《詩經·小雅·采菽》原文作：“樂只君子，福禄脧之。”

⑨“苀苀”，殿本作“苀”，誤，參《毛詩稽古編》卷二十九“《集傳》疑誤”條原文。

⑩“祈祈”，殿本作“祈”，誤，參《毛詩稽古編》卷二十九“《集傳》疑誤”條原文。

⑪“隤其土誤壝其上”，殿本作“隤其上誤遺其上”，皆不確。《毛詩稽古編》卷二十九“《集傳》疑誤”條原文曰：“‘隤其上’誤作‘壝其土’。”《毛詩正義·小雅·甫田》注：“因壝其土以附苗根。”“壝”或誤作“壝”。

⑫“王風”，底本作“衛風”，據殿本改。史榮《風雅遺音》卷下“《集傳》相沿之訛”依次為《衛風·河廣篇》、《伯兮篇》、《王風·采葛篇》、《魏風·山有樞篇》、《唐風·葛生篇》等十二條，而紀昀審訂本《風雅遺音》卷下“《集傳》誤字”條依次為《王風·伯兮篇》、《采葛篇》、《唐風·葛生篇》等十條。可知史氏原不誤，而紀氏誤改。《伯兮篇》雖屬《衛風》，然《總目》所據顯為紀氏本，應從其原文。

⑬底本“采”上有“王風”二字，據殿本删。

⑭“衡”，殿本皆作“衝”，誤。《風雅遺音》卷下“《集傳》相沿之訛”曰：“《蓼蕭篇》‘和鸞雝雝’，《集傳》：‘和、鸞，皆鈴也。在軾曰和，在鑣曰鸞，皆諸侯車馬之飾也。’案《秦風·駟驖篇》‘輶車鸞鑣’，《集傳》云：‘驅逆之車，置鸞於馬銜之兩旁。乘車，則鸞在衡，和在軾也。’今此詩正指乘車，則鸞當在衡，恐‘鑣’字是‘衡’字之誤。”

⑮“賣”，殿本作“賣”，誤。《風雅遺音》卷下“《集傳》相沿之

訛"曰："《采芑篇》'薄言采芑',《集傳》:'即今苦蕒菜。'案'蕒'音
'買',今多訛作'蕢'。"

⑯八卷本乃明人所併,對宋刻二十卷本中音切等多有刪削
改竄,《風雅遺音》所訂正八卷本之誤大都與二十卷本脗合。(朱
傑人:《論八卷本〈詩集傳〉非朱子原帙兼論〈詩集傳〉之版
本——與左松超先生商榷》)

慈湖詩傳二十卷(永樂大典本)

宋楊簡撰。簡有《慈湖易傳》,已著錄。是書原本二十卷。
焦竑《國史經籍志》及黃虞稷《千頃堂書目》尚載其名,而朱彝尊
《經義考》注曰"已佚"。今海內藏書咸集祕府,而是書之目闕焉,
則彝尊所説為可信。蓋竑之所錄,皆據史志所載,類多虛列。虞
稷徵刻《書目》,亦多未見原書,固不足盡據耳。今從《永樂大典》
所載裒輯成編,仍勒為二十卷。又從《慈湖遺書》內補錄自序一
篇,總論四條,而以《攻媿集》所載樓鑰與簡《論〈詩〉解》書一通,
附於卷首。其他論辨若干條,各附本解之下,以資考證。至其總
論列國、《雅》、《頌》之篇,《永樂大典》此卷適闕,無從採錄。其
《公劉》以下詩十六篇,則《永樂大典》不載其傳。豈亦如呂祖謙
之《讀詩記》獨闕《公劉》以下諸篇,抑在明初即已殘闕耶? 是書
大要本孔子"無邪"之旨,反覆發明。而據《後漢書》之説,以《小
序》為出自衛宏,不足深信。篇中所論,如謂《左傳》不可據,謂
《爾雅》亦多誤,謂陸德明多好異音,謂鄭康成不善屬文。甚至自
序之中,以《大學》之釋《淇澳》為多牽合,而詆子夏為小人儒。蓋
簡之學出陸九淵,故高明之過,至於放言自恣,無所畏避。其他
箋釋文義,如以"聊樂我員"之"員"為姓,以"六駁"為"赤駁"之

譌,以"天子葵之"之"葵"有向日之義,閒有附會穿鑿。然其於一名一物、一字一句,必斟酌去取,旁徵遠引,曲暢其説。其考核六書則自《説文》《爾雅》《釋文》以及史傳之音注,無不悉搜;其訂正訓詁則自齊、魯、毛、韓以下以至方言、雜説,無不博引。可謂折衷同異,自成一家之言,非其所作《易傳》以禪詁經者比也。昔吳棫作《詩補音》十卷,又别為《韻補》五卷。《韻補》明人有刻本,其書採摭《詩》《騷》以下及歐陽修、蘇軾、蘇轍之作,頗為雜濫。《補音》久佚,惟此書所引尚存十之六七。然往往以漢、魏以下之韻牽合古音,其病與《韻補》相等。《朱子語類》謂"才老《補音》亦有推不去者",蓋即指此類。顧炎武亦嘗作《韻補正》一書,以糾其失。考古音者,固未可全以為準焉。

吕氏家塾讀詩記三十二卷(浙江汪汝瑮家藏本)

宋吕祖謙撰。祖謙有《古周易》,已著録。此其説《詩》之作也。朱子與祖謙交最契,其初論《詩》亦最合。此書中所謂"朱氏曰"者,即所採朱子説也。後朱子改從鄭樵之論,自變前説,而祖謙仍堅守毛、鄭。故祖謙没後,朱子作是書序,稱"少時淺陋之説,伯恭父誤有取焉①。既久,自知其説有所未安①,或不免有所更定。伯恭父反不能不置疑於其閒,熹竊惑之。方將相與反覆其説,以求真是之歸,而伯恭父已下世"云云,蓋雖應其弟祖約之請②,而夙見深有所不平。然迄今兩説相持,嗜吕氏書者終不絶也。陳振孫《書録解題》稱:"自篤《公劉》以下編纂已備③,而條例未竟,學者惜之。"此本為陸鈗所重刊。鈗序稱得宋本於友人豐存叔,吕氏書凡二十二卷,《公劉》以後,其門人續成之。與陳氏所説小異,亦不言門人為誰。然《書録解題》及《宋史·藝文志》均著録三十二卷，則當時之本已如此。釴所云云，或因戴溪有《續讀詩記》三卷，遂誤以後十卷當之歟[④]？陳振孫稱其"博採諸家，存其名氏。先列訓詁，後陳文義，翦截貫穿，如出一手。有所發明，則别出之。《詩》學之詳正，未有踰於此書者"。魏了翁作後序，則稱其能發明詩人躬自厚而薄責於人之旨。二人各舉一義，已略盡是書所長矣。了翁後序乃為眉山賀春卿重刻是書而作。時去祖謙没未遠，而版已再新，知宋人絶重是書也[⑤]。

【彙訂】

①"所"，殿本脱，參朱熹序原文。

②朱熹序稱"伯恭父之弟子約……以書屬熹序之"。《宋史》卷四五五《吕祖儉傳》云："祖儉，字子約，祖謙之弟也。"則其弟非名祖約。（李裕民：《四庫提要訂誤》）

③"篤"字疑衍，參《直齋書録解題》卷二《吕氏家塾讀詩記》條。

④書中《公劉》首章下識云："先兄己亥秋復修是書，至此而終，自《公劉》次章訖於終篇，則往歲所纂輯者，未及刊定，今不敢損益，姑從其舊。"陸釴蓋因此而誤，非因戴溪《續讀詩記》而誤。（胡玉縉：《四庫全書總目提要補正》）

⑤宋孝宗時刊本此書末有淳熙九年重陽後一日尤袤撰後序，云："建寧所刻，蓋又脱遺，其友丘漕宗卿惜其傳之未廣，始鋟木於江西漕臺。"祖謙死於淳熙八年八月，則建寧所刻當在其生前。賀春卿之刻又在丘氏之後，已屬第三次雕印。（李裕民：《四庫提要訂誤》）

續呂氏家塾讀詩記三卷（永樂大典本）

宋戴溪所續呂祖謙之書也。溪，永嘉人。淳熙五年為別頭省試第一，歷官工部尚書，文華閣學士，卒贈端明殿學士。理宗紹定閒，賜諡文端。事蹟具《宋史·儒林傳》[1]。《傳》稱溪字肖望，黃震《日鈔》亦同。而沈光作溪《春秋講義》序，稱字少望。震為溪同時人，不應有誤。溪子栩刊父遺書，乞光作序，亦不應有誤。或溪有二字歟[2]？溪以呂氏《家塾讀詩記》取毛《傳》為宗，折衷眾說，於名物訓詁最為詳悉。而篇內微旨，詞外寄託，或有未貫，乃作此書以補之，故以“續記”為名。實則自述己意，非盡墨守祖謙之說也。其中如謂《摽梅》為父母之擇婿，《有狐》為國人之憫鰥，《甘棠》非受民訟，《行露》非為侵陵，故《書錄解題》謂其大旨不甚主《小序》。然皆平心靜氣，玩索詩人之旨，與預存成見，必欲攻毛、鄭而去之者，固自有殊。《溫州志》稱溪“平實簡易，求聖賢用心，不為新奇可喜之說，而識者服其理到”。於此書可見一斑矣。原本三卷，久佚不傳。散見於《永樂大典》中者，尚得十之七八。謹綴緝成帙，仍釐為三卷。《永樂大典》“詩”字一韻，闕卷獨多。其原序、總綱無從補錄，則亦姑闕焉。

【彙訂】

①《宋史·儒林傳四》：“戴溪，字肖望，永嘉人，少有文名，淳熙五年為別頭省試第一……權工部尚書，除華文閣學士……”雍正《浙江通志》卷一七七《人物·儒林·戴溪傳》、乾隆《溫州府志》卷二〇《人物·儒林·戴溪傳》及四庫本書前提要亦作“華文閣學士”。（楊武泉：《四庫全書總目辨誤》）

②《朱子語類》、《語類續集》數稱戴少望，《南宋館閣續錄》卷七亦作少望，肖字殆音近而訛。（劉遠遊：《四庫提要補正》）

絜齋毛詩經筵講義四卷（永樂大典本）

宋袁燮撰。燮有《絜齋家塾書鈔》，已著録。此書乃其為崇政殿説書時撰進之本。《宋史・藝文志》、《直齋書録解題》皆不著録，朱彝尊《經義考》亦不列其名。惟《永樂大典》頗載其文，蓋其失傳亦已久矣。宋代經筵講章，如朱震、范沖《左氏講義》，戴溪《春秋講義》，類多編輯別行。燮此書亦同其例。其中議論和平，頗得風人本旨。於振興恢復之事，尤再三致意。如論《式微篇》，則極稱太王、句踐轉弱為強，而貶黎侯無奮發之心；論《揚之水篇》，則謂平王柔弱為可憐；論《黍離篇》，則直以汴京宗廟宮闕為言，皆深有合於獻納之義。胡安國作《春秋傳》，意主復讎，往往牽經以從己。而燮則因經文所有而推闡之，故理明詞達，無所矯揉，可謂能以古義資啟沃矣。謹以次編定，釐為四卷，皆《國風》也。其《雅》、《頌》諸篇，則《永樂大典》闕載。或輪番進講，燮偶未當直歟？

毛詩講義十二卷（永樂大典本）

宋林岊撰。岊字仲山，古田人。紹熙元年特奏名，嘉定間嘗守全州。《宋史》不為立傳。而《福建通志》稱其“在郡九年，頗多惠政。重建清湘書院，與諸生講學，勉敦實行，郡人祀之柳宗元廟”，則亦循吏也。是編皆其講論《毛詩》之語。觀其體例，蓋在郡時所講授，而門人録之成帙者。大都簡括箋疏，依文訓釋，取裁毛、鄭而折衷其異同。雖範圍不出古人，然融會貫通，要無枝言曲説之病。當光、寧之際，廢《序》之説方盛。岊獨力闡古義，以詔後生，亦可謂篤信謹守者矣。《宋史・藝文志》、馬端臨《經籍考》及《文淵閣書目》，此書皆作五卷。自明初以來，久無傳本，故朱彝尊《經義考》以為已佚。今從《永樂大典》各韻所載，次第彙輯，用存其概。《永樂大典》所原軼者，則亦闕焉。因篇帙稍繁，謹釐為一十二卷，不復如其舊目云。

詩童子問十卷（浙江吳玉墀家藏本）①

宋輔廣撰。廣字漢卿，號潛齋，其父本河朔人。南渡居秀州之崇德縣。初從呂祖謙遊，後復從朱子講學，即世所稱"慶源輔氏"也。是編大旨主於羽翼《詩集傳》，以述平日聞於朱子之說，故曰"童子問"。卷首載《大序》、《小序》，採錄《尚書》、《周禮》、《論語》說《詩》之言，各為注釋。又備錄諸儒辨說，以明讀《詩》之法。書中不載經文，惟錄其篇目，分章訓詁。末一卷則惟論叶韻。朱彝尊《經義考》載是書二十卷，有胡一中序，言："閱建陽書市，購得而鋟諸梓。且載文公《傳》於上，《童子問》於下。"此本僅十卷，不載朱子《集傳》，亦無一中序。蓋一中與《集傳》合編，故卷帙加倍，此則汲古閣所刊廣原本，故卷數減半，非有所闕佚也。其說多掊擊《詩序》，頗為過當。張端義《貴耳集》載陳善送廣往考亭詩曰："見說平生輔漢卿，武彝山下吃殘羹。"似頗病其暖暖姝姝，奉一先生。然各尊其所聞，各行其所知，謹守師傳，分門別戶，南宋以後亦不僅廣一人，不足深異。陳啟源《毛詩稽古編》糾其注《周頌·潛》篇不知"季春薦鮪"為《月令》之文，誤以為《序》說而辨之，則誠為疏舛②。蓋義理之學與考證之學分途久矣，廣作是書，意自有在，固不以引經據古為長也。

【彙訂】

① 文淵閣《四庫》本為《詩童子問》八卷卷首一卷卷末一卷。（沈治宏：《中國叢書綜錄訂誤》）

② "則",殿本無。

毛詩集解二十五卷(兩江總督採進本)①

宋段昌武撰。昌武字子武,廬陵人②。焦竑《國史經籍志》作段文昌,蓋因唐段文昌而誤。朱睦㮮《授經圖》作段武昌,則傳寫倒其文也。其始末無考,惟書首載其從子維清請給據狀,稱"先叔朝奉昌武以《詩經》而兩魁秋貢,以累舉而擢第春官"而已。其書舊本題《叢桂毛詩集解》,蓋以所居之堂名之。其書首為《學詩總說》③,分作詩之理、寓詩之樂、讀詩之法三則。次為《論詩總說》,分詩之世、詩之次、詩之序、詩之體、詩之派五則。餘皆依章疏解,大致仿呂祖謙《讀詩記》而詞義較為淺顯。原書三十卷,明代惟朱睦㮮萬卷堂有宋槧完本,後沒於汴梁之水。此本為孫承澤家所鈔,僅存二十五卷。其《周頌·清廟之什》以下,並已脫佚。朱彝尊《經義考》載是書三十卷,注曰"闕",又別載《讀詩總說》一卷,注曰"存"。《讀詩總說》今未見傳本④,而卷首《學詩總說》、《論詩總說》今在原目三十卷之外,疑即所謂《讀詩總說》者。或一書而彝尊誤分之,或兩書而傳寫誤合之,則莫可考矣。

【彙訂】

① 文淵閣《四庫》本尚有卷首一卷。(沈治宏:《中國叢書綜錄訂誤》)

② 據《江西通志》卷四九,段昌武為永新人,廬陵乃其所屬州名。(李裕民:《四庫提要訂誤增訂本》)

③ "其",殿本無。

④ "讀詩總說",殿本無。

詩緝三十六卷（直隸總督採進本）

宋嚴粲撰。粲字坦叔，邵武人。官清湘令。是書以呂祖謙《讀詩記》為主，而雜採諸説以發明之。舊説有未安者，則斷以己意。如論大、小《雅》之別，特以其體不同，較《詩序》"政有大小"之説，於理為近。又如《邶》之《柏舟》，舊謂賢人自比，粲則以"柏舟"為喻國，以"泛泛"為喻無維持之人。《干旄》之"良馬四之"、"良馬五之"，舊以為良馬之數，粲則以為乘良馬者四五輩，見好善者之多。《中谷有蓷》，舊以蓷之"暵乾"喻夫婦相棄，粲則以歲旱草枯[①]，由此而致離散。凡若此類，皆深得詩人本意。至於音訓疑似，名物異同，考證尤為精核。宋代説《詩》之家，與呂祖謙書並稱善本，其餘莫得而鼎立，良不誣矣。

【彙訂】

①"歲旱"，殿本作"水旱"，誤。此書卷七《中谷有蓷》條云："舊説以蓷草暵乾喻夫婦相棄，非也。此詩但以歲旱草枯興亂世饑年之憔悴蕭索，無潤澤氣象耳。由此而致夫婦衰薄，遂以相棄。"

詩傳遺説六卷（兩江總督採進本）

宋朱鑑編。鑑有《朱文公易説》，已著録。是編乃理宗端平乙未[①]，鑑以承議郎權知興國軍事時所成。蓋因重槧朱子《集傳》，而取《文集》、《語録》所載論《詩》之語足與《集傳》相發明者，彙而編之，故曰"遺説"。其書首綱領，次序辨，次六義，繼之以《風》、《雅》、《頌》之論斷，終之以《逸詩》、《詩》譜、叶韻之義。以朱子之説明朱子未竟之義，猶所編《易傳》例也。鑑自序有曰："先文公《詩集傳》，豫章、長沙、後山皆有本，而後山校讎最精。

第初脱稿時，音訓閒有未備，刻版已竟，不容增益。欲著補脱，終弗克就。仍用舊版，茸為全書。補綴趑那，久將漫漶。暨來富川，郡事餘暇，輒取家本，親加是正②，刻寘學宮。"云云。國朝寧波史榮撰《風雅遺音》，據鑑此序，謂今本《集傳》音叶多鑑補苴，非朱子所手定。其説似非無因。然則以音叶之誤議朱子，與以朱子之故而委曲回護吳棫書者，殆均失之矣。

【彙訂】

① 殿本"乃"下有"於"字。

② "親"，底本作"新"，據朱鑑自序原文及殿本改。（江慶柏等：《四庫全書薈要總目提要》）

詩考一卷（直隸總督採進本）

宋王應麟撰。應麟有《周易鄭康成注》，已著録。此編則考三家之《詩》説者也。《隋書·經籍志》云："《齊詩》魏代已亡，《魯詩》亡於西晉。《韓詩》雖存，無傳之者。"今三家《詩》惟《韓詩外傳》僅存，所謂《韓故》、《韓內傳》、《韓説》者，亦並佚矣。應麟檢諸書所引，集以成帙，以存三家逸文。又旁搜廣討，曰《詩異字異義》，曰《逸詩》，以附綴其後。每條各著其所出，所引《韓詩》較夥，齊、魯二家僅寥寥數條。蓋《韓詩》最後亡，唐以來注書之家引其説者多也。卷末別為《補遺》，以掇拾所闕。其搜輯頗為勤摯。明董斯張嘗摘其遺漏十九條。其中《子華子》"清風婉兮"一條，本北宋偽書，不得謂之疏略。近時會稽范家相因應麟之書，撰《三家詩拾遺》十卷。其所條録，又多斯張之所未搜。併摘應麟所録《逸詩》，如《楚辭》之《駕辨》、夏侯元〔玄〕《辨樂論》之《網罟》、《豐年》，《穆天子傳》之《黃竹》，《吕氏春秋》之《燕燕》、《破

斧》、葛天《八闋》,《尚書大傳》之《晳陽》、《南陽》、《初慮》、《朱
于》①、《苓落》、《歸來》、《縵縵》,皆子書雜説,且不當錄及殷以前
所言。亦不為無理。然古書散佚,蒐採為難,後人踵事增修,較
創始易於為力。篳路襤縷,終當以應麟為首庸也。

【彙訂】

① "朱于",殿本作"朱干",誤,參此書《逸詩》原文。宋楊復
《儀禮經傳通解》續卷二十六上引《尚書大傳·虞傳》曰:"義伯之
樂,舞將陽。其歌聲比大謡,名曰朱于。"

詩地理考六卷(通行本)

宋王應麟撰。其書全錄鄭氏《詩譜》,又旁採《爾雅》、《説
文》、地志、《水經》以及先儒之言,凡涉於詩中地名者,薈萃成編。
然皆採錄遺文,案而不斷,故得失往往並存。如《小雅·六月》之
四章"玁狁匪茹,整居焦穫。侵鎬及方,至于涇陽",其五章曰"薄
伐玁狁,至于太原"。其地於周為西北,鎬、方在涇陽外,焦穫又
在其外,而太原更在焦穫之外。故劉向疏稱"千里之鎬",猶以為
遠。孔穎達乃引郭璞《爾雅注》"池陽之弧中"以釋焦穫。考《漢
書》,池陽屬左馮翊,而涇陽屬安定,不應先至焦穫,乃至涇陽。
又以太原為晉陽,是玁狁西來,周師東出,尤乖地理之實,殊失訂
正。又《大雅·韓奕》首章曰"奕奕梁山",其六章曰"溥彼韓城,
燕師所完"。應麟引《漢志》"夏陽之梁山"、《通典》"同州韓城縣,
古韓國",以存舊説。引王肅"燕,北燕國"及"涿郡方城縣有韓侯
城",以備參考。不知漢王符《潛夫論》曰:"昔周宣王時有韓,其
國近燕,後遷居海中。"《水經注》亦曰:"高梁水首受漯水于戾陵
堰,水北有梁山。"是王肅之説確有明證。應麟兼持兩端,亦失斷

制。然如《騶虞》，毛《傳》云“仁獸”，賈誼《新書》則曰“騶者，天子之囿”；“俟我于著”，毛《傳》云“門屏之閒曰著”，《漢志》則以為濟南著縣；“滮池北流”，毛《傳》云“滮，流貌”，《水經注》則有滮池水，《十道志》亦名聖女泉。兼採異聞，亦資考證。他如《二子乘舟》，引《左傳》“盜待于莘”之説；秦穆“三良”，引《括地志》“冢在雍縣”文。皆經無明文，而因事以存其人。亦徵引該洽，固説《詩》者所宜考也。

卷一六

經 部 十 六

詩 類 二

詩集傳名物鈔八卷（內府藏本）

元許謙撰。謙有《讀書叢説》，已著錄。謙雖受學於王柏，而醇正則遠過其師[1]。研究諸經，亦多明古義。故是書所考名物音訓，頗有根據，足以補《集傳》之闕遺。惟王柏作《二南相配圖》，移《甘棠》、《何彼襛矣》於《王風》，而去《野有死麕》，使《召南》亦十有一篇，適如《周南》之數。師心自用，竄亂聖經，殊不可訓。而謙篤守師説，列之卷中，猶未免門户之見。至柏所刪《國風》三十二篇，謙疑而未敢遽信，正足見其是非之公。吳師道作是書序，乃反謂"已放之鄭聲，何爲尚存而不削"，於謙深致不滿。是則以不狂爲狂，非謙之失矣。卷末譜作詩時世，其例本之康成，其説則改從《集傳》，蓋淵源授受，各尊所聞。然書中實多採用陸德明《釋文》及孔穎達《正義》，亦未嘗株守一家。名之曰"鈔"，蓋以此云。

【彙訂】

[1] 許謙卒於後至元三年，年六十八，見《元史》本傳。推其生年爲宋咸淳六年，而王柏卒於咸淳十年，見《宋元學案》卷八二

王柏小傳及《總目》卷一二《書疑》提要,時許謙方四五歲。蓋許謙為金履祥弟子,而金為王柏弟子。(楊武泉:《四庫全書總目辨誤》)

詩傳通釋二十卷(內府藏本)①

元劉瑾撰。瑾字公瑾,安福人。其學問淵源出於朱子。故是書大旨在於發明《集傳》,與輔廣《詩童子問》相同。陳啟源作《毛詩稽古編》,於二家多所駁詰②。然廣書皆循文演義,故所駁惟訓解之辭。瑾書兼辨訂故實,故所駁多考證之語。如注《何彼襛矣》,以齊桓公為襄公之子;注《魏風》,以魏為七國之魏;注《陟岵》,謂毛《傳》先出,《爾雅》後出③;注《綢繆》,謂心宿之象,三星鼎立;注《鹿鳴之什》,謂上下通用止《小雅》、二《南》,其《大雅》獨為天子之樂;注《節南山》,以家父即《春秋》之家父,師尹即《春秋》之尹氏;案此項安世之説,見朱善《詩解頤》,瑾襲之而隱其名也。注《楚茨》,誤讀鄭康成《玉藻》注,以“楚茨”為即“采齊”;注《甫田》,誤讀毛《傳》“車梁”,以為即《小戎》之“梁輈”;注《殷武》,杜撰殷廟之昭穆及祧廟世次。皆一經指摘,無可置辭。故啟源譏胡廣修《詩經大全》,收瑾説太濫。案《大全》即用瑾此書為藍本,故全用其説。啟源未以二書相較,故有此語。謹附訂於此。然徵實之學不足,而研究義埋究有淵源。議論亦頗篤實,於詩人美刺之旨尚有所發明,未可徑廢。至《周頌·豐年篇》,朱子《詩辨説》既駁其誤,而《集傳》乃用序説,自相矛盾。又“三夏”見於《周禮》,呂叔玉注以《時邁》、《執競》、《思文》當之。朱子既用其説,乃又謂成、康是二王謚,《執競》是昭王後詩,則不應篇名先見《周禮》。瑾一一回護,亦為啟源所糾。然漢儒務守師傳,唐疏皆遵注義。此書既專為朱

《傳》而作，其委曲遷就，固勢所必然，亦無庸過為責備也。

【彙訂】

① 文淵閣《四庫》本尚有卷首一卷。（沈治宏：《中國叢書綜錄訂誤》）

② 殿本"家"下有"之言"二字。

③ "注陟岵謂毛傳先出爾雅後出"，殿本無。

詩傳旁通十五卷（山東巡撫採進本）

元梁益撰。益字友直，號庸齋，江陰人。自署三山者，以其先福州人也。嘗舉江浙鄉試，不及仕宦，教授鄉里以終。事蹟附載《元史·儒學傳·陸文圭傳》內。朱子《詩傳》詳於作《詩》之意，而名物訓詁僅舉大凡。蓋是書仿孔、賈諸疏證明注文之例，凡《集傳》所引故實，一一引據出處，辨析源委。因杜文瑛先有《語孟旁通》，體例相似，故亦以"旁通"為名。其中如"聖人之耦"，則引《西漢書》劉歆論董仲舒語；"見堯於羹，見舜於牆"，則引《後漢書·李固傳》以明出典。或朱子所未詳者，亦旁引諸說以補之。如"五緎"、"五總"，引陸佃之語；"三單"，引鄭箋"羨卒"、孔疏"副丁"之類。亦間有與朱子之說稍異者。如"頃筐塈之"，《集傳》音"許器切"；《大雅》"民之攸塈"，《集傳》音"許既切"者，從陸德明《經典釋文》。益則引《禮部韻》，謂"'許既切'者，在未韻，音餼，注云'取也'；'許器切'者，在至韻，音洎，作'巨至切'。朱子之音與《禮部韻》不同"云云。是是非非，絕不堅持門戶。視胡炳文等之攀附高名，言言附合，相去遠矣。卷首為類目，末一卷則其叙說。內一條論秦造父封趙，因錄羅泌《國姓紀原》之文，自謂："此於《詩傳》雖無所繫，而宋氏有國，其姓亦當知，故通之。"則冗贅之文，汗漫無理,可已而不已者也。前有至正四年太平路總管府推官濱州翟思忠序,明朱睦㮮《授經圖》遂以《詩傳旁通》為思忠作,殊為疏舛。今從朱彝尊《經義考》所辨,案彝尊所引乃陸元輔之言。附訂正焉。

詩經疏義二十卷(浙江吳玉墀家藏本)①

元朱公遷撰。公遷字克升,樂平人。《江西通志》載其至正間為處州學正,何英後序則稱以特恩授校官,得主金華郡庠。二說互異。考《樂平縣志》載公遷“以至正辛巳領浙江鄉試,教婺州,改處州”。然則英序舉其始,《通志》要其終耳。是書為發明朱子《集傳》而作,如注有疏,故曰“疏義”。其後同里王逢及逢之門人何英,又採眾説以補之②。逢所補題曰“輯録”,英所補題曰“增釋”。雖遞相附益,其宗旨一也。其説墨守朱子,不踰尺寸,而亦閒有所辨證。如《卷耳篇》内,朱子誤用毛《傳》舊説,以“崔嵬”為土山戴石,公遷則引《爾雅》、《説文》,明其當為石戴土。又《七月》之詩,朱子本《月令》以流火在六月,公遷推驗歲差,謂《公劉》時當五、六月之交。皆足以補《集傳》之闕。又《集傳》所引典故,一一詳其出處。即所引舊説,原本不著其名者,如《衛風》之“趙子”注為趙伯循,《小雅·斯干篇》之“或曰”注為曾氏之類,皆一一考訂。雖於宏旨無關,亦足見其用心不苟也。書成於至正丁亥。正統甲子,英始取逢所授遺稿重加增訂,題曰《詩傳義》,詳釋發明,以授書林葉氏刊行之。而版心又標《詩傳會通》,未喻其故③。今仍從公遷舊名,題曰《詩經疏義》,以不没其始焉。

【彙訂】

① 文淵閣《四庫》本為《詩經疏義會通》二十卷《綱領》一卷《圖説》二卷。(沈治宏:《中國叢書綜録訂誤》)

②　明刊本題"野谷門人王逢原夫輯録，松塢門人何英積中增釋"。何英序云："先師松塢先生，嘗謂野谷洪先生初從游先正朱氏公遷先生之門，受讀三百五篇之詩。"《樂平縣志》載王逢號松塢先生。可知王逢乃朱公遷再傳弟子，僅稱"同里"未確。（胡玉縉：《四庫全書總目提要補正》）

③　版心標"詩傳會通"者系嘉靖二年劉氏安正書堂刻本，葉景達刊行者乃正統五年刻本。（崔富章：《四庫提要補正》）

詩疑問七卷附詩辨説一卷（内府藏本）①

元朱倬撰。倬字孟章，建昌新城人②。至正二年進士，官遂安縣尹。壬辰秋，寇至，吏卒逃散，倬獨坐公所以待盡。及寇焚廨舍，乃赴水死。蓋亦忠節之士，《元史》遺漏未載。國朝納喇性德作是書序，始據《新安文獻志》汪叡所作《哀辭》，為表章其始末。其書略舉詩篇大旨發問，而各以所注列於下，亦有闕而不注者。劉錦文序稱："其閒有問無答者，豈真以為疑哉？在乎學者深思而自得之耳。"又稱："舊本先後無緒③，今為之論定，使語同而旨小異者，因得以互觀焉。"是此本乃錦文所重編，非倬之舊。其有問無答者，或亦傳寫佚脱，而錦文曲為之辭歟？末有趙惪《詩辨説》一卷。惪，宋宗室，舉進士，入元隱居豫章東湖。其書與倬書略相類，殆後人以倬忠烈，惪高隱，其人足以相配，故合而編之歟④？倬書七卷，附以惪書為八卷。朱睦㮮《授經圖》、焦竑《經籍志》乃皆作六卷，疑為傳寫之譌。或倬原書六卷，劉錦文重編之時析為七卷，亦未可定也。

【彙訂】

①　文淵閣《四庫》本作《詩經疑問》七卷附録一卷。

②“建昌”，殿本作“建章”，誤。清雍正《江西通志》卷八三《人物·建昌府》有朱倬，“字孟章，新城人。登至正壬午第，知遂安縣尹”。元代無建章路之設。（江慶柏等：《四庫全書薈要總目提要》）

③“緒”，殿本作“序”。

④《詩辨說》原本七卷，當是朱倬自以其書與己類，而撮其要附於己著之後。（劉毓慶：《歷代詩經著述考（先秦—元代）》）

詩纘緒十八卷（永樂大典本）

元劉玉汝撰。玉汝始末未詳。惟以周霆震《石初集》考之，知其為廬陵人，字成之，嘗舉鄉貢進士。所作《石初集》序，末題“洪武癸丑”，則明初尚存也。此書諸家書目皆未著錄，獨《永樂大典》頗載其文。其大旨專以發明朱子《集傳》，故名曰“纘緒”。體例與輔廣《童子問》相近，凡《集傳》中一二字之斟酌，必求其命意所在。或存此說而遺彼說，或宗主此論而兼用彼論，無不尋繹其所以然。至論比興之例，謂有有取義之興，有無取義之興，有一句興通章，有數句興一句，有興兼比、賦兼比之類。明用韻之法，如曰隔句為韻，連章為韻，疊句為韻，重韻為韻之類。論《風》、《雅》之殊，如曰有腔調不同，有詞義不同之類。於朱子比興、叶韻之說，皆能反覆體究，縷析條分。雖未必盡合詩人之旨，而於《集傳》一家之學，則可謂有所闡明矣。明以來諸家詩解罕引其說，則亡佚已久。今就《永樂大典》所載，依經排纂，正其脫譌，定為一十八卷。

詩演義十五卷（浙江范懋柱家天一閣藏本）

元梁寅撰。寅有《周易參義》，已著錄。是書推演朱子《詩傳》之義,故以"演義"為名。前有自序云:"此書為幼學而作,博稽訓詁以啟其塞,根之義理以達其機①,隱也使之顯,略也使之詳。"今考其書,大抵淺顯易見,切近不支。元儒之學,主於篤實,猶勝虛談高論,橫生臆解者也。朱彝尊《經義考》載此書作八卷,注曰"未見"。此本至《小雅·苕之華篇》止,以下皆闕,而已有一十五卷。則八卷之說,殊為未確。蓋彝尊未睹此本,但據傳聞錄之,卷數譌異,其亦有由矣。

【彙訂】

①"機",殿本作"義"。自序原文作"意"。

詩解頤四卷(內府藏本)

明朱善撰。善字備萬,號一齋,豐城人。洪武中,官至文淵閣大學士。事蹟附見《明史·劉三吾傳》。是編不載經文,但以《詩》之篇題標目。大抵推衍朱子《集傳》為說,亦有闕而不說者,則併其篇目略之。其說不甚訓詁字句,惟意主借《詩》以立訓。故反覆發明,務在闡興觀羣怨之旨,溫柔敦厚之意,而於興衰治亂,尤推求源本,剴切著明。在經解中為別體,而實較諸儒之爭競異同者,為有裨於人事。其論《何彼襛矣》為後人誤編於《召南》,蓋沿王柏之謬說,不足為據。其論《二子乘舟》,謂"壽可謂之悌弟、伋不可謂之孝子",律以"大杖則逃"之文,固責備賢者之意。實則申生自縊,《春秋》無貶。尚論古人,亦未可若是苛也。然論其大旨,要歸醇正,不失為儒者之言。其於"太王翦商"一條,引金履祥之言,補《集傳》所未備。其據宣王在位四十六年,謂《節彼南山》之申伯、蹶父、皇父、尹氏,皆非當日之舊人,駁項安世之說,亦時有考據。《明史》載其引據往史,駁律禁姑舅、兩姨為婚之説,極為典核。知其研思典籍,具有發明。蓋元儒篤實之風,明初尤有存焉,非後來空談高論者比也。

詩經大全二十卷(通行本)①

明胡廣等奉敕撰。亦永樂中所修《五經大全》之一也。自北宋以前,説《詩》者無異學。歐陽修、蘇轍以後,別解漸生。鄭樵、周孚以後,爭端大起。紹興、紹熙之閒,左右佩劍,相笑不休。迄宋末年,乃古義黜而新學立。故有元一代之説《詩》者,無非朱《傳》之箋疏。至延祐行科舉法,遂定為功令,而明制因之。廣等是書亦主於羽翼朱《傳》,遵憲典也。然元人篤守師傳,有所闡明,皆由心得。明則靖難以後,耆儒宿學,略已喪亡。廣等無可與謀,乃剽竊舊文以應詔。此書名為官撰,實本元安城劉瑾所著《詩傳通釋》而稍損益之②。今劉氏之書尚有傳本,取以參校,大約於其太冗蔓者略删數條,而餘文如故,惟改其中“瑾案”二字為“劉氏曰”。又劉書以《小序》分隸各篇,是書則從朱子舊本合為一篇,小變其例而已③。顧炎武《日知録》、朱彝尊《經義考》並抉摘其非。陳啟源《毛詩稽古編》但責廣等採劉瑾之説太濫,猶未究其源也。其書本不足存,惟是恭逢聖代,考定藝文,既括千古之全書,則當備歷朝之沿革,而後是非得失,釐然具明。此書為前明取士之制,故仍録而存之,猶“小學”類中存《洪武正韻》之例云爾。

【彙訂】

① 文淵閣《四庫》本尚有《綱領》一卷《朱子詩序辨説》一卷。(沈治宏:《中國叢書綜録訂誤》)

②“安城”,殿本作“安成”。

③ 此書除以《詩傳通釋》為底本外,實際又採入元羅復《詩經集傳音釋》、曹居貞《詩義發揮》、明朱善《詩經解頤》三家的解說,地名則依《皇朝郡邑志》注出明代的地名。(楊晉龍:《〈詩傳大全〉來源問題探究》)

詩說解頤四十卷(兩淮鹽政採進本)

明季本撰。本有《易學四同》,已著錄。是書凡《總論》二卷,《正釋》三十卷,《字義》八卷。大抵多出新意,不肯剽襲前人,而徵引該洽,亦頗足以自申其説。凡書中改定舊説者,必反覆援據,明著其所以然。如以《南山篇》之"必告父母"句,為魯桓告父母之廟;《九罭篇》之"公歸不復"句,謂以鴻北向,則不復為興;《下泉篇》之"郇伯",為指郇之繼封者而言;"皇父卿士"章,謂以寵任為先後,故崇卑不嫌雜陳;《頍弁》篇之"無幾相見"句,為兄弟甥舅自相謂。如斯之類,皆足於舊説之外,備説《詩》之一解。雖閒傷穿鑿,而語率有徵,尚非王學末流以狂禪解經者比也。存此一編,使知姚江立教之初①,其高足弟子研求經傳、考究訓詁乃如此,亦何嘗執"《六經》注我"之説,不立語言文字哉!

【彙訂】

①"使",殿本無。

讀詩私記二卷(浙江巡撫採進本)①

明李先芳撰。先芳字伯承,號北山,監利人,寄籍濮州。嘉靖丁未進士,官至尚寶司少卿。《明史‧文苑傳》載王世貞所定"廣五子",先芳其一也。是書成於隆慶四年。所釋大抵多從毛、鄭,毛、鄭有所難通,則參之《呂氏讀詩記》、《嚴氏詩緝》諸書。其自序曰:"文公謂《小序》不得《小雅》之説,一舉而歸之刺;馬端臨謂文公不得《鄭》、《衛》之風，一舉而歸之淫，胥有然否。不自揣量，折衷其閒。"云云。蓋不專主一家者，故其議論平和②，絕無區分門户之見。如説《鄭風·子衿》，仍從學校之義，則不取宋學；謂《國風》、《小雅》初無變、正之名，則不從漢説。至《楚茨》、《南山》等四篇，則《小序》與《集傳》之説並存，不置可否。蓋《小序》皆以爲刺幽王，義有難通，而《集傳》所云，又於古無考，故闕所疑也。雖援據不廣，時有闕略，要其大綱，則與鑿空臆撰者殊矣③。朱彝尊《經義考》載先芳有《毛詩考正》，不列卷數，注曰"未見"，而不載此書。其爲一書兩書，蓋不可考。然此書亦多辨定毛《傳》，或彝尊傳聞未審，誤記其名歟？

【彙訂】

① 文淵閣《四庫》本爲五卷，書前提要亦云五卷。（修世平：《〈四庫全書總目〉訂誤十七則》，圖）

② "故其"，殿本作"其書"。

③ "則"，殿本無。

詩故十卷（浙江吳玉墀家藏本）

明朱謀㙔撰。謀㙔有《周易象通》，已著録。是書以《小序》首句爲主，略同蘇轍《詩傳》之例，而參用舊説以考證之。其曰《詩故》者，考《漢書·藝文志》"詩類"有《魯故》二十五卷，《齊后氏故》二十卷，《齊孫氏故》二十七卷，《韓故》三十六卷，《毛詩故訓傳》三十卷。顏師古注曰："故者，道其旨意也。"謀㙔是編，蓋用漢儒之舊名。故其説《詩》，亦多以漢學爲主，與朱子《集傳》多所異同。其閒自立新義者，如以《小星》爲媵御入直，以《斯干》爲成王營洛，周公所賦之類，未免失之穿鑿①。然謀㙔博極羣書，學有根柢,要異乎剽竊陳言。蓋自胡廣等《五經大全》一出,應舉、窮經,久分兩事。謀埤深居朱邸,不藉進取於名場,乃得以研究遺文,發揮古義也。經術盛衰之故,此亦可知其大凡矣。

【彙訂】

① 殿本"未"上有"雖"字。

六家詩名物疏五十四卷(內府藏本)①

明馮應京撰②。應京字可大,號慕岡,旴眙人。萬曆壬辰進士,官至湖廣案察使僉事。事蹟具《明史》本傳。是書因宋蔡卞《詩名物疏》而廣之。《江南通志》稱其"少業詩,鉤貫箋疏,作《詩六家名物疏》"是也。其徵引頗為賅博。每條之末,閒附考證。如"被之僮僮",鄭《箋》以"被"為髮髢,《集傳》以為編髮。應京則據《周禮·追師》,謂"編"則列髮為之,"次"則次第髮長短為之③,所謂髮髢。定《集傳》之誤混為"編"。又如《鄭風·緇衣》,《集傳》以為緇衣、羔裘,大夫燕居之服。應京則據賈公彥《周禮疏》,以為卿士朝於天子,服皮弁服,其適治事之館,改服緇衣。鄭《箋》所謂"所居私朝"④,即謂治事之館。凡此之類,其議論皆有根柢,猶為徵實之學者。惟所稱"六家",乃謂齊、魯、毛、韓、鄭《箋》、朱《傳》,則古無是目,而自應京臆創之。且毛、鄭本屬一家,析而為二,亦乖於傳經之支派⑤。以非宏旨所繫,亦姑仍其舊名焉。

【彙訂】

① 文淵閣《四庫》本為《六家詩名物疏》五十五卷《引用書目》一卷《提要》三卷。(沈治宏:《中國叢書綜錄訂誤》)

② 明萬曆原刊本五十五卷,題"海虞馮復京嗣宗輯著",《明史·藝文志》、《經義考》卷一一四等亦著錄作馮復京著。文淵

閣、文溯閣本書前提要皆不誤。（崔富章：《四庫提要補正》）

③"次"，殿本作"被"，誤。此書卷五"被"條引《周禮·追師》注曰："編，列髮為之，若假紒服之以桑。次，次第髮長短為之，所謂髮髢。"……案朱《傳》云編髮為之，誤以"次"為"編"矣。

④"所居私朝"，殿本作"所私之朝"，誤。此書卷六"羔"條曰："鄭注《鄭風·緇衣》云：'居私朝之服者，以卿士朝於天子，服皮弁服，其適治事之館，改服緇衣。'此私朝在天子宮內，非謂緇衣、羔裘為大夫燕居之服也。"

⑤"且毛鄭本屬一家析而為二亦乖於傳經之支派"，殿本無。

詩經疑問十二卷（內府藏本）

明姚舜牧撰。舜牧有《易經疑問》，已著錄。是編釋《詩》，兼用毛《傳》、朱《傳》及嚴粲《詩緝》，時亦自出新論。如辨成王未嘗賜周公天子禮樂，其說頗為有見。又論"三經三緯"之說，謂："賦、比、興乃通融取義，非截然謂此為賦，此為比，此為興也。惟截然分而為三，於是求之不得其說，則將為賦而興又比也，賦而比又興也，而寖失其義。"其說亦足解繆轕之談。舜牧於諸經皆有疑問，惟此編說《詩》為差善。自序稱："所疑凡經數十年，重加訂問，前此誤解，亟與辨正。"蓋其用力較深也。惟不信古人字少假借通用之說，於"龍光"、"伴奐"之類，皆徑以本字解之，強生論辨。是則隆、萬以後，儒者少見古書之故。亦足見詁訓不明而欲義理之不謬，無是事矣。

詩經世本古義二十八卷（浙江巡撫採進本）①

明何楷撰。楷有《古周易訂詁》，已著錄。其論《詩》專主孟子"知人論世"之旨。依時代為次,故名曰《世本古義》。始於夏少康之世,以《公劉》、《七月》、《大田》、《甫田》諸篇為首。終於周敬王之世,以《曹風·下泉》之詩殿焉。計三代有詩之世,凡二十八王,各為序目於前②。又於卷末仿《序卦傳》例,作《屬引》一篇,用韻語排比成文,著所以論列之意。考《詩序》之傳最古,已不能盡得作者名氏。故鄭氏《詩譜》,闕有閒焉。三家所述,如《關雎》出畢公,《黍離》出伯封之類,茫昧無據,儒者猶疑之弗傳。楷乃於三千年後,鉤棘字句,牽合史傳,以定其名姓時代。如《月出篇》有"舒窈糾兮"、"舒憂受兮"之文,即指以為夏徵舒。此猶有一字之近也。《碩鼠》一詩,茫無指實,而指以為《左傳》之魏壽餘,此孰見之而孰傳之? 以《大田》為《豳雅》,《豐年》、《良耜》為《豳頌》,即屬之於公劉之世。此猶有先儒之舊說也。以《草蟲》為《南陔》,以《菁菁者莪》為《由儀》,以《緜蠻》為《崇丘》,又孰傳之而孰受之? 大惑不解,楷之謂乎? 然楷學問博通,引援賅洽。凡名物訓詁,一一考證詳明,典據精確,實非宋以來諸儒所可及。譬諸蒐羅七寶,造一不中規矩之巨器,雖百無所用,而毀以取材,則火齊、木難,片片皆為珍物。百餘年來,人人嗤點其書,而究不能廢其書,職是故矣。

【彙訂】

① 文淵閣《四庫》本尚有卷首一卷卷末一卷。(沈治宏:《中國叢書綜録訂誤》)

② "序目",殿本作"目序",誤,參書前《御題何楷〈詩經世本古義〉》原文。

待軒詩記八卷(浙江巡撫採進本)①

明張次仲撰。次仲有《周易玩辭困學記》,已著録。是書前載總論二篇,其餘《國風》以一國為一篇,二《雅》、《周頌》以一什為一篇,《魯頌》、《商頌》亦各為一篇。大抵用蘇轍之例,以《小序》首句為據,而兼採諸家以會通之。其於《集傳》,不似毛奇齡之字字譏彈,以朱子為敵國,亦不似孫承澤之字字阿附,併以毛氏為罪人。案承澤《詩經朱傳翼》自序稱:"王弼亂《易》,罪深桀、紂。毛氏之罪,亦不在王弼之下。"故持論和平,能消融門戶之見。雖憑心揣度,或不免臆斷之私,而大致援引詳明,詞多有據。在近代經解之中,猶為典實。卷末別有《述遺》一卷,有錄無書,目下注"嗣刻"字,蓋欲為之而未成也。今併削其目,不復虛列焉。

【彙訂】

①　張次仲原刊本不分卷,八卷為館臣擅改。文淵閣《四庫》本尚有卷首一卷。(崔富章:《四庫提要補正》;沈治宏:《中國叢書綜錄訂誤》)

讀詩略記六卷(浙江巡撫採進本)

明朱朝瑛撰。朝瑛有《讀易略記》,已著錄。是書朱彝尊《經義考》作二卷。此本六冊,不分卷數。核其篇頁,不止二卷。疑原書本十二卷,刊本誤脫一"十"字,傳寫者病其繁瑣,併為六冊也①。朝瑛論《詩》,以《小序》首句為主。其説謂:"亡《詩》六篇,僅存首句。則首句作於未亡之前,其下作於既亡之後明矣。"所見與程大昌同,而所辨較大昌尤明白,足決千古之疑。然其訓釋不甚與朱子立異。自鄭、衛淫奔不從《集傳》以外,其他説有乖迕者②,多斟酌以折其中。如論《楚茨》為刺幽王之詩,則據《荀子》以為"恰在鼓鐘之後。或幽王尚好古樂,故賢士大夫稱述舊德,擬《雅》、《南》而奏之,以感導王志。"論《抑》為刺厲王之詩,則據

《詩》文"其在于今"一語,以為當為衛武公少時所作。大抵皆參稽融貫,務取持平。其以《生民篇》姜嫄巨跡為必不可信,亦先儒舊義。至於求棄之之由而不得,乃援後世"綠緹方底"之事以證之,則未免反失之附會。又頗信《竹書紀年》,屢引為證,亦乖説經之體。然綜其大旨,不合者十之二三,合者十之五六也。

【彙訂】

①《四庫各省進呈書目》中《浙江省第八次呈送書目》著録此書為六卷,五本,《兩淮鹽政李呈送書目》著録為四卷,六本。《浙江採集遺書總録簡目》作寫本二册。(蕭開元:《晚明學者朱朝瑛及其〈讀詩略記〉》)

②"乖迕",殿本作"乖互"。

欽定詩經傳説彙纂二十卷序二卷

康熙末聖祖仁皇帝御定。刻成於雍正五年①,世宗憲皇帝製序頒行。《詩序》自古無異説,王肅、王基、孫毓、陳統争毛、鄭之得失而已。其舍《序》言《詩》者,萌於歐陽修,成於鄭樵,而定於朱子之《集傳》。輔廣《童子問》以下,遞相羽翼,猶未列學官也。元延祐中行科舉法,始定《詩》義用朱子,猶參用古注疏也。明永樂中修《詩經大全》,以劉瑾《詩集傳通釋》為藍本,始獨以《集傳》試士。然數百年來,諸儒多引據古義,竊相辨詰,亦如當日之攻毛、鄭。蓋《集傳》廢《序》,成於吕祖謙之相激,非朱子之初心。故其間負氣求勝之處,在所不免。原不能如《四書集注》,句銖字兩,竭終身之力,研辨至精②。特明代纂修諸臣,於革除之際,老師宿儒,誅鋤略盡③。不能如劉三吾等輯《書傳會選》,於蔡氏多所補正。又成祖雖戰伐之餘,欲興文治,而實未能究心經義,定眾説之是非。循聲附和,亦其勢然歟? 是編之作,恭逢聖祖仁皇帝天亶聰明,道光經籍,研思六義,綜貫四家。於眾説之異同,既別白瑕瑜,獨操衡鑑,而編校諸臣亦克承訓示,考證詳明,一字一句,務深溯詩人之本旨。故雖以《集傳》為綱,而古義之不可磨滅者,必一一附録,以補闕遺。於學術持其至平,於經義乃協其至當。《風》、《雅》運昌,千載一遇,豈前代官書任儒臣拘守門户者,所可比擬萬一乎!

【彙訂】

① 雍正五年内府刻本作《欽定詩經傳説彙纂》二十一卷《卷首》二卷《朱子詩序辨説》二卷,文淵閣《四庫》本同。(崔富章:《四庫提要補正》;沈治宏:《中國叢書綜録訂誤》)

② 朱熹攻《詩序》並非出於吕祖謙相激的爭勝之作,乃是晚年究心之作。他本人曾明言"《詩序》實不足信,向見鄭漁仲有《詩辨妄》,力抵《詩序》,其閒言語太甚"(《朱子語録》)。(張静:《〈四庫全書總目提要〉於朱熹〈詩集傳〉敘録中的態度筆法平議》)

③ "略盡",殿本作"殆盡"。

欽定詩義折中二十卷

乾隆二十年皇上御纂。鎔鑄眾説,演闡經義,體例與《周易述義》同。訓釋多參稽古義,大旨亦同。蓋我聖祖仁皇帝欽定《詩經彙纂》於《集傳》之外,多附録舊説,實昭千古之至公。我皇上幾暇研經,洞周窔奥,於漢以來諸儒之論,無不衡量得失,鏡别異同。伏讀《御製七十二候詩》中《虹始見》一篇,有"晦翁舊解我疑生"句。句下御注於《詩集傳》所釋"蝃蝀"之義,詳為辨證。併於所釋《鄭風》諸篇概作淫詩者，亦根據毛、鄭，訂正其譌，反覆一二百言。益足見聖聖相承，心源如一。是以諸臣恭承彝訓，編校是書，分章多準康成，徵事率從《小序》。使孔門大義，上溯淵源，卜氏舊傳，遠承端緒，因《欽定詩經》以樹義，即因《御纂周易》以立名。作述之隆，後先輝耀。經術昌明，洵無過於昭代者矣。

田閒詩學十二卷（左都御史張若淑家藏本）[①]

國朝錢澄之撰。澄之有《田閒易學》，已著録。是書成於康熙己巳，大旨以《小序》首句為主。所採諸儒論説，自《注疏》、《集傳》以外，凡二程子、張子、歐陽修、蘇轍、王安石、楊時、范祖禹、呂祖謙、陸佃、羅願、謝枋得、嚴粲、輔廣、真德秀、邵忠允〔胤〕[②]、季本、郝敬、黃道周、何楷二十家。其中王、楊、范、謝四家今無傳本，蓋採於他書；陸、羅二家本無《詩》注，蓋草木鳥獸之名，引其《埤雅》、《爾雅翼》也。自稱：“毛、鄭、孔三家之書，録者十之二，《集傳》録者十之三，諸家各本録者十之四。”持論頗為精核，而於名物訓詁、山川地理言之尤詳。徐元文序稱其“非有意於攻《集傳》，於漢、唐以來之説亦不主於一人。無所攻，故無所主，無所攻、無所主而後可以有所攻、有所主”云云，深得澄之著書之意。張英序又稱其“嘗與英書，謂《詩》與《尚書》、《春秋》相表裏。必考之《三禮》以詳其制作，徵諸三《傳》以審其本末，稽之五《雅》以核其名物，博之《竹書紀年》、《皇王大紀》以辨其時代之異同〔案二書所序時代，多不可據。此語殊為失考。謹附訂於此。〕與情事之疑信。即今輿記以考古之圖經，而參以平生所親歷”云云，則其考證之切實，尤可見矣。

【彙訂】

① 文淵閣《四庫》本尚有卷首一卷。(沈治宏:《中國叢書綜録訂誤》)

② "邵忠允",殿本作"邵中允",皆鄒忠允〔胤〕之誤。此書卷一《關雎篇》注云:"則《關雎》為文王宮人之作亦足據矣。案鄒氏忠胤亦有是説,特疑古者諸侯不再娶,或周制非殷制也。"以下各卷共引"鄒氏曰"四十餘條。《總目》卷十七著録鄒氏撰《詩傳闡》二十三卷《闡餘》二卷。

詩經稗疏四卷(湖南巡撫採進本)

國朝王夫之撰。夫之有《周易稗疏》,已著録。是書皆辨正名物訓詁,以補《傳》、《箋》諸説之遺。如《詩譜》謂:"得聖人之化者謂之《周南》,得賢人之化者謂之《召南》。"此則據《史記》謂"雒陽為周、召"之語,以陝州為中線而兩分之,則《周南》者,周公所治之南國也。證之地理,亦可以備一解。至於鳥則辨"雎鳩"之為山禽而非水鳥;"雀角"之角為咮,詩意言雀實有角,鼠實有牙。於獸則辨"九十其犉"之語,當引《爾雅》"七尺曰犉"之文釋之,不當以"黃牛黑脣"釋之;"騂剛"之剛為犅,則以牛脊言之。於草則辨"蔂"為虆藟之屬,而非蔓蒿;"薇"自為可食之菜,而非不可食之蕨。於木則辨《詩》言"樸"者,實今之柞,言"柞"者,實今之櫟;"榛楛"之榛,即詩之所謂"栵",而非榛栗之榛。於蟲則辨斯螽、莎雞、蟋蟀之各類,而非隨時異名之物;果臝負螟蛉以食其子,而非取以為子。於魚則辨"鱣"之即鯉,而《集傳》誤以為黃魚;"鮪"之似鯉,而《集傳》誤以為鱘魚。於器用則辨《集傳》訓"重較"為"兩輢上出軾者"之未諳車制①;及毛《傳》訓"桼"為歷録②,歷録

為紡車交縈之名，而《集傳》增一“然”字之差。於禮制則辨公堂
稱釃為飲酒於序③，而非如《集傳》所云豳公之堂；“祼將”之訓為
灌，與“奠”一義，而歷詆《白虎通》灌地降神之謬。皆確有依據，
不為臆斷。其謂《猗嗟》為作於魯莊如齊觀社之時，指莊娶哀姜
而言，則據《爾雅》“姊妹之夫曰甥”以釋“甥”字④；謂《無衣》為作
於秦哀公，則指楚之僭號以釋“王”字，義亦可通。惟以《葛屨》
“五兩”之“五”通為行列之義⑤；木瓜、木桃、木李為刻木之物；
“菫荼”之“荼”如“塗”，為瀼草和泥；“奉璋”之“璋”為牙璋，連下
文“六師”以為言，未免近鑿。至於《生民》一篇，謂姜嫄為帝摯
妃，后稷為帝摯子，平林為帝摯時諸侯之國。推至見棄之由，則
疑為諸侯廢摯立堯之故，即以“不康不寧”為當日情事。無論史
册無明文，抑與《祭法》“禘嚳郊稷”之説異矣。四卷之末附以《考
異》一篇，雖未賅備，亦足資考證。又《叶韻辨》一篇，持論明通，
足解諸家之繆轕。惟贅以《詩繹》數條，體近詩話，殆猶竟陵鍾惺
批評《國風》之餘習。未免自穢其書，雖不作可矣⑥。

【彙訂】

①“重較”，殿本作“重校”，誤。《詩經·衛風·淇奧》曰：
“寬兮綽兮，猗重較兮。”

②“毛傳”，殿本作“毛詩傳”。

③“於”，殿本作“之”，誤。《周禮·地官·黨正》：“國索鬼
神而祭祀，則以禮屬民，而飲酒于序，以正齒位。”

④“姊妹”，殿本作“娣妹”，誤，參《爾雅·釋親·母黨》
原文。

⑤“之”下“五”字，殿本作“伍”，誤。此書卷一《齊風》“《葛
屨》五兩”條云：“案此‘五’字當與‘伍’通，行列也。”

⑥《詩繹》云：“經義之有茅鹿門、湯賓尹、袁了凡，皆畫地成牢以陷人者，死法也。”豈可歸入“竟陵鍾惺批評《國風》之餘習”？（龔鵬程：《〈四庫全書〉所收文學詩經學著作》）

詩經通義十二卷（浙江汪啟淑家藏本）

國朝朱鶴齡撰。鶴齡有《尚書埤傳》，已著錄。是書專主《小序》，而力駁廢《序》之非。所採諸家，於漢用毛、鄭，唐用孔穎達，宋用歐陽修、蘇轍、呂祖謙、嚴粲，國朝用陳啟源。其釋音，明用陳第，國朝用顧炎武。其凡例九條及考定鄭氏《詩譜》，皆具有條理。惟鶴齡學問淹洽，往往嗜博好奇，愛不能割，故引據繁富而傷於蕪雜者有之，亦所謂武庫之兵，利鈍互陳者也。要其大致，則彬彬矣。鶴齡與陳啟源同里，據其自序，此書蓋與啟源商榷而成。又稱啟源《毛詩稽古編》專崇古義，此書則參停於今古之間，稍稍不同①。然《稽古編》中，屢稱“已見《通義》，茲不具論”。則二書固相足而成也。

【彙訂】

① 朱氏《自序》云：“《毛傳》簡略，無所發明。鄭《箋》支離膠固，舉詩人之指意而盡汩亂之。孔《疏》又踵陋仍訛，無以辨其得失。”則實於三家皆未以為是也。《凡例》曰：“陳季立氏謂古字本有古音，與後代不同，不必改叶。吾友顧寧人氏引申其說，又謂沈約四聲不當以律古人之詩，二家援證精博，可信從無疑矣。但細核《集傳》所叶之音，與二家考證者無甚相遠。而四聲不用，則平上去入通為一音，入聲轉韻，初學多不曉，故今仍用《集傳》所叶。”則陳、顧之說僅作參考。《自序》無“與啟源商榷而成”、“《毛詩稽古編》專崇古義”云云等語。（王欣夫：《蛾術軒篋存善本書錄》）

毛詩稽古編三十卷（江西按察使王昶家藏本）

國朝陳啟源撰。啟源字長發，吳江人。是書成於康熙丁卯，卷末自記謂“閱十有四載①，凡三易稿乃定”。前有朱鶴齡序，又有康熙辛巳其門人趙嘉稷序。鶴齡作《毛詩通義》，啟源實與之參正。然《通義》兼權衆說。啟源此編，則訓詁一準諸《爾雅》，篇義一準諸《小序》，而詮釋經旨，則一準諸毛《傳》，而鄭《箋》佐之。其名物則多以陸璣《疏》為主。題曰《毛詩》，明所宗也，曰《稽古編》，明為唐以前專門之學也。所辨正者惟朱子《集傳》為多，歐陽修《詩本義》、呂祖謙《讀詩記》次之，嚴粲《詩緝》又次之。所掊擊者惟劉瑾《詩集傳通釋》為甚，輔廣《詩童子問》次之。其餘偶然一及，率從略焉。前二十四卷依次解經而不載經文，但標篇目。其無所論說者，則併篇目亦不載。其前人論說已明，無庸復述者，亦置不道。次為總詁五卷，分六子目，曰舉要，曰考異，曰正字，曰辨物，曰數典，曰稽疑。末為附錄一卷，則統論《風》、《雅》、《頌》之旨。其閒堅持漢學，不容一語之出入，雖未免或有所偏。然引據賅博，疏正詳明，一一皆有本之談。蓋明代說經，喜騁虛辨。國朝諸家，始變為徵實之學，以挽頹波。古義彬彬，於斯為盛。此編尤其最著也。至於附錄中“西方美人”一條，牽及雜說，盛稱佛教東流始於周代，至謂孔子“抑三王、卑五帝、藐三皇，獨歸聖於西方”；“捕魚諸器”一條，稱“廣殺物命，恬不知怪，非大覺緣果之文，莫能救之”，至謂庖犧必不作網罟。是則於經義之外，橫滋異學，非惟宋儒無此說，即漢儒亦豈有是論哉？白璧之瑕，固不必為之曲諱矣。

【彙訂】

①“有”，殿本無。

詩所八卷（福建巡撫採進本）

國朝李光地撰。光地有《周易觀象》，已著録①。是編大旨不主於訓詁名物，而主於推求詩意。其推求詩意，又主於涵泳文句，得其美刺之旨而止，亦不旁徵事蹟，必求其人以實之。又以為西周篇什，不應寥寥。二《南》之中，亦有文、武以後詩，《風》、《雅》之中，亦多東遷以前詩。故於《小序》所述姓名，多廢不用，併其為朱子所取者亦或斥之，其閒意測者多，考證者少。如謂"有女懷春"為祀高禖，則附會古義。謂"'有扁斯石'，'扁'字從户從册，古者額書於户曰扁，以石為之"，亦近於穿鑿《字説》。案户册為扁，義本《説文》，以石為之，則光地之新解。在光地所注諸經之中，較為次乘。然光地邃於經術，見理終深。其所詮釋，多能得興觀羣怨之旨。他如鄭、衞之録淫詩，引《春秋》之書亂臣賊子為之；證《楚茨》以下為《豳雅》、《載芟》以下為《豳頌》，引《豳風》之後附《鴟鴞》諸篇，以釋《豳雅》後有《瞻洛》諸詩，《豳頌》後有《酌》、《桓》諸詩之疑，其言皆明白切實，足闡朱子未盡之義，亦非近代講章揣骨聽聲者所可及也。

【彙訂】

① 依《總目》體例，當作"光地有《周易通論》，已著録"。

毛詩寫官記四卷（浙江巡撫採進本）

國朝毛奇齡撰。奇齡有《仲氏易》，已著録。是書皆自記其説《詩》之語，凡一百八十八條。取《漢書·藝文志》"武帝置寫書之官"語為名。自序謂依汝南太守，聽寫官言《詩》，憶而録之。蓋寓名以為問答，猶之或問焉耳。案奇齡自述，早年著《毛詩續傳》三十八卷，其稿已失。後乃就所記憶者作《國風省篇》、《詩札》及此書。其門人所述經例，則云早刻《詩》說於淮安，未能刊正。又李塨所作序目云："嘗以《詩》義質之先生。先生曰：予所傳諸《詩》，有未能改者數端。如以《十畝之間》為淫奔，以《鴟鴞》為避居於東，以封康叔為武王，以'有邶家室'為太姜琅琊之駓。凡此皆惑也。"據此則此中之誤，奇齡固自知之，但所自知者猶未盡耳。然其書雖好為異說，而徵引詳博，亦不無補於考證。瑕瑜並見，在讀者擇之而已。

　　詩札二卷（浙江巡撫採進本）

　　國朝毛奇齡撰。奇齡既作《毛詩寫官記》，復託與寫官以札問訊而寫官答之之詞，以成此書。凡八十四條。第二卷首有其門人所記，云"此西河少時所作，故其立說有暮年論辨所不合者。其間校韻數則，尤所矛盾。行世既久，不便更易"云云。據此則其中多非定論，其門人亦不諱之。然奇齡學本淵博，名物詁訓，頗有所長。必盡廢之，亦非平允之道。毛、韓異義，齊、魯殊文，漢代尚門，已不限以一說。兼收並蓄，固亦說經家所旁採矣。

　　詩傳詩說駁義五卷（浙江巡撫採進本）

　　國朝毛奇齡撰。明嘉靖中鄞人豐坊作《魯詩世學》一書，往往自出新義，得解於舊注之外。恐其說之不信，遂託言家有《魯詩》，為其遠祖稷所傳，一為《子貢詩傳》，一為《申培詩說》，並列所作《世學》中。厥後郭子章傳刻二書，自稱得黃佐所藏祕閣石本，於是二書乃單行。明代說《詩》諸家，以其言往往近理，多採用之，遂盛傳於時。奇齡因其託名於古，乃引證諸書以糾之。夫《易傳》託之子夏，《書傳》託之孔安國，其說之可取者皆行於世。至其源流授受，則說經之家務核其真。奇齡是書不以其說為可廢,而於依託之處則一一辨之,亦可謂持平之論矣。

續詩傳鳥名三卷(浙江巡撫採進本)

國朝毛奇齡撰。奇齡作《毛詩續傳》,以遭亂避仇佚之。後從鄰人吳氏子得卷末《鳥名》一卷,與其門人莫春園、張文蔚共緝綴之,衍為三卷。大意在續《毛詩》而正朱《傳》。每條皆先列《集傳》之文於前,而一一辨其得失。考訓釋《毛詩》草木蟲魚者,自吳陸璣以後,作者實繁。朱子作《詩集傳》,大旨在發明美刺之旨,而名物訓詁則其所略。奇齡此書則惟以考證為主,故其説較詳。惟恃其博辨,往往於朱《傳》多所吹求,而所言亦不免於疏舛。如奇齡所作《毛詩省篇》既以《齊風·雞鳴》為讒人,此書又用舊説為賢妃之告旦,前後時相矛盾。鵙鵙之名桃蟲,猶竊脂之名桑扈,原不因木而名。乃謂所棲所食,俱不在桃,以喙鋭如錐,專剖葦中蟲食之,謂之掏蟲,掏、桃字通。尤杜撰無理。至於解"睍睆黃鳥"用毛萇舊訓,於義本長。乃謂"鸎"字從二目一八,其二目,離之二目,一八者,艮八之喙。又謂"鶯"字從二火①,離為目,目本離火。《尚書·洪範》伏《傳》以五事之目屬五行之火,鶯首之戴兩火,即鸎之戴兩目。此雖王安石之《字説》不穿鑿至此矣。然大致引證賅洽,頗多有據。録而存之,以廣考訂,固不害於"多識"之義爾。

【彙訂】

① "二火",殿本作"火目",誤。此書卷一"睍睆黃鳥"條云:"黃鳥本名黃鶯,《集韻》、《廣韻》俱作黃鸎,以兩目出鳥上為名,正所謂'睍睆出目'者。其又作鶯,以《易傳》離為目,目本離火。而《尚書·洪範》伏《傳》則又以五事之目屬五行之火,謂火之外

光如目之視物。故鷹首之戴兩火，即鴌首之戴兩目（其字從二目
一八。二目者，離二之目，一八者，以鳥亦喙屬，即艮八也）。"

詩識名解十五卷（浙江巡撫採進本）

國朝姚炳撰。炳字彥暉，錢塘人。自"多識"之訓，傳自孔
門，《爾雅》一書，訓詁名物略備。厥後諸儒纂述，日久多佚。惟
陸璣之《疏》尚有裒輯重編之本。自宋蔡卞以來，皆因璣書而輾
轉增損者也。此書亦以鳥、獸、草、木分列四門，故以"多識"為
名。其稍異諸家者，兼以推尋文義，頗及作詩之意爾。然孔子言
鳥獸草木，本括舉大凡，譬如史備四時，不妨以"春秋"互見。炳
乃因此一語，遂不載蟲魚，未免近高叟之固。其中考證辨駁，往
往失之蔓衍。如辨麟、麏二物，義本《說文》，尚有關於訓詁。至
於鳳凰神物，世所罕睹，而連篇累牘，辨其形狀之異同，則與經義
無關矣。又詩中八鸞、和鸞之類，本為鈴屬，非鸞鳥之鸞，而列之
鳥部。然則車之伏兔，將入獸部乎？是皆愛奇嗜博，故有此弊。
然核其大致，可取者多，固宜略其蕪雜，採其菁英焉。

詩傳名物集覽十二卷（湖北巡撫採進本）①

國朝陳大章撰。大章字仲夔，號雨山，黃岡人。康熙戊辰進
士，改庶吉士，以母老乞歸。其於《毛詩》用功頗深，所作《集覽》
本百卷，凡三易稿而後成。此乃其摘錄付梓之本，凡鳥二卷、獸
二卷、蟲豸一卷、鱗介一卷、草四卷、木二卷。蓋尤其生平精力所
注也。《毛詩》自陸璣以下，詮釋名物者毋慮數十家。此書成之
最後，故於諸家之說採輯尤夥②。其中體例未合者③，如釋"鶉之
奔奔"，則《莊子》之"鶉居"、《列子》之"性變"以及"朱鳥為鶉首"、
"子夏衣若懸鶉"之類，無所不引；釋"雞棲于塒"，則《列子》之"木

雞"、《吕氏春秋》之"雞跖"、《漢官儀》之"長鳴雞",亦無不備載。皆體近類書,深乖説經之旨。又每條首録《集傳》大意,以紫陽為主。故如"鄂不韡韡","韡"則取"豈不光明"之義,而駁"鄂"作"萼"不作"跗"之説為不煩改字④,亦過於偏執。至如載宋太宗賜耶律休哥旗鼓杓窊印,則以遼事誤作宋事,尤為乖舛。然其徵引既眾,可資博覽,雖精核不足,而繁富有餘,固未始非讀《詩》者多識之一助也。

【彙訂】

①"集覽",殿本作"輯覽",誤,參清康熙刻本及文淵閣庫書。

②"毛詩自陸璣以下"至"故於諸家之説採輯尤夥",殿本無。

③殿本"未"上有"之"字。

④殿本"為"上有"以"字。

詩説三卷(江蘇巡撫採進本)

國朝惠周惕撰。周惕字元龍,長洲人。康熙辛未進士。由庶吉士改密雲縣知縣。惠氏三世以經學著,周惕其創始者也。是書於毛《傳》、鄭《箋》、朱《傳》無所專主,多自以己意考證。其大旨謂大、小《雅》以音別,不以政別;謂正《雅》、變《雅》,美刺錯陳,不必分《六月》以上為正,《六月》以下為變,《文王》以下為正,《民勞》以下為變;謂二《南》二十六篇皆疑為房中之樂,不必泥其所指何人;謂《周》、《召》之分,鄭《箋》誤以為文王;謂天子諸侯均得有頌,《魯頌》非僣。其言皆有依據。至謂頌兼美刺,義通於誦,則其説未安。考鄭康成注《儀禮》"正歌備"句曰:"正歌者,升歌及笙各三終，閒歌三終，合樂三終，為一備。"核以經文，無歌後更誦及一歌一誦之節。其《周禮·瞽矇職》曰"諷誦詩"，鄭注謂："闇讀之，不依永也。"則歌、誦是兩事。知頌、誦亦為兩事，周悮合之，非矣。又謂證以《國策》，《禮》無"歸寧"之文，訓"歸寧父母"為"無父母遺罹"之義。考"歸寧"文見《左傳》，於《禮經》必有所承。何休注《公羊傳》，稱："諸侯夫人尊重，既嫁，非有大故不得反。惟士大夫妻，雖無事，歲一歸寧。"此文當必有所受。《曲禮》曰："女子許嫁，纓，非有大故，不入其門。姑姊妹女子子，已嫁而反，兄弟弗與同席而坐，弗與同器而食。"其文承上許嫁而言，則已嫁而反是即歸寧之明證，不得曰《禮》無文矣。然其餘類皆引據確實，樹義深切，與枵腹說經，徒以臆見決是非者，固有殊焉。

詩經劄記一卷（兩江總督採進本）

國朝楊名時撰。名時有《周易劄記》，已著錄。是編乃其讀《詩》所記，大抵以李光地《詩所》為宗，而斟酌於《小序》、朱《傳》之間。其論《關雎》，從《小序》求賢之說，最為明允。其論《鄭風》不盡淫詩，而聖人亦兼存淫詩以示戒，論亦持平。而謂"鄭聲"即鄭詩，力駁鄭樵之說，則殊不然。淫詩可存以示戒，未有以當放之淫聲被之管弦可以示戒者也。至《詩所》論季札觀樂，所陳皆西周之詩，非東遷以後之詩。名時據變《風》終於陳靈，在宣公十年，至襄公二十九年吳子使札來聘，已越五十五年；又引《左傳》卿大夫所賦，以見東遷以後之詩，列國具備其文。絕不回護其師說，可謂破除講學家門戶之見。又《十月之交》一篇，謂辛卯日食，則云應問於知曆者；《殷武》一章於朱子"始祔而祭"之說，則云更宜考定；亦不强不知以為知。惟二《雅》諸篇，頗有臆斷。然如論《國語》"弔二叔之不咸"，引富辰所云封建親戚以藩屏周者，首舉管、蔡、郕、霍，知二叔不為管、蔡；引《禮記》"月三五而盈"，證"三五在東"；引《周禮》祭天地三辰皆有奉璋之禮，辨朱《傳》之專指宗廟；引《月令》"節嗜欲"及《集韻》"嗜"字注，解"上帝耆之"；引《大司樂》"享先妣"之文在"享先祖"之上，證《大雅》、《魯頌》所以止稱姜嫄；引《儀禮》"下管新宮"在宣王之前，證新宮非《斯干》，亦皆具有考據。於其師説，可謂有所發明矣。

　　讀詩質疑三十一卷附錄十五卷（江蘇巡撫採進本）

　　國朝嚴虞惇撰。虞惇字寶成，常熟人。康熙丁丑進士，官至太僕寺少卿。是編乃其孫湖南驛鹽道有禧所刊，乾隆十二年經進御覽。首為《列國世譜》，次《國風世表》，次《詩指舉要》，次《讀詩綱領》，次《刪次》，次《六義》，次《大小序》，次《詩樂》，次《章句音韻》，次《訓詁傳授》，次《經傳逸詩》，次《三家遺説》，次《經傳雜説》，次《詩韻正音》，次《經文考異》。每一類為一卷，皆附錄篇首①，不入卷數②。其正經則《國風》為十五卷，《小雅》為八卷，《大雅》為三卷，而每卷析一子卷，《頌》為五卷。大旨以《小序》為宗，而參以《集傳》。其從《序》者十之七八，從《集傳》者十之二三。亦有二家皆不從，而虞惇自為説者。每篇之首，冠以序文及諸家論序之説③。每章之下，各疏字義。篇末乃總論其大旨與去取諸説之故。皆以推求詩意為主，頗略於名物訓詁，亦不甚引據考證。如《墨子》稱："文王舉閎夭、太顛於罝網中，授之政，西土服。"《墨子》在春秋、戰國之閒，當及聞古義。而虞惇以為附會《兔罝》之詩。至《左傳》稱祭仲有寵於莊公，所謂"寵"者，信任顯榮之意,故楚靈王對申無宇自稱"盜有寵"也。虞惇因此一字,指祭仲為安陵、龍陽之流,以《山有扶蘇》之"狡童"當之,謂仲雖為卿,詩人醜其進身之始①。此不更附會乎?又申培《詩説》,出自豐坊,其中多剿朱《傳》之義。而虞惇反謂朱《傳》多引申培,亦殊失考。然大致皆平心静氣,玩味研求於毛、朱兩家,擇長棄短。非惟不存門户之心,亦並不涉調停之見。核其所得,乃較諸家為多焉。

【彙訂】

①"篇",殿本作"編"。乾隆九年嚴有禧繩武堂原刻本作《讀詩質疑》三十一卷《卷首》十五卷,文淵閣庫書亦作《卷首》十五卷。(崔富章:《四庫提要補正》)

②"卷數",殿本作"卷次"。

③"冠以",殿本作"自為"。

④"仲雖為卿詩人醜其進身之始",殿本作"仲為卿而詩人醜其進身之始"。

毛詩類釋二十一卷續編三卷(江蘇巡撫採進本)

國朝顧棟高撰。棟高有《尚書質疑》,已著録。是編成於乾隆壬申。序文、案語皆稱臣,蓋擬進之本。凡分二十一類。其序中抒所自得者,如於釋地理,知邶、鄘、衛乃三地名,非三國名;於釋山,知"崧高維岳"乃吳岳,非中岳;於釋水,知《吉日》之漆、沮非《綿》詩、《潛》頌之漆、沮;於釋時令,知《公劉》已先以建子為正;於釋祭祀,知禘饗明堂俱周公創舉;於釋官職,知司徒、司空、司馬皆在《周官》以前;於釋兵器,知古甲皆用革;於釋宮室,知"君子陽陽"乃伶官之詩,非婦人所作;於釋草,知麻有二種;於釋鳥,知桑扈亦有二種;於釋馬,知《衛風》"騋牝"、《魯頌》"牡馬"①,皆以備兵事,《司馬法》"馬、牛車乘俱出於民"乃王莽偽託之文。今考其書,禘及大享明堂一條,司徒、司空、司馬一條,皆與序文不相應,未喻何故。其邶、鄘、衛一條為顧炎武説,崧高一條為閻若璩説,漆、沮一條為許謙説,公劉用子正一條為毛亨説,古甲用革一條為陳祥道説,麻有二種一條為蔡卞説,桑扈二種一條為陸佃説,丘甸不出車馬一條為李廉説。惟"君子陽陽"一條以《楚茨》之文證《小序》,自出新意耳。然諸家説《詩》中名物,多泛濫以炫博。此書則採録舊説,頗為謹嚴。又往往因以發明經義,與但徵故實,體同類書者有殊,於説《詩》亦不為無裨也。其《續編》三卷,則成於乾隆癸酉。取《爾雅·釋詁》、《釋言》、《釋訓》之文有關於《詩》者,摘而録之,亦略為疏解。蓋訓詁名物相輔而行之義。以《爾雅》校之,尚闕"之,匹也"、"言,戒也"二條。或繕稿時偶誤脱歟?

【彙訂】

①"牡馬",底本作"牧馬",據殿本改。《詩·魯頌·駉》:"駉駉牡馬。"

詩疑辨證六卷(江蘇巡撫採進本)

國朝黃中松撰①。中松字仲嚴,上海人。是書主於考訂名物,折衷諸説之是非,故以"辨證"為名。其中亦瑕瑜互見。如古説雎鳩為雕類,鄭樵及朱子則以為鳧類。《左傳》云:"雎鳩,司馬也。"馮復京引朱《傳》云:"江淮所有,當年恐未入詩人之目。"已為定論。至《爾雅》云:"雎鳩,王鳩。"郭注:"雕類,今江東呼之為鶚,好在江渚山邊食魚。"《爾雅》又云:"楊鳥②、白鷢",郭注:"似

鷹，尾上白。"是則二鳥明矣。乃揚雄、許慎皆以白鷢釋雎鳩，是
偵也。中松並存其説，未免兩岐。"黍稷"一條，獨載雷禮"黍貴
稷賤、黍早稷晚"之説。案后稷以官名，社稷以壇名，稷為五穀之
長，諸書皆然，稷未嘗賤也。《月令》以稷為首種，《尚書緯》云：
"春，鳥星昏中以種稷；夏，火星昏中以種黍。"是稷亦非晚也。中
松乃取其説。又引《家語》之文以廢羣議，不知《家語》王肅偽撰，
不足據也。《韓奕》之"梁山"、"韓城"，王應麟兩存舊説，而其意
以在晉為主。中松本王肅之説，謂皆在燕地[3]，持論自確。而又
疑梁山在晉地，且不明乾州之梁山與在夏陽者本一山綿亘，孔疏
最明。乃用胡渭"雍州有二梁山"之説，並疑梁山宮為三梁山。
則支離繳繞，弊亦與應麟等矣。"應田"不取鄭《箋》"田當作㨨，
聲轉字誤"之説。案"陳"之為"田"，此聲轉也，"㨨"之變"陳"，此
字誤也。中松徒疑"㨨非引而曰讀為引"，以為費力。不知"㨨"
與"柛"同，《説文解字》曰："柛，擊小鼓引樂聲也。"其文甚明，何
足為疑乎？至全書之中，考正譌謬，校定異同，其言多有依據。
在近人中，猶可謂留心考證者焉。

【彙訂】

　　① 此書實黃烈之作。以《四庫全書》生存不收，於是改用其
父中松名。不然何《詩疑辨證》、《書疑辨證》(稿本存)兩種，體
例、卷數若一轍耶？（王欣夫：《蛾術軒篋存善本書録》）

　　②"楊鳥"，殿本作"陽鳥"，誤，參《爾雅·釋鳥》原文。

　　③"地"，殿本脱。

三家詩拾遺十卷（浙江巡撫採進本）

國朝范家相撰。家相字蘅洲，會稽人。乾隆甲戌進士，官至

柳州府知府。漢代傳《詩》者四家。《隋書·經籍志》稱《齊詩》亡於魏，《魯詩》亡於西晉，惟《韓詩》存。宋修《太平御覽》，多引《韓詩》。《崇文總目》亦著録，劉安世、晁説之尚時時述其遺説。而南渡儒者，不復論及。知亡於政和、建炎間也。自鄭樵以後，説《詩》者務立新義，以掊擊漢儒為能。三家之遺文，遂散佚而不可復問。王應麟於咸淳之末始掇拾殘賸，輯為《詩考》三卷。然創始難工，多所掛漏。又增綴逸詩篇目，雜採諸子依託之説，亦頗少持擇。家相是編因王氏之書重加裒益，而少變其體例。首為《古文考異》，次為《古逸詩》，次以“三百篇”為綱，而三家佚説一一併見。較王氏所録，以三家各自為篇者，亦較易循覽。惟其以《三家詩拾遺》為名，則《古文考異》不盡三家之文者，自宜附録；其逸詩不繫於三家者，自宜芟除。乃一例收入，未免失於貪多。且冠於篇端，使開卷即名實相乖，尤非體例。其中如張超稱《關雎》為畢公作一條，説見超所作《誚蔡邕〈青衣賦〉》，非超別有解經之説，而但據《詩補傳》所載泛稱張超云云，並不録其賦語，蒐採亦間有未周。然較王氏之書，則詳贍遠矣。近時嚴虞惇作《詩經質疑》，内有《三家遺説》一篇。又惠棟《九經古義》、余蕭客《古經解鉤沈》，於三家亦均有採掇。論其賅備，亦尚不及是編也。

詩瀋二十卷（浙江巡撫採進本）

　　國朝范家相撰。是編乃其釋《詩》之説。家相之學，源出蕭山毛奇齡。奇齡之説經，引證浩博，善於詰駁[①]，其攻擊先儒最甚。而盛氣所激，出爾反爾，其受攻擊亦最甚。家相有戒於斯，故持論一出於和平，不敢放言高論。其作是書，大旨斟酌於《小序》、朱《傳》之閒，而斷以己意。首為《總論》三十篇。以下依次詮說，皆不載經文，但著篇目。其先儒舊說無可置辨者，則併篇目亦不著之。今核其所言，短長互見。如謂《卷耳》為文王在羑里，后妃遣使臣之作；謂《中谷有蓷》為憐申后；謂《褰裳》為在晉、楚爭鄭之時；謂《丰》為男親迎而女不從；謂《敝笱》為欺王綱廢弛；謂《采苓》為申生而作；謂《采薇》為文王伐玁狁；謂《沔水》為宣王信讒，皆以意揣度，絕無確證。然如《總論》第十四條力破《黍離》降為《國風》之說，謂："太史不采風，王朝無掌故，諸侯之國史亦不紀錄以進。蓋四《詩》俱亡，非獨《雅》也。《詩》亡而諷諭彰癉之道廢，是以《春秋》作焉。"此與孟子"迹熄"之說深有發明。第十五條謂："三百五篇之韻叶之而不諧者，其故有三。列國之方音不同，一也。古人一字每兼數音，而字音傳譌已久，非可執一以諧聲，二也。詩必歌而後出，每以餘音相諧。自歌詩之法不傳而餘音莫辨，三也。"此亦足解顧炎武、毛奇齡二家之鬬。其解《采蘩》篇，謂"被之僮僮"為夫人齋居之首服，而歷引《周禮‧內司服》、《玉藻》及聶氏《三禮圖》以證之。蓋被者所以配褖衣，今據聶氏謂婦人之褖衣因男子之元〔玄〕端，又《玉藻》云："元〔玄〕冠丹組纓，諸侯之齋冠也。"則知夫人服被為齋。夫人齋於正寢，既不可如祭之服副褘，又不可服告桑之褖，故服燕寢朝君之被。此說為前人所未及。其解《楚茨》、《信南山》諸篇，尤為詳晰。如"南東其畝"及"中田有廬"之類，於溝洫田制咸依據確鑿，不同附會。在近代說《詩》之家，猶可謂瑜不掩瑕、瑕不掩瑜者也。

【彙訂】

① "善"，殿本作"喜"。

詩序補義二十四卷(浙江巡撫採進本)①

國朝姜炳璋撰。炳璋字石貞,號白巖,象山人。乾隆甲戌進
士,官石泉縣知縣。是編以《詩序》首句為國史所傳,如蘇轍之
例。但轍於首句下申明之語竟删除不論,炳璋則存其原文,與首
句中離一字書之,而一一訂其疏舛,例又小殊。蓋參用朱子《詩
序辨説》之義,以貫通兩家也②。其論"江有沱",謂古者嫡、媵並
行,無待年於國之禮。然《春秋》伯姬歸紀、叔姬歸酅,實非一年
之事,未可斷其必無。論《魯頌》,謂用天子禮樂自吉禘莊公始見
於經,斷以為僭自僖公。然《吕覽》史角之事雖出雜説,而"考仲
子之宫,初獻六羽"注謂:"前此用八,故曰初獻。"是已在隱公先
矣。是過於考證,轉失之眉睫之前。他如論《野有死麕》,以尨吠
為喻人之類,亦失經旨。要其恪守先儒,語必有據,而於廢《序》
諸家亦置而不争,不可不謂篤實近裏之學也。其《綱領》有云:
"有詩人之意,有編詩之意。如《雄雉》為婦人思君子,《凱風》為
七子自責,是詩人之意也;《雄雉》為刺宣公,《凱風》為美孝子,是
編詩之意也。朱子順文立義,大抵以詩人之意為是詩之旨。國史
明乎得失之跡,則以編詩之意為一篇之要。"尤可謂解結之論矣。

【彙訂】

① 文淵閣《四庫》本尚有卷首一卷。(沈治宏:《中國叢書綜
録訂誤》)

② "貫通",殿本作"通貫"。

虞東學詩十二卷(安徽巡撫採進本)①

國朝顧鎮撰。鎮字備九,號古湫,常熟人。常熟,古海虞地。
鎮居城東,故又號曰虞東②。乾隆甲戌進士,官至宗人府主事。

是書大旨以講學諸家尊《集傳》而抑《小序》，博古諸家又申《小序》而疑《集傳》，搆釁者四五百年，迄無定論。故作是編，調停兩家之說，以解其紛。所徵引凡數十家，而歐陽修、蘇轍、呂祖謙、嚴粲四家所取為多。雖鎔鑄羣言，自為疏解，而某義本之某人[3]，必於句下注其所出。又《集傳》多闡明義理，於名物訓詁聲音之學皆在所略。鎮於是數端亦一一考證，具有根柢。蓋於漢學、宋學之間，能斟酌以得其平。書雖晚出，於讀《詩》者不為無裨也。

【彙訂】

① 文淵閣《四庫》本尚有《詩説》一卷。（沈治宏：《中國叢書綜録訂誤》）

② 殿本“號”上有“自”字。

③ “某義本之某人”，殿本作“義本某人”。

　　　案，諸經之中，惟《詩》文義易明，亦惟《詩》辨争最甚。蓋“《詩》無達詁”，各隨所主之門户，均有一説之可通也。今核定諸家，始於《詩序辨説》，以著起釁之由；終於是編，以破除朋黨之見。凡以俾説是經者化其邀名求勝之私而已矣。是編録此門之大旨也[1]。）

【彙訂】

① “大”，殿本無。

附録

　韓詩外傳十卷（通行本）

　漢韓嬰撰。嬰，燕人。文帝時為博士，景帝時至常山太傅。《漢書·藝文志》有《韓故》三十六卷，《韓内傳》四卷，《韓外傳》六卷,《韓説》四十一卷,歲久散佚。惟《韓故》二十二卷,《新唐書》尚著録,故劉安世稱嘗讀《韓詩·雨無正篇》。然歐陽修已稱今但存其《外傳》。則北宋之時,士大夫已有見有不見。范處義作《詩補傳》在紹興中,已不信劉安世得見《韓詩》,則亡在南、北宋間矣。惟此《外傳》,至今尚存。然自《隋志》以後,即較《漢志》多四卷,蓋後人所分也。其書雜引古事古語,證以《詩》詞,與經義不相比附,故曰《外傳》。所採多與周、秦諸子相出入。班固論三家之《詩》,稱其"或取《春秋》,採雜説,咸非其本義",殆即指此類歟?中閒"阿谷處女"一事,洪邁《容齋隨筆》已議之。他如稱彭祖名並堯、禹,稱長生久視,稱天變不足畏,稱《韶》用干戚①,稱舜兼二女為非,稱荆蒯芮僕不恒其德,語皆有疵。謂柳下惠殺身以成信,謂孔子稱御説恤民,謂"舜生於鳴條"一章為孔子語,謂輪扁對楚成王,謂内有稱吴、楚、燕、代伐秦王,皆非事實。顔淵、子貢、子路言志事與申鳴死白公之難事,皆一條而先後重見,亦失簡汰②。然其中引荀卿《非十二子》一篇,删去子思、孟子二條,惟存十子,其去取特為有識。又繭絲、卵雛之喻,董仲舒取之為《繁露》;君羣、王往之訓,班固取之為《白虎通》。精理名言,往往而有,不必盡以訓詁繩也。是書之例,每條必引《詩》詞,而未引《詩》者二十八條;又"吾語汝"一條,起無所因,均疑有闕文。李善註《文選》,引其孔子升泰山觀易姓而王者七十餘家事及漢皋二女事,今本皆無之,疑並有脱簡。至《藝文類聚》引"雪花六出"之類,多涉訓詁,則疑為《内傳》之文,傳寫偶誤。董斯張盡以為《外傳》所佚,又似不然矣③。

【彙訂】

①"韶",殿本作"詔",誤。此書卷四云:"《韶》用干戚,非至

樂也。”

②　書中卷一云：“君子有辯善之度，以治氣養性，則身後彭祖，修身自强，則名配堯禹。”語意甚明，未嘗稱彭祖名並堯禹。卷三云：“舜生於諸馮，遷於負夏，卒於鳴條，東夷之人也……孔子曰：‘先聖後聖，其揆一也。’”未嘗言“舜生於鳴條”，亦未嘗以全章為孔子語。申鳴事在卷十，所言重見，蓋謂卷一莊之善（今本訛作仕之善）事，然二事所同者，獨白公之難耳。據《新序》等所引，亦顯為二人。（許瀚：《韓詩外傳校議》）

③　宋陳元靚《歲時廣記》卷四引《韓詩外傳》“凡草木花多五出，雪花獨六出……”一段，較《藝文類聚》所引多數句。其篇末引詩，仍是《外傳》之體，知其實《外傳》佚文，非《內傳》也。（余嘉錫：《四庫提要辨證》）

　　案，《漢志》以《韓外傳》入《詩》類[①]，蓋與《內傳》連類及之。王世貞稱“《外傳》引《詩》以證事，非引事以明《詩》”，其說至確。今《內傳》解《詩》之說已亡，則《外傳》已無關於《詩》義。徒以時代在毛萇以前，遂列為古來説《詩》之冠。使讀《詩》者開卷之初，即不見本旨，於理殊為未協。以其舍《詩》類以外無可附麗，今從《易緯》、《尚書大傳》之例，亦別綴於末簡。

【彙訂】

①　“以韓外傳”，殿本作“韓詩外傳”，誤。《漢書·藝文志》著録《韓外傳》六卷。

　　右《詩》類六十二部，九百四十一卷，附録一部，十卷，皆文淵閣著録。

經 部 十 七

詩 類 存 目 一

詩説一卷（内府藏本）

宋張耒撰。耒字文潛，楚州淮陰人。登進士第，元祐中官至起居舍人。紹聖中謫監黄州酒税。徽宗召為太常寺卿[1]，坐元祐黨，復貶房州別駕，黄州安置。尋得自便，居於陳州，主管崇福宫，卒。事蹟具《宋史·文苑傳》。是書載《柯山集》中[2]。納喇性德以其集不甚傳，因刻之《通志堂經解》中，凡十二條[3]。如《抑》篇"慎爾出話"一條，蓋為蘇軾烏臺詩案而發；《卷阿》篇"爾土宇昄章"一條，蓋為熙河之役而發。餘亦多借抒熙寧時事，不必盡與經義比附也。

【彙訂】

① 據《宋史·文苑六·張耒傳》、雍正《江南通志》卷一六六《文苑·張耒傳》與光緒《淮安府志》卷三二《人物志·張耒傳》，張耒實為太常少卿。（楊武泉：《四庫全書總目辨誤》）

② 殿本"載"上有"本"字。

③ 此書凡十四條，《通志堂經解》本以"老子曰"條、"武奏《大武》"條誤與前條連為一條。（杜澤遜：《四庫存目標注》）

詩論一卷（編修程晉芳家藏本）

宋程大昌撰。大昌有《易原》，已著録。是書本載大昌《考古編》中，故《宋志》不列其名。朱彝尊《經義考》始別立標題，謂之《詩議》，曹溶《學海類編》則作《詩論》，《江南通志》則作《毛詩辨正考》。原本實作《詩論》，則曹溶本是也。又曹溶本作十八篇，而彝尊引陸元輔之言謂程氏《詩議》十七篇："一論古有二《南》而無《國風》之名。二論《南》、《雅》、《頌》為樂詩，諸國為徒歌。三論《南》、《雅》、《頌》之為樂無疑。四論四始品目。五論《國風》之名出於《左》、《荀》。六證《左》、《荀》創標《風》名之誤。七論逸《詩》有《豳雅》、《豳頌》而無《豳風》，以證《風》不得抗《雅》。八論《豳詩》非《七月》。九辨《詩序》不出於子夏①。十辨《小序》綴《詩》出於衞宏。十一辨《詩序》不可廢。十二據季札序《詩》篇次，知無《風》名。案此篇為改定《毛詩》標題，元輔此語未明。十三論《毛詩》有古序，所以勝於三家。十四論採詩、序詩因乎其地。十五論《南》為樂名。十六論《關雎》為文王詩。案此解"周道闕而《關雎》作"一語，非論文王。元輔此語亦未明。十七論《詩》樂及《商》、《魯》二頌"，乃併末兩篇為一考。原本亦作十七篇，元輔之言不為無據。然詳其文意，論《詩》樂與論《商》、《魯》頌了不相屬，似《考古編》刻本誤合。曹本分之，亦非無見也。其大旨謂《國風》之名出漢儒之附會，其説甚辯。惟《左傳》"《風》有《采蘩》、《采蘋》"語，《荀子》"《風》之所以為《風》"語，不出漢儒，無可指駁，則以左氏為秦人，《風》字出於臆説；謂荀子之學出於仲弓，仲弓非商、賜'可與言《詩》'之比，故荀子所傳亦為臆説。近時蕭山毛奇齡據《樂記》"正直而靜、廉而謙者宜歌《風》"，《表記》引《詩》"我躬不閱，遑恤我後"，又引《詩》"心之憂矣，于我歸説"，皆稱《國風》，以駁詰大

昌。不知大昌之意惟在求勝於漢儒，原不計經義之合否。即引
《樂記》、《表記》以詰之，亦不難以《戴記》四十九篇指為漢儒附會
也。觀其於《左氏》所言季札觀樂，合於己說者，則以《傳》文為可
信；所言"《風》有《采蘩》、《采蘋》"，不合己說者，則又以《傳》文為
不可信。顛倒任意，務便己私，是尚可與口舌爭乎？且即所謂可
據者言之，十五《國風》同謂之周樂，《南》、《雅》、《頌》亦同謂之
歌，不云《南》、《雅》、《頌》奏樂，《國風》徒歌也，豈此《傳》又半可
據半不可據乎？《傳》又稱"金奏《肆夏》之三"、"工歌《鹿鳴》之
三"，亦將謂《頌》入樂，《雅》徒歌乎？是與所引孔子正樂但言
《雅》、《頌》不言《風》，而忘其亦不言《南》者，同一不充其類而
已矣。

【彙訂】

① "於"，殿本無。

詩疑二卷（内府藏本）

宋王柏撰。柏有《書疑》，已著録。《書疑》雖頗有竄亂，尚未
敢刪削經文。此書則攻駁毛、鄭不已，併本經而攻駁之，攻駁本
經不已，又併本經而刪削之。其以《行露》首章為亂入，據《列女
傳》為說，猶有所本也。以《小弁》"無逝我梁"四句為漢儒所妄
補，猶曰其詞與《谷風》相同，似乎移綴也。以《下泉》末章為錯
簡，謂與上三章不類，猶著其疑也。至於《召南》刪《野有死麕》，
《邶風》刪《靜女》，《鄘風》刪《桑中》，《衛風》刪《氓》、《有狐》，《王
風》刪《大車》、《丘中有麻》，《鄭風》刪《將仲子》、《遵大路》、《有女
同車》、《山有扶蘇》、《籜兮》、《狡童》、《褰裳》、《丰》、《東門之
墠》①、《風雨》、《子衿》、《野有蔓草》、《溱洧》，《秦風》刪《晨風》，

《齊風》删《東方之日》,《唐風》删《綢繆》、《葛生》,《陳風》删《東門之池》、《東門之枌》、《東門之楊》、《防有鵲巢》、《月出》、《株林》、《澤陂》,凡三十二篇。案書中所列之目實止三十一篇,疑傳刻者脱其一篇②。又曰:“《小雅》中凡雜以怨誹之語③,可謂不雅,予今歸之《王風》,且使《小雅》粲然整潔。”其所移之篇目,雖未具列,其降《雅》為《風》,已明言之矣。又曰:“《桑中》當曰《采唐》,《權輿》當曰《夏屋》,《大東》當曰《小東》。”則併篇名改之矣。此自有六籍以來第一怪變之事也。柏亦自知詆斥聖經為公論所不許,乃託詞於漢儒之竄入。夫漢儒各尊師説,字句或有異同,至篇數則傳授昭然,其增減一一可考。如《易·雜卦傳》為河内女子壞老屋所得;《書》出伏生者二十九篇,孔安國以孔壁古文增十六篇,而《泰誓》三篇亦為河内女子所續得,《舜典》首二十八字為姚方興所上;《周禮·考工記》為河閒獻王所補,具有明文。下至《左傳》增“其處者為劉氏”一句、“秦穆姬登臺履薪”一段,先儒亦具有記載。惟《詩》不言有所增加,安得指《國風》三十二篇為漢儒竄入也?王弼之《易》、杜預之《左傳》,以傳附經,離其章句;鄭元《禮記目録》與劉向《別録》不同,亦咸有舊説。惟《詩》不言有所更易,安得謂《王風》之詩竟移入《小雅》也?且《春秋》有三家,可以互考,故《公羊》經文增“孔子生”一條,而《左傳》無。《詩》有四家,亦可以互考,故三家《般》詩多“於繹思”一句,《毛詩》無之,見《經典釋文》;《毛詩·都人士》有首章,而三家無之,見《禮記·緇衣》注;即《韓詩·雨無正》多“雨無其極”二句,宋人亦尚能道之,見《元城語録》。一句一字之損益,即彼此參差,昭昭乎不能掩也。此三十二篇之竄入,如在四家既分以後,則齊增者魯未必增,魯增者韓未必增,韓增者毛未必增,斷不能如是之畫一;如在四家未分以前，則為孔門之舊本確矣。柏何人斯，敢奮筆而進退孔子哉？至於謂《碩人》第二章形容莊姜之色太褻，《秦風·黃鳥》乃淺識之人所作，則更直排删定之失，不復託詞於漢儒，尤為恣肆。陳振孫《書錄解題》載陳鵬飛作《詩解》二十卷，不解《商頌》、《魯頌》，以為《商頌》當闕，《魯頌》當廢，其說已妄，猶未如柏之竟删也。後人乃以柏嘗師何基，基師黃榦，榦師朱子，相距不過三傳，遂併此書亦莫敢異議。是門戶之見，非天下之公義也。

【彙訂】

①"丰東門之墠"，殿本作"東門之墠丰"，與此書卷一所列次序不符。

② 書中卷一曰："愚敢記其目，以俟有力者請於朝而再放黜之。"可見是"議删"而非"已删"。卷一所列議删篇目共列十一行，每行皆為三格，而第二行末有一格缺空，當為作者寫成後重新抹去的痕跡。（程元敏：《王柏之生平與學術》）

③"怨誹"，《詩疑》卷一原文及殿本作"怨誚"。

毛詩正變指南圖六卷（兩淮鹽政採進本）

是書為明末陳重光所刻。前有李雯序，謂其書為宋人未竟之本，故詳於大而略於小。今考卷首列漢迄宋諸儒訓故、圖譜、音訓之目，頗叢雜無次第。一卷全錄《小序》首句，二卷作《詩》次序，皆本鄭氏《詩譜》，三卷世次，四卷族譜，五、六卷雜釋名物，俱為簡略，惟五卷釋刻漏稍詳。其義例淺陋，不似古人著作，且亦別無佐證。疑即重光自輯，而託之舊本也。重光字端義，華亭人。

詩義斷法五卷（浙江范懋柱家天一閣藏本）

不著撰人名氏。卷首有"建安日新書堂刊行"字，又有"至正丙戌"字,蓋元時所刻。朱彝尊《經義考》載宋謝叔孫《詩義斷法》,不列卷數,注引《江西通志》曰:"叔孫,南城人,舉進士,官翰林編修。"又載《詩義斷法》一卷,不著名氏,注曰:"見《菉竹堂書目》。"並云"已佚"。此本五卷,與後一部一卷之數不符,其叔孫之書歟①? 首有自序,詞極鄙俚,殆不成文。卷前冠以《作義之法》,分總論、冒題、原題、講題、結題五則。次為《學詩入門須知》,次為《先儒格言》,次為《總論六義》。皆剽竊陳言,不出兔園冊子。又書中但列擬題,於經文刊削十七。始於《鄘風》之《干旄》,不知何取。蓋揣摩弋取之書,本不為解經而作也。

【彙訂】

①《經義考》卷一百零八引《江西通志》云:"謝升孫,南城人,舉進士,官翰林編修官,朝士稱之曰南窗先生。"《江西通志》卷八十三亦作"謝升孫"。(張宗友:《〈四庫全書總目〉誤引〈經義考〉訂正》)

國風尊經一卷(編修朱筠家藏本)

舊本題明陶宗儀撰。宗儀字九成,黃巖人。元末舉進士不中,即棄去,累辭辟舉。洪武中乃出為教官。事蹟具《明史・文苑傳》。是書前有宗儀自序。案孫作《滄螺集》有陶九成《小傳》,備列其生平著述,無此書名。《明史・藝文志》及朱彝尊《經義考》皆不著錄。其書多用《字說》,如序中解大、小《雅》云:"雅,知風者也,故名相風。"解"君子好逑"云:"逑從求從辵,謂行而求之也。"解"參差荇菜"云:"荇從草從行,謂草生水中而東西行者也。"解"左右芼之"云:"芼從草從毛,言以菜加於食物之上,如毛之附麗於外。"解"螽斯羽"云:"螽從冬從虫,蓋子產於冬而生於春也。"解"招招舟子"云:"招從手從召,謂舉手召也。"解《簡兮》云:"竹閒為簡,言衆工來會,如竹之稠密也。"解"隰有苓"云:"未知何草,然從草從令,草之善者。"解"終窶且貧"之"窶,從穴從婁,謂上下皆空也。貧,從分從貝,謂所有輒散也。"解"静女其姝"云:"姝,女顔之若朱者。"解"中冓之言"云:"冓之為文,有材木從横,層累增高之義。中冓當國之中,而構者則君之居也。"其穿鑿不通,不可枚舉。其最謬者,如謂《桑中》為《關雎》之遺,是以淫女擬聖后也;謂"'人之無良,我以為兄',兄者長也,居上為民長也。毛氏以為君之兄者,非也。"自古以來,有稱君為兄者乎? 宗儀亦何至於此。核其詞氣,似明萬曆以後人,蓋贗託也。惟《卷耳》、《葛覃》二詩,其説似近情理。然以《國策》觸讋之語證古者諸侯之女無歸寧之禮,則又不然。息嬀歸寧而過蔡獻舞,止享而召兵,其事具載《左傳》,安得謂其必無? 以觸讋之言疑古禮,是猶以華督目逆一事,疑古婦人無出必蔽面之禮;以崔杼見棠姜一事,疑古婦人無幬哭之禮;以陶嬰"中夜悲鳴"一語,疑古寡婦無不夜哭之禮也,豈通論乎? 原目自《周南》至《曹風》,惟無《豳風》。此本僅至《衛風》而止,蓋佚其半。然如此妄謬之書,佚亦正不足惜耳。

毛詩説序六卷(浙江朱彝尊家曝書亭藏本)

明吕柟撰。柟有《周易説翼》,已著録。是書以《小序》為主,而設為門人問答以明之。每章標舉大意,主於疏通毛義而止。其諸説之異同,皆不置辯,其名物訓詁亦皆弗詳。猶説《詩》家之簡嚴者,但疏解未免太略。此本傳寫譌脱,不可解處尤多。

毛詩或問一卷（通行本）

明袁仁撰。仁有《砭蔡編》，已著録。是編大旨主於伸《小序》抑《集傳》，設為問答以明之。所説止於《魯頌》，疑佚其末數頁也。其自序詆徐禎卿、孫鍾元於《毛詩》訓詁之外不能措一詞，而謂："他經可理測，而《詩》則不落理路；他經可意會，而《詩》則不涉意想。三千在門，獨許商、賜可與言《詩》，以其各有悟門。"又詆朱子解《詩》如盲人捫象，而自謂其説"言思莫及，理解俱融，不知我之為古人，古人之為我"，其言甚誕。今觀其書，一知半解，時亦有之。然所執者乃嚴羽《詩話》不涉理路、不落言詮、純取妙悟之説。以是説漢、魏之詩尚且不可，況於持以解經乎？

魯詩世學三十二卷（兩淮馬裕家藏本）

明豐坊撰。坊有《古易世學》，已著録。是編首列子貢《詩傳》，詭云"石本"。次列《詩序》，而以"正音"託之宋豐稷，以"續音"託之豐慶，以"補音"託之豐耘，以"正説"託之豐熙。譌稱祖父所傳，而自為之考補，故曰"世學"。又附以門人何昆之《續考》，共為一書。實則坊一人所撰也。其書變亂經文，詆排舊説，極為妄誕。朱彝尊《經義考》辯之甚詳。而康熙中禮部侍郎平湖陸葇乃尊信其中"三年之喪必三十六月"之説，遭憂家居巳閲二十七月，猶不出補官。其門人邱〔丘〕嘉穗載之《東山草堂邇言》中，以為美談。不知此唐王元〔玄〕感之論，當時已為議者所駁，載於《舊唐書》中，非古義也。則偽書之貽害於經術者甚矣。

詩傳一卷（内府藏本）

舊本題曰子貢撰。實明豐坊所作。《明史》坊本傳稱"坊為《十三經訓詁》，類多穿鑿。世所傳子貢《詩傳》即坊編本"者是也。其説升《魯》於《邶》、《鄘》之前，降《鄭》於《郐》、《曹》之後，《大雅》、《小雅》各分為三，曰續、曰傳，皆與所作申培《詩説》同。二書皆以古篆刻之。不知漢代傳經，悉用隸書，故孔壁科斗，世不能辨，謂之"古文"。安得獨此二書參用籕體？郭子章、李維楨皆為傳刻釋文，何鏜收入《漢魏叢書》，毛晉收入《津逮祕書》，并以為曾見宋搨，皆謬妄也[1]。

【彙訂】

[1] 毛奇齡《詩傳詩説駁義序》但言此書嘉靖中出自郭子章家，未嘗云豐坊曾自刻之也。郭氏刻本題曰《合刻聖門二大家詩》，自序曰："得黃文裕祕閣《子貢詩傳》古本，原未有刻版，與湖州郡守沈叔順等分校，併《小序》刻之，仍其篆文曰《詩傳》，不敢確以為《魯詩》也。"則《詩傳》刻本實始於子章。（余嘉錫：《四庫提要辨證》）

詩説一卷（江蘇巡撫採進本）

舊本題曰申培撰，亦明豐坊偽作也。何楷《詩世本古義》、黃虞稷《千頃堂書目》、毛奇齡《詩傳詩説駁義》皆力斥之[1]。今考《漢書・杜欽傳》稱："佩玉晏鳴，《關雎》歎之"，《後漢書・楊賜傳》稱"康王一朝晏起，《關雎》見幾而作"，注皆稱《魯詩》，而此《傳》仍訓為太姒思淑女。又《坊記》注引"先君之思，以畜寡人"為衛定姜之作，《釋文》曰："此是魯詩。"而此仍為莊姜送戴嬀。培傳《魯詩》，乃用毛《傳》乎？其偽妄不待問矣。

【彙訂】

[1]《千頃堂書目》卷一著録豐坊《魯詩世學》三十六卷，"一作十二卷。坊言家有《魯詩世學》，其書傳自遠祖稷，然實自撰

也。又作《詩傳》,託之子貢,而同時又有作《詩説》託之申培者,皆偽書不録。"是以《申培詩説》為別一人所作,未嘗並歸之豐坊也。《經義考》卷一百《子貢詩傳》條引何楷曰:"近世有偽為《魯詩》而託之子貢傳者,其意覬與《毛傳》並行,然掇拾淺陋,有識哂焉。"亦未明指為豐坊偽作,且亦不及《申培詩説》也。毛奇齡《詩傳詩説駁義》雖以二書出於一人偽託,然無一言及於豐坊。(余嘉錫:《四庫提要辨證》)

詩傳纂義無卷數(浙江巡撫採進本)

明倪復撰。復字汝新,鄞縣人。兹編不載經文,惟於有所發明者標其篇名。所説多襲前人,或全録之而不言所本。其自出新意者,如謂《皇華》、《四牡》通為射饗樂歌之類,於古皆無所考證。

張氏説詩一卷(江蘇周厚堉家藏本)

明張廷臣撰。廷臣字元忠,崑山人。嘉靖戊子舉人。是編題"婁上編甲之己",蓋其全集之一種也。大旨謂《詩序》有所傳授,不應盡廢,持論甚正。而其所推闡,則以意斷制者多。

讀風臆評無卷數(江蘇巡撫採進本)

明戴君恩撰。君恩字仲甫,長沙人。嘉靖癸丑進士①,官巴縣知縣。是書取《詩經·國風》加以評語②,又節録朱《傳》於每篇之後,烏程閔齊伋以朱墨版印行之。纖巧佻仄,已漸開竟陵之門③。其於經義,固了不相關也。

【彙訂】

① 嘉靖癸丑為 1553 年。然《總目》卷一二五《剩言》提要云:"明戴君恩撰。君恩字忠甫,澧州人。萬曆癸丑(1613)進

士。"雍正《湖廣通志》卷三二《選舉志》、乾隆《直隸澧州志》卷一
九《人物·戴君恩傳》亦作字忠甫,澧州人,萬曆癸丑進士。嘉靖
三十二年癸丑陳謹榜無戴君恩名,萬曆四十一年癸丑周延儒榜
有。光緒《湖南通志》引《明一統志》,君恩字紫宸,澧州人。萬曆
四十一年進士,官至山西巡撫。其年代晚於竟陵鍾惺等輩。(楊
武泉:《四庫全書總目辨誤》;王曉天:《〈四庫全書〉中的湘人著
述上》;楊晉龍:《論〈四庫全書總目〉對明代詩經學的評價》)

②"詩經",殿本無。

③"門",殿本作"門徑"。

詩經正義二十七卷(安徽巡撫採進本)

明許天贈撰。天贈字德天,黟縣人。嘉靖乙丑進士,官至山
東布政使參政。是書不載經文,但標章名節目,附以己説,頗為
弇陋。如於《采蘋》章云:"大夫妻講中不可説出,此就説《詩》者
言,非詩人口氣。"書中大率如此,蓋全為時文言之也。經學至是
而弊極矣。

詩經存固八卷(福建巡撫採進本)

明葉朝榮撰。朝榮字良時,福清人,大學士向高之父也。隆
慶元年恩貢,授九江府通判,官至養利州知州。是編乃其教授生
徒時,酌取《詩經大全》,參以己意而成。後官九江,復加改定,更
作《義略》一卷,總論十五國及《雅》、《頌》諸篇大義。萬曆四十四
年向高致仕歸,復整齊而重刻之。前有朝榮自序,序末附以向高
跋語①。

【彙訂】

①"序",殿本無。

詩序解頤一卷（浙江巡撫採進本）

明邵弁撰。弁字元偉，太倉州人。隆慶中貢生。此書申朱子《詩序辨説》之義，而又以己意更正之，中多臆論。所定《小雅》世次諸條，尤無確據。卷末附《洛書辨》一篇，無所闡發，徒事空言。又《"三江既入，震澤底定"辨》一篇，主中江、北江、南江之説，寥寥數語，亦未暢明也。

毛詩多識編七卷（浙閩總督採進本）

明林兆珂撰。兆珂字孟鳴，莆田人。萬曆甲戌進士，官至安慶府知府。是編本陸璣《疏》而衍之，凡草部二卷，木部、鳥部、獸部、蟲部、鱗介部各一卷。多引鄭樵、陸佃、羅願之語，又兼取豐坊之僞子貢《傳》、僞申培《説》。貪多務博，頗乏持擇。其凡例稱："鳥獸、昆蟲、草木非《三百篇》所有不載。"然如"龍旂"之龍非真龍，"鸞鑣"之鸞非真鸞，而徵引故實，累牘連篇。此自類書，何關經義？又如因《爾雅》"荇，接余"之文，遂謂漢之婕妤取義於荇菜，其穿鑿抑又甚焉。據其凡例，尚有《外編》、《雜編》二書，此本無之，未知其為未刻，抑為偶佚也。

毛詩原解三十六卷（浙江巡撫採進本）①

明郝敬撰。敬有《周易正解》，已著錄。是書前有《讀法》一卷，大指在駁朱《傳》改《序》之非。於《小序》又惟以卷首一句為據，每篇首句增"古序曰"三字，餘文則以"毛公曰"別之。《序》或有所難通者，輒為委曲生解，未免以經就《傳》之弊。而又立意與《集傳》相反，亦多過當。夫《小序》確有所受，而不能全謂之無所附益；《集傳》亦確有所偏，而不能全謂之無所發明。敬徒以朱子務勝漢儒，深文鍛鍊，有以激後世之不平，遂即用朱子吹求《小序》之法以吹求朱子。是直以出爾反爾示報復之道耳，非解經之正軌也。

【彙訂】

① 此書在《各省進呈書目》中僅著錄於《浙江省第五次鄭大節呈送書目》，"浙江巡撫採進本"應為"浙江鄭大節家藏本"。（江慶柏：《四庫全書私人呈送本中的鄭大節家藏本》）

詩經類考三十卷（浙江巡撫採進本）

明沈萬鈵撰。萬鈵字玉臺，嘉善人。萬曆丁酉舉人，官知縣。兹編於《三百篇》所載名物典故，分門編錄。前有《古今論詩考》、《逸詩考》、《音韻考》，後有《風雅頌異同考》、《羣書字異考》。凡所援據，不能盡本經傳，故往往不精不詳。如"天文類"釋"三五小星"，引《釋名》曰"星，散也"①，《說文》曰"萬物之精，上為列宿"。如此之類，與經義無涉，實為泛濫。又如朝制，有大朝覲之朝，若韓侯入覲是也；又有常朝之朝，若《雞鳴》之詩是也。而此書"禮制類"乃止引《曲禮》天子"當扆而立"、"當宁而立"，及《周禮·太宰》大朝覲會同數則，而《玉藻》"朝辨色始入"諸條乃竟遺之。如此之類，亦多失於考核。蓋此書本《詩名物疏》而作，而實不及原書也②。

【彙訂】

① 殿本"星"下有"者"字，衍，參《釋名·釋天》"星"條。
② "蓋此書本詩名物疏而作而實不及原書也"，殿本無。

毛詩微言二十卷（內府藏本）

明張以誠撰①。以誠字君一，華亭人。萬曆辛丑進士第一，官翰林院修撰。是書雜採舊說，無所發明。如豐坊偽《詩傳》之類，皆不辨而濫收之，亦嗜博而失於別擇②。

【彙訂】

①　日本刊《毛詩蒙引》二十卷，署陳子龍或唐士雅（唐汝諤字士雅），其內容與此書全同。淩濛初《詩逆》、冉覲祖《詩經詳說》引錄此書之文亦大都見於《毛詩蒙引》。唐汝諤《古詩解》和此書與《詩經》相關的觀點一致，甚至有文字全同者，且魏浣初《詩經脈》、淩濛初《孔門兩弟子言詩翼》、題黃道周《詩經琅玕》、張次仲《待軒詩記》、朱朝瑛《讀詩略記》、王夢白和陳曾編輯《詩經廣大全》、王鴻緒等編《詩經傳說彙纂》引唐汝諤之說，僅極少數未見於此書今本。可證今本係唐汝諤作。又據馮元颺、馮元颷著《詩經狐白》引錄四十三條張君一之文，其中十三條和此書非常相近，可知實乃輯張以誠之書而成的說法可信。（楊晉龍：《毛詩蒙引考辨》）

②　"亦嗜博而失於別擇"，殿本無。

詩經說通十三卷（兩淮鹽政採進本）

明沈守正撰。守正字允中，號無回，錢塘人。萬曆癸卯舉人，官國子監博士。是編成於萬曆乙卯。其說頗以朱《傳》廢《序》為非，然又不甚用古義。其所列引用諸書，不過三十六種①，而以豐坊偽《魯詩》為冠。又謂《隋志》稱《韓詩》雖存，乃其《外傳》，竟不知《崇文總目》尚有《韓詩》。持論多茫無考證，故所引皆明人影響之談。雖大旨欲以意逆志，以破拘牽，而純以公安、竟陵之詩派竄入經義，遂往往恍惚而無著。如解《關雎》云："所謂憂之、喜之者，不必泥定文王，亦不必泥定宮人。"然則究何指也？至於以《行露》"野有死麕"為貞女設言自誓，不必定有強娶私誘之事。然則女子待年於室，無故而作一誓詞，傳播於衆，天下有此情事乎？又謂："文王之化，必無强暴之男子。"然則堯舜之世，亦不當有四凶矣。其膠固不解，更甚於訓詁之家，烏在其能得言外意也？

【彙訂】

① 明萬曆四十三年刻本卷前引用書目列正引三十六家，雜引三十種。

詩經六帖重訂十四卷（兩江總督採進本）①

明徐光啟撰，國朝范方重訂。光啟字子先，上海人。萬曆甲辰進士，官至東閣大學士。諡文定。事蹟具《明史》本傳。方字令則，如皋人。前有方自序，謂："徐光啟《六帖》後先錯互，為未定之書。爰為重訂，而去其'博物'一帖。其餘五帖，皆移定其次，而無所增改。五帖者，一翼傳，二存古，三廣義，四攬藻，六正叶也。"卷首有光啟《韻譜説》并例，於諸詩皆不載其詞，但於有韻之句以白圈為識，無韻之句以黑圈為識，體例殊為未善。且既以古音無叶為全書註意之處，乃於圈識之外絶不言其所以然。題曰《韻譜》，名實亦復相乖。又"六帖"名始於帖經，程大昌《演繁露》疏解頗明。白居易以名類書，殊無所取義。光啟以名經解，為轉不失其初。然考《明史·藝文志》載徐光啟《毛詩六帖》六卷，是每帖為一卷也。方既删"博物"一門，則六帖僅存其五，與光啟作書之意全不相合，安得復以《六帖》稱乎②？

【彙訂】

① "兩江總督採進本"，底本作"兩浙總督採進本"，據殿本改。《四庫採進書目》中僅《兩江第一次書目》著録此書。清代無

兩浙總督一職。（江慶柏：《殿本、浙本〈四庫全書總目〉著録圖書進獻者主名異同考》）

②"然考明史藝文志載徐光啟毛詩六帖六卷是每帖為一卷也方既删博物一門則六帖僅存其五與光啟作書之意全不相合安得復以六帖稱乎"，殿本作"然以一類為一帖則又杜撰也"。

毛詩説四卷（浙江巡撫採進本）

明陳以蘊撰。以蘊字仲宣，南昌人。萬曆己酉舉人。是書成於崇禎癸酉。前有以蘊自序，大旨謂《小序》固陋淺拙，詞必徵之事，事必實之人，往往不得其義。則概謂之刺君，非得卜子夏之傳者。又以朱子《集傳》祖夾漈而詆毛《傳》，亦未盡《孟子》説《詩》之法。然觀編中所言，乃似坊選詩集之批語。即朱子《集傳》亦尚非以蘊所可議，無論《小序》矣。

詩經圖史合考二十卷（浙江巡撫採進本）

明鍾惺撰①。惺字伯敬，竟陵人。萬曆庚戌進士，官至福建提學僉事。《明史·文苑傳》附載《袁宏道傳》中。是書雜考《詩》之名物典故，亦閒繪圖，故稱"圖史合考"。然名雖釋經，實則隸事。如《周南·桃夭篇》首引《本草綱目》載"桃仁去淤血，桃梟療中惡腹痛"一條，次引《家語》"六果桃為下"一條，次引《管子》"五沃之土宜桃"一條，次引《鹽鐵論》"桃實多則歲穰"一條，次引江淹《桃頌》一條，次引"崑崙山玉桃"一條，次引"唐明皇目桃為消恨花"一條，次引《酉陽雜俎》"王母桃"一條，次引《列仙傳》"綏山桃"一條，其文遂畢，於經義一字無關。全書所載皆類於此，不知其何所取也？

【彙訂】

① 今存明末擁萬堂刻《四書圖史合考》二十四卷，題明蔡清

輯。然此書為坊賈所偽託，鍾惺序亦偽。則擁萬堂刊本《詩經圖史合考》二十卷題鍾惺之名亦當為偽託。（王昕：《〈四庫提要〉竟陵派條目辨證》）

　　毛詩解_{無卷數}（江蘇周厚堉家藏本）

　　明鍾惺撰。是編取古人說《詩》之書卷帙簡少者合為一編。曰《詩序》，曰《詩說》，曰《詩外傳》，曰《讀詩一得》，曰《山堂詩考》，曰《困學紀詩》，曰《詩地理考》，曰《詩考》，曰《逸詩》，曰《文獻詩考》，曰《詩傳綱領》，曰《詩識》，曰《讀詩録》，曰《印古詩語》。其中《讀詩一得》即黃氏《日鈔》之一門；《山堂詩考》即《山堂考索》之一門；《困學紀詩》即《困學紀聞》中論《詩》之語；《逸詩》即王氏《詩考》中之逸《詩》篇名；《讀詩録》即《讀書録》中論《詩》數條；《詩傳綱領》即《詩經大全》之綱領，謬陋殆難言狀。至申培《詩說》本偽《魯詩》，《韓詩外傳》明標“韓”字，乃題曰《毛詩解》，是尤不足深責者矣[1]。

【彙訂】

　　[1] 今存明末擁萬堂刻《古名儒毛詩解十六種》二十四卷，當為此書的全稱。其子目順序為：小序、詩傳、詩說、詩譜、詩傳綱領、讀詩一得、印古詩語、玉海紀詩、困學紀詩、詩考、地理考、山堂考、文獻詩考、胡氏詩識、讀詩録和逸詩。《總目》所載子目順序與此錯訛，不僅缺少《子貢詩傳》、《鄭玄詩譜》和《玉海紀詩》三種，而且多了《詩外傳》一種。然而《韓詩外傳》實為擁萬堂刊《鍾伯敬評祕書九種》之一，所以館臣所見當為配合後的雜本。《十六種》每種卷端鍾惺“署名”不一，既有“明後學鍾惺閱（校）”、“明竟陵鍾惺（伯敬）校（閱）”，又有“退庵子鍾惺

閱”、“竟陵後學鍾惺伯敬閱”等，參差不齊，如此“謬陋”當不是鍾惺所為，可斷定為擁萬堂又一偽託本。（王昕：《〈四庫提要〉竟陵派條目辨證》）

詩通四卷（浙江巡撫採進本）

明陸化熙撰。化熙字羽明，常熟人。萬曆癸丑進士，官至廣西提學僉事。是編不載經文，止標篇什名目，而發揮其意旨。大都依文詮釋，尋味於詞氣之間。其自序云朱注所不滿人意者，“止因忽於所謂微言、託言，致變《風》刺淫之語概認為淫①，變《雅》近美之刺即判為美耳。”故書中於《鄭》②、《衛》之詩多存《小序》，即二《雅》、三《頌》亦多引《序》説，而又間引鄭箋、孔疏以證之，頗異乎株守門户者，但所得不深耳。

【彙訂】

① “刺淫”，殿本作“刺人”，誤，參明書林李少泉刻本此書自序原文。

② “書”，底本作“傳”，據殿本改。

詩傳闡二十三卷闡餘二卷（浙江吳玉墀家藏本）

明鄒忠允〔胤〕撰。忠允字肇敏，無錫人①。萬曆癸丑進士，官至江西按察司副使。是書即豐坊偽《詩傳》每章推演其義，而於坊偽《詩説》則深斥其妄。一手所造之書，而目為一真一贗，此真不可理解之事矣。

【彙訂】

① 鄒忠胤乃武進人，見雍正《江南通志》卷一二三《選舉志》、光緒《武進陽湖縣志》卷一九《選舉志》與卷二一《人物志》本傳。（楊武泉：《四庫全書總目辨誤》）

詩經脈八卷（江蘇周厚堉家藏本）

明魏浣初撰。其標題又曰“閔非臺先生增補”。浣初字仲雪，常熟人。萬曆丙辰進士，官至布政司參政。閔非臺則不知何許人也。其書分上、下二格，如高頭講章之式。下格為浣初原書，前列正文，後有附考，頗知原本注疏，旁及諸家。如《君子偕老》章“副笄六珈”，毛《傳》云：“笄，衡”，蓋述《追師》“追，衡、笄”之文。衡垂於耳，笄貫於髮，見於《追師》注疏甚詳。浣初引以證朱《傳》“衡、笄一物”之誤，尚小有考證。惟大致拘文牽義，鉤剔字句，摹仿語氣，不脫時文之習。上格為閔氏補義，則純乎鄉塾之說矣。

毛詩發微三十卷（副都御史黃登賢家藏本）

明宋景雲撰。景雲字祥禎，博興人。萬曆己未進士，官至監察御史，巡案湖廣。其說《詩》以朱子《集傳》為主，亦閒採毛《傳》及他說以參之。為例有三，標“正”字者，衍《集傳》者也；標“附”字者，採他說者也；標“考”字者，釋名物者也。然大抵以批點時文之法推求經義耳[1]。

【彙訂】

[1]“時文”，殿本作“文字”，誤。

聖門傳詩嫡冢十六卷附錄一卷（浙江巡撫採進本）

明淩濛初撰。濛初字稚成[1]，烏程人。是書輯《詩序》及毛《傳》、鄭箋，又以豐坊《詩傳》冠各篇之首，而互考其異同。以《詩序》舊稱出子夏，《詩傳》亦稱子貢[2]，故以《聖門傳詩嫡冢》為名。其末《附錄》一卷，則豐坊所作申培《詩說》也。

【彙訂】

[1] 明末刻本此書凡例題“吳興淩濛初初成父識”，作“稚成”

者誤。(崔富章:《四庫提要補正》)

②"子貢",殿本作"子夏",誤。明崇禎刻本此書凡例曰:"篇次悉依子貢《傳》……《小序》或云子夏作。"

言詩翼六卷(兩江總督採進本)①

明淩濛初撰。此編仍列《詩傳》、《詩序》於每篇之前。又以《詩傳》、《詩序》次序不同,復篆書《詩傳》冠於篇端。而雜採徐光啟、陸化熙、魏浣初、沈守正、鍾惺、唐汝諤六家之評,直以選詞遣調、造語鍊字諸法論《三百篇》。每篇又從鍾惺之本加以圈點。明人經解,真可謂無所不有矣。

【彙訂】

①"兩江總督採進本",底本作"兩浙總督採進本",據殿本改。《四庫採進書目》中《兩江第一次書目》、《浙江採集遺書總錄簡目》著錄此書。清代無兩浙總督一職。(江慶柏:《殿本、浙本〈四庫全書總目〉著錄圖書進獻者主名異同考》)

詩逆四卷(浙江吳玉墀家藏本)①

明淩濛初撰。卷首有《七月表》一篇。以其中獨闕三月,乃摘"春日載陽"至"公子同歸"、"蠶月條桑"至"猗彼女桑"諸事,布於二月、四月之間,標為"蠶月",殊屬穿鑿。又《詩考》一篇,獨載一《御車圖》,尤為掛漏。其所詮釋,亦罕逢奧義。

【彙訂】

①"四卷",殿本作"六卷"。明天啟二年刻本此書正文依國風、小雅、大雅、頌分為四卷,前有《詩考》一卷。《浙江省第四次吳玉墀家呈送書目》、《浙江採集遺書總錄》均作六卷,蓋以《七月表》、《詩考》各為一卷計入。(杜澤遜:《四庫存目標注》)

毛詩鳥獸草木考二十卷(兩淮馬裕家藏本)

明吳雨撰。雨自題但稱閩郡人,不知隸籍何縣也。是書爲其同郡徐爀所編次。鳥考三卷,獸考三卷,蟲考二卷,鱗考一卷,草考四卷,穀考一卷,木考三卷,而以天文考二卷終焉。惟不考地理,或無以加於王應麟書,故置之歟?曹學佺序稱其體本吳仁傑《離騷草木疏》,又以配陳第《毛詩古音考》。然如雞本家禽,而繁文旁衍;鼠原常物,而異種橫增。駢拇枝指,殊爲可已不已。視吳、陳兩書之精核,相去遠矣。

詩經備考二十四卷(兩江總督採進本)

明章調鼎撰[①]。調鼎字玉鉉,富順人。是編因鍾惺未成之本增損成書,以攻擊朱子《集傳》。夫《集傳》排斥毛、鄭,固未必盡無遺議,先儒亦互有異同。然非鍾惺等所可置議也,況又拾惺之餘緒乎?

【彙訂】

①《兩江第一次書目》:"《詩經備考》,明章調鼎輯,十二本。"明崇禎十四年刻本題"竟陵鍾惺伯敬、金川章調鼎玉鉉",有崇禎十三年章調鼎序。(朱家濂:《讀〈四庫提要〉札記》;杜澤遜:《四庫存目標注》)

詩牗十五卷(浙江巡撫採進本)

明錢天錫撰。天錫字公永,竟陵人[①]。天啟壬戌進士,官至僉都御史。是編大抵推敲字義,尋求語脈,爲程式制藝之計。首載馮元颺序,謂其書"不但存朱子,存《毛詩》,并可以存《齊》、存《魯》、存《韓》,桃衛宏而禰子夏,其功不在鄭、孔下"。亦夸之甚矣。

【彙訂】

①《湖北通志》引《沔陽州志》，載錢天錫乃沔陽人。（盧弼：《四庫湖北先正遺書劄記》）

詩經考十八卷（江西巡撫採進本）

明黃文煥撰。文煥字維章，永福人。天啟乙丑進士，崇禎中由山陽縣知縣擢翰林院編修。坐鉤黨，與黃道周同下詔獄。後獲釋，流寓南都以終。是書專考《三百篇》中名物典故。其凡例有六：一曰世系，二曰畿甸，三曰人物，四曰天時地利，五曰兵農禮樂，六曰動植。仍以經文篇第為序，各標其目而解之，徵引頗為繁富。惟愛博嗜奇，頗傷冗雜。其於人物，皆詳其始末，成一列傳，而又不著其所本，尤為曼衍。窺其用意，似欲與何楷《世本古義》抗行一時。然不似楷之穿鑿，亦不及楷之博洽也。

詩經微言合參八卷（江蘇巡撫採進本）

明唐汝諤撰。汝諤字士雅，華亭人。天啟中以歲貢生官常熟縣教諭。汝諤初著《毛詩微言》二十卷，繼復刪汰贅詞，標以今名。自序謂：“溯源毛、鄭，參以《讀詩記》及嚴氏《詩緝》，而折衷於朱子。”今核其書，實不過科舉之學也①。

【彙訂】

①“也”，殿本無。

崧泉手學二卷（浙江巡撫採進本）

不著撰人名氏。惟卷首自序有二私印，一曰“聞性道字大直”，一曰“明山鑑西薜蘿香弄隱人”，知為聞性道所作。序稱“吾鄉豐氏”，則鄞人也。序中所稱壬辰，蓋萬曆二十年。又稱“歲在丁卯”，則天啟七年。其冊末云“己巳手補朱字”者，則崇禎二年也。是書取豐坊所作子貢《詩傳》、申培《詩説》二書合為一編,以篆文與釋文皆出手鈔,故謂之"手學"。案古文自許慎所存二百餘字外,鐘鼎款識,隨人音釋,已均在疑似之閒。況此二書又出豐坊妄造,性道乃珍重鉤摹之,亦好古而不知考古者歟?

桂林詩正八卷(兩江總督採進本)

明顧懋樊撰。懋樊有《點易丹》,已著録。是編成於崇禎庚辰。博採衆説,參以己見,然多不根之創解。如謂《鄭》之《丰》及《風雨》篇皆《齊》詩,而誤入於《鄭》。《丰》詩為小白適莒,國人有悔不送而望其歸之詞①,《風雨》詩以雞鳴失時,比齊之昏亂。桓公興,仲父相,乃晦暝之大際②。孔子删《詩》録《風雨》,亦猶"微管仲"之意也。如斯之類,不知何據而云然。至於《笙詩》六篇,竟以束皙《補亡》列入,淆亂經文,尤為乖刺矣。

【彙訂】

①"有",殿本作"自",誤,參明崇禎刻《桂林經説》本此書卷三上《風雨》篇。

②"晦暝",底本作"晦明",據殿本改。卷三上《風雨》篇作"晦冥"。

詩經注疏大全合纂三十四卷(江蘇巡撫採進本)

明張溥撰。溥字天如,太倉人。崇禎辛未進士,改庶吉士。事蹟具《明史・文苑傳》。自宋儒説《詩》廢《序》,毛、鄭之學遂微①。明永樂中修《五經大全》,《詩》則取鄱陽朱克升《疏義》②,增損劉瑾之書,懸為令甲。經學於是益荒。溥是書雜取《注疏》及《大全》,合纂成書,差愈於科舉之士株守殘匭者。然亦鈔撮之學,無所考證也。

【彙訂】

①"自宋儒説詩廢序毛鄭之學遂微",殿本無。

②"明永樂中修五經大全詩則取鄱陽朱克升疏義",殿本作"永樂中修詩經大全"。

詩經偶箋十三卷(江西巡撫採進本)

明萬時華撰。時華字茂先,南昌人。是編成於崇禎癸酉。大旨宗《孟子》"以意逆志"之説,而掃除訓詁之膠固,頗足破腐儒之陋。然《詩》道至大而至深,未可以才士聰明測其涯際,況於以竟陵之門徑掉弄筆墨,以一知半解訓詁古經? 其自序有曰"今之君子知《詩》之為經,不知《詩》之為詩,一蔽也。謝太傅嘗問諸從《毛詩》何句最佳,遏以'楊柳依依'對,公所賞乃在'訏謨定命,遠猶辰告'。譚友夏亦言讀《詩》不能使《國風》與《雅》、《頌》同趣,且覺《雅》、《頌》更於《國風》有味。易入處便入,終是讀書者之病。今之君子少此元〔玄〕致,二蔽也"云云。蓋鍾惺、譚元春詩派盛於明末,流弊所極,乃至以其法解經。《詩歸》之貽害於學者,可謂酷矣。

詩經副墨八卷(江蘇周厚堉家藏本)

明陳組綬纂。組綬字伯玉,武進人。崇禎甲戌進士,官兵部主事。是書前列《讀書二十四觀》,次為《通考》、次為《總論》。每篇之前,皆並列《集傳》、《小序》之文,而以《集傳》居《小序》前。其每章詮解,則循文敷衍而已。卷首凡例有曰:"諸説雖精,或於制義未當者,吾從宋。"是其著書之大旨矣。

詩志二十六卷(兩江總督採進本)

明范王孫撰。王孫字士文,休寧人,寄籍錢塘。是書乃館於金聲家時所著,聲為序而梓之。皆雜採諸説而成,於同時人中多取沈守正《説通》及陳際泰《五經讀》、顧夢麟《説約》,不甚研求古義也。

詩問略一卷(編修程晉芳家藏本)

明陳子龍撰。子龍字人中,一字臥子,華亭人。崇禎丁丑進士,官紹興府推官。後魯王以為兵科給事中。事敗被執,乘閒投水死。事蹟具《明史》本傳。乾隆四十一年賜諡忠裕。此編乃其讀《詩》劄記之文。曰"詩問"者,取"問諸有道"之意。又所解皆偶標己意,隨拈各條,非説全經,故謂之"略"。《明史・藝文志》不著録,見於曹溶《學海類編》中。其説不主朱子《集傳》,亦不甚主《毛詩》、鄭箋,大抵因《小序》而變其説。如《有女同車》,《序》以為刺忽,子龍則以為美忽,以《籜兮》、《狡童》為刺祭仲,率以意為解,不必有據。觀其自序,知其學從郝敬入也,宜其臆斷矣[①]。

【彙訂】

① 此書與《總目》卷十八著録之吳肅公《詩問》內容文字全同,係《學海類編》改題書名撰者。成書於《四庫全書》之前的《詩志》、《詩經琅玕》、《詩經傳説彙纂》等書引録陳子龍詮解《詩經》的文字,無一條出自此書,而《詩經傳説彙纂》引録三條吳肅公的説解,均見於此書。書中提及其友劉望之和撰有《讀書論世》一書,又引用成書於康熙二十八年(1689)的錢澄之《田閒詩學》的內容,而陳子龍卒於 1647 年,無此友此書,吳肅公則卒於 1699年,著有《讀書論世》十六卷,卷二《春秋》中有"吾友劉望之論趙盾……之論甚怪"之説。錢澄之與吳肅公之師沈壽民有交情,此書中絕大多數引文和觀點均見於《田閒詩學》,而《田閒詩學》多

受何楷《詩經世本古義》影響，可知吳氏《詩》學的來源。（楊晉龍：《論〈詩問略〉之作者與内容》）

　　詩觸四卷（江西巡撫採進本）

　　明賀貽孫撰①。貽孫字子翼，禾川人②。是書前後無序跋，不著作書年月。考陳士業《筠莊初集》有《賀子翼制藝序》，而凡例中引梅膺祚《字彙》，書中多引鍾惺《詩經評》，亦皆明末之書，當即其人也。是書以《小序》首句為主，而删其以下之文，以為毛萇、衛宏之附益，蓋宗蘇轍之例。大旨調停於《小序》、朱《傳》之間，作詩之旨多從《序》，詩中文句則多從《傳》；《國風》多從《序》，《雅》、《頌》則多從《傳》。每篇先列《小序》，次釋名物，次發揮詩意。主《孟子》“以意逆志”之説，每曲求言外之旨，故頗勝諸儒之拘腐。而其所從入，乃在鍾惺《詩評》。故亦往往以後人詩法詁先聖之經，不免失之佻巧。所謂楚既失之，齊亦未為得也。卷首冠以四論。其第三篇論淫詩，第四篇論風刺，皆為有見。第二篇論以意逆志，是以全書之根本而涉於掉弄聰明③。全書之病，即坐於是。第一篇論詩與歌、謠、謳、誦、諺、語不同，三百篇皆樂章，其説甚是。而謂漢魏之樂府，宋之詞，元之南、北曲，皆用此例，則不盡然。無論宋詞、元曲各有宫調，其句法之長短、音律之平仄、字數之多少④，具有定譜，不可增減，與《三百篇》迥殊。即漢魏樂府有倚聲製詞者，亦有採詩入樂者。觀郭茂倩《樂府》所載，孰為本調⑤，孰為魏樂所奏，孰為晉樂所奏，其增減字句以就聲律者，班班可考，何嘗有一定之調，亦何嘗田夫販婦一一解音律哉！故三《頌》者，《郊祀歌》之類也，自諧管弦者也；二《雅》、十五《國風》者，《相和歌》之類也，採以被之管弦者也。貽孫所説，似是而非。蓋迂儒解詩，患其視與後世之詩太遠；貽孫解詩，又患其視與後世之詩太近耳。

【彙訂】

① 賀貽孫易代後雖隱居不出，但主要著作皆入清後所撰，當作"國朝賀貽孫撰"。卷一八一《水田居士文集》條即作"國朝賀貽孫撰"。（胡玉縉：《四庫全書總目提要補正》）

② "禾川"，底本作"禾州"，據殿本改。禾川為永新別稱。《清史稿·文苑傳》、《永新縣志》均作永新人。（羅天祥：《賀貽孫考》）

③ "以"，殿本作"其"。

④ "多少"，殿本作"多寡"。

⑤ "本調"，殿本作"本詞"，誤。

鑑湖詩說四卷（江蘇周厚堉家藏本）

明陳元亮撰。元亮字寅倩，山陰人。是書乃鄉塾講章。其凡例有十：曰尊經，曰從註，曰存序，曰辨俗，曰標新，曰考古，曰博物，曰章旨，曰節解，曰集說。其所取裁，不出永樂《大全》諸書。

詩經精意無卷數（江西巡撫採進本）

明詹雲程撰。雲程字念庭，江西人。是編詮釋經文，皆敷衍語氣，為時文之用，乃塾師訓蒙講章也。

詩意無卷數（兩淮馬裕家藏本）

明劉敬純撰。敬純，武進人。是書大旨宗朱子《集傳》。雖閒採諸家，然其發明《集傳》者①，亦科舉揣摹之本也。

【彙訂】

① 殿本"然"下有"皆"字。

卷一八

經 部 十 八

詩 類 存 目 二

詩經朱傳翼三十卷（浙江吳玉墀家藏本）

國朝孫承澤撰。承澤有《尚書集解》，已著録。承澤初附東林，繼降闖賊，終乃入於國朝。自知為當代所輕，故末年講學，惟假借朱子以為重。獨此編説《詩》，則以《小序》、《集傳》並列，而又雜引諸説之異同①。窺其大意，似以《集傳》為未愜，而又不肯訟言。故顢頇模稜，不置論斷，紛紜糅亂，究莫名其指歸。首鼠兩端，斯之謂矣。

【彙訂】

① "而"，殿本無。

詩説簡正録十卷（直隸總督採進本）

國朝提橋撰。橋字景如，號澹如居士，河間人。前明天啟壬戌進士，入國朝官至刑部侍郎。是編以《詩經大全》諸書卷帙浩博，難以披尋，因採擇諸説，輯為一編，名曰《簡正録》，言其説簡而義正也。每篇首列經文，次摘採諸家之説，融會訓釋，又次附以己見。皆以通俗之語講解文義，蓋取便於初學而已。

詩問一卷（浙江朱彝尊家曝書亭藏本）

國朝吳肅公撰。肅公字雨若，號街南，宣城人。是書大旨攻朱子《詩集傳》，然亦不甚從《小序》，往往皆臆揣武斷之説。其中引《世曆紀》一條證《出車》為文王詩，又引《竹書紀年》一條證《菀柳》為諸侯盟太室詩，皆牽引雜説，不足據以解經也。

詩經傳説取裁十二卷（兩淮馬裕家藏本）

國朝張能鱗撰。能鱗字西山，順天人。順治丁亥進士，官至四川按察司副使①。其書以豐坊偽《詩傳》為主，而旁採申培《詩説》及《詩六帖》以發明之。宗旨先謬，其餘亦不足深詰矣。

【彙訂】

①“司”，殿本作“使”，誤。

毛詩日箋六卷（兩江總督採進本）

國朝秦松齡撰。松齡字留仙，號對巖，無錫人。順治乙未進士，改庶吉士。以江南奏銷案罷歸。康熙己未舉博學鴻儒①，官至左春坊左諭德。是編以紫陽《集傳》宗《孟子》“以意逆志”之旨，多不依《小序》，因取歐、蘇、王、呂、程、李、輔、嚴諸家，以及明郝敬、何楷、近時顧炎武之言，互相參覈，而以己意斷之②。不專主《小序》，亦不專主《集傳》。凡有疑義，乃為疏解，亦不盡解全詩，故曰《日箋》。王士禎《居易錄》云：“秦宮諭所輯《毛詩日箋》，所論與余夙昔之見頗同。其所採取亦甚簡當。”然大旨多以意揣之，不盡有所考證也。

【彙訂】

①“博學鴻儒”，殿本作“博學鴻詞”。

②“而以己意斷之”，殿本作“斷以己意”。

詩經疏略八卷（河南巡撫採進本）

國朝張沐撰。沐有《周易疏略》，已著錄。其説以《小序》為主而亦時有異同。大抵調停前人之説，而參以臆斷。如"平王之孫，齊侯之子"，既不用舊説，又不用《春秋》王姬之説，乃訓"平"為"等"，謂唐棣本不同於桃李，而華如桃李；王之孫本不齊於侯之子，今觀其車服，則等王之孫以齊於侯之子。以附會《序》中"不繫其夫，下王后一等"之説。於經義殊為乖剌，亦何取乎宗《小序》也？

詩經比興全義一卷（江蘇巡撫採進本）

國朝王鍾毅撰。鍾毅字遠生，華亭人。順治中松江府學歲貢生。是書據朱子《詩傳》，發明比興之義，每詩各標篇名，而推求託物抒懷之意。前有《大意》一篇，篇末有云"《關雎》之為求賢，《菁莪》、《棫樸》之為養士，此等義非不佳。然與《集注》全異，功令所格，不敢濫收"云云，蓋專為科舉作也。

詩經惜陰録二十卷（兩江總督採進本）

國朝徐世沐撰。世沐有《周易惜陰録》，已著錄。是書前有自記，又有小引，謂曾請正於李光地、陸隴其。每卷皆記其起草繕真之年月，蓋亦苦志著述者。然循文衍説，於《詩》教未得其要領也。

白鷺洲主客説詩一卷（浙江巡撫採進本）

國朝毛奇齡撰。奇齡有《仲氏易》，已著錄。初，施閏章為江西參議，延湖廣楊洪才講學於吉安之白鷺洲書院，併續招奇齡往。奇齡與洪才論《詩》不合。及與閏章同官翰林，重録其向時所講《毛詩》諸條，皆設為甲乙問答，故以"主客"為名。大旨洪才主朱子淫詩之説,而奇齡則謂《鄭風》無淫詩;洪才主朱子《笙詩》無詞之説,而奇齡則謂《笙詩》之詞亡。故是書所論,惟此二事。夫先王陳詩以觀民風,本美刺兼舉以為法戒,既他事有刺,何為獨不刺淫? 必以為《鄭風》語語皆淫,固非事理;必以為《鄭風》篇篇皆不淫,亦豈事理哉? 且人心之所趨向,形於詠歌,不必實有其人其事。六朝《子夜》、《讀曲》諸歌①,唐人《香奩》諸集,豈果淫者自述其醜? 亦豈果實見其男女會合,代寫其狀? 不過人心佚蕩,相率摹擬形容,視為佳話,而讀者因知為衰世之音。推之古人,諒亦如是。此正採風之微旨,亦安得概以"淫者必不自作"一語,遂謂三百篇内無一淫詩也。至於《笙詩》之説,未為無理,然併《儀禮》而詆為偽,抑又橫矣。

【彙訂】

①"讀曲",底本作"諸曲",據殿本改。郭茂倩《樂府詩集》吳聲歌曲中有《子夜歌》、《讀曲歌》等。

國風省篇一卷(浙江巡撫採進本)

國朝毛奇齡撰。皆其避讎出亡之時以意説《詩》之語,後追憶而録之。其初設為問答,故名《問答》。後去其問而存其答,以其出於追憶,故以"省篇"為名。凡二十六章,所論多與《傳》義不同①。或據他説,或自為斷制,雖閒有考證,要於《詩》義未能盡合。如以《黍離》為念亂,以《雞鳴》為讒人,皆憑臆見而失之者也;以《式微》為黎侯夫人作,以衛武公為殺兄,皆據舊説而失之者也。至於《十畝之間》諸篇,李塨所作序目已記奇齡自悔之言矣。

【彙訂】

①"所論多與傳義不同",殿本無。

詩蘊四卷(浙江巡撫採進本)

國朝姜兆錫撰。兆錫有《周易本義述蘊》,已著録。是書一
以朱子《集傳》為宗,力攻《小序》。至以偽子貢《詩傳》、偽申培
《詩説》同類而議,未免失於鑒別①。於近代諸家之説,頗取李光
地《詩所》。然惟合《集傳》者始採之,稍有異同,即為所汰。至於
《木瓜》諸篇,知不能全泯舊説,則依違兩可於其閒,尤不免門户
之見矣。

【彙訂】

① "失於鑒別",殿本作"主持太過"。

詩經集成三十卷(江蘇周厚堉家藏本)

國朝趙燦英撰。燦英字殿颺,武進人。是書成於康熙庚午。
大旨為揣摩場屋之用,故首列朱子《集傳》,次敷衍語氣為申講,
串講之後為總解,全如坊本高頭講章。至總解之後益以近科鄉、
會試墨卷,則益非説經之體矣。

詩經詳説無卷數(河南巡撫採進本)

國朝冉覲祖撰。覲祖有《易經詳説》,已著録。是書以朱子
《集傳》為主,仍採毛、鄭、孔及宋、元以下諸儒之説附録於下。每
章《小序》與《集傳》並列,蓋欲尊《集傳》而又不能盡棄序説,欲從
《小序》而又不敢顯悖傳文。故其案語率依文講解,往往模棱。
閒有自出新義者,如《鄭風·有女同車》,謂男女同車為必無之事,改
為"二女同車";改《溱洧》為夫婦偕游之作;又以《豳風·伐柯》為東
人得遂室家之願,歸美周公之詞。考之古説,皆無所依據也①。

【彙訂】

① 殿本"皆"上有"又"字。

詩統説三十二卷（左都御史黄登賢家藏本）

國朝黄叔琳撰。叔琳有《研北易鈔》，已著録。是編雜採諸
家《詩》説，分類鈔録，所摭頗為繁富。而朱墨縱横，塗乙未定，蓋
猶草創之本也。前後無序跋，亦無目録。以其排纂之例推之，十
四卷以前皆總論詩之綱領，十五卷以後乃依經文次第而論之①。
不列經文，惟集衆説，故以"統説"為名云。

【彙訂】

①"以後"，殿本脱。

毛詩通義十四卷（浙江巡撫採進本）

國朝方萊如撰。萊如有《周易通義》，已著録。是書但列經
文，别無訓釋，各章之下必引《四書》一兩句以證之。如《關雎》章
即引"君子之道，造端乎夫婦"，《葛覃》章即引"夫人蠶繅，以為衣
服"之類。至於《牆有茨》篇無可附會，則謂宣姜所生如壽，如文
公，如宋桓及許穆夫人，皆有賢德，引"犁牛之子騂且角"句。殆
於以經為戲矣。

詩經測義四卷（浙江巡撫採進本）

國朝李鍾僑撰。鍾僑字世邠，安溪人。康熙壬辰進士，官翰
林院編修，降補國子監丞。是編不載正文，隨其所見，各為評論。
大旨以夫子未嘗删《詩》，特據所得編之而已。若謂三千删為三
百，則春秋時君卿大夫所賦多《三百篇》中所有，且其人皆在夫子
之前，豈能預合聖人之意而去取之？《風》、《雅》正變之説亦難
據，《楚茨》以下《瞻洛》諸篇皆承平之作，而列之於變，"平王之
孫"列在《二南》，編《詩》不必以正變為低昂，正變不必以世代為
前後。其持論類皆如此。至如釋《關雎》首章非宫人作，乃世臣

承命襄事而賦之，其次章蓋博求四國，未得其人，故憂至於反側；釋"雖則如燬"句，謂"役於王室而歸者，其室家勞之如此"，亦多前人未有之説也。

詩經旁參二卷（江西巡撫採進本）

國朝應麟撰。麟有《易經粹言》，已著録。是編於《三百篇》中摘篇標目，略為之説。大抵因朱《傳》而敷衍其餘意。

陸堂詩學十二卷（浙江巡撫採進本）

國朝陸奎勳撰。奎勳有《陸堂易學》，已著録。是編雖託名闡發朱子《集傳》，而實則務逞其博辨。大抵自行己意，近王柏《詩疑》；牽合古事，近何楷《詩世本古義》。如以《節南山》之"尹氏"即《春秋·隱公三年》所稱"尹氏卒"者；"家父作誦"即《隱公八年》"天王使來求車"者，此類核以時代，已無以決其必然。其最新奇者，謂《詩》三百篇為史克所定，非孔子所刪；謂《燕燕》為衛君悼亡之作，其夫人為薛女，故曰"仲氏任只"；謂《柏舟》之"共伯"即公子伋；謂《君子偕老》為哀挽夫人之詩，"之子不淑"乃禮家之吊詞；謂《淇澳》兼詠康叔、武公；謂《葛藟》為周鄭交質之詩；謂《丘中有麻》之"子國"為鄭武公字，其"子嗟"當作"子多"，為鄭桓公字；謂《著》為刺魯莊公娶哀姜；謂《園有桃》為劉向《説苑》所載邯鄲子陽亡桃事；謂《防有鵲巢》為陳宣公殺太子禦寇事；謂《澤陂》為鄧元所作；謂《黃鳥》為共伯歸國；謂《行野》為幽王廢后；謂《何人斯》"居河之麋"為虢石父；謂《大東》"西人之子"為褒姒；謂《小明》之"共人"為二相共和；謂《鼓鐘》為穆王作，而淑人為盛姬；謂《青蠅》之"構我二人"為申后、宜臼；謂《敬之》、《小毖》為成王作，乃《雅》混於《頌》；謂《駉》為頌魯莊公；謂《泮宮》為魯惠公頌孝公，皆隨意配隸，於古無徵。他如既指《竹書》為偽託，而《揚之水》、《鼓鐘》諸篇又援以為詞；既以鄭《譜》為妄作，而《有杕之杜》諸篇又據以為證。《家語》贗作，《孔叢》晚出，乃勱輒引為確典，亦不可為訓。雖閒有辨正精核之處，而以愛奇嗜博，反掩其所長。較毛奇齡之説經，又變本加厲者矣。

詩經廣大全二十卷（浙江吳玉墀家藏本）

國朝王夢白、陳曾同撰[1]。夢白字金孺，曾字衣聖，皆無錫人。夢白謂明初《詩經大全》有禆朱《傳》，但所採羣經典故，未備本末，所引諸儒論説，未有折衷，因與曾推廣之。大略以《集傳》為主，而閒存諸説。前有韓菼序，引顧炎武言“自《五經》有《大全》而經學衰”，“兹編雖為廣《大全》而作，然其採擇精詳，詮釋簡當，或有功於朱《傳》”。今考是書，雖溯源注、疏，然未能深研古義。其訓釋名義，亦惟以蔡卞、馮復京二書為藍本，罕所考正。宜菼之有微詞也。

【彙訂】

①“王夢白”，底本作“黃夢白”，據殿本改。清康熙二十一年刻本此書有王夢白、陳張曾序各一，卷一卷首署“梁溪後學王夢白金孺氏編 陳張曾衣聖氏輯”。（杜澤遜：《四庫存目標注》）

復庵詩説六卷（陝西巡撫採進本）

國朝王承烈撰。承烈字復菴，涇陽人。康熙己丑進士，官翰林院檢討。是書奉朱子《詩集傳》為主[1]，以攻擊毛、鄭。其菲薄漢儒無所不至，惟淫詩數篇稍與朱子為異耳。蓋揚輔廣諸人之餘波，而又加甚焉者也。其中閒有不從《序》亦不從《傳》者，如謂《關雎》為周公擬作之類，皆懸空無據。至於注釋之中，附以評語,如論《周南》云:"《周南》十一篇衹就文字而論,其安章、頓句、運調、鍊字、設想,無一不千古傾絕②。"論《女曰雞鳴》云:"弋禽飲酒,武夫之興何其豪;琴瑟静好,文人之態又何其雅。"如是之類,觸目皆是。是又岐入鍾、譚論詩之門徑矣。

【彙訂】

① "奉朱子詩集傳為主",殿本作"依據朱子詩集傳"。

② "傾絕",殿本作"絕頂"。

毛朱詩説一卷(通行本)

國朝閻若璩撰。若璩有《古文尚書疏證》,已著録。是書論《小序》為不可盡信,而朱子以《詩》説《詩》為矯枉過正,皆泛論兩家得失,非章句訓詁也。所引《尚書》、《左傳》以為《詩》之本序,誠為確鑿。其餘則多懸揣臆斷之詞,不類若璩他著作。未喻其故也。

詩經序傳合參無卷數(江蘇巡撫採進本)

國朝顧昺撰。昺有《周易摘鈔》,已著録。是編為其《三經解》之三。大旨從蘇轍之説,以《小序》第一句為國史之舊文,次句以下為後儒之附益。因以朱子《集傳》互核其異同,而斷以己見,故曰"合參"。多採李光地《詩所》之説,持論頗平允。然推究文義,以意斷制者多,未能元元本本,合衆説以斷兩家之是非也。

毛詩説二卷(浙江巡撫採進本)

國朝諸錦撰。錦字襄七,號草廬,秀水人。雍正甲辰進士,改庶吉士。散館外補知縣,改補教授。乾隆丙辰召試博學鴻詞,授翰林院檢討,官至右春坊右贊善。是篇以《小序》為主,故題曰《毛詩》。序文惟存首句,用蘇轍之例;不釋全經,惟有所心得則

説之，用劉敞《七經小傳》例也。首為《通論》九篇。上卷《周南》
至《曹風》，所説凡五十八篇，下卷《豳風》至《商頌》，所説凡二十
七篇。疏證旁通，時有新意，而亦不免於附會古義。如以死麕、
死鹿為古儷皮之禮；以"仲氏任只，其心塞淵"為陳執州吁，由戴
嬀内援之證；以"西方之人兮"即《方言》之"凡相哀憐，湘潭之閒
謂之人兮"；以《木瓜》為刺衛於齊桓没後同宋人伐齊；以《水經
注》段干冢證《十畝之閒》；以春秋時秦境東至於河證"所謂伊人"
為思周；以僖負羈之妻證"季女斯飢"，皆有强經從我之失。其
《長發篇》後附《禘説》三篇，謂孔穎達《春秋疏》以祫為禘，其説固
是。而謂穎達之誤在以《王制》、《祭統》、《郊特牲》有"春禘"、"夏
禘"之文，遂誤混大祭於時祫，則失之誣。考《王制》曰："春曰礿，
夏曰禘。"《祭統》曰："春祭曰礿，夏祭曰禘。"《郊特牲》曰："春禘
而秋嘗。"《祭義》曰："春禘秋嘗。"俱據時禘而言，與祫祭略不相
涉，經文最為明晰。孔尚不能混時禘于時祫，又何至混大禘于時
祫？是無故而羀之咎也。推錦之意，不過以《王制》又有祫禘、祫
嘗、祫烝之文，因祫、禘二字相連，遂以為時禘亦兼祫，而疑孔疏
緣此而誤。不知《王制》注曰："天子先祫而後時祭。"蓋三時各先
為祫祭，而後更舉禘、嘗、烝。是時祭之禘，本不兼祫。孔即略不
曉事，何至以大禘混時禘，又混時祫耶？然則孔疏之誤，在於信
《春秋》不書祫祭而竟廢《禮記》，不在附會《禮記》以解《春秋》也。
錦又謂："漢儒據《春秋》書禘，一春一夏，因以附會《禮記》，遂有
春禘、夏禘時祭之名。"今考《昭公十五年》"二月癸酉，有事于武
宫"，則所謂一春也；《閔公二年》"夏五月乙酉，吉禘于莊公"，則
所謂一夏也。然《春秋·僖公八年》又有"秋七月，禘於太廟"之
文，漢儒果因《春秋》書禘一春一夏，遂附會春禘、夏禘為時祭之

名,何以秋禘獨不附會乎? 至於三代之禮,制同名異者多,如夏世室、殷重屋、周明堂,周弁、殷冔、夏收之類,不一而足。今錦必斥春礿①、夏禘、秋嘗、冬烝,夏、殷之制為非,持論殊偏。若謂鄭元以三年一祫、五年一禘為據《春秋》非禮之制,則又聚訟之緒餘,無庸辨矣。

【彙訂】

①"春礿",底本作"春祫",據殿本改。

學詩闕疑二卷(河南巡撫採進本)

國朝劉青芝撰。青芝字芳草,襄陽人。雍正丁未進士①,改庶吉士,未散館,卒。是編皆引舊説以駁朱子《詩集傳》。從毛《傳》、鄭箋者十之三四,從蘇轍《潁濱詩傳》者十之六七②,其偶涉他家者不過數條耳。《詩序》之見廢,始於鄭樵,而成於朱子。諸儒之論,自宋代即有異同。青芝是編,大抵前人所已辨③。其中自為説者,往往推求於字句之閒。如《行露》以為實未成訟,不過設言以拒之,此泥經文二"雖"字也,然與經文二"何以"字義又不協矣。

【彙訂】

① 雍正《湖廣通志》卷三三《選舉志》雍正五年丁未科無襄陽人劉青芝,而雍正《河南通志》卷四五《選舉志》此科進士有襄城人劉青芝。清李桓《國朝耆獻類徵初編》卷一二三載《汜南詩鈔小傳》云:"劉青芝,字芳草……雍正丁未進士。"《總目》卷二四《學禮闕疑》條云:"國朝劉青蓮撰。青蓮字華嶽,襄城人……末一卷,則其弟青芝所續成也。"(楊武泉:《四庫全書總目辨誤》)

② "潁濱詩傳"，底本作"穎濱詩傳"，據殿本改。《總目》卷十五著録蘇轍《詩集傳》二十卷，蘇轍號潁濱遺老。

③ "詩序之見廢始於鄭樵而成於朱子諸儒之論自宋代即有異同青芝是編大抵前人所已辨"，殿本無。

詩貫十八卷（浙江吳玉墀家藏本）

國朝張敘撰。敘有《易貫》，已著録。是書首載《詩説》一卷、《詩本旨》一卷、《詩音表》二卷。後案經文次序為之注釋，凡十四卷，頗多與朱子異同。如以《關雎》為后妃求賢之詩，義本《小序》，而遂謂此篇並下二篇皆后妃自作。又以《駉》篇為美伯禽而非頌僖公，引《書經·費誓》"竊馬牛有常刑"之語，謂出師時丁寧馬牛如此，則平日之留心牧事可知。夫伯禽固勤牧事，又何以知僖公之獨不然乎①？其説皆不免於牽合。且各章訓釋已詳經文之下，而又仿《小序》之體，別為《本旨》一卷冠之於前，於體例亦傷繁贅也。

【彙訂】

① "夫伯禽固勤牧事又何以知僖公之獨不然乎"，殿本無。

毛詩訂韻五卷（浙江巡撫採進本）

國朝謝起龍撰。起龍字天愚，餘姚人。是書成於雍正癸丑。其自序詆吳棫《韻補》之謬，而發明陸德明"古人韻緩，不煩改字"之説，持論最確。乃核其所注，則仍謂古音之外有所謂叶韻，但以音屬讀，取其順吻而止，絶不究音韻之本原與古人之舊法。則與吳棫之書均為臆定，未可同浴而譏裸裎也。觀其於《漢廣》末章云"蔞有閭、樓二音，駒亦有居、鉤二音，只從《傳》讀閭、讀居可也。如《桃夭》首章，華、家古讀敷、姑，今入麻韻，不妨依今韻讀之。韻者,使之叶於音而適於口也。叶且適於吟詠矣,何必斤斤古之是泥"云云,是於此事茫然未解,殆無從與之詰難矣。

詩義記講四卷(江蘇巡撫採進本)

國朝夏宗瀾撰。宗瀾有《周易劄記》,已著録[1]。是編卷首標題"江陰楊名時講授"。然觀名時之序,則名時以李光地《詩所》授宗瀾,宗瀾讀而自記所見,非名時書也。《鄭風》之首有"名時批"二段,其不出名時審矣。

【彙訂】

[1] 依《總目》體例,當作"宗瀾有《易義隨記》,已著録"。《總目》卷十著録夏宗瀾撰《易義隨記》八卷、《易卦劄記》四卷。

詩經提要録三十一卷(兩江總督採進本)

國朝徐鐸撰。鐸有《易經提要録》,已著録。是書以朱子《集傳》為宗,而亦參取《小序》。大旨多本李光地《詩所》、楊名時《詩經劄記》二書。蓋鐸為名時之門人,名時則光地之門人也。

豐川詩説二十卷(陝西巡撫採進本)

國朝王心敬撰。心敬有《豐川易説》,已著録。是編大旨謂自宋至今,毛氏之《傳》廢於朱《傳》之盛行。郝敬云:"《序》近古而朱在後,不合以後説而反廢前説。固為得之。然使後説而合經,安在不可舍前而遵後?且齊、魯、韓三家盡在《毛詩》之前,而皆以毛《傳》盡廢,安在後之更合者不可獨行?又將謂毛《序》必承傳有自,不可改。不思三家之《傳》亦必承傳有自,而一廢盡廢,何也[1]?"其持論頗近和平。故其書從毛《傳》及郝敬解者居其大半。然自二家以外,諸儒之書無一字引及,則亦抱殘守匱之學耳[2]。其每節必效鄉塾講章,敷衍語氣,尤可以無庸也。

【彙訂】

① 殿本"也"下有"云云"二字。

② "耳"，殿本無。

詩經拾遺十三卷（安徽巡撫採進本）

國朝葉酉撰。酉字書山，桐城人。乾隆己未進士，官至左春坊左庶子，降補翰林院編修。是書專以《詩》之次第立說，分正編、附編、餘編，不取《小序》，併不取《左傳》。以季札觀樂所列諸國不足信，而斷以"左氏失之誣"一語；以《木瓜》美齊桓爲穿鑿悖謬，而斷以"五尺童子羞稱五霸"一語。又以《雅》、《頌》分什爲毛、鄭之可笑，而分合其篇數①，別爲編次。蓋漢以來相傳之古經，自酉而一變其例矣。

【彙訂】

① "篇數"，底本作"數篇"，據殿本改。

風雅遺音四卷（兩江總督採進本）①

國朝史榮撰。榮自號雪汀老人②，鄞縣人。其書據朱子孫鑑所作《詩傳補遺》後序，定朱子《集傳》原本有音未備，其音多後人所妄加。因以《集傳》與音互相考證，得其矛盾之處，條分縷析以辨之③。一曰《集傳》用舊訓義而無音，二曰《集傳》有異義而不別爲之音，三曰音與《傳》義背，四曰古今未有之音，五曰聲誤，六曰韻誤，七曰音誤，八曰誤音爲叶，九曰誤叶爲音，十曰四聲誤讀，十一曰泛云四聲之誤，十二曰《邶風》注與某同之誤，十三曰補音，十四曰叶音闕誤，十五曰叶音志略。又附録經文誤字、經文疑義、京本音切考異、《釋文》叶韻紀原、吳棫《韻補》考異、《集傳》相沿之譌、俗書相沿之譌、《集傳》偶考、俗音訂誤九門，共二十四類。其“音與義背”、“用舊義而無音”、“異義而不別音”三門，辨論頗為精確。“誤音”、“誤叶”、“補音”及“俗音訂誤”四門，亦多可取。惟“未有之音”與“四聲誤讀”二門，所言即是音誤，分目未免太繁。至“泛云四聲”及《邶風》音與某同”二門，則有意吹求，未為平允。又榮考今音頗詳，而古音則茫無所解，故“叶音闕誤”、“叶音誌略”二門所言，往往大謬。吳棫《韻補》見行於世，榮自言未見其書，摭諸書所引為考異，尤為贅疣。至於舊音舛謬之處，動輒漫罵，一字之失，至詆為全無心肝，亦殊乖著書之體。蓋考證頗有所長，而蕪雜亦所未免焉。

【彙訂】

① 今存諸本皆為二卷。

② “雪汀老人”，殿本作“雪汀道人”，疑誤。清乾隆十四年一灣齋刻本《風雅遺音》二卷，書前自序末署“乾隆八年五月二十六日雪汀老人書”。

③ 史榮所據《詩集傳》八卷本乃明人所併，對二十卷本中音切等多有刪削改竄，“妄加”不確。說詳卷十五《詩集傳》條訂誤。

詩深二十六卷（浙江吳玉墀家藏本）

國朝許伯政撰，伯政有《易深》，已著錄。是書用蘇轍之說，以《小序》首句為古序，而以其餘為續序。次列《集傳》。次列辨義，於《集傳》多所攻難，而所立異義不能皆有根據。

毛詩廣義無卷數（編修曹錫齡家藏本）

國朝紀昭撰。昭字懋園，獻縣人。乾隆丁丑進士，官內閣中書舍人。是編全載毛萇之《傳》①。其以《小序》冠各篇之首，亦從毛氏，故題曰《毛詩傳》。及《小序》之下，雜引鄭箋、孔疏及諸儒之説以發明之。大旨以毛《傳》與朱子《集傳》互相勘正，以己意斷其短長。其閒不盡用毛説，故名曰《廣義》云。

【彙訂】

① "毛萇之傳"，殿本作"毛氏傳"。

詩經彙詁二十四卷（兩江總督採進本）

國朝范芳撰。芳字令則，如皋人。其書大旨以朱子《集傳》為主，而衷諸常熟楊彝、太倉顧夢麟之説。蓋彝與夢麟同輯《詩經説約》者也。全書共一千二百五十餘番，約六十萬言。採摭非不詳贍，而本意為科舉而設，於經義究鮮發明。

詩經正解三十卷（江蘇周厚堉家藏本）

國朝姜文燦撰。文燦字我英，丹陽人。是書首為《詩經字畫辨疑》，次為天文、輿地、服飾、禮樂器具、車馬兵制圖考，次為姓氏、草木、禽獸、鱗介諸考。大抵襲《六經圖》及《名物疏》諸書而為之。其訓釋亦頗淺易。

右詩類八十四部，九百一十三卷①，內八部無卷數。皆附存目。

【彙訂】

① "九百一十三卷"，殿本作"九百一十一卷"，誤。

卷一九

經 部 十 九

禮 類 一

古稱議禮如聚訟。然《儀禮》難讀，儒者罕通，不能聚訟。《禮記》輯自漢儒，某增某減，具有主名，亦無庸聚訟。所辨論求勝者，《周禮》一書而已。考《大司樂》章先見於魏文侯時，理不容偽。河閒獻王但言闕《冬官》一篇，不言簡編失次，則竄亂移補者亦妄。《三禮》並立，一從古本，無可疑也。鄭康成注，賈公彥、孔穎達疏，於名物度數特詳。宋儒攻擊，僅摭其好引讖緯一失，至其訓詁則弗能踰越。蓋得其節文，乃可推制作之精意，不比《孝經》、《論語》可推尋文句而談。本漢、唐之注疏，而佐以宋儒之義理，亦無可疑也。謹以類區分，定為六目：曰《周禮》，曰《儀禮》，曰《禮記》，曰三禮總義，曰通禮，曰雜禮書。六目之中，各以時代為先後，庶源流同異可比而考焉。

周禮注疏四十二卷（內府藏本）

漢鄭元注，唐賈公彥疏。元有《易注》，已著録。公彥，洺州永年人①。永徽中，官至太學博士。事蹟具《舊唐書·儒學傳》。《周禮》一書，上自河閒獻王。於諸經之中，其出最晚。其真偽亦紛如聚訟，不可縷舉。惟《横渠語録》曰："《周禮》是的當之書，然其間必有末世增入者。"鄭樵《通志》引孫處之言曰："'周公居攝六年之後，書成歸豐，而實未嘗行。'蓋周公之為《周禮》，亦猶唐之《顯慶》《開元禮》，預為之以待他日之用，其實未嘗行也。惟其未經行，故僅述大略，俟其臨事而損益之。故建都之制，不與《召誥》《洛誥》合；封國之制，不與《武成》《孟子》合；設官之制，不與《周官》合；九畿之制，不與《禹貢》合。"云云②。案此條所云，惟《召誥》《洛誥》《孟子》顯相舛異。至《禹貢》乃唐、虞之制，《武成》《周官》乃梅賾《古文尚書》③，《王制》乃漢文帝博士所追述，皆不足以為難。其説蓋離合參半。其説差為近之，然亦未盡也。夫《周禮》作於周初，而周事之可考者，不過春秋以後。其東遷以前三百餘年，官制之沿革，政典之損益，除舊布新，不知凡幾。其初去成、康未遠，不過因其舊章，稍為改易。而改易之人，不皆周公也。於是以後世之法竄入之，其書遂雜。其後去之愈遠，時移勢變，不可行者漸多，其書遂廢。此亦如後世律令條格，率數十年而一修，修則必有所附益。特世近者可考，年遠者無徵，其增删之跡遂靡所稽，統以為周公之舊耳。迨乎法制既更，簡編猶在，好古者留為文獻，故其書閲久而仍存。此又如開元《六典》、政和《五禮》，在當代已不行用，而今日尚有傳本，不足異也。使其作偽，何不全偽六官，而必闕其一，至以千金購之不得哉？且作偽者必剿取舊文，借真者以實其贗，《古文尚書》是也。劉歆宗《左傳》，而《左傳》所云"禮經"，皆不見於《周禮》。《儀禮》十七篇，皆在《七略》所載古經七十篇中；《禮記》四十九篇，亦在劉向所録二百十四篇中。而《儀禮·聘禮》賓行饗餼之物、禾米芻薪之數、籩豆簠簋之實、鉶壺鼎甕之列，與《掌客》之文不同；又《大射禮》天子、諸侯侯數、侯制，與《司射》之文不同;《禮記·雜記》載子、男執圭,與《典瑞》之文不同;《禮器》天子、諸侯席數,與《司几筵》之文不同。如斯之類,與二《禮》多相矛盾。歆果贗託周公為此書,又何難牽就其文,使與經傳相合,以相證驗,而必留此異同,以啟後人之攻擊?然則《周禮》一書不盡原文,而非出依託,可概睹矣。《考工記》稱"鄭之刀",又稱"秦無廬"。鄭封於宣王時,秦封於孝王時,其非周公之舊典,已無疑義。《南齊書》稱:"文惠太子鎮雍州,有盜發楚王冢,獲竹簡書,青絲編,簡廣數分,長二尺有奇。得十餘簡,以示王僧虔。僧虔曰:'是科斗書《考工記》。'"則其為秦以前書亦灼然可知。雖不足以當《冬官》,然百工為九經之一,其工為九官之一,先王原以制器為大事,存之尚稍見古制。俞庭椿以下,紛紛割裂五官,均無知妄作耳。鄭注,《隋志》作十二卷,賈疏文繁,乃析為五十卷,新、舊《唐志》並同。今本四十二卷,不知何人所併。元於《三禮》之學,本為專門,故所釋特精。惟好引緯書,是其一短。《歐陽修集》有《請校正五經劄子》,欲刪削其書。然緯書不盡可據,亦非盡不可據,在審別其是非而已,不必竄易古書也。又好改經字,亦其一失。然所注但曰"當作某"耳,尚不似北宋以後連篇累牘,動稱錯簡,則亦不必苛責於元矣。公彥之疏亦極博核,足以發揮鄭學。《朱子語錄》稱:"《五經》疏中,《周禮疏》最好。"蓋宋儒惟朱子深於《禮》,故能知鄭、賈之善云。

【彙訂】

① "洺州",殿本作"洛州",誤,據《舊唐書·儒學傳·賈公彥傳》。兩《唐書·地理志》均載洺州屬縣有永年。

② 此條實出自《六經奧論》,作《通志》誤。(楊新勛:《〈六經奧論〉作者與成書考》)

③ "惟召誥洛誥孟子顯相舛異至禹貢乃唐虞之制武成周官乃梅賾古文尚書"，殿本作 "惟召誥洛誥武成孟子顯相舛異至禹貢乃唐虞之制周官乃梅賾古文尚書"，誤。《武成》古文有，今文無。

周官新義十六卷附考工記解二卷（永樂大典本）①

宋王安石撰。安石事蹟詳《宋史》本傳。晁公武《讀書志》曰 "熙寧中，置經義局"，撰《三經義》，皆本王安石經說。"三經"，《書》、《詩》、《周禮》也。新經《毛詩義》凡二十卷，《尚書義》凡十三卷，今並佚。《周禮新義》本二十二卷，明萬曆中重編《內閣書目》，尚載其名。故朱彝尊《經義考》不敢著其已佚，但注曰 "未見"。然外間實無傳本，即明以來內閣舊籍，亦實無此書。惟《永樂大典》中所載最夥。蓋《內閣書目》據《文淵閣書目》，《文淵閣書目》即修《永樂大典》所徵之書。其時尚有完帙，故採之最詳也。考蔡絛《鐵圍山叢談》曰 "王元澤奉詔為《三經義》，時王丞相介甫為之提舉。《詩》、《書》蓋多出元澤及諸門弟子手，《周禮新義》實丞相親為之筆削者。政和中，有司上言，天府所籍吳氏資多有王丞相文書。於是朝廷悉藏諸祕閣，用是吾得見之。《周禮新義》，筆跡如斜風細雨，誠介甫親書" 云云，然則《三經義》中惟《周禮》為安石手著矣。安石以《周禮》亂宋，學者類能言之。然《周禮》之不可行於後世，微特人人知之，安石亦未嘗不知也。安石之意，本以宋當積弱之後，而欲濟之以富強②，又懼富強之說必為儒者所排擊③，於是附會經義，以鉗儒者之口④，實非真信《周禮》為可行。迨其後用之不得其人，行之不得其道，百弊叢生，而宋以大壞。其弊亦非真緣《周禮》以致誤。羅大經《鶴林玉露》詠安石放魚詩曰："錯認蒼姬六典書,中原從此變蕭疏。"是猶為安石所紿,未究其假借六藝之本懷也。因是而攻《周禮》,因是而攻安石所注之《周禮》,是寬其影附之巧謀,而科以迂腐之薄譴矣。故安石怙權植黨之罪,萬萬無可辭。安石解經之説,則與所立新法各為一事。程子取其《易》解,朱子、王應麟均取其《尚書義》,所謂言各有當也⑤。今觀此書,惟訓詁多用《字説》,病其牽合。其餘依經詮義,如所解"八則"之"治都鄙"、"八統"之"馭萬民"、"九兩"之"繫邦國"者,皆具有發明,無所謂舞文害道之處。故王昭禹、林之奇、王與之、陳友仁等注《周禮》,頗據其説,《欽定周官義疏》亦不廢採用,又安可盡以人廢耶? 安石神宗時所上《五事劄子》及《神宗日録》,載安石所引《周官》及楊時《龜山集》中所駁"平頒興積"一條,其文皆在《地官》中。今《永樂大典》闕《地官》、《夏官》二卷,其説遂不可考。然所佚適屬其瑕纇,則所存者益不必苛詆矣。安石本未解《考工記》,而《永樂大典》乃備載其説。據晁公武《讀書志》⑥,蓋鄭宗顏輯安石《字説》為之,以補其闕⑦。今亦並録其解,備一家之書焉。

【彙訂】

① "周官新義",殿本作"周禮新義"。

② "而欲濟之以富强",殿本作"欲濟以富强"。

③ "又懼",殿本作"而恐"。

④ "儒者之",殿本作"其"。

⑤ 王安石《王文公文集》卷一六《書序》云:"熙寧二年,臣安石以《尚書》入傳,遂與政。而子雱實嗣講事,有旨為之説以獻。"可見《尚書新義》主要編寫者確為王雱,參與編寫者尚有吕惠卿、吕升卿(《直齋書録解題》卷二"書義"條)。至於《詩經新義》則是

"雩訓其辭"，"安石等釋其義"（《王文公文集》卷三六《詩義序》、《直齋書錄解題》卷二"詩經新義"條），參加釋義者尚有陸佃、沈季長（《文獻通考》選舉四）。（李裕民：《四庫提要訂誤》增訂本）

⑥"晁公武"，殿本作"晁氏"。

⑦衢本、袁本《郡齋讀書志》皆無此文，蓋館臣誤記。（孫猛：《郡齋讀書志校正》）

周禮詳解四十卷（浙江巡撫採進本）

宋王昭禹撰。陳振孫《書錄解題》曰："昭禹，未詳何人①。近世為舉子業者多用之，其學皆宗王氏新說。"王與之作《周禮訂義》，類編姓氏世次，列於龜山楊時之後。曰字光遠，亦不詳其爵里。當為徽、欽時人。今案其書，解"惟王建國"云："業格於上下謂之王，或而圍之謂之國。"解"匪頒之式"云："散其所藏曰匪，以等級之曰頒。故匪從匚從非，言其分而非藏也。頒從分從頁②，言自上而頒之下。"解"囿"曰："園有眾甫謂之囿。"解"鮑魚"曰："魚之鮮者包以致之。"解"鱐"曰："魚之乾者肅以致之。"解"司徒"云："於文反后為司，蓋'后'從一從厂從口，則所以出命，司反之則守令而已。從一則所以一眾，司反之則分眾以治之而已。從厂則承上世之庇覆以君天下，司反之則以君之爵為執事之法而已。"其附會穿鑿，皆遵王氏《字說》。蓋當時《三經新義》列在學官，功令所懸，故昭禹因之不改。然其發明義旨，則有不盡同於王氏之學者。如解《泉府》"以國服為之息"云："各以其所服國事賈物為息。若農以粟米，工以器械，皆以其所有也。周之衰，不能為民正田制地，稅斂無度，又從而貸之，則凶年饑歲無以為償矣。下無以償，上之人又必責之，則稱貸之法，豈特無補於民哉？求以國服為之息，恐收還其母而不得。”蓋已目睹青苗之弊，而陰破其說矣。至其闡發經義，有足訂注、疏之誤者。如解《載師》“里布屋粟”，謂：“國宅無徵，民居有徵無布。以其不毛，使之有里布。民出耕在田廬，入居在里，其屋有田以出粟。今不耕田，則計屋而斂之，謂之屋粟。”不從先儒以里布為二十五家之泉，屋粟為三夫之粟。又解“近郊十一，遠郊二十而三，甸、稍、縣、都皆無過十二”，“固當時正役，後因遠近劇易而制”云云，皆為先儒所未發。故宋人釋《周禮》者，如王與之《訂義》、林之奇《講義》多引其說，固不得以遵用新說而盡廢之也。五官皆不載敘官。宋末朱申作《句解》③，蓋從其例，究為一失。今姑仍舊本錄之。內附載陸德明《釋文》，而卷首以德明之名冠昭禹前。今考昭禹自序末云“因《釋文》而作”，或後人所增入。以德明時代在前，遂題諸昭禹上歟？今仍錄其音釋，而德明之名則附著於此，不復並列簡端焉。

【彙訂】

① 殿本“何”下有“等”字，衍，參《直齋書錄解題》卷二《周禮詳解》條原文。

②“頁”，殿本作“自”，誤，參此書卷二《大宰下》“八曰匪頒之式”注文。

③“宋”，殿本作“元”，誤。明弘治《徽州府志》卷六《選舉》南宋紹熙元年(1190)余復榜進士有朱申，休寧人，即《周禮句解》作者。顯為宋末人。另詳見《總目》卷三十《春秋左傳句解》條訂誤。

周禮復古編一卷（山東巡撫採進本）

宋俞庭椿撰。庭椿字壽翁，臨川人。乾道八年進士，官古田令。是書《宋志》作三卷。今本作一卷，標曰"陳友仁編"。蓋友仁訂正《周禮集說》，而以此書附其後也。庭椿之說，謂五官所屬皆六十，不得有羨，其羨者皆取以補《冬官》。鑿空臆斷，其謬妄殆不足辨。又謂《天官》世婦與《春官》世婦、《夏官》環人與《秋官》環人，為一官複出，當省併之。其說似巧而其謬尤甚。二世婦與二環人無論職掌各殊，即以《序官》考之，《天官》世婦為王之後宮[①]，故與九嬪、八十一御女皆無官屬。至於《春官》世婦為王之宮官，故每宮卿一人，下大夫四人，中士八人，女府二人，女史二人，奚十六人，與《天官》世婦顯異。鄭注以漢之大長秋、詹事、中少府、太僕為證，其說本確。庭椿乃合而一之，是誤以《春官》之世婦為婦人也。至於《司馬》環人之屬下士六人，史二人，徒十有二人，《秋官》環人之屬中士四人，史四人，胥四人，徒四十人。若二環人是一官，何所屬之中、卜士及史、胥、徒乃各不同如此耶？此好立異說者之適以自蔽也。然復古之說始於庭椿，厥後邱〔丘〕葵、吳澄皆襲其謬，說《周禮》者遂有《冬官》不亡之一派[②]。分門別戶，輾轉蔓延，其弊至明末而未已。故特存其書，著竄亂聖經之始，為學者之炯戒焉。

【彙訂】

①"後宮"，殿本作"後官"，誤。《禮記·昏義》："古者天子後立六宮，三夫人、九嬪、二十七世婦、八十一御妻。以聽天下之內治，以明章婦順。"

②"冬官"，殿本作"各官"，誤。

禮經會元四卷（內府藏本）[①]

宋葉時撰。時字秀發，自號竹埜愚叟，錢塘人。淳熙十一年進士及第，授奉國軍節度推官，歷官吏部尚書。理宗初以顯謨閣學士出知建寧府，後以寶文閣學士提舉崇福宮。卒諡文康。其立朝無大功過，惟函韓侂冑首以乞和，出時之謀。是書前有《竹垞先生傳》，不著撰人名氏，稱時“奏侂冑‘專政無君，罔上不道，乞梟首置之淮甸，積屍叢冢之閒以謝天下’。上納之”云云。案此《傳》稱寧宗為上，當出宋人之筆。曲諱其事，非實錄也。其書括《周禮》以立論，凡一百篇。第一篇泛論《禮》經，乃其總序。第二篇駁漢儒之失，第一百篇補《冬官》之亡。其發揮經義者實九十七篇，內《朝儀》、《宮衛》、《王畿》、《祭樂》、《明堂》、《分星》六篇各系以圖。其《祭樂》後所附之圖，實《樂舞》之圖。蓋刊本舛譌，移於前幅。其說與鄭伯謙《太平經國之書》體例略同，議論亦多相出入。時於伯謙為前輩，然《竹垞先生傳》中稱其“晚居嘉興，乃著此書，以授門人三山翁合。”則二書之作，相去不遠。或伯謙取時書而約之，或時因伯謙書而廣之，均未可定。然伯謙所論或有駁雜②，時則大體無疵。惟必欲復封建、井田、肉刑之類，頗迂闊爾。其《注疏》一篇謂劉歆誣《周禮》，猶先儒舊論。至謂河閒獻王以《考工記》補《冬官》為累《周禮》，且謂漢武帝不信《周禮》由此一篇。其說鑿空無據。又謂鄭康成注深害《周禮》，詆其不當用緯書注“耀魄寶”等帝名，及用《國語》注分野，用《司馬法》注邱〔丘〕乘，用《左傳》注“冕服九章”，用《禮記》注“褘衣”、“副編”。夫康成引緯，歐陽修《乞校正五經劄子》已專論之，無煩時之剿說。至於《國語》、《司馬法》、《左傳》、《禮記》皆古書也，時乃謂不當引以證經，然則注《周禮》者當引何等書耶？其《補亡》一篇，謂《冬官》散見五官，亦俞庭椿之瑣說。時不咎其亂經，陰相襲用，案《補亡》用庭椿之說，而不言說出於庭椿。反以讀鄭注者為叛經，慎又甚矣！

《傳》稱其與紫陽朱文公相友善。然朱子於《詩》攻康成,於《禮》不攻康成,此足知朱子之得於《禮》者深,時之得於《禮》者淺也。以其大旨醇正,多能闡發體國經野之深意,故數百年來,講《禮》者猶有取焉。

【彙訂】

① 此條殿本置於《太平經國之書》條之後,與文淵閣庫書次序不符。

② "或有",殿本作"尚"。

太平經國之書十一卷(内府藏本)

宋鄭伯謙撰。伯謙字節卿,永嘉人。官修職郎、衢州府學教授①。王與之《周禮訂義》首列宋代説《周禮》者四十五家,伯謙為第三十一,居黄度、項安世之閒。蓋寧宗、理宗時人。是書發揮《周禮》之義。其曰《太平經國書》者,取劉歆"周公致太平之跡"語也。首列四圖:一曰《成周官制》,一曰《秦漢官制》,一曰《漢官制》,一曰《漢南北軍》。所圖僅三朝之職掌宿衛,蓋其大意欲以宮中、府中,文事、武事一統於太宰,故惟冠此四圖,明古制也。其書為目三十:曰教化、奉天、省官、内治、官吏、宰相、官民、官刑、攬權、養民、税賦、節財、保治、考課、賓祭、相體、内外、官制、臣職、官民、宮衛②、奉養、祭享、愛物、醫官、鹽酒、理財、内帑、會計、内治。其中《内外》一門、《會計》一門,又各分為上、下篇,凡論三十二篇。皆以《周官》制度類聚貫通,設為問答,推明建官之所以然。多參證後代史事,以明古法之善。其論《天官・玉府》諸職一條,車若水《脚氣集》頗稱之。然其閒命意,閒有不可解者。如《齊東野語》記韓侂胄之敗,殿司夏震尚聲喏於道旁。

《梅磵詩話》記紹定辛卯臨安大火,九廟俱燼,獨丞相史彌遠賜第以殿司軍救撲而存。故洪咨夔詩有"殿前將軍猛如虎,救得汾陽令公府。祖宗神靈飛上天,痛哉九廟成焦土"之句。其時武統於文,相權可謂重極。而此書《宰相》一篇,尚欲更重其權。又宋人南渡之餘,湖山歌舞,不復措意中原,正宜進臥薪嘗膽之戒。而此書《奉養》一篇乃深斥漢文帝之節儉為非。所論皆不可為訓。毋乃當理宗信任賈似道時,曲學阿世以干進歟③? 以他篇貫通經義,尚頗有發明,舊本流傳,久行於世,姑節取焉而已④。

【彙訂】

　　① 洪咨夔《平齋集》卷十八有《大理寺丞鄭伯謙差知常德府提舉常德澧辰沅靖兵馬制》,又謝旻《江西通志》卷六四宋知臨江軍亦有鄭伯謙。是非以教授終也。(孫詒讓:《溫州經籍志》)

　　②"宮衛",殿本作"官衛",誤。此書卷八首篇即《宮衛》,下注:"論宮正、宮伯宿衛。"

　　③ 鄭伯謙舉進士在紹熙庚戌,下距紹定辛卯已四十年,距賈似道擅權為年尤遠。(孫詒讓:《溫州經籍志》)

　　④"節取",殿本作"取節"。

周官總義三十卷(永樂大典本)

　　宋易袚撰。袚有《周易總義》,已著錄。是書陳振孫《書錄解題》不載,惟趙希弁《讀書附志》著錄,稱"許儀為之序,刻於衡陽"。今衡陽本世已無傳,惟《永樂大典》尚載其《天官》、《春官》、《秋官》、《考工記》,而《地官》、《夏官》亦佚。謹裒合四官之文,編次成帙,以存其舊。其《地官》、《夏官》,則採王與之《周禮訂義》所引以補其亡。仍依《讀書附志》所列,勒為三十卷。雖非完帙,然十已得其八九矣。其書研索經文，斷以己意，與先儒頗有異同。如論《大宰》"九賦"，則援《載師》之任地及《司市》、《司關》、《廛人》、《角人》、《職幣》等職，以駁"口率出泉"之説；論宗廟"九獻"，則合《籩人》、《醢人》、《内宰》、《司尊彝》及《行人》"王禮再祼"之文，以駁列祼事於九獻之説；論《肆師》之"祈珥"，則引《羊人》、《小子》及《山虞》諸條，以糾改"祈"為"刉"、改"珥"為"衈"之説；論《輈人》之"四旗"，則歷辯《巾車》、《司常》、《大司馬》、《大行人》與《考工記》不合，以明《曲禮》"車騎"為戰國之制。諸如此類，雖持論互有短長，要皆以經釋經，非鑿空杜撰。至於《内宰》"二事"，則改為"副貳"之"貳"；於《酒正》"式灋"，則指為"九式"之灋；於"園廛"、"漆林"諸賦，則謂以什一取民，又於一分中分十一、十二、二十而三數等而輸之於王；於《凌人》"斬冰"，則謂十二月為建亥之月，先令之於亥月，而後三為凌室，以待亥、子、丑三月之藏。亦皆自出新義。而於《職方氏》之地理山川，尤為詳悉。蓋祓雖人品卑污，而於經義則頗有考據，不以韓侂胄、蘇師旦故，掩其著書之功也。

周禮訂義八十卷（内府藏本）

宋王與之撰。與之字次點，樂清人。淳祐二年六月，行在祕書省准敕訪求書籍，牒温州宣取是編。知温州趙汝騰奏進，特補一官，授賓州文學。後終於通判泗州。此本省牒、州狀、都司看詳及敕旨均録載卷首，蓋猶宋本之舊。前有真德秀序，作於紹定五年壬辰，下距進書時十年。又有趙汝騰後序，作於嘉熙元年丁酉，下距進書時六年。故汝騰奏稱"素識其人"，又稱："德秀殁後，與之益刪繁取要，由博得約，其書益精粹無疵也。"所採舊説

凡五十一家。然唐以前僅杜子春、鄭興、鄭衆、鄭元、崔靈恩、賈
公彥等六家，其餘四十五家則皆宋人，凡文集、語録無不搜採。
蓋以當代諸儒為主，古義特附存而已。德秀稱"鄭[①]、賈諸儒析
名物，辯制度，不為無功，而聖人微旨終莫之睹。惟洛之程氏、關
中之張氏獨得聖經精微之蘊。永嘉王君，其學本於程、張"云云。
蓋以義理為本，典制為末，故所取宋人獨多矣。其注《考工記》，
據《古文尚書》、《周官·司空》之職，謂《冬官》未嘗亡，實沿俞庭
椿之謬説。汝騰後序亦稱之，殊為舛誤。然庭椿淆亂五官，臆為
點竄，與之則僅持是論而不敢移掇經文，視庭椿固為有閒。至其
以《序官》散附諸官，考陸德明《經典釋文》、晉干寶注《周禮》，雖
先有此例，究事由意創，先儒之所不遵，不得援以為據也。惟是
四十五家之書，今佚其十之八九，僅賴是編以傳。雖貴近賤遠，
不及李鼎祚《周易集解》能存古義，而蒐羅宏富，固亦房審權《周
易義海》之亞矣。又案邱〔丘〕葵《周禮補亡》序稱："嘉熙閒東嘉
王次點作《周官補遺》，由是《周禮》之六官始得為全書。"今本實
無《補遺》，未審別為一書，或附此書内而佚之。然憑臆改經之
説，正以不存為最善，固無庸深考也。

【彙訂】

① 殿本"稱"上有"序"字。

鬳齋考工記解二卷（江蘇巡撫採進本）

宋林希逸撰。希逸字肅翁，福清人。端平二年進士，景定閒
官司農少卿，終中書舍人。自漢河閒獻王取《考工記》補《周官》，
於是經與記合為一書。然後儒亦往往別釋之。唐有杜牧注，宋
有陳祥道、林亦之、王炎諸家解，今並不傳，獨希逸此注僅存。宋

儒務攻漢儒，故其書多與鄭康成注相剌繆。然以“緪參分寸之
二”為輪外兩邊有護牙者，以較為車箱前橫在式之上，則不合於
輪輿之制；於“倨句一矩有半”，解仍鄭氏注，其圖乃以鼓為倨，股
為句，則不合於磬折之度；於戈之“長內則折前”，謂“援與胡句相
並①，如磬之折”，於皋鼓之“倨句磬折”，謂“鼓為圓物，何緣有
‘倨句磬折’之形？恐有脫文”，皆於古器制度未之詳核。特以經
文古奧，猝不易明，希逸注明白淺顯，初學易以尋求。且諸工之
事非圖不顯，希逸以《三禮圖》之有關於《記》者，採摭附入，亦頗
便於省覽②。故讀《周禮》者，至今猶傳其書焉。

【彙訂】

①“前謂”，殿本作“謂前”，誤，參《周禮·考工記·冶氏》與
此書卷上“長內則折前，短內則不疾”條原文。（江慶柏等：《四
庫全書薈要總目提要》）

②“於”，殿本無。

周禮句解十二卷（浙江范懋柱家天一閣藏本）

宋朱申撰。申事蹟無考，里貫亦未詳。案《江西通志》有朱
申字繼宣①，宋太學生。又李心傳《道命錄》有淳祐十一年新安
朱申序，其結銜題“朝散大夫知江州軍州兼管內勸農營田事”，似
為二人，不知此書誰所著也。逐句詮釋，大略根據《注疏》，義取
簡約。其中所見有與《注疏》異者。若太宰之職“五曰賦貢”②，
鄭注曰：“賦，口率出泉也。貢，功也，九職之功所稅也。”是書則
易之曰：“賦，稅也。貢，獻也。”有力主《注疏》而曲為引證者。若
《大司徒》“諸公之地，封疆方五百里”以下，則堅守注中“半為附
庸”之說，而不執《孟子》、《王制》以疑《周禮》。至於《注疏》之疑

不能決者,若《小司徒》"四丘為甸"以下③,注謂旁加之數乃治洫澮之數④;《大司樂》"圜鍾為宮"以下,注謂天宮夾鍾不用中吕等律,以其與地宫同位之類,則皆闕而不載。雖循文詁義,無大發明,而較之竄亂古經,横生新義者,猶不失謹嚴之義。惟《序官》乃經文之綱領,申以其無假詮釋,遂削而不載,頗乖體要。是則因陋就簡之失矣。

【彙訂】

①"繼宣",殿本作"繼顯"。清雍正《江西通志》卷九四《人物·贛州府》載"朱申字維宣,雩都人"。

②"賦貢",底本作"貢賦",據《周禮·太宰》原文及殿本乙。

③"丘",殿本作"邑",誤。《周禮·小司徒》曰:"四邑為丘,四丘為甸。"

④"澮",殿本作"溝"。

周禮集説十卷(編修汪如藻家藏本)①

不著撰人名氏。前有元初陳友仁序,稱其友"雲山沈則正近得此書於雩,編節條理與《東萊讀詩記》、《東齋書傳》相類,名氏則未聞也。癸未攜以歸。訓詁未詳者,益以賈氏、王氏之疏説;辨析未明者,附以前輩諸老之議論"云云,蓋友仁因宋人舊本重輯也。友仁字君復,湖州人。序題"丙子後九歲"。丙子為宋亡之歲,友仁不題至元年號而上溯丙子以系年,蓋亦宋之遺民。故仿陶潛不書年號,但稱甲子之例。然陶潛在晉諸詩亦但題甲子,非以入宋之故。原集具存,友仁未之詳考耳。卷首有總綱領一篇、官制總論一篇、又凡例一篇,分條闡説,極為賅洽。每官之前,又各為總論一篇。所引《注疏》及諸儒之説,俱能擷其精粹,而於王安石《新經義》採摘尤多。蓋安石《三經新義》雖為宋人所攻,而《周官新義》則王昭禹述之於前,見所作《周禮詳解》。林之奇述之於後,案之奇學出呂本中,本元祐一派,而作《周禮全解》亦用安石之説,見王與之《周禮訂義》。故此書亦相承援引,不廢其文也。《考工記》後附俞庭椿《周禮復古編》一卷,殊為疣贅,有失別裁。然不肯變易古經而兼存其説,以待後人之論定,較庭椿之妄誕則略有間矣。原佚《地官》二卷,其《春官》總論亦佚,黃虞稷《千頃堂書目》云關中劉儲秀嘗補注以行。今未之見,亦姑仍其舊闕之焉。

【彙訂】

① 文淵閣《四庫》本尚有卷首二卷。(沈治宏:《中國叢書綜錄訂誤》)

周官集傳十六卷(永樂大典本)

元毛應龍撰。案張萱《內閣書目》稱:"應龍字介石,豫章人。大德閒嘗官澧州教授",而江西志乘俱軼其名,始末已不可詳考矣。是書於諸家訓釋引據頗博,而於鄭鍔之《解義》、徐氏之《音辨》及歐陽謙之之説,所採尤多。其自出己意者,則題"應龍曰"以別之。其中有沿襲誤説,未考古義者。如《鍾師》"掌金奏,以鍾鼓奏《九夏》",杜子春、鄭康成皆以《九夏》為樂曲,而應龍獨引歐陽謙之説,謂"《左傳·襄四年》曰:'金奏《肆夏》之三,工歌《文王》之三。'《文王》而曰'工歌',是有詩而可歌者也。《肆夏》而曰'金奏',是徒有其聲,可以金奏而無詩可歌明矣"。今考孔穎達《左傳疏》云:"作樂先擊鐘,故稱'金奏'。此晉人作樂先歌《肆夏》,《肆夏》是作樂之初,故於《肆夏》言'金奏'也。次工歌《文王》,樂已先作,非復以金為始,故言'工歌'也。"其説足與鄭注相發明。如以《九夏》之文統"金奏"之下，即以為非樂曲，則《鍾師》又有"凡射，王奏《騶虞》，諸侯奏《狸首》，卿大夫奏《采蘋》，士奏《采蘩》"之文貫於"金奏"下，豈亦均非樂曲乎？又《甸祝》"禂牲、禂馬"[①]，鄭注："'禂'讀如'伏誅'之'誅'[②]，今'侏'大字也。為牲祭，求肥充；為馬祭，求肥健也。"應龍亦主謙之説，謂："禂，稠也，禱牲稠盛也。"以康成改讀為非。考禂[③]、侏二字古音本通，非康成改讀。揚雄《國三老箴》"負乘覆餗，奸寇侏張"，《晉書·慕容垂載記》苻堅報書曰"侏張幽顯"，《魏書·恩倖傳》"侏張不已"，《北齊·源彪傳》"吳賊侏張"，"侏張"即"譸張"。侏與譸，猶侏與禂，音同故義借，安得指為康成改讀乎？又《㮚氏》"為鬴"，應龍引鄭鍔之説曰："《晏子》謂六斗四升為鬴，《管子》謂百升而成釜。康成則謂四升曰豆，四豆曰區，四區曰釜，為六斗四升。以下文觀之，'其臀一寸，其實一豆'，豆當為斗釜之臀，一寸而容一斗，則釜之内方一尺而容十斗，無可疑者。十斗則百升，正管仲所謂釜也。康成謂四升曰豆，每四而加，故區至釜而六斗四升，彼殊不考之於《梓人》也。'梓人為飲器，爵一升，觚三升。獻以爵而酬以觚，一獻而三酬，則一豆矣'[④]。夫一獻則一升矣，三酬則九升也。以一合九，非十升為豆而何？而康成謂四升為豆，失之矣。"今考康成謂鬴六斗四升，實據經文"方尺"、"深尺"，以粟米法算之。蓋粟米法方一尺、深一尺六寸二分乃容一石。鍔以鬴容一石，則是鬴方尺深尺六寸二分矣，其何以解於經文"方尺"、"深尺"耶？《管子·海王篇》："鹽百升而釜"，房元齡注謂："鹽十二兩七銖一黍十分之一為升，當米六合四勺。百升之鹽，七十六斤十二兩十七銖二累為釜，當米六斗四升。"則是《海王篇》百升之釜，乃實百升之鹽，非實百升之粟也。今鍔以《管子》量鹽之鬴為《稾氏》量粟之斛，比擬已為不倫。至於康成注《梓人》，以豆為斗，實以豆止四升，不及一獻三酬之數。鍔誤以豆為飲器，遂牽合十升之文，反詆改豆為斗之非。不知古以斗飲⑤，不以豆飲。《詩·行葦篇》毛《傳》曰：“大斗長三尺。”《戰國策》曰：“令工人作為金斗，長其尾，與代王飲，即因反斗擊之。”此斗為飲器之證也。《越語》曰“觴酒豆肉”，《韓子·外儲篇》曰“取一豆肉”，是豆實食器，而非飲器之證也。又安得引《梓人》之文為《管子》之旁證乎？諸如此類，皆未免膠執舊文，疏於考核。至於冕服車旗之度，廟祧昭穆之制，《司尊彝》之“六尊六彝”，《司几筵》之“五几五席”，方弓、義弓之異名，正歲、正月之並用，條列引證，頗為明晰⑥。宋以來諸家散佚之說，尚因是以存其崖略。則蒐輯之功，固亦非尠矣。其書諸家著錄皆云二十四卷。今散見於《永樂大典》者，《地官》、《夏官》適當闕帙，其餘四官首尾頗為完具。謹錄為十六卷。以一官四卷⑦，共得二十四卷，計之仍其舊第也。應龍所著別有《周官或問》五卷，在《集傳》之外，《永樂大典》割附《集傳》之後。其存者僅《天官》十九條、《春官》十四條、《秋官》、《冬官》各一條，篇幅寥寥，不能別成一帙。今仍附於各《傳》下，既免以畸零散佚，且使一家之說互相參證，亦足以資發明焉。

【彙訂】

① 殿本“馬”下有“掌祝號”三字。

② “伏誅之”，殿本無。

③ “禓”，殿本作“稠”，誤。

④ “則”，殿本作“為”，誤，參《周禮·梓人》原文。

⑤ 殿本“斗”下有“為”字。

⑥“明晰”，殿本作“詳晰”。

⑦“四卷”，殿本作“三卷”，誤。

周禮傳十卷圖説二卷翼傳二卷（浙江范懋柱家天一閣藏本）

明王應電撰。應電字昭明，崑山人。嘉靖中遭倭亂，避居江西，遂終於泰和。受業魏校之門，其書中稱“師云”者，即述校語。故《明史·儒林傳》即附之校傳後焉。史稱應電“篤好《周禮》。謂《周禮》自宋以後，胡宏、季本各著書，指摘其瑕纇至數十萬言。俞壽翁、吳澄則以為《冬官》不亡，雜見於五官中，而更次之。近世何喬新、陳鳳梧、舒芬亦各以己意更定。然此皆諸儒之《周禮》也。乃覃研十數載，先求聖人之心，溯斯禮之源；次考天象之文，原設官之意，推五官離合之故，見綱維統體之極。因顯以探微，因細以繹大，成《周禮傳詁》數十卷”云云。蓋應電於《周禮》之學用力頗深。此三書雖各為卷帙，實相輔而行。核其大致，亦瑕瑜互見。其《傳》十卷，黜《考工記》不録，猶曰專解古經。至割裂《序官》之文，凡同職相統者，使區分部居，各以類從，則頗嫌竄亂。然論説頗為醇正，雖略於考證，而義理多所發明。其《圖説》二卷，用以稽考《傳》義。中如《職方氏九州》之類，有圖無説；又有如女官、女奚、女奴諸辨，有説無圖；上卷《明堂表》一篇①，亦有録無書。蓋原本所闕。下卷闕《井邑邱〔丘〕甸》諸圖，則別見《翼傳》，故不複載也。所説間有舛誤者。如謂社即地祇，夏至有事於方澤，乃祭大社。考《春官·司服》“希冕以祀社稷、五祀②”，序於“毳冕以祀四望、山川”之下，故鄭康成《酒正》注列社稷於小祭，其説本明。應電以當地祇大祭，殊於經義有乖。至謂明堂即王之六寢，宗祀文王以配上帝，不得於王之寢地，當在南郊，與郊天同。迎尸則於明堂。又謂郊天迎尸，亦當於明堂。考《通典》載南郊去國五十里，明堂在國三里之外、七里之內。則相距凡四十餘里，安有祭時迎尸，遠在四十里外者？《周禮・掌次》：“凡祭祀，張尸次。”蓋尸幄切近壇宮，迎尸即於此幄。應電未核注疏，故有此譌。他如圖南郊於朝日之前，既從其序，而圖祈穀於迎暑之後，又頗顛舛。然其自序謂“舊《周禮圖》冕服則類為男女之形，而章服仍不明；井邑則類為大方隔，而溝洫仍不分”，則亦頗有所訂正。今姑與其《傳》並存，以備一家之說。其《翼傳》二卷，凡分七篇。上卷曰《冬官補義》，曰《天王會通》，曰《學周禮法》，曰《治地事宜》。下卷曰《握奇經傳》，曰《非周禮辨》，曰《經傳正譌》。其《冬官補義》擬補土司空、工師、梓人、器府、四瀆、匠人、壘壁氏、巡方、考工、準人、嗇夫、柱下史、左史、右史、水泉、魚政、鹽法、冢人十八官，未免意為揣測。其《天王會通》以《天官書》所列諸星分配諸官，以為王者憲天而出治，亦多涉附會。其《學周禮法》論《周禮》有必不可復者，及後人假仿之妄，舊注解釋之謬，改聲、改字之非，與細物為自古相傳之遺，官事有兼涉不擾之法，皆為有見。餘則多錄舊文。其《治地事宜》直欲復井田之制，殊失之迂。其《握奇經傳》雜參以後世之法，亦失之駁。其《非周禮辨》駁正諸家，尚為明析。其《經傳正譌》則於《周禮》以外兼涉羣經。非惟以篆改隸，併欲以籀改篆。則拾其師魏校《六書精蘊》之說，而不知其流於詭誕矣。大抵三書之中，多參臆說，不盡可從。以《周禮》、《儀禮》至明幾為絕學，故取長棄短，略採數家，以姑備一朝之經術。所謂不得已而思其次也。三書凡十四卷，《明史》作數十卷，蓋約舉之詞。朱彝尊《經義考》惟載《傳》十卷，《圖說》二卷，《學周禮法》一卷，《非周禮辨》

一卷,而不載《翼傳》之名,頗為疏漏。又所引黃虞稷語,乃《翼傳》之解題,而繫之《周禮傳》下,亦為舛誤。豈偶然疏略,未及檢其全書歟?

【彙訂】

①"篇",殿本作"卷",誤。

②"五祀",殿本作"五事",誤。《周禮·春官·司服》云:"祀四望、山川則毳冕,祭社稷、五祀則希冕。"

周禮全經釋原十四卷(安徽巡撫採進本)①

明柯尚遷撰。尚遷字喬可,長樂人,自號陽石山人。嘉靖中由貢生官邢臺縣縣丞。其書自《天官》至《冬官》凡十二卷,又附以《周禮通論》、《周禮通今續論》各一卷。前列序二篇,《源流序論》一篇,《六官目問》四篇,《全經綱領》十二條,《釋原凡例》七條。書中訓解,其稱"釋"者,皆採輯古注,其曰"原"者,則尚遷推闡作經本意也。《周禮》本闕《冬官》,尚遷宗俞庭椿之説,稍為變易,取《遂人》以下《地官》之事分為《冬官》,自遂人至旅下士正六十人,以符六官各六十之數②,故曰"全經"。較庭椿之紛更割裂,差為稍勝③,故唐順之④、姜寶皆深是之。然仍不出宋人錯簡之曲説。且改經文"安擾邦國"為"富邦國",又以吳澄所補"惟王建國"以下四十字冠於《冬官》之首,則猶之乎竄亂古經矣。以其訓詁經義尚條暢分明,有所闡發,故與王應電書皆節取以備一家。朱彝尊《經義考》所載與此本卷數相同,而注云:"内《源流敘論》一卷,《通論》一卷。"今此本《通論》之外,尚有《續論》,而《源流敘論》乃在卷首,不列十四卷之中,與彝尊所注不合。或彝尊未及細檢,亦如王應電書歟⑤?

【彙訂】

① 文淵閣《四庫》本為《周禮全經釋原》十三卷卷首一卷附錄一卷。(沈治宏:《中國叢書綜錄訂誤》)

② "六十",殿本作"六十一",誤。書中《全經綱領》第三條云:"《周禮》三百六十屬,見於《小宰》,絲毫不可增減也。先儒以合六官所統為三百六十官,故參差不齊,移易經文之原起於此。今以屬首宰夫下大夫四人倍至上士八人,中士十有六人,則二十八人矣。加以旅下士三十有二人,則六十人矣。他官不稱旅也,合六官則為全經。"

③ "差",殿本作"似"。

④ "故",殿本無。

⑤《周禮通今續論》或係後增入,并升《源流敍論》於卷首,朱彝尊所見版本不同而已。(王重民、屈萬里:《普林斯頓大學葛思德東方圖書館中文善本書志》)

周禮注疏刪翼三十卷(直隸總督採進本)

明王志長撰。志長字平仲,崑山人。萬曆中舉人。《明史·文苑傳》附見其兄志堅傳中,稱其亦深於經學。是書於鄭注、賈疏多刊削其繁文,故謂之"刪",又雜引諸家之說以發明其義,故謂之"翼"。《周禮》一書,得鄭注而訓詁明,得賈疏而名物制度考究大備。後有作者,弗能越也。周、張、程、朱諸儒,自度徵實之學必不能出漢、唐上,故雖盛稱《周禮》,而皆無箋注之專書。其傳於今者,王安石、王昭禹始推尋於文句之間①;王與之始脫略舊文,多集新說;葉時、鄭伯謙始別立標題,借經以抒議。其於經義,蓋在離合之間。於是考證之學漸變為論辯之學,而鄭、賈幾乎從佻矣②。志長此書亦多採宋以後説③，浮文妨要，蓋所不免。而能以注、疏為根柢，尚變而不離其宗。且自朱申以後，苟趨簡易，以《敍官》為無用而删之，經遂有目無綱；俞庭椿、邱葵以後，又多騁臆見，竄亂五官，以補《冬官》之亡，經遂更無完簡。沿及明代，彌逐頹波，破碎支離，益非其舊。志長能恪遵古本，亦為力遏橫流。在經學荒蕪之日，臨深為高，亦可謂研心古義者矣。惠棟作《精華録訓纂》，因金榮誤引其文，遂併以村書詆志長，乃相輕已甚之詞，不必盡允也。

【彙訂】

①"閒"，殿本作"内"。

②"幾乎"，殿本作"幾幾乎"。

③"此"，殿本無。

欽定周官義疏四十八卷

乾隆十三年御定《三禮義疏》之第一部也。考《漢志》載《周官》經六篇，傳四篇，故杜子春、鄭興、鄭衆、賈逵、衛宏、張衡所注，皆稱《周官》。馬融、鄭元所注，猶稱《周官禮》。迨唐賈公彥作疏，始沿用省文，稱為《周禮》，實非本名。今仍題曰《周官》，從其朔也①。首冠以御製《日知薈説》論《周官》者十則，以昭千古之權衡。其採掇羣言，則分為七例：一曰正義，直詁經義，確然無疑者也。二曰辨正，後儒駁正，至當不易者也。三曰通論，或以本節本句參證他篇，比類以測義，或引他經與此互相發明者也②。四曰餘論，雖非正解而依附經義，於事物之理有所推闡者也。五曰存疑，各持一説，義亦可通，又或已經駁論，而持此者多，未敢偏廢者也。六曰存異，名物象數，久遠無傳，難得其真，或創立一説③,雖未即愜人心,而不得不存之以資考辨者也。七曰總論,本節之義已經訓解,又合數節而論之,合一職而論之者也。大抵《周官》六典,其源確出周公,而流傳既久,不免有所竄亂。不必以為疑,亦不必以為諱。説《周官》者以鄭氏為專門,而訓詁既繁,不免有所出入,不可護其短,亦不可没其長。是書博徵約取,持論至平。於《考工記》注奥澀不可解者不强為之詞,尤合聖人闕疑之義也。

【彙訂】

①《漢書・王莽傳》載劉歆與博士上議引《周禮》,是《周禮》之名,已見於前漢之季。(武億:《周禮名所由始考》)

②殿本"此"下有"經"字。

③"一",殿本作"其"。

周禮述注二十四卷(福建巡撫採進本)

國朝李光坡撰。光坡字耕卿,號茂夫,安溪人。大學士光地之弟也。杭世駿《榕城詩話》稱其家居不仕,潛心經學,著有《三禮述注》,此即其一也。其書取《注疏》之文,刪繁舉要,以溯訓詁之源。又旁採諸家,參以己意,以闡制作之義。雖於鄭、賈名物度數之文多所刊削,而析理明通,措詞簡要,頗足為初學之津梁。考其兄光地《榕村集》中有《周官筆記》一卷,皆標舉要義,不以考證辨難為長。其姪鍾倫亦有《周禮訓纂》,與光坡此書體例相近。蓋其家學如是也。宋儒喜談三代,故講《周禮》者恒多。又鑑於熙寧之新法,故恒牽引末代弊政,支離詰駁,於《注疏》多所攻擊,議論盛而經義反淆。光坡此書不及漢學之博奧,亦不至如宋學之蔓衍,平心静氣,務求理明而詞達。於説經之家,亦可謂適中之道矣。

周禮訓纂二十一卷（福建巡撫採進本）[1]

國朝李鍾倫撰。鍾倫字世得，安溪人。康熙癸酉舉人，未仕而卒。此書自《天官》至《秋官》，詳纂注疏，加以訓義。惟闕《考工記》不釋。蓋以河閒獻王所補，非周公之古經也。書後有乾隆丁丑其子廣平府知府清馥跋，稱鍾倫初受《三禮》於其叔光坡。康熙癸酉鄉薦公車後，日侍其父光地於京邸。及光地出督順天學政，復遷直隸巡撫，十餘年中，鍾倫皆隨行，得其指授。又多與宣城梅文鼎、長洲何焯、宿遷徐用錫、河閒王之銳、同里陳萬策等互相討論。故其學具有本源。凡所詮釋，頗得《周官》大義。惟於名物度數，不甚加意，故往往考之弗詳。如《巾車》"重翟，錫面朱總[2]；厭翟，勒面績總[3]；安車，彫面鷖總，皆有容蓋"，注："總以繒為之，著馬勒直兩耳與兩鑣。車衡輈亦宜有焉。容為襜車，山東謂之裳幃。蓋，如今小車蓋也。皆有容有蓋，則重翟、厭翟謂蔽也。安車無蔽，謂去飾也。"鍾倫謂："總惟當施馬，於車義無所取。"考蔡邕《獨斷》曰："飛軨以緹油[4]，廣八寸，長注地。左畫蒼龍，右畫白虎，繫軸頭。"《續漢·輿服志》曰[5]："乘輿重牙斑輪，升龍飛軨。"注引薛綜《東京賦》注："飛軨以緹油，廣八寸，長注地，繫軸頭。"所云"緹油"，即注所云"總以繒為之"，所云"軸頭"，即注所云"輈"。然則飛軨即總之在車者，而鍾倫謂總惟飾馬，誤矣。鍾倫又謂："容以繒結四旁之上際，其四旁之下際則以翟為蔽。"考經文"皆有容蓋"實兼承上重翟、厭翟、安車而言。但重翟、厭翟二車既有容蓋，又有翟蔽兩旁以畫飾，安車則惟有容蓋，而無翟飾耳。既無翟飾，即惟藉裳幃為障蔽。裳幃之制[6]，當四面圍合,上下通徹。故《詩》曰:"漸車帷裳。"箋云:"帷裳,童容也。"《方言》:"襜褕,江淮、南楚謂之禪襦。""童容"與"禪襦"義同。蓋禪襦長襦,上下相連以覆體,車之帷裳垂覆上下,形相似也。又《士昏禮》"婦車亦如之,有裧",注:"裧,車裳幃。"《續漢·輿服志》注:"舊典傳車驂駕乘赤帷裳⑦,惟郭賀為冀州,敕去襜帷。"《釋名》:"袡,襜也。在旁襜襜然。"云"襜帷",蓋如裳袡下垂也。凡此皆同於《巾車》之安車,但有帷裳,無重翟、厭翟者也。如鍾倫所云:"帷裳但結四旁之上際,其四旁下際以翟為蔽。"則安車但蔽上際,不復蔽下際矣。《釋名》曰:"容車,婦人所載小車也。其蓋施帷,以隱蔽其形容也。"若容但蔽上際,不及下際,豈能隱蔽形容乎? 如此之類,頗為疏舛。然如辨禘祫、社稷、學校諸篇,皆考證詳核。又如《司馬法》謂:"革車一乘,甲士三人,步卒七十二人。"鍾倫據蔡氏説,謂:"一乘不止甲士三人,步卒七十二人。此是輕車用馬馳者,更有二十五人,將重車在後。"今考《新書》:"攻車七十五人,前拒一隊,左右角二隊。守車一隊,炊子十人,守裝五人,廄養五人,樵汲五人,共二十五人。攻守二乘,共百人。"又《尉繚子·伍制》:"令軍中之制,五人為伍,伍相保也;十人為什,什相保也;五十人為屬,屬相保也;百人為閭,閭相保也。"起於五人,訖於百人。蓋軍中之制,自一乘起。此皆一乘百人之明驗,足證其説之精核。又明於推步之術,訓《大司徒》土圭之法,謂:"百六十餘里,景已差一寸。"亦得諸實測,非同講學家之空言也。

【彙訂】

①　今存清乾隆成雲山房刻本、道光六年重刻本均題《周禮纂訓》。文淵閣《四庫》本書名同,書前提要不誤。(崔富章:《四

庫提要補正》;沈治宏:《中國叢書綜録訂誤》)

　　②“錫”,殿本作“鍚”,誤,參《周禮·巾車》原文。

　　③“續”,殿本作“績”,誤,參《周禮·巾車》原文。

　　④“緹油”,殿本作“油緹”,下同,誤,參《獨斷》卷下原文。

　　⑤殿本“漢”下有“書”字,下同。

　　⑥“裳幬”,殿本作“幬裳”。

　　⑦“乘”,殿本脱,參《續漢書·輿服志》注文。

　　周官集注十二卷(安徽巡撫採進本)

　　國朝方苞撰。苞字鳳九,號靈皋,亦號望溪,桐城人。康熙丙戌會試中式舉人,官至內閣學士兼禮部侍郎。後落職修書,特賜侍講銜致仕。是編集諸家之説詮釋《周禮》,謂:“其書皆六官程式,非記禮之文。後儒因《漢志》《周官》六篇列於禮家,相沿誤稱《周禮》。故改題本號,以復其初。”其注仿朱子之例,採合衆説者,不復標目;全引一家之説者,乃著其名。凡其顯然舛誤之説,皆置不論,惟似是而非者,乃略為考正。有推極義類,旁見側出者,亦仿朱子之例,以圈外別之。訓詁簡明,持論醇正,於初學頗為有裨。其書成於康熙庚子。後苞別著《周官辨》十篇①,指《周官》之文為劉歆竄改以媚王莽,證以《漢書》莽傳事蹟,歷指某節、某句為歆所增,言之鑿鑿,如目睹其筆削者。自以為學力既深,鑑別真偽,發千古之所未言。然明代金瑶先有是論,特苞更援引史事耳。持論太高,頗難依據,轉不及此書之謹嚴矣。

　　【彙訂】

　　①“篇”,殿本作“卷”,誤。《總目》卷二三著録方苞撰《周官辨》一卷,據清桐城方氏《抗希堂十六種》本,其中《辨偽》二篇,

《辨惑》八篇。

　　禮説十四卷(副都御史黃登賢家藏本)

　　國朝惠士奇撰。士奇有《半農易説》,已著録。是編不載《周禮》經文,惟標舉其有所考證辨駁者,各為之説,依經文次序編之。凡《天官》二卷,計六十一條。《地官》三卷,計六十三條。《春官》四卷,計九十五條。《夏官》二卷,計六十一條。《秋官》二卷,亦六十一條。《考工記》一卷,計四十條。古聖王經世之道,莫切於《禮》。然必悉其名物而後可求其制度,得其制度而後可語其精微,猶之治《春秋》者不核當日之事實,即不能明聖人之褒貶。故説《禮》則必以鄭氏為宗,亦猶説《春秋》者必以左氏為本①。鄭氏之時,去周已遠。故所注《周禮》,多比擬漢制以明之。今去漢末復閲千六百年,鄭氏所謂猶今某物、某事、某官者,又多不解為何語。而當日經師訓詁,輾轉流傳,亦往往形聲並異,不可以今音、今字推求。士奇此書於古音、古字皆為之分別疏通,使無疑似。復援引諸史百家之文,或以證明周制,或以參考鄭氏所引之漢制,以遞求周制,而各闡其制作之深意。在近時説《禮》之家,持論最有根柢。其中如因巫降之禮,遂謂漢師丹之使巫下神為非惑左道;因《貍首》之射,遂謂周萇宏之射諸侯為非依物怪;因庶氏攻説②,翦氏攻禜,遂謂段成式所記西域木天壇法禳蟲為周之遺術,皆不免拘泥古義,曲為之詞。又如因含玉而引及餐玉之法,則失之蔓衍;因《左傳》稱仍叔之子為弱,遂據以斷犁牛之子為犢,亦失之附會。至於引《墨子》以證司盟之詛,併以證《春秋》之觀社,取其去古未遠,可資旁證可也,遂謂不讀非聖之書者非善讀書,則詞不達意,欲矯空談之弊,乃激而涉於偏矣。然統觀全書，徵引博而皆有本原，辨論繁而悉有條理。百瑜一瑕，終不能廢其所長也。

【彙訂】

①“左氏”，殿本作“左傳”。

②“庶氏”，底本作“庶民”，據殿本改。《周禮·秋官·庶氏》：“庶氏掌除毒蠱，以攻説禬之，嘉草攻之。”

周官禄田考三卷（浙江巡撫採進本）

國朝沈彤撰。彤有《尚書小疏》，已著録。自歐陽修有《周禮》官多田少，禄且不給之疑，後人多從其説。即有辨者，不過以攝官為詞。彤獨詳究周制，以與之辨。因撰是書，分《官爵數》、《公田數》、《禄田數》三篇。凡田、爵、禄之數不見於經者，或求諸注；不見於注者，則據經起例，推闡旁通，補經所無乃適如經之所有。其説精密淹通，於鄭、賈注疏以後，可云特出。其中稍有牴牾者，如謂子、男之國不得有中士。考《孟子》稱“小國地方五十里”，有“中士倍下士”之文。趙岐注曰：“子、男為小國。《王制》曰：‘王者之制禄爵，公、侯、伯、子、男，凡五等。諸侯之上大夫卿、下大夫、上士、中士、下士，凡五等。’”孔穎達疏謂：“諸侯統公、侯、伯、子、男。”則子、男有中士矣。《王制》又曰：“其有中士①、下士，數各居其上之三分。”鄭注謂：“上、中、下士二十七人，各三分之。”《周禮·太宰》賈疏釋此文，謂：“朝聘之位，次國之上士當大國之中士，中士當下士，下士當其空；小國之上士當次國之中士，中士當下士，下士當其空。故云各居其上之三分。”若子、男無中士，則小國之士不敷三分之數，與經文戾矣。彤又謂：“加田之制，國八十里者，其加田極於百里；四十里者，極於五十里；二十里者，極於二十五里。"考《司勳》文曰："凡賞地無常，輕重視功。"又曰："惟加田無徵。"鄭注曰："加田，既賞之又加賜以田。"夫賞田且無常數，況加田乎？《春秋·宣公十五年傳》："晉侯賞桓子狄臣千室，又賞士伯以瓜衍之縣。"《襄公二十六年傳》："三月甲寅朔②，享子展。賜之先輅三命之服③，先八邑。"《襄公二十七年傳》："公與免餘邑六十。"《襄公二十八年傳》："與晏子邶殿④，其鄙六十。"此無論其為賞為加，率無常數，正可與《司勳》文相證。而彤定以二十里、十里、五里，稽諸經傳，略無明文。又彤算畿內百萬井，去山陵林麓等三十六萬井，存田六十四萬井，以為"三分去一"，本於班固《刑法志》。今考百萬井而去三十六萬井，乃二十五分而去九。《班志》本不云"三分去一"，彤所引殊為誤記。且《班志》非為《周官》作注，故立算不必盡據經文。今彤既據經文，即當參校經義，求其脗合。考鄭《載師》注算近郊百里則用三分去一之法，算六遂以外則用十八分去五之法。蓋近郊以內，不易之地家百畝，一易之地家二百畝，再易之地家三百畝。相通三夫，而受六夫之地。至六遂以外，上地家百畝，萊五十畝；中地家百畝，萊百畝；下地家百畝，萊二百畝。相通六夫，而受十三夫之地。其所受之田，既較近郊為加多，則所去之地，即當較近郊為加少。故郊內三分去一，而遂外僅十八分去五也。夫以三分去一算遂外之地，且猶病其過多，而況於二十五分而去九乎？此不信鄭注之所以疏也。至謂《遂人》十夫亦為井田，乃襲宋人緒論⑤，尤疏於考校。然其百慮一失者，僅此三四條耳，亦可云湛深經術者矣。

【彙訂】

① "其"，殿本作"若"，誤，參《禮記·王制》原文。

② "朔"，殿本脱，參《左傳·襄公二十六年》原文。

③ 殿本"先"上有"以"字，衍，參《左傳·襄公二十六年》原文。

④ "邺"，殿本作"郎"，誤，參《左傳·襄公二十八年》原文。

⑤ "緒論"，殿本作"緒綸"，誤。

周禮疑義舉要七卷（安徽巡撫採進本）

國朝江永撰。永字慎修，婺源人。是書融會鄭注，參以新說，於經義多所闡發。其解《考工記》二卷，尤為精核。如經文："六尺有六寸之輪，軹崇三尺有三寸也。加軫與轐焉，四尺也。"軫圍尺一寸，見於經文，而轐圍不著。并軫、轐以求七寸之崇，頗為難合。鄭注亦未及詳解。永則謂"軫方徑二寸七分有半，自軸心上至軫面，總高七寸①。轂入輿下，左右軌在轂上，須稍高，容轂轉，故轂上必有轐庋之。轐之圍徑無正文。《輈人》當兔之圍，居輈長十之一，方徑三寸六分，輈亦在輿下庋輿者，則兔圍與當兔同可知。軸半徑三寸二分②，加轐方徑三寸六分，共高五寸八分。以密率算，轂半徑五寸一分弱，中閒距軌七分强，可容轂轉。以五寸八分，加後軫出轐上者，約一寸二分，總高七寸。輿版之厚上與軫平，亦以一寸二分為率。後軫在輿下餘一寸五分，輈踵為闕曲以承之。算加軫與轐之七寸，當從輈算起。蓋輈在軸上，必當輿底相切。而兩旁伏兔，亦必與輈齊平。故知輈之當兔圍，必與兔圍等大。後不言兔圍者，因輈以見"云云。考《釋名》曰："軫橫在前，如臥牀之有枕也。枕，橫也，橫在下也。薦版在上，如薦席也。"似輿版在上而軫在下。永謂軫面與輿版相平，似乎不合。然輿版之下仍餘軹一寸五分,則其説仍不相悖。又考《説文》曰:"輄,車伏兔下革也。"則是伏兔鉗轂之處,尚有革承其閒。永算伏兔距轂崇三寸六分,而伏兔下革厚尚未算入。要其增分甚微,固亦無妨於約算也。又經文曰:"參分其隧,一在前,二在後,以揉其式。"式之制具詳於《曲禮》孔疏。其説謂:"車箱長四尺四寸而三分,前一後二,横一木,下去車牀三尺三寸,謂之為式。又於式上二尺二寸横一木,謂之為較。"至宋林希逸,又謂:"揉者,揉其木使正直而為之。"永則謂:"揉兩曲木,自兩旁合於前,通車前三分隧之一,皆可謂之式。式崇三尺三寸,并式深處言之。兩端與兩輢之植軹相接。軍中望遠,亦可一足履前式,一足覆旁式。《左傳》長勺之戰'登軾而望'是也。若較在式上,如何能登軾而望?若較於隧三分之前横架一木,則在陰版之内,車外不見式矣。《記》如何云'苟有車,必見其式'?"云云。考鄭注曰"兵車之式,深尺四寸三分寸之二",則經所云"一在前者"皆為式。凡一尺四寸有奇之地,注始得云"式深"。若僅於兩輢之中横架一木,名之曰式,則一木前後更不為式,注又何得以深淺度式乎?孔疏謂横架一木於車箱内,蓋未會鄭注"式深"二字之義。又鄭注云:"較,兩輢上出式者。"兩輢則兩箱版也。上出式而度之以兩輢,則兩較各在兩箱之上明矣。故《釋名》曰:"較在箱上。"不云"較在式上",是其明證。孔疏之誤顯然。至於經文凡云"揉者",皆揉之使曲,而希逸反謂"揉之使直",尤屬不考。均不及永之所説確鑿有徵。其他援引典核,率皆類此。其於古制,亦可謂考之詳矣。

【彙訂】

① "七寸",殿本作"二寸",誤,參此書卷六原文。

②"三寸",底本作"二寸",據此書卷六原文及殿本改。

　　右禮類"周禮"之屬,二十二部,四百五十三卷,皆文淵閣著録。

　　案,《周禮》古謂之《周官》,《欽定三禮義疏》已復其本名。以諸家注本題《周禮》者十之九,難於一一追改,故姑從鄭元以來相沿之稱。

卷二〇

經 部 二 十

禮 類 二

儀禮注疏十七卷（内府藏本）①

漢鄭元注，唐賈公彦疏。《儀禮》出殘闕之餘，漢代所傳，凡有三本。一曰戴德本，以《冠禮》第一，《昬禮》第二，《相見》第三，《士喪》第四，《既夕》第五，《士虞》第六，《特牲》第七，《少牢》第八，《有司徹》第九，《鄉飲酒》第十，《鄉射》第十一，《燕禮》第十二，《大射》第十三，《聘禮》第十四，《公食》第十五，《覲禮》第十六，《喪服》第十七。一曰戴聖本，亦以《冠禮》第一，《昬禮》第二，《相見》第三，其下則《鄉飲》第四，《鄉射》第五，《燕禮》第六，《大射》第七，《士虞》第八，《喪服》第九，《特牲》第十，《少牢》第十一，《有司徹》第十二，《士喪》第十三，《既夕》第十四，《聘禮》第十五，《公食》第十六，《覲禮》第十七。一曰劉向《别錄》本，即鄭氏所注。賈公彦疏謂：“《别錄》尊卑吉凶，次第倫序，故鄭用之。二戴尊卑吉凶雜亂，故鄭不從之也。其經文亦有二本。高堂生所傳者，謂之今文。魯恭王壞孔子宅，得亡《儀禮》五十六篇②，其字皆以篆書之，謂之古文。”元注參用二本。其從今文而不從古文者，則今文大書，古文附注，《士冠禮》“闑西闔外”句注“古文闑為埶，闑爲蹙”是也；從古文而不從今文者，則古文大書，今文附注，《士冠禮》醴辭“孝友時格”句注“今文‘格’爲‘嘏’”是也。其書自元以前，絕無注本。元後有王肅注十七卷，見於《隋志》。然賈公彥序稱：“《周禮》注者則有多門，《儀禮》所注後鄭而已”，則唐初蕭書已佚也。爲之義疏者有沈重，見於《北史》，又有無名氏二家，見於《隋志》，然皆不傳。故賈公彥僅據齊黃慶、隋李孟悊二家之疏，定爲今本③。其書自明以來，刻本舛譌殊甚。顧炎武《日知錄》曰：“萬曆北監本《十三經》中，《儀禮》脫誤尤多。《士昏禮》脫‘婿授綏，姆辭曰：未教，不足與爲禮也’一節十四字。賴有長安石經，據以補此一節，而其注疏遂亡。《鄉射禮》脫‘士，鹿中，翿旌以獲’七字，《士虞禮》脫‘哭止，告事畢，賓出’七字。《特牲饋食禮》脫‘舉觶者祭，卒觶，拜，長者答拜’十一字④。《少牢饋食禮》脫‘以授尸，坐取簞⑤，興’七字。此則秦火之所未亡，而亡於監刻矣。”云云。蓋由《儀禮》文古義奧，傳習者少，注釋者亦代不數人，寫刻有譌，猝不能校，故紕漏至於如是也。今參考諸本，一一釐正，著於錄焉。

【彙訂】

① 文淵閣《四庫》本尚有《考證》一卷，清周學健、李清植等撰。（沈治宏：《中國叢書綜錄訂誤》）

② “亡”，殿本作“古”，誤，參《儀禮·士冠禮》“闑西闑外”句賈公彥疏原文。

③ 丁丙《善本書室藏書志》云：“注、疏合刻，起於南、北宋之間而《儀禮》又在乎其後。又宋人各經皆以注附疏，分卷即依疏之卷數，如《禮記注疏》七十卷是也。惟《儀禮》以疏附注，其分卷則依經注之卷數，故單疏五十卷而注疏本則轉十七卷也。”則今

本十七卷乃宋人依經注卷數，非公彥所定。（胡玉縉：《四庫全書總目提要補正》）

④ 據《儀禮·特牲饋食禮》原文，"長者"當作"長皆"，此乃照録《日知録》卷十八《監本二十一史》條之誤。

⑤ "坐"，殿本作"至"，誤，參《儀禮·少牢饋食禮》及《日知録》卷十八《監本二十一史》條原文。

儀禮識誤三卷（永樂大典本）

宋張淳撰。淳字忠甫，永嘉人。是書乃乾道八年兩浙轉運判官直祕閣曾逮刊《儀禮鄭氏註》十七卷①，陸氏《釋文》一卷，淳為之校定，因舉所改字句，彙為一編。其所引據，有周廣順三年及顯德六年刊行之監本，有汴京之巾箱本，有杭之細字本②、嚴之重刊巾箱本，參以陸氏《釋文》、賈氏疏，覈訂異同，最為詳審。近世久無傳本，故朱彝尊《經義考》以為已佚。惟《永樂大典》所載諸條，猶散附經文之後，可以綴録成編。其《鄉射》、《大射》二篇適在《永樂大典》闕卷中，則不可復考矣。《朱子語録》有曰："《儀禮》人所罕讀③，難得善本。而鄭注、賈疏之外，先儒舊説多不復見，陸氏《釋文》亦甚疏略。近世永嘉張淳忠甫校定印本④，又為一書以識其誤，號為精密，然亦不能無舛謬。"又曰："張忠甫所校《儀禮》甚仔細，較他本為最勝。"今觀其書，株守《釋文》，往往以習俗相沿之字轉改六書正體⑤。則朱子所謂不能無舛謬者，誠所未免。然是書存而古經漢注之譌文脱句藉以考識，舊槧諸本之不傳於今者亦藉以得見崖略。其有功於《儀禮》，誠非淺小。今覆加檢勘，各疏明其得失，俾瑜瑕不揜⑥。其原本殘闕數處⑦，亦考訂補輯，附於下方。其書《宋史·藝文志》作一卷，而陳振孫《書錄解題》作三卷。考淳自序言:"裒所校之字,次為二卷,以《釋文》誤字為一卷,附其後,總為三卷。"則《宋志》一卷為傳寫之誤明矣。今仍釐為三卷,存其舊焉。

【彙訂】

① 據張淳自序,《儀禮》刊於乾道八年,時曾逮守溫州,實主其事,是年逮改官兩浙轉運判官。自序作於逮改官之後,故有"今兩浙轉運判官直祕閣曾公"之語。非為轉運判官時刊《儀禮》。(崔富章:《四庫提要補正》)

② "有",殿本無。

③ "人",殿本作"士",誤,參《晦庵集》卷七十"記永嘉《儀禮》誤字"條原文。

④ "印本",殿本脫,參"記永嘉《儀禮》誤字"條原文。

⑤ "正體",殿本作"正經",誤。

⑥ 殿本"不"下有"相"字。

⑦ "其",殿本無。

儀禮集釋三十卷(永樂大典本)

宋李如圭撰。如圭字寶之,廬陵人。官至福建路撫幹。案《文獻通考》引宋《中興藝文志》曰:"《儀禮》既廢,學者不復誦習。乾道閒有張淳,始訂其譌,為《儀禮識誤》。淳熙中,李如圭為《集釋》,出入經傳。又為《綱目》以別章句之旨,為《釋宮》以論宮室之制。朱熹嘗與之校定禮書,蓋習於禮者。"云云。則如圭當與朱子同時。而陳振孫《書錄解題》言如圭淳熙癸丑進士,《文獻通考》引振孫語,又作紹興癸丑進士。考淳熙紀元凡十六年,中閒實無癸丑。紹興癸丑為高宗改元之三年。朱子校正《儀禮》,乃在晚歲。疑當為紹熙癸丑,陳氏、馬氏並譌一字也[1]。宋自熙寧中廢罷《儀禮》,學者鮮治是經。如圭乃全錄鄭康成注,而旁徵博引以為之釋,多發賈公彥疏所未備。又撰《綱目》、《釋宮》各一篇,世無傳本,故朱彝尊《經義考》俱云未見[2]。今從《永樂大典》錄出,排纂成書。十七篇中,首尾完具者尚十五篇。惟《鄉射》、《大射》二篇在《永樂大典》闕卷內,其《綱目》一篇亦闕,無從考補,姑仍其舊。然已得其十之九矣。《儀禮》一經,因治之者希,經文並注,往往譌脫。如圭生於南宋,尚見古本。今據以校正,補《注疏》本經文脫字二十四,改譌字十四,删衍字十,補注文脫字五百有三,改譌字一百三十二,删衍字一百六十九。並參考唐石經及陸德明《經典釋文》、張淳《儀禮識誤》及各本文句字體之殊,應加辯證者,不勝指數,各附案語於下方[3]。其《鄉射》、《大射》兩篇,如圭之釋雖佚,亦參取惠棟、沈大成二家所校宋本,證以唐石經本,補經文脫字七,改譌字四,删衍字二,補注文脫字四十一,改譌字三十九,删衍字十七,以成《儀禮》之完帙。如圭舊本本十七篇,篇自為卷。其閒文句稍繁者,篇頁太多,難於分帙,今析之得三十卷。其《釋宮》則仍自為一書,別著於錄焉。

【彙訂】

①　"並",殿本作"各"。

②　"俱云",殿本作"云俱",誤。

③　此輯本所載《儀禮》經注,皆為當日《永樂大典》所鈔之經注,而非必李如圭《儀禮集釋》所載之經注。《永樂大典》原本遇引用鄭康成注即加省略,而云"鄭注見前",非"全錄鄭注"。戴震校語雖夥,然幾無直接本諸李書以校正今本《儀禮注疏》之處,且

多擅改經文。（張濤：《戴震輯本〈儀禮集釋〉質疑》）

儀禮釋宮一卷（永樂大典本）

宋李如圭撰。如圭既為《儀禮集釋》，又為是書以考論古人宮室之制。仿《爾雅·釋宮》，條分臚序，各引經記注疏，參考證明。如據《顧命》東西序、東西夾、東西房之文，證寢廟之制異於明堂，而不用《鄭志》"成王崩在鎬京[①]，宮室因文、武不改作，故制同諸侯"之說。_{案《鄭志》此條見《顧命》孔疏。}又如大夫、士東房西室之說，雖仍舊注，而據《聘禮》"賓館於大夫、士"證其亦有右房，據《鄉飲酒》及《少牢饋食》證大夫士亦有左房、東房之稱，與天子諸侯言左對右、言東對西者同。其辨析詳明，深得經意，發先儒之所未發，大抵類此，非以空言說禮者所能也。考《朱子大全集》亦載其文，與此大略相同，惟無序引。宋《中興藝文志》稱朱子嘗與之較定禮書。疑朱子固嘗錄如圭是篇，而集朱子之文者遂疑為朱子所撰，取以入集。猶蘇軾書劉禹錫語題姜秀才課冊，遂誤編入軾集耳。觀朱子《儀禮經傳通解》，於《鄉飲酒》"薦出自左房"、《聘禮》"負右房"，皆但存賈疏，與是篇所言不同。是亦不出朱子之一證矣。古者宮室皆有定制，歷代屢更，漸非其舊。如序、楹、楣、阿、箱、夾、牖、戶、當榮、當碑之屬，讀《儀禮》者尚不能備知其處，則於陳設之地、進退之位俱不能知。甚或以後世之規模臆測先王之度數，殊失其真。是編之作，誠治《儀禮》者之圭臬也。宋陳汝嘗序《集釋》，刻之桂林郡學舍，兼刻是篇。今刻本不傳。惟《永樂大典》內全錄其文，別為一卷，題云李如圭《儀禮釋宮》。蓋其所據猶為宋本。今據以錄出，仍與《集釋》相附。其閒字句與朱子本稍有異同，似彼為初稿，此為定本。今悉從《永樂大典》所載,以存如圭之舊焉。

【彙訂】

①“崩”,殿本作“時”,誤,參《尚書·顧命》孔疏所引《鄭志》原文。

儀禮圖十七卷儀禮旁通圖一卷(内府藏本)

宋楊復撰。復字茂才①,號信齋,福州人。鄭逢辰為江西漕,以所撰《儀禮經傳通解》續獻於朝,贈文林郎。是書成於紹定元年戊子。《書録解題》謂成於淳祐中②,蓋未核其自序也。序稱嚴陵趙彦肅作《特牲》③、《少牢》二禮圖,質於朱子。朱子以為更得《冠昏圖》及堂室制度并考之乃佳④。復因原本師意,録十七篇經文,節取舊説,疏通其意,各詳其儀節陳設之方位,繫之以圖,凡二百有五。又分宫廟門、冕弁門、牲鼎禮器門,為圖二十有五,名《儀禮旁通圖》,附於後。其於是經⑤,可謂用心勤摯。惟是讀《儀禮》者必明於古人宫室之制,然後所位所陳,揖讓進退,不失其方。故李如圭《儀禮通釋》、朱子《儀禮經傳通解》皆特出《釋宫》一篇,以總挈大綱,使衆目皆有所麗。是書獨廢此一門,但隨事立圖,或縱或横,既無定向,或左或右,僅列一隅。遂似滿屋散錢,紛無條貫。其見於“宫廟門”僅止七圖,頗為漏略。又遠近廣狹,全無分數。如序外兩夾,劉熙《釋名》所謂“在堂兩頭,故曰夾”是也。圖乃與房、室並列,則《公食大夫禮》“宰東夾北西面”,疏云“位在北堂之南”,《特牲饋食禮》“豆、籩、鉶在東堂”,注云“房中之東當夾北者”,皆茫然失其處所矣。門與東、西塾同在一基,圖乃分在東隅、西隅,則《士虞禮》“七俎在西塾之西無其地”及《士冠禮》“擯者負東塾”之類,皆非其處所矣。如斯之類,殊未能條理分明。然其餘諸圖,尚皆依經繪象,約舉大端,可粗見古禮之梗概,於學者不為無裨。一二舛漏,諒其創始之難工可也。

【彙訂】

① 弘治《八閩通志》卷七二有楊復傳,曰字志仁。（李裕民:《四庫提要訂誤》增訂本）

② "淳祐",殿本作"淳熙"。輯本《直齋書錄解題》未著錄此書。（陳乃乾:《讀〈四庫全書總目〉條記》）

③ "嚴陵",殿本作"彥陵",誤,參自序原文。

④ "朱子以為更得冠昏圖及堂室制度並考之乃佳",殿本作"以為更得冠昏圖及堂室制度更考之乃佳"。

⑤ "附於後其於是經",殿本作"附於其後於是經"。

儀禮要義五十卷（浙江吳玉墀家藏本）①

宋魏了翁所撰《九經要義》之一,於每篇各為條目,而節取《注疏》,錄於下方,與《周易要義》略同。蓋其著書本例如是也。《儀禮》一經,最為難讀,諸儒訓詁亦稀。其著錄於史者,自《喪服》諸傳外,《隋志》僅四家,《舊唐志》亦僅四家,《新唐志》僅三家。今惟鄭元注、賈公彥疏存耳。鄭注古奧,既或猝不易通②。賈疏文繁句複,雖詳贍而傷於蕪蔓,端緒亦不易明。《朱子語錄》謂其不甚分明,蓋亦有故。了翁取而刪剟之,分臚綱目,條理秩然,使品節度數之辨,展卷即知,不復以辭義繆轕為病。其梳爬剔抉,於學者最為有功。雖所採不及他家,而《儀禮》之訓詁備於鄭、賈之所說,鄭、賈之精華備於此書之所取。後來詮解雖多,大抵以《注疏》為藍本,則此書亦可云提其要矣。

【彙訂】

① 四庫本原缺三十、三十一兩卷，實僅四十八卷。（崔富章：《四庫提要補正》）

② "古奧既或"，殿本作"訓詁深奧"。

儀禮逸經傳二卷（兩江總督採進本）

元吳澄撰。澄有《易纂言》，已著録。是篇掇拾逸經，以補《儀禮》之遺。凡經八篇，曰《投壺禮》，曰《奔喪禮》，取之《禮記》；曰《公冠禮》，曰《諸侯遷廟禮》，曰《諸侯釁廟禮》，取之《大戴禮記》，而以《小戴禮記》相參定；曰《中霤禮》、曰《禘於太廟禮》、曰《王居明堂禮》，取之鄭康成《三禮注》所引逸文。其編次先後，皆依行禮之節次，不盡從其原文，蓋倣朱子《儀禮經傳通解》之例。其引二《戴記》著所出，鄭注不著所出，則與王應麟《鄭氏易》同。由古人著書，不及後來體例之密，不足異也。其傳十篇，則皆取之二《戴記》，曰《冠儀》，曰《昏儀》，曰《士相見儀》，曰《鄉飲酒儀》，曰《鄉射儀》，曰《燕儀》，曰《大射儀》，曰《聘儀》，曰《公食大夫儀》，曰《朝事儀》。其《鄉射儀》、《大射儀》取《禮記·射義篇》所陳天子[①]、諸侯、卿、大夫之射，釐之為二。其《士相見》、《公食大夫》二儀則取宋劉敞之所補。敞擬《記》而作者尚有《投壺儀》一篇，亦見《公是集》中，澄偶遺之。明何喬新嘗取以次《朝事儀》後，并為之跋。通志堂刻《九經解》，復佚其文。蓋所據乃未補之舊本，非喬新本也。又閻若璩《尚書古文疏證》第二十一篇曰："漢興，高堂生傳《禮》十七篇。孔壁出，多三十九篇，謂之《逸禮》。平帝時，王莽立之，旋廢。猶相傳至東漢，鄭康成注《三禮》曾引之。《天子巡狩禮》云：'制幣丈八尺，純四䃣。'《中霤禮》云：

'以功布為道布，屬於几。'《烝嘗禮》云'射豕者'，《軍禮》云'無干車，無自後射'，《朝貢禮》云：'純四䊷，制丈八尺。'《禘於太廟禮》云：'日用丁亥，不得丁亥則己亥、辛亥亦用之，無則苟有亥焉可也。'又《中霤禮》云'凡祭五祀於廟用特牲，有主有尸，皆先設席於奧。祀戶之禮，南面設主於戶內之西，乃制脾及腎為俎，奠於主北。又設盛於俎西，祭黍稷、祭肉、祭醴，皆三。祭肉，脾一，腎再。既祭，徹之，更陳鼎俎設饌於筵前。迎尸略如祭宗廟之儀。'《王居明堂禮》云：'出十五里迎歲'，又云：'帶以弓韣，禮之襟下，其子必得天材。'又云：'季春出疫於郊，以攘春氣。'又《中霤禮》云：'祀竈之禮，先席於門之奧，東面設主於竈陘，乃制肺及心、肝為俎，奠於主西。又設盛于俎南，亦祭黍三，祭肺、心、肝各一，祭醴二②。亦既祭，徹之，更陳鼎俎設饌於筵前。迎尸如祀戶之禮。'又《王居明堂禮》云：'毋宿於國。'又《中霤禮》云：'祀中霤之禮，設主於牖下，乃制心及肺、肝為俎，其祭肉，心，肺、肝各一，他皆如祀戶之禮。'又云：'祀門之禮，北面設主於門左樞，乃制肝及肺、心為俎，奠於主南，又設盛於俎東。其他皆如祭竈之禮。'又《王居明堂禮》云：'仲秋九門磔攘，以發陳氣，禦止疾疫。'又云：'仲秋農隙，民畢入於室，曰時殺將至，毋罹其災。'又云：'季秋除道致梁，以利農也。'又《中霤禮》云：'祀行之禮，北面設主於軷上，乃制腎及脾為俎，奠于主南，又設盛於俎東。祭肉，腎一，脾再。其他皆如祀門之禮。'又《王居明堂禮》云：'孟冬之月，命農畢積聚，繫牧牛馬。'又云：'季冬命國為酒，以合三族。君子說，小人樂。'又云：'仲秋乃命國醸。'《逸奔喪禮》云：'不及殯日，於又哭，猶括髮即位，不袒。告事畢者，五哭而不復哭也。'又云：'哭父族與母黨於廟，妻之黨於寢，朋友於寢門外，壹哭而已，不踊。'又云：'凡拜吉喪，皆尚左手。'又云：'無服袒免為位者，唯嫂與叔。凡為其男子服③，其婦人降而無服者，麻。''凡二十五條。為篇名者八，吳草廬《逸經》八篇，僅及其三。'"云云，則亦不免有所疏漏。然較之汪克寬書，則條理精密多矣。《明一統志》："沅州劉有年，洪武中為監察御史，永樂中上《儀禮逸經》十有八篇。"楊慎求之內閣，不見其書。朱彝尊《經義考》謂有年所進即澄此本，逸經八篇，傳十篇，適符其數。其說似乎有據。今世傳《內閣書目》惟載澄書，不著有年姓名。蓋當時亦知出於澄矣。

【彙訂】

①"射義篇"，殿本作"射儀篇"，誤。

②"二"，底本作"三"，據《尚書古文疏證》第二十一《言古文禮經以證〈書〉》原文及殿本改。《禮記‧月令》鄭注原文實作"三"。

③"其"，殿本脫，參《禮記‧奔喪》鄭注及《尚書古文疏證》第二十一《言古文禮經以證〈書〉》原文。

儀禮集說十七卷（兩江總督採進本）

元敖繼公撰。繼公字君善，長樂人，家於吳興。趙孟頫嘗從受業。後以江浙平章高彥敬薦，授信州教授。是書成於大德辛丑。前有自序，稱："鄭康成注疵多而醇少，刪其不合於經者，意義有未足，則取疏、記或先儒之說以補之。又未足，則附以一得之見。"又疑《喪服傳》違悖經義，非子夏作。皆未免南宋末年務詆漢儒之餘習。然於鄭注之中錄其所取，而不攻駁所不取，無吹毛索垢、百計求勝之心。蓋繼公於禮所得頗深，其不合於舊説者，不過所見不同，各自抒其心得，初非矯激以争名。故與目未睹注、疏之面而隨聲佐鬬者，有不同也。且鄭注簡約，又多古語，賈公彦疏尚未能一一申明。繼公獨逐字研求，務暢厥旨，實能有所發揮。則亦不病其異同矣。卷末各附正誤，考辨字句頗詳，知非徒騁虛詞者。其《喪服傳》一篇，以其兼釋記文，知作於記後。又疑為鄭康成散附經、記之下，而不敢移其舊第。又十三篇後之記[1]，朱子《經傳通解》皆割裂其語，分屬經文各條之下。繼公則謂諸篇之記有特為一條而發者，有兼為兩條而發者，有兼為數條而發者，亦有於經義之外別見他《禮》者，不敢移掇其文，失記者之意，自比於以魯男子之不可學柳下惠之可。卷末特為後序一篇記之。則繼公所學，猶有先儒謹嚴之遺，固異乎王柏、吳澄諸人奮筆而改經者也。

【彙訂】

①"後之記"，殿本作"之後記"，誤。此書後序云："禮古經十七篇，其十三篇之後皆有記。"

經禮補逸九卷（兩淮馬裕家藏本）[1]

元汪克寬撰。克寬字德輔，祁門人。泰定丙寅舉於鄉。元亡不仕。明初徵修《元史》，以老疾辭歸。洪武五年卒於家。事蹟具《明史·儒林傳》。是書取《儀禮》，《周官》，大、小《戴記》，《春秋三傳》，以及諸經之文有涉於禮者，以吉、凶、軍、賓、嘉五禮統之。《吉禮》之目六十有八，《凶禮》之目五十有七，《軍禮》之目二十有五，《賓禮》之目十有三，《嘉禮》之目二十有一，而以《禮經附説》終焉。克寬究心道學，於禮家度數，非所深求；於著書體例,亦不甚講。如每條必標出典,是矣。乃一類之中,條條連綴書之,合為一篇,文相屬而語不屬,遂參差無緒。又此書實考典文,非考故事,乃多載《春秋》失禮之事,雜列古制之中。如《祠禮》之昭公十五年“有事於武宮”;《嘗禮》之桓公十四年“壬申御廩災,乙亥嘗”;《烝禮》之桓公八年正月、五月再烝;《大閱禮》之桓公六年秋八月大閱;《朝禮》,《春秋》之書“朝”三十六;《遇禮》,隱公四年“公及宋公遇于清”;《會禮》之《春秋》書“會”九十五;《錫命禮》之莊公元年“王使榮叔錫桓公命”②;《燕饗禮》之莊公四年“夫人饗齊侯于祝丘”,尚略繫以論説,糾正其謬。至於《祫嘗禮》之文公二年“躋僖公”,又《諸侯大祫禮》亦引此條;《賵賻禮》之隱公元年“宰咺歸惠公仲子之賵”,三年“武氏子來求賻”;《禭禮》之襄公二十八年“楚人使公親禭”;《會葬禮》之襄公二年“諸姜宗婦來送葬”,皆失禮之尤。乃臚列其文,不置一語,不幾使讀者謂古禮當如是乎?至於《祭寒暑禮》下詆鄭康成徒見“木鐸徇令”一節與《夏書》孟春合,遂指正月為夏正,似未見《隋書·經籍志》載康成注《書》祇有二十九篇。又《王居明堂禮》謂《月令》漢儒所作,指為呂不韋作者,不知何據,似未見《呂氏春秋》有《十二月紀》,亦殊疏漏。程敏政《篁墩集》有書是書後,曰:“環谷汪先生,著書凡十餘種。先生既歿,悉被一人竊去,攘為己書。《經禮補逸》一編,尤號精確,乃百計購得之。其原本雖被改竄,然有附麗而無刊補。真贗之跡,皦然甚明。先生元孫文彙等力圖刊佈。因為手校,且摹先生之像於編首,別為《附録》一卷。”云云。此本有附録闕文、行狀之類,而無其像,亦無敏政此跋,或後人別得改竄之本刻之歟?以其元人舊帙,議論尚不失醇正,姑存以備一家焉。

【彙訂】

① 文淵閣《四庫》本尚有附錄一卷。（沈治宏：《中國叢書綜錄訂誤》）

②"元年"，殿本作"三年"，誤。

欽定儀禮義疏四十八卷

乾隆十三年，御定《三禮義疏》之第二部也。其詮釋七例，與《周官義疏》同。分經文為四十卷，冠以《綱領》一卷，《釋宮》一卷，不入卷數，殿以《禮器圖》四卷，《禮節圖》四卷。《儀禮》至為難讀①，鄭注文句古奧，亦不易解。又全為名物度數之學，不可以空言騁辯。故宋儒多避之不講②，即偶有論述，亦多不傳③。惟元敖繼公《儀禮集說》疏通鄭注而糾正其失④，號為善本。故是編大旨以繼公所説為宗，而參核諸家以補正其舛漏⑤。至於今文⑥、古文之同異，則全採鄭注，而移附音切之下。經文、記文之次第，則一從古本而不用割附之説。所分章段，則多從朱子《儀禮經傳通解》，而以楊復、敖繼公之説互相參校⑦。《釋宮》則用朱子點定李如圭本，《禮器》則用聶崇義《三禮圖》本，《禮節》用楊復《儀禮圖》本，而一一刊其譌繆，拾其疏脱。舉數百年度閣之塵編，搜剔疏爬，使疑義奧詞，渙然冰釋，先王舊典，可沿溯以得其津涯。考證之功，實較他經為倍蓰。豈非遭遇聖朝表章古學，萬世一時之嘉會歟？

【彙訂】

①"為"，殿本無。

② 殿本"多"下有"諱其所短"四字。

③"多不傳"，殿本作"為數無多"。

④“糾”，殿本無。

⑤“以”，殿本無。

⑥“於”，殿本無。

⑦“参校”，殿本作“参考”。

儀禮鄭注句讀十七卷附監本正誤、石經正誤二卷（浙江鮑士恭家藏本）

國朝張爾岐撰。爾岐有《周易説略》，已著録。是書全録《儀禮》鄭康成注，摘取賈公彦疏而略以己意斷之。因其文古奥難通，故並為之句讀。馬端臨《文獻通考》載其父廷鸞《儀禮注疏》序，稱其家有“景德中官本《儀禮疏》①。正經、注語皆標起止，而疏文列其下。因以監本附益之，手自點校。並取朱子禮書與其門人高弟黄氏、楊氏續補之編，分章析條，題要其上②。”今廷鸞之書不傳，爾岐是編體例略與相近。案《禮記》曰：“一年視離經辨志。”注曰：“離經，斷句絶也。”則句讀為講經之先務。沈約《宋書·樂志》於他樂歌皆連書，惟《鐸舞曲·聖人制禮樂篇》有聲音而無文義，恐迷其句，遂每句空一字書之。則難句者為之離析，亦古法也。至於字句同異，考證尤詳。所校除監本外，則有唐《開成石經》本③、元吳澄本，及陸德明《音義》、朱子與黄榦所次《經傳通解》諸家。其謬誤脱落、衍羨顛例、經注混淆之處，皆參考得實。又明西安王堯惠所刻石經補字④，最為舛錯，亦一一駁正。蓋《儀禮》一經，自韓愈已苦難讀，故習者愈少，傳刻之譌愈甚。爾岐兹編，於學者可謂有功矣。顧炎武少所推許，而其與汪琬書云：“濟陽張君稷若名爾岐者，作《儀禮鄭注句讀》一書⑤，頗根本先儒，立言簡當。以其人不求聞達，故無當時之名，而其書實似可傳。使朱子見之，必不僅謝監獄之稱許也。"又其《廣師》一篇曰："獨精《三禮》，卓然經師，吾不如張稷若。"乃推挹之甚至，非徒然也。爾岐《蒿庵集》中有自序一篇，稱尚有《吳氏儀禮考注訂誤》一卷，今不在此編中。然此編乃新刊之本⑥，無所佚脫。或是卷又自別行歟？

【彙訂】

①"疏"，殿本脫。《文獻通考》卷一百八十"《儀禮疏》五十卷"條所引"先公《儀禮注疏》序"云："一日從敗篋中得景德中官本《儀禮疏》四帙。"

②"分章析條題要其上"，殿本作"分章條析題於其上"，誤，參《文獻通考》卷一百八十"《儀禮疏》五十卷"條原文。

③"開成石經"，殿本作"開成石刻"，誤。書後附《監本正誤》、《石經誤字》屢引唐石經。

④"王堯惠所刻石經補字"，殿本作"王堯典所刊石經補字"，誤。明趙崡《石墨鐫華》卷二載："今西安府學石經乃唐文宗時石經也……嘉靖乙卯地震，石經倒損。西安府學生員王堯惠等案舊文集其缺字，別刻小石，立於碑傍，以便摹補……惟王堯惠等補字大為紕繆。"

⑤"一書"，殿本脫，參顧炎武《亭林文集》卷三《答汪苕文書》原文。

⑥"刊"，殿本作"刻"。

儀禮商二卷附錄一卷（浙江巡撫採進本）①

國朝萬斯大撰。斯大字充宗，鄞縣人。是書取《儀禮》十七篇，篇為之說，頗有新義，而亦勇於信心。前有應撝謙序，稱"喜其覃思，而嫌其自用"，亦篤論也。其《聘禮》解衣之"褧襲"謂："裘外之衣謂之褧衣，褧衣即禮服。《聘禮》既聘而享，賓主皆褧以將事。推此則凡裘外之褧衣皆禮服矣。"考《聘禮》鄭注曰："褧者，免上衣，見褧衣。"則褧衣之上更有衣明矣。賈疏曰："假令冬有裘，襯身禪衫②，又有襦袴，襦袴之上有裘，裘上有褧衣，褧衣之上又有上服③、皮弁、祭服之等。"則禮服也。如斯大之說，則褧衣之上不得更有皮弁、祭服之等矣。至《玉藻》所謂"君衣狐白裘，錦衣以裼之"，蓋諸侯皮弁視朔，特以錦衣為裼，未聞其不加皮弁服而專用錦衣也。《玉藻》又謂："君子狐青裘，豹褎元〔玄〕綃，衣以裼之。"大夫助祭，服爵弁純衣，亦特以元綃衣為裼，未聞其不用純衣而用元綃衣也。然則謂褧衣之上無禮服，不特迕注，且悖經矣。斯大又謂："襲衣乃於褧衣上加深衣。蓋褧衣直衿，故露美；深衣交衽，故不露美也。"今即以聘服皮弁考之，皮弁服之下為朝服，朝服之下為元端，元端之下為深衣，深衣為庶人之服。聘禮重聘而輕享。若享時皮弁而裼，聘時深衣而襲，則聘服反殺於享服三等矣，隆殺之義何在乎？且主國之君與使臣行聘於廟，而各服庶人之服以相見，以為此其充美，無是理也。其《廟寢圖》列東西箱在東西堂之下，如今廊廡。考《公食大夫禮》云："賓升，公揖，退於箱下。"又云："公降，再拜。"若箱在堂下，則既退於箱④，又何降乎？故鄭注以箱為堂上東夾之前。《漢書·董賢傳》："太皇太后召大司馬賢，引見東箱。"則東箱非廊廡閒明矣。王延壽《魯靈光殿賦》曰"右个清宴"，李善注引杜預《左傳注》曰："个，東西箱也。"東西个在堂上，則東西箱不在堂下明矣。斯大所圖，亦非經義也。然斯大學本淹通，用思尤銳，其合處往往發明前人所未發。卷末附《答應嗣寅書》，辨治朝無堂，尤為精核。棄所短而取所長,亦深有助於考證也。

【彙訂】

① "附録一卷",殿本脱,據文淵閣庫書。

② 殿本"身"下有"有"字,衍,參《儀禮·聘禮》"裼,降立"句賈疏原文。

③ "又",殿本脱。

④ "箶",殿本作"廟",誤。

儀禮述注十七卷(福建巡撫採進本)

國朝李光坡撰。光坡有《周禮述注》,已著録。是書取鄭注、賈疏總撮大義,而節取其辭。亦閒取諸家異同之説,附於後。其中注、疏原文有可删削者①。如《士冠禮》:"筮人執筴,抽上韇。"注曰:"今時藏弓矢者謂之韇丸也。"考《左傳·昭公二十五年》:"公徒釋甲執冰而踞。"杜注:"冰,韇丸。或云韇丸,箭箙。"《方言》曰:"弓藏謂之鞬,或謂之韇丸。"《後漢書·南匈奴傳》曰:"今齎雜繒五百匹,弓鞬韇丸一,矢四發,遣遺單于。"《廣雅》作"皾㔿"。此傍借"韇丸"以明"韇"字之訓,非經之正義,删之可也。至如《士冠禮》"贊者洗于房中,側酌醴",注:"贊酌者,賓尊不入房。"光坡節此二句,則賓不自酌而用贊者,義遂不明,為删所不應删矣。又注載古文、今文,最關經義。如《士喪禮》"設決,麗于掔",注引古文"掔"作"捥"。考《管子·弟子職》:"飯必捧掔,羹不以手。"《吕覽·本味篇》"述蕩之掔",高誘注曰:"掔,古手捥之字也。"據此,則以古文之"捥"證今文之"掔",義更明晰。而光坡概節之,亦為太簡。其旁採諸家之言,尤時有未審。如《公食大夫禮》曰:"飲酒、漿飲,俟于東房。"注:"飲酒先言飲,明非獻酬之酒也。"又曰:"宰夫右執觶,左執豐,進設於豆東。"注:"食有酒者,優賓也。"光坡引楊孚之說曰:"上'飲酒、漿飲,俟于東房'疏云酒、漿皆以酳口。此'進設於豆東'疏又云:'漿以酳口,不用酒,主人猶設之。是以優賓。'兩説牴牾不同。下文:'祭飲酒于上豆之閒,魚腊醬湆不祭。'夫魚腊醬湆不祭,而祭飲酒,則知酒以優賓,但賓不舉耳,豈酳口之物哉? 當以優賓之義為正。"云云。今考賈前疏云酒、漿皆以酳口,謂二飲本並設以待賓用也。後疏云:"漿以酳口,不用酒。"謂二飲雖並設,其實賓止用漿耳。前後一義相承,並無牴牾。楊氏殊未解疏意。至於鄭注"優賓"之義,亦謂賓酳口止用漿,而主人仍特設酒,故曰"優賓"。下文之祭飲酒,乃賓加敬以報酳禮之優,與他篇獻酬之酒、祭酒不同。觀鄭上注明云飲酒非獻酬之酒,則為飯後潔口之物可知。楊氏以設飲酒為優賓,而謂飲酒非以酳口,於鄭注"優賓"之義亦為未明。且考《周禮·酒人》曰:"共賓客之禮酒、飲酒而奉之。"注:"禮酒,饗燕之酒。飲酒,食之酒。"賈疏:"'飲酒,食之酒'者,《曲禮》曰:'酒漿處右。'此非獻酬之酒,是酳口之酒。"則楊氏謂飲酒非酳口之物,與《酒人》經、注皆相矛盾矣。光坡取之,實未深考。然如《士冠禮》:"母拜受,子拜送。"光坡謂:"母拜受乃受脯而拜,非拜子也。"其義最允。蓋此"拜受",如《大射儀》"主人盥[2],洗象觚,升酌膳,東北面獻於公。公拜受",乃拜受觚,非公先拜其卿大夫也[3]。又如《特牲饋食禮》:"主人洗角,升,酌,酳尸。尸拜受。"乃拜受角,非祖考先拜其子孫也。凡此之類,頗有可取。又如《喪服記》:"夫之所為兄弟服,妻降一等。"萬斯同據以為嫂叔有服之證,光坡不取其説,亦深有決擇。《三禮》之學,至宋而微,至明始絕。《儀禮》尤世所罕習,幾以為故紙而棄之。注其書者寥寥數家,即郝敬《完解》之類,稍著於世者④,亦大抵影響揣摩⑤,橫生臆見。蓋《周禮》猶可談王談霸⑥,《禮記》猶可言誠言敬⑦,《儀禮》則全為度數節文,非空辭所可敷演,故講學家避而不道也。光坡此編雖瑕瑜互見,然疏解簡明,使學者不患於難讀,亦足為說《禮》之初津矣。

【彙訂】

① 殿本"可"下有"以"字。

② "大射儀",殿本作"大射禮"。

③ "卿大夫",殿本作"鄉大夫",誤。

④ "著",殿本作"傳"。

⑤ "亦",殿本無。

⑥ "談王談霸",殿本作"談王霸"。

⑦ "言誠言敬",殿本作"言誠敬"。

儀禮析疑十七卷(江蘇巡撫採進本)

國朝方苞撰。苞有《周官集注》,已著録。是書大指在舉《儀禮》之可疑者而詳辨之,其無可疑者並經文不録。苞於《三禮》之學,《周禮》差深。晚年自謂治《儀禮》十一次,用力良勤,然亦頗勇於自信。如《士冠禮》"緇布冠缺項",鄭康成讀"缺"如"頍弁"之"頍"。敖繼公則謂:"以緇布一條圍冠為缺項,別以一物貫之,其兩相又以纓屬。"自來講《儀禮》者多用其説。苞謂:"既有紛以束髮,何為又以緇布圍冠? 據經文乃以青組為緇,後屬缺項,而前繫於兩相,以結於頤下。"不知鄭氏讀"缺"為"頍",固為改字。而別注云:"項中有編。"疏謂:"兩頭皆為編,別繩穿編中結之。"《廣韻》訓"編"為"缺"①。《類篇》曰:"編,結也。"則鄭之此注,大可依據。明是缺項有布為之結，然後加繩。敖繼公説猶有未詳，苞則去敖氏更遠矣。《士昏禮》"納徵，元〔玄〕纁束帛"，苞云："致幣之儀不具，何也？ 士、庶人所通行，人皆知之。"夫經文"儷皮"以下既曰"如納吉禮"，則非以人所通行而略之也。且束帛為十端，詳於《周禮》鄭注、《禮記·雜記》注。十個為束，"二端相向卷之，共為一兩"。苞第云"執一兩以致辭"，則"一兩"不知為何語矣。《有司徹》"侑俎"二字，蓋總挈羊左肩、左肫以下，下節"阼俎"，則以起羊肺諸品。而苞以前文有侑有俎，謂此衍文。果如所説，則與下"阼俎"不配。皆不詳考之故也。然其用功既深，發明處亦復不少。於《士相見禮》辨注謂"賓反見即有燕禮"之非，辨"張侯下綱"之文所以見於《鄉射》而不載於《大射儀》之故，皆由《周禮》以通之。於《聘禮》"公答再拜，擯者出，立於門中以相拜"，以為待公既拜，然後反還振幣；於《覲禮》"侯氏迎於帷門之外②，再拜"，解"使者不答"，以王命未宣，不敢受拜禮。皆細心體認，合乎經義。其他稱是者尚夥。檢其全書，要為瑜多於瑕也。

【彙訂】

① "訓"，殿本作"引"。

② "迎"，殿本作"近"，誤，參《儀禮·覲禮》。

儀禮章句十七卷（浙江吳玉墀家藏本）

國朝吳廷華撰。廷華字中林，初名蘭芳，仁和人。康熙甲午舉人，由中書舍人歷官福建海防同知。乾隆初，嘗薦修《三禮》。杭世駿《榕城詩話》稱："廷華去官後，寄居蕭寺，穿穴賈、孔，著《二禮疑義》數十卷。"案廷華所著《周禮疑義》，今未之見。而此書則名《章句》，未審別有《儀禮疑義》，抑或改名《章句》也①。其書以張爾岐《儀禮句讀》過於墨守鄭注，王文清《儀禮分節句讀》以句讀為主，箋注失之太略，因折衷先儒，以補二書所未及。每篇之中，分其節次。每節之內，析其句讀。其訓釋多本鄭、賈箋疏，亦閒採他說，附案以發明之，於《喪禮》尤為詳審。如《喪服》"嫡孫"條②，疏謂祖、孫本非一體，此謂祖為適子服斬，故於孫不重服，特隆於大功，疏說非是。《士喪禮》"陳大斂具"條③，"熬黍、稷各二筐"，敖繼公謂置此代奠，此獨從注說，謂："設以聚蟻，去熬而蟻亦俱去，蓋善法也。"謂《既夕禮》"皆木桁久之"句，"久"當作"廬人灸諸牆"之"灸"，柱也，以辨注、疏之非。又謂："祖奠，主人當在柩東，奠在其南，則亦在柩東。注謂主人及奠俱在柩西，非是。"頗見精確。惟於"三年之喪"，過信毛奇齡三十六月之說。不知此說倡自唐王元〔玄〕感，當時已為禮官所駁，閻若璩《潛邱劄記》辨之尤悉。廷華蓋偶未考。又謂："'袒免'之'免'，疑襯冠者。"案疏謂："髽與括髮以麻布自項鄉前，交於額上，卻繞紒④。免亦如之，但布廣一寸為異。"未聞有襯冠。其說亦穿鑿。然其章分句釋，箋疏明簡，於經學固不為無補也。

【彙訂】

① 吳廷華所著為《三禮疑義》一百六十六卷，傳世五十四卷。《儀禮章句》有乾隆二十二年刊本，與《儀禮疑義》係兩書。（崔富章：《四庫提要補正》）

② "喪服嫡孫條"，殿本作"士喪禮祖為嫡孫條"，誤，參此書卷十一《喪服》"嫡孫"條注。

③ "士喪禮"，殿本脫。

④ "髽與括髮以麻布自項鄉前交於額上卻繞紒"，殿本作

"髽與括髮以麻布自頂鄉前交於額上卻繞髻",誤,參《儀禮·士喪禮》"主人髻髮,袒,衆主人免于房"句疏。

補饗禮一卷(浙江巡撫採進本)[①]

國朝諸錦撰。錦有《毛詩説》,已著録。是編以《儀禮》十七篇有燕禮,有公食大夫禮,而獨無饗禮。然其見於《周官》、《春秋傳》、《禮記》者,猶可得而考。元吳澄作《纂言》及《考注》,嘗有補經八篇、補傳十篇,獨於饗禮之文未有特著。蓋緣《聘》、《覲》篇中俱兼及饗食,謂其可以相通而略之。殊不知饗之為禮也,大非一聘、覲所能該。有祭帝、祫祭之大饗,復有天子享元侯、兩君相見及凡饗賓客之不同。使不自為一篇,則雖諸書可考,亦無自而察其全。因據《周官》賓客之禮,聯事而比次之。並取《左傳》、《禮記》中相發明者,條註於下,為《補饗禮》一卷。考敖繼公《儀禮集説》序曰:"《公食大夫禮》云'設洗如饗',謂如其公饗大夫之禮也。而今之經乃無是禮,則是逸之也。"云云。據其所考,則《儀禮》本有《饗禮》一篇,經文可證。錦之所補,非屬鑿空。且是編以《周官》為宗,《周禮》固《儀禮》綱領。以經補經,固無訾於不類。至於分注之《傳》、《記》,證佐天然,咸有條理,尤非牽強附會之比。至薦籩、不薦籩之異文,庭燎、門燎掌於閽人、甸人之殊説,並兩存其義,不生穿鑿,亦勝於空談臆斷之學。雖寥寥不滿二十葉,而古典所存,足資考證,不以其篇帙之少而廢也。

【彙訂】

①　絳跗閣原本、《藝海珠塵》本、《槐廬叢書》本均作《饗禮補亡》。(胡玉縉:《四庫全書總目提要補正》)

礼經本義十七卷（浙江巡撫採進本）

國朝蔡德晉撰。德晉字仁錫，無錫人。雍正丙午舉人，乾隆初以楊名時薦官司務。是書前十六卷皆本經，第十七卷附吳澄所輯《逸禮》八篇。皆引宋、元、明以來諸家之説，與注、疏互相參證①，大旨皆不戾於古。名物制度，考辨頗悉。亦閒出新義。如《士冠禮》文："白屨，以魁柎之。"鄭注："魁，蜃蛤。柎，注也。"蓋以蛤灰柎注於屨，取其潔素。《説文》所云魁蛤，是其確證。乃引萬斯大之説，謂："魁以木為之。明時巾帽以木為範，名曰魁頭，蓋本於此。"殊不免杜撰無稽。然如《士冠禮》經文曰："即筵坐。櫛，設笄。"敖繼公以為固冠之笄，德晉則謂："笄有二種，一是髻内安髮之笄，一是弁冕固冠之笄。此未加冠，明是安髮之笄，繼公所説為誤。"則亦頗辨析精密，為前儒所未及也。

【彙訂】

①"參證"，殿本作"參考"。

宮室考十三卷（江蘇巡撫採進本）①

國朝任啟運撰。啟運有《周易洗心》，已著録。是書於李如圭《釋宮》之外別為類次，曰門，曰觀，曰朝，曰廟，曰寢，曰塾，曰寧，曰等威，曰名物，曰門大小廣狹，曰明堂，曰方明，曰辟雍，考據頗為詳核。惟謂："房東為東廂，西為西廂。北牖、東牖、西牖南户屬諸堂東，為東堂，西為西堂。堂上東西牆曰序，序東為東夾室，西為西夾室。南墉、東墉、西墉北户偏諸東，東為東堂，西為西堂。"如其所説，則東西廂在房之東西，東西夾室在堂之東西。東西廂之南，東西夾室之北，則曰東西堂矣②。然考之經傳，實全無根據。《儀禮·覲禮篇》注曰："東廂，東夾之前，相翔待事之處。”《特牲饋食禮》注曰：“西堂，西夾之前，近南。”疏曰：
“即西廂也。”《爾雅・釋宮》曰：“室有東西廂曰廟。”郭璞注曰：
“夾室前堂。”據此，則東西廂即東西堂，明在東西夾室之前，而啟
運謂在東西夾室之後，誤矣。《公食大夫禮》曰：“公揖退於箱下。
公受宰夫束帛以侑，西鄉立。”注云：“箱，東夾之前，俟事之處。
受束帛於序端。”蓋東廂即接序端，公當於序端受束帛，故先立於
東廂以俟之，地近則事便也。若東廂在東房之東、夾室之北，則
南距序端，中閒隔一正堂，使於此而俟事，則往來不便孰甚焉？
是證以經文，無一相合。又《漢書・周昌傳》：“吕后側耳於東箱
聽。”顏師古注曰：“正寢之東西室皆曰箱。”若東箱僻在房東，遠
在夾北，則又何從側耳聽乎？又《金日磾傳》：“莽何羅從外入，從
東箱上，見日磾色變，走趨卧内。”蓋從東堂趨室内，故云從外入
也。若東廂在房東、夾北，則是從内出矣。《後漢書・周舉傳》：
“天子親自露坐德陽殿東廂請雨。”則東廂不應在房東③、夾北明
矣。是核以史事，亦無一相合。且《儀禮・燕禮》：“小臣共槃匜
在東堂下。”注曰：“為公盥也。”下又云“公降盥”，蓋降東階就槃
匜，故共槃匜在東堂下，就近也。啟運謂東堂在東夾北，則是公
降盥於東夾北之堂下，豈經義乎？又《特牲饋食禮》：“主婦視饎
爨於西堂下。”注曰：“近西壁，南齊於坫。”如東堂在東夾北，則注
於“堂下”當云“北齊於坫”矣。啟運不究《儀禮》全經，自立新説，
故其失如此。又謂周之為學者五：中曰成均，左之前曰東膠，左
之後曰東序，右之前曰瞽宗，右之後曰虞庠。於四郊先為四國
學：南之東曰東膠，北之東曰東序，南之西為瞽宗，北之西為虞
庠。今考周太學曰東膠，在公宫南之左，小學曰虞庠，在西郊。
見於《王制》注。三代之學，所在無文。至劉敞始謂辟廱居中，其

北為虞學,其東為夏學,其西為殷學。至陸佃《禮象》始謂辟廱居中,其南為成均,北為上庠,東為東序,西為瞽宗。啟運蓋襲其說,遂謂四代之學皆在學中,而不考其無所出。又《三禮義宗》曰:"凡立學之法,有四郊及國中。在東郊謂之東學,在南郊謂之南學,在西郊謂之西學,在北郊謂之北學。故鄭注《祭義》曰:'周有四郊之虞庠。'"據此,則周特為虞庠於四郊,而啟運謂並立東序、瞽宗於郊,尤為特創,不足據也。他若謂宗廟在雉門內,引《禮運》"仲尼與于蜡賓,事畢,出遊于觀之上",《穀梁傳》"禮,送女,母不出祭門④,諸母兄弟,不出闕門",如此之類,則頗為精審,可以與鄭注相參矣。《儀禮》一經,久成絕學,啟運能研究鉤貫,使條理秩然,雖閒有疵謬,而大致精核,要亦不愧窮經之目矣。

【彙訂】

① 此書實為上下二卷,分十三目。(崔富章:《四庫提要補正》)

② "曰",底本作"四",據殿本改。

③ "應",殿本作"隱"。

④ "門",殿本脫,參《春秋穀梁傳·桓公三年》原文。

肆獻祼饋食禮三卷(兩江總督採進本)

國朝任啟運撰。是編以《儀禮》特牲、少牢《饋食禮》皆士禮,因據《三禮》及他傳記之有關於王禮者推之。不得於經,則求諸注疏以補之。凡五篇一曰《祭統》,二曰《吉禮》,三曰《朝踐》,四曰《正祭》,五曰《繹祭》。其名則取《周禮》"以肆獻祼享先王,以饋食享先王"之文。每篇之內,又各為節次。每節皆先撮己說,而自注其説之所出，其後並附載經傳。較之黃榦所續《祭禮》，更為精密。其中如《吉禮篇》"省牲視濯"節曰："饔人概鼎，廩人概甒甗，司宮概豆籩及勺爵。"今考《周禮·天官·世婦》曰①："掌祭祀之事，帥女官而濯概溉，為齊盛。"賈疏謂："《少牢》濯溉概以饔人、廩人、司宮者②，彼大夫家無婦官，故并使男子官。此天子禮，有婦官，與彼異。"啟運此書既推天子之禮，而仍據《少牢》之文，則《世婦》"帥女官濯溉"之文遂無歸宿。又"列位"節，啟運謂："同姓皆在阼階，自北而南，以序昭穆爵位。則於一世中自西而東，以尊卑為序。蓋世異則子不可先父，世同則弟不妨先兄③。觀《中庸》於燕毛言序齒，則昭穆不序齒可知。"案同姓之位，舊説多岐。《文王世子》："公族在宗廟之中，如外朝之位。宗人授事，以爵以官。"《中庸》"宗廟之禮所以序昭穆也"，孔疏謂："同姓無爵者從昭穆，有爵者則以官，與公侯列西階。"孔意蓋欲使《中庸》與《文王世子》二義并歸一義，其説尚為意測。《祭統》曰："凡賜爵，昭為一，穆為一。昭與昭齒，穆與穆齒，凡有司皆以齒，此之謂長幼之序。"注曰："昭穆猶特牲、少牢《饋食禮》之眾兄弟。"則兄弟賜爵以齒，其位亦以齒，確有明文。啟運不用孔義，又不用鄭義，別創昭穆不序齒之説，與經義殊為不合。又《正祭篇》有"薦幣"節，自注云："據薛氏《禮圖》，鄭氏、孔氏皆未及引《大宰》、《小宰》文及《大戴禮·諸侯遷廟禮》為據。"今考《大宰》曰："及祀之日，贊玉幣爵之事。"上承祀五帝之文，不與宗廟相涉。《小宰》曰："凡祭祀贊玉幣爵之事、祼將之事。"賈疏云："贊玉幣爵，據祭天。而下云'祼將'，是據祭宗廟。"則贊幣非祭宗廟明矣。《大宗伯》以玉作六器，其幣各以其方之色，亦是據祀五帝也。惟《諸侯遷廟禮》有云："祝聲三，曰：'孝嗣侯某，敢以嘉幣告於皇考。'"今考宗廟之禮,惟告奠有幣,而祭無幣。故《曾子問》曰"凡告用牲幣",注曰:"'牲'當為'制'字之誤也。制幣一丈八尺。"又《大祝》注云:"告用牲幣。"《諸侯遷廟禮》明云:"成廟將徙,敢告。"又云:"告事畢,乃曰擇日為祭焉。"則告禮而非祭禮明甚。而啟運以之證宗廟正祭,亦為牽附。又《正祭篇》曰:"後又羞籩二,糗餌粉餈,羞豆二,酏食糝食。内饔贊薦。"自注云:"孔疏但云内饔薦,兹據薛氏《禮圖》。"今考《内饔職》曰:"凡宗廟之祭祀,掌割亨之事。"無薦内羞明文,孔疏亦無所出。又《春官·内宗》曰:"掌宗廟之祭祀,薦加豆籩。"夫加豆籩隆於内羞,王后已不親薦,況内羞乎? 啟運沿薛《圖》之誤,亦為失考。然大致綜覈諸家,首尾融貫,極有倫要。如后薦朝事豆籩,啟運列在納牲之前,薛《圖》列在三獻之後。今考《内宰》疏曰:"王出迎牲時,祝延尸於户外之西,南面。后薦八豆籩,王牽牲入。"則啟運之說確有所本。又考《明堂位》:"君肉袒迎牲于門,夫人薦豆籩。"其下云:"君親牽牲,大夫贊幣而從。"據此,則朝事薦豆籩,賈疏列在納牲之前甚確。薛《圖》舛謬,亦復顯然。又后薦饋食之豆籩,啟運列在五獻之前,薛《圖》列在五獻之後。今考鄭《司尊彝》注曰:"饋獻薦孰時,后於是薦饋食之豆籩。"云"薦孰時",則其時初薦孰而未及五獻甚明。故《少牢禮》主婦薦韭菹、醓醢、葵菹、蠃醢尚在尸未入以前,即知后於饋食薦豆籩必不在五獻以後。凡此之類,啟運考正薛《圖》之誤,俱精核分明。存而錄之,與《續儀禮通解》亦可以詳略互考焉。

【彙訂】

①"曰",殿本無。

②"司宫",殿本作"司官",誤,參《周禮·天官·世婦》賈疏

原文。

③ 殿本"同"上有"相"字，衍，參此書卷上《吉蠲》篇"列位"
節注文。

儀禮釋宮增注一卷（安徽巡撫採進本）

國朝江永撰。永有《周禮疑義舉要》，已著録。是書取朱子
《儀禮釋宮》一篇，案《釋宮》本李如圭之書，誤編於朱子集中。永作此書之
時，《永樂大典》尚未顯於世，故不知非朱子之筆。今仍其原書所稱，而附著其故
於此①。為之詳注，多所發明補正。其稍有出入者僅一二條，而考
證精密者居十之九。如鄭注謂大夫、士無左右房，朱子疑大夫、
士亦有西房而未決。考《詩正義》曰："《鄉飲酒義》：'尊于房户之
閒，賓主共之。'由無西房，故以房與室户之閒為中。又《鄉飲酒
禮》：'席賓於户牖閒。'《鄉飲酒義》曰：'坐賓于西北。'則大夫、士
之户牖閒在西，而房户閒為正中明矣。"此大夫、士無西房之顯
證。永乃謂："賓坐户牖閒，主人自阼階上望之，若在西北，故云
坐賓于西北。其實在北而正中。"不知《鄉飲酒義》又云："坐介于
西南，坐僎于東北。"若以永説推之，則《鄉飲酒禮》注所謂"主席
阼階上，西面。介席西階上，東面"，其東西正相向者，自主人望
介，乃在西而不在西南也。《鄉飲酒禮》所謂僎席在賓東者，自主
人望僎，乃在北而不在東北也。其説殊有難通。且《鄉飲酒義》
亦云"主人坐于東南"，即知坐賓西北。自據堂之西北，非主人之
西北明矣。又《詩·斯干》云："築室百堵，西南其户。"鄭箋謂：
"天子之寢左右房，異于一房者之室户也。"永謂《詩》"南東其
畝"，謂或南其畝，或東其畝，與此"西南其户"，語勢正同。此燕
寢室内或開西户，以達於東房。考燕寢西户之制，不見於經。

《玉藻》曰:"君子之居恒當戶,寢恒東首。"則燕寢也。而注以當戶為牖明,則燕寢之戶南牖也。即以漢制考之。《漢書·龔勝傳》云:"勝為牀室中戶西,南牖下。使者入戶西行,南面立。"若為西牖之戶,則入戶即東行矣。然則燕寢戶皆南牖,同於正寢。西牖之說,略無所據也。其他若謂東夾、西夾不當稱夾室,《雜記》、《大戴禮》"夾室"二字乃指夾與室言之,本各一處,《注疏》連讀之,故相沿而誤。又謂門屏之閒曰宁,乃路門之外,屏樹之內。邢疏前說為得,其後說又以為路門之內,則誤。又謂李巡《爾雅注》"宁,正門內兩塾閒[2]",乃與《詩》之"著"義同,非門屏閒之"宁"也。如此之類,不可殫舉。其辨訂俱有根據,足證前人之誤,知其非同影響剿撥之學矣。

【彙訂】

①"故",殿本作"誤"。

②"內",殿本作"外",誤。《爾雅·釋宮》"門屏之間謂之宁"句疏引"李巡云:正門內兩塾間曰宁"。此書"夾門之堂謂之塾"條"李巡曰:宁,正門內兩塾間"句下注文曰:"案,正門內兩塾間,此迎賓時暫立之處耳,本不可謂之宁。此'宁'字猶《詩》之'著',非《釋宮》及《曲禮》'宁'也。"

儀禮小疏一卷(江蘇巡撫採進本)①

國朝沈彤撰。彤有《尚書小疏》,已著録。是書取《儀禮》《士冠禮》、《士昏禮》、《公食大夫禮》、《喪服》、《士喪禮》五篇,為之疏箋,各數十條。每篇後又各為監本刊誤。卷末附《左右異尚考》一篇,考證頗為精核。如謂牲二十一體兼有髀,《周禮》《內饔》及《士昏禮》兩疏乃不數髀,陳祥道則去髀而用骼,殊為舛誤。又謂

祥道以骨折乃止折脊脅，不及肩臂臑之骨，不知《士虞記》云：“用
專膚為折俎，取諸脰臄。”折亦謂之折俎，則脊脅亦折可知。又辨
萬斯大解緇布缺項及廟寢之誤。又辨《士喪禮》“衆主人在其後”
鄭注所云“庶昆弟”于死者乃為衆子②，是斬衰之親，敖繼公謂齊
衰、大功之親殊誤。又謂“婦人俠牀，東面”鄭注所云“妻妾子姓”
乃謂死者之妻，萬斯大乃云凡《儀禮》喪祭稱主婦者皆宗子之
妻③，非宗子之母，殊失鄭義。凡斯之類，其說皆具有典據，足訂
舊義之譌。其中過於推求，轉致疏舛者。如《士冠禮》注：“今時
卒吏及假吏也。”肜謂《後漢志》司隸校尉、州刺史並有假。劉昭
注引《漢官》，雒陽令有假④，皆不兼吏名。此云“假吏”者，疑
“吏”字衍。考《後漢書·光武紀》有“宜且罷輕車、騎士、材官、樓
船士及軍假吏”，《百官志》謂太常卿有假佐十三人，太僕卿有假
佐三十一人，廷尉卿有假佐一人，司隸校尉有假佐二十五人，每
州刺史皆有從事假佐。佐即吏也，故《志》稱“佐吏以下”。則鄭
注“假吏”之文灼然不誤。又《士冠禮》“設洗直於東榮”，注云：
“榮，屋翼也。”《釋宮》引《說文》：“屋梠之兩頭起者為榮。”梠即檐
也，檐之東西起者乃曰榮。肜據此指郭璞《上林賦》注所云“南
榮，屋南檐”者為誤。考《景福殿賦》曰：“南距陽榮，北極幽崖。”
是南檐通名“榮”之顯證，亦不得云郭注為誤。又《士喪禮》“牢中
旁寸”，注云：“牢讀為樓。”肜雖深信鄭注，而終以牢讀為樓無他
證。考焦延壽《易林》曰：“失志懷憂，如幽狴牢。”又曰“失羊補
牢，無益於憂”為韻。《淮南子·本經訓》：“牢籠天地，彈壓山
川。”高誘注曰：“牢讀如屋霤之霤，楚人謂牢為霤。”蓋蕭、肴、豪、
尤四韻，古音本通，鄭注即從當時之讀。又考《水經注》引《釋氏
西域記》曰：“南河自于闐至鄯善，入牢蘭海。”牢蘭即樓蘭，尤與

鄭注闇合。彤疑無證,是未深考⑤。又《喪服》曰:"布總,箭笄⑥,髽,衰,三年。"注曰:"髽,露紒也,猶男子之括髮。斬衰括髮以麻,則髽亦用麻。以麻者自項而前,交於額上,卻繞紒,如著幓頭焉。"彤不取此注,別用《喪服小記》疏所引皇侃之説,謂斬衰麻髽、齊衰布髽皆未成服之髽。其既成服,則髽不用麻、布,惟露紒耳。且引此條注中"髽,露紒"之文以證麻、布二髽外別為一露髻之髽。不知鄭注雖云"髽,露紒",而其下更有"髽亦用麻"之文。其注《士喪禮》亦同。蓋注中"露紒"二字,乃明髽之去纚,既去纚而露紒,又以麻自項卻交於額,則髽之制始全。皇侃乃止取《喪服》注"露紒"二字,而截去其下"髽亦用麻"等句,遂指鄭注以"髽服三年"之髽為露紒之髽,不用麻、布,斯亦誣矣。彤安得據以攻鄭耶? 然自此數條之外,則大抵援據淹通,無可訾議。蓋彤《三禮》之學亞於惠士奇,而醇於萬斯大。此書所論,亦亞於所作《周官禄田考》,而密於所作《尚書小疏》焉。

【彙訂】

①　文淵閣《四庫》本為七卷。(沈治宏:《中國叢書綜録訂誤》)

②　"于",殿本作"子",誤,參此書卷五《士喪禮》"入,坐于牀東,衆主人在其後,西面"條注文。

③　"者",殿本脱,參萬斯大《學禮質疑》卷二"承重妻從服"條原文。

④　"令",底本作"今",據殿本改。《後漢書·百官志五》"各署諸曹掾史"句下注引《漢官》云:"雒陽令,秩千石。丞三人,四百石……斗食、令史、嗇夫、假五十人。"

⑤　"未深考",殿本作"蓋未嘗深考也"。

⑥“筓”，殿本作“并”，誤，參《儀禮·喪服》原文。

儀禮集編四十卷（浙江巡撫採進本）①

國朝盛世佐撰。世佐，秀水人，官龍里縣知縣②。是書成於乾隆丁卯③，裒輯古今説《儀禮》者一百九十七家，而斷以己意。《浙江遺書總録》作十七卷，且稱：“積帙共二千餘翻。為卷僅十七者，案經篇數分之，不欲於一篇之中橫隔也。”然此本目録列十七卷，書則實四十卷。蓋終以卷軸太重，不得已而分之④。《總録》又稱末附勘正《監本》、《石經》，補顧炎武、張爾岐之闕。此本亦有録而無書，豈《總録》但據目録載之歟？其謂朱子《儀禮經傳通解》析諸篇之記分屬經文，“蓋編纂之初，不得不權立此例，以便尋省。惜未卒業而門人繼之，因仍不改，非朱子之本意。吳澄亦疑其經、傳混淆為朱子未定之稿”。故是編經自為經，記自為記，一依鄭氏之舊。其《士冠》、《士相見》、《喪服》等篇，經、記、傳、注傳寫混淆者，則從蔡沈考定《武成》之例，別定次序於後，而不敢移易經文。其持論頗為謹嚴，無淺學空腹高談，輕排鄭、賈之錮習。又楊復《儀禮圖》久行於世，然其説皆本《注疏》，而時有併《注疏》之意失之者，亦一一是正。至於諸家謬誤，辨證尤詳。雖持論時有出入，而可備參考者多。在近時説禮之家，固不失為根據之學矣。

【彙訂】

① 文淵閣《四庫》本尚有卷首二卷。（沈治宏：《中國叢書綜録訂誤》）

② 光緒《嘉興府志》卷五二《秀水列傳·盛世佐傳》云：“授龍里縣，未任，丁憂，補發雲南，攝麗江井務，以運銅務悴卒於途，

年三十八……撰有《儀禮集編》。"可知官至攝麗江井務。(楊武泉:《四庫全書總目辨誤》)

③"丁卯",殿本作"丁丑",誤。是書卷前有乾隆丁卯錢塘桑調元序。

④嘉慶九年馮集梧貯雲居刻本分十七卷,後有附録。《四庫》底本為抄本,傳鈔者以意分析之耳。(陳乃乾:《讀〈四庫全書總目〉條記》)

附録

内外服制通釋七卷(兩淮鹽政採進本)

宋車垓撰。垓字經臣,天台人。咸淳中,由特奏名授迪功郎、浦城縣尉,以年老不赴。德祐二年卒。垓及從兄若水皆受業於季父安行,安行受業於陳埴,埴受業於朱子。故垓是書,一仿文公《家禮》而補其所未備。有圖,有説,有名義,有提要。凡正服、義服、加服、降服,皆推闡明晰,具有條理。牟楷序謂"《家禮》著所當然,此釋其所以然",蓋不誣也。朱彝尊《經義考》曰:"車氏書,余所儲者闕第八卷以後。卷八書目為《三殤以次降服》、《應服期而殤者降服大功小功》、《應服大功而殤者降服小功》、《應服小功而殤者降服緦麻》。卷九為《深衣疑義》。"其標題則仍稱九卷,注"存"而不注"闕"。蓋未敢斷後二卷之必佚①。然今所傳寫,皆與彝尊本同,則此二卷已佚矣。據馬良驥所作垓《行狀》,其《深衣疑義》本別為一書,特附録於此書之後。良驥所舉,用皇氏"廣頭在下"之注,以續衽為裳之上、衣之旁者,説亦頗核。惜其全文不可睹也。

【彙訂】

① "佚"，殿本作"失"。

讀禮通考一百二十卷（江蘇巡撫採進本）

國朝徐乾學撰。乾學字原一，號健庵，崑山人。康熙庚戌進士①，官至刑部尚書。是編乃其家居讀《禮》時所輯。歸田以後，又加訂定，積十餘年，三易稿而後成。於《儀禮‧喪服》、《士喪》、《既夕》、《士虞》等篇及大、小《戴記》，則倣朱子《經傳通解》，兼採衆說，剖析其義。於歷代典制，則一本正史，參以《通典》及《開元禮》、《政和五禮新儀》諸書。立綱統目，其大端有八：一曰喪期，二曰喪服，三曰喪儀節，四曰葬考，五曰喪具，六曰變禮，七曰喪制，八曰廟制。喪期歷代異同則有表，喪服暨儀節、喪具則有圖。縷析條分，頗為詳備。蓋乾學傳是樓藏書甲於當代，而一時通經學古之士，如閻若璩等亦多集其門，合衆力以為之，故博而有要，獨過諸儒。乾學又欲并修吉、軍、賓、嘉四禮，方事排纂而歿。然是書搜羅富有，秦蕙田《五禮通考》即因其義例而成之。古今言喪禮者，蓋莫備於是焉。

【彙訂】

① 底本"士"下有"第二"二字，據殿本刪。《江南通志‧人物志‧文苑》、《明清進士題名碑錄》等均載徐乾學為康熙九年庚戌進士一甲第三名。

右禮類"儀禮"之屬，二十二部，三百四十四卷①。附錄二部，一百二十七卷。皆文淵閣著錄。

【彙訂】

① "三百四十四卷"，殿本作"三百四十三卷"。

案,《儀禮》不專言喪服,而古來喪服之書則例附於《儀禮》。蓋《周官》凶禮無專門,《禮記》又《儀禮》之義疏[1]。言喪服者大抵以《儀禮》為根柢,故從其本而類附也[2]。

【彙訂】

[1] "周官凶禮無專門禮記又儀禮之義疏",殿本無。

[2] 殿本此段案語在《讀禮通考》提要之後,與《總目》體例不合。

經 部 二 十 一

禮 類 三

禮記正義六十三卷（內府藏本）①

漢鄭元注，唐孔穎達疏。《隋書·經籍志》曰："漢初，河間獻王得仲尼弟子及後學者所記一百三十一篇獻之，時無傳之者。至劉向考校經籍，檢得一百三十篇，第而敘之。又得《明堂陰陽記》三十三篇、《孔子三朝記》七篇、《王史氏記》二十一篇、《樂記》二十三篇，凡五種，合二百十四篇。戴德刪其煩重，合而記之為八十五篇，謂之《大戴記》。而戴聖又刪大戴之書為四十六篇，謂之《小戴記》。漢末，馬融遂傳小戴之學。融又益《月令》一篇、《明堂位》一篇、《樂記》一篇，合四十九篇。"云云。其說不知所本。今考《後漢書·橋元〔玄〕傳》云："七世祖仁，著《禮記章句》四十九篇②，號曰橋君學。"仁即班固所謂"小戴授梁人橋季卿"者，成帝時嘗官大鴻臚。其時已稱四十九篇，無四十六篇之說。又孔疏稱《別録》，《禮記》四十九篇，《樂記》第十九。四十九篇之首，疏皆引鄭《目録》。鄭《目録》之末必云："此於劉向《別録》屬某門。"《月令》，《目録》云："此於《別録》屬《明堂陰陽記》。"《明堂位》，《目録》云："此於《別録》屬《明堂陰陽③。"《樂記》，《目録》

云:"此於《別録》屬《樂記》。蓋十一篇,今為一篇。"則三篇皆劉向《別録》所有,安得以為馬融所增？疏又引元《六藝論》曰:"戴德傳記八十五篇,則《大戴禮》是也。戴聖傳禮四十九篇,則此《禮記》是也。"元為馬融弟子,使三篇果融所增,元不容不知,豈有以四十九篇屬於戴聖之理？況融所傳者,乃《周禮》。若小戴之學,一授橋仁,一授楊榮。後傳其學者有劉祐④、高誘、鄭元、盧植。融絕不預其授受,又何從而增三篇乎？知今四十九篇實戴聖之原書,《隋志》誤也。元延祐中,行科舉法,定《禮記》用鄭元注。故元儒説禮,率有根據。自明永樂中敕修《禮記大全》,始廢鄭注,改用陳澔《集説》,禮學遂荒。然研思古義之士,好之者終不絕也。為之疏義者,唐初尚存皇侃、熊安生二家。案明北監本以皇侃為皇甫侃,以熊安生為熊安,二人姓名並誤,足徵校刊之疏。謹附訂於此。貞觀中,敕孔穎達等修《正義》,乃以皇氏為本,以熊氏補所未備。穎達序稱:"熊則違背本經,多引外義,猶之楚而北行,馬雖疾而去愈遠。又欲釋經文,惟聚難義,猶治絲而棼之,手雖繁而絲益亂也。皇氏雖章句詳正,微稍繁廣。又既遵鄭氏,乃時乖鄭義⑤。此是木落不歸其本⑥,狐死不首其丘。此皆二家之弊⑦,未為得也。"故其書務伸鄭注,未免有附會之處。然採摭舊文,詞富理博,説禮之家,鑽研莫盡,譬諸依山鑄銅,煮海為鹽。即衛湜之書尚不能窺其涯涘,陳澔之流益如莛與楹矣。

【彙訂】

① 宋紹熙刻本《禮記正義》作七十卷,《禮記注疏》諸本則皆作六十三卷,文淵閣庫書亦為《禮記注疏》六十三卷。(崔富章:《四庫提要補正》)

② "著",殿本作"撰"。

③ 底本“陽”下有“記”字，據此書卷三一《明堂位》孔疏引鄭玄《三禮目録》原文及殿本删。

④ “劉祐”，殿本作“劉佑”，誤。《經義考》卷二八五“承師五”載治《小戴禮》者有劉祐、高誘、鄭康成、盧植。

⑤ “乃”，殿本作“又”。孔穎達序作“乃”。

⑥ “本”，殿本作“根”。孔穎達序作“本”。

⑦ “此”，殿本無。孔穎達序有“此”字。

月令解十二卷（永樂大典本）

宋張虙撰。虙，慈溪人。慶元丙辰進士，官至國子祭酒。是編乃虙端平初入侍講幄時所纂①。未及竟②，以病歸。家居時乃續完之，表進於朝。十二月各自為卷。奏稱：“每一月改，則令以此一月進於御前，可以裁成天地之道，輔相天地之宜。”雖未免過膠古義，不盡可見諸施行，然辭義曉暢，於順時出政之際，皆三致意焉，其用心有足取者。《月令》於劉向《別録》屬《明堂陰陽記》，當即《漢書·藝文志》所云“古明堂之遺事”，在《明堂陰陽》三十三篇之內者③。《吕氏春秋》録以分冠十二《紀》。馬融、賈逵、蔡邕、王肅、孔晁、張華皆以為周公作，鄭康成、高誘以為即不韋作。論者據《漢百官表》言太尉為秦官，或又據《國語》晉有元尉、輿尉之文，謂尉之名不必起於秦。然究不得因元尉、輿尉遂斷三代必有太尉也。意不韋採集舊文，或傅益以秦制歟？今考其書，古帝王發政施令之大端，皆彰彰具存。得其意而變通之，未嘗非通經適用之一助。至其言誤某令則致某災，殆因《洪範》“庶徵”而推衍之，遂為漢儒陰陽五行之濫觴，虙解皆未能駁正。然列在禮經，相沿已久，亦不能獨為虙咎也。原書因隨月進御，故凡解見孟月者，仲月、季月皆重見。《永樂大典》所載，合為一編，多刪其複，於例為協。閒有刪之不盡者，今併汰除，以歸畫一焉。

【彙訂】

① "侍"，殿本脱。

② 殿本"竟"上有"講"字。

③ "三十三篇"，殿本作"三十篇"，誤。《漢書・藝文志》禮類著錄《明堂陰陽》三十三篇。

礼記集説一百六十卷（兩江總督採進本）

宋衛湜撰。湜字正叔，吳郡人。其書始作於開禧、嘉定閒。自序言"日編月削，幾二十餘載而後成"。寶慶二年官武進令時，表上於朝，得擢直祕閣。後終於朝散大夫、直寶謨閣、知袁州。紹定辛卯，趙善湘為鋟版於江東漕院。越九年，湜復加覈訂①，定為此本。自作前序、後序，又自作跋尾，述其始末甚詳。蓋首尾閱三十餘載，故採摭羣言，最為賅博，去取亦最為精審。自鄭注而下，所取凡一百四十四家。其他書之涉於《禮記》者，所採錄不在此數焉。今自鄭注、孔疏而外，原書無一存者。朱彝尊《經義考》採摭最為繁富②，而不知其書與不知其人者，凡四十九家，皆賴此書以傳，亦可云禮家之淵海矣。明初定制，乃以陳澔注立於學官，而湜注在若隱若顯閒。今聖朝《欽定禮記義疏》取於湜書者特多，豈非是非之公，久必論定乎？又湜後序有云："他人著書，惟恐不出於己。予之此編，惟恐不出於人。後有達者，毋襲此編所已言，没前人之善也。"其後慈溪黃震《讀禮記日鈔》、新安陳櫟《禮記集義詳解》，皆取湜書刪節，附以己見③。黃氏融彙諸家，猶出姓名於下方，_{案此見《黃氏日鈔》。}陳氏則不復標出。_{案櫟書}

今不傳,此見《定宇集》中櫟所作《自敘》。即此一節,非惟其書可貴,其用心之厚,亦非諸家所及矣④。

【彙訂】

① "纂訂",殿本作"校訂"。

② 殿本"最"上有"亦"字。

③ 殿本"附"上有"而"字。

④ 殿本"非"上有"殆"字。

禮記纂言三十六卷(兩淮馬裕家藏本)

元吳澄撰。澄有《易纂言》,已著録。案危素作澄《年譜》,載至順三年澄年八十四,留撫州郡學,《禮記纂言》成。而虞集《行狀》則稱成於至順四年,即澄卒之歲。其言頗不相合。然要為澄晚年手定之本也。其書每一卷為一篇。大旨以《戴記》經文龐雜,疑多錯簡,故每一篇中,其文皆以類相從,俾上下意義聯屬貫通,而識其章句於左。其三十六篇次第,亦以類相從。凡《通禮》九篇,《喪禮》十一篇,《祭禮》四篇,《通論》十一篇,各為標目。如《通禮》首《曲禮》,則以《少儀》、《玉藻》等篇附之,皆非小戴之舊。他如《大學》、《中庸》依程、朱別為一書,《投壺》、《奔喪》歸於《儀禮》,《冠義》等六篇別輯為《儀禮傳》,亦並與古不同①。虞集稱其"始終先後,最為精密。先王之遺制,聖賢之格言,其僅存可考者,既表而存之,各有所附。而其糾紛固泥於專門名家之手者,一旦各有條理,無復餘蘊",其推重甚至。考《漢書·藝文志》,《禮記》本一百三十一篇,戴德删為八十五,戴聖删為四十九,與《易》、《書》、《詩》、《春秋》經聖人手定者固殊。然《舊唐書·元行沖傳》載行沖上《類禮義疏》,張說駁奏曰:"今之《禮記》,歷代傳習,著為經教,不可刊削。魏孫炎始改舊本,先儒所非,竟不行用。貞觀中,魏徵因孫炎所修更加整比,兼為之注,其書竟亦不行。今行沖等解徵所注,勒成一家。然與先儒第乖,章句隔絶。若欲行用,竊恐未可。"云云。則古人屢經修緝,迄不能變漢儒舊本。唐以前儒風淳實,不搖惑於新説,此亦一徵。澄復改併舊文,儼然删述,恐亦不免僭聖之議。以其排比貫串,頗有倫次,所解亦時有發明,較諸王柏删《詩》,尚為有閒。故録存之,而附論其失如右。

【彙訂】

① "並",殿本作"皆"。

雲莊禮記集説十卷(通行本)

元陳澔撰。澔字可大,都昌人,雲莊其號也。是書成於至治壬戌。朱彝尊《經義考》作三十卷,今本十卷,坊賈所合併也①。初,延祐科舉之制,《易》、《書》、《詩》、《春秋》皆以宋儒新説與古注疏相參,惟《禮記》則專用古注疏。蓋其時老師宿儒猶有存者,知禮不可以空言解也。澔成是書又在延祐之後,亦未為儒者所稱。明初,始定《禮記》用澔注。胡廣等修《五經大全》,《禮記》亦以澔注為主,用以取士,遂誦習相沿。蓋説《禮記》者,漢、唐莫善於鄭、孔,而鄭注簡奧,孔疏典贍,皆不似澔注之淺顯。宋代莫善於衛湜,而卷帙繁富,亦不似澔注之簡便。又南宋寶慶以後,朱子之學大行。而澔父大猷師饒魯,魯師黄榦,榦為朱子之婿。遂藉考亭之餘蔭,得獨列學官。其注《學記》"術有序"句,引《周禮‧鄉大夫》"春秋以禮會民而射於州序",《周禮‧鄉大夫》實無此文;注《檀弓》"五十以伯仲"句,引賈公彦《儀禮疏》,乃孔穎達

《禮記疏》文，正與賈説相反。頗為論者所譏。然朱子注《詩》"騋
牝三千"，引《禮記》"問國君之富，數馬以對"，《禮記》無此文[②]；
注《孟子》"神農之言"，引"史遷所謂農家者流"，《史記》無此文；
蔡沈注《書》"釐降二女於嬀汭"，引《爾雅》"水北曰汭"，《爾雅》無
此文；又注《西伯戡黎》，引《史記》"紂使膠鬲觀兵"，注"星有好
雨"，引《漢志》"軫星好雨"，《史記》、《漢書》亦均無此文。是皆偶
然筆誤，未足以累全書。且何休漢代通儒，號為學海，而注《公羊
傳》"舟中之指可掬"句，引"天子造舟，諸侯維舟，卿大夫方舟，士
特舟"語，尚誤記《爾雅》為《禮》文，又何有於澔？澔所短者，在不
知禮制當有證據，禮意當有發明，而箋釋文句，一如注《孝經》、
《論語》之法。故用為蒙訓則有餘，求以經術則不足。朱彝尊《經
義考》以"兔園册子"詆之，固為已甚，要其説亦必有由矣。特禮
文奧賾，驟讀為難。因其疏解，得知門徑，以漸進而求於古，於初
學之士固亦不為無益。是以國朝定制，亦姑仍舊貫，以便童蒙。
然復欽定《禮記義疏》，博採漢、唐遺文，以考證先王制作之旨，併
退澔説於諸家之中，與《易》、《詩》、《書》三經異例。是則聖人御
宇，經籍道昌，視明代《大全》抱殘守匱，執一鄉塾課册以錮天下
之耳目者，盛衰之相去，蓋不可以道里計矣。

【彙訂】

　　①《摛藻堂四庫全書薈要》有"朱睦㮮《授經圖》作十六卷"
一句，萬曆間《國史經籍志》、《萬卷堂書目》及清初《絳雲樓書目》
卷一、《季滄葦書目》皆載元天曆元年初刊本，今存全本十六卷。
八十年後，明永樂間胡廣輯《五經四書大全》，《禮記》取十六卷
"澔注"為底本，補入其他四十二家注，擴為三十卷。成化間婁謙
等又刪去四十二家注，仍為三十卷梓行。（沈乃文：《〈禮記集

説〉版本考》）

②《禮記・曲禮下》“問國君之富，數地以對”，較朱熹所引僅差一字，未可遽言“《禮記》無此文”。（朱傑人：《朱子〈詩集傳〉引文考》）

禮記大全三十卷（少詹事陸費墀家藏本）

明胡廣等奉敕撰。以陳澔《集説》為宗，所採掇諸儒之説，凡四十二家。朱彝尊《經義考》引陸元輔之言，謂“當日諸經《大全》，皆攘竊成書以罔其上。此亦必元人之成書，非諸臣所排纂”云云。雖頗涉鄰人竊鈇之疑，然空穴來風，桐乳來巢，以他經之蹈襲例之，或亦未必無因歟？諸經之作，皆以明理，非虛懸而無薄。故《易》之理麗於象數，《書》之理麗於政事，《詩》之理麗於美刺，《春秋》之理麗於褒貶，《禮》之理麗於節文，皆不可以空言説，而《禮》為尤甚。陳澔《集説》略度數而推義理，疏於考證，舛誤相仍。納喇性德至專作一書以攻之①，凡所駁詰，多中其失。廣等乃據以為主，根柢先失。其所援引，亦不過箋釋文句，與澔説相發明。顧炎武《日知録》曰：“自八股行而古學棄，《大全》出而經説亡。洪武、永樂之閒，亦世道升降之一會。”誠深見其陋也。特欲全録明代《五經》，以見一朝之制度，姑並存之云爾。

【彙訂】

①“攻”，殿本作“考”，誤。

月令明義四卷（福建巡撫採進本）①

明黃道周撰。道周有《易象正》，已著録。崇禎十一年，道周官少詹事，注《禮記》五篇以進②，此其一也。其説以二至、二分、四立皆歸於中央之土，為取則於洛書之“中五”，而五氣於以分佈。此歲功所由成，政事所從出，故作《月令氣候生合總圖》。又以《月令》載昏旦中星，故有《十二月中星圖》，併細載中星距極遠、近度數，及寅泰、卯大壯等十二卦象象，以為此聖人敷治之原。每一月分為一章，其日躔星度則各列原本於前，而別列《授時曆》新測於後。考《堯典》中星與《月令》不同，故《大衍曆議》曰：“《顓頊曆》即夏曆。湯作殷曆，更以十一月甲子合朔冬至為上元。周人因之，距義、和千祀③，昏明中星俱差半次。是不韋更考中星，斷取近距。”然先儒論說，大抵推求差分，而不追改經文。至唐明皇始黜《月令》舊文，更附益時事，名《御刪定月令》，改置《禮記》第一。故《開成石經》於昏旦中星悉改從唐曆。宋延祐二年，仍復舊本《月令》，而唐《月令》別行。以其變亂古經，不足垂訓故也。道周乃別立經文曰：“孟春之月，日在危，昏昴中，旦房中。仲春之月，日在東壁，昏參中，旦箕中。”云云，是又道周自為《月令》，蹈唐人之失，殊為未協。特其所注雜採《易》象、《夏小正》、《逸周書》、《管子》、《國語》，參稽考證，於經義頗有闡發。其臚舉史傳，亦皆意存規戒，非漫為推衍機祥。則改經雖謬，而其因事納誨之忱，則固無悖於經義也。

【彙訂】

①　文淵閣《四庫》本尚有卷首一卷。（沈治宏：《中國叢書綜錄訂誤》）

②　崇禎十一年黃道周進呈經解四種，其中《洪範明義》為《尚書》類，《月令明義》、《緇衣集傳》、《儒行集傳》為《禮記》類。而據其自序，《表記集傳》、《坊記集傳》起草於崇禎十二年春，十六年秋始竣工付梓。《表記集傳》、《坊記集傳》、《緇衣集傳》、《儒行集傳》提要所言“《禮記解》五篇”，亦皆為三篇之誤。（侯真平：

《黃道周紀年著述書畫考》)

　　③ "千祀"，底本作"所記"，據《新唐書·曆志》引《大衍曆議·日度議》及殿本改。

　　表記集傳二卷(福建巡撫採進本)①

　　明黃道周撰。是書為所進《禮記解》五篇之二。自序以為"古者窺測天地日月，皆先立表"，為《表記》之所由名。考《說文解字》，表、裏字皆從衣。此篇名《表記》者，蓋謂人之言行，猶衣之章身，故鄭康成云："以其記君子之德，見於儀表者也。"先儒舊義，本無可疑，道周乃謂取於八尺之表，殊為附會。又是篇古注分九節，《正義》曰："稱'子言之'，凡有八所。皇氏云皆是發端起義，記者詳之，故稱'子言之'。若於'子言之'下更廣開其事，或曲說其理，則直稱'子曰'。今檢上下體例②，或如皇氏之言③，今依用之。"云云。故疏文於諸節脈絡相承處，必詳記之。如云："此經又廣明恭敬之事④"，又云："此一節總明仁義之事。"又云："自此以下至某句更廣明仁義之道。"前儒說經，於章段離合之間，其慎如此。陳澔《集說》不用《注疏》次第，強分四十餘章，已乖違古義。道周乃約為三十六章，併彊立篇名，隨心標目，尤為自我作古，無所師承。其說則全引《春秋》解之，謂："《坊》、《表》二記不專為《春秋》，而以《春秋》發其條理，則百世而下，有所稽測，得其晷影。"夫《坊記》一篇，如曰："以此坊民，諸侯猶有畔者。"又云："以此示民，民猶爭利而忘義。"又云："以此坊民，諸侯猶有薨而不葬者。"其通於《春秋》，初無事彊合⑤。至《表記篇》則多言君子恭敬仁義之德，而必以《春秋》證之，於經旨亦為牽合。然其借《春秋》之義，互證旁通，頗有發明。猶之胡安國《春秋傳》，雖未必盡得經意，而議論正大，發揮深切，往往有關於世教⑥，遂亦不可廢焉。

【彙訂】

① 文淵閣《四庫》本尚有附録一卷。（沈治宏：《中國叢書綜録訂誤》）

② "上下"，殿本作"經文"。《禮記·表記》疏原文作"上下"。

③ "或如"，殿本作"合於"。《禮記·表記》疏原文作"或如"。

④ "又"，殿本作"文"。《禮記·表記》疏原文作"又"。

⑤ "如曰"至"初無事强合"，殿本作"猶有數條通於春秋"。

⑥ "有"，殿本無。

坊記集傳二卷附春秋問業一卷（福建巡撫採進本）

明黄道周撰。是書為所進《禮記解》五篇之三。自序以為聖人之坊亂，莫大於《春秋》。故是書之體，以《坊記》為經，而每章之下皆臚舉《春秋》事蹟以證。但《國語》所載，若内史過之論虢亡，近於語怪，而以為借神怪以防欲，義涉荒忽。《隱公元年》"鄭伯克段于鄢"，而以為為三桓而發。夫三桓之事，《春秋》著之詳矣，乃謂寓其意于鄭伯之克段，是舍形而論其影也。又《戴記》本為一篇，而分為三十章，章各創為之目，其臆斷亦與《表記集傳》等。第其意存鑒戒，於君臣父子夫婦兄弟之間，原其亂之所自生，究其禍之所終極，頗為剴切。且《坊記》之文，如曰"治國不過千乘，都城不過百雉，家富不過百乘。以此坊民，諸侯猶有畔者"，是隱為《春秋》書大夫之彊起例。又云"《春秋》不稱楚、越之王喪"，亦明著《春秋》之法。則道周此書固非漫無根據，盡出附會矣。

緇衣集傳四卷（福建巡撫採進本）

明黃道周撰。是書為所進《禮記解》五篇之四。分二十三章，亦各創立名目。案鄭康成云：“《緇衣篇》善其好賢者之原，故述其所稱之詩以為其名。”是本有辨別善惡之義。故道周因而推衍其説，證以史事。於愛憎之公私、人才之邪正，莫不詳明剴切，再三致意。自序云：“是《傳》略採經史關於好惡、刑賞、治道之大者，凡二百餘條①，以繫於篇。”其於經濟庶務條目之間，雖有未悉，而於君心好惡綱領之原，以至三代而下治亂盛衰之故，亦略云備。蓋莊烈帝鋭於求治，而闇於知人，輕信輕疑，漫無鑒別。十七年内，易閣臣者五十，賢奸淆雜，卒至於亡。賀逢聖致仕之時，斷以“振作無緒”一語，可云先見。道周此書意主於格正君心，以權衡進退。所重在君子小人消長之間，不必盡以章句訓詁繩也。

【彙訂】

①“二百”，殿本作“三百”，誤，參清康熙刻本《緇衣集傳》自序原文。

儒行集傳二卷（福建巡撫採進本）

明黃道周撰。是書為所進《禮記解》五篇之五。雖亦有彊分篇目之失，然《記》文稱“其自立有如此者”、“其剛毅有如此者”云云，則章旨本經中所有。道周分一十七章，較《表記》、《坊記》、《緇衣》之目尚近於自然。其所集之傳，亦雜引歷代史傳，以某某為能自立、某某為剛毅。意在上之取士，執此為則，以定取舍之衡。故其自序云：“仲尼恐後世不學，不知先王之道存於儒者，故併舉以明之。使後之天子循名考實，知人善任，為天下得人。”蓋經為儒者言,道周之傳則為用儒者言也。大抵道周於諸經,其用力最深者莫如《易》學。觀其與及門朱朝瑛、何瑞圖、劉履丁輩往復商榷,至再至三,所謂一生精力盡在此書者也。其《孝經集傳》,亦歷六年而成,故推衍亦為深至。若《禮記》五篇,則借以納諫,意原不主於解經。且一年之中,輯書五種,亦成之太速,故考證或不免有疏。然賦《詩》斷章,義各有取;郢書燕説,國以大治。苟其切於實用,則亦不失聖人垂教之心。故雖非解經之正軌,而不能不列之經部焉。

日講禮記解義六十四卷

謹案,是書為聖祖仁皇帝經筵所講,皆經御定,而未及編次成帙。皇上御極之初,乃命取繕書房舊稿,校刊頒行。禮為治世之大經,《周禮》具其政典,《儀禮》陳其節文。《禮記》一書,朱子以為《儀禮》之傳,然特《冠義》等六篇及《喪服》諸篇與《儀禮》相發明耳。至於他篇,則多整躬範俗之道、別嫌明微之防,不盡與《儀禮》相比附。蓋《儀禮》皆古經,《禮記》則多志其變;《儀禮》皆大綱,《禮記》則多謹於細;《儀禮》皆度數,《禮記》則多明其義。故聖賢之微言精意,雜見其中,斂之可以正心修身,推之可以齊家、治國、平天下。自天子以至庶人,莫不於是取裁焉。是編推繹經文,發揮暢遠,而大旨歸於謹小慎微,皇自敬德以納民於軌物。衛湜所集一百四十四家之説,鎔鑄翦裁,一一薈其精要。信乎聖人制作之意,惟聖人能知之矣。

欽定禮記義疏八十二卷

乾隆十三年御定《三禮義疏》之第三部也。經文四十九篇,釐為七十七卷,附載圖五卷。其詮釋七例,亦與《周官義疏》同。

《三禮》以鄭氏為專門。王肅亦一代通儒,博觀典籍,百計難之,弗勝也。後儒所見,曾不逮肅之棄餘,乃以一知半解,譁然詆鄭氏不聞道。韓愈所謂不自量者,其是類歟?然《周官》、《儀禮》皆言禮制,《禮記》則兼言禮意。禮制非考證不明,禮意則可推求以義理。故宋儒之所闡發,亦往往得別嫌明微之旨。此編廣摭羣言,於郊社、樂舞、裘冕、車旗、尊彝、圭瓚、燕飲、饗食以及《月令》、《内則》諸名物,皆一一辨訂。即諸子軼聞、百家雜説可以參考古制者,亦詳徵博引,曲證旁通。而辯説則頗採宋儒,以補鄭注所未備。其《中庸》、《大學》二篇,陳澔《集説》以朱子編入《四書》,遂删除不載,殊為妄削古經。今仍録全文[①],以存舊本。惟章句改從朱子,不立異同,以消門户之爭。蓋言各有當,義各有取,不拘守於一端,而後見衡鑒之至精也。至於御纂諸經,《易》不全用程《傳》、《本義》,而仍以程《傳》、《本義》居先;《書》不全用蔡《傳》,而仍以蔡《傳》居先;《詩》不全用朱《傳》,而仍以朱《傳》居先;《春秋》於胡《傳》尤多所駁正刊除,而尚以胡《傳》標題,列三《傳》之次。惟《禮記》一經,於陳澔《集説》僅棄瑕録瑜,雜列諸儒之中,不以冠首[②]。仰見睿裁精審,務協是非之公。尤足正胡廣等《禮記大全》依附門牆,隨聲標榜之謬矣。

【彙訂】

①"全文",殿本作"前文"。

②"首",殿本作"篇"。

深衣考一卷(浙江巡撫採進本)

國朝黄宗羲撰。宗羲有《易學象數論》,已著録。是書前列己説,後附《深衣》經文,併列朱子、吳澄、朱右、黄潤玉、王廷相五家圖説,而各闢其謬。其説大抵排斥前人,務生新義。如謂衣二幅,各二尺二寸。屈之為前後四幅,自掖而下殺之,各留一尺二寸。加衽二幅,内衽連於前右之衣,外衽連於前左之衣,亦各一尺二寸。其要縫與裳同七尺二寸。蓋衣每一幅屬裳狹頭二幅也。今以其説推之,前後四幅下屬裳八幅外,右衽及内左衽亦各下屬裳二幅,則裳之屬乎外右衽者勢必掩前右裳,裳之屬乎内左衽者勢必受掩於前左裳。故其圖止畫裳四幅。蓋其後四幅統於前圖,其内掩之四幅則不能畫也。考深衣之裳十二幅,前後各六,自漢、唐諸儒沿為定説。宗羲忽改創四幅之圖,殊為臆撰。其釋“衽,當旁也”,謂:“衽,衣襟也。以其在左右,故曰當旁。”考鄭注:“衽,裳幅所交裂也。”郭璞《方言注》及《玉篇注》俱云:“衽,裳際也。”云“裳際”,則為裳旁明矣,故《釋名》曰:“衽,襜也,在旁襜襜然也。”蓋裳十二幅,前名襟,後名裾,惟在旁者始名衽。今宗羲誤襲孔疏,以裳十二幅皆名衽,不明經文“當旁”二字之義[①],遂別以衣左、右衽當之。是不特不知衽之為裳旁,而并不以衽為裳幅。二字全連,益踵孔疏而加誤矣。其釋“續衽”也,謂:“裳與衣相屬,衣通袂長八尺,裳下齊一丈四尺,衣裳相屬處乃七尺二寸。則上下俱闊而中狹,象小要之形,故名續衽。”其説尤為穿鑿。其釋“袂圓以應規”也,謂:“衣長二尺二寸,袂屬之亦如其長。掖下裁入一尺,留其一尺二寸,可以運肘,以漸還之至於袂末,仍得二尺二寸。《玉藻》言袪尺二寸,乃袂口之不縫者,非謂袂止一尺二寸。”今考《説文》:“袪,袂也。”《禮·玉藻》鄭注謂:“袪,袂口也。”蓋袂末統名曰袪。今謂袂口半不縫者乃名袪,則袂口之半縫者豈遂不得名袪乎[②]?且袂口半縫之制,經無明文,又不知宗羲何所據也。宗羲經學淹貫,著述多有可傳。而此書則變亂舊詁，多所乖謬。以其名頗重，恐或貽誤後來，故摘其誤而存錄之，庶讀者知所決擇焉。

【彙訂】

①"當旁"，殿本作"在旁"，誤。

②"今謂袂口半不縫者乃名袪則袂口之半縫者豈遂不得名袪乎"，殿本作"今謂袂口半不縫者乃名之為袪則袂口之半縫者豈遂不得名之為袪乎"。

陳氏禮記集説補正三十八卷（內府藏本）

國朝納喇性德撰。性德有《刪補合訂大易集義粹言》，已著錄。是編因陳澔《禮記集説》疏舛太甚，乃為條析而辨之。凡澔所遺者謂之"補"，澔所誤者謂之"正"。皆先列經文，次列澔説，而援引考證以著其失。其無所補正者，則經文與澔説並不載焉。頗採宋、元、明人之論，於鄭注、孔疏亦時立異同。大抵考訓詁名物者十之三四，辨義理是非者十之六七。以澔注多主義理，故隨文駁詰者亦多也。凡澔之説皆一一溯其本自何人，頗為詳核，而愛博嗜奇，亦往往泛採異説。如《曲禮》"席閒函丈"，澔以兩席併中閒為一丈。性德引《文王世子》席之制三尺三寸三分寸之一駁之，是也。而又引王肅本文作"杖"，謂可容執杖以指揮，則更謬於《集説》矣。《月令》"羣鳥養羞"，性德既云《集説》未為不是，而又引《夏小正》"丹鳥羞白鳥"及項安世"人以鳥為羞"之説，云足廣異聞。則明知《集説》之不誤，而彊綴此二條矣。《曾子問》"魯昭公慈母"一條，既用鄭注、孔疏以補澔注，又引陸佃之謬解，蔓延於《集説》之外。是正陸氏，非正《集説》矣。凡斯之類，皆徵引繁富，愛不能割之故。然綜核眾論，原委分明，凡所指摘，切中者十之八九。即其據理推求者，如《曲禮》"很毋求勝，分毋求多"，澔注稱："況求勝者未必能勝，求多者未必能多。"性德則謂："此乃不忮不求，懲忿窒慾之事。陳氏所云，不免計較得失。若是則可以必勝，可以必多，將不難於為之矣。"是雖立澔於旁，恐亦無以復應也。然則讀澔注者，又何可廢是編與？

禮記述注二十八卷（福建巡撫採進本）

國朝李光坡撰。光坡有《周禮述注》①，已著録。是編成於康熙戊子。前有自序云："始讀陳氏《集説》，疑其未盡。及讀《注疏》，又疑其未誠。如序内稱鄭氏祖讖，孔氏惟鄭之從，不載他説，以為可恨。鄭氏祖讖，莫過於《郊特牲》之郊祀、《祭法》之禘祖宗。而孔氏《正義》皆取王、鄭二説，各為臚列。其他自五禮大者至零文單字②，備載衆詁。在諸經《注疏》中最為詳核，何妄詆歟？又《禮器篇》斥後代封禪為鄭祖緯啟之。秦皇漢武，前鄭數百年，亦鄭注啟之乎？又多約《注疏》而成，鮮有新意，而指《注疏》為舊説。凡此之類，抵冒前人③，即欺負後人，何以示誠乎？抑譏漢、唐儒者説理如夢，此程、朱進人以知本，吾儕非其分也？今於《禮運》則輕其出於老氏，《樂記》則少其言理而不及數。其他多指為漢儒之附會，逐節不往復其文義，通章不鉤貫其脈絡。而訓《禮運》之'本仁以聚'，亦曰'萬殊一本，一本萬殊'；《仲尼燕居》之'仁鬼神、仁昭穆'，亦曰'克去己私，以全心德'。欲以方軼前人，恐未能使退舍也。"其論可謂持是非之公心，掃門户之私見。雖義取簡明，不及鄭、孔之賅博。至其精要，則亦略備矣。

【彙訂】

① "光"，殿本無。

② 殿本“大”上有“之”字。

③ “抵”,殿本作“皆”,誤,參自序原文。

礼記析疑四十六卷(江蘇巡撫採進本)①

國朝方苞撰。苞有《周官集注》,已著録。是書亦融會舊説,斷以己意。如《文王世子》以大司成即大司樂,辨《注疏》以《周官》大樂正為大司樂、師氏為大司成之非;於《郊特牲》“郊血,大饗腥”序薦璧、用樂、薦血、實柴之次一條,謂凡經傳中言郊禮而有獻薦者,皆為祭稷之事,其論至為明晰。於“饗禘有樂而食嘗無樂”一條,取荆南馮氏之言,引《楚茨》之詩,以為嘗當有樂。於《内則》“天子之閣”一條,謂疏以閣為庖廚非是,蓋閣所以置果蔬飴餌也;又“付豚”一條,《注疏》解為豚全而羊析,不知是豚牂共鼎,羊以羔耳。於《喪服小記》“慈母與妾母不世祭”一條,謂庶子之子立禰廟,則可以祭父之生母;於“士不攝大夫,士攝大夫惟宗子”一條,謂大夫以公事出,而家人攝祭,則義當使親子弟,雖無爵者可攝,無攝以宗子之義也。於《祭統》“祭之日一獻”一條②,謂祭禮獻酬交錯,所以和通神人,不宜獻飲未終而爵命羣臣以閒之。惟特假于廟,故簡其禮而用一獻。今注謂“一獻一酳尸”,疏謂其節當在後,編者誤列於前。皆具有所見,足備禮家一解。他如謂執雁、奠雁皆為舒雁,而非雁鴻之雁。不知禮用雁贄,取其不失時,能守節也。若舒雁,則何守節之有?又謂《深衣》“純袂、緣、純邊”,純即緣也,“緣”字疑衍。其意蓋謂當作“純袂、純邊”。案鄭注曰:“緣,緆也。”孔疏云:“《既夕禮》鄭注③:‘在幅曰綼,在下曰緆。’”方氏慤曰:“褱口謂之袂,裳下謂之緣,衣側謂之邊,其純皆半寸。”“緣”字自有典,則非衍字也。凡斯之類,未免武斷,然無傷於宏旨。其最不可訓者，莫如別為《考定〈文王世子〉》一篇，刪"文王有疾"至"武王九十三而終"一段，又刪"不能涖阼"、"踐阼而治"八字及"虞夏、商、周，有師保，有疑丞"一段、"周公抗世子法于伯禽"一段、"成王幼"至"不可不慎也"一段、末"《世子之記》"一段。夫《禮記》糅雜，先儒言之者不一。然刪定《六經》，惟聖人能之。孟子疑《武成》不可信，然未聞奮筆刪削也。朱子改《大學》、刊《孝經》，後儒且有異同。王柏、吳澄竄亂古經，則至今為世詬厲矣。苞在近時，號為學者，此書亦頗有可採。惟此一節，則不效宋儒之所長，而效其所短，殊病乖方。今錄存其書，而附辨其謬於此，為後來之炯戒焉。

【彙訂】

①　文淵閣《四庫》本為四十八卷。（沈治宏：《中國叢書綜錄訂誤》）

②　"於祭統"，殿本脫。

③　"既夕禮"，殿本作"既夕謂"，誤，參《禮記·深衣》孔疏原文。

檀弓疑問一卷（兩淮馬裕家藏本）

國朝邵泰衢撰。泰衢字鶴亭，錢塘人。明於算術，雍正初以薦授欽天監左監副。其書以《禮記》出自漢儒，而《檀弓》一篇尤多附會，乃摘其可疑者，條列而論辨之。如以脫驂舊館人為失禮之正，以夫子夢奠之事為杳冥渺茫，皆非聖人所宜出。又親喪哭無常聲，不應以孺子泣為難繼；居仇者不反兵而鬬為啟亂端；曾點之狂乃志大而有所不為，非狂肆之狂，倚門而歌，斷無此事；以王姬為齊襄公妻，非魯莊公之外祖母。大都皆明白正大，深中理解，非劉知幾之橫生臆解、惑古疑經者可比。惟"師及齊師戰于郎"一條，泰衢以"郎"字為"郊"字之誤，蓋據《春秋》"戰于郊"之文。不知魯有二郎，隱公元年費伯所城之郎，在今廢魚臺縣地；哀公十一年與齊戰之郎①，則為魯近郊地。_{案說詳江永《春秋地理考實》。}謂"郎"即"郊"則可，謂"郎"為誤則不可。又"乘丘之戰"一條，泰衢疑魯莊公"敗績"之誤。不知古人軍潰曰敗績，車覆亦曰敗績，《左傳》所云"敗績覆壓"者是也。概以戰衄為疑，亦疏於考據。然偶然疏舛，固亦不害其大旨也。

【彙訂】

①"哀公十一年"，殿本作"哀公十年"，誤。《禮記·檀弓》"戰于郎"句注："郎，魯近邑也。哀十一年'齊國書帥師伐我'是也。"

　　禮記訓義擇言八卷（兩江總督採進本）

　　國朝江永撰。永有《周禮疑義舉要》，已著錄。是書自《檀弓》至《雜記》，於注家異同之說，擇其一是，為之折衷。與陳澔注頗有出入，然持論多為精核。如《檀弓》"殷練而祔，周卒哭而祔"，呂氏謂："祔祭即以其主祔藏于祖廟，既除喪而後遷于新廟。"永據《左氏傳》"特祀于主，烝嘗禘于廟"，謂祔後主反殯宮，至喪畢乃遷新廟。引《大戴禮·諸侯遷廟禮》奉衣服由廟而遷于新廟，此廟實為殯宮。今考《顧命》"諸侯出廟門俟"，孔傳曰："殯之所處曰廟。"又《儀禮·士喪禮》曰"巫止于廟門外"，注曰："凡宮中有鬼神曰廟。"賈疏曰："廟門者，士死於適室，以鬼神所在，則曰廟，故名適寢曰廟。"然則《大戴禮》所云"由廟"者，實由殯宮，非由祖廟。永說有據，可以解程、張諸儒之異同。又如《玉藻》曰①：“襲裘不入公門。”疏云：“裘上有裼衣，裼衣之上有襲衣，襲衣之上有正服。”據《曲禮》疏，襲衣即所謂中衣。永謂裼衣上即謂正服，不得更有中衣。今考《玉藻》：“君衣狐白裘，錦衣以裼之。”注曰：“錦衣復有上衣。天子狐白之上衣，皮弁服。”皮弁即為錦衣之上服，而裼衣之上不復更有中衣可知②。雖孔疏所說據《玉藻》有“長中繼揜尺”之文③，然繼揜尺之中衣，不襲裼衣。《後漢·輿服志》：“宗廟諸祀，冠長冠，服袀元〔玄〕，絳緣領袖為中衣，絳絝韈。”《漢書·萬石君傳》注：“中帬若今中衣。”《釋名》：“中衣，言在小衣之外。”小衣即褻衣也。然則中衣但得襲褻衣，不得襲裼衣也。孔疏顯誤，亦以永說為確。又《雜記》曰：“如三年之喪，則既顈，其練、祥皆行。”注曰：“言今之喪既服顈，乃為前三年者變除而練、祥祭也。此主謂先有父母之服，今又喪長子者④。其先有長子之服，今又喪父母，其禮亦然。”永謂：“玩注‘既’字、‘乃’字之意，本謂未顈以前，值練、祥不得行。正如《纂言》附論後喪變麻可補行之說，非謂既顈而值前喪一期、再期也⑤。”今考上節曰：“有父之喪，如未没喪而母死，其除父之喪也⑥，服其除服。卒事，反喪服。”疏曰：“謂母死既葬，後值父應大祥，除服以行祥事。”然則母未葬而值父大祥，亦不可行，必待既葬然後補行，明矣。永於下節“既”字、“乃”字之義，疏解明確，即上、下二節之義，亦俱可貫通。其他若辨程大昌“袒為免冠”及皇氏“髺衰為露紒髺”之誤，尤為精鑿不磨。至《喪服小記》“生不及祖父母、諸父、昆弟，而父稅喪，己則否”，王肅謂計己之生不及此親之存，則不稅。永特宗其說，而於經文之“弟”字⑦，雖不敢如劉知、蔡謨直以為衍文，乃謂“言‘弟’者，因‘昆’連及之”，則其說臆度，終不如鄭注為得。然全書持義多允，非深於古義者不能也。

【彙訂】

①"曰"，殿本作"云"。

②"更"，殿本無。

③殿本"據"上有"然"字，衍。

④"又"，殿本作"有"，誤。

⑤"再期"，殿本作"再行"，誤，參此書卷八《雜記下》"如三年之喪，則既穎，其練、祥皆行"句注文。

⑥"父"，殿本作"服"，誤，參《禮記·雜記下》原文。

⑦"之弟字"，殿本作"弟子字"，誤。

深衣考誤一卷（安徽巡撫採進本）

國朝江永撰。深衣之制，衆説糾紛。永據《玉藻》"深衣三袪，縫齊，倍要，衽當旁"①，云如"裳前後當中者②，為襟、為裾，皆不名衽。惟當旁而斜殺者乃名衽③"。今以永説求之訓詁諸書，雖有合有不合，而衷諸經文，其義最當。考《説文》曰："衽，衣裣也。"裣即襟，永以裳之前為襟，而旁為衽。《説文》乃以衣襟為衽，則不獨裳為衽矣。又《爾雅》曰："執衽謂之袺，扱衽謂之襭。"李巡曰："衽者，裳之下也。"云"下"則裳之下皆名衽，不獨旁矣。然《方言》曰："褸謂之衽。"郭璞注曰："衣襟也。"與《説文》前襟名衽義正同。而郭注又云："或曰衽，裳際也。"云"裳際"則據兩旁矣。永之所考，蓋據璞注後説也。又劉熙《釋名》云："襟，禁也，交於前，所以禁禦風寒也。裾，倨也，倨倨然直，亦言在後當見倨也。衽，襜也，在旁襜襜然也。"證以永説，謂裳前襟後裾，皆直幅不交裂，則即《釋名》所云"倨倨然直"也。謂在旁者乃名衽，則即

《釋名》"在旁襜襜"之義也。其釋經文"衽當旁"三字④,實非孔疏所能及。其後辨續衽、鉤邊一條,謂續衽在左,前後相屬,鉤邊在右,前後不相屬。鉤邊在漢時謂之曲裾,乃別以裳之一幅斜裁之,綴於右後衽之上⑤,使鉤而前。孔疏誤合續衽、鉤邊為一。其說亦考證精核,勝前人多矣。

【彙訂】

① 殿本"旁"下有"之文"二字。

② "云如",殿本作"知"。

③ "而",殿本脫,參此書"衽當旁"句注文。

④ "當",殿本作"在",誤。

⑤ "於",殿本作"衣",誤,參此書《深衣》云:"續衽鉤邊"句注文。

附錄

大戴禮記十三卷(江西巡撫採進本)

漢戴德撰。《隋書‧經籍志》曰:"《大戴禮記》十三卷,漢信都王太傅戴德撰。"《崇文總目》云:"《大戴禮記》十卷,三十五篇①。又一本,三十三篇。"《中興書目》云:"今所存止四十篇。"晁公武《讀書志》云:"篇目自三十九篇始,無四十三、四十四、四十五、六十一四篇,有兩七十四。"而韓元吉、熊朋來、黃佐、吳澄並云兩七十三,陳振孫云兩七十二。蓋後人於《盛德》第六十六別出《明堂》一篇為六十七。其餘篇第,或至《文王官人》第七十一改為七十二,或至《諸侯遷廟》第七十二改為七十三,或至《諸侯釁廟》第七十三改為七十四。故諸家所見不同。蓋有新析一篇,則與舊有之一篇篇數重出也。漢許慎《五經異義》論明堂,稱《禮戴》說,《禮・盛德記》②,即《明堂篇》語。《魏書・李謐傳》、《隋書・牛宏〔弘〕傳》俱稱《盛德篇》,或稱《泰山盛德記》。知析《盛德篇》為《明堂篇》者,出於隋、唐之後。又鄭康成《六藝論》曰:“戴德傳《記》八十五篇。”司馬貞曰:“《大戴禮》合八十五篇,其四十七篇亡,存三十八篇。”蓋《夏小正》一篇多別行。隋、唐開錄《大戴禮》者,或闕其篇,是以司馬貞云然。原書不別出《夏小正篇》,實闕四十六篇,存者宜為三十九篇。《中興書目》乃言存四十篇,則竄入《明堂》篇題,自宋人始矣。書中《夏小正篇》最古。其《諸侯遷廟》、《諸侯釁廟》、《投壺》、《公冠》皆《禮》古經遺文。又《藝文志》,《曾子》十八篇久逸。是書猶存其十篇,自《立事》至《天圓篇》,題上悉冠以“曾子”者是也。書有注者八卷,餘五卷無注,疑闕逸,非完本。朱子引《明堂篇》鄭氏注云“法龜文”,殆以注歸之康成③。考注內徵引有康成④、譙周、孫炎、宋均、王肅、范寧、郭象諸人,下逮魏、晉之儒,王應麟《困學紀聞》指為盧辯注。據《周書》,辯字景宣,官尚書右僕射。以《大戴禮》未有解詁,乃注之。其兄景裕謂曰:“昔侍中注《小戴》,今爾注《大戴》,庶纘前修矣。”王氏之言,信而有徵。是書正文併注,譌舛幾不可讀,而《永樂大典》內散見僅十六篇。今以各本及古籍中摭引《大戴禮記》之文,參互校訂,附案語於下方。史繩祖《學齋占畢》言《大戴記》列之《十四經》中,其說今不可考。然先王舊制,時有徵焉,固亦《禮經》之羽翼爾。

【彙訂】

　　①“十卷,三十五篇”,殿本作“十三卷,十五篇”,誤,參《玉海》卷三九《藝文・三禮》“漢大戴禮”條引《崇文總目》。

②"禮戴説禮盛德記"，殿本作"戴記禮説盛德記"。《禮記・玉藻》首句疏引《五經異義》："明堂制，今《禮》戴説，《禮・盛德記》曰：'明堂自古有之……'"

③"殆以注歸之康成"，殿本作"始以注歸之鄭康成"。

④"有"，殿本無。

夏小正戴氏傳四卷（兩江總督採進本）

宋傅崧卿撰。崧卿字子駿，山陰人。官至給事中。《夏小正》本《大戴禮記》之一篇。《隋書・經籍志》始於《大戴禮記》外，別出《夏小正》一卷，注云"戴德撰"。崧卿序謂："隋重賞以求逸書，進書者遂多以邀賞帛①，故離析篇目而為此。有司受此，又不加辨，而作志者亦不復考。"是於理亦或然。然考吳陸璣《詩草木鳥獸蟲魚疏》曰："大戴《禮・夏小正》傳云：蘩②，由胡。由胡，旁勃也。"則三國時已有"傳"名。疑《大戴禮記》舊本但有《夏小正》之文，而無其傳，戴德為之作傳別行，遂自為一卷，故《隋志》分著於錄。後盧辯作《大戴禮記注》，始採其傳編入書中，故《唐志》遂不著錄耳③。又《隋志》根據《七錄》，最為精核，不容不知《夏小正》為三代之書，漫題德撰。疑"夏小正"下當有"傳"字，或"戴德撰"字當作"戴德傳"字。今本譌脱一字，亦未可定。觀《小爾雅》亦《孔叢》之一篇，因有李軌之注，遂別著錄，是亦旁證矣。崧卿以為隋代誤分，似不然也④。惟是篇屢經傳寫，傳與本文混淆為一。崧卿始仿杜預編次《左氏春秋》之例，列正文於前，而列傳於下。每月各為一篇，而附以注釋。又以關滽藏本與集賢所藏《大戴禮記》本參校異同，注於下方。其關本注釋二十三處，亦併附錄，題曰"舊注"以別之。蓋是書之分經、傳，自崧卿始。朱子作《儀禮經傳通解》，以《夏小正》分析經、傳，實沿其例。其詮釋之詳，亦自崧卿始。金履祥《通鑑前編》所注，實無以勝之。於是書可謂有功。儒者盛稱朱子考定之本與履祥續作之注，而不以創始稱崧卿。蓋講學家各尊所聞，非公論也。其中如正月之"斗柄縣在下"、五月之"菽糜將閑諸則"、九月之"辰繫於日"、十一月之"于時月也⑤，萬物不通"，皆宜為經文，而誤列於傳。其正月之"始用暢"，乃以解初歲祭末，明用暢以祭自此始，宜為傳文，而誤列於經。皆為未允。然《大戴》之學，治之者稀。《小正》文句簡奧，尤不易讀。崧卿獨稽核舊文，得其端緒，俾讀者有徑之可循，固考古者之所必資矣。

【彙訂】

①"者"，殿本脫，參傅序原文。

②"繫"，殿本作"繁"，誤，參《毛詩草木鳥獸蟲魚疏》卷上之上引《大戴禮·夏小正傳》。

③《毛詩草木鳥獸蟲魚疏》引《夏小正傳》冠以"大戴禮"，是三國時戴德《傳》附於《大戴禮》，尚未別行之證。（余嘉錫：《四庫提要辨證》）

④《隋書·經籍志》於諸書之注，或題為"某人注"，或題為"某人撰"，其例不一，非即以其書為作注之人所撰，亦非書名之下有脫字及"撰"字有訛也。（同上）

⑤"時月"，殿本作"時日"，誤，參此書卷四原文。

右禮類"禮記"之屬二十部，五百九十五卷①，附録二部，十七卷，皆文淵閣著録。

【彙訂】

① “五百九十五卷”，底本作“五百九十四卷”，據殿本改。

　　案，訓釋《大學》、《中庸》者，《千頃堂書目》仍入“禮”類，今併移入“四書”。以所解者《四書》之《大學》、《中庸》，非《禮記》之《大學》、《中庸》。學問各有淵源，不必強合也。《大戴禮記》舊附於經，史繩祖《學齋占畢》亦有《大戴禮記》宋列為《十四經》之說。然繩祖所云，別無佐證。且其書古不立博士，今不列學官，未可臆加以經號。今以二戴同源，附録於《禮記》之末，從其類也。

經 部 二 十 二

禮 類 四

三禮圖集注二十卷（內府藏本）

宋聶崇義撰。崇義，洛陽人。周顯德中，累官國子司業。世宗詔崇義參定郊廟祭玉，因取《三禮》舊圖，凡得六本，重加考訂。宋初上於朝，太祖覽而嘉之，詔頒行。考禮圖始於後漢侍中阮諶。其後有梁正者，題諶圖云："陳留阮士信受學於潁川綦母君，取其說為圖三卷。多不案《禮》文而引漢事，與鄭君之文違錯。"正稱《隋書‧經籍志》列鄭元及阮諶等《三禮圖》九卷。《唐書‧藝文志》有夏侯伏朗《三禮圖》十二卷，張鎰《三禮圖》九卷[①]。《崇文總目》有梁正《三禮圖》九卷。《宋史》載吏部尚書張昭等奏云："《四部書目》內有《三禮圖》十二卷，是開皇中敕禮部修撰[②]。其圖第一、第二題云'梁氏'，第十後題云'鄭氏'。今書府有《三禮圖》，亦題'梁氏'、'鄭氏'。"則所謂六本者，鄭元一，阮諶二，夏侯伏朗三，張鎰四，梁正五，開皇所撰六也。然勘驗《鄭志》，元實未嘗為圖。殆習鄭氏學者作圖，歸之鄭氏歟？今考書中宮室車服等圖，與鄭注多相違異。即如《少牢饋食》"敦皆南首"，鄭注云："敦有首者，尊者器飾也。飾蓋象龜。周之制，飾器必以其類。甌有上、下甲。”此言敦之上、下象甌上、下甲，“蓋”者意擬之辭。而是書敦與簠、簋皆作小甌，以為蓋頂。是一器之微，亦失鄭意。沈括《夢溪筆談》譏其犧象尊、黃目尊之誤；歐陽修《集古錄》譏其簠圖與劉原甫所得真古簠不同；趙彥衛《雲麓漫鈔》譏其爵為雀背承一器，犧象尊作一器繪牛象。林光朝亦譏之曰：“聶氏《三禮圖》全無來歷，穀璧則畫穀，蒲璧則畫蒲，皆以意為之。不知穀璧止如今腰帶銙上粟文耳。”是宋代諸儒亦不以所圖為然。然其書鈔撮諸家，亦頗承舊式，不盡出於杜撰。淳熙中陳伯廣嘗為重刻，題其後云：“其圖度未必盡如古昔，苟得而考之，不猶愈於求諸野乎？”斯言允矣。今姑仍其舊帙録之，以備一家之學。此書世所行者為通志堂刊本。或一頁一圖，或一頁數圖，而以説附載圖隙。行款參差，尋覽未便。惟內府所藏錢曾也是園影宋鈔本，每頁自為一圖，而説附於後，較為清整易觀。今依仿繕録焉。

【彙訂】

①“三禮圖”，底本作“二禮圖”，據殿本改。《新唐書·藝文志》“禮類”著録張鎰《三禮圖》九卷。《玉函山房輯佚書·補遺》所輯，亦題《張氏三禮圖》。（江慶柏等：《四庫全書薈要總目提要》）

②“是”，殿本作“自”，誤，參《宋史·儒林傳·聶崇義傳》原文。

三禮圖四卷（浙江吳玉墀家藏本）

明劉績撰。績字用熙，號蘆泉，江夏人。宏〔弘〕治庚戌進士，官至鎮江府知府。是書所圖，一本陸佃《禮象》、陳祥道《禮書》、林希逸《考工記解》諸書，而取諸《博古圖》者為尤多，與舊圖大異。考漢時去古未遠，車服禮器猶有存者。鄭康成圖雖非手撰，要為傳鄭學者所為。阮諶、夏侯伏朗、張鎰、梁正，亦皆五代前人。其時儒風淳實，尚不以鑿空臆斷相高。聶崇義參考六本，定為一家之學。雖踳謬沿譌，在所不免，而遞相祖述，終有典型。至《宣和博古圖》所載，大半揣摩近似，强命以名。其閒疏漏多端，洪邁諸人已屢攻其失。繢以漢儒為妄作，而依據是圖，殊為顛倒。然所採陸、陳諸家之説，如齊子尾送女器出於魏太和中，犧尊純為牛形，王肅據以證"鳳羽婆娑"之誤；齊景公器出晉永康中，象尊純為象形，劉杳據以證象骨飾尊之非；蒲璧刻文如蒲荏敷時，穀璧如粟粒，其器出於宋時，沈括據以證蒲形、禾形之謬。此書並採用其説，亦足以備一解。至於宮室制度，輿輪名物，凡房序堂夾之位，輈較賢藪之分①，亦皆一一分析。不惟補崇義之闕，且以拾希逸之遺。其他斑茶、曲植之屬②，增舊圖所未備者又七十餘事。過而存之，未始非兼收並蓄之義也。

【彙訂】

①"房序堂夾之位輈較賢藪之分"，殿本作"房序之位輈較之分"。

②"曲植"，殿本作"曲直"，誤。《禮記·月令》"具曲植籧筐"，注"時所以養蠶器也。曲，薄也，植，槌也"。

學禮質疑二卷（副都御史黃登賢家藏本）

國朝萬斯大撰。斯大有《儀禮商》，已著録。是書考辨古禮，頗多新説。如謂魯"郊惟日至一禮，祈穀不名郊"："自魯僭行日至之郊，其君臣託於祈穀以輕其事。後人不察郊與祈穀之分，遂以魯為祈穀。見《春秋》不書祈穀,遂以祈穀為郊。"今考《襄公七年傳》孟獻子曰:"夫郊祀后稷以祈農事,啟蟄而郊①,郊而後耕。"《桓公五年》"秋,大雩",《左氏傳》曰:"書不時也。凡祀,啟蟄而郊,龍見而雩。"與孟獻子之言亦合。斯大既不信《左氏》,又據《詩序》謂《昊天有成命》為郊祀天地,而不言祈穀,遂立是説。不知《大戴禮・公符篇》載郊祝曰:"承天之神,興甘風雨。庶卉百穀,莫不茂者。"則郊兼祈穀之明證。《家語》雖出依託,然皆綴緝舊文。其《郊問篇》稱:"至於啟蟄之月,則又祈穀於上帝。"王肅註曰:"啟蟄而郊,郊而後耕。"與鄭、杜二家尤為契合。斯大别為創論,非也。斯大又謂:"大社祭地在北郊,王社祈穀在國中。"今考《五經通義》:"大社在中門之外,王社在籍田之中。"孔、賈疏及《通典》俱宗其説。又《左傳・閔公二年傳》:"間於兩社,為公室輔。"杜預注:"周社、亳社兩社之間,朝廷執政所在。"孔穎達疏曰②:"魯是周之諸侯,故國社謂之周社。"則國社之所在為朝廷執政之所在,其為中門内無疑。諸侯之國社與天子之大社同也。《周書・作雒篇》曰:"乃設立丘兆於南郊,以上帝配后稷、日月星辰,先王皆與食。諸侯受命於周,乃建大社於國中。"國中與南郊對舉,則大社不在郊而在國可知。斯大所云,誤亦顯著。斯大又謂士止為小宗,不得為大宗,以士無祖廟也。今考《喪服小記》曰:"士不攝大夫,士攝大夫惟宗子。"又《荀子》曰:"故王者太祖,諸侯不敢壞。大夫、士有常宗。"楊倞注曰:"繼别子之後為族人所常宗,百世不遷之大宗也。"據此,則士亦得為大宗明矣。又《喪服小記》曰:"庶子不祭殤與無後者,殤與無後者從祖祔食。"鄭元注曰:"宗子之諸父無後者③,為墠祭之。"孔穎達疏曰:"若宗子是士,無曾祖廟,故諸父無後者為墠祭之。"又《曾子問》曰:

“若宗子死,告於墓而後祭於家。”鄭注曰:“祭於家,容無廟也。”
孔疏曰:“祭於家是容宗子無爵,其家無廟,而祭於庶子之家。”是
且有無廟而為宗子者矣。今斯大謂有始祖廟乃得為大宗。充其
説,不特士不得為大宗,據《祭法》則大夫止有曾祖廟,將大夫亦
不得為大宗乎? 斯大又變其説,謂大夫、士皆得祭高、曾祖禰④,
引《大傳》曰:“大夫、士有大事⑤,省於其君,干祫及其高祖。”今
考孔疏:“祫,合也,謂雖無廟而得與有廟者合祭。”大夫蓋祫於曾
祖廟而上及高祖,上士則祫於祖廟而上及曾祖、高祖,中士則祫
於禰廟而上及祖與曾祖、高祖,又安得援為皆得有廟之證乎? 斯
大又謂《小記》大夫、士之妾祔於妾祖姑,亡則中一以上而祔,則
祔於高祖姑,是高祖有廟。今考《小記》孔疏曰:“妾無廟,為壇祔
之耳。”則妾雖祔於高祖之妾,不必高祖有廟。觀《雜記》“父母之
喪,尚功衰,而祔兄弟之殤”,孔疏:“其小功兄弟身及父,是庶人
不合立祖廟。則曾祖嫡孫為之立壇⑥,祔小功兄弟之長殤於從
祖,立神而祭。”不為從祖立廟也。又安得謂高祖之妾有廟乎?
凡此皆自立異説,略無顯據。其他若辨商、周改月改時,周詩周
正及兄弟同昭穆,皆極精確。“宗法”十餘篇,亦頗見推闡。置其
非而存其是,亦未始非一家之學也。

【彙訂】

①“以祈農事啟蟄而郊”,殿本作“以祈穀事欲蟄而郊”,誤,
參《左傳·襄公七年》原文。

②“孔穎達疏”,殿本作“穎達”。

③“諸父”,殿本作“無父”,誤,參《禮記·喪服小記》鄭注
原文。

④“大夫士皆得祭高曾祖禰”,殿本作“士大夫皆得有高曾

祖廟"。

⑤"士",殿本脫,參《禮記·大傳》原文。

⑥"曾祖",殿本作"曾孫",誤,參《禮記·雜記》孔穎達疏
原文。

讀禮志疑六卷(浙江巡撫採進本)

國朝陸隴其撰。隴其有《古文尚書考》,已著録。是編以《三
禮》之書多由漢儒採輯而成,其所載古今典禮,自明堂、清廟、吉、
凶、軍、賓、嘉以及名物、器數之微,互相考校,每多齟齬不合。因
取鄭、孔諸家注疏,折衷於朱子之書,務得其中。並旁及《春秋》、
律吕,與夫天時、人事可與《禮經》相發明者,悉為採入。其有疑
而未決者,則仍闕之。故曰《讀禮志疑》。案《禮經》自經秦火,雖
多殘闕不完,而漢代諸儒去古未遠,其所訓釋,大抵有所根據,不
同於以意揣求。宋儒義理雖精,而博考詳稽,終不逮注疏家專門
之學。隴其覃思心性,墨守程、朱,其造詣之醇,誠近代儒林所罕
見。至於討論《三禮》,究與古人之終身穿穴者有殊。然孔疏篤
信鄭注,往往不免附會。而陳澔《集説》,尤為弇陋。隴其隨文糾
正,考核折衷,其用意實非俗儒所能及。如論孔疏《月令》引《太
史職》鄭注"中數曰歲,朔數曰年",並舉則分年歲,單舉則可互
稱。又祥禫主鄭駁王,廟制尊劉駁鄭。於"禮有擯詔,樂有相步,
温之至也"之文,謂"温"直是蘊藉,不當如孔疏所云"以物承藉"。
於"未卜禘,不視學",取孔疏"不當禘祭之年,亦待時祭之後",駁
《集説》"不五年,不視學"之説。謂《司尊彝》變"朝踐"為"朝獻"、
變"再獻"為"饋獻",為省文、互文之法。皆自抒所見,絶無門户
之私。至於緇、紤、純三字,謂"純"當作"紤",古人字亦誤用,後

來不可不慎。不知古字多通,原未可以近例相限。又袁黃《羣書備考》以賈公彥譌作賈逵,人所共知,何煩深辨?而亦特立一條,為之駁正。此蓋閱書時隨筆標記,門弟子編次校刊,乃誤入正文,未加簡擇,固不足為隴其病矣。

郊社禘祫問一卷(浙江巡撫採進本)

國朝毛奇齡撰。奇齡有《仲氏易》,已著錄。是書前答門人李塨問南北郊分祀及問有禘無祫之說,末附《艾堂問》。自注云:"同郡學人集於艾堂所問,此則專論禘祫者也。"其中如南郊、北郊以冬、夏至分祀,見於《周禮》,本有明文。疑無北郊之祀者,本無庸置辨。奇齡性喜攻駁,反覆詰辨,未免繁雜。至於時祭之外,禘為大祭,所謂"三年一祫,五年一禘"者,語出緯書,本不足據。祫對祪為義,不對禘為義也。奇齡辯大禘與吉禘不相蒙,又言大禘、吉禘時祭必合祭,故稱祫。則皆發昔儒所未及,於經義不為無補。錄存其說,亦足資《禮》家之採擇焉。

參讀禮志疑二卷(編修勵守謙家藏本)

國朝汪紱撰。紱一名烜,字燦人,號雙池,婺源人。是書取陸隴其所著《讀禮志疑》,以己意附參於各條之下。其於《三禮》大端①,若謂南郊即為圜丘、大社即為北郊、禘非祭天之名、路寢不得倣明堂之制,又力斥大饗明堂文王配五天帝、武王配五人帝之說,皆主王肅而黜鄭元,故頗與舊注相左。其謂東、西夾室不在堂之兩旁,而在東、西房之兩旁。考《儀禮·公食大夫禮》:"公迎賓入,大夫立於東夾南,士立於門,小臣東堂下,宰東夾北,內官之士在宰東上,介門西。"蓋均即位於堂之上下。如紱所云,則大夫及宰乃違衆而獨立於堂後及東、西房兩旁隱蔽之地矣。又

《聘禮》設饗，亦云：“堂上之饌八、西夾六。”蓋致饌於賓，其陳設皆自堂及庭及門，取其羅布目前。如紱所云，則饌亦設於堂後矣。紱又謂士無朝服，元〔玄〕端即士之朝服，上士元〔玄〕裳，中士黃裳，下士雜裳。考《士冠禮》曰：“主人元〔玄〕冠朝服，緇帶素韠。”既云素韠，則素裳矣，與卿大夫以上之朝服，初無以異。未嘗獨以黃裳、元裳、雜裳之元端為朝服也。又《魯語》曰：“列士之妻，加之以朝服。”則士固非無朝服。紱皆未之深考也。至所謂大夫、士無西房，故《士喪禮》主人括髮，衆主人免於房，而婦人乃獨髽於室，以無西房故也。其說本孔疏，可破陳祥道《禮書》之惑。又謂大夫、士廟亦當有主，與《通典》所載徐邈及清河王懌之議相合[2]。如斯之類，亦多深得經義，固可與隴其之書並存不廢也。

【彙訂】

① “三禮”，殿本作“大禮”，疑誤。

② “載”，殿本作“戴”，誤。

右禮類“三禮總義”之屬，六部，三十五卷，皆文淵閣著錄。

案，鄭康成有《三禮目錄》一卷。此《三禮》通編之始。其文不可分屬。今共為一類，亦“五經總義”之例也。其不標《三禮》之名，而義實兼釋《三禮》者，亦並附焉。

禮書一百五十卷（內府藏本）

宋陳祥道撰。祥道字用之，福州人。李廌《師友談記》稱其許少張榜登科[1]。又稱其“元祐七年進《禮圖》、《儀禮注》，除館閣校勘。明年用為太常博士，賜緋衣，不旬餘而卒”。又稱其“仕官二十七年,止於宣義郎"。《宋史》則作"官至祕書省正字"。然晁公武《讀書志》載是書,亦稱"左宣義郎太常博士陳祥道撰",與廌所記同。廌又稱:"嘗為《禮圖》一百五十卷,《儀禮説》六十餘卷,内相范公為進之,乞送祕閣及太常寺。"陳振孫《書録解題》則稱:"元祐中表上之。"晁公武則稱:"朝廷聞之,給劄繕寫奏御。"《宋史·陳暘傳》則稱:"禮部侍郎趙挺之上言,暘所著《樂書》二十卷,案《樂書》實二百卷,《宋史》字誤。貫穿明備,乞援其兄祥道進《禮書》故事給劄。"則廌、振孫所記為確,公武"朝廷聞之"之説非其實也②。其中多掊擊鄭學。如論廟制,引《周官》、《家語》、《荀子》、《穀梁傳》謂天子皆七廟,與康成天子五廟之説異;論禘祫,謂圜丘自圜丘,禘自禘,力破康成禘即圜丘之説;論禘大於祫,並祭及親廟,攻康成禘小祫大,祭不及親廟之説;辨上帝及五帝,引《掌次》文,闢康成上帝即五帝之説。蓋祥道與陸佃皆王安石客,案祥道為王安石之徒,見晁公武《讀書志》祥道《論語解》條下。安石説經,既創造新義,務異先儒,故祥道與陸佃亦皆排斥舊説。佃《禮象》今不傳,惟神宗時詳定郊廟禮文諸議,今尚載《陶山集》中。大抵多生別解,與祥道駁鄭略同。蓋一時風氣所趨,無庸深詰。然綜其大致,則貫通經傳,縷析條分,前説後圖,考訂詳悉。陳振孫稱其"論辨精博,閒以繪畫。唐代諸儒之論、近世聶崇義之圖,或正其失,或補其闕"。晁公武,元祐黨家;李廌,蘇門賓客,皆與王氏之學異趣。公武則稱其"書甚精博",廌亦稱其"《禮》學通博,一時少及"。則是書固甚為當時所重,不以安石之故廢之矣。

【彙訂】

①"師友談記",底本作"師友紀談",據殿本改。今存諸本及諸家著録皆題作《師友談記》,惟《直齋書録解題》作"《師友閒

談》"。

②陳祥道自序稱"豈謂伏蒙太皇太后陛下、皇帝陛下曲加採聽,特給筆劄,俾寫上進"。又其《進禮書表》有皇帝陛下"廣開宸聰,過採士議,謂臣久專禮學,粗成家言,給筆吏於祕書,鳩績工於禁局,悉令傳録,上備覽觀"云云,是則晁公武"朝廷聞之"之説不誤。《續資治通鑑長編》卷四二二載元祐四年二月癸卯,翰林學士許將薦太學博士陳祥道及所著《禮書》一百卷,詔以陳祥道為太常博士。又卷四五〇載元祐五年十一月壬戌,給事中范祖禹薦陳祥道所著《禮書》一百五十卷,請付太常寺。則李燾所云元祐七年進書,明年用為太常博士,内相范公為進之等皆誤。(余嘉錫:《四庫提要辨證》;崔富章:《四庫提要補正》)

儀禮經傳通解三十七卷續二十九卷(浙江巡撫採進本)

《儀禮經傳通解》,宋朱子撰。初名《儀禮集傳集注》。朱子《乞修三禮劄子》所云"以《儀禮》為經,而取《禮記》及諸經史雜書所載有及於禮者,皆以附於本經之下,具列注疏諸儒之説,略有端緒",即是書也。其劄子竟不果上。晚年修葺,乃更定今名。朱子没後,嘉定丁丑始刊版於南康。凡《家禮》五卷,《鄉禮》三卷,《學禮》十一卷,《邦國禮》四卷,共二十三卷,為四十二篇。中闕《書數》一篇,《大射》至《諸侯相朝》八篇尚未脱稿。其卷二十四至卷三十七凡十八篇,則仍前草創之本,故用舊名《集傳集注》,是為《王朝禮》。中闕《卜筮》一篇,目録内《踐阼》第三十一以後,序説並闕。蓋未成之本也。所載《儀禮》諸篇,咸非舊次,亦頗有所釐析。如《士冠禮》"三屨"本在辭後,乃移入前;"陳器服"章"戒宿①"、"加冠"等辭本總記在後,乃分入前各章之下;末取《雜記》"女子十五許嫁,笄"之文,續經立"女子笄"一目。如斯者不一而足。雖不免割裂古經,然自王安石廢罷《儀禮》,獨存《禮記》,朱子糾其棄經任傳,遺本宗末,因撰是書以存先聖之遺制。分章表目,開卷瞭然,亦考禮者所不廢也。其喪、祭二門則成於朱子門人黃榦,蓋朱子以創稿屬之。楊復原序述榦之言有曰:"始余創二《禮》粗就,奉而質之先師,喜謂余曰:'君所立喪、祭《禮》,規模甚善,他日取吾所編家、鄉、邦國、王朝《禮》,其悉用此更定。'"云云。則榦之所編,尚不失朱子之意。然榦僅修《喪禮》十五卷,成於嘉定己卯。其《祭禮》則尚未訂定而榦又歿。越四年壬午,張處刊之南康,亦未完本也。其後楊復重修《祭禮》,鄭逢辰進之於朝。復序榦之書云:"《喪禮》十五卷前已繕寫,《喪服圖式》今別為一卷[②],附於正帙之外。"前稱"《喪服圖式》、《祭禮》遺稿,尚有未及訂定之遺憾",則別卷之意固在此。又自序其書云:"南康學宮舊有家、鄉、邦國、王朝《禮》,及張侯處續刊《喪禮》,又取《祭禮》稿本並刊而存之。竊不自揆,遂據稿本,參以所聞,稍加更定,以續成其書,凡十四卷。"今自卷十六至卷二十九,皆復所重修[③]。合前《經傳通解》及《集傳集注》,總六十有六卷。雖編纂不出一手,而端緒相因,規模不異。古禮之梗概節目,亦略備於是矣。

【彙訂】

① "戒宿",殿本作"加宿",誤。《儀禮·士冠禮》:"若孤子,則父兄戒、宿"。

② "今",殿本作"合",誤,文淵閣書前提要不誤。

③ 《儀禮經傳通解續》之《祭禮》部分乃黃榦之《祭禮》,而非楊復之《祭禮》。(阿部吉雄:《東方文化學院東京研究所經部禮

類善本解題稿》)

禮書綱目八十五卷(安徽巡撫採進本)①

國朝江永撰②。其書雖仿《儀禮經傳通解》之例,而參考羣經,洞悉條理,實多能補所未及,非徒立異同。如《士冠禮》"屨,夏用葛"以下五十字,本在辭後記前,《通解》移置經文"陳器服"節末。是書亦沿襲其說,不故相詰難。至於《士昏記》"父醮子,命之辭曰"以下三十一字,《通解》列在"陳器饌"節下,而是書改列在"親迎"節下。又《通解》以記文"婦入三月,然後祭行"二句,別為"祭行"一節,在"奠菜"節之前,而是書以此二句附於"廟見"節之末。蓋是書"廟見",即《通解》之所謂"釋奠"也③。揆以《禮》意,較《通解》為有倫次。又《通解》割《士冠禮》"無大夫冠禮,而有婚禮"以下四句④,謂當在《家語·冠頌》內,疑錯簡於此經⑤,頗涉臆斷。是書則仍記文之舊,不從《通解》,尤為詳慎,亦未嘗曲相附合也。蓋《通解》,朱子未成之書,不免小有出入。其間分合移易之處,亦尚未一一考證,使之融會貫通。永引據諸書,釐正發明,實足終朱子未竟之緒。視胡文炳輩務博篤信朱子之名,不問其已定之說、未定之說,無不曲為祖護者,識趣相去遠矣。

【彙訂】

① 文淵閣《四庫》本尚有卷首三卷、附錄三卷。(修世平、張蘭俊:《〈四庫全書總目〉訂誤二十四則》)

② 依《總目》體例,當補"永有《周禮疑義舉要》,已著錄"。

③ "也",殿本無。

④ "士冠禮",殿本作"士冠記",誤。

⑤"錯簡",殿本作"簡錯"。

五禮通考二百六十二卷(江蘇巡撫採進本)①

國朝秦蕙田撰。蕙田字樹峯,金匱人。乾隆丙辰進士,官至刑部尚書,謚文恭。是書因徐乾學《讀禮通考》惟詳"喪葬"一門,而《周官‧大宗伯》所列五禮之目,古經散亡,鮮能尋端竟委,乃因徐氏體例,網羅眾説,以成一書。凡為類七十有五。以樂律附於《吉禮》"宗廟制度"之後;以天文推步、句股割圓,立"觀象授時"一題統之,以古今州國都邑山川地名,立"體國經野"一題統之,並載入《嘉禮》。雖事屬旁涉,非五禮所應該,不免有炫博之意。然周代六官,總名曰禮。禮之用,精粗條貫,所賅本博。故朱子《儀禮經傳通解》於《學禮》載鐘律詩樂,又欲取許氏《説文解字》序説及《九章算經》為《書數篇》而未成。則蕙田之以類纂附,尚不為無據。其他考證經史,元元本本,具有經緯,非剿竊餖飣,挂一漏萬者可比。較陳祥道等所作,有過之無不及矣。

【彙訂】

① 文淵閣《四庫》本尚有卷首三卷。(沈治宏:《中國叢書綜錄訂誤》)

右禮類"通禮"之屬,四部,五百六十三卷,皆文淵閣著錄。

案,通禮所陳,亦兼《三禮》。其不得併於《三禮》者,注《三禮》則發明經義,輯通禮則歷代之制皆備焉。為例不同,故弗能合為一類也。

書儀十卷(江蘇巡撫採進本)

宋司馬光撰①。考《隋書‧經籍志》,謝元有《內外書儀》四卷,蔡超有《書儀》二卷,以至王宏〔弘〕、王儉、唐瑾皆有此著。又有《婦人書儀》八卷,《僧家書儀》五卷。蓋"書儀"者,古私家儀注之通名。《崇文總目》載唐裴茝、鄭餘慶,宋杜有晉、劉岳尚皆用斯目②。光是書亦從舊稱也。凡《表奏公文私書家書式》一卷,《冠儀》一卷,《婚儀》二卷,《喪儀》六卷。《朱子語録》③:"胡叔器問四先生禮。朱子謂:'二程與橫渠多是古禮④,溫公則大概本《儀禮》而參以今之所可行者。要之溫公較穩,其中與古不甚遠,是七分好。'"又《與蔡元定書》曰"《祭儀》只是於溫公《書儀》内少增損之"云云,則朱子固甚重此書。後朱子所修《祭儀》為人竊去,其稿不傳。則此書為禮家之典型矣。馬端臨《文獻通考》載其父廷鸞之言,謂《書儀》載婦入門之日即拜先靈,廢三月廟見為非禮,引《朱子語録》,以為惑於陳鍼子"先配後祖"一語。又謂《檀弓》明言"殷練而祔,周卒哭而祔,孔子善殷",而云"周已戚"。《書儀》載祔廟在卒哭後,於禮為太遽。案杜預《左傳注》謂:"禮,逆婦必先告廟而後行。故楚公子圍稱告莊、共之廟。鄭忽先逆婦而後告廟,故謂'先配而後祖'。"其事與廟見無關,光未必緣此起義。又古者三月廟見,乃成為婦,故有反馬之禮;有未及三月而死,則仍歸葬母家之禮。後世於親迎之日即事事成其為婦,三月之内設有乖忤,斷不能離婚而逐之;設有夭折,斷不能轝柩而返之也。何獨廟見之期堅執古義乎?至於殷練而祔,孔子善之,其説雖見《檀弓》。考《宋史·禮志》所載祔廟之儀,實從《周禮》。國制如是,士大夫安得變之?亦未可以是咎光也。他如深衣之制,朱子《家禮》所圖,不内外掩襲,則領不相交。此書釋"曲袷如矩以應方"句,謂"孔疏及《後漢書·馬融傳》注所説,似於頸下別施一衿,映所交領,使之正方,如今時服上領衣。不知領之交會處自方,疑無他物"云云,闡發鄭注"交領"之義最明。與《方言》"衿謂之交"、郭璞注為"衣交領"者,亦相符合。較《家禮》所說,特為詳確。斯亦光考禮最精之一證矣。《禮記大全·檀弓》"忌日不樂"條下載劉璋之說,引司馬氏《書儀》"忌日則去華飾之服,薦酒食"云云,此本無之。然此本首尾完具,尚從宋本翻雕,不似有所闕佚者。或劉璋偶誤記歟⑤?

【彙訂】

① 依《總目》體例,當補"光有《溫公易說》,已著錄"。

② 杜有晉非宋人,《新唐書·藝文志》儀注類已著錄其《書儀》二卷。劉岳乃唐末五代人,兩《五代史》均有傳。(李國慶:《〈四庫全書總目提要〉訂誤一則》)

③ 殿本"錄"下有"載"字。

④ "是",殿本脫,參《朱子全書》卷三八《禮二·論考禮綱領》原文。

⑤ 今本確有闕佚。卷五"小斂"條末明云:"下闕。""棺槨"條下云:"原本全文俱闕。""大斂"條云:"原本上文闕。"另南宋初年刻本《司馬溫公全集》(日本內閣文庫藏)卷九八收錄六種啟狀格式,其中三種今本《書儀》未收,應為佚文。(李裕民:《〈四庫提要訂誤〉增訂本》)

家禮五卷附錄一卷(少詹事陸費墀家藏本)①

舊本題宋朱子撰。案王懋竑《白田雜著》有《家禮考》,曰:"《家禮》非朱子之書也。《家禮》載於《行狀》,其序載於《文集》,其成書之歲月載於《年譜》,其書亡而復得之由載於《家禮附錄》。自宋以來,遵而用之。其為朱子之書,幾無可疑者。乃今反覆考之,而知決非朱子之書也。李公晦敘《年譜》,《家禮》成於庚寅居祝孺人喪時。《文集》序不記年月,而序中絕不及居喪事。《家禮附錄》陳安卿述朱敬之語,以為'此往年僧寺所亡本,有士人錄得。會先生葬日攜來,因得之'。其錄得攜來,不言其何人,亦不言其得之何所也。黄勉齋作《行狀》,但云'所輯《家禮》,世所遵用。其後有損益,未及更定',既不言成於居母喪時,亦不言其亡而復得。其《書〈家禮〉後》亦然。敬之,朱子季子;公晦、勉齋、安卿,皆朱子高第弟子。而其言參錯,不可考據如此。案《文集》朱子《答汪尚書書》、《與張敬夫書》、《吕伯恭書》,其論《祭儀》、《祭説》,往復甚詳。汪、吕書在壬辰、癸巳,張書不詳其年,計亦在其前後也。壬辰、癸巳距庚寅僅二三年②。《家禮》既有成書③,何為絕不之及,而僅以《祭儀》、《祭説》為言耶? 陳安卿錄云:'向作《祭儀》、《祭説》,甚簡而易曉,今已亡之矣④。'則是所亡者乃《祭儀》、《祭説》而非《家禮》也明矣。《文集》、《語錄》自《家禮》序外,無一語及《家禮》者。惟《與蔡季通書》有'已取《家禮》四卷納一哥'之語。此《儀禮經傳通解》中《家禮》六卷之四⑤,而非今所傳之《家禮》也。甲寅八月《跋〈三家禮範〉後》云:'嘗欲因司馬氏之書,參考諸家,裁訂增損,舉綱張目,以附其後。顧以衰病⑥,不能及已。後之君子,必有以成吾志也。'甲寅距庚寅二十年。庚寅已有成書,朱子雖耄老,豈盡忘之,至是而乃為是語耶? 竊嘗推求其故,此必有因《三家禮範》跋語而依仿以成之者。蓋自附於後之君子,而傳者遂以託之朱子所自作。其序文亦依仿《禮範》跋語,而於《家禮》反有不合。《家禮》重宗法,此程、張、司馬氏所未及。而序中絕不言之,以跋語所未有也。其《年譜》所云居母喪時所作⑦,則或者以意附益之爾。敬之但據所傳,不加深考,此如司馬季思刻温公書之比。公晦從游在戊申後，其於早年固所不詳，祇敘所聞以為《譜》。而勉齋《行狀》之作在朱子没後二十餘年。其時《家禮》已盛行，又為敬之所傳録，故不欲公言其非，但其詞略而不盡。其《書〈家禮〉後》謂《經傳通解》未成為百世之遺恨，則其微意亦可見矣。後之人徒以朱子季子所傳^⑧，又見《行狀》、《年譜》所載，廖子晦、陳安卿皆為刊刻，三山楊氏、上饒周氏復為之考訂，尊而用之，不敢少致其疑。然雖云尊用其書，實未有能行者，故於其中謬誤亦不及察，徒口相傳以熟文公《家禮》云爾。惟元應氏作《家禮辨》，其文亦不傳，僅見於明邱〔丘〕仲深濬所刻《家禮》中。其辨專據《三家禮範》跋語，多疏略，未有以解世人之惑，仲深亦不然之。故余今遍考《年譜》、《行狀》及朱子《文集》、《語録》所載，俱附於後，而一一詳證之。其應氏、邱氏語，亦並附焉。其他所載謬誤亦數十條。庶來者有以知《家禮》決非朱子之書，而余亦得免於鑿空妄言之罪。"云云。其考證最明。又有《家禮後考》十七條，引諸説以相印證；《家禮考誤》四十六條，引古禮以相辨難。其説並精核有據。懋竑之學篤信朱子，獨於《易本義》九圖及是書斷斷辨論，不肯附會。則是書之不出朱子，可灼然無疑^⑨。然自元、明以來，流俗沿用。故仍録而存之，亦《記》所謂"禮從宜，使從俗"也。

【彙訂】

①"家禮五卷附録一卷"，殿本作"家禮八卷"，誤，參文淵閣庫書。（修世平：《〈四庫全書總目〉訂誤十七則》，圖）

②"二三年"，殿本作"二年"，誤，參《白田雜著》卷二《家禮考》原文。

③ 殿本"家"上有"其"字。

④"矣"，殿本無。

⑤“六卷”，殿本作“五卷”，誤，據《家禮考》原文。《儀禮經傳通解》卷一至五為《家禮》，其卷五包括家禮五、家禮六。

⑥“衰病”，殿本作“衰弱”。《家禮考》原文作“衰病”。

⑦“所”，殿本無。

⑧“徒以朱子季子所傳”，《家禮考》原文及殿本作“以朱子家季子所傳”。

⑨庚寅年《家禮》未成書，不等於庚寅後仍未編成。朱熹《答林擇之》二書劄皆言及《祭儀》稿本，其時尚在喪母之前。《答張敬夫》更敍其所分篇目。又據《答呂伯恭》等可知，後來曾屢作修改。呂祖謙《東萊別集》卷四《家範四·祭禮》“陳設”條：“設香案於廟中，置香爐香合於其上，束茅於香案前地上，設酒架於東階上，別以桌子設酒注一、酒盞盤一、匙一、盤一、匙巾一於其東，對設一桌於西階上，以置祝版，設火爐、湯瓶、香匙、火匙於階下。”（小字注：以上朱氏《祭儀》。）又“祭饌”條：“果六品，醢醬蔬共六品，饅頭、米食、魚肉、羹飯共六品。”（小字注：以朱氏《祭儀》參定。）今本《家禮》之祭禮與呂祖謙晚年所定《家範》中祭禮部分所引朱氏《祭儀》相合，其文字頗詳，不可能鈔自《家範》，當即朱熹據早年所著《祭儀》修定而成。其冠禮、昏禮等內容或完成於淳熙八年（張栻、呂祖謙去世）後。其季子朱在、弟子兼女婿黃榦及其他弟子皆於此書撰者無異議。各家記述細節小有出入，傳聞異辭，不足為怪。（陳來：《朱子〈家禮〉真偽考議》；王燕均、王光照：《〈家禮〉校點説明》）

泰泉鄉禮七卷（兩淮鹽政採進本）

明黃佐撰。佐字才伯，泰泉其號也，香山人。正德辛巳進士，官至少詹事。事蹟具《明史·文苑傳》。佐之學雖恪守程朱，然不以聚徒講學名，故所論述，多切實際。是書乃其以廣西提學僉事乞休家居時所著，凡六卷。首舉鄉禮綱領，以立教、明倫、敬身為主。次則冠、婚以下四禮，皆略為條教。第取其今世可行而又不倍戾於古者。次舉五事，曰鄉約、鄉校、社倉、鄉社、保甲，皆深寓端本厚俗之意。末以士相見禮及投壺、鄉射禮別為一卷附之。大抵皆簡明切要，可見施行，在明人著述中猶為有用之書。視所補注之《皇極經世》，支離曼衍，敝精神於無益之地者，有空言、實事之分矣。

朱子禮纂五卷（江蘇巡撫採進本）

國朝李光地撰。光地有《周易觀象》，已著錄①。是書於朱子《儀禮經傳通解》及《家禮》二書外，凡說禮之條散見於《文集》、《語類》者，以類纂集，分為五目：曰《總論》，曰《冠昏》，曰《喪》，曰《祭》，曰《雜儀》。縷析條分，具有統貫。雖採輯不無遺闕，若《文集》有《答潘恭叔書》論編《儀禮》、《禮記章句》；《答王子合書》論居喪家祭，又有《周禮三德說》、《樂記動靜說》、《書程子禘說後》等篇，此書皆不見錄。又《與吳晦叔書》論太廟當南向，太祖當東向。雖與此書所錄《答王子合書》大義相似②，然答晦叔書更為詳盡。今乃刪詳而存略。又集載《鄂州社壇記》，前列羅願在鄂州所定壇壝制度及社稷向位，朱子必以其深合典禮，故詳述之，以補禮文之闕。而此書乃盡刪前篇，但存“某案”以下云云③，亦失朱子備載之意。然朱子說禮之言，參差散見，猝不能得其端緒。光地類聚而區分之，使秩然有理，於學禮者亦為有功矣。

【彙訂】

① 依《總目》體例，當作"光地有《周易通論》，已著録"。

② "相似"，殿本作"相合"。

③ "某案"，殿本作"其案"，誤。此書卷四《祭》載"某案，社實山林、川澤、丘陵、墳衍、原隰五土之祇"，下注出處"《文集·鄂州社稷壇記》"。此文載《晦庵集》卷七九。

辨定祭禮通俗譜五卷（浙江巡撫採進本）

國朝毛奇齡撰。奇齡有《仲氏易》，已著録。是編一名《二重禮譜》。蓋欲成喪、祭二禮，嗣以喪禮別有《吾説編》，因惟存祭禮。其説取古禮而酌以今制，故以"通俗"為名。凡分七門：一曰祭所，二曰所祭者，三曰主祭之人，四曰祭之時，五曰祭儀，六曰祭器，七曰祭物。末附外神。其中各條雖間與朱子《家禮》為難，不出奇齡平日囂爭之習。然考《朱子年譜》，《家禮》成於乾道六年庚寅，朱子時四十一歲，其稿旋為人竊去。越三十年，朱子没後，始復有傳本行世。儒者或以為疑。黃榦為朱子弟子之冠，亦云為未暇更定之本。則《家禮》之出自朱子手定與否，尚無顯證。即真獲朱子已失之稿，而草創初成，亦恐尚非定本①。以王懋竑之篤信朱子②，而所作《白田雜著》乃反覆辨是書之依託③，其言具有根據。則奇齡之辨，又不能盡以好勝目之矣。其閒如謂："漢、唐以來，人臣無建廟之文。南渡紹興、嘉泰諸年，為秦檜、韓侂冑立廟，而制終未定。"考宋龔鼎臣《東原録》稱"文彥博家廟不作七閒，乃用唐杜岐公家舊式"，則安得謂漢以後人臣無建廟之文？其論後世不世爵世官，今之宗子非古宗子，引阡陌不同於井田、郡縣不同於封建為證，其説是也。然井田廢而正供之義不廢，封建廢而臂指相維之義不廢，世官廢而宗子、支子之義不廢。《漢書》載當時詔令，每稱賜天下為父後者。其時已不世官，而云"為父後"，則有不為父後者可知。今制，父母在而子先卒者，其長孫於祖父、母之喪服斬衰三年，即宗子為後之義，灼然可推。安能一舉而廢之，使主祭之時但以行輩年齒為序乎？至於"祭必以子"一條，謂："祠堂合祭先代，使宗子主四親之祭，致凡為人子者不得祭父。則所祭四親係他人之親，並非己親，所祭之父係他人之父，並非己父。"措語尤乖，皆不免於瑕纇。蓋其大意務通人情，故不免有違古義。然大致斟酌變通，於古禮之必不可行及俗禮之誤託於古者，剖析考證，亦往往犖然有當。固不妨存備一家之說也④。

【彙訂】

①"考朱子年譜"至"亦恐尚非定本"，殿本作"家禮實非朱子之書"。說詳本卷《家禮》條訂誤。

②"之"，殿本無。

③"所作"，殿本無。

④"一家之說也"，殿本作"一說耳"。

右禮類"雜禮書"之屬，五部，三十三卷①，皆文淵閣著錄。

【彙訂】

①"三十三卷"，殿本作"三十五卷"，誤。

案公私儀注，《隋志》皆附之禮類。今以朝廷制作，事關國典者，隸史部政書類中。其私家儀注，無可附麗，謹彙為"雜禮書"一門，附禮類之末，猶律呂諸書皆得入經部樂類例也。